中国银行法学研究会年度论文集

金融法学家

····················第十二辑····················

主　　编　王卫国
编委会成员　王卫国　刘少军　潘修平

中国政法大学出版社

2023·北京

序　言

2019 年的新冠疫情和此后的相应管制，致使我们 2021 年和 2022 年的年会不得不再次以线上与线下结合的方式进行，也给论文评奖、出版等后续工作带来了持续的影响。鉴于这一情况，研究会决定将 2021 年度与 2022 年度的论文评奖和优秀论文出版进行合并，出版《金融法学家》第十二辑。对于不能及时展示大家的研究成果在此表示歉意，对疫情以来坚守岗位辛勤工作的各位专家学者表示感谢，对你们收获的成果表示祝贺！

2021 年 12 月 11 日，由中国法学会银行法学研究会主办、贵州财经大学和贵州省法学会金融法学研究会联合承办的 2021 年年会暨"中国金融法治建设的回顾与展望"学术研讨会，在疫情之中以线上线下相结合的方式在贵阳市顺利召开。本次年会由来自中国法学会、中国人民银行、中国银保监会及地方监管局、人民法院、人民检察院、各高校及科研机构、各商业银行及其他金融机构、律师事务所等方面的 1500 余名代表出席。

2021 年是中国共产党建党 100 周年，习近平总书记《在庆祝中国共产党成立 100 周年大会上的讲话》中号召全体中国共产党员，继续为实现人民对美好生活的向往不懈努力，努力为党和人民争取更大光荣。2021 年 3 月，第十三届全国人大四次会议批准了《国民经济和社会发展第十四个五年规划和 2035 年远景目标纲要》，提出"健全具有高度适应性、竞争力、普惠性的现代金融体系，……完善现代金融监管体系、补齐监管制度短板，在审慎监管前提下有序推进金融创新，健全风险全覆盖监管框架，提高金融监管透明度和法治化水平"。在此背景下，中国银保监会启动了《银行业监督管理法》的修订工作。

2022 年 12 月 18 日，由中国法学会银行法学研究会主办，上海财经大学法学院、上海市法学会金融法研究会承办，段和段律师事务所协办的 2022 年年会于上海市成功召开。年会主题为"中国式现代化建设中的金融法治"，鉴于疫情，本次年会仍然采取线上线下相结合的方式。来自中国法学会、中国银保监会、各高校及科研机构、金融机构、律师事务所、上海市法学会、上海市各级法院、上海市相关司法机关等单位的专家学者和实务工作者出席了会议，现场出席的有120 余人，线上参加和聆听会议的达万余人。

2022 年中国共产党第二十次全国代表大会召开，会议通过了《高举中国特色社会主义伟大旗帜 为全面建设社会主义现代化国家而团结奋斗》的报告。报告强调"坚持全面依法治国，推进法治中国建设。……加强重点领域、新兴领域、涉外领域立法，统筹推进国内法治和涉外法治，以良法促进发展、保障善治。推进科学立法、民主立法、依法立法，统筹立改废释纂，增强立法系统性、整体性、协同性、时效性。"在此背景下，中国人民银行发布了《金融稳定法（草案征求意见稿）》，中国银保监会发布了《银行业监督管理法（修订草案征求意见稿）》。这两部法律草案的发布引起了我国金融法学界的广泛关注和深入讨论。

2021 年至 2022 年研究会的广大会员、专家学者在继续做好防疫工作的同时，认真开展金融法，特别是相关立法和修法的研究，在线上线下开展了系列的会议和活动。特别是围绕着《金融稳定法（草案征求意见稿）》《银行业监督管理法（修订草案征求意见稿）》和相关金融法修订草案的进一步完善，召开了多次研讨会和专题论证会，许多专家学者积极参加不同阶段的相关活动，多次向法律起草部门提出起草和完善建议，受到了相关部门的高度评价。此外，各界还就金融监管、数字金融、各项金融法规的实施与完善等进行了多方面的研讨。

2021 年年会，研究会共收到论文 73 篇；2022 年年会，研究会共收到论文 86 篇。这些论文主要涉及金融法的制定与修改、金融监管的加强与完善、数字金融与金融科技研究、金融法规实施等几个主要方面。年会结束后，研究会学术委员会组织各位学术委员对论文进行了匿名投票评选，并按照得票数量分段确定了各级奖项。2021 年评出一等奖论文 1 篇，二等奖论文 3 篇，三等奖论文 11 篇；2022 年评出一等奖论文 1 篇，二等奖论文 2 篇，三等奖论文 18 篇。其中，3 篇论文已经在其他渠道发表，编入《金融法学家》第十二辑的论文共 33 篇，全部论文经学术委员会按照要求进行重新编辑后交付出版。这些论文是两年来研究会优秀研究成果的主要代表，希望它的出版有益于充分的学术交流。

中国银行法学研究会会长　王卫国
2023 年 7 月 12 日

目录
Contents

━━━━━━ 第一篇　金融立法的热点问题 ━━━━━━

第二篇　金融监管的完善研究

第三篇　数字金融的法律问题

2021—2023 年金融法研究成果综述

中国银行法学研究会学术委员会[*]

2021 年 6 月—2023 年 3 月，在理论界与实务界的共同努力之下，我国金融法的研究取得了丰硕的成果。为了使这些成果得以更为广泛地传播和被了解，我们尽可能就近两年来具有代表性的研究成果进行系统性的整理和综述，希望能够对大家了解 2021—2023 年度金融法研究的总体概况有所帮助。但是，由于我们收集手段和认识水平的局限性，某些重要的研究成果可能未能找到，对于已经收集的成果在理解和介绍上也可能存在许多不足之处。对此，希望各位专家学者能够予以谅解，也请各位读者及时地给予批评和指正。

一、主要研究成果

（一）金融法总论部分

【教材类研究成果】

1. 高晋康主编：《经济法》（第 10 版），西南财经大学出版社 2022 年版。

2. 朱崇实、刘志云主编：《金融法》（第 5 版），法律出版社 2022 年版。

【专著类研究成果】

1. 王卫国主编：《民商法金融法前沿新探》，中国政法大学出版社 2022 年版。

2. 岳彩申、盛学军主编：《经济法论坛》（第 26 卷），法律出版社 2021 年版。

3. 岳彩申、盛学军主编：《经济法论坛》（第 27 卷），法律出版社 2021 年版。

4. 李有星：《金融法研究》，浙江大学出版社 2022 年版。

5. 王煜宇：《新型农村金融机构法律制度研究：基于法经济学的分析范式》，法律出版社 2022 年版。

6. 沈伟：《金融制裁和反制裁法理研究》，上海交通大学出版社 2022 年版。

7. 吴晓灵、陆磊主编：《中国金融政策报告 2022》，中国金融出版社 2022

---

* 本综述由刘少军教授组织中国政法大学研究生梁书达、王悦帆、比鹤、赵洋、侍谨敏、朱翰韵、李凡诗、刘辰等进行共同整理，任晓楠对本综述的全文进行了统一编辑。在本书出版的过程中，苏雅拉图按照出版社要求对全部入选论文进行了初步编辑。

年版。

8. 吴晓灵、丁安华等：《平台金融新时代：数据治理与监管变革》，中信出版社 2021 年版。

9. 吴弘主编：《金融法律评论 2021 上半年卷：总第 12 卷》，法律出版社 2022 年版。

10. 吴弘主编：《金融法律评论 2021 下半年卷：总第 13 卷》，法律出版社 2022 年版。

11. 季立刚主编：《中国金融法治前沿报告 2019—2020》，法律出版社 2021 年版。

【论文类研究成果】

1. 伏军：《构建科学先进的金融处置制度》，载《中国银行保险报》2021 年 6 月 15 日，第 1 版。

2. 郭雳：《金融危机后美国私募基金监管的制度更新与观念迭代》，载《比较法研究》2021 年第 6 期。

3. 郭雳、彭雨晨：《中国地方金融监管法治化研究——基于国家治理现代化的视角》，载《国家现代化建设研究》2022 年第 4 期。

4. 杨松：《新金融监管体制下央地监管权关系再审思》，载《法学评论》2022 年第 6 期。

5. 马荣伟：《徒法不足以自行——落实〈理财公司内部控制管理办法〉的思考》，载《金融博览》2022 年第 20 期。

6. 邓建鹏、张夏明：《加快补齐金融法治短板 完善金融治理体系》，载《中国农村金融》2022 年第 6 期。

7. 刘道远、刘雅洁：《习近平资本市场法治观研究论纲》，载《河南师范大学学报（哲学社会科学版）》2022 年第 6 期。

8. 王煜宇、张霞：《风险防控视角下的民间借贷司法信息供给路径》，载《民间法》2021 年第 4 期。

9. 邢会强：《中国金融法治建设这十年》，载《金融博览》2022 年第 11 期。

10. 邢会强：《金融法的未来：金融法内部结构之变动趋势展望》，载《法学评论》2022 年第 5 期。

11. 邢会强：《市场型金融创新法律监管路径的反思与超越》，载《现代法学》2022 年第 2 期。

12. 邢会强、姜帅：《数字经济背景下我国金融控股公司信息共享机制的完善》，载《金融评论》2021 年第 6 期。

13. 蓝寿荣、李圣瑜：《民间借贷超高利息的司法裁决问题——对中国裁判文书网 2016—2019 年发布的 165 份民间借贷裁判文书进行的分析》，载《私法》

2022 年第 2 期。

14. 任自力:《金融消费者与消费者、投资者的关系界分》,载《中国政法大学学报》2021 年第 6 期。

15. 任自力、刘佳:《论金融机构适当性义务的理论基础与规则完善》,载《中南大学学报(社会科学版)》2021 年第 5 期。

16. 任自力:《金融机构适当性义务的规范逻辑》,载《法律适用》2022 年第 2 期。

17. 马文洁、邓建鹏:《信任机制演进下的金融交易特点与规制路径探索》,载《广西警察学院学报》2021 年第 4 期。

18. 李蕊:《中国农地金融法治化进路研究》,载《江西社会科学》2022 年第 10 期。

19. 黄震、施凯雯:《完善法律建设 为监管科技提供长效保障》,载《中国农村金融》2022 年第 22 期。

20. 沈伟、陈睿毅:《中美金融"脱钩"和"再挂钩"的逻辑与应对——一个反制裁的视角》,载《东南大学学报(哲学社会科学版)》2022 年第 3 期。

21. 沈伟:《金融创新三元悖论和金融科技监管困局:以风险为原点的规制展开》,载《中国法律评论》2022 年第 2 期。

22. 吴晓灵、丁安华:《金融科技公司国际监管的经验借鉴》,载《财富时代》2022 年第 1 期。

23. 吴晓灵、丁安华:《如何监管金融科技公司》,载《财富时代》2021 年第 11 期。

24. 吴晓灵:《平台金融科技公司监管研究》,载《清华金融评论》2021 年第 7 期。

25. 吴晓灵:《见证中国承诺经常项目可兑换》,载《中国金融》2021 年第 Z1 期。

26. 吴晓灵:《服务中国经济全球化发展 协同推进价格和数量机制的外汇管理改革》,载《中国外汇》2021 年第 13 期。

27. 吴晓灵:《平台金融科技公司应如何监管?》,载《新财富》2021 年第 12 期。

28. 潘修平、于晓琪:《通谋虚伪规则在金融领域的适用——以(2020)京民终 36 号判决为例》,载《中国邮电大学学报(社会科学版)》2023 年第 1 期。

29. 潘修平:《金融消费者权益保护中的关键问题——〈银行保险机构消费者权益保护管理办法(征求意见稿)〉完善建议》,载《民主与法制时报》2022 年 6 月 14 日,第 3 版。

30. 王斐民:《金融机构破产综合立法的体系研究》,载《中国政法大学学报》2021年第4期。

31. 强力、卢一凡:《论领域法学思维在金融司法中的适用》,载《证券法苑》2021年第3期。

32. 吴弘、许国梁:《营造上海金融法治试验区的思考》,载《上海经济》2021年第5期。

33. 王怀勇、王鹤翔:《国有金融机构穿透式管理之见疑》,载《现代经济探讨》2022年第3期。

34. 王怀勇、邓若翰:《算法时代金融公平的实现困境与法律应对》,载《中南大学学报(社会科学版)》2021年第3期。

35. 岳彩申:《新发展 新举措 新成就 我看金融审判这十年》,载《中国审判》2022年第13期。

36. 阳建勋:《金融公平视角下股权众筹的规制逻辑与路径选择》,载《福建江夏学院学报》2021年第2期。

37. 李有星、潘政:《"条块关系"视角下地方金融监管双重领导体制构建》,载《治理研究》2023年第1期。

38. 刘少军:《走出中国特色金融法治之路》,载《经济》2021年第12期。

(二) 银行法部分

【教材类研究成果】

暂无

【专著类研究成果】

1. 廖振中、高晋康:《〈民法典〉时代商业银行的法律风险防范:合同条款设计与风控操作要点》,法律出版社2021年版。

2. 刘少军:《货币法学研究》,中国政法大学出版社2022年版。

【论文类研究成果】

1. 苏洁澈:《金融危机干预措施的合宪性审查——英美处置破产银行及启示》,载《政法论坛》2021年第4期。

2. 苏洁澈:《银行风险处置中的"公平审判"原则——欧洲经验及启示》,载《云南社会科学》2021年第4期。

3. 苏洁澈:《破产银行处置成本分担论》,载《厦门大学学报(哲学社会科学版)》2022年第5期。

4. 刘福寿:《坚守合规理念 筑牢发展根基》,载《中国银行业》2021年第9期。

5. 刘福寿:《坚定信心 全力提升金融服务实体经济质效》,载《中国银行业》2022 年第 8 期。

6. 刘福寿：《深入推进金融业高水平对外开放》，载《中国银行业》2022 年第 12 期。

7. 伏军：《如何防止合法银行沦为犯罪工具》，载《上海法治报》2022 年 7 月 22 日，第 B07 版。

8. 刘志云、史欣媛：《新发展理念与〈商业银行法〉的修改》，载《财经法学》2021 年第 4 期。

9. 邢会强：《银行间债券市场虚假陈述民事责任纠纷的法律适用》，载《多层次资本市场研究》2022 年第 2 期。

10. 赵磊：《数字货币的类型化及其法律意义》，载《学海》2022 年第 5 期。

11. 刘广明、刘帅：《绿色信贷"政策驱动"模式的检讨与优化》，载《潍坊学院学报》2022 年第 4 期。

12. 黄震：《数字人民币引领全球性变革》，载《中国经济评论》2021 年第 6 期。

13. 沈伟：《存款保险制度的功能及其制度设计》，载《上海经济研究》2021 年第 6 期。

14. 沈伟、靳思远：《美元等级体系下的汇率低估反补贴制度、实践及应对》，载《云南社会科学》2022 年第 6 期。

15. 沈伟、董玉莹：《商业银行资管业务的监管套利难题——以比例原则为方法》，载《广西财经学院学报》2022 年第 3 期。

16. 沈伟、靳思远：《信用货币制度、数字人民币和人民币国际化——从"数字钱包"到"多边央行数字货币桥"》，载《上海经济研究》2022 年第 6 期。

17. 沈伟、胡耀辉：《贸易摩擦的货币逻辑：美国汇率反补贴新规的变化、缘起和影响》，载《国际贸易》2022 年第 3 期。

18. 潘修平：《银行业金融机构应当建立有效的国别风险管理体系——〈银行业金融机构国别风险管理办法（征求意见稿）〉修改完善建议》，载《民主与法制时报》2022 年 12 月 27 日，第 3 版。

19. 潘修平：《应注意与其他法律法规进行有效衔接——〈银行保险机构关联交易管理办法（征求意见稿）〉修改建议》，载《民主与法制时报》2021 年 7 月 20 日，第 4 版。

20. 季立刚：《处置村镇银行风险须以法治化方式实施》，载《上海法治报》2022 年 7 月 22 日，第 B07 版。

21. 高丝敏：《商业银行的公司治理为什么特殊?》，载《中国银行业》2021

年第 2 期。

22. 杨为乔：《虚拟货币监管面临新难题》，载《董事会》2021 年第 6 期。

23. 刘少军：《货币流通效力与保证金关系的独立性》，载《清华金融评论》2022 年第 5 期。

24. 邓建鹏：《虚拟货币交易乱象的法律规制研究》，载《人民论坛》2021 年第 29 期。

25. 张祎宁、潘杜敏、邓建鹏：《虚拟货币反洗钱的境外实践及其对中国的启示》，载《团结》2022 年第 4 期。

26. 邓建鹏、马文洁：《虚拟货币整治的法治思考与优化进路——兼论对金融科技的"禁令型"监管》，载《陕西师范大学学报（哲学社会科学版）》2022 年第 3 期。

27. 邓建鹏、李铖瑜：《美国对虚拟货币证券性质的认定思路及启示——以 SEC 诉瑞波币为视角》，载《新疆师范大学学报（哲学社会科学版）》2022 年第 1 期。

28. 马杨、杨东：《数字货币研究的全景补齐：财政应用数字货币的分析框架》，载《国际经济评论》2023 年第 2 期。

29. 吴弘、钱尘：《我国贷款人环境法律责任制度的构建与探索》，载《金融理论与实践》2021 年第 11 期。

（三）信托法部分

【教材类研究成果】

暂无

【专著类研究成果】

1. 刘佳：《经济法视野下的公益信托制度研究》，法律出版社 2022 年版。

【论文类研究成果】

1. 席月民：《数据安全：数据信托目的及其实现机制》，载《法学杂志》2021 年第 9 期。

2. 许多奇：《论全周期视野下私募基金管理人的信义义务》，载《武汉大学学报（哲学社会科学版）》2022 年第 5 期。

3. 郭雳、彭雨晨：《新发展格局下资管业务管理人信义义务研究》，载《江汉论坛》2021 年第 7 期。

4. 刘燕、邹星光：《信托与大资管的关系——日本实践的启示》，载《证券法苑》2021 年第 3 期。

5. 邢会强：《数据控制者的信义义务理论质疑》，载《法制与社会发展》2021 年第 4 期。

6. 吴弘、陆瑶：《论契约型私募基金强制清算的制度建构》，载《金融发展研究》2022 年第 6 期。

7. 倪受彬、黄宇宏：《信托财产权结构探析——以所有权为主要分析对象》，载《上海对外经贸大学学报》2022 年第 1 期。

8. ［美］马克斯·M. 尚岑巴赫、罗伯特·H. 西特科夫：《信托信义义务履行与社会责任实现的平衡：受托人 ESG 投资的法经济学分析》，倪受彬、叶嘉敏译，载《证券法苑》2021 年第 4 期。

（四）证券法部分

【教材类研究成果】

暂无

【专著类研究成果】

1. 邢会强编著：《证券法一本通：中华人民共和国证券法总成》（第 2 版），法律出版社 2022 年版。

2. 安秀梅、何聪主编：《数字证券研究报告（2021）》，经济科学出版社 2022 年版。

【论文类研究成果】

1. 李有星、周冰：《短线交易条款的功能定位与适用规则重构》，载《苏州大学学报（法学版）》2022 年第 2 期。

2. 李有星、侯凌霄：《注册制下重大违法强制退市制度的困境与破解》，载《证券市场导报》2021 年第 10 期。

3. 浙江大学课题组李有星：《中小投资者保护工作效果评估和制度完善研究——以投服中心为例》，载《投资者》2021 年第 2 期。

4. 杨为乔：《一个"更正"让这家公司陷入被动》，载《董事会》2023 年第 Z1 期。

5. 郭雳、吴韵凯：《虚假陈述案件中证券服务机构民事责任承担再审视》，载《法律适用》2022 年第 8 期。

6. 郭雳、武鸿儒、李胡兴：《注册制改革下招股说明书信息披露质量提升建议》，载《证券市场导报》2023 年第 1 期。

7. 郭雳：《全面注册制须强化投资者保护》，载《经济日报》2023 年 2 月 25 日，第 5 版。

8. 杨松、刘竹：《中介机构虚假陈述责任的理论反思、实践困境与规则重构》，载《河北学刊》2023 年第 2 期。

9. 刘燕、邹星光：《私募股权基金退出环节的利益冲突与法律规制——从春华投资贱卖蚂蚁股权风波切入》，载《经贸法律评论》2021 年第 3 期。

10. 冯果、贾海东：《资产支持证券欺诈发行纠纷裁判路径检讨——以管理人的角色和责任承担为中心》，载《法学论坛》2023 年第 1 期。

11. 冯果、熊予晴：《证券纠纷特别代表人诉讼制度的发展与完善》，载《长江论坛》2022 年第 5 期。

12. 冯果、吕佳欣：《绿色债券募集资金用途异化的法律防范——以信息披露制度完善为中心》，载《河北法学》2022 年第 11 期。

13. 冯果、王奕：《信用评级机构违反注意义务的认定标准——兼评杭州中院五洋债案》，载《中南民族大学学报（人文社会科学版）》2022 年第 2 期。

14. 冯果：《夯实资本市场诚信建设的法治基石》，载《证券法苑》2021 年第 4 期。

15. 彭冰：《证券特别代表人诉讼第一案述评——关于康美药业虚假陈述案的程序性分析》，载《金融法苑》2022 年第 1 期。

16. 彭冰：《证券虚假陈述民事赔偿中的因果关系——司法解释的新发展评析》，载《法律适用》2022 年第 5 期。

17. 李志刚等：《证券虚假陈述纠纷中独立董事的赔偿责任：案例、法理与制度完善》，载《人民司法》2022 年第 1 期。

18. 彭冰：《解构证券虚假陈述的民事赔偿制度——从先行赔付到投资者补偿基金》，载《商法届论集》2021 年第 1 期。

19. 万国华、聂凤玲：《我国证券律师勤勉尽责义务认定思路反思及完善——基于十一起证券律师未勤勉尽责追责案例的考察》，载《中国证券期货》2022 年第 3 期。

20. 王秋艳、万国华：《我国证券发行注册制改革反思——发行与交易、证监会与证交所关系亟待厘清》，载《开放导报》2023 年第 1 期。

21. 洪艳蓉：《论碳达峰碳中和背景下的绿色债券发展模式》，载《法律科学（西北政法大学学报）》2022 年第 2 期。

22. 洪艳蓉：《公司债券法制的统一及实现》，载《中国金融》2021 年第 22 期。

23. 洪艳蓉：《基础设施 REITs 的法律解构与风险规制》，载《证券法苑》2021 年第 1 期。

24. 洪艳蓉：《基础设施 REITs 融资中资产方的身份转换与权利限制》，载《中国法律评论》2021 年第 4 期。

25. 邢会强：《资本市场看门人理论在我国的适用困境及其克服》，载《政法论坛》2022 年第 6 期。

26. 邢会强：《证券律师注意义务之边界》，载《商业经济与管理》2021 年第

9 期。

27. 邢会强：《证券中介机构法律责任配置》，载《中国社会科学》2022 年第 5 期。

28. 邢会强：《上市公司非公开发行股票中券商的勤勉尽责标准与民事责任》，载《法律适用》2022 年第 8 期。

29. 邢会强：《上市公司虚假陈述行政处罚内部责任人认定逻辑之改进》，载《中国法学》2022 年第 1 期。

30. 邢会强、宋旭博、王静：《我国台湾地区财务造假案件中的审计师民事责任——以远东航空财务造假等案为例》，载《中国注册会计师》2021 年第 12 期。

31. 邢会强：《证券市场虚假陈述中的勤勉尽责标准与抗辩》，载《清华法学》2021 年第 5 期。

32. 赵磊：《债券虚假陈述中会计师事务所的法律责任》，载《中国会计报》2021 年 7 月 16 日，第 3 版。

33. 赵磊、孙恺恺：《债券市场欺诈发行的认定及法律适用纠偏》，载《金融市场研究》2021 年第 8 期。

34. 赵磊、于晗：《债券受托管理人诉讼地位的法理困境》，载《债券》2021 年第 6 期。

35. 沈伟、林大山：《激励约束视角下的特别代表人诉讼制度——以新〈证券法〉为背景》，载《证券法苑》2021 年第 1 期。

36. 沈伟、沈平生：《注册制视阈下我国"看门人"职责的厘清与配置》，载《投资者》2021 年第 3 期。

37. 沈伟、沈平生：《注册制改革背景下中介机构勤勉尽责责任研究——"看门人"理论的中国版本和不足》，载《洛阳理工学院学报（社会科学版）》2021 年第 3 期。

38. 潘修平：《股票质押式回购交易及其违约处置》，载王卫国主编：《民商法金融法前沿新探》，中国政法大学出版社 2022 年版。

39. 吴弘、钱尘：《公开股份私募投资合规之构建——以中小股东利益保护为视角》，载《兰州财经大学学报》2021 年第 5 期。

40. 吴弘、吕志强：《债券承销商虚假陈述侵权行为认定机制探析》，载《证券法苑》2021 年第 2 期。

41. 吴弘、陆瑶：《证券服务机构虚假陈述赔偿责任的实证分析与要件回归》，载《投资者》2021 年第 3 期。

42. 朱大旗、陈鹏：《反欺诈论下泄露型内幕交易推定的适用及其限度》，载《法律适用》2022 年第 4 期。

43. 季立刚、张天行：《"双碳"背景下我国绿色证券市场 ESG 责任投资原则构建论》，载《财经法学》2022 年第 4 期。

44. 史淑梅、王钟萍、杨东：《资信评级机构注意义务的认定标准与责任分配》，载《金融市场研究》2023 年第 1 期。

45. 高丝敏：《论个人破产"看门人"制度的构建》，载《法治研究》2022 年第 4 期。

46. 高丝敏：《论股东赋权主义和股东赋能的规则构造 —— 以区块链应用为视角》，载《东方法学》2021 年第 3 期。

47. 高丝敏：《论破产重整中信息披露制度的建构》，载《山西大学学报（哲学社会科学版）》2021 年第 3 期。

48. 高丝敏：《破产法的指标化进路及其检讨——以世界银行"办理破产"指标为例》，载《法学研究》2021 年第 2 期。

49. 王怀勇、钟文财：《统一化与差异化：债券市场内幕交易规制的困境与法制进路》，载《证券市场导报》2020 年第 12 期。

50. 王怀勇、邓若翰：《算法趋同风险：理论证成与治理逻辑——基于金融市场的分析》，载《现代经济探讨》2021 年第 1 期。

51. 李仁真、杨心怡：《亚投行气候融资规则构建的动因、路径及特点》，载《湖北社会科学》2022 年第 3 期。

52. 李仁真、戴悦：《蓝色债券的目标、原则与发展建议》，载《环境保护》2021 年第 15 期。

53. 李仁真、杨凌：《监管尊从：跨境证券监管合作新机制》，载《证券市场导报》2021 年第 7 期。

54. 申晨、李仁真：《金融科技的消费者中心原则：动因、理论及建构》，载《消费经济》2021 年第 1 期。

55. 刘春彦、林义涌：《资本市场操纵行为认定的欧盟经验与启示》，载《证券法苑》2021 年第 2 期。

（五）保险法部分

【教材类研究成果】

暂无

【专著类研究成果】

1. 印通：《机动车强制保险赔偿制度研究——兼论智能机动车强制保险的变革与展望》，法律出版社 2021 年版。

2. 高歌、任自力主编：《保险法学的新方向》，东南大学出版社 2022 年版。

【论文类研究成果】

1. 陈景善、郐俊辉：《保险合同任意解除中的第三人保护检视》，载《保险研究》2021 年第 11 期。

（六）其他部分

【教材类研究成果】

暂无

【专著类研究成果】

1. 郭敬：《扇形统合——县域金融治理的权力运行研究》，法律出版社 2021 年版。

2. 岳彩申主编：《金融控股公司法律问题研究》，法律出版社 2022 年版。

3. 岳彩申、孙磊主编：《消费金融个人信息保护法律问题研究》，中国民主法制出版社 2022 年版。

4. 盛学军等：《金融产品网络销售的商业实践与法律逻辑》，法律出版社 2022 年版。

5. 杨东、徐星予：《数字经济理论与治理》，中国社会科学出版社 2021 年版。

【论文类研究成果】

1. 许多奇：《论数字金融规制的法律框架体系》，载《荆楚法学》2021 年第 1 期。

2. 许多奇：《论新发展理念下监管科技法治化的融合路径》，载《东方法学》2023 年第 2 期。

3. 郭雳：《数字化时代个人金融数据治理的"精巧"进路》，载《上海交通大学学报（哲学社会科学版）》2022 年第 5 期。

4. 黎四奇、李琴琴：《金融科技下"沙盒监管"的命题辨析：一个批判的视角》，载《法治社会》2021 年第 5 期。

5. 黎四奇、杨林：《大数据金融语境下金融数据安全保障的法律探究》，载《经济法论丛》2022 年第 1 期。

6. 刘燕：《从合同之治到商法之治——简评我国场外衍生品入法的模式创新》，载《清华金融评论》2022 年第 6 期。

7. 冯果、贾海东：《论金融稳定取向下的公司监督权配置改革——以公司法和金融稳定法的联动修改为视角》，载《中国政法大学学报》2022 年第 5 期。

8. 邢会强：《个人金融信息保护法的定位与定向》，载《当代法学》2022 年第 3 期。

9. 李爱君：《论区块链的金融监管价值——以金融科技创新为视角》，载《西北工业大学学报（社会科学版）》2022 年第 1 期。

10. 邓建鹏、张夏明：《稳定币 USDT 的风险及其规制对策》，载《经济社会体制比较》2021 年第 6 期。

11. 邓建鹏、张夏明：《稳定币的内涵、风险与监管应对》，载《陕西师范大学学报（哲学社会科学版）》2021 年第 5 期。

12. 邓建鹏、马文洁：《优化营商环境建设，完善个人征信法治化监管》，载《民主与科学》2021 年第 3 期。

13. 邓建鹏、陈宁慧：《区块链在数字身份与资产上的应用价值》，载《团结》2021 年第 3 期。

14. 张祎宁、邓建鹏：《元宇宙金融的风险与监管应对》，载《民主与科学》2022 年第 6 期。

15. 邓建鹏、张祎宁：《警惕资本炒作 防范 NFT 金融风险》，载《中国农村金融》2022 年第 20 期。

16. 邓建鹏：《元宇宙金融规制理论》，载《财经法学》2022 年第 5 期。

17. 邓建鹏：《NFT：数字艺术品的权利凭证》，载《中国拍卖》2022 年第 7 期。

18. 邓建鹏、马滢滢：《NFT 拍卖的法律风险及其防范》，载《中国拍卖》2022 年第 7 期。

19. 邓建鹏、李嘉宁：《数字艺术品的权利凭证——NFT 的价值来源、权利困境与应对方案》，载《探索与争鸣》2022 年第 6 期。

20. 邓建鹏：《个人征信业监管政策改革的法制思考》，载《暨南学报（哲学社会科学版）》2022 年第 4 期。

21. 邓建鹏：《个人征信准入管制困境与法治应对》，载《南昌大学学报（人文社会科学版）》2022 年第 2 期。

22. 邓建鹏、张祎宁：《非同质化通证的法律问题与应对思考》，载《民主与科学》2022 年第 2 期。

23. 邓建鹏：《元宇宙及其未来的规则治理》，载《人民论坛》2022 年第 7 期。

24. 邓建鹏、张夏明：《区块链金融司法治理的困境及其化解——以稳定币相关司法文书为视角》，载《武汉大学学报（哲学社会科学版）》2023 年第 2 期。

25. 邓建鹏、马文洁：《加密资产司法救济的障碍与化解路径——以首例比特币仲裁撤销案为视角》，载《陕西师范大学学报（哲学社会科学版）》2023 年第 1 期。

26. 邓建鹏：《元宇宙经济的法律风险及其规制》，载《电子政务》2023 年第 1 期。

27. 沈伟：《数字经济时代的区块链金融监管：现状、风险与应对》，载《人民论坛·学术前沿》2022 年第 18 期。

28. 潘修平：《应明确商业汇票转贴现规则——〈商业汇票承兑、贴现与再贴现管理办法（征求意见稿）〉的亮点及完善》，载《民主与法制时报》2022 年 1 月 25 日，第 3 版。

29. 王斐民、崔文涛：《贸易金融区块链平台的法治保障》，载《青岛农业大学学报（社会科学版）》2021 年第 4 期。

30. 胡光志、苟学珍：《数字经济的地方法治试验：理论阐释与实践路径》，载《重庆大学学报（社会科学版）》2022 年第 6 期。

31. 强力：《数字经济与数字人民币及其法律问题》，载《人民法治》2021 年第 6 期。

32. 王频、陈云良：《数字经济时代金融消费者保护新范式——基于监管沙盒模式的展开》，载《科学决策》2023 年第 1 期。

33. 杨东、高清纯：《双边市场理论视角下数据交易平台规制研究》，载《法治研究》2023 年第 2 期。

34. 杨东、梁伟亮：《重塑数据流量入口：元宇宙的发展逻辑与规制路径》，载《武汉大学学报（哲学社会科学版）》2023 年第 1 期。

35. 侯晨亮、杨东：《平台剥削用户数据的形态、成因及规制》，载《中国特色社会主义研究》2022 年第 Z1 期。

36. 杨东、陈思源：《推动数字经济规范健康发展》，载《中国经济评论》2022 年第 11 期。

37. 杨东、梁伟亮：《论元宇宙价值单元：NFT 的功能、风险与监管》，载《学习与探索》2022 年第 10 期。

38. 赵秉元、杨东：《构建促进数据要素市场化配置的数据产权制度》，载《中国国情国力》2022 年第 9 期。

39. 杨东：《"以链治链"：面向元宇宙的区块链司法科技范式革命》，载《中国应用法学》2022 年第 6 期。

40. 杨东、乐乐：《元宇宙数字资产的刑法保护》，载《国家检察官学院学报》2022 年第 6 期。

41. 杨东、高一乘：《论"元宇宙"主体组织模式的重构》，载《上海大学学报（社会科学版）》2022 年第 5 期。

42. 杨东、高一乘：《应对元宇宙挑战：数据安全综合治理三维结构范式》，载《行政管理改革》2022 年第 3 期。

43. 梅夏英：《数据交易的法律范畴界定与实现路径》，载《比较法研究》

2022 年第 6 期。

44. 梅夏英、曹建峰：《从信息互联到价值互联：元宇宙中知识经济的模式变革与治理重构》，载《图书与情报》2021 年第 6 期。

45. 关蕴珈、李仁真：《数字欧元的提出及其前景预测》，载《学术探索》2022 年第 11 期。

二、主要学术观点

（一）金融法总论部分

【教材类研究成果】

1.《经济法》（第 10 版）

本书中否定了经济法只是调整经济关系的法律的观点，从更为广义的视角上对经济法进行理解，将所有调整国家宏观经济管理过程中所发生的社会关系的法律规范均纳入经济法之中，认为经济法是对社会主义市场经济关系进行整体、系统、全面、综合调整的一个法律部门。本书不局限于狭义经济法的范畴，在内容安排上遵循民法—商法—狭义经济法的逻辑顺序来叙述，由导论、民法、商法、部门经济法四部分构成，内容丰富，结构合理。

2.《金融法》（第 5 版）

本书第 5 版具有以下特点：第一，包容性。除了我国金融法的基本概念和制度外，本书还结合国际条约和协定对国外金融法律制度进行了介绍。第二，实践性。为同时提高读者对理论与实践的了解，本书设有大量典型司法案例与相关思考题。第三，前瞻性。本书对金融科技等前沿理论、实践趋势和立法动态进行研讨和阐发，以回应互联网金融崛起与迅猛发展的现状。

【专著类研究成果】

1.《民商法金融法前沿新探》

本书旨在以论文集的形式展现中国当代民商法和金融法领域的理论与实务的前沿问题，将法学理论同当下社会热点相结合，解决实务中存在的问题。包括财产与人格制度前沿、破产与重整制度前沿、金融与证券制度前沿三部分。每个部分均细致研究了相关领域内的热点问题以及学术难点，比如在财产与人格制度前沿部分，本书主要研究了动产与不动产担保制度的现状与改革路径、国有企业职工持股规范、区块链合约的合同法基础、人格标志商业利用的民事救济等问题，将民商法金融法理论与社会现状和技术发展趋势相结合，借助民商法与金融法的融合思维对部分前沿法律问题提出解决方案。

2.《经济法论坛》（第 26 卷）

本卷由"经济法基础理论""反不正当竞争法""财税法""金融法""企业与劳动法""环资法"六个专题组成。在文章选择上，本卷秉持着学术性、实践性和开放性的宗旨，致力于为广大经济法理论与实务工作者展示学术研究成果和进行学术交流提供更加广阔的平台，坚持"百花齐放，百家争鸣"的方针，以关注民生、跟踪理论前沿、服务法治实践作为基本追求。本卷涉及跨境经济合作区的多层级法律治理、个人信息保护法背景下消费者个人信息保护、反不正当电商平台的虚假信息发布负外部性治理路径优化、金融申诉专员机构设立方式的类型化研究等诸多金融法热门问题，兼具学术性和实践意义。

3. 《经济法论坛》（第 27 卷）

本卷由"经济法基础理论""反不正当竞争法""财税金融法""人工智能与公司法""土地法""国际经济法"六个专题组成。在文章选择上，本卷秉持着学术性、实践性和开放性的宗旨，致力于为广大经济法理论与实务工作者展示学术研究成果和进行学术交流提供更加广阔的平台，坚持"百花齐放，百家争鸣"的方针，以关注民生、跟踪理论前沿、服务法治实践作为基本追求。在本卷中，包括反不正当竞争法视野下竞争关系的新定位、我国公平基金制度的理论基础与方案设计、"一带一路"沿线国际商事法院兴起的挑战与应对等文章。本卷内容充实，学术性和实践性强，许多文章都是针对重大理论和实践问题的优秀作品。

4. 《金融法研究》

我国经济金融经过几十年的发展，银行、证券、保险、信托、基金等金融领域的法治水平不断提高，金融立法、司法、执法机构和金融监管也在不断完善，专门的金融法庭也得以设立。在金融法治基础建设随之提升的同时，金融法、证券法等课程也已成为大部分法学院的课程。金融领域的监管执法、调查、诉讼、起诉、辩护等理论需求持续增长，对金融规则法律人才的需求不断增加，但是由于金融法治理论包含金融、法律等交叉学科知识，我国对金融法治理论的研究还远远不够，金融法治理论人才培养远远不够。本书希望以此为契机，推动更多学者开展金融法治理论研究，为金融法治培养更多顶尖人才。

5. 《新型农村金融机构法律制度研究：基于法经济学的分析范式》

《新型农村金融机构法律制度研究：基于法经济学的分析范式》包括以下研究内容：一是明确农村金融机构法律制度的理论渊源；二是明确农村金融机构的法律关系构成及其相互作用机理；三是充分考虑新型农村金融机构法律制度的形成和发展演变；四是深入分析新型农村金融机构法律制度的供求关系；五是科学诊断新型农村金融机构法律制度问题；六是介绍域外农村金融机构法制改革的经验；七是从制度供给的角度，总结新型农村金融机构供给侧结构性改革的方向系统性制度方案和立法建议稿。

6. 《金融制裁和反制裁法理研究》

和以往中美贸易摩擦不同，2018 年开始的中美贸易摩擦从贸易领域向投资和金融领域蔓延，出现了金融制裁。本书以合法性、正当性和有效性为视角，检视美国发动金融制裁的优势、工具、国内法基础及其实施机制，以及被制裁国可以采取的应对措施。

7. 《中国金融政策报告 2022》

本报告主要分为四个部分。第一部分是主题报告与专题文章，构成了报告的上篇。下篇为"2021 年度中国金融政策动态"模块，由第二、第三和第四部分构成。第二部分是 2021 年的"宏观金融政策"，第三部分是 2021 年的"主要金融市场发展政策"，第四部分是 2021 年的"主要金融监管政策"。此外，本报告还以"专栏"形式，反映了中国金融政策的相关热点。

8. 《平台金融新时代：数据治理与监管变革》

本书聚焦于金融科技公司的监管问题和数据治理问题，致力于构建我国的金融科技监管和数据治理体系，更好地推动平台金融企业发展。本书梳理了我国金融科技的发展轨迹，对其背后的商业逻辑进行了分析，研究了当前金融科技业态存在的平台垄断问题、信用风险问题、系统性风险和算法伦理等问题。

9. 《金融法律评论 2021 上半年卷：总第 12 卷》

本书主要分为三个部分，一是"期货立法研究"，包括期货法对证券衍生品归属调整的思考、期货法基本原则的选取、期货结算主要法律问题研究、我国期货争议解决机制的多维建构等。二是"上海国际金融中心法治环境"，分为《民法典》编纂、成文法传统与全球资管中心建设、上海自贸试验区临港新片区跨境资金流动的风险防控等。三是"科创板实践与注册制完善"，如注册制背景下存量资本市场改革路径和配套机制，科创板差异化表决权制度的规则、问题与改进，科创板投资者保护与信息披露制度完善。

10. 《金融法律评论 2021 下半年卷：总第 13 卷》

本书主要包括以下几个内容：一是"银行法修订探讨"，如系统重要性银行特别监管制度的立法完善。二是"期货立法研究，包括期货跨境交易法律问题研究"等。三是"金融科技法研究"，如个人网络借贷准入规范研究。四是"碳金融法律问题"，包括试论碳排放权市场金融化的风险及法律对策等。五是"长三角金融一体化法制保障"，包括长三角区域性股权市场一体化发展的制度选择等。六是"上海国际金融中心法治环境"，如上海国际金融中心立法的绩效与提升。七是"金融犯罪惩治"，包括新类型金融机构人员违法犯罪情况分析等。八是"金融市场法治年度报告"。

11. 《中国金融法治前沿报告 2019—2020》

本书作为复旦大学中国金融法治研究院的报告成果，回顾了我国改革开放以来金融法治发展的进程，综述了 2019—2020 年中国金融法治发展的成就，并提出了金融法治发展的愿景，总报告与分报告相结合，共同展示了 2019—2020 年中国金融法治发展的现实图景。复旦大学中国金融法治研究院希望通过《中国金融法治前沿报告》的持续出版，全面、系统地反映中国金融法治发展的历程，提升金融法治理论的研究水平，回应金融发展的实践需求。

【论文类研究成果】

1.《构建科学先进的金融处置制度》

《银行保险机构恢复和处置计划实施暂行办法》是一部专门针对我国境内银行和保险机构危机应对和处置的规范性文件，是在尊重金融机构个性化选择基础上，对银行及保险机构实施有序恢复、处置的程序性规范，也是我国近年来借鉴、吸收发达国家及国际先进经验而建立的新型金融监管制度。总体上，该《暂行办法》体现出一定的亮点，但该暂行办法仅是完善金融机构处置机制的一个步骤，完善立法未来仍有很大空间。[1]

2.《金融危机后美国私募基金监管的制度更新与观念迭代》

私募股权基金的监管旨在保护投资者，防范系统性风险。投资者保护是为了规范基金与投资者的关系，而系统性风险的防范是针对基金对金融市场的外部影响。证券法的传统观念是私募基金投资者可以保护自己，这也是为什么对各类私募基金的监管一直比较宽松的原因。2008 年金融危机后，《多德-弗兰克法案》确立了新的私募基金管理人监管框架，进一步加强了行业信息的收集，其具体机制体现了以防范系统性风险为主的差异化监管特点。同时，投资者和所有市场参与者的合法权益也通过加强对私募基金管理人的监管得到更有效的保护。[2]

3.《中国地方金融监管法治化研究——基于国家治理现代化的视角》

党的十八届三中全会以来，我国进入推进国家行政现代化的重要历史时期。依法治国是实现国家治理现代化的重要途径，在这个时代背景下，地方财政管理现代化已经成为重要的组成部分，而依法监管是地方财政管理现代化实施的关键。当前，地方金融监管法治化水平有待提高，主要表现在地方金融监管体制合法性存在争议、监管体系不完善、监管权力分配不合理等方面，亟待以监管法治化理念为指导，采取短期和长期措施，消除地方金融监管体系的法治短板，填补地方金融监管和专项监管综合立法的空白。同时，完善地方金融机构规则，调整部分地方金融机构监管权力分配，优化中央和地方金融监管协调机制。[3]

---

[1] 伏军：《构建科学先进的金融处置制度》，载《中国银行保险报》2021 年 6 月 15 日，第 1 版。

[2] 郭雳：《金融危机后美国私募基金监管的制度更新与观念迭代》，载《比较法研究》2021 年第 6 期。

[3] 郭雳、彭雨晨：《中国地方金融监管法治化研究——基于国家治理现代化的视角》，载《国家现代化建设研究》2022 年第 4 期。

4.《新金融监管体制下央地监管权关系再审思》

地方金融监管是国家金融监管体系的重要组成部分,中央与地方分权背景下的地方金融监管与财政权的职能不对应,金融发展权和监管权被赋予同一权力结构,加剧了金融资源区域分布的扭曲,导致地方金融风险不断发生。2017 年后,以金融稳定委员会的成立为标志的新金融监管体制,强化了金融监管的中央权限和地方属地责任,为加强地方金融风险管理提供了新思路。应以属地责任为基础,制定全国统一的地方金融监管法,加强区域间协调机制建设,以金融管理理念推进功能性、适应性监管,实现发展权与监管权的实质性分离。建立独立监管机构,引入公平竞争把关机制。实行中央和地方金融监管相互兼容、协调配合。〔1〕

5.《徒法不足以自行——落实〈理财公司内部控制管理办法〉的思考》

银保监会于 2022 年 8 月 22 日发布了《理财公司内部控制管理办法》(以下简称《办法》)。其对《关于规范金融机构资产管理业务的指导意见》《商业银行理财业务监督管理办法》《商业银行理财子公司管理办法》等法规的原则性要求进行了细化和补充。对于理财公司的内部控制管理,《办法》的出台是一个良好的开端,但成效的关键则是如何落实与执行。因此,对《办法》落实过程中可能存在的问题进行探讨,具有现实意义。〔2〕

6.《加快补齐金融法治短板 完善金融治理体系》

2022 年全国两会期间,代表委员聚焦金融立法,为完善重要领域法律建言献策。面对日益复杂的经济形势,完善金融法治,以良法善治保障金融业稳健发展尤为重要。新的经济金融形势呼唤更完善的法律设计,完善金融法治保障体系对于打通中国经济血脉、推动金融法治行稳致远具有重要意义。〔3〕

7.《习近平资本市场法治观研究论纲》

习近平资本市场法治观是在中国资本市场法治建设和发展的基础上形成的观点系统,是中国式现代化理论体系的重要组成部分,既包含丰富的内容体系、价值体系,也有其深厚的法理基础。在思想内容上,习近平资本市场法治论述立足于新时代中国特色社会主义资本市场发展之实际,坚持在中国共产党的领导下,发挥资本市场对经济发展的支持作用,坚持以人民为中心的资本市场发展理论体系。习近平资本市场法治相关论述是指导中国未来资本市场发展的指针。从促进

---

〔1〕 杨松:《新金融监管体制下央地监管权关系再审思》,载《法学评论》2022 年第 6 期。

〔2〕 马荣伟:《徒法不足以自行——落实〈理财公司内部控制管理办法〉的思考》,载《金融博览》2022 年第 20 期。

〔3〕 邓建鹏、张夏明:《加快补齐金融法治短板 完善金融治理体系》,载《中国农村金融》2022 年第 6 期。

国际资本市场发展实践来看，习近平资本市场法治论述既是对中国改革开放以来中国资本市场实践的总结，也借鉴了国际资本市场法治建设的有益成果。[1]

8.《风险防控视角下的民间借贷司法信息供给路径》

民间借贷信息不对称导致逆向选择和道德风险，形成高利息、高成本、高风险的恶性循环。信息供给是解决信息不对称的有效途径，但民间借贷者缺乏信息公开的利益激励、金融监管部门不能充分掌握民间借贷信息，而司法信息能够客观、全面、准确地反映民间借贷状况。未来应当从以民间借贷司法信息披露机制引导民间投资、利用法院与政府部门信息交流共享机制治理民间借贷风险、发挥民间借贷信用评估机制实现信息激励功能等方面加强信息供给，加强民间借贷风险防控。[2]

9.《中国金融法治建设这十年》

党的十八大以来，党中央高度重视金融法治建设，我国的金融立法取得新的历史性成就，现代金融监管框架进一步得到完善，金融执法更加完备，金融司法更加优化，金融法治建设迈上新台阶。金融立法新成就《证券法》完成修订，进一步完善了证券市场基础制度。[3]

10.《金融法的未来：金融法内部结构之变动趋势展望》

我国以银行为主导的金融体制和以银行法为核心的金融法体系，有着复杂的历史背景。放眼未来，随着金融创新的加快、金融科技的进步、我国多层次资本市场的发展，以及《证券法》上"证券"概念的扩大，证券法会日益强大，并终将取代银行法成为金融法的核心。随着金融创新的进一步发展，证券法也将发展为金融投资商品法。总之，金融法的未来，在近期是发展强大的证券法，在远期是制定一部《金融投资商品法》。[4]

11.《市场型金融创新法律监管路径的反思与超越》

市场型金融创新凸显了规范与现实之间的冲突。无论是选择性监管路径，还是规则扩张式监管路径，抑或是以监管沙箱为代表的实验式监管路径，都不能很好地解决该冲突。以上三种路径，都是在"术"的层面上展开。为了超越以上三种路径，我国应在"道"的层面上进行理念与制度完善，即我国需要完善金融法治基础，建构金融法治哲学，制定《金融法典》或《金融法总则》，创新金融法的更新机制，创建市场型金融创新合法性裁定制度，完善市场型金融创新的

―――――――――

〔1〕 刘道远、刘雅洁：《习近平资本市场法治观研究论纲》，载《河南师范大学学报（哲学社会科学版）》2022 年第 6 期。

〔2〕 王煜宇、张霞：《风险防控视角下的民间借贷司法信息供给路径》，载《民间法》2021 年第 4 期。

〔3〕 邢会强：《中国金融法治建设这十年》，载《金融博览》2022 年第 11 期。

〔4〕 邢会强：《金融法的未来：金融法内部结构之变动趋势展望》，载《法学评论》2022 年第 5 期。

法律责任，以便进一步提升我国对市场型金融创新监管的法治化水平。〔1〕

12. 《数字经济背景下我国金融控股公司信息共享机制的完善》

《金融控股公司监督管理试行办法》第 23 条第 1 款初步确立了我国金融控股公司信息共享的基本规则，实践中"告知—知情—同意"是其基本运行框架。然而该规则仍存在很多问题。立法者应当认识到，金融控股公司集团内信息共享属于一般个人信息共享的特殊机制，应当与一般的个人信息共享区别对待。建议采用择出同意模式，放宽目的限制，促进信息的利用；限缩改革后授权模式的适用范围以及信息共享的范围，优化告知义务，明确责任规则。〔2〕

13. 《民间借贷超高利息的司法裁决问题——对中国裁判文书网 2016—2019 年发布的 165 份民间借贷裁判文书进行的分析》

本文通过分析民间借贷超高利息案件发现：法院普遍裁决超高利息折抵本金、超高利息基本存在于商业性借贷中、不少当事人预扣利息。法官依职权将超高利息裁定为折抵本金与法律规定不符。超高利息应认定为不当得利之债。法官应依据常识善意理解超高利息现象。借款人赖账行为会损及出借人利益的，可裁决超高利息直接折抵本金；区分生活性和经营性借贷的不同利率限额实际并不可行；总体利息在限额之内的预扣利息等规避行为可以接受。应对超高利息问题需尊重市场机制。民间金融法治化应遵循"民生"路径。〔3〕

14. 《金融消费者与消费者、投资者的关系界分》

金融消费者与消费者、投资者的关系存在争议。根据行为主体是否以获利为目的区分消费与投资的传统理论，以及将金融消费限于自然人的做法需要改进。在各种域外立法模式中，中国宜优先借鉴日韩经验，将金融交易中接受金融商品或服务的自然人、法人或其他非法人组织均纳入金融消费者范围，并将投资者明确为金融消费者的下位概念。同时，完善投资者分类制度，建构多层次金融消费者保护规范。〔4〕

15. 《论金融机构适当性义务的理论基础与规则完善》

金融机构适当性义务，是要求金融机构在了解产品、客户的基础上，向适当的投资者推销适当的产品，以便投资者在充分了解金融产品性质及风险的基础上作决定。我国金融机构适当性义务规则体系理论基础不清，基本规则缺乏统一规

---

〔1〕 邢会强：《市场型金融创新法律监管路径的反思与超越》，载《现代法学》2022 年第 2 期。

〔2〕 邢会强、姜帅：《数字经济背景下我国金融控股公司信息共享机制的完善》，载《金融评论》2021 年第 6 期。

〔3〕 蓝寿荣、李圣瑜：《民间借贷超高利息的司法裁决问题——对中国裁判文书网 2016—2019 年发布的 165 份民间借贷裁判文书进行的分析》，载《私法》2022 年第 2 期。

〔4〕 任自力：《金融消费者与消费者、投资者的关系界分》，载《中国政法大学学报》2021 年第 6 期。

定，相关责任减免规则匮乏。我国建构金融机构适当性义务规则，应以诚实信用原则为理论基础，统一规定金融消费者与投资者的区分规则、投资者分类规则及产品评级责任规则等，明确责任减免规则。[1]

16.《金融机构适当性义务的规范逻辑》

国内现有金融机构适当性义务理论基础、法律地位、具体内涵、配套规则亟待明晰。中国法下的金融机构适当性义务应以诚信义务为理论基础。该义务实质上是金融统合法下的一个概念，位阶高于现有金融部门法中的如实告知等义务，内容包括了解客户、了解产品、风险匹配和告知说明。国内现行投资者分类及风险类型划分标准的混乱、金融产品风险评级制度的缺陷阻碍了金融机构履行了解客户、了解产品义务，建议完善制度标准、实时更新数据、出台统一管理办法。[2]

17.《信任机制演进下的金融交易特点与规制路径探索》

信任是经济交易关系的基础。信任机制的演进影响着金融交易行为，从熟人社会"点对点"的民间金融，到"中心化"金融交易中心，再到"弱中心化"互联网金融，直至"去中心化"区块链金融，不同信任机制下的金融交易呈现不同特点，规制思路也有所不同。法治是构建制度化信任的前提，面对金融创新监管困境，包容审慎的监管态度有助于催生信任、促进交易；在"去中心化"的新趋势下，多元主体应合作共治、共塑信任。[3]

18.《中国农地金融法治化进路研究》

农地融资法律表述不清是阻滞中国农村金融供给和土地制度改革的一大关键问题。现有立法未能有效回应中国农地金融实践自发形成的法秩序及法治化愿景。农地金融法治化应当超越技术层面的修补，基于农地权利公私法益兼具之属性，着眼于农地权利人社会责任之承担，厘清其法治化的权利基础和目标，进而明确法治化之具体路径。[4]

19.《完善法律建设 为监管科技提供长效保障》

面对金融数据安全存在法律风险、数字监管法律法规缺乏统一标准、金融法律与金融业发展协调程度不够等多重问题，健全金融数据安全法律体系、完善数字监管标准化法律建设迫在眉睫。未来应在利用好数字监管的前提下，不断探索

〔1〕 任自力、刘佳：《论金融机构适当性义务的理论基础与规则完善》，载《中南大学学报（社会科学版）》2021 年第 5 期。
〔2〕 任自力：《金融机构适当性义务的规范逻辑》，载《法律适用》2022 年第 2 期。
〔3〕 马文洁、邓建鹏：《信任机制演进下的金融交易特点与规制路径探索》，载《广西警察学院学报》2021 年第 4 期。
〔4〕 李蕊：《中国农地金融法治化进路研究》，载《江西社会科学》2022 年第 10 期。

我国金融法律法规的完善路径，推动金融良性发展。[1]

20.《中美金融"脱钩"和"再挂钩"的逻辑与应对———一个反制裁的视角》

美国对华贸易谈话"再挂钩"之表述并未逆转中美金融脱钩进程。金融脱钩本质为中美主动打破两国基于美元体系形成的"出口—融资"这一相互依赖关系。世界金融网络中心地位赋予了美国"武器化"相互依赖关系的能力，使其能够实现对他国的有效制裁。但美国对华金融脱钩措施的法律基础并不充分。应对美国可能的单方面金融脱钩的持久战，我国在短期内仍应着眼美元体系内非对称性相互依赖，长期则应形成美元体系外的自我循环体系。[2]

21.《金融创新三元悖论和金融科技监管困局：以风险为原点的规制展开》

金融监管追求三个政策目标：保持金融市场稳定；金融创新以优化金融资源配置；制定简明的监管规则以提升监管效率。与特里芬难题类似，这三个政策目标之间存在三元悖论：一个国家在市场稳定、金融创新和监管规则简明三者之间只能追求实现其中两项政策目标。因此，如果监管者在追求金融创新的同时，对监管规则的设计过于简单，就会导致市场管理过于松散，诱发金融市场乱象。[3]

22.《金融科技公司国际监管的经验借鉴》

金融科技已经成为金融行业不可代替的重要参与者之一，对行业重塑起着重要作用。对于头部大型金融科技公司来说，依据数据垄断而形成的市场地位，对金融行业的发展有深刻影响。金融业正处在一个发展的重要阶段，而金融科技正是此次转型的主要驱动力。[4]

23.《如何监管金融科技公司》

金融科技并没有改变金融的本质和金融监管的基本逻辑，金融仍是人和人之间基于信任而发生的资源跨时空配置，金融科技的监管仍需要集中于资本、行为和投资者以及消费者的保护这三点。除此之外，对于金融科技的监管还需要注重以下三个方面的变化：一是金融分工逐渐细化，联系网络化；二是服务新客户群，形成新的业务模式和组织方式，市场力量对比发生变化；三是数据驱动，需要在金融监管之外强化数据治理的规制。[5]

24.《平台金融科技公司监管研究》

金融行业是先进技术应用的先行者，金融发展史就是一部与科技不断融合的

〔1〕 黄震、施凯雯：《完善法律建设 为监管科技提供长效保障》，载《中国农村金融》2022 年第 22 期。
〔2〕 沈伟、陈睿毅：《中美金融"脱钩"和"再挂钩"的逻辑与应对———一个反制裁的视角》，载《东南大学学报（哲学社会科学版）》2022 年第 3 期。
〔3〕 沈伟：《金融创新三元悖论和金融科技监管困局：以风险为原点的规制展开》，载《中国法律评论》2022 年第 2 期。
〔4〕 吴晓灵、丁安华：《金融科技公司国际监管的经验借鉴》，载《财富时代》2022 年第 1 期。
〔5〕 吴晓灵、丁安华：《如何监管金融科技公司》，载《财富时代》2021 年第 11 期。

历史。因为数字科技和消费者行为的变化，金融市场成为一个高度动态的市场，其参与者的特征也在迅速变化。这就要求金融监管尤其是对金融科技公司的监管做出相应的回应，从而维护金融体系的安全与稳定。[1]

25.《见证中国承诺经常项目可兑换》

从 1992 年 10 月党的十四大确立了建立社会主义市场经济体制的经济改革目标后，我国开启了财税、金融、外贸、价格的综合改革，为社会主义市场经济奠定了制度框架。同时我国还进行了外汇体制改革，在外汇体制改革中，实现人民币经常项目可兑换是重要的内容之一。[2]

26.《服务中国经济全球化发展 协同推进价格和数量机制的外汇管理改革》

在中国经济利用国内、国际两个市场和国外、国际两种资源迅速发展的过程中，外汇管理改革发挥了重要的作用。为了促进中国经济全球化发展而创造更好的金融条件，中国应该继续完善外汇管理，即以人民币汇率形成机制改革为主线，以人民币可兑换进程为主轴，协同推进价格和数量机制的市场化改革。[3]

27.《平台金融科技公司应如何监管？》

近几年的平台金融科技兴起于第三方支付业务，并逐步介入金融领域的不同环节。其具有优点，但同时也带来了新的风险如平台公司的垄断问题等，如何加强对平台金融科技公司的监管成为一个重要问题。[4]

28.《通谋虚伪规则在金融领域的适用——以（2020）京民终 36 号判决为例》

通谋虚伪规则是《民法典》总则中规定的一项民事规则。在对金融案例的审判中，法院日益倾向于运用该通谋虚伪规则，突破金融产品的外观设计，以民间借贷法律关系确定其效力，从而与穿透式金融监管改革相适应。对（2020）京民终 36 号判决进行研究发现，如果坚持探究商主体的真实意愿而忽视商事外观，不利于商业的运转。因此，通谋虚伪规则作为民法的一项制度，应该在金融领域谨慎使用。[5]

29.《金融消费者权益保护中的关键问题——〈银行保险机构消费者权益保护管理办法（征求意见稿）〉完善建议》

日前，中国银保监会发布《银行保险机构消费者权益保护管理办法（征求

〔1〕 吴晓灵：《平台金融科技公司监管研究》，载《清华金融评论》2021 年第 7 期。
〔2〕 吴晓灵：《见证中国承诺经常项目可兑换》，载《中国金融》2021 年第 Z1 期。
〔3〕 吴晓灵：《服务中国经济全球化发展 协同推进价格和数量机制的外汇管理改革》，载《中国外汇》2021 年第 13 期。
〔4〕 吴晓灵：《平台金融科技公司应如何监管？》，载《新财富》2021 年第 12 期。
〔5〕 潘修平、于晓琪：《通谋虚伪规则在金融领域的适用——以（2020）京民终 36 号判决为例》，载《中国邮电大学学报（社会科学版）》2023 年第 1 期。

意见稿）》。该征求意见稿回应了近年来金融消费者权益保护领域的诸多热点问题，值得肯定。但有的地方还可以进一步完善：首先，建议增加对银行保险机构消费者的定义；其次，应当调整投资类产品的损失赔偿规则，建议建立回溯机制；最后，建议降低信贷业务中服务费比例。〔1〕

30.《金融机构破产综合立法的体系研究》

修订《企业破产法》应该考虑与金融法的衔接，在《企业破产法》中增设专章规定金融机构破产的时机还未成熟，未来的金融机构风险处置程序应当以制定《金融稳定法》为引领，危机金融机构风险处置应当以监管程序为主导。目前应该完善《企业破产法》第 134 条和第 113 条以及增设终止净额结算条款，从而促进金融衍生品市场的健康稳定发展。〔2〕

31.《论领域法学思维在金融司法中的适用》

司法者在办理新型金融案件时可能会遇到一些困境，领域法学思维可以有效化解这些困境，具体表现为：在规范发现方面，从概念中心下的法律解释转向问题导向下的规范集成；在法律适用方面，从抽象涵摄下的二元抉择转向具象关怀下的多维考量；在价值理念方面，从一体适用下的形式正义转向价值多元下的实质正义。〔3〕

32.《营造上海金融法治试验区的思考》

金融发展离不开法治的保障，因此发挥自贸区临港新片区先行先试的"试验田"功能，建立金融法治试验区十分必要。我们应该探索金融法治试验区的立法权配置，完善金融法治试验区的司法国际化路径以及创新金融法治试验区的金融监管，助力上海成为比肩纽约、伦敦的全球金融中心。〔4〕

33.《国有金融机构穿透式管理之见疑》

"穿透式管理"多次出现在国有金融的法律文本中，可以分为早期"国有金融资本穿透式管理职权"和"国有金融机构穿透式管理义务"。《国有金融资本管理条例（征求意见稿）》的修改完善，将为其回归国有金融资本穿透式管理提供途径。第一，要整合规定，删去"资本管理法"的"机构管理条款"，第二，确定穿透式管理"实质重于形式"的核心要求。国有金融资本管理要立足于保护国有金融资本安全，同时要充分尊重国有金融机构的自主经营权。〔5〕

---

〔1〕 潘修平：《金融消费者权益保护中的关键问题——〈银行保险机构消费者权益保护管理办法（征求意见稿）〉完善建议》，载《民主与法制时报》2022 年 6 月 14 日，第 3 版。
〔2〕 王斐民：《金融机构破产综合立法的体系研究》，载《中国政法大学学报》2021 年第 4 期。
〔3〕 强力、卢一凡：《论领域法学思维在金融司法中的适用》，载《证券法苑》2021 年第 3 期。
〔4〕 吴弘、许国梁：《营造上海金融法治试验区的思考》，载《上海经济》2021 年第 5 期。
〔5〕 王怀勇、王鹤翔：《国有金融机构穿透式管理之见疑》，载《现代经济探讨》2022 年第 3 期。

34.《算法时代金融公平的实现困境与法律应对》

金融公平的价值理念在我国已逐渐转化为制度文本和市场实践。大数据在金融领域的引入，推进了金融社会功能的激发与金融公平价值理念的稳固。但是在研究后发现，算法权力的崛起导致了金融机构与消费用户之间主体能力的进一步失衡，这是算法诸多缺陷得以嵌入金融市场并危害金融公平价值和金融消费者权益的重要基础。因此，应通过构建算法测试和验证系统、强化金融教育权、构建替代性金融纠纷解决机制等路径，实现智能金融时代、金融机构和金融消费者能力的均衡重构。[1]

35.《新发展 新举措 新成就 我看金融审判这十年》

随着信息科技和金融业的快速发展，金融领域内的各种问题层出不穷，各种新型的发展模式不断涌现，金融科技在便利人们生活的同时，其风险也随之而生，涉众型民间金融纠纷、结构化金融案件、证券衍生品交易、金融机构风险处置、金融行政处罚及非诉执行等的各类金融纠纷不断涌入司法领域，当下金融司法一方面必须解决出现的金融纠纷，另一方面还需要依法保障金融安全，维护金融秩序。金融司法在面对风险挑战的过程中，不断地向前发展。[2]

36.《金融公平视角下股权众筹的规制逻辑与路径选择》

股权众筹是缓解中国当下融资难的途径之一，其具有促进融资公平、投资公平和收入分配公平等社会功能，同时也存在比如道德风险、资金监管风险等诸多问题，这是对股权众筹进行规制的逻辑起点。因此，要构建具备金融公平属性的股权众筹制度，应当重点关注股权众筹市场准入制度以及金融消费者保护制度；防止利用准入制度阻碍投融资者进入市场，保障融资者在股权众筹市场的营业自由。同时，为了实质公平的实现，应当将股权众筹市场中的普通投资者确定为金融消费者，并赋予消费者权益保护法的倾斜性权利义务配置，以保障股权众筹的市场交易公平，促进有关市场的稳定发展。[3]

37.《"条块关系"视角下地方金融监管双重领导体制构建》

在地方金融领域中，中央和地方两级分权监管体制在我国已经初步创立。但该体制还存在地方政府意见表达渠道不畅、监管权责分配不平衡等弊端。但是我国"条块关系"的双重领导方向本身是基于管理体制、央地事权分配结构以及地方金融监管"中央统一领导"的核心制度，因此地方金融监管必须建立在既

〔1〕 王怀勇、邓若翰：《算法时代金融公平的实现困境与法律应对》，载《中南大学学报（社会科学版）》2021 年第 3 期。

〔2〕 岳彩申：《新发展 新举措 新成就 我看金融审判这十年》，载《中国审判》2022 年第 13 期。

〔3〕 阳建勋：《金融公平视角下股权众筹的规制逻辑与路径选择》，载《福建江夏学院学报》2021 年第 2 期。

有的体制之下，在明确从中央到地方主管部门的同时，细化地方政府金融监管和风险处置的具体职责，从而完善既有的金融管理格局。[1]

38.《走出中国特色金融法治之路》

四十余年的改革开放使我国的金融业和金融法治取得了丰硕的成果，在不断的探索中，我国走出了既与国际市场协调，又具有自身特色的金融业发展和金融法治道路。而面对新的国际地位、国际形势、发展趋势，作为一个具有五千年文明史的国家不能不作出自己相对独立的新的思考，这些思考也必然要具体落实到金融业和金融法治之路的进一步探索上。为了更好地推动金融法治的发展，保障金融市场的健康稳定发展，必须在金融法治理念、监管体系、法规体系、司法体系等方面继续探索，以取得更大成绩。[2]

（二）银行法部分

【教材类研究成果】

暂无

【专著类研究成果】

1.《〈民法典〉时代商业银行的法律风险防范：合同条款设计与风控操作要点》

本书采取民法典及配套新规、司法案例与银行法律风险控制中难点问题三位一体的写作框架，将2021年生效的《民法典》及《担保司法解释》《九民纪要》等配套司法解释的新内容涵盖其中。同时，对商业银行常见的风险控制难点或近年来新兴的热点问题进行了回应。根据《民法典》及配套新规，对上述十家商业银行的主要信贷、担保合同具体条款进行了比对分析，提出修改建议。本书具备理论意义的同时，为商业银行的业务实践提供了法律指引，切实回应了银行业线的业务、风控、合规等部门的实际需求，注重及时性，并对《民法典》及随后陆续颁布的配套司法解释进行了解读，便于银行工作人员了解其精神。

2.《货币法学研究》

目前世界上还没有完整系统的货币法学专业研究成果，随着我国和世界各国货币问题的日益复杂，以及我国《民法典》对货币问题的回避，特别需要对货币法学的基本理论和基本规范进行系统性的研究和总结。刘少军教授被收入中国政法大学出版社中青年法学文库的这一新作，是世界上首部完整系统地总结货币法学理论和规范的原创性著作，它深刻解释了货币法学自身的特殊性与独立性，对古今中外全部货币法理论与实践进行了系统化的总结，对既有货币法规范进行

---

[1] 李有星、潘政：《"条块关系"视角下地方金融监管双重领导体制构建》，载《治理研究》2023年第1期。

[2] 刘少军：《走出中国特色金融法治之路》，载《经济》2021年第12期。

了梳理，初步形成了较为完整、系统的货币法学理论体系和规范体系，为进一步进行货币法研究提供了概念基础、理论基础和规范基础。

【论文类研究成果】

1. 《金融危机干预措施的合宪性审查——英美处置破产银行及启示》

金融危机干预旨在维护金融稳定，但危机干预打破了政府机构之间的权力平衡，损害了干预机构利益相关者的财产和正当程序权利。改变危机后的宪政秩序需要审视危机的起因和危机干预措施的影响。平时的司法审查标准和力度无法满足金融危机的需要，后续对危机干预措施的合宪性审查成为保障基本权利的最后一道障碍。然而，司法部门在审查危机干预方面面临诸多挑战，危机后的监管改革和监管文化的变化使得司法部门难以有效地阻止监管干预。[1]

2. 《银行风险处置中的"公平审判"原则——欧洲经验及启示》

作为一项基本权利，"公平审判"旨在为个人提供正当程序保障，并防止公共当局滥用权力。但是，基于银行业的特殊性、公众利益至上以及事后司法保护的有效性，许多国家为监管者提供了有限听证会、有限司法审查、免于侵权责任等程序规则来处理"问题银行"。这些限制可能有悖于"公平审判"的原则。欧洲人权法院通过"首都银行案"和"信贷工业银行案"的判决，明确和完善了"公平审判"原则在银行破产领域的适用，要求缔约方充分保护破产银行关联方享有的权利，如公平审判的权利，这可能对缔约国银行的破产制度施加限制。在中国银行破产法和司法制度中，要充分重视"公平审判"原则，保障银行破产相对人的"公平审判"权利，实现公共利益、经济效率和个人权利的统一。[2]

3. 《新发展理念与〈商业银行法〉的修改》

五大新发展理念为《商业银行法》的修改提供了指引：在立法理念上从"关注经济效益"转到"促进经济效益与社会效益的统一"，从对商业银行经济功能属性的强调转到银行还必须践行的社会责任；在立法的价值取向与基本原则上，从单一的"市场取向"升级到多元化的选择；在法律规范设计与配置上，不仅要实现体现"新发展理念"的科学法律规范体系，也要灵活运用软法与硬法相结合、强行性规范与意思自治性规范相协调的规范配置方式，打造既能促进银行业发展，又能促进社会经济全面进步的法律有机体。[3]

［1］苏洁澈：《金融危机干预措施的合宪性审查——英美处置破产银行及启示》，载《政法论坛》2021年第4期。

［2］苏洁澈：《银行风险处置中的"公平审判"原则——欧洲经验及启示》，载《云南社会科学》2021年第4期。

［3］刘志云、史欣媛：《新发展理念与〈商业银行法〉的修改》，载《财经法学》2021年第4期。

4.《破产银行处置成本分担论》

清算倒闭银行的成本包括清算的直接成本和间接成本。为了遏制"道德风险",有效摆脱倒闭银行,有必要提前建立一个法定的、可预见的成本分摊机制。成本分担机制应能有效维护金融稳定,遵循公平原则,并根据市场参与者与风险的关系,构建银行股东、管理者、普通员工、机构投资者、普通债权人和存款人依次承担处分费用的机制。完善我国银行清算费用分摊制度的一个重要途径是银行股东优先损失、明确员工债权规则、完善存款优先原则、明智地公开诉求。〔1〕

5.《坚守合规理念 筑牢发展根基》

合规是金融机构的"生命线",是稳健长远发展的主要保障,是高质量发展的本质要求。"十四五"时期将是银行业和保险业转型发展的关键时期。银行保险机构要密切关注改革转型新形势新挑战,扎实练好"内功",提升合规管理能力,夯实高质量发展基础。〔2〕

6.《坚定信心 全力提升金融服务实体经济质效》

防范化解金融风险的行动取得了一定的阶段性成果,但新老问题交替出现,金融风险防控形势依然十分严峻。我们应继续按照稳定大局、统筹协调、分类施策、精准拆弹的基本方针,坚持早识别、早预警、早发现、早处置,有力应对金融领域各项挑战。〔3〕

7.《深入推进金融业高水平对外开放》

金融业的高水平开放,应当是内外双循环相互促进的开放;金融业的高水平开放,应当是能够促进深层次改革的开放;金融业的高水平开放,应当是能够推动我国产业高质量发展的开放。下一步,银保监会将按照党的二十大报告的要求,深入推进高水平对外开放,稳步扩大规则、规制、管理、标准等制度型开放。〔4〕

8.《如何防止合法银行沦为犯罪工具》

一家合法银行沦为犯罪集团骗取公众钱财的犯罪工具,这在新中国历史上还从未发生过。然而,在对禹州新民生等4家村镇银行的调查中发现,犯罪团伙通过河南新财富集团等公司,以关联持股、交叉持股、增资扩股、操控银行高管等手段,实际控制涉案的几家银行,利用第三方互联网金融平台和该团伙设立的自营平台进行揽储,以虚拟贷款等方式非法转移资金。这折射出我国在银行设立、日常监管及事后处置等方面存在诸多不足与短板,应当引起我国立法机关、金融监管机构以及司法部门的高度重视,立法、监管以及执法同步推进,尽快形成全

---

〔1〕 苏洁澈:《破产银行处置成本分担论》,载《厦门大学学报(哲学社会科学版)》2022年第5期。
〔2〕 刘福寿:《坚守合规理念 筑牢发展根基》,载《中国银行业》2021年第9期。
〔3〕 刘福寿:《坚定信心 全力提升金融服务实体经济质效》,载《中国银行业》2022年第8期。
〔4〕 刘福寿:《深入推进金融业高水平对外开放》,载《中国银行业》2022年第12期。

方位、多维度的防范体系，防止此类事件再次发生。〔1〕

9. 《银行间债券市场虚假陈述民事责任纠纷的法律适用》

银行间债券市场的虚假陈述民事责任纠纷，应适用《民法典》关于一般侵权的规范，不应适用证券法及虚假陈述司法解释，也不应适用中介机构过错推定原则及举证责任倒置规则。其原因在于银行间债券市场属于私募市场，与公募市场的属性不同，适用的法律规则也应不同。银行间债券市场与交易所债券市场的规则统一，应在厘清法理性质、夯实法理基础、做好分类工作的基础上，进行差异化规制，逐渐实现统一。〔2〕

10. 《数字货币的类型化及其法律意义》

各种的数字货币在底层技术、治理结构、储备资产等方面有所不同，须借助类型化的思维予以区分。根据信用基础的不同，实践中存在的数字货币可分为虚拟货币、商业数字货币、数字法定货币三种类型。我国对此应该采取不同的规制思路：严格管制虚拟货币，谨慎观察商业数字货币，大力发展数字法定货币，并结合民法相关规定，在未来立法中，根据现实中出现的问题有针对性地将其纳入现行法律框架之中。〔3〕

11. 《绿色信贷"政策驱动"模式的检讨与优化》

我国以"政策驱动"为显著特征的绿色信贷模式存在授信管理滞后、正负激励不足、外部监督匮乏等问题。美国"潜在责任人"制度拓宽了银行业金融机构的责任形式，我国可从中借鉴。为解决现有问题，应当从完善绿色信贷授信管理制度、健全正负效应激励机制、强化绿色信贷外部监督等路径对绿色信贷"政策驱动"模式予以优化。〔4〕

12. 《数字人民币引领全球性变革》

数字货币是整个数字经济和数字社会的基石。严格说来，比特币等虚拟币不是货币，而是基于区块链等新技术的"加密数字代币"，与以国家信用背书的"央行数字货币"既有一定联系又有重大区别。该文以数字人民币的研发和试点为中心，对于数字人民币的研发由来及未来走势作初步探讨。〔5〕

13. 《存款保险制度的功能及其制度设计》

该文以法与金融为视角，对我国存款保险制度进行了功能性分析。我国的存

---

〔1〕 伏军：《如何防止合法银行沦为犯罪工具》，载《上海法治报》2022 年 7 月 22 日，第 B07 版。

〔2〕 邢会强：《银行间债券市场虚假陈述民事责任纠纷的法律适用》，载《多层次资本市场研究》2022 年第 2 期。

〔3〕 赵磊：《数字货币的类型化及其法律意义》，载《学海》2022 年第 5 期。

〔4〕 刘广明、刘帅：《绿色信贷"政策驱动"模式的检讨与优化》，载《潍坊学院学报》2022 年第 4 期。

〔5〕 黄震：《数字人民币引领全球性变革》，载《中国经济评论》2021 年第 6 期。

款保险制度的主要特征可以放在比较金融法的框架中展开法经济学分析。建立存款保险制度是必要的，为什么中国将隐性存款保险制度转为显性存款保险制度的问题，也可以参考正在进行的监管改革和当前的金融抑制制度来回答。存款保险制度的设立不仅给银行业带来了直接影响，更重要的是其在深化金融改革中的长期重要性。[1]

14.《美元等级体系下的汇率低估反补贴制度、实践及应对》

美国长期指控中国政府操纵汇率，以此要求中国调高人民币汇率。囿于 IMF 规则难以认定一国存在汇率操纵或汇率低估，美国将重心转向指控人民币汇率低估等同于为企业提供补贴。从"中国扎带案"出发，可见美国《关于反补贴程序中获利与专向性修订规则》在一定程度上背离了 WTO 规则。中国应当对应诉企业予以支持，坚持国家汇率主权，强调国际汇率问题的多边纪律，推动人民币汇率制度改革和人民币国际化进程。[2]

15.《商业银行资管业务的监管套利难题——以比例原则为方法》

在防范金融风险和促进金融创新发展并重的改革背景下，我国面临平衡银行监管与监管套利的困境。其可行的破解之道就是"比例化规制"银行资管业务监管套利行为。由于比例原则"平衡公益与私益"之内在价值正契合银行资管业务监管之需求，该文以比例原则为分析框架，从宏观、微观两个层面审视了当前商业银行资管业务去套利规制的不足，从而进行"比例化规制"资管套利的应然建构。[3]

16.《信用货币制度、数字人民币和人民币国际化——从"数字钱包"到"多边央行数字货币桥"》

我国数字人民币的研究应用全球领先。从法律属性上看，数字人民币或成为我国境内唯一具有法偿性的数字货币。从功能上看，数字人民币在运营架构、账户结构和使用范围等方面更加普惠高效。同时，"多边央行数字货币桥"有望解决传统跨境支付和结算的痛点。但是，在"一超多元"的国际货币格局下，数字人民币及其跨境支付体系对人民币国际化的推动力大小，根本上仍取决于人民币可兑换性、资本管制程度、资本市场开放度等因素。[4]

---

[1] 沈伟：《存款保险制度的功能及其制度设计》，载《上海经济研究》2021 年第 6 期。

[2] 沈伟、靳思远：《美元等级体系下的汇率低估反补贴制度、实践及应对》，载《云南社会科学》2022 年第 6 期。

[3] 沈伟、董玉莹：《商业银行资管业务的监管套利难题——以比例原则为方法》，载《广西财经学院学报》2022 年第 3 期。

[4] 沈伟、靳思远：《信用货币制度、数字人民币和人民币国际化——从"数字钱包"到"多边央行数字货币桥"》，载《上海经济研究》2022 年第 6 期。

17.《贸易摩擦的货币逻辑：美国汇率反补贴新规的变化、缘起和影响》

2020 年美国商务部修改其反补贴规则，明确汇率低估可能构成补贴，进而能够针对性地征收反补贴税。该新规针对的是中美之间有关汇率低估形成出口优势的争拗。汇率反补贴新规的出台不仅使得美国对其怀疑的他国汇率政策采取针对性反制措施更为便利，而且将美国经贸部门的权力扩张至汇率议题。拜登上台后以全面处理中国的"不公平"经济贸易措施为重点事项，并继续保留此新规。〔1〕

18.《银行业金融机构应当建立有效的国别风险管理体系——〈银行业金融机构国别风险管理办法（征求意见稿）〉修改完善建议》

2022 年 12 月 9 日，中国银保监会发布《银行业金融机构国别风险管理办法（征求意见稿）》，公开征求意见。该文提出以下修改完善建议：首先，应当建立起专业的国别金融风险评级机构；其次，建议增加全方位的监管措施；最后，国别风险管理应当与反洗钱、反恐怖融资管理相衔接。〔2〕

19.《应注意与其他法律法规进行有效衔接——〈银行保险机构关联交易管理办法（征求意见稿）〉修改建议》

近日，为加强审慎监管，规范银行保险机构关联交易行为，防范关联交易风险，促进银行保险机构安全、独立、稳健运行，中国银保监制定并公布《银行保险机构关联交易管理办法（征求意见稿）》并公开征求意见。该文就其完善提出以下建议：首先，商业银行重大关联交易应由董事会批准；其次，银行保险机构独立董事不应作为关联方；最后，两处监管细节需进一步完善。〔3〕

20.《处置村镇银行风险须以法治化方式实施》

我国个别地区发生的村镇银行无法兑付存款事件不仅关乎储户利益，也与金融风险防控息息相关，因而引起社会普遍忧虑及监管部门干预，银保监会及其分支机构已采取"先行垫付"等措施，风险得到一定程度的缓解。但"暴雷"事件足以警示：银行并非高枕无忧的"保险箱"。在此情形下，探讨处置银行存款兑付风险的方式与路径尤为迫切。〔4〕

---

〔1〕 沈伟、胡耀辉：《贸易摩擦的货币逻辑：美国汇率反补贴新规的变化、缘起和影响》，载《国际贸易》2022 年第 3 期。

〔2〕 潘修平：《银行业金融机构应当建立有效的国别风险管理体系——〈银行业金融机构国别风险管理办法（征求意见稿）〉修改完善建议》，载《民主与法制时报》2022 年 12 月 27 日，第 3 版。

〔3〕 潘修平：《应注意与其他法律法规进行有效衔接——〈银行保险机构关联交易管理办法（征求意见稿）〉修改建议》，载《民主与法制时报》2021 年 7 月 20 日，第 4 版。

〔4〕 季立刚：《处置村镇银行风险须以法治化方式实施》，载《上海法治报》2022 年 7 月 22 日，第 B07 版。

21. 《商业银行的公司治理为什么特殊?》

《商业银行法（修改建议稿）》单列"商业银行的公司治理"一章是此次修订的一大亮点，其关于公司治理的规定突出了董事会在整体上的核心作用，增加了股东义务和禁止条令，突出了董事独立，规定了专业化和专门委员会、薪酬和激励机制的建立。2020 年，人民银行向社会发出《商业银行法（修改建议稿）》。此次修改是 1995 年《商业银行法》颁布以来最大的一次，引起了社会各界的广泛关注。〔1〕

22. 《虚拟货币监管面临新难题》

近日监管层对加密货币交易以及"挖矿"行为的监管措施不断升级，传递出对网络虚拟货币清晰地说"不"的信号。毋庸置疑的是，凡与货币功能有关的网络虚拟货币的"挖矿"、交易、使用等行为，将不具有法律上的正当性，势必处于取缔之列。〔2〕

23. 《货币流通效力与保证金关系的独立性》

货币流通效力独立，作为金融业务原理已经为业内熟知，同此相关联的保证金关系独立在实务界也早已经是普遍的业务规则，但是，由于传统法学一直将物权优先、债权平等作为财产法的基本理论，使得货币流通效力的独立性在理论上存在着一定争议。由于货币流通效力与合同、破产、担保等的许多财产权问题均会产生直接或间接的联系，这类问题不能不引起法学理论上的关注。在此有必要对这些问题进行理论上的澄清，以利于今后的执法与司法。〔3〕

24. 《虚拟货币交易乱象的法律规制研究》

虚拟货币发行和交易是区块链金融领域的重要应用，但其依托底层技术区块链，具有匿名性，无准入门槛，存在无资金合法性来源审查等问题，具有较大合规风险。区块链去中心化金融应用项目缺乏明确的法人实体，给监管带来了障碍。为此，监管机构一方面应依据法治精神严格执法，推进区块链金融合规建设；另一方面应研判未来如何提升区块链去中心化金融的可监管性，有效约束代码开发团队与风投机构。〔4〕

25. 《虚拟货币反洗钱的境外实践及其对中国的启示》

相较于传统洗钱方式，虚拟货币洗钱因区块链的交易匿名化而更难治理。近些年中国出现众多利用区块链发行的加密货币，以虚拟货币为手段的诈骗和洗钱犯罪在我国也已有案例。相较于英美等国反洗钱的成熟经验，我国虚拟货币监管

〔1〕 高丝敏：《商业银行的公司治理为什么特殊?》，载《中国银行业》2021 年第 2 期。
〔2〕 杨为乔：《虚拟货币监管面临新难题》，载《董事会》2021 年第 6 期。
〔3〕 刘少军：《货币流通效力与保证金关系的独立性》，载《清华金融评论》2022 年第 5 期。
〔4〕 邓建鹏：《虚拟货币交易乱象的法律规制研究》，载《人民论坛》2021 年第 29 期。

反洗钱立法与监管实践尚且稚嫩。因此，监管机构应当以国际经验为借鉴，找寻适合我国的制度与经验。[1]

26.《虚拟货币整治的法治思考与优化进路——兼论对金融科技的"禁令型"监管》

金融科技背后的大量风险，引发了监管忧虑。虚拟货币及其背后的区块链技术是金融科技的创新代表。为应对虚拟货币的风险，我国全面禁止与取缔虚拟货币相关业务活动。这种"禁令型"监管政策虽然能够暂时处理危机，但在规范性文件的合法性、"一刀切"的合理性以及金融安全与发展的价值平衡上存在瑕疵。为此，需要在金融创新和风险防范上取得动态平衡，探索更加合适的治理机制。[2]

27.《美国对虚拟货币证券性质的认定思路及启示——以 SEC 诉瑞波币为视角》

在美国虚拟货币监管中，SEC 监管的重要前提是认定虚拟货币证券性质。区块链项目开发者试图以功能型代币的形象逃避监管。由于豪威测试的模糊性，瑞波币的证券性质认定存在争议。豪威测试的四项要件中，"对投资利益的合理期待"和"仅仅依赖第三方努力"是认定虚拟货币是否构成证券的关键。监管者需关注上述两个关键点，将未实现"充分去中心化"的虚拟货币纳入证券监管。[3]

28.《数字货币研究的全景补齐：财政应用数字货币的分析框架》

目前对数字货币的研究，主要是基于金融视角，而对于同样能够反映数字货币经济属性的金融视角研究几乎是一片空白。为确保我国数字货币布局能力能够转化为国家竞争优势，该文构建了数字货币财政的应用分析框架。在总结学科外有益经验的基础上，分析了数字货币用于财政自动稳定器和相机抉择政策不同的要点，探讨了数字人民币如何在政府债务管理中释放创新技术的潜力。有了数字货币的承载，宏观经济管理方式之间的协调会更加顺畅。[4]

29.《我国贷款人环境法律责任制度的构建与探索》

我国构建贷款人环境法律责任具有现实意义，符合国际社会经济可持续发展

---

[1] 张祎宁、潘杜敏、邓建鹏：《虚拟货币反洗钱的境外实践及其对中国的启示》，载《团结》2022 年第 4 期。

[2] 邓建鹏、马文洁：《虚拟货币整治的法治思考与优化进路——兼论对金融科技的"禁令型"监管》，载《陕西师范大学学报（哲学社会科学版）》2022 年第 3 期。

[3] 邓建鹏、李铖瑜：《美国对虚拟货币证券性质的认定思路及启示——以 SEC 诉瑞波币为视角》，载《新疆师范大学学报（哲学社会科学版）》2022 年第 1 期。

[4] 马杨、杨东：《数字货币研究的全景补齐：财政应用数字货币的分析框架》，载《国际经济评论》2023 年第 2 期。

和我国"碳达峰""碳中和"的目标要求。我国贷款人环境法律责任制度的构建与探测建立在汲取域外实践经验的基础上,更重要的是立足我国国情,由法律法规、国家政策、银行内部政策三个层面共同发力,构建一整套包含行业标准、信息披露、业绩评估、责任承担等内容的贷款人环境法律责任体系。[1]

(三)信托法部分

【教材类研究成果】

暂无

【专著类研究成果】

1.《经济法视野下的公益信托制度研究》

本书整体框架结构分为导论、正文和结论三大部分。其中,导论部分首先介绍选题背景,并在此基础上提出公益信托法律制度及其研究价值;其次,总结国内外关于慈善信托或公益信托的研究现状,并对其进行综述比较;最后,阐述研究方法、研究思路以及创新之处。结论部分则在前文分析论证的基础上,全面梳理并总结主要观点。

【论文类研究成果】

1.《数据安全:数据信托目的及其实现机制》

基于所有权与控制权分离的设计,数据信托在实现数据安全管理、有效保护隐私和个人信息方面应该有所作为。认识信托数据的法律特性是保障数据安全、构建合理的数据信托制度的基础。该文按照数据的流动过程进行区分,"入托"的数据可以称为信托原始数据,"出托"的数据可以称为信托衍生数据,同时主张对于数据安全管理实施分类保护,构建"三元主体结构",并通过信托权益的结构化安排及其信任机制在数据治理中实现对数据安全的特别维护。信义义务是信托法上受托人的核心义务,在数据信托中,确保数据安全是受托人信义义务的题中应有之义。[2]

2.《信托与大资管的关系——日本实践的启示》

大资管回归本源催生了"回归信托、以信托法作为大资管上位法"的流行解读,进一步衍生出"信托业回归代人理财本源"或"制定信托业法作为大资管行业的监管法"等主张。观察日本在信托与资管方面的实践与法制,可以发现"信托"与"资管"或"代人理财"、信托业与资管业是两个有交集但各自独立的领域。学理上,日本学者认为受托人积极管理信托财产并非信托有效的必备要

---

〔1〕 吴弘、钱尘:《我国贷款人环境法律责任制度的构建与探索》,载《金融理论与实践》2021 年第 11 期。

〔2〕 席月民:《数据安全:数据信托目的及其实现机制》,载《法学杂志》2021 年第 9 期。

件，消极信托亦合法有效，盖其仍有财产隔离之功效。[1]

3.《论全周期视野下私募基金管理人的信义义务》

管理人的信义义务是消除私募基金中出现的风险的关键。信义义务的培养理应与私募基金市场的发展同步演进，而我国私募基金管理人信义义务生长的环境却与英美国家完全不同，重募集环节、轻投资、管理和退出环节等本土特色十分明显。通过对全周期各环节信义义务的检视，我国私募基金信义义务的实现机制既要设计适当的协议条款；又要确定司法裁量标准，引导私募基金从被动型向主动型管理转变，形成私募基金管理人信义义务"因事制宜"的归责进路。[2]

4.《新发展格局下资管业务管理人信义义务研究》

积极发展资产管理业务，有利于提升直接融资比重，助力构建新的发展模式。然而，管理人职责性质不明确一直是资产管理业务发展的障碍。围绕这一问题，学术界争论不休的有"信义—信义义务论"和"妥协论"，但两种理论都缺乏足够的说服力，导致管理者职责的标准悬而未决。信托关系存在于普通法的许多领域，主要由四个要素组成："高度信任""代表他人管理财产或事务""自由裁量权"和"脆弱性"。根据这一积木理论，《关于规范金融机构资产管理业务的指导意见》认可的所有资产管理业务都必须具有受托义务。[3]

5.《数据控制者的信义义务理论质疑》

我国学者引入美国信息信义义务理论，并称之为数据控制者的信义义务理论或数据信托理论。该理论有内在缺陷：在主体方面，大数据时代的数据控制者数量太多，导致所谓的"信息受托人"过于宽泛；在客体方面，个人信息不具备信托财产所要求的确定性和独立性或独立的运用价值；在内容方面，忠实义务中的利益冲突禁止规则和义务冲突禁止规则无法适用于互联网这种消费者免费的双边市场。因此我国法律不必引入信息信义义务。[4]

6.《论契约型私募基金强制清算的制度建构》

由基金的信托本质和基金财产的独立性可以得出清算的必要性。我国目前主要路径有三：以清算作为定损的唯一依据、不经清算直接推定全损和第三方估值"代清算"。坚持清算作为定损的唯一依据与清算僵局的泛在之间存在深刻矛盾，破局之道在于私募基金强制清算制度的构建，即从强制清算的启动、强制清算小组的组织、基金财产强制清算的程序安排等方面初步勾勒私募基金清算制度的应

〔1〕 刘燕、邹星光：《信托与大资管的关系——日本实践的启示》，载《证券法苑》2021 年第 3 期。
〔2〕 许多奇：《论全周期视野下私募基金管理人的信义义务》，载《武汉大学学报（哲学社会科学版）》2022 年第 5 期。
〔3〕 郭雳、彭雨晨：《新发展格局下资管业务管理人信义义务研究》，载《江汉论坛》2021 年第 7 期。
〔4〕 邢会强：《数据控制者的信义义务理论质疑》，载《法制与社会发展》2021 年第 4 期。

有面貌。[1]

7.《信托财产权结构探析——以所有权为主要分析对象》

我国《信托法》已实施 20 年，信托基础理论的争议始终与实践遭遇的各种法律障碍密切相关。如何构建起能凝聚共识的信托法财产权结构，如何衔接《信托法》与正式颁布的《民法典》，是否需要对我国《信托法》进行更新和完善，都是非常值得研究的问题。该文尝试通过对已有信托财产权学说进行分析，并运用所有权权能理论进行探究，最终得出如何在一物一权的前提下理解信托财产权及其独立性的思路，并对信托财产权与物权法定原则的冲突提出了较为妥善的选择方案。[2]

8.《信托信义义务履行与社会责任实现的平衡：受托人 ESG 投资的法经济学分析》

近来，信托受托人开始基于环境、社会和治理（ESG）等因素作出投资决策。由于 ESG 投资可能被认定违反信托义务，本篇文章从法经济学视角考察了 ESG 投资，认为应将"附属利益"ESG 与"风险回报"ESG 区别开来，并就"风险回报"ESG 带来持续性增长回报可能性的理论和事实提供多维度评估机制。只有满足两个条件，才能基于信托法实施 ESG 投资：①ESG 投资将通过提高风险调整后收益直接使受益人受益；②受托人进行 ESG 投资的唯一动机是获得这种直接收益。[3]

（四）证券法部分

【教材类研究成果】

暂无

【专著类研究成果】

1.《证券法一本通：中华人民共和国证券法总成》（第 2 版）

本书按照新修订的《证券法》的体例编写而成，读者可以迅速查找证券法条文、证监会规章、司法解释、交易所规范性文件的相关内容和典型案例，是一本兼具实用性与学术性的工具书。

2.《数字证券研究报告（2021）》

本书基于公益使命和全球视野，首先从法理上厘清了数字证券的内涵和外延，进而从地缘差异与国家战略的高度分析数字证券的全球发展现状和发展脉

---

[1] 吴弘、陆瑶：《论契约型私募基金强制清算的制度建构》，载《金融发展研究》2022 年第 6 期。

[2] 倪受彬、黄宇宏：《信托财产权结构探析——以所有权为主要分析对象》，载《上海对外经贸大学学报》2022 年第 1 期。

[3] ［美］马克斯·M. 尚岑巴赫、罗伯特·H. 西特科夫：《信托信义义务履行与社会责任实现的平衡：受托人 ESG 投资的法经济学分析》，倪受彬、叶嘉敏译，载《证券法苑》2021 年第 4 期。

络，在此基础上，从域内制度与国际规则两个层面研究数字证券的全球治理态势，从而提出推进数字证券市场发展的政策建议。

【论文类研究成果】

1.《短线交易条款的功能定位与适用规则重构》

短线交易条款在理论和实务界饱受争议，过于机械化的运用也引来了对其存废和适用方面的疑问。传统的观点仅仅看到短线交易本身具有多重制度功能，能够兼顾打击内幕交易的作用，同时还能起到反操纵和改进公司治理的效果。但在认识其制度功能的基础上，应当着重把握其适用方法，我国在坚持"三位一体"的功能定位下，应当以公司内部人的主体认定为核心问题，立足于我国制度现实，以规制内部人对公司事务的控制权为关注重点，构建短线交易条款的适用规则。[1]

2.《注册制下重大违法强制退市制度的困境与破解》

退市制度的完善，一方面有利于合理配置市场资源，健全市场优胜劣汰的机制，另一方面也有利于增加上市公司的质量，促进资本市场的健康发展。重大违法强制退市制度旨在解决核准制下的特殊问题，但在实践中存在时间冗长、适用率低的现实困境，其根本逻辑障碍在于该制度的启动需要以有权机关的生效处罚或判决为前置条件。这使重大违法强制退市制度名不副实，难以发挥出保护投资者、打击违法行为和维护市场声誉的作用。因此建议将"重大违法退市"改为"损害证券市场声誉退市"，同时监管层应该妥当放权，将是否退市交由交易所综合判定，监管层应当从维护公共利益的角度，适度保留强制退市决定权。[2]

3.《中小投资者保护工作效果评估和制度完善研究——以投服中心为例》

投服中心在维权服务、纠纷调解和投资者等职能方面取得的成绩和实际成效得到了社会各界的充分认可，有力地促进了我国证券市场中小投资者权益的保护。但是当下其功能发挥仍然存在诸多问题，对此应采取多项措施，比如推动完善投服中心体系，如强化国家层面的支持，完善有关制度，建立持股行权信息交流平台，推动资本市场多方共治机制，探索权益保护的激励机制，加强多元化证券纠纷解决机制建设等方式。这些方式能够促进投服中心功能的发挥，有力保障投资者的合法权益。[3]

---

[1] 李有星、周冰：《短线交易条款的功能定位与适用规则重构》，载《苏州大学学报（法学版）》2022年第2期。

[2] 李有星、侯凌霄：《注册制下重大违法强制退市制度的困境与破解》，载《证券市场导报》2021年第10期。

[3] 浙江大学课题组李有星：《中小投资者保护工作效果评估和制度完善研究——以投服中心为例》，载《投资者》2021年第2期。

4.《一个"更正"让这家公司陷入被动》

吉翔股份发布《关于前期公告内容更正》的公告就之前回复交易所问询时称"上海钢石与杉杉控股不构成一致行动关系，双方在上市公司层面独立行权"作出更正。然而，吉翔股份此次公告信息更正行为，却进一步引起了上交所的疑问："第一，上市公司及相关方前期多次予以否认是否故意背离事实，虚假披露信息？第二，在相关线索明确的情况下，独立董事与中介机构屡次发表意见与事实明显背离，其是否已充分履职尽责？第三，公司是否还存在其他信披违规情况？"[1]

5.《虚假陈述案件中证券服务机构民事责任承担再审视》

证券服务机构民事责任的法律规范相互矛盾，导致法院判决结果存在差异，也给法官留下了自由裁量空间。分析我国法院的司法实践可以发现，案件的审理方式基本上可分为完全连带责任、附加补偿责任和比例连带责任三种。对此，2022年《虚假陈述若干规定》具有正向价值，但在过失责任问题上的相应缺口，体现了法律与司法解释动态平衡的审慎性。类比于环境污染、环境损害责任，比例连带责任有其自身的合理性，路径的选择应兼顾投资者权益保护的有效性、责任主体内部追偿的公平性以及规律的频率。[2]

6.《注册制改革下招股说明书信息披露质量提升建议》

证券发行注册制由试点转为全面实施，对发行人信息披露提出了更高的要求。作为注册制的一部分，披露应从监管转向关注投资者需求，为投资者提供足够的信息，以简明高效的方式作出决策。该文考察了域外披露制度和实践，考察了我国的相关实践。在现有指引的基础上，该文建议招股说明书进一步规范发行人对自身风险因素的披露，将相关因素分类罗列，并对其进行定性判断；披露逻辑能够帮助投资者更有效地评估价值和风险；完善对发行人控制人内容的识别和披露，让投资者全面了解发行人的治理结构，尤其是控制人的积极影响。[3]

7.《全面注册制须强化投资者保护》

投资者信心和市场信心是支撑资本市场平稳健康发展的关键。如何更好地保护广大投资者权益，进一步塑造尊重投资者的市场环境，是衡量注册制综合改革成效的重要因素。注册制是全面深化资本市场改革、完善要素资源市场化配置的重要举措。为加强投资者保护，应推动信息披露从"监管导向"向"需求投资

---

〔1〕 杨为乔：《一个"更正"让这家公司陷入被动》，载《董事会》2023年第Z1期。

〔2〕 郭雳、吴韵凯：《虚假陈述案件中证券服务机构民事责任承担再审视》，载《法律适用》2022年第8期。

〔3〕 郭雳、武鸿儒、李胡兴：《注册制改革下招股说明书信息披露质量提升建议》，载《证券市场导报》2023年第1期。

者需求导向"不断转变。为推进综合注册制改革，投资者教育需要相应加强。[1]

8.《中介机构虚假陈述责任的理论反思、实践困境与规则重构》

近年来，保荐机构、承销机构、审计机构、律师事务所、评估机构、信用评级机构等中介机构因虚假申报向投资者支付巨额赔偿金的案例层出不穷。究其原因，在于资本市场中介机构监管机制不完善，以及法院对尽职责任标准的认定不够明确统一。损害赔偿责任的定义需要进一步细分。未来在新价值观念的指引下，应从以下几个方面着手解决理论和实践问题：打破大中介垄断，建立委托代理关系保护投资者；建立基于"合理调查"和"合理信赖"逻辑的客观审查标准，明确中介机构对一般过失和轻微过失追加责任的适用依据，确立追加责任在法律上的普遍化基础术语适用标准，构建支持资本市场健康发展、满足现实需要的规则体系。[2]

9.《私募股权基金退出环节的利益冲突与法律规制——从春华投资贱卖蚂蚁股权风波切入》

平安信托投资者指控春华资本贱卖蚂蚁股权风波（"平安—春华案"），揭开了私募股权投资基金（PE）退出环节的特殊利益冲突的盖子。与持续经营的公司相比，PE 有固定期限，投资者的目标是到期获利退出，但这种期限特征与底层资产变现时机之间可能出现不适配的情形，若延期又可能仅便利了管理人索取额外不必要的管理费。因此，基金清盘抑或延期成为退出环节的一个两难决策，这使得合理的决策程序机制成为必要。"平安—春华案"暴露出我国实践与法律规则在处理退出环节利益冲突问题上的不足，所以我国 PE 退出环节的制度构建迫在眉睫。[3]

10.《资产支持证券欺诈发行纠纷裁判路径检讨——以管理人的角色和责任承担为中心》

"管理人全责论"的裁判现状似乎淡化了证券管理人连接投资方与融资方的中介角色，而是赋予其发行人义务。此种看似符合当前强化中介机构在虚假陈述中责任承担的裁判思路，事实上忽略了资产支持证券发行模式、交易结构和投资者构成的特殊性，不利于资产证券化业务的健康发展。管理人发行资产支持证券的实践表明，其虽名为"发行人"，却并无公开发行证券之"发行人"的利益诉求、信息来源和权利义务，应当借鉴美国"双实体理论"厘清管理人的法律地

─────────────

〔1〕 郭雳：《全面注册制须强化投资者保护》，载《经济日报》2023 年 2 月 25 日，第 5 版。

〔2〕 杨松、刘竹：《中介机构虚假陈述责任的理论反思、实践困境与规则重构》，载《河北学刊》2023年第 2 期。

〔3〕 刘燕、邹星光：《私募股权基金退出环节的利益冲突与法律规制——从春华投资贱卖蚂蚁股权风波切入》，载《经贸法律评论》2021 年第 3 期。

位，在认真考量信托法基本原理的前提下，基于管理人的实质利益空间认定其责任大小，从而形成符合资产支持证券这类非典型证券产品虚假陈述的责任裁判逻辑与认定标准。[1]

11. 《证券纠纷特别代表人诉讼制度的发展与完善》

新《证券法》第95条不仅明确了"加入制"普通代表人诉讼，还确定了"退出制"特别代表人诉讼。以投资者保护机构担任诉讼代表人的特别代表人诉讼制度被称为中国式的证券集团诉讼。但在其实施过程中，存在着适格原告范围与另诉选择权受限、证券代表人诉讼与个体诉讼脱节、投保机构参诉规则不完善等问题。因此，实现制度设计的目标，应在考虑我国实际司法环境与社会现实的基础上细化各主体参诉规则、统一证券代表人诉讼规则、明确投资者另诉规则，在赔偿制度中适用比例责任。[2]

12. 《绿色债券募集资金用途异化的法律防范——以信息披露制度完善为中心》

作为资本市场回应中央决策部署的重要金融工具，绿色债券应充分发挥作用。现阶段我国应该在诸多制度安排中突出信息披露制度的重要作用，以期通过市场机制与社会监督防范募集资金用途异化。目前，我国现行信息披露制度存在较多问题。对此，应以募集资金使用为主线搭建制度框架，围绕募集资金使用完善强制性与自愿性相结合的披露机制，并构建配套措施保证信息披露制度发挥作用，使绿色债券成为名副其实的社会债券。[3]

13. 《信用评级机构违反注意义务的认定标准——兼评杭州中院五洋债案》

杭州中院审理的五洋债案是我国首例公司债券欺诈发行案，其所作出的由中介机构承担比例连带赔偿责任的判决引起了巨大争议。与律师事务所、会计师事务所等中介机构相比，信用评级机构的特殊性要求对其是否违反注意义务的认定应进行专门识别。信用评级机构是否违反注意义务的认定标准选择，应将主观标准与客观标准结合起来，既考虑到专家理性、利益捕获以及道德风险等主观标准尺度，又考虑到以偿债能力为中心的客观标准尺度。[4]

14. 《夯实资本市场诚信建设的法治基石》

加强诚信建设是打造规范、透明、开放、有活力、有韧性的资本市场的核心

---

〔1〕 冯果、贾海东：《资产支持证券欺诈发行纠纷裁判路径检讨——以管理人的角色和责任承担为中心》，载《法学论坛》2023年第1期。

〔2〕 冯果、熊予晴：《证券纠纷特别代表人诉讼制度的发展与完善》，载《长江论坛》2022年第5期。

〔3〕 冯果、吕佳欣：《绿色债券募集资金用途异化的法律防范——以信息披露制度完善为中心》，载《河北法学》2022年第11期。

〔4〕 冯果、王奕：《信用评级机构违反注意义务的认定标准——兼评杭州中院五洋债案》，载《中南民族大学学报（人文社会科学版）》2022年第2期。

工程。资本市场诚信建设应当通过有效的制度约束来实现。夯实资本市场法治根基应通过完善制度、强化诚信数据库基础建设、理顺体制机制、构建高效协同的执法司法体制来实现。[1]

15.《证券特别代表人诉讼第一案述评——关于康美药业虚假陈述案的程序性分析》

康美药业虚假陈述民事赔偿案是我国第一起证券特别代表人诉讼案件，检讨其审理经过，可以借此反思相关立法和司法解释的适当性。《证券法》第 95 条第 3 款规定的特别代表人诉讼制度，依赖普通代表人诉讼先行展开，这一制度设计并不符合我国现实，应该规定投保机构可直接提起特别代表人诉讼。而相关司法解释中对代表人诉讼中权利登记公告的安排，程序上并不公平，应该予以改进。[2]

16.《证券虚假陈述民事赔偿中的因果关系——司法解释的新发展评析》

最高人民法院于 2022 年 1 月发布了关于虚假陈述的新司法解释，完善了虚假陈述民事赔偿中的因果关系认定规则，特别是区分了交易因果关系和损失因果关系，并对诱空型虚假陈述作出了明确规定。不过，在交易因果关系方面，诱空型和诱多型虚假陈述的区分并不明确。在损失因果关系方面，对于市场过度反应，目前尚缺乏控制方式。司法解释对因果关系的规定是为了保护投资者，因此是非排他性的规定，应允许投资者主动提出更为合理的交易因果关系和损失因果关系证明方式。[3]

17.《证券虚假陈述纠纷中独立董事的赔偿责任：案例、法理与制度完善》

几大学者就原告顾某骏、黄某香等 55 326 名投资者及其代表人中证中小投资者服务中心有限责任公司诉被告康美药业股份有限公司（以下简称"康美药业"）及其实际控制人、董事、监事、高级管理人员以及会计师事务所及其工作人员证券虚假陈述责任纠纷一案，进行证券虚假陈述纠纷中独立董事的赔偿责任的讨论。[4]

18.《解构证券虚假陈述的民事赔偿制度——从先行赔付到投资者补偿基金》

打击虚假陈述行为，是为了遏制虚假陈述行为的发生以及补偿受害投资者。行政处罚和刑事制裁足以实现遏制功能，但证券民事赔偿制度在制度逻辑、赔付速度和赔付率上都不能令人满意。证监会创设了先行赔付制度，试图更为有效地

---

[1] 冯果：《夯实资本市场诚信建设的法治基石》，载《证券法苑》2021 年第 4 期。

[2] 彭冰：《证券特别代表人诉讼第一案述评——关于康美药业虚假陈述案的程序性分析》，载《金融法苑》2022 年第 1 期。

[3] 彭冰：《证券虚假陈述民事赔偿中的因果关系——司法解释的新发展评析》，载《法律适用》2022 年第 5 期。

[4] 李志刚等：《证券虚假陈述纠纷中独立董事的赔偿责任：案例、法理与制度完善》，载《人民司法》2022 年第 1 期。

补偿投资者，但也存在种种问题。因此，通过向所有证券交易征收交易经手费，设立投资者补偿基金，也许是快速和有效补偿投资者的更优方案。在中国，通过分割现有的投资者保护基金，能很快建立投资者补偿基金。[1]

19. 《我国证券律师勤勉尽责义务认定思路反思及完善——基于十一起证券律师未勤勉尽责追责案例的考察》

我国于 2019 年对《证券法》进行修订，大幅提高了对证券违法违规行为的处罚幅度。现有司法实践在勤勉尽责认定思路上存在难以适应《证券法》条文变化、调查事项区分尚不明晰以及特别注意义务尽责标准过高等问题。从我国国情以及域外思路双重考量来看，证券律师勤勉尽责认定思路应从随《证券法》的修订强化原因力考察、谨慎认定专业事项向非专业事项转化、合理看待"特别的注意义务"等方面加以完善。[2]

20. 《我国证券发行注册制改革反思——发行与交易、证监会与证交所关系亟待厘清》

目前我国证券发行和交易联动，尚未完全践行注册制以信息披露为核心的形式审查和注册，证券交易所与证监会的关系模糊，不利于推动证券市场市场化发展。为正确把握好注册制改革方向，我国一方面应以证券交易注册构建为落脚点，推动证券发行与交易由联动走向分离，形成证券发行注册与证券交易注册并行的良性互动；另一方面，以"审监分离"为遵循，厘清证监会与证券交易所的关系，完善和优化我国证券发行注册制。[3]

21. 《论碳达峰碳中和背景下的绿色债券发展模式》

绿色债券存在着建立市场信任及环境效益正外部性未有效内部化的制度难题。我国以政府主导推动绿色债券发展，但绿色债券在我国仍面临巨大挑战：一是经济转型期绿色标准本土化、募集资金使用绿化度不高、环境效益信息披露非强制化；二是民营企业参与绿色发展主动性不足，环境效益正外部性内部化效果不明显；三是新兴市场下绿色债券投融资主体的激励约束机制有所失衡，环境风险防控意识与管理方法欠缺，后续监管难度大。未来有必要围绕碳达峰碳中和目标，在保留政府驱动优势的同时更多地发挥市场的主导作用，增强投资绿色债券

〔1〕 彭冰：《解构证券虚假陈述的民事赔偿制度——从先行赔付到投资者补偿基金》，载《商法届论集》2021 年第 1 期。
〔2〕 万国华、聂凤玲：《我国证券律师勤勉尽责义务认定思路反思及完善——基于十一起证券律师未勤勉尽责追责案例的考察》，载《中国证券期货》2022 年第 3 期。
〔3〕 王秋艳、万国华：《我国证券发行注册制改革反思——发行与交易、证监会与证交所关系亟待厘清》，载《开放导报》2023 年第 1 期。

的正向激励，并完备对"洗绿"等违规行为的法律责任约束。[1]

22.《公司债券法制的统一及实现》

本文强调构建更加完善的债券市场投融资法制，促进形成一个健康可持续发展的公司债券市场。随着 2019 年底《证券法》的重大修订，在资本市场发行的"公司债券""企业债券"不仅全面实行注册制，更与股票同等适用信息披露、违规处罚等证券投资者保护机制。[2]

23.《基础设施 REITs 的法律解构与风险规制》

基础设施 REITs 采用"公募基金+资产支持证券"的法律结构运作。这种运作方式可能面临经济政策、金融监管和商业逻辑如何在各主体权责中重新平衡的挑战。未来应推进 REITs 法律结构改革和专门立法，并构建法律监督之外的市场化约束机制；在法律制度层面上，应回归 REITs 的金融工具本质并紧扣基础设施对象属性，探索专门立法之路。[3]

24.《基础设施 REITs 融资中资产方的身份转换与权利限制》

2021 年 6 月 21 日，首批 9 单以基础设施为底层资产的不动产投资信托基金成功在沪深交易所上市，一举为高速公路、污水治理、垃圾处理、产业园、仓储物流等基础设施融资 304 亿元。[4]

25.《资本市场看门人理论在我国的适用困境及其克服》

随着资本市场发行方式的多样化、证券产品的多元化，国际资本市场的发展总体上呈现出一种"去看门人"的趋势。我国引入看门人理论并将其扩展到整个证券市场虚假陈述领域，致使中介机构责任过重，也不利于彻底"追首恶"。我们应降低对中介机构看门功能的预期，并强化公共看门人、准公共看门人和机构投资者自己的"看门"意识，更多地依赖举报人、做空机制、大数据监测、公共执法、刑事制裁等，发现和打击财务造假，彻底"追首恶"，提高执法的精准度。[5]

26.《证券律师注意义务之边界》

在证券律师能力小于法律和社会公众对证券律师的要求时，对个别律师的惩罚本质上是抽签式对证券律师系统的无效惩罚。随着我国资本市场的发展和财务造假丑闻不断被揭露，法律与社会公众对证券律师调查事项范围的要求，以及对

〔1〕 洪艳蓉：《论碳达峰碳中和背景下的绿色债券发展模式》，载《法律科学（西北政法大学学报）》2022 年第 2 期。

〔2〕 洪艳蓉：《公司债券法制的统一及实现》，载《中国金融》2021 年第 22 期。

〔3〕 洪艳蓉：《基础设施 REITs 的法律解构与风险规制》，载《证券法苑》2021 年第 1 期。

〔4〕 洪艳蓉：《基础设施 REITs 融资中资产方的身份转换与权利限制》，载《中国法律评论》2021 年第 4 期。

〔5〕 邢会强：《资本市场看门人理论在我国的适用困境及其克服》，载《政法论坛》2022 年第 6 期。

证券律师调查深度的要求日益扩张，超出了证券律师的能力。我国应回到证券律师能力与社会要求相当的状态，这需要进一步区分法律事项与会计事项，限缩证券律师调查事项的范围，明晰证券律师注意义务的标准，降低对证券律师调查深度的要求。[1]

27.《证券中介机构法律责任配置》

我国以看门人理论为不断加重中介机构责任的理论依据，试图通过严厉的法律责任促进资本市场中介机构的"看门"职能。但如果责任过重，有违"过责相当"原则，将不利于资本市场生态平衡。看门人理论与制度存在根本问题，应以"追首恶"理论与制度代替；在区分故意与过失的基础上，限缩连带责任之适用；在区分公开发行市场责任与公开交易市场责任的基础上，分别设置不同的责任限额，以促进资本市场健康、理性、协调发展。[2]

28.《上市公司非公开发行股票中券商的勤勉尽责标准与民事责任》

上市公司非公开发行股票的制度设计注重融资效率。其对投资者的保护，主要是通过排除普通投资者参与认购上市公司非公开发行股票来实现的。证券法假定合格投资者具有自我保护能力，因此，对合格投资者的法律保护低于对普通投资者的法律保护。在一定意义上，上市公司非公开发行股票与公开发行股票之间差异并不显著。上市公司非公开发行股票中保荐人尽职调查的标准低于公开发行，其民事责任也轻于公开发行。[3]

29.《上市公司虚假陈述行政处罚内部责任人认定逻辑之改进》

我国在过去 30 年的证券行政处罚实践中已经形成了对上市公司虚假陈述内部责任人认定的全体负责逻辑和全部受处罚模式。这具有一定的合理性，但也存在改进的空间。在新《证券法》大幅度提高处罚额度的背景下，这种内部责任人认定逻辑需要改变。包含主观状态测试、义务主体测试、内部控制义务履行测试和实时监控义务履行测试的四步测试法，能很好地判断上市公司虚假陈述中的责任应如何分配，从而改进上市公司虚假陈述内部责任人认定的逻辑。[4]

30.《我国台湾地区财务造假案件中的审计师民事责任——以远东航空财务造假等案为例》

按照证券市场的分工，审计机构进和审计师承担着审计上市公司财务数据、

---

[1] 邢会强：《证券律师注意义务之边界》，载《商业经济与管理》2021 年第 9 期。
[2] 邢会强：《证券中介机构法律责任配置》，载《中国社会科学》2022 年第 5 期。
[3] 邢会强：《上市公司非公开发行股票中券商的勤勉尽责标准与民事责任》，载《法律适用》2022 年第 8 期。
[4] 邢会强：《上市公司虚假陈述行政处罚内部责任人认定逻辑之改进》，载《中国法学》2022 年第 1 期。

及时揭露上市公司财务造假情况的重大责任。但近年来，我国证券市场中频频发生的上市公司财务造假案件，对此我国监管机关始终保持"零容忍"的态度。而在此类案件中会计师事务所往往会承担较为沉重的民事责任，引发了社会各界对审计责任的广泛探讨。[1]

31.《证券市场虚假陈述中的勤勉尽责标准与抗辩》

我国《证券法》上的"勤勉尽责"义务其实与美国的"合理勤勉抗辩"相对应。发行人的董监高和中介机构对于投资者的"勤勉尽责"义务并非信义义务，而仅是法律强制规定的一种侵权法上的注意义务。判断这些主体是否履行了注意义务，应当参照本职业团体成员的平均水平标准。这些主体可以在合理调查的前提下合理信赖其他专家的意见。判断是否为合理调查时，应考虑发行人业务、证券种类等因素，注意不同主体调查标准的差异。[2]

32.《债券虚假陈述中会计师事务所的法律责任》

近年来，各类债券违约事件时有发生，而会计师事务所在债券虚假陈述中的法律责任的认定裁判尺度不一。会计师事务所在《证券法》中被归类为"证券服务机构"，并非信息披露义务人，而是发行人信息披露的辅助者，仅需就其出具审计报告的真实性、完整性承担责任。事务所承担的民事责任应与其过错相当。行政处罚不应成为民事责任的直接依据。[3]

33.《债券市场欺诈发行的认定及法律适用纠偏》

在部分债券违约案件中，同时存在债券虚假陈述、欺诈发行的情形。在对债券市场欺诈发行责任的认定中，法院往往简单适用原《证券法》对股票的相关规定，忽视了债券法律关系及发行模式的特殊性。新《证券法》一定程度上弥补了上述不足，根据注册制的要求修正了欺诈发行的认定标准。因此，在审理债券欺诈发行案件时，司法机关应考虑适用新《证券法》的相关规定，同时完善债券欺诈发行责任承担规则。[4]

34.《债券受托管理人诉讼地位的法理困境》

新证券法及《全国法院审理债券纠纷案件座谈会纪要》对债券受托管理人的诉讼地位予以明确，但其在司法实践中的适格诉讼地位存在争议，法理依据也尚不明确。该文从诉讼代理制度、诉讼担当理论与信托法律制度入手，重新审视债券受托管理人诉讼地位的法理困境，梳理其与债券持有人之间的法律关系，并

---

〔1〕 邢会强、宋旭博、王静：《我国台湾地区财务造假案件中的审计师民事责任——以远东航空财务造假等案为例》，载《中国注册会计师》2021 年第 12 期。

〔2〕 邢会强：《证券市场虚假陈述中的勤勉尽责标准与抗辩》，载《清华法学》2021 年第 5 期。

〔3〕 赵磊：《债券虚假陈述中会计师事务所的法律责任》，载《中国会计报》2021 年 7 月 16 日，第 3 版。

〔4〕 赵磊、孙恺恺：《债券市场欺诈发行的认定及法律适用纠偏》，载《金融市场研究》2021 年第 8 期。

建议在司法实践中适时扩大对任意诉讼担当的引用，同时通过修改信托法促进债券受托管理人制度与信托法相衔接。[1]

35.《激励约束视角下的特别代表人诉讼制度——以新〈证券法〉为背景》

新《证券法》中规定了特别代表人诉讼制度，以投服中心作特别代表人。特别代表人诉讼制度能否有效运转仍有待观察。该文基于双重委托代理关系中的激励约束机制的视角，比较了美国集体诉讼与中国特别代表人诉讼，指出投服中心、公益律师的激励不足问题，建议改善投服中心内部的考评机制、引入胜诉酬金。同时，建议通过发挥机构投资者作用、加强信息披露、提高律师担保成本的方式，加强对投服中心和律师的约束。[2]

36.《注册制视阈下我国"看门人"职责的厘清与配置》

在新《证券法》颁布和注册制全面推行背景下，中介机构"看门人"职能进一步凸显，资本市场相应制度却未能随之匹配，中介机构之间注意义务区分不明、免责事由缺乏等弊病依然存在。为了优化中介机构"看门人"职责，该文拟基于证券中介机构、勤勉尽责、注意义务等基本概念之厘清，以保荐机构、会计师事务所、律师事务所为主要对象，参考美国、日本等，对证券中介机构"看门人职责"的加强提出建议。[3]

37.《注册制改革背景下中介机构勤勉尽责责任研究——"看门人"理论的中国版本和不足》

新《证券法》标志着注册制的全面推行。注册制下的市场化程度更高，证监会地位相对隐退，证券中介机构的权责随之扩大，其"看门人"职能得以凸显，但中介机构之间注意义务区分不明、免责事由缺乏等弊病依然严重。该文在澄清证券中介机构、勤勉尽责、注意义务等基本概念的基础上，以保荐机构、会计师事务所、律师事务所为主要对象，通过比较美国、日本及中国香港地区的经验，对我国内地证券中介机构"看门人"职责优化提出建议。[4]

38.《股票质押式回购交易及其违约处置》

我国股票质押回购交易于2013年开始，2016年有了较快发展。但目前关于股票质押式回购交易及其违约处置的法律法规十分繁杂，难以把握。该文在对这些法律法规进行梳理的同时，对股票质押式回购交易及其违约处置提出了一些合

---

[1] 赵磊、于晗：《债券受托管理人诉讼地位的法理困境》，载《债券》2021年第6期。
[2] 沈伟、林大山：《激励约束视角下的特别代表人诉讼制度——以新〈证券法〉为背景》，载《证券法苑》2021年第1期。
[3] 沈伟、沈平生：《注册制视阈下我国"看门人"职责的厘清与配置》，载《投资者》2021年第3期。
[4] 沈伟、沈平生：《注册制改革背景下中介机构勤勉尽责责任研究——"看门人"理论的中国版本和不足》，载《洛阳理工学院学报（社会科学版）》2021年第3期。

理化的建议。〔1〕

39.《公开股份私募投资合规之构建——以中小股东利益保护为视角》

公开股份私募投资在我国是一项比较新的融资方式，但因为其容易构成内幕交易以及损害中小股东的利益特点，必须加以监管关注。在我国公开股份私募投资的合规建设中有两种方法加强中小股东利益保护：一是均衡各方利益，包括协议条款中保证中小股东的利益以及对中小股东进行业绩补偿承诺；二是注重信息披露的合规性，主动向监管部门报告重要信息，增加交易透明度，减少内幕交易等证券违法行为发生的可能性。〔2〕

40.《债券承销商虚假陈述侵权行为认定机制探析》

五洋券商案件一审判决认定债券承销商有重大过错，但未明确界定承销商所应承担的注意义务类型以及中介机构间的内部责任分担。因此宜结合行业尽调指引及个案情形对承销商过错予以审慎认定，并视其过错情形承担全部或比例连带责任，中介机构间宜按照过错比例进行内部责任分担，应当以虚假陈述信息对发行人偿债能力的影响程度来划定承销商责任范围。〔3〕

41.《证券服务机构虚假陈述赔偿责任的实证分析与要件回归》

证券服务机构虚假赔偿责任存在诸多问题，应对判决的推演过程予以实证分析，构建可资检验的论证准则，以期免于主观法感情的恣意。此类虚假陈述属于无意思联络的数人侵权，在责任形态上，部分连带责任最为合理。责任边际的划分标准依赖于责任要件的具体判定。主体要件应与主体责任相切割。精细化把握不同机构的虚假陈述行为，方能聚焦于客观要件来判定行为责任。〔4〕

42.《反欺诈论下泄露型内幕交易推定的适用及其限度》

我国在认定证券内幕交易泄密责任时，推定过度在执法中时有发生。反欺诈理论能为推定规则的适用设定清晰的条件和边界。该理论规定了对泄密人、受密人追究责任的前提。由于泄露型内幕交易的隐蔽性，证明责任应适用推定，泄密人责任构成要件应以其"故意"为中心，推定受密人责任应以其"知道或者应当知道泄密违法并被施惠"为中心；对于较为特殊的间接受密人责任，应推定其知道或者应当知道获得的信息是违反信义义务的信息。〔5〕

---

〔1〕 潘修平：《股票质押式回购交易及其违约处置》，载王卫国主编：《民商法金融法前沿新探》，中国政法大学出版社 2022 年版。

〔2〕 吴弘、钱尘：《公开股份私募投资合规之构建——以中小股东利益保护为视角》，载《兰州财经大学学报》2021 年第 5 期。

〔3〕 吴弘、吕志强：《债券承销商虚假陈述侵权行为认定机制探析》，载《证券法苑》2021 年第 2 期。

〔4〕 吴弘、陆瑶：《证券服务机构虚假陈述赔偿责任的实证分析与要件回归》，载《投资者》2021 年第 3期。

〔5〕 朱大旗、陈鹏：《反欺诈论下泄露型内幕交易推定的适用及其限度》，载《法律适用》2022 年第 4 期。

43. 《"双碳"背景下我国绿色证券市场 ESG 责任投资原则构建论》

我国绿色证券市场 ESG 责任投资原则的实施较晚，但其关注经济、社会、环境可持续发展等价值取向已被广泛认同。结合域外实践进程，并基于我国绿色证券市场的发展需要，应将 ESG 责任投资理念与原则更深地融入绿色证券市场建设中，通过努力培育绿色证券市场投资主体、优化绿色金融资源配置、完善上市公司 ESG 治理，构建完善的绿色证券市场 ESG 责任投资原则、制度，从而释放我国绿色证券市场发展的巨大新活力。[1]

44. 《资信评级机构注意义务的认定标准与责任分配》

在债券市场虚假债权案件中，信用评级机构与其他中介机构相比具有一定的特点，需要明确其注意义务的认定标准和责任分配标准。在界定信用评级机构的责任时，应考虑从传统的"行业惯例"或"司法判断"的单一标准转向参照"商业判断"的公司治理准则，走向行业惯例的融合和司法自由裁量权。责任分配问题应在区分一般注意义务和特殊注意义务的基础上，明确注意义务和连带责任的形成机制，并根据一般侵权责任的构成要件予以充实。[2]

45. 《论个人破产"看门人"制度的构建》

因为个人破产与企业破产具有差异性，所以管理人作为个人破产清算过程中的"看门人"，不仅可以预防破产的舞弊、滥用，而且还可以避免因破产而导致的司法资源被过度占用。在此基础上，该文对美国和英国、法国和瑞典三国的"看门人"制度进行了对比分析。《深圳经济特区个人破产条例》第十一章所确立的破产管理人制度，更多的属于"间接型看门人"制度。[3]

46. 《论股东赋权主义和股东赋能的规则构造——以区块链应用为视角》

在我国的公司法及相关法律的改革中，出现了股东赋权主义的倾向。通过加强股东，特别是中小股东参与公司治理的权力，从而减少由于公司两权分离而导致的代理成本问题。比如，股东代理投票权规则、投票权征集规则、股东的查阅权规则和股东提案权规则等都是典型的案例。未来我国公司法的修订也应着眼于未来，在制度构建中反映出数字技术对公司治理的作用。[4]

47. 《破产法的指标化进路及其检讨——以世界银行"办理破产"指标为例》

世界银行营商环境指标弥补了比较法研究中缺少明确度量性的"黑箱难

---

〔1〕 季立刚、张天行：《"双碳"背景下我国绿色证券市场 ESG 责任投资原则构建论》，载《财经法学》2022 年第 4 期。

〔2〕 史淑梅、王钟萍、杨东：《资信评级机构注意义务的认定标准与责任分配》，载《金融市场研究》2023 年第 1 期。

〔3〕 高丝敏：《论个人破产"看门人"制度的构建》，载《法治研究》2022 年第 4 期。

〔4〕 高丝敏：《论股东赋权主义和股东赋能的规则构造 ——以区块链应用为视角》，载《东方法学》2021 年第 3 期。

题"，但存在法律渊源的偏见以及衡量工具的缺陷，并且追求整齐划一的最佳规则可能引发监管的道德风险。在比较法学研究中，由于缺乏清晰的量化标准，世界银行营商环境指数可以弥补"黑箱难题"，但是，由于其对法律渊源的偏见，衡量手段的不足，对统一的最优规则追求会导致监管上的道德风险。世界银行"办理破产"指数在评价过程和评价要求的选取方面有缺陷，评价方法不能真实地体现回收率，对经营价值的认识有偏差，也忽视了破产规则本身的体系性及其背后的价值。[1]

48.《论破产重整中信息披露制度的建构》

该文探讨了我国的信息披露制度破产重组"单轨制"存在的问题，结合美国破产重整中的破产法和证券监管法"双轨制"对我国破产重整中信息披露制度的构建提出了建议。中国破产法应建立独立的破产重整信息披露制度，由法院主导和批准通过当事人的异议制度和灵活务实的披露内容设计，使重组信息披露更适合投票表决。文章中还讨论了信息披露与破产法和证券法的联系。[2]

49.《统一化与差异化：债券市场内幕交易规制的困境与法制进路》

当前时代的背景下，高收益债券和信用衍生品是债券市场的内幕交易高风险领域。然而，对债券市场内幕交易的监管存在三个困境，即监管化的价值冲击、股票规则适用困难和认定标准缺乏差异化。由于不正当竞争性质和欧美监管的局限性，缺乏统一金融法律制度和判例法传统的中国，应采取维护公平竞争的监管思路，以公平竞争作为反欺诈和市场诚信的价值桥梁，主导统一的顶层设计；同时，应根据债券市场特点进行差异化调试，完善内幕信息监管。[3]

50.《算法趋同风险：理论证成与治理逻辑——基于金融市场的分析》

算法趋同风险作为一种由算法同质化交易行为引发的新型风险，具有周期性反馈效应，通过解构分析算法收敛风险，由于课题运营算法的"脆弱性"、算法自动化决策的高度关联性、算法决策与算法决策之间的信息不对称性，算法金融科技市场规模正在逐渐获得系统性风险基因。同时，算法收敛风险的诸多新属性和新特征挑战着传统的"太大而不能倒"和"信息透明"的管理逻辑，促使管理层更加关注"太过关联而不能忽视"和"算法稳健"的新思维新逻辑。[4]

〔1〕 高丝敏：《破产法的指标化进路及其检讨——以世界银行"办理破产"指标为例》，载《法学研究》2021年第2期。
〔2〕 高丝敏：《论破产重整中信息披露制度的建构》，载《山西大学学报（哲学社会科学版）》2021年第3期。
〔3〕 王怀勇、钟文财：《统一化与差异化：债券市场内幕交易规制的困境与法制进路》，载《证券市场导报》2020年第12期。
〔4〕 王怀勇、邓若翰：《算法趋同风险：理论证成与治理逻辑——基于金融市场的分析》，载《现代经济探讨》2021年第1期。

51.《亚投行气候融资规则构建的动因、路径及特点》

气候金融是全球气候治理的重要方式。构建亚投行气候金融规则既是弥补全球气候公共产品供给不足的现实需要，也是实现《巴黎协定》目标的必然要求，更是新一代多边发展使命和银行和多边开发银行之间的模仿和竞争等因素的结果。其选择的法律路径主要包括《环境与社会框架》和可持续部门战略、公私合作、《气候变化投资框架》的制定、多边开发银行协商气候融资的共同原则和方法。〔1〕

52.《蓝色债券的目标、原则与发展建议》

蓝色债券是国际组织、政府和其他实体向投资者发行的债务工具，用于为与海洋相关的项目、资产或战略筹集资金。资金使用的海洋化特征使蓝色债券有别于绿色债券。在实践中，已经形成了超国家蓝色债券、主权蓝色债券、金融蓝色债券和非金融企业蓝色债券。我国应推动制定蓝色债券规则、促进多个市场主体协调合作，建立蓝色债券激励约束机制，发挥蓝色债券潜力，助力海洋强国建设。〔2〕

53.《监管尊从：跨境证券监管合作新机制》

监管尊从是近年来国际社会为解决市场分割问题而推出的证券监管跨境合作新机制。监管尊从的制度性特征表现为：一是问题导向和目标导向相结合，旨在解决国际金融领域的市场分割问题，二是倡导公平互利，兼顾各方利益，化解金融安全与跨境监管效率的矛盾；三是以"相互承认"的方式和成熟经验，系统构建监管结果评估体系；四是紧密关联跨境监管主要工具和合作机制，全面强化决策有效性和合规执行基础。〔3〕

54.《金融科技的消费者中心原则：动因、理论及建构》

金融科技以消费者为本的原则是指：在金融科技创新的规则政策和法律法规的制定、解释和执行过程中，以消费者的权益为中心。构建以消费者为中心的金融科技原则有其现实动因，正在重新定义消费者，将金融监管的重心转移到当前金融科技的消费者身上，是金融科技市场发展现状的内在要求和必然结果。在国内金融监管框架内构建以消费者为中心的金融科技原则，必须以金融科技消费者利益为导向，实施全面保护，明确权责义务。〔4〕

---

〔1〕 李仁真、杨心怡：《亚投行气候融资规则构建的动因、路径及特点》，载《湖北社会科学》2022年第3期。

〔2〕 李仁真、戴悦：《蓝色债券的目标、原则与发展建议》，载《环境保护》2021年第15期。

〔3〕 李仁真、杨凌：《监管尊从：跨境证券监管合作新机制》，载《证券市场导报》2021年第7期。

〔4〕 申晨、李仁真：《金融科技的消费者中心原则：动因、理论及建构》，载《消费经济》2021年第1期。

55.《资本市场操纵行为认定的欧盟经验与启示》

该文介绍分析了欧盟所构建的一套以类型化定义为核心、操纵行为征兆及实例为补充、安全港规则与豁免条款为例外的多层次资本市场操纵行为认定规则，并从中提炼出具有欧盟特色的立法经验。我国应借鉴欧盟经验，加强资本市场操纵行为认定规则建设。[1]

（五）保险法部分

【教材类研究成果】

暂无

【专著类研究成果】

1.《机动车强制保险赔偿制度研究——兼论智能机动车强制保险的变革与展望》

机动车强制保险的设立目的是从交通事故受害人的角度出发，为交通事故受害人提供基本保障，具体表现为在道路交通事故中，保险公司对被保险机动车所造成的本车人员、被保险人以外的受害人的人身伤亡、财产损失，在责任限额内予以赔偿。为了给相关制度的完善提供理论和实践上的参考，本书论述了机动车强制保险的理论框架，分析了机动车强制保险的赔偿对象和赔偿要件，探讨了机动车强制保险的赔偿范围和赔偿程序，提出了机动车强制保险赔偿制度的完善建议和具体修法路径。

2.《保险法学的新方向》

本书系保险法学论文集，共收录我国保险法学人论文 17 篇，整体内容以保险产业界和保险法律制度建设为立足点，直面实践中的难点问题，比如保险欺诈、交强险追偿、政策性营业损失保险制度建设、个人信息保护、数据安全、互联网业务等，描述了我国保险法学的新发展方向。

【论文类研究成果】

1.《保险合同任意解除中的第三人保护检视》

我国《保险法》规定，投保人对保险合同享有任意解除权。但是，投保人行使任意解除权将使被保险人或受益人等第三人受损。为此，《保险法司法解释三》第 17 条专门作出规定，对第三人予以保护。第三人保护其实等同于如何限制投保人的任意解除权的问题：对第三人的保护越强，则对投保人解除权的限制越多；反之亦如此。对于任意解除权的限制，理论上一般有三种解决模式："同意模式""通知模式"以及"自由模式"。在这三种模式之间作抉择，其关键在

---

〔1〕 刘春彦、林义涌：《资本市场操纵行为认定的欧盟经验与启示》，载《证券法苑》2021 年第 2 期。

于利他保险的对价关系。[1]

（六）其他部分

【教材类研究成果】

暂无

【专著类研究成果】

1. 《扇形统合——县域金融治理的权力运行研究》

县治自古以来即为国家行政治理的重点，而金融是国民经济的血液，因此金融治理成为县域治理的核心内容亦是县治题中的应有之义。本书旨在构建适合县域金融治理的权力运行的理论研究框架——统合协调。采用实证研究与政治经济学理论相结合的方法，建立了一个观察中央政府与中央金融权力的县级分支机构间的信息不对称问题及其潜在影响的模型。本书将中国西部子县以扇形统合为表现形式的县域金融治理，作为我国两千多个县域金融治理的缩影和中央政府对地方特别是县域金融依法治理及其改革发展的实证样本，以小见大，由点及面，进而对有效治理我国县域金融给出了有益启示。

2. 《金融控股公司法律问题研究》

金融控股公司业务多元，风险复杂程度较高，同时涉及多个金融行业的内部交叉，向来是金融法领域内的研究难点。为了更好地促进金融控股公司法律制度的完善，避免系统性金融风险的产生，本书总结和概括了金融控股公司的十个主要法律问题，并旨在通过对于上述十个问题的研究，为金融控股公司的监管与业务运营提供参考，推动金融控股公司健康稳定地发展。

3. 《消费金融个人信息保护法律问题研究》

不同于一般个人信息，个人金融信息一旦泄露，不但会直接侵害个人金融信息主体的合法权益、影响金融业机构的正常运营，甚至可能会带来系统性金融风险。同时，由于我国消费金融起步较晚，目前尚未专门针对消费金融领域的个人信息保护进行立法。因此，为了加强个人金融信息安全的管理，指导各相关机构规范处理个人金融信息，最大程度保障个人金融信息主体合法权益，维护金融市场稳定，本书主要论述了消费金融领域个人信息的类型和特征、发展与立法现状、个人信息的权益归属、消费金融领域个人信息的处理规则、个人信息保护的责任问题和个人信息保护的监管制度。

4. 《金融产品网络销售的商业实践与法律逻辑》

过去十多年，随着信息技术和平台经济的快速发展，互联网平台企业开始逐步利用技术优势与金融机构合作销售金融产品，对于增强金融机构特别是中小机

---

[1]　陈景善、郜俊辉：《保险合同任意解除中的第三人保护检视》，载《保险研究》2021 年第 11 期。

构获客能力、拓展普惠金融的广度和深度、提升金融服务的便利性，都发挥了积极作用，但是同时也出现了很多问题。对此，本书采用"总—分—总"的模式，从三大部分五个章节展开论证，力图在挖掘新兴的金融产品网络销售对现行金融产品销售法律制度造成的系统冲击的基础上，有针对性地提出优化完善金融产品网络销售法律制度的对策建议。

5.《数字经济理论与治理》

该文通过对数字经济发展进行观察，系统性阐述了数字经济引发的企业组织模式、生产要素以及驱动技术变革，在此基础上提出了以"平台、数据、算法"交叉为内涵的理论创新与三维治理结构。沿着这一理论创新，本文对现有的数字平台、数据生产要素、算法、数字货币的治理现状进行分析，归纳出当前治理中广泛存在的问题，并结合已有经验提出了全新的治理方案，为相关细分领域的研究提供理论支撑。

【论文类研究成果】

1.《论数字金融规制的法律框架体系》

全球金融危机的余震未消，各个国家陆续实施数字金融监管改革。数字金融的产生和发展，具有金融创新和数字风险互促发展、金融科技与监管科技谱系升级、数据规制与金融监管联动挑战的内驱动力，这三重驱动力推动着各国数字金融和法治同步演进。在此背景下，我国宜施行综合监管与适应性监管互助共存的监管模式，推动被监管者与监管机构之间的信息共享，兼顾数据共享和个人信息保护，最大限度地守住数字货币流转的反洗钱风险底线，科学构建本土化的数字金融规制法律框架体系。[1]

2.《论新发展理念下监管科技法治化的融合路径》

习近平经济思想的中心内容是新发展理念。随着金融科技的跨界、跨业和跨域经营，监管科技的法治化是新发展理念下金融科技及其监管发挥长效机制的过程。具体内容包括监管科技与金融科技共同创新发展，监管科技中技术和法律协调融合，开放包容表现为监管空白的技术填补，算法规制与责任设置则保障了在共享的基础上促进发展。站在关键的十字路口上，监管科技的模式不再只是涉及金融科技本身，行业驱动的新需求和技术驱动的新能力将会密切结合，进而为气候变化和生物多样性等新时代关键议题提出解决建议，监管科技应当将转变成以创新为动力，金融监管、平台竞争、数据治理和可持续发展相互作用的协同共治新模式。[2]

---

[1] 许多奇：《论数字金融规制的法律框架体系》，载《荆楚法学》2021 年第 1 期。

[2] 许多奇：《论新发展理念下监管科技法治化的融合路径》，载《东方法学》2023 年第 2 期。

3. 《数字化时代个人金融数据治理的"精巧"进路》

妥善立法和有效管理个人金融数据是我国数字经济发展的关键。数据泄露和个人财务数据管理失败可能导致直接经济损失和国家安全风险。现有的管理体制存在管理结构不系统、协调不统一，管理规范不完善，管理方式障碍多，对象与管理结构之间存在明显的紧张关系等问题。"精细监管"理论提倡治理主体和治理工具的多元组合，在治理体系的诸多方面与个人金融数据管理相兼容。向"复杂"个人金融数据管理转型，应通过政府法规完善数据管理结构，明确数据管理底线和红线，在数据全链条保护下加强事中管理，促进多个政府实体、第三方组织和民间社会共同管理，引导和规范被管理对象的自律。[1]

4. 《金融科技下"沙盒监管"的命题辨析：一个批判的视角》

沙盒监管体现了科技金融化背景下监管改革的指向性诉求。与其说沙盒监管是科技与金融结合的监管创新，不如说是一种方法论的进化。客观地说，法律不是纯粹的真理和科学，更多的是与经验、游戏和价值判断有关。当自然科学证伪的实验方法应用于不能完全证伪的法律和正义时，这本身就是一个必须慎重考虑的问题。金融科技拓展了财务自由的空间，但也增加了对金融人的控制和奴役，让我们的风险越来越大。为确保科技金融服务于以人为本，沙盒监管体系的设计必须符合法治化，强调科技的伦理要求，注重保护金融消费者的权益。[2]

5. 《大数据金融语境下金融数据安全保障的法律探究》

在大数据金融背景下，安全是一个广义的概念，应该从数据碎片化、数据孤岛、数据质量、数据隐私等方面进行解读。在金融数据安全的法律设计中，立法者必须以平衡的心态，在安全与技术发展之间找到最佳的黄金比例。鉴于金融科技可能存在的反人类性，在构建系统时将其植入也需要遵守科技伦理的要求。权利取决于对义务和义务的严格遵守，因此从义务和责任的角度来思考保护金融数据的安全是明智的。[3]

6. 《从合同之治到商法之治——简评我国场外衍生品入法的模式创新》

《期货和衍生品法》是我国场外衍生品从合同之治进入商法之治的标志，并且彻底消除了场外衍生交易法律基础的不确定性。将场外衍生品的条款作为专章"场外衍生交易的特别规定"置于法律文本的最后可能更恰当，但并不影响立法目的的

---

[1] 郭雳：《数字化时代个人金融数据治理的"精巧"进路》，载《上海交通大学学报（哲学社会科学版）》2022年第5期。

[2] 黎四奇、李琴琴：《金融科技下"沙盒监管"的命题辨析：一个批判的视角》，载《法治社会》2021年第5期。

[3] 黎四奇、杨林：《大数据金融语境下金融数据安全保障的法律探究》，载《经济法论丛》2022年第1期。

实现。金融立法应注重内容，并与本国经济发展阶段相适应。在我国金融立法体系中，4 月 20 日表决通过的《期货和衍生品法》与 1995 年集中亮相的《中国人民银行法》《商业银行法》《保险法》《票据法》，以及随后的《证券法》（1998 年）、《信托法》（2000 年）、《证券投资基金法》（2003 年）相比可谓姗姗来迟。[1]

7.《论金融稳定取向下的公司监督权配置改革——以公司法和金融稳定法的联动修改为视角》

实证研究表明，破坏性极强的金融危机往往源起于公司治理的失败，并主要表现为股东控制或内部人控制下治理权的失衡问题，本质是监督权的虚置化。当前我国的监督权改革方案未改变"监督主体身份依附性"的弊病，也未采用整体主义视角予以联动修改，可能导致现有监督权的进一步弱化。为此，金融稳定取向下的公司法修改，应当以整体主义视角下的监督权强化为主线，在坚守股东本位的同时约束股东权利，确立董事会中心主义并强化经理层职权，为债权人参与监督提供制度基础，并且以细化董事会权利、义务和责任，提升监督标准和扩展监督范围为框架构建一元制下的监督型董事会。[2]

8.《个人金融信息保护法的定位与定向》

金融法视角的个人信息保护法即为个人金融信息保护法。从定位上看，个人金融信息保护法是根据金融业的特殊性而制定的个人信息保护法；个人金融信息保护法是数字经济时代的金融法；个人金融信息保护法与金融消费者保护法交叉、相似，却又相对独立。从定向上看，个人金融信息保护法既遵循个人信息保护法的一般规律，也应根据金融业的特殊性进行调适。个人金融信息保护法在保护之余，也重视金融服务业的发展。[3]

9.《论区块链的金融监管价值——以金融科技创新为视角》

依据法律不完备性理论，金融监管的价值是实现"剩余立法权"和"剩余执法权"。随着信息技术在金融领域的运用，金融科技创新在提高金融效率、金融交易量、服务质量和改善金融体验的同时使现有法律更加呈现出不完备性，也导致传统金融监管难以防范金融创新风险。为了进一步实现金融监管的价值，应以法律不完备性理论为基础，系统地研究区块链技术，实现金融监管的"剩余立法权"和"剩余执法权"的价值。[4]

---

[1] 刘燕：《从合同之治到商法之治——简评我国场外衍生品入法的模式创新》，载《清华金融评论》2022 年第 6 期。

[2] 冯果、贾海东：《论金融稳定取向下的公司监督权配置改革——以公司法和金融稳定法的联动修改为视角》，载《中国政法大学学报》2022 年第 5 期。

[3] 邢会强：《个人金融信息保护法的定位与定向》，载《当代法学》2022 年第 3 期。

[4] 李爱君：《论区块链的金融监管价值——以金融科技创新为视角》，载《西北工业大学学报（社会科学版）》2022 年第 1 期。

10. 《稳定币 USDT 的风险及其规制对策》

稳定币 USDT 在加密货币交易市场存在合规风险、欺诈风险、洗钱等风险和法律监管问题。国际比较研究发现，美国按照审慎和功能监管理念，对法币抵押型稳定币进行市场准入、资金托管、反洗钱和信息披露等方面的监管，同时司法机构能动执法加强对 USDT 的规制。中国宜借鉴域外经验，将 USDT 界定为外币票券，坚持及时性、渐进性和风险发现原则，发挥司法能动作用，构建稳定资产规制体系，推进跨境金融监管创新与协同治理。[1]

11. 《稳定币的内涵、风险与监管应对》

稳定币是区块链金融的基础设施。根据稳定机制的不同，稳定币可分为抵押型稳定币和算法型稳定币。当前研究在稳定币的内涵、分类以及对法币抵押型稳定币的风险和监管应对方面取得了一定成果，但对稳定币的风险、法律属性和监管应对的认识仍然不足。国内学者需要深化对稳定币的风险认识，将其视为外币代币或具有支付功能的金融工具，并从主动监管、功能监管、技术监管、司法补充规制和协同监管五个方面完善稳定币监管。[2]

12. 《优化营商环境建设，完善个人征信法治化监管》

个人征信的市场化不仅有利于拓宽个人征信范围与征信社会覆盖面，规范征信市场和服务实体经济，也是贯彻落实近年来中共中央、国务院关于推进社会信用体系建设、持续简政放权、优化营商环境等一系列方针政策的重要举措。该文以个人征信业为观察视角，结合《优化营商环境条例》所确立的法治精神和具体要求，分析个人征信领域的监管逻辑与规制手段的弊端，并提出法治监管思路。[3]

13. 《区块链在数字身份与资产上的应用价值》

数字经济的稳步推进，需要完善诸多基础设施。借助区块链技术，完善数字身份在数字经济时代的应用，推动数字资产的活力，将是新时代社会发展的两项重要技术内涵。[4]

14. 《元宇宙金融的风险与监管应对》

中国对元宇宙金融应设定包容的监管原则，对元宇宙金融创新及难免致生的风险适度包容，在控制风险底线、保障用户权益的前提下，鼓励元宇宙金融创

〔1〕 邓建鹏、张夏明：《稳定币 USDT 的风险及其规制对策》，载《经济社会体制比较》2021 年第 6 期。

〔2〕 邓建鹏、张夏明：《稳定币的内涵、风险与监管应对》，载《陕西师范大学学报（哲学社会科学版）》2021 年第 5 期。

〔3〕 邓建鹏、马文洁：《优化营商环境建设，完善个人征信法治化监管》，载《民主与科学》2021 年第 3 期。

〔4〕 邓建鹏、陈宁慧：《区块链在数字身份与资产上的应用价值》，载《团结》2021 年第 3 期。

新。[1]

15.《警惕资本炒作 防范 NFT 金融风险》

NFT 是指开发者在以太坊等区块链平台上根据 ERC-721 等标准和技术协议发行的通证，国内市场一般称为"数字藏品"。数字作品与 NFT 的结合，可能使 NFT 成为链接虚拟与现实的钥匙，也可能成为资本炒作下的零和博弈。NFT 作为区块链技术创新应用，可促进文创产业发展，但同时也带来了一系列的金融风险隐患。[2]

16.《元宇宙金融规制理论》

元宇宙金融以基于公共区块链的去中心化金融为核心，因其无准入门槛、参与主体身份不明确、防篡改、抗审查、自动运行等特点，冲击着金融监管法律体系。然而，元宇宙金融会历经"去中心化"到"再中心化"的演进，监管机构可以"再中心化"的主体为抓手，通过非正式指引、出台区块链技术与代码安全的国家标准及法规、推动传统金融和元宇宙金融融合等方式，影响基于代码的规则体系，提升金融安全与形塑社区自治规范。[3]

17.《NFT：数字艺术品的权利凭证》

NFT 的价值来源作为建构在区块链上的通证 NFT，又称为非同质化通证，中国业界俗称"数字藏品"，它一般有无法复制、不可分割等特征，可作为权利凭证。在 NFT 流行以前，数字艺术品在互联网上以零成本复制，价值很难得到承认。NFT 依靠区块链技术建构人为的稀缺性，使数字艺术品的价值得到市场承认，因此，NFT 特别适合作为数字艺术品的权利凭证和正版证明功能。[4]

18.《NFT 拍卖的法律风险及其防范》

基于区块链的 NFT 以技术手段为数字艺术品创造了稀缺性，使其可溯源、权属信息分明，有效保障了竞买者和创作者的权益。但是 NFT 易产生资产泡沫。NFT 拍卖过程中也存在各种法律风险，包括拍卖机构事前审查力度有限导致的侵权风险、限量版拍品稀缺性的担保风险、内幕交易及欺诈的法律风险、NFT 能否永续存储的收藏风险等。NFT 拍卖的合规发展任重道远。[5]

19.《数字艺术品的权利凭证——NFT 的价值来源、权利困境与应对方案》

非同质化通证（NFT）可为链外特定数字艺术品提供权利凭证。NFT 应作为网络虚拟财产纳入物权保护范围。实践中 NFT 面临"铸造权"缺乏制约、去中

---

〔1〕 张祎宁、邓建鹏：《元宇宙金融的风险与监管应对》，载《民主与科学》2022 年第 6 期。

〔2〕 邓建鹏、张祎宁：《警惕资本炒作 防范 NFT 金融风险》，载《中国农村金融》2022 年第 20 期。

〔3〕 邓建鹏：《元宇宙金融规制理论》，载《财经法学》2022 年第 5 期。

〔4〕 邓建鹏：《NFT：数字艺术品的权利凭证》，载《中国拍卖》2022 年第 7 期。

〔5〕 邓建鹏、马滢滢：《NFT 拍卖的法律风险及其防范》，载《中国拍卖》2022 年第 7 期。

心化存储的悖论及碎片化等法治困境。为应对这些困境，机构上线 NFT 前应承担审查来源合法性的义务，发生侵权纠纷后可采用"基于区块链的纠纷解决机制"；存储可以向多中心存储机制转换，引入区块链安全公司审计，设置黑名单及全网信息通报机制；监管机构应打击本领域"标准化合约交易"、非法资产证券化等违规行为。〔1〕

20.《个人征信业监管政策改革的法制思考》

个人征信行业是信贷领域重要的基础设施，但是近年国内个人征信业的监管政策重在严格的准入管制，不利于防范金融风险。征信业的国际监管规则与行业发展趋势表明，准入管制是背离营商环境法治化要求的。推动征信行业市场化应遵循法治精神，放松个人征信业准入管制，创新监管机制，减少监管者对市场准入的过度干预，确保市场主体金融公平，监管重点由准入管制调整为对行业的事中事后监管，激发征信业活力。〔2〕

21.《个人征信准入管制困境与法治应对》

当前，中国个人征信业的监管存在过度准入管制问题，持牌经营的市场化个人征信机构有限，行业缺乏充分竞争，影响了征信服务质量，不利于防范金融风险。从法治视角考察，我国个人征信业过度准入管制的合法性与必要性值得商榷。"法治是最好的营商环境"这一命题要求通过个人征信业准入管制的法治转型路径，减少监管者对市场活动过度干预，确保市场主体金融公平，监管重点由准入管制调整为对征信机构市场行为的规范，激发征信业活力。〔3〕

22.《非同质化通证的法律问题与应对思考》

NFT 近年虽然广受一些投资人热捧，但其间也存在泡沫与诸多风险。市场监管机构应对炒作 NFT 的现象提高警惕，适时发布风险提示，对违法炒作，尤其是违法销售与涉嫌欺诈的 NFT 发售方依法惩治。发售平台应严格遵循著作权法与消费者权益保护法等法规，核实、确保所发售的 NFT 获得原权利人合法授权，事前明确公示对 NFT 发售权利的诸种限制，保障购买方的权利。〔4〕

23.《元宇宙及其未来的规则治理》

元宇宙主要以区块链为技术底座，依托去中心化治理作为重要的治理模式。但是，当前法律对于元宇宙中的数字资产的保护还较为模糊，元宇宙经济体系可

---

〔1〕 邓建鹏、李嘉宁：《数字艺术品的权利凭证——NFT 的价值来源、权利困境与应对方案》，载《探索与争鸣》2022 年第 6 期。

〔2〕 邓建鹏：《个人征信业监管政策改革的法制思考》，载《暨南学报（哲学社会科学版）》2022 年第 4 期。

〔3〕 邓建鹏：《个人征信准入管制困境与法治应对》，载《南昌大学学报（人文社会科学版）》2022 年第 2 期。

〔4〕 邓建鹏、张祎宁：《非同质化通证的法律问题与应对思考》，载《民主与科学》2022 年第 2 期。

能存在过度投机的问题，一些数字资产可能存在证券性质，部分数字资产具有货币替代功能，商业交易存在洗钱等问题，需要"社区"规则和现实法律的良好治理。[1]

24.《区块链金融司法治理的困境及其化解——以稳定币相关司法文书为视角》

区块链金融给司法带来巨大挑战，特别是稳定币的司法裁判呈现大量类案异判现象。其主要原因在于立法供给不足和司法裁判规则缺失、金融类规范性文件的限度不清和稳定币的复杂性。对此，我国应建构体系化的回应模式：在法政策认可稳定币虚拟财产或财产利益属性的基础上，审慎界定公序良俗，形塑金融法与民商法协同的裁判规则，修正全面禁止的法政策，完善金融类规范性文件的有效审查与解释机制，发挥类案类判和案例指导制度的规范指引作用。[2]

25.《加密资产司法救济的障碍与化解路径——以首例比特币仲裁撤销案为视角》

以比特币为代表的加密资产是一类重要的网络虚拟财产。司法实践对于比特币能否"以法币替代返还"存在分歧。在首例比特币仲裁撤销案中，法院认为，"仲裁裁决赔偿与比特币等值的法币"违反金融监管规定，违背社会公共利益。然而，上述裁判误用规范性文件，缺乏对争议焦点的清晰回应和对公共利益的必要阐释。面对不断扩张的财产权客体，法官需突破虚拟财产定价难题，实现法币替代返还，加强对规范性文件的审查，防止滥用公共利益。[3]

26.《元宇宙经济的法律风险及其规制》

元宇宙经济的核心在于数字创造、加密资产和数字市场等。元宇宙经济基于去中心化的治理方式，能够实现个人对加密资产的掌控，促进元宇宙经济蓬勃发展。但元宇宙经济在加密资产、数字市场、知识产权和去中心化自治等领域存在众多法律风险。为促进元宇宙经济的稳健发展、提升法律风险的可监管性，应以包容精神为原则，平衡鼓励科技创新和风险防范，明确法律责任承担主体，提供合理的规制路径与司法指引，保障新兴财产权利。[4]

27.《数字经济时代的区块链金融监管：现状、风险与应对》

作为数字经济基础技术的区块链，正在改变科技、产业、市场和监管的面

---

〔1〕 邓建鹏：《元宇宙及其未来的规则治理》，载《人民论坛》2022年第7期。

〔2〕 邓建鹏、张夏明：《区块链金融司法治理的困境及其化解——以稳定币相关司法文书为视角》，载《武汉大学学报（哲学社会科学版）》2023年第2期。

〔3〕 邓建鹏、马文洁：《加密资产司法救济的障碍与化解路径——以首例比特币仲裁撤销案为视角》，载《陕西师范大学学报（哲学社会科学版）》2023年第1期。

〔4〕 邓建鹏：《元宇宙经济的法律风险及其规制》，载《电子政务》2023年第1期。

貌。区块链金融改变了传统金融业的业态，金融业风险散播和聚集方式正在改变，金融监管理念、逻辑、工具和结构面临新的挑战。金融创新、金融监管和金融市场之间的三元悖论在区块链金融领域表现得更为突出，金融监管部门需利用金融科技和数据优化传统监管方法和工具，实现智慧监管。[1]

28.《应明确商业汇票转贴现规则——〈商业汇票承兑、贴现与再贴现管理办法（征求意见稿）〉的亮点及完善》

近日，中国人民银行、中国银保监会发布《商业汇票承兑、贴现与再贴现管理办法（征求意见稿）》，公开征求意见。该《征求意见稿》有两大亮点，一是票据功能发生变化，二是标准定量化。但其依然有三方面值得商榷，即关于票据转贴现问题，关于票据清单式交易、封包交易问题，关于商业汇票的基础法律关系问题。[2]

29.《贸易金融区块链平台的法治保障》

区块链作为一种底层应用性技术，与贸易金融运行模式相结合构建出的贸易金融区块链平台，可以在依托技术增进信任建设的基础上，纾解中小企业面临的融资难题。在贸易金融区块链平台发展过程中应当加强平台竞争法治、平台标准法治、商业秘密法治、社会公共性法治以及诉讼纠纷解决法治等方面的保障，进而营造开放、包容、创新的贸易金融区块链应用场景。[3]

30.《数字经济的地方法治试验：理论阐释与实践路径》

该文借助逻辑推理和实证分析的方法，发现数字经济的地方法治试验是一种有效回应数字经济法治需求的经验性治理方式。其逻辑在于以国家整体法治为最终归宿，以地方数字法治探索为切入口，在注重地方试错和经验积累的同时，将"自上而下"和"自下而上"的有机结合作为数字经济法治建设的路径选择，从中央和地方在数字经济发展与治理中各自所代表的利益及其所遭遇的现实困境出发，构建符合中国特色治理需求的数字法治格局。当然这种经验性法治路径也存在着一系列挑战，需要以国家法治统一原则、全国统一市场目标，以及多元共治格局的构建等为限度，以此克服数字经济地方法治试验中的弊病，发挥其优势。[4]

---

[1] 沈伟：《数字经济时代的区块链金融监管：现状、风险与应对》，载《人民论坛·学术前沿》2022年第18期。

[2] 潘修平：《应明确商业汇票转贴现规则——〈商业汇票承兑、贴现与再贴现管理办法（征求意见稿）〉的亮点及完善》，载《民主与法制时报》2022年1月25日，第3版。

[3] 王斐民、崔文涛：《贸易金融区块链平台的法治保障》，载《青岛农业大学学报（社会科学版）》2021年第4期。

[4] 胡光志、苟学珍：《数字经济的地方法治试验：理论阐释与实践路径》，载《重庆大学学报（社会科学版）》2022年第6期。

31.《数字经济与数字人民币及其法律问题》

随着科学技术和生产力的进步发展，人类社会经历了从农业文明、工业文明到信息文明的时代演进，当前第四次工业革命的序幕已悄然开启，"互联网+"、大数据、云计算等现代数字技术得到全方位、深层次、多领域应用，数据的价值已不仅仅局限于其表意功能本身，经过深度挖掘和应用的数据成为重要生产资料和投入要素，足以引起生产力的变革、驱动社会生产进入全新的发展层次。[1]

32.《数字经济时代金融消费者保护新范式——基于监管沙盒模式的展开》

监管沙盒以"让消费者受益"为新原则，以"穿透式"保护为新机制，以"专员化"为新方法，在金融科技创新产品或服务尚未投入市场前对金融消费者施行"积极介入式"保护。中国版"监管沙盒"在金融消费者保护上的规定有待改进，为避免与国际消费者保护存在"制度时差"从而引发"市场壁垒"，应尽快在中国版"监管沙盒"中确立"让消费者受益"原则，精细化具体的金融消费者保护机制，渐进协同地在立法上实现纵横联动，完成数字经济时代金融消费者保护体系的后现代化升级。[2]

33.《双边市场理论视角下数据交易平台规制研究》

数据交易平台提供了消除第三方信任数据项的多重特性导致的数据交易壁垒的能力，越来越多地发挥了统一数据项的全国市场基础设施作用。基于"双边市场理论"分析，数据交易平台具有双方用户需求互补、跨网络外部性、价格结构非中性等特点，但现行规定忽视了双边性数据交易平台市场普遍存在监管偏向、缺乏自律监管和外部监督、与市场竞争机制衔接不足等问题。[3]

34.《重塑数据流量入口：元宇宙的发展逻辑与规制路径》

元宇宙作为数字经济发展的高级阶段，其意义主要在于对移动互联网进行迭代升级，重构和再造流量数据，充分挖掘数据价值，重新塑造生产合作方式、组织方式和生活方式，有助于人的全面自由发展。元宇宙治理强调"以链治链"的理念，围绕数据资源要素进行反垄断体系设计。对于元宇宙数据价值的分配，"共票"的引入创建了一个相应的规制。[4]

35.《平台剥削用户数据的形态、成因及规制》

数字化转型改变了经济社会生产方式和组织形态，通过提高传统要素生产效

〔1〕 强力：《数字经济与数字人民币及其法律问题》，载《人民法治》2021 年第 6 期。
〔2〕 王频、陈云良：《数字经济时代金融消费保护新范式——基于监管沙盒模式的展开》，载《科学决策》2023 年第 1 期。
〔3〕 杨东、高清纯：《双边市场理论视角下数据交易平台规制研究》，载《法治研究》2023 年第 2 期。
〔4〕 杨东、梁伟亮：《重塑数据流量入口：元宇宙的发展逻辑与规制路径》，载《武汉大学学报（哲学社会科学版）》2023 年第 1 期。

率，数据赋能成为经济发展新引擎，为高质量发展奠定了坚实基础。然而，在资本意志和数字技术的双重影响下，数据进行了资本化和商业化的转化，获得了价值和使用价值。应当基于平台、数据、算法形成的市场三维结构，优化体系建设，保障数字经济健康发展。[1]

36. 《推动数字经济规范健康发展》

完善数字经济管理体制，需要健全合法的法规和政策制度，健全体制机制，提高我国现代化水平，加强国家数字经济管理体系和管理能力建设。党的二十大报告提出："加快发展数字经济，促进数字经济和实体经济深度融合，打造具有国际竞争力的数字产业集群。"可知，国家非常重视数字技术在实体经济中的应用，助力数字经济落地，支持实体经济发展。农业经济、工业经济之后的主要经济形态是数字经济。[2]

37. 《论元宇宙价值单元：NFT 的功能、风险与监管》

元宇宙的本质是区块链世界所形成的数字孪生空间。它是与现实世界交互、融合，将现实世界虚拟化、数字化，拓展数字世界内涵和外延的过程。元宇宙经济不可能自由运行，必须与实体经济融合互动，其中 NFT 的价值锚定功能发挥着重要作用。应当重视对 NFT 交易平台的监管传递监管效果，明确 NFT 的定义，引导市场遵守理性，最终厘清 NFT 的法律属性，以 NFT 市场去金融化为底线的监督。[3]

38. 《构建促进数据要素市场化配置的数据产权制度》

数字经济的快速发展要求加快数据要素市场化布局，建立和完善数据权属制度是数据要素市场化布局的重要内容。中央全面深化改革委员会第二十六次会议提出产权处理新机制，将数据资源的所有权、数据的加工使用权、数据产品的经营权相分离，在产权制度建设中发挥关键引领作用。当前，数据项的市场布局需要改变数据所有权制度，旧有民法静态权力的产权规则范式难以适应数据项市场的发展，阻碍了数据的流通。[4]

39. 《"以链治链"：面向元宇宙的区块链司法科技范式革命》

区块链司法应用是推进国家治理体系和治理能力现代化、探索中国式现代化的重要内容，但在广泛推广之中面临着一系列的问题和困难。应当根据"以链治链"的"司法链"设计区块链司法生态系统，探索司法规范形式化表达的具体

---

[1] 侯晨亮、杨东：《平台剥削用户数据的形态、成因及规制》，载《中国特色社会主义研究》2022 年第 Z1 期。

[2] 杨东、陈思源：《推动数字经济规范健康发展》，载《中国经济评论》2022 年第 11 期。

[3] 杨东、梁伟亮：《论元宇宙价值单元：NFT 的功能、风险与监管》，载《学习与探索》2022 年第 10 期。

[4] 赵秉元、杨东：《构建促进数据要素市场化配置的数据产权制度》，载《中国国情国力》2022 年第 9 期。

模式。规范司法区块链上多级节点权限的分布，依托监管沙盒检验区块链司法技术应用的完备性，推动区块链司法技术范式革命，也是我国构建自主知识体系的重要实践立足点。[1]

40.《元宇宙数字资产的刑法保护》

目前，对于元宇宙数字资产，如加密货币和 NFT 已经成为元宇宙经济系统的血液。在推动经济和产业大爆发、大发展的同时，也带来了数字资产新型犯罪等风险。目前，理论之上对元宇宙数字资产属性的界定存在争议，主要有"数据说"和"财物说"。有所不同认定的情况造成了同案不同判、财产损失评估艰难等现实问题。[2]

41.《论"元宇宙"主体组织模式的重构》

"元宇宙"是未来数字经济的核心，它将实现移动互联网产业结构和数字经济结构的重构，并将对包括产业经济在内的整个经济体系产生根本性影响。它的发展不但关乎网络空间命运共同体建设，也与创新创业密不可分。技术创新给组织模式带来了极大的变化。DAO（去中心化自治组织）的出现，不仅对工业经济时代的公司制度提出了极大的挑战，也为主体组织模式的重构提供了方向。[3]

42.《应对元宇宙挑战：数据安全综合治理三维结构范式》

数据被认为是数字时代的"石油"，但数据的传输效率远远大于石油，而且已经不能再用工业时代管理有形资产的传统方式管理进而控制数据资源。数据安全性作为数字经济之中一个独立国家的新兴法律客体，需要多个法律法规的协同保护，更需要回归"平台、数据、算法三维结构"（PDA 范式），运用基础设施原理、区块链、二维监管进行综合治理。数据安全性治理没有统合的模式，是在数据开发利用和数据保护间实现三元价值目标的融合。[4]

43.《数据交易的法律范畴界定与实现路径》

数据交易是目前亟待解决的法律问题。要理解数据服务范畴下的数据事务，就要理解信息服务的从属或服务，以及数据服务的控制、从流动性和组合匹配的角度观察，剔除数据"服务"和数据"交易"之间的观念冲突。数据交易依赖于互联网基础设施体系，所以数据化是数据交易和流动的基础条件，数据交易也要通过特定的平台中介以撮合的方式进行，从基础上说，从事数据交易平台的数

〔1〕 杨东：《"以链治链"：面向元宇宙的区块链司法科技范式革命》，载《中国应用法学》2022 年第 6 期。

〔2〕 杨东、乐乐：《元宇宙数字资产的刑法保护》，载《国家检察官学院学报》2022 年第 6 期。

〔3〕 杨东、高一乘：《论"元宇宙"主体组织模式的重构》，载《上海大学学报（社会科学版）》2022 年第 5 期。

〔4〕 杨东、高一乘：《应对元宇宙挑战：数据安全综合治理三维结构范式》，载《行政管理改革》2022 年第 3 期。

据交易只是网络数据共享的一种特殊形式。〔1〕

44.《从信息互联到价值互联：元宇宙中知识经济的模式变革与治理重构》

元宇宙被认为是互联网的未来，将建立在区块链、人工智能、扩展现实等新技术之上，实现从信息互联到价值互联、从用户生成内容到 AI 生成内容等转变。这些转变给在元宇宙中建立全新的知识经济模式提供了新的可能性，但也带来新的治理问题和法律挑战，因此元宇宙中知识经济的模式呼唤规则创新。〔2〕

45.《数字欧元的提出及其前景预测》

在欧元体系最初的概念中，数字欧元是欧元体系的负债，作为欧元的数字代表，主要用于零售支付，可分为两种类型：基于代币的离线数字欧元和基于在线数字欧元类型。为了让数字欧元的发行继续维持公众对欧元体系的认同，数字欧元必须具备隐私性、安全性和可用性等特性，欧元体系也提供了后端设计和终端用户解决方案的思路。对数字欧元的提出和发展，中国应借鉴欧盟相关制度，加强货币合作，建立国际数字人民币，参与央行数字货币国际规则制定。〔3〕

---

〔1〕 梅夏英：《数据交易的法律范畴界定与实现路径》，载《比较法研究》2022 年第 6 期。

〔2〕 梅夏英、曹建峰：《从信息互联到价值互联：元宇宙中知识经济的模式变革与治理重构》，载《图书与情报》2021 年第 6 期。

〔3〕 关蕴珈、李仁真：《数字欧元的提出及其前景预测》，载《学术探索》2022 年第 11 期。

第一篇　金融立法的热点问题

银行经营地域限制的理性反思与应然走向

——兼议《商业银行法（修改建议稿）》第52条

杜佳佳*

摘要：我国银行业经营地域限制历经"合作制—异地化—本地化"的演变过程，实施逻辑在于借助"本地化"消解地域间的资源失衡、风险传导和监管失调，因而具有一定现实意义。然而，在政府与市场关系的理论语境下，地域限制作为一种金融准入管制措施存在管制过当之嫌，忽视了市场导向及其法律之治，与政府规制理念变革的大体方向相背离。若继续听之任之，将会加剧挤压机构发展权利、制约市场公平竞争、加剧地方政府干预等负面风险。为此，规范跨区域经营行为的重点应当在于优化行为规制制度而非加强机构管制力度，完善差异化的准入体系和行为规则以防范地方性银行跨区域风险，利用信息规制约束参与数字金融的第三方合作平台，引入激励性规制吸引银行开展普惠业务，最终确保金融创新和风险规制的激励相容，以科技和市场赋能金融实现空间正义，助力双循环新发展格局的形成。

关键词：地域管制；跨区域经营；激励性规制；普惠金融

一、引言

金融资源配置均衡是实现区域协调发展战略的重要内容，地方性银行作为金融机构资源，是推进区域金融服务均等化的关键布局，肩负着一定的普惠任务。然而，在由合作金融形式演变为商业性银行后，地方性银行普惠性与商业性的冲突日渐凸显，集中体现为银行跨区域开展金融服务问题，一方面银行需要向外扩张以谋求发展，另一方面过度逐利会使其偏离普惠目标，由此陷入两难困境。时至今日，地方性银行的扩张动力仍未削减，而且在金融科技加持下从物理形态的网点扩张转向网络形态的平台扩张，风险水平相比以往有过之而无不及。与此同时，在系统性风险防范的底线思维之下，金融监管态势愈发严格，强调地方性银

---

* 杜佳佳，女，山西运城人，西南政法大学 2019 级博士研究生。

行回归本源的呼声日益强烈，主张严格执行地域限制，从业务源头阻断跨区域经营的可能性，促使其再次回归本地化金融市场。然而，从政府与市场关系视角来看，地域限制仍停留于"命令—控制"型的管制逻辑之中，忽视了市场的决定性作用以及法律的治理路径，或许能在短期内实现金融政策，但长远来看于金融市场发展无益。而且，在国内大循环为主的新发展格局下，限制经营地域不仅将地方性银行隔绝在全国性市场和数字金融浪潮之外，还会加重普惠目标与商业自利的两难困局，对于先天发展不充分的地方性银行来说并非益事。

《中华人民共和国商业银行法（修改建议稿）》［以下简称《商业银行法》（修改建议稿）］第52条新增"城市商业银行、农村商业银行、村镇银行等区域性商业银行应当在住所地范围内依法开展经营活动，未经批准，不得跨区域展业"的规定，首次试图将我国长期坚持的经营地域限制要求入法，从法律层面确立地方性银行的本地化经营原则。该规定能否正式写入法律尚未可知，但此次立法举动足以彰显监管层面对于地方性银行跨区域经营风险及其当前防范路径——地域限制的格外重视，也促使我们开始从学理层面思考地域限制问题。从学科分布来看，经济学、管理学针对跨区域经营及地域限制的研究成果均较为丰富，尤其是跨区域经营对经济绩效的影响一直是经济学实证研究的热点问题；[1]而法学界仅在针对单独机构（城商行、农商行等）或具体业务（助贷、互联网存款等）的研究成果中略有提及，缺乏对于地域限制的理论性、系统性研究和反思，难以实质性回应关于地域限制的法学质疑。基于此，本文以银行经营地域限制为研究对象，在全面展现国内地域限制现实逻辑的基础上，结合政府管制理论及其理念变革进路，重新反思地域限制的潜在风险，进而判断地域限制的应然走向，探寻地方性银行跨区域经营的规制进路。

---

〔1〕　当前实证研究主要有以下三种观点：第一种观点认为跨区域经营存在监管套利、金融风险、代理成本等负面效应，因而有必要实施经营地域限制。例如：Rime B. and Stiroh K. J. , "The Performance of Universal Banks: Evidence from Switzerland", *Working Papers*, 27 *Journal of Banking & Finance*, 2003, p. 2121; Xiaonan Liand Chang Song, "Does the Target Market Affect Bank Performance? Evidence From the Geographic Diversification of City Commercial Banks in China", *Frontiers of Business Research in China*, 2021, p. 15. 第二种观点认为跨区域经营具有分散本地风险、实现规模经营等正面效应，因而无须施加经营地域限制。例如：Goetz M. R. , Laeven L. and Levine R. , *Does the Geographic Expansion of Banks Reduce Risk*? 120 Social Science Electronic Publishing, 2016, p. 346. 第三种观点较为中立全面，认为跨区域经营的影响具有双面性，没有必要完全限制经营地域，但确需警惕潜在风险。例如：Berger, et al. , "The Effects of Geographic Expansion on Bank Efficiency", *Journal of Financial Services Research*, 2001, p. 19; 郭峰、胡军：《地区金融扩张的竞争效应和溢出效应——基于空间面板模型的分析》，载《经济学报》2016年第2期。

二、地域限制的现实逻辑

（一）地域限制的实践演变

以地方性银行的发展为线索，商业银行经营地域管制整体经历了从"合作制"到"异地化"再重新回归"本地化"的发展演变过程。

1. 第一阶段：始于设立的合作制定位

20 世纪 50 年代，在政府力量主导之下，作为群众性资金互助合作组织的农村信用社在全国范围内迅速建立起来，[1]"合作"意指由社员入股组成、实证社员民主管理、主要为社员提供金融服务。[2]与农村信用社的政府主导路径不同，20 世纪 70 年代末，城市信用社在一些地区出现，随之在全国各地得到推广和发展，可以说城市信用社的出现是地方政府、企业与城市居民自发形成的诱致性制度变迁。[3]这一时期的信用社组织从无到有，相应的资金规模、业务范围和管理水平都处于发展的初级阶段，且配套法律制度也不完备，尚不具备从事跨地域经营的实力和环境。信用社是群众性的合作金融组织，得以维持的关键是社员之间的"信用"，而其所遵循的合作制定位可视为地域限制的最初形态。

2. 第二阶段：基于变革的异地化扩张

为了"使信用社真正成为自主经营、自我约束、自我发展、自担风险的市场主体"，19 世纪末 20 世纪初城市和农村信用社相继开展股份制改革，自此步入城商行和农商行的商业化运作阶段。[4]与此同时，在金融对外开放政策和金融监管改革的背景下，监管机构一改以往对信用社阶段的合作制定位，开始鼓励地方性银行展开异地扩张。2006 年中国银行业监督管理委员会发布《城市商业银行异地分支机构管理办法》（银监发〔2006〕12 号）鼓励城商行设立异地分支机构，而后进一步强调分支机构不受数量指标控制和不设统一营运资金要求，将审批权限下放到省级银行监管机构。[5]受到政策激励的城商行掀起更名热潮，纷纷由"××市银行"改为"××银行"，企图在形式上淡化地方性色彩，保证跨区域经营师出有名。在农村金融机构层面，2006 年中国银行业监督管理委员会发

〔1〕 参见赵学军：《20 世纪 50 年代的农村信用合作化》，载《中国金融》2021 年第 1 期。

〔2〕 根据中国人民银行于 1997 年下发的《农村信用合作社管理规定》（银发〔1997〕390 号，已失效）第 2 条第 1 款规定，农村信用社是指经中国人民银行批准设立、由社员入股组成、实行社员民主管理、主要为社员提供金融服务的农村合作金融机构。

〔3〕 黄燕辉：《我国金融监管的演进历程变迁：强制性抑或诱致性》，载《改革》2013 年第 9 期，第 109 页。

〔4〕 《城市合作银行管理规定》（银发〔1997〕264 号，已失效）规定，在合并所在城市已经商业化的正式信用社基础上，吸收地方财政、当地企业共同发起设立城市合作银行。2001 年 9 月 19 日，江苏省农村信用合作社联合社以全国第一个省级信用联社的身份宣告成立。同年年末，在江苏省张家港市、江阴市、常熟市成立了全国第一批县级农信社改制而成的农商行。

〔5〕 《城市商业银行异地分支机构管理办法》（银监发〔2006〕12 号）；《关于中小商业银行分支机构市场准入政策的调整意见（试行）》（银监办发〔2009〕143 号，已失效）。

布《关于调整放宽农村地区银行业金融机构准入政策更好支持社会主义新农村建设的若干意见》（银监发〔2006〕90号），降低了农村信用社、农村商业银行等金融机构在资本范围、注册资本、持股比例方面的准入门槛，提出在风险可控的前提下支持各类资金参与农村地区金融服务，以及实行简洁、灵活的公司治理。

3. 第三阶段：囿于风险的本地化回归

在政策鼓励异地化经营阶段，成长于地方经济的地方性银行贸然向全国扩张，在规模迅速扩张的同时也暴露出业务经营、内部治理、风险处置等方面的短板，实践中出现了齐鲁银行伪造金融票证案、汉口银行假担保案及温州银行骗贷案等风险事件。因此，自2011年开始，监管机构逐步叫停城商行的异地审批，通过异地分支机构进行跨地域展业的路径基本中断。[1]然而，监管审批的收紧并未关上地方性银行对外扩张的"潘多拉魔盒"，反而迫使其从物理形态的网点扩张转向网络形态的平台扩张。在互联网技术的助力下，城商行、农商行等传统金融机构自行开设线上业务，或是与行业外的科技公司开展合作业务，借助网络平台的技术、流量等优势突破地域经营限制，大力发展"助贷""联合贷款""互联网平台存款"业务。实质上，从网点向平台的转变并未改变跨区域经营的风险本质，反而在地域限制的监管政策下，变相提高了银行甚至整个金融系统的隐形风险。为防范系统性金融风险，监管机构选择回归"本地化经营"的地域限制，以彻底遏制地方性银行的风险隐患，具体体现在《中国银保监会关于推动银行业和保险业高质量发展的指导意见》（银保监发〔2019〕52号）、《商业银行互联网贷款管理暂行办法》（中国银行保险监督管理委员会令2020年第9号，已被修改）、《中国银保监会办公厅、中国人民银行办公厅关于规范商业银行通过互联网开展个人存款业务有关事项的通知》（银保监办发〔2021〕9号）等监管规范之中。

（二）地域限制的逻辑解构

1. 以"经营本地化"缓解金融资源不均衡

金融是一种集自然资源与社会资源属性为一体的、对经济发展具有战略意义的资源。以金融资源学说审视我国金融领域可以发现，市场化改革虽然造就了高速的经济增长和繁荣的金融市场，但伴随出现的是金融资源配置的严重不均衡，[2]尤其是空间层面的机构资源配置不均。一方面，市场范围或经济活动规

---

〔1〕 据统计，截至2020年12月30日，城商行共设立异地分行（含一级、二级）131家，其中在2011年之前就达到了94家，占比超过70%；而在2011年后的异地分行则主要由北京银行、上海银行、天津银行、重庆银行4家设立，且大部分为二级分行。参见李愿：《深度｜城商行互联网存款业务收缩后：异地扩张风险未曾远去》，载21世纪经济报道，https://m.21jingji.com/article/20201230/herald/16434552da28b5f721d7bbf4d9a800f9.html，最后访问日期：2020年12月30日。

〔2〕 田春雷：《金融资源公平配置的法学分析——兼论中国金融法的新价值》，载《法学评论》2013年第3期。

模因各个地区的禀赋不同而存在的巨大差异，决定了金融资源空间分布的常态是非均衡的。[1]依此趋势，金融资源必然会向经济活动频繁的发达地区单向流动，造成本地金融资源特别是信贷资源的外流，本辖区业务甚至金融市场空心化问题显现。而要求地方性银行坚守"本地化经营"可以改善金融机构的空间布局失衡问题，缓解市场失灵所引发的金融排斥现象。另一方面，在金融抑制环境下，中央政府便是分配金融资源的唯一主体，形成了"中央—地方"的层层分配格局，因此经济活力好、行政级别高的地区将优先获得金融资源。如此一来，地方政府则只能在中央垄断的纵向型金融体制之外通过主导区域性金融资源的横向分割来获取经济发展所需的资金，[2]而具有地方背景的农商行、城商行等地方性银行便成为最佳选择，限制其经营范围有助于地方资金融通，改变金融资源的中央垄断局面。总体而言，地域限制最为直观的效果是地方性银行只能专注于本地金融市场，压制市场力量配置资源的过度逐利，以及校正金融抑制形成的中央垄断，保障长尾群体获得金融服务的基本权利，促进区域间的金融公平。

2. 以"风险本地化"防范系统性金融风险

受历史和体制等多方因素影响，国内地方性银行长期囿于本地经营，导致风险防控能力整体不强，而且存在诸多内部治理问题，从事跨区域经营业务极易产生金融风险，并引发系统性风险。首先，跨区域经营加重了信息不对称问题，可能诱发潜在的信用违约风险。当前金融实践中，金融机构往往刻意突出"高收益""零风险""随时支取"等误导性信息，反而选择性地简化风险提示信息，甚至将风险控制、信贷决策等业务完全外包给合作机构，未履行风险评估与控制义务。[3]囿于与金融机构之间的地理阻隔，普通消费者往往只能被动接收金融机构单方面展示的具有明显偏好性的信息，但对于金融机构的区位、规模、风险、经营状况等关键信息无从知晓或难以证实，从而导致金融产品在"质"和"量"两个维度均难以达成适当性匹配，[4]增加了金融信用风险。其次，跨区域经营本身是监管套利的产物，实际运行存在违规风险。以互联网平台存款为例，

---

〔1〕 王修华、黄明：《金融资源空间分布规律：一个金融地理学的分析框架》，载《经济地理》2009 年第 11 期。

〔2〕 刘志伟：《地方政府参与金融监管法治论》，西南政法大学 2017 年博士学位论文。

〔3〕 胡滨、范云朋：《互联网联合贷款：理论逻辑、潜在问题与监管方向》，载《武汉大学学报（哲学社会科学版）》2021 年第 3 期。

〔4〕 适当匹配义务是在了解客户和产品的基础上将二者进行匹配。需要注意的是，匹配的适当性有两个维度，即"质"的适当性和"量"的适当性，"质"的适当是指金融产品在通常意义上适合相关投资者，包括收益、风险和投资期限等方面的考量，"量"的适当要求金融机构的推介行为不能过量，禁止频繁交易等不当行为。参见黄辉：《金融机构的投资者适当性义务：实证研究与完善建议》，载《法学评论》2021 年第 2 期。

该业务具有开放性、利率敏感性高、异地客户为主、客户黏性低、随时支取等特征，存款稳定性远低于线下，[1]与注重资金稳定性的流动性管理规则相悖，不符合银行业审慎监管要求。金融风险具有由局部到整体的传播机制，也就是说，系统性金融风险的爆发往往由区域性金融风险演变而来。基于此，将地方性银行的经营范围限定在一定行政区域内，既能避免跨区域业务产生新的风险增量，也可以事先防止地方性风险借助地方性银行这一重要媒介演变为全国性、系统性风险。

3. 以"监管本地化"化解协同性监管难题

地方性银行跨区域经营的风险外化源于所涉地域的多元性，仅依靠属地监管无法全面防范风险，而是需要在厘清监管权归属之余，由各级监管机构互相协同予以应对。当前，在中央为主地方为辅的双层监管模式下，央地监管分工日渐明晰，但相应的监管协作机制尚未建立，监管部门在金融监管执法实践中存在诸多冲突与不协调。[2]首先，从金融监管权的纵向配置来看，在"中央—地方"纵向分权格局下，[3]地方性银行作为传统金融机构，原则上应当由本辖区内的银行业监督管理机构负责监管，但"一行两会"的地方分支机构的覆盖范围和监管能力是有限的，[4]需要地方金融监管局提供协助，而现行央地监管协作机制尚未建立，无法形成监管合力。其次，从金融监管权的横向配置来看，跨区域经营业务的地理分布十分广泛，若要全面掌握其客户群体、经营状况和风控水平，无论是中央派出机构之间还是地方监管部门之间，都需要在监管规则的制定和执行层面达成监管协作，否则容易引发监管冲突或形成空白地带。然而，现行金融监管协作规则所规定的定期信息交流机制，难以称之为实质的、有效的协作，对于跨区域经营的治理效果微乎其微。[5]在实施地域限制后，经营和风险"本地化"可以从源头上避免跨地域经营行为并满足监管需求，由此引发的协同性监管难题也可一并予以化解。

---

[1] 孙天琦：《互联网平台存款带来哪些挑战？》，载《产城》2020年第11期。

[2] 参见刘志伟：《地方金融监管分权：协同缺失与补正路径》，载《上海金融》2017年第1期。

[3] 从中央与地方的监管事项划分来看，中央垂直监管体系以"一行两会"为主，负责监管银行、保险、证券等传统金融机构；地方金融监管局则是在中央授权下的将非传统金融机构纳入监管体系，负责监管小额贷款公司、融资担保公司等"4+7"类机构，具体是负责对小额贷款公司、融资担保公司、区域性股权市场、典当行、融资租赁公司、商业保理公司、地方资产管理公司等金融机构实施监管，强化对投资公司、农民专业合作社、社会众筹机构、地方各类交易所等的监管。

[4] 银保监会的地方分支机构只覆盖到市一级，同时在县一级设立了地方办事处，中国人民银行的地方分支机构才覆盖到了县一级。参见胡继晔、董亚威：《基于央地博弈的地方金融监管体制完善》，载《宏观经济研究》2021年第3期。

[5] 以城市商业银行为例，《城市商业银行异地分支机构管理办法》仅规定了法人机构所在地银行业监督管理机构与异地分行所在地银行业监督管理机构的定期信息交流机制。

三、地域限制的理论审思

地域作为金融准入管制措施，直接关涉政府与市场的关系，以及我国金融监管变革问题。除了从实践层面考察现实合理性外，还需从政府与市场的关系层面探究其本质，以回应对地域限制的正当性诘问。

（一）政府与市场的博弈关系

究其本质，银行业经营地域限制属于政府对金融市场的干预管理，涉及政府与市场的关系这一根本性问题。首先，西方经济学研究以解释政府干预实践产生及变迁为线索，相继发展出公共利益理论、利益集团理论、激励性规制理论、可竞争市场理论等诸多理论。〔1〕其中，公共利益理论认为政府可以代表公众对市场失灵进行干预，其出发点在于维护社会公共利益，深刻揭示了政府介入市场的正当理由和合理边界，至今仍具有较强的解释力，被奉为解释政府与市场关系的有力理论。〔2〕随着政府与市场关系的理论变革，人们对于政府干预的认知逐渐趋于理性，既认识到政府介入是必不可少的，也承认了政府自身并非全知全能。也就是说，市场力量是决定性的，相应的政府力量是辅助性的。〔3〕其次，政府干预不仅是政府经济管理活动，而且也是法律活动，必然涉及法律问题。〔4〕法律既是实施政府干预政策的主要载体，也是约束政府干预行为的关键手段。在现有法律体系之中，经济法作为"国家干预之法"，即以市场失灵理论为逻辑起点，旨在探究国家干预经济生活的法律边界，提倡尊重市场规律的适度国家干预。在克服市场失灵方面，国家干预经济的真谛在于校正市场的自然逻辑，及时、有效地应对这种逻辑所引发的那些按照社会普遍接受的价值标准而不能接受的后果。〔5〕也就是说，经济法语境下的市场失灵不仅是政府干预的正当性来源，

---

〔1〕 公共利益理论是在 19 世纪中后期迅速发展起来的，在"市场自行运行失灵""政府是慈善的、无所不能的和无所不知的""规制有效率"三个基本假设之下，认为政府代表公众对市场失灵进行规制，这一过程符合帕累托最优原则，实现社会福利的最大化。利益集团理论是 20 世纪 70 年代以施蒂格勒为代表的芝加哥学派所提出的，认为规制起源于产业利益集团要求实现其利益而对公共政策施加影响，实质是一种规制俘获和寻租。激励性规制理论产生于 20 世纪 70 年代末 80 年代初，该理论不再像传统规制经济学那样关注特定的规制制度，而是在机制设计文献传统下，以刻画最优规制为目的，进行规制激励机制设计。可竞争理论产生于 20 世纪 80 年代，意在行业用进入者的潜在竞争来威胁在位者，使在位者采取社会最优化的行为，解决自然垄断问题，最终以可竞争作为政府规制的指南。参见张红凤、杨慧：《规制经济学沿革的内在逻辑及发展方向》，载《中国社会科学》2011年第 6 期。

〔2〕 参见 ［英］安东尼·奥格斯：《规制：法律形式与经济学理论》，骆梅英译，中国人民大学出版社2008 年版，第 56 页。

〔3〕 参见 ［英］安东尼·奥格斯：《规制：法律形式与经济学理论》，骆梅英译，中国人民大学出版社2008 年版，第 29 页。

〔4〕 茅铭晨：《政府管制理论研究综述》，载《管理世界》2007 年第 2 期。

〔5〕 卢代富：《经济法中的国家干预解读》，载《现代法学》2019 年第 4 期。

还是政府干预的正当性边界，干预必须尊重市场规律和法治逻辑，这与经济学理论的变革趋势也是一脉相承的。时至今日，"弥补市场失灵是政府干预的逻辑起点"已经成为经济法的立法基础和经济法学界的普遍共识，然而政府与市场关系不存在"普世模式"，应避免出现"理论移植"的教条式倾向，而是按照从抽象到具体的原则来研究两者关系。[1]

具体言之，政府与市场的关系在金融领域体现为金融监管与市场机制的博弈。首先，基于金融市场关乎社会整体经济秩序稳定与否的特性，进入金融市场的主体受到政府的严格管制，典型表现就是严格的市场准入限制。一般来说，为防止金融市场的过度进入，国家设置资本、人员、设施等方面的准入条件是必要的，但政府的介入常常超出市场规律和法律范畴，演变为过度管制和行政垄断。其次，从我国经济体制改革的特殊国情出发，与西方国家市场经济体制不同，作为转型国家的政府管制诞生于计划经济体制，主要由政府主导而非市场力量推动，由此产生严重的路径依赖和制度扭曲。面对市场失灵，行政权力出于权力惯性直接支配和控制经济运行，使本就根基不稳的市场机制进一步受到压制。时至今日，我国金融业尤其是银行业仍然存在不合理的准入限制，除了民间资本进入困难的顽疾之外，现行不同类型银行业金融机构的差异化准入条件也不甚合理，存在限制市场内部竞争的隐患。

(二) 管制向规制的理念转变

在政府与市场关系变革的背后是政府干预理念的根本性转变，即由管制理念向规制理念逐步过渡。首先，从词源角度来看，管制和规制都源于英文的"regulation"，是同一词的不同翻译表达，在实际应用中衍生出内涵差异。应用到具体研究领域，经济学偏好"管制"，例如在现代产业组织经济学中，管制多指政府通过法律、政策等手段对经济和社会加以控制和干预；[2]法学则偏好"规制"，例如日本著名经济法学者金泽良雄认为规制不仅包括消极的限制和禁止，而且包括积极的鼓励和促进。[3]而我国法学领域普遍认为"鉴于公共规制的立法和执法实际，对规制的广义理解是较为可取的，即规制应包括积极诱导和消极压抑两个方面"[4]、"经济法的规制性体现的是一种高层次的综合，并非只是狭义上的'管制'"，[5]在中文语境中，"规制"比较中性，"管制"与日文中的"统制"

---

[1] 石涛：《政府和市场关系类型、历史演变及启示》，载《上海经济研究》2018年第12期。

[2] 参见廖进球、陈富良主编：《规制与竞争前沿问题》（第3辑），中国社会科学出版社2007年版，第201~203页。

[3] 苏力等：《规制与发展——第三部门的法律环境》，浙江人民出版社1999年版，第215页。

[4] 苏力等：《规制与发展——第三部门的法律环境》，浙江人民出版社1999年版，第215页。

[5] 张守文主编：《经济法学》（第7版），北京大学出版社2018年版，第89页。

相似，感情和价值色彩较重。[1]具体来说，两者均有"制"的限定、约束、管束之意，但不同之处在于，"管制"侧重强制性地管理，而"规制"强调按照一定法则、法规、规则进行管理。其次，词源层面的廓清固然重要，而"管制"向"规制"转变的核心在于"语义"而非"语词"。管制理念与规制理念的本质差异在于政府介入市场的力度及方式，前者倾向于政府对经济运行的全面控制，后者则以尊重市场和法治逻辑为前提适度干预。当前，双循环新发展格局的形成既需要"有效市场"，也需要"有为政府"。[2]这一目标的实现要求坚持市场在资源配置中的决定性作用，放弃传统的管制和压制思维，最大限度地减少政府对微观经济活动的直接干预。在市场机制的决定作用下，金融服务促进手段是引导性、辅助性和助推性的，资本流动的决策权依然由市场主体享有，由市场主体在权衡利弊的基础上作出自我判断和选择。[3]

然而，结合国内金融市场发展现状来看，管制向规制的转变仍旧是道阻且长。由于金融抑制路径依赖的客观存在，由金融抑制迈向金融深化的过程中，更需要深度清理金融市场发展过程中的政府过度管制和干预。国内金融市场化改革虽已在利率市场化、主体多元化以及存款保险制度等配套制度方面取得丰硕成果，但路径依赖造成的管制性思维以及制度性障碍仍然存在，管制性的法规规章和规范性文件挤压了宪法和法律赋予市场主体的权利空间。[4]尤其是在管制性相对较高的银行业，垄断问题主要并不是由于处于寡占地位的国有银行实施限制竞争行为造成的，而是国家干预、管制的结果。[5]对此，有学者曾通过实证研究表明，对于转轨国家而言，尤其是当市场和制度存在多重缺陷的时候，最为迫切的，是消除那些可以为寻租行为提供土壤的制度性缺陷。[6]而地域限制实质上是政府干预超越甚至替代市场机制，人为设置的不合理准入条件，不仅直接剥夺了商业性银行的自由经营权，还间接维护了金融抑制挤压下形成的银行业垄断格局。

总体而言，政府干预从"管制"到"规制"的理念转变，不仅是政府与市场关系理论变革的整体指向，也是我国新发展格局及金融市场改革的客观需求。在规制理念变革过程中，面对我国金融抑制的制度环境，首先应当放松诸如地域限制之类的管制性手段，促进政府与市场关系的良性发展。

[1] 史际春、冯辉：《"规制"辨析》，载《经济法学评论》2017年第1期。
[2] 靳文辉、苟学珍：《构建双循环新发展格局的经济法回应》，载《重庆大学学报（社会科学版）》2021年第1期。
[3] 靳文辉：《空间正义实现的公共规制》，载《中国社会科学》2021年第9期。
[4] 邓纲：《经济法视野下的政府权力和市场权利结构变迁》，载《西南政法大学学报》2017年第1期。
[5] 漆丹：《我国银行业竞争推进制度研究》，载《法学评论》2015年第2期，第85页。
[6] 卢峰、姚洋：《金融压抑下的法治、金融发展和经济增长》，载《中国社会科学》2004年第1期。

四、地域限制的风险反思

政府的缺陷至少与市场一样严重,[1]政府在试图矫正市场失灵时,往往又导致"管制失灵",其中一个突出表现就是过度干预。[2]在考量地域限制的实施问题时,立法者不能只看积极因素,也需考量其消极影响,思考地域限制是否存在过度管制并产生潜在风险的倾向。

(一) 微观层面挤压金融机构发展权利

银行不是公益事业,而是理性的经济单位。[3]商业银行因所处金融行业的特殊性而受到特许管制,但商业性仍然是其第一属性或首要属性,而经营地域限制显然挤压了地方性银行理应享有的市场自由权利。

其一,在于损害了金融机构享有的法定自主经营权。2015 年修正《中华人民共和国商业银行法》(以下简称《商业银行法》)明确了分支机构审批设立的基本条件,其中仅要求在申请书中载明总行及分支机构所在地,并无实质性的地域限制规定,可以解读为"是否设立以及在何处设立分支机构"应是法定的机构自主决断事项。[4]然而,针对地方性银行的地域管制政策不仅超出了法定的监管权范围,也存在剥夺市场主体自主经营权利之嫌,使其客户范围、资产规模和业务类别都受到限制,阻碍了这些银行对外扩张以实现规模化经营的机会。

其二,在于遏制了地方性银行的数字化创新与转型趋势。在数字经济背景下,跨区域展业形式由地理多元化转向互联网平台化。相比传统的机构扩张方式,平台化更为便捷高效,可以部分消解认为跨区域会增加经营成本、产生代理问题、降低经营绩效的质疑。[5]对于本就先天发展不足的地方性银行来说,数字金融不单单意味着交易方式由线下转移到线上,而是借助数字技术突破传统机构的时间和空间约束,通过"数字化"弥补"本土化"困局,促进金融产品创新。不可否认的是,数字时代背景下数字化水平一定程度上代表着金融机构的创新能力。然而,随着互联网存贷款业务监管政策的出台,地方性银行的互联网展

---

[1] [美] 詹姆斯·M. 布坎南:《自由、市场和国家: 20 世纪 80 年代的政治经济学》,吴良健等译,北京经济学院出版社 1988 年版,第 28 页。

[2] 李昌麒主编:《经济法学》(第 3 版),法律出版社 2016 年版,第 28~29 页。

[3] Peter Cartwright, *Banks, Consumers and Regulation*, Hart Publishingp, 2004, pp. 212-213. 转引自邢会强:《商业银行的公共性理论——兼论商业银行收费法律问题》,载《现代法学》2012 年第 1 期。

[4] 详见《商业银行法》第 19 条至第 23 条。

[5] 在关于地理多元化对银行绩效的影响的相关研究中,一些学者认为地理多元化对银行绩效具有负面效应,理由在于银行进行跨区域扩张会导致金融市场的竞争加剧,为保障自身收益的稳定,银行会更倾向于进行高风险投资并提高杠杆率,从而导致银行存在风险的概率提升;此外,地理多元化在加剧商业银行竞争的同时,也因银行的分支机构增多,所处位置更加多样,组织架构更加复杂,而导致银行的成本增加、代理问题突出,并引发更高的风险。宋常、李晓楠:《城市商业银行属地原则放松对银行绩效的影响——基于重力去管制模型》,载《经济理论与经济管理》2021 年第 1 期。

业严重受限，极大地制约了这些金融机构数字化创新业务的发展。

（二）中观层面制约金融市场公平竞争

天然垄断性决定了金融行业较之其他行业的竞争性稍弱而垄断性更强，但这并不能完全证成金融业长期维持垄断状态的合理性，况且国内金融业垄断问题已经严重阻碍行业进程。未来很长一段时间内，垄断仍然是金融市场深化改革的重要攻坚目标。在公平竞争意义上，经营地域限制是一种不公平的准入门槛，限制了地方性银行平等进入金融市场和平等参与市场竞争的机会，实质是损害竞争秩序和公平价值的金融排斥。

其一，地域限制政策充分暴露并进一步加重了金融市场竞争机制不健全的问题，通过人为地划分销售市场来拟制充分竞争的做法无异于饮鸩止渴。从实践发展来看，学界与银行业关于中小银行和民营银行的发展都主张一种个性化路线，即不直接与大型银行展开业务竞争，重点开拓被大型银行忽视的领域和群体。[1]这种倾向源自监管机构认为业务同质性过强的金融机构无法满足多样化需求，而对于大型金融机构无法覆盖的长尾人群，试图以划分市场的方式推动行业内部的差异化发展和错位竞争。而地方性银行为配合监管政策，一般选择主动回避大型银行的业务方向，将自身经营业务限定于特定地域范围内的小微企业和"三农"建设，这种发展中的权利回避表明银行业市场竞争机制并不健全。[2]

其二，金融市场究竟能否通过监管政策的人为安排实现错位竞争仍有待观察和思考。可以看到的是，随着全国性银行向低层级行政区域的业务下沉，地方性银行的地缘优势在不断减弱，而且地方性银行及其分支机构的规模迅速扩张，局部金融市场竞争也十分激烈。仅以城商行为例，目前我国31个省级地区的城商行已有134家，其中辽宁、山东、浙江、四川、河北等五个省份最重要集聚地合计便已有了65家。[3]除此之外，被限制在本地经营的地方性银行会也会对外来银行形成天然排斥，在局部地区形成市场垄断，损害市场竞争机制。由此可以看出，由人为安排的竞争格局不仅可能难以实现理想的错位竞争，反而可能会扭曲形成恶性竞争和不正当竞争。

（三）宏观层面加剧地方政府金融干预

缘于政府主导型发展模式下金融机构对政府的路径依赖，以及我国中央与地

---

〔1〕 刘乃梁：《权利变迁视角下中国银行业反垄断的基本逻辑》，载《重庆大学学报（社会科学版）》2018年第2期。

〔2〕 刘乃梁：《权利变迁视角下中国银行业反垄断的基本逻辑》，载《重庆大学学报（社会科学版）》2018年第2期。

〔3〕 参见图解金融：《118家城商行全解，看这一篇就够了！》，载新浪网，http://k.sina.com.cn/article_60 85205919_16ab4df9f01900xi28.html，最后访问日期：2021年5月14日。

方分权的体制特征，地方政府与辖区内金融机构的关系十分复杂，我国长久奉行的地域限制在某种程度上为政府控制辖区金融机构提供了政策层面的便利，或者说将地方性银行这一"提款机"拱手相让给地方政府，最终导致政府的行政协助异化为某种行政控制。

其一，从金融机构角度来看，城商行、农商行等地方性商业银行在成立之初都曾仰赖于当地政府的组织协助，而且股权改革中多有地方政府参股，可以说地方性银行的"出身"就预示了其与地方政府的特殊关系。此外，由于经营地域受限，为获取更多的本地客户资源，大多地方性银行竞相选择与地方政府合作，甚至为得到政策庇护而进行权力寻租。因而，在历史、现实等多重因素的影响下，地方性银行对于地方政府的依赖性较强，并且逐渐形成路径依赖。

其二，从地方政府角度来看，在财政收入和经济发展的压力之下，地方政府往往选择控制辖区内金融机构以实现金融职能，从国有银行的分支机构到地方性银行都不外如是。随着国有商业银行管理体制不断改革和内控体系的不断完善，地方政府对国有商业银行当地分支行的控制力和影响力就越来越小，迫使地方政府开始谋求建立自己所能控制和干预的地方金融机构。[1]相比全国性银行，地方性银行显然更容易掌控，从而成为地方政府获取金融资源、解决财政压力的主要渠道。

其三，地方政府过度干预甚至操控地方性银行最为直接的影响就是地方性银行业务受制于地方政府的政策偏好和资金需求，为所属国有企业或是地方融资平台融资，而非中央政策设定的民营、小微、"三农"等群体，在地方政府垄断下的金融资源配置机制再度失衡。更为严重的是，在对地方政府的路径依赖和权威服从之下，地方性银行的市场空间被进一步压缩，丧失经营的自主性和独立性，还引发财政风险金融化、内部治理失效、不良资产率畸高等问题，加剧了地方性银行的潜在金融风险。

五、跨区域经营的规制进路

金融结构演化的不同阶段会产生不同的金融风险结构，要求有相应的金融监管模式与之相适应。[2]面对政府干预的理念变革以及地域限制所引发的风险因素，亟须转变监管理念和执法方式，在差异性规制、信息规制、激励性规制路径之下实现跨区域经营发展与规制的协调。

（一）跨区域业务：差异性规制

在实质平等的价值理念下，经济法承认市场主体差异的现实存在，采取了差

---

〔1〕 郭峰：《政府干预视角下的地方金融：一个文献综述》，载《金融评论》2016年第3期。
〔2〕 巴曙松、吴博、刘睿：《金融结构、风险结构与我国金融监管改革》，载《新金融》2013年第5期。

异化的规制方式，并形成了经济法上的差异性原理。[1]在金融领域，地方性银行跨区域经营的特殊风险可以从建立分类准入和差异化监管机制两方面予以回应。

1. 优化多层次银行准入机制

放松经营地域限制意在打破政府刻意设置的市场进入壁垒，而不是全盘否定金融准入制度的必要性，考虑到完全竞争并非金融市场的最佳状态，设置一定的准入条件反而有利于有序竞争。客观来讲，并非所有银行业金融机构都具有从事跨地域经营的能力，准入机制可将资质不够的主体排除在市场之外，维护金融市场正常运行。现行《商业银行法》以最低注册资本限额作为不同类型银行的准入条件，由此形成多层次银行体系下全国性银行和地方性银行的划分。然而，尽管注册资本是银行资本监管的重要指标，但不足以作为判定银行业金融机构跨地域经营能力的标准。现行银行业金融机构的差异化准入条件，不是依照市场规则来分类管理，而是人为地划分等级，限制了自由竞争的展开；并且隐含的经营地域限制也限制了竞争。[2]因此，比较理想的方案是重新优化全国性银行和地方性银行的划分标准，以最低资本限额、分支机构数量、业务范围、本地业务占比、监管评级等因素综合判断银行业金融机构能否开展跨地域业务，在此基础上构建差异化监管指标。然而，考虑到我国地方性银行的发展现状，一方面，许多地方性银行仍有存量风险，与地方政府或当地企业藕断丝连；另一方面，现有地方性银行总计数千家，允许所有机构都从事跨地域经营既非必要也不合理，因而不宜贸然全面放开地域准入限制。基于现实因素考虑，在完善银行准入机制之前，更具可行性的选择是先以试点方式部分放开地域限制，允许部分有扩张实力且风险可控的地方性银行先行开展跨地域经营试点，具体衡量标准可以参考《商业银行监管评级办法》（银保监发〔2021〕39 号）。此外，对于一些风险明显显露的银行，应将其列入不得跨地域经营的负面清单，坚决禁止地方性银行风险外扩。

2. 设置跨区域业务规制框架

地方性银行的跨地域业务，尤其是与金融科技平台等第三方合作开展的互联网存贷款业务，应当适用与本地业务具有差异化的监管标准。关于互联网贷款业务，应当遵照《商业银行互联网贷款管理暂行办法》（中国银行保险监督管理委员会令 2020 年第 9 号）对风险管理体系、数据和模型管理、信息科技风险管理、合作管理的合规要求，特别是对于机构实力稍弱的地方性银行来说，必须坚守信

---

〔1〕 张守文：《经济法原理》，北京大学出版社 2013 年版，第 8~9 页。

〔2〕 漆丹：《我国银行业竞争推进制度研究》，载《法学评论》2015 年第 2 期。

用评估、贷款审核等核心业务不得外包的底线，规范助贷、联合贷的运行环节，进而成为掌握数据、技术、客户等关键要素的互联网贷款生态核心。关于互联网平台存款，则可以参考美国中介存款监管的相关做法，落实审慎监管要求。美国《联邦存款保险法》第 29 节规定，"从事将第三人的存款存入，或者协助第三人将存款存入参保存款机构，或者为了把存款权益出售给第三人而将存款存入参保存款机构的任何人" 即为存款经纪人，相应的存款为中介存款（brokered deposits）。[1]同时，《联邦存款保险法》还对吸收中介存款的银行的资格、利率等予以严格限制，防止问题银行借此维持经营或代替逃逸存款。[2]随着金融科技的发展，美国联邦存款保险公司（FDIC）也关注到了银行越来越依赖通过第三方金融科技公司来与客户展开业务，而且这种趋势似乎还将继续。[3]2020 年 12 月 15 日，FDIC 正式发布 Unsafe and Unsound Banking Practices: Brokered Deposits and Interest Rate Restrictions，提出了一个认定存款经纪商的新框架（满足三种情形之一即可）：一是参与确定存款利率、费用、条款等信息；二是有权控制客户的存款账户；三是在掌握客户和银行存款供求目标的基础上，撮合客户与银行的存款业务。[4]如果第三方金融科技公司符合上述情形即被视为存款经纪商，相应的存款自然被认定为银行的中介存款，需要遵照既定的监管规则。

（二）第三方合作：信息规制

信息不对称是金融活动的典型特征，进入数字金融时代后，兼备数据、技术、客户的第三方平台能有效解决这一问题，极大地拓展金融活动的空间边界，因而，相比扩张地理网点开展异地展业，与互联网平台合作的模式愈发受到传统金融机构青睐，尤其是自身实力有限的地方性银行。在该种模式中，平台通常在消费者与金融机构之间发挥信息撮合功能，也有部分平台实质性参与金融业务，不仅成为金融服务信息的传播媒介，还滋生出以营销劝诱为目的的控制功能，[5]而在我国消费者金融素养普遍不高的情况下，第三方平台的诱导性信息无异于雪上加霜，加重了金融风险隐患。因此，鉴于第三方平台已成为金融机构跨区域经营的风险节点，理应对其信息功能特性进行规制，明确界定平台的信息义务。

---

〔1〕 参见《美国〈联邦存款保险法〉、〈银行控股公司法〉》，邱海洋、刘萍译，中国政法大学出版社 2005 年版，第 182 页；The Federal Deposit Insurance Act § 29, 12 U. S. C. A. § 1831f (2018)（美国《联邦存款保险法》第 29 节）。

〔2〕 Silverberg S. C., "Restricting brokered deposits", 3 *Housing Finance Review* 99, 1984, p. 100.

〔3〕 参见 FDIC 于 2020 年 12 月 15 日发布的 Unsafe and Unsound Banking Practices: Brokered Deposits and Interest Rate Restrictions，第 6742 页。

〔4〕 孙天琦：《互联网存款业务的国内外监管新进展》，载《新金融评论》2021 年第 1 期。

〔5〕 参见尹亚军：《以社会之名重构广告的规制进路》，载《法律科学（西北政法大学学报）》2020 年第 5 期。

总体来看，第三方平台最终展示的信息应当遵循"中性、清晰且无误导"的基本要求。[1]其一，平台所展示信息必须包含金融产品相关主体的名称、注册地等信息，包括所涉金融机构及其合作机构，例如提供服务的互联网科技公司，并具体注明该机构是否实质性参与业务（仅提供技术服务或者共同出资发放贷款），从而使得消费者能够明确知晓金融产品的销售者及其详细信息，作为理性投资决策的依据。其二，平台所展示的信息必须包含金融产品的利率、期限及风险警示信息，并将业绩预测、收益承诺等诱导性信息列入不得展示的负面清单；更为重要的是，平台必须中性地展示收益相关信息，禁止平台以缩小字体、改变布局等方式刻意掩饰风险信息。如此方能约束平台的诱导性倾向，保障消费者全面、真实地掌握产品信息。其三，在设定信息内容准则之外，还应当强调平台的"守门人"义务，即对所展示金融业务信息的真实性和合规性负有审查义务，对于明显违反金融监管规范的业务应当及时下架，否则平台需要承担相应法律责任。例如，互联网存款业务通过分段付息等方式变相抬高存款利率，在营销中有意突出存款保险保障的宣传，[2]对于此类行为互联网平台应当事先予以合规审查，警惕违规风险隐患。

（三）普惠性目标：激励性规制

实施地域限制的目标之一在于金融普惠，原因在于强制地方性银行专注本地化经营，可以缓解资本聚聚引发的资源配置不均衡，通过公共规制促进空间正义。[3]然而，普惠金融如果是以强制性方式实施的，则容易使金融机构陷入"使命偏移"困境。[4]其一，在普惠性与商业性的博弈选择中，金融机构往往以高收益、高风险金融业务来补足普惠性业务的成本劣势，而由此产生的潜在金融风险最终仍由本地消费者和市场买单，偏离了普惠金融目标；其二，地方性银行资金的来源狭窄、地区限制及资本充足率不高等内生劣势也直接决定了其在普惠金融总体供给中的弱势地位。[5]因此，一味强制性给金融机构施加义务是难以奏效的，相比之下，激励性规制路径下的普惠目标更具有可实现性，这也契合法律本身所内嵌的激励功能。需要明确的是，跨地域经营与普惠金融目标并不冲

---

[1] 任超：《我国金融广告监管制度的优化——基于行为金融学和欧盟经验的考察》，载《上海财经大学学报》2021年第2期。

[2] 孙天琦：《互联网存款业务的国内外监管新进展》，载《新金融评论》2021年第1期。

[3] 靳文辉：《空间正义实现的公共规制》，载《中国社会科学》2021年第9期。

[4] 使命偏移（mission drift）是指微型金融机构（microfinance institutions，MFIs）为了实现商业上的盈利目标，将贷款偏离贫困人群、更多转向经济状况较好的客户，获取较高的市场利润时，就可以认为是发生了使命偏移。参见 Cull R.，Demirgüç-Kunt A.，Morduch J.，"Financial Performance and Outreach：A global Analysis of Leading Microbanks"，*The Economic Journal*，2007，p. 117.

[5] 黎四奇：《中国普惠金融的囚徒困境及法律制度创新的路径解析》，载《现代法学》2016年第5期。

突，其普惠效果理论上亦不亚于地域限制，因为地方性银行从事异地展业，同样能吸收发达地区的金融资源反哺本地，优化金融资源的空间配置。一方面，应当结合地方性银行的自利趋向进行因势利导，将增加普惠性金融服务供给、提高服务质量纳入银行社会责任评价指标，作为彰显银行软实力、提升社会声誉的重要契机；另一方面，普惠金融实现难的症结在于可能降低银行的预期经济利益，应当以利益为导向鼓励地方性银行从事本地化经营，在制度安排层面明确税收激励、资金补贴等激励方式，降低地方性银行开展普惠金融的财务压力。综上所述，激励性规制下的普惠金融既不是政府主导的强制性义务，也不是机构被动地自我牺牲，而是发挥法律制度的激励功能，着眼于对"经济人"行为的激励和对行为背后利益的调控，[1]实现追求商业利润与普惠金融目标的激励相容。

六、结语

地方性银行的经营地域限制问题，不仅关乎地域间金融资源配置的均衡，还涉及我国银行业乃至金融业监管理念和方式的革新。由于过往学术研究对此问题关注较少，本文以《商业银行法》的修改为契机，沿着实践逻辑、理论审思、负面风险的研究思路，重新反思地域限制的正当性与必要性问题，并在此基础上主张放松地域管制以及完善行为规制制度，为深化金融改革、改善金融监管、促进市场竞争提供一些可资借鉴的建议。总体而言，本文认为地域限制虽然在一定程度上有益于普惠金融、风险防范、属地监管目标的实现，但其所沿袭的管制性理念过于保守与片面，不利于银行业市场有效竞争秩序的形成，以及金融监管与市场机制的协调。为避免陷入"以抑制校正抑制"的恶性循环，应当赋予地方性银行一定的市场自由，尊重其理性人选择，在直接限制经营地域之外，沿着差异化规制、信息规制探索新的规制进路，以激励而不是强制的方式优化区域间金融资源配置，从而尽可能实现金融规制的市场导向和金融市场的法律之治。

---

〔1〕 参见付子堂：《法律功能论》，中国政法大学出版社 1999 年版，第 63~103 页。

《资管新规》下通道类资管业务的法律规制

唐　波　王炜炫*

8

摘要：通道类资管业务试图通过拉长交易链条逃避金融监管政策，但我国目前对其的法律规制体系仍不够明晰，其内部的法律关系亟须厘清。首先，在法律性质方面，此类业务有别于委托关系和普通信托关系，整体性质应为事务管理型信托。其次，在合同效力方面，对于缓冲期以前的通道业务应以有效为原则、以无效为例外，而对于缓冲期以后的通道业务应以无效为原则、以有效为例外，以保障金融监管政策有效落地。最后，在责任配置方面，在市场公平与效率的配置下，通道方的法律责任应以信托文件的条款为认定标准，而在外部责任上，如若通道方未尽信托法意义下的勤勉尽责义务且造成投资人损失，应按照过错程度承担连带赔偿责任。

关键词：通道业务；事务管理型信托；金融监管；穿透式审查；勤勉尽责

一、问题的提出

通道类资管业务（以下或称"通道业务"）是金融机构与监管部门长期博弈下的时代产物。但"通道"一词更多是信托行业的内部分类，而非严格意义上的法律概念。在业务模式上，通道类资管业务通常是指信托业务中的资金端和项目端由商业银行或者其指定的第三方主导，信托公司仅起到牵线搭桥、出借金融牌照的居间作用，从而促成的金融融资活动。[1]

"通道"一词最先出现在《中国银监会关于规范银信理财合作业务有关事项的通知》（银监发〔2010〕72号），其中明确指出，"信托公司在开展银信理财合作业务过程中，应坚持自主管理原则，严格履行项目选择、尽职调查、投资决策、后续管理等主要职责，不得开展通道类业务"。官方用"通道"一词形容金

---

* 唐波，华东政法大学教授、博士生导师，主要研究方向为金融法。王炜炫，华东政法大学经济法学院硕士研究生，主要研究方向为金融法和经济法。
〔1〕 参见朱颖琦：《通道类信托业务中受托人外部责任的司法认定》，载《法律适用》2020年第20期，第132页。

融机构之间的交叉业务，实则也体现了通道业务中受托人不承担积极、主动的财产管理义务的特性。

但在监管口径上，在 2018 年《中国人民银行、中国银行保险监督管理委员会、中国证券监督管理委员会、国家外汇管理局关于规范金融机构资产管理业务的指导意见》（银发〔2018〕106 号）（以下简称《资管新规》）出台以前，我国对于此类业务的监管态度呈现出暧昧不清的态度。2008 年，特定性行业由于政策监管限制无法轻易获取融资，但基于迫切的融资需求，监管套利的模式应运而生。我国开始出现银信、证信等多层嵌套金融业务，通过信托公司搭建融资通道以规避金融监管政策。虽然我国监管部门多次发文提醒此类业务存在较大的交易风险，但并未实质禁止此类业务的运营。

但在《资管新规》出台以后，"去通道化"成为监管主流风向。其中第 22 条明确规定，金融机构不得为其他金融机构的资产管理产品提供规避投资范围、杠杆约束等监管要求的通道服务。第 29 条也明确设立"新老划断"的原则，并将过渡期设置到 2020 年底，保证金融机构可以平稳过渡，后因新冠疫情等原因，过渡期延长至 2021 年底。自此，监管机构"去通道化"的决心显露无遗。同时，为了落实全面杜绝通道业务的监管目标，司法层面也做出了相应的配套规定。根据最高人民法院印发的《全国法院民商事审判工作会议纪要》（法〔2019〕254号）（以下简称《九民纪要》）第 93 条，在过渡期内的通道业务，如若不存在其他无效事由，合同一方当事人以信托目的违法违规为由请求确认无效的，人民法院不予支持。

但问题在于，首先，对于缓冲期内发生的通道类资管业务中"无效事由"的司法裁量标准为何？其次，就目前而言，《资管新规》的缓冲期已过，对于之后发生的通道类资管业务的司法裁判和监管路径又该为何？通道业务中，银行和信托公司之间的法律关系性质为何？二者之间的通道业务相关合同效力又为何？最后，在厘清二者之间的法律关系的基础上，通道方的责任边界相较于普通信托业务中的受托人又有何种不同？

二、法律性质：事务管理型信托之证成

通道类资管业务的嵌套性进一步模糊了合同双方之间的法律关系。无论是学理上还是司法实践中，对于此类业务中双方法律关系性质的界定暂无明确定论。一种观点认为，双方之间成立委托关系，因为在通道业务当中，受托人完全按照委托人的指示管理财产，募集资金的使用方向完全取决于委托人的意思，而受托人无法在通道业务中凭借自身的资产管理能力开展信托业务，二者之间基于信任而产生的托付关系荡然无存，故只能适用普通的民事委托法律规范加以规制。例如在（2020）京民终 36 号案中，北京市高级人民法院认为原被告双方签订的

《信托合同》本质上乃委托贷款关系，而非《中华人民共和国信托法》（以下简称《信托法》）意义上的信托关系，不应适用《信托法》加以规制。[1]

另一种观点认为，双方之间仍然成立信托关系。[2]资管业务的本质是一种信托法律关系，受托人当然受制于《信托法》所规定的法定义务。受托人在管理信托财产时，应当严格履行尽职调查、妥善管理等信义义务，对于其所出具的各类意见书应当充分履行风险告知义务。这样的观点在司法实践中也有所体现，例如在吴某诉华澳国际信托有限公司财产损害赔偿纠纷案（以下简称"华澳案"）中，上海金融法院认为，虽然根据案涉合同条款约定，信托公司在信托关系中不主动承担财产管理义务，但其仍应在经营中保持审慎调查的态度，应当履行必要的注意义务。在募集资金阶段，信托公司根据委托人指示出具有明显误导性质的项目尽职调查报告，足以影响投资者的判断，在一定程度上促成了犯罪分子集资诈骗的行为，未完全履行信托法上的信义义务，应当承担相应的连带赔偿责任。[3]

还有一种观点认为，双方之间成立事务管理型信托关系，其仍为信托关系下的子项，但在信义义务程度上与普通信托存在差异。此种观点进一步认为，在通道类信托关系中，受托人无须履行普通信托中的亲管义务，双方或可通过信托文件的具体条款排除适用《信托法》中规定的某些受托人法定义务。[4]

综合以上三种观点，本文认为通道类资管业务中双方法律关系应采用事务管理型信托说，理由如下。

（一）委托说和信托说之证伪

首先，委托关系说无法准确界定通道类资管业务中的双方法律关系。原因在于，第一，虽然《信托法》强调的信托关系是以"受托人之名义"管理"信托财产"，即受托人具有完全独立的支配信托财产的权利，但是这样的强化只是为了避免信托沦为委托的代名词，真正应当凸显的是信托财产作为特殊目的财产的独立性，以谁的名义行使权利只是表象。[5]而在通道业务中，双方通过信托合同将财产独立于银行的其他财产，为其设立特殊的管理目的。为信托财产设立合法合规的隔离屏障乃法律赋予信托的魅力之所在，通常而言银行已经将财产的所有权转移给了信托公司，只是信托公司听从银行指令以自己的名义行使信托权

---

〔1〕 参见北京市高级人民法院（2020）京民终36号民事判决书。
〔2〕 参见王涌：《让资产管理行业回归大信托的格局》，载《清华金融评论》2018年第1期，第82页。
〔3〕 参见上海金融法院（2020）沪74民终29号民事判决书。
〔4〕 参见李彧：《论通道类信托对受托人亲自管理义务的免除——基于客观目的的解释的分析》，载《法律方法》2016年第2期，第328页。
〔5〕 参见季奎明：《论金融理财产品法律规范的统一适用》，载《环球法律评论》2016年第6期，第98页。

限，这样的运营架构与民法意义上的委托实则存在差异。

第二，若简单地将二者定性为委托关系，或有逃避监管之嫌疑。"卖者尽责，买者自负"是《资管新规》下的金融监管口径和司法裁量标准，这要求卖者在销售金融产品时要充分履行投资者适当性义务、如实告知义务才能在后续的损失中免于赔偿。但在普通民事委托关系中，合同双方处于平等地位，金融监管的行政触手无法干涉缔约主体双方的意思自治。虽然通道业务中通常由委托人风险自担，体现了"买者自负"的金科玉律，但是"卖者尽责"的大前提却丧失了植根的土壤，信托公司在此类业务中或可通过合同规避《资管新规》的强力监管，将与金融业要"脱虚向实、回归本源"的理念背道而驰。

其次，信托关系说亦无法准确定义二者之间的法律关系模式。因为第一，根据我国《信托法》第2条的定义，信托是指委托人基于对受托人的信任，将其财产权委托给受托人，由受托人按委托人的意愿以自己的名义，为受益人的利益或者特定目的，进行管理或者处分的行为。而在通道业务当中，信托公司不承担财产管理义务是其主要特征，这样的责任条款通常会在合同中体现，这样即与我国语境下的信托有所差异。

第二，直接将二者关系界定为信托或有矫枉过正之嫌。由于在通道业务中，信托公司仅起到牵线搭桥的作用，并无实质的财产管理行为和义务，其所收取的管理费用相较于普通信托业务而言更为低廉。而在普通信托当中，受托人应当完全履行《信托法》的信义义务，包括但不限于前期项目选择、背景调查、后期资产管理处分等重要义务。换言之，高收益与强责任相匹配是经济市场的规律，也符合市场理性主体的经济预期。如若要求信托公司在收取低廉管理费的同时承担强制责任，或有强人所难的意味。

（二）事务管理型信托说之证成

二者之间的关系更符合事务管理型信托。图1所示乃实务中通道类资管业务最普遍的运营模式，银行通过与信托公司签订信托合同，明确约定由银行主导信托计划，信托公司仅承担协助管理责任，从而将由公众募集而来的资金定向投资于指定的融资需求方。据此，最高人民法院民事审判第二庭总结了以下三个通道类资管业务的典型特征：一是委托人自主决定信托设立、信托财产运用对象、信托财产管理运用处分方式等事宜；二是委托人自行承担信托风险；三是受托人仅提供必要的事务协助或者服务，不承担信托财产管理职责。[1]

---

[1] 最高人民法院民事审判第二庭编著：《〈全国法院民商事审判工作会议纪要〉理解与适用》，人民法院出版社2019年版，第488页。

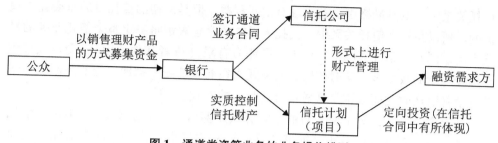

图1 通道类资管业务的业务操作模型

在学理上，无论是委托关系说还是信托关系说，其纠结的要点无非在于委托人（银行）在信托关系设立以后仍然控制信托财产是否影响了信托关系的成立。传统的信托法理论强调委托人在信托关系达成合意之后应退出信托关系，仅留受托人为受益人进行信托财产利益管理，受托人的独立性和专业性是信托关系中的重要构成要件。[1]但是重新审视信托可以发现，委托人对于信托之控制一直贯穿于整个信托当中，委托人控制并不影响信托关系的成立。

首先，根据信托之定义，信托是受托人按照委托人的意愿为受益人管理信托财产的行为。这样的"委托人意愿"体现在授权文件上，即受托人的权限以委托人授权为前提。由此可知，委托人对于信托关系的控制一直存在，只要信托关系成立，受托人对于信托财产的管理处分方式和权限就要受制于委托人的授权。[2]

其次，纵观域外信托法的立法模式，海外对于委托人控制下的信托多采取默许的态度。例如，美国2000年《统一信托法典》中明确规定了"可撤销"（revocable）信托，同时在该法第四章、第六章第603条明确赋予委托人在一定情况下变更（撤回）、终止信托的权利。[3]英属《开曼群岛信托法》第14条规定了委托人可以对8项具体内容保留控制权，包括但不限于修改、撤回信托文书所记载的受托人权限。[4]不只是个别国家承认委托人控制的信托行为效力，这一思维在国际公约中也有所体现。根据《海牙关于信托的法律适用及其承认的公约》第2条之规定，信托财产委托人保留一定权利并不与信托关系的成立相矛盾。[5]

最后，信托关系中委托人的控制或将成为信托目的达成的监管路径。因为在

〔1〕 See Alastair H. , *Understanding Equity & Trusts*, Routledge-Cavendish, 2008, p. 25.

〔2〕 参见杨秋宇：《信托通道业务的私法构造及其规制逻辑》，载《北京理工大学学报（社会科学版）》2021年第3期，第119页。

〔3〕 参见张军建主编：《信托法纵横谈——写在我国信托法修改之前》，中国财政经济出版社2016年版，第54~56页。

〔4〕 *See* Cayman Islands Trusts Law § 14.

〔5〕 *See* Convention on the Law Applicable to Trusts and on Their Recognition § 2.

信托关系中，虽然最终由受益人享有信托利益，但是最初的信托目的系委托人决定的。所以在整个信托关系中，委托人最初的意思表示将决定整个信托业务的最终走向。同时在某种情况下，由于水平能力有限（或者其他原因），受益人很难对信托财产的收益进行实时监管，而委托人在商事信托中掌握一定的控制权对于监管信托财产收益而言则是低成本且高收益的方式。[1]

在金融监管上，为了便于对通道业务实施监管，银监会于 2014 年在《信托公司资金信托管理暂行办法（征求意见稿）》中提出"事务管理类信托"的概念，并明确了如若信托合同同时存在以下三类特征，则为"事务管理类信托"。一为信托设立之前的尽职调查由委托人或其指定第三方自行负责，委托人相应承担上述尽职调查风险。受托人有权利对信托项目进行独立的尽职调查，确认信托项目合法合规。二为信托的设立、信托财产的管理、运用和处分方式等事项，均由委托人自主决定。三为受托人仅依法履行必须由受托人或必须以受托人名义履行的管理职责。受托人主要承担一般信托事务的执行职责，不承担主动管理职责。这一定义也体现了行政机关对于通道类资管业务的监管态度。上文已论述了委托人控制并不影响信托关系的成立，进而产生的问题是，为何事务管理类信托说优位于信托关系说呢？

信托业务的魅力在于财产架构的灵活性，通过信托搭建起隔离财产保障财富传承的价值是信托业务所追求的重要目标。而事务管理类信托在信托业务中扮演着重要角色，纵观域外或者国内信托业务，存在许多为委托人提供个性化、专属化服务的信托业务，包括但不限于家族信托、遗产信托等，在诸如此类的信托当中，委托人的意思指示将成为管理人的指引法则。例如在遗嘱信托业务当中，财产管理人要负责清算遗产、分配遗产、遗产传承等重要任务，但基于《中华人民共和国民法典》（以下简称《民法典》）之规定，此类信托必须以遗嘱为准（委托人的指令），财产管理人更多地起到辅助性作用，无法按照自己的意愿分配委托人遗产。同时，随着金融业的不断发展，个性化的金融服务将会逐步取代传统意义下的金融服务模式，委托人控制也将进一步深入信托行业，如若否定事务管理类信托属于信托子项，或将与金融业未来的发展方向渐行渐远。

在司法实践上，《九民纪要》亦从司法层面肯定了事务管理类信托说的实践价值。《九民纪要》认为，在事务管理类信托纠纷案件中，对信托公司参与的多层嵌套、通道业务等的效力要以其实际构成的法律关系进行判断。其中明确运用"事务管理信托"对"通道业务"进行概念厘定，同时在第 93 条中也点明了信托公司不承担积极主动管理财产之义务，双方之间的权利义务关系应当以合同具

---

[1] *See* Tey T. H., "Reservation of Settlor's Powers", *Singapore Academy of Law Journal* 21, 2009, p. 544.

体条款加以明晰。司法倾向于认为通道类资管业务属于信托，但是与普通意义上"受人之托、忠人之事"的信托在责任边界上有所区别。具体到个案当中，实务当中通道业务合同通常会约定"本信托为事务管理类信托"，法院也曾在判决文书中直接认定通道业务中双方当事人成立事务管理类信托关系。[1]只不过不管是事务管理类信托还是普通信托，受托人都应当承担适当性义务。[2]

三、合同效力：司法裁量标准的嬗变

（一）缓冲期内：以有效为原则，以无效为例外

对于通道类资管业务的合同效力，《九民纪要》选择了向金融实践现状低头的现实路径。鉴于以往暧昧的金融监管态度，通道类业务的数量激增。而《资管新规》禁止通道业务的指导方针并非一下子全面禁止，而是通过缓冲期逐步压缩通道业务的生存空间，从而缓慢减少通道业务的数量。而在配套措施上，司法权选择向金融监管权低头的现实主义方式，对于缓冲期以前的通道业务，如若不存在《民法典》规定的其他无效事由，理应认为有效。但是在实践中，"其他无效事由"的司法裁量标准相对笼统，只能个案评析。

第一，《九民纪要》认为通道业务虽整体性质为事务管理类信托，但是其实际可能会因触及《民法典》所规定的通谋虚伪意思表示而导致无效。例如，在（2019）豫民终801号案中，法院认为案涉通道方不承担任何风险，各方主体签订的通道合同乃以虚假意思表示实施的法律行为，应属无效，双方之间构成金融借款合同关系。[3]这里必须指出的一点是，事务管理类信托只是对于此类通道类资管业务的整体定性，但是由于个案中的合同条款、事实证据以及法官的自由心证标准存在一定差异，部分合同或可因违反《民法典》之规定而无效。

第二，《九民纪要》认为通道业务或可因违背公序良俗而导致无效。但是《九民纪要》对于公序良俗的界定标准相对模糊，其中第31条提出违反内容涉及金融安全、市场秩序、国家宏观政策等公序良俗的规章时，应当认定合同无效。人民法院在认定规章是否涉及公序良俗时，要在考察规范对象基础上，兼顾监管强度、交易安全保护以及社会影响等方面进行慎重考量，并在裁判文书中进行充分说理。但目前在司法实践中，少见法院以通道业务违反公序良俗为由认定合同无效。

对此，笔者认为可能的原因在于，首先，"公序良俗"的认定标准本就是多方利益平衡考量下的帕累托最优解，这样错综复杂的论述逻辑却让司法无从下

---

[1] 参见最高人民法院（2019）最高法民终515号民事判决书、上海金融法院（2022）沪74民终1051号民事判决书、上海市高级人民法院（2021）沪民终270号民事判决书。

[2] 参见北京金融法院（2022）京74民终375号民事判决书。

[3] 参见河南省高级人民法院（2019）豫民终801号民事判决书。

手。其次，通过司法行政干预合同私法的意思自治本该受到严格限制，否则市场经济将无法绽放活力。合同无效的认定实质上是私益与公益的博弈过程，而比例原则则是平衡事实判断和价值判断的有效法则。[1]在现实当中，是否真的需要通过否定合同效力来挽救公共利益是法院在裁量时应考虑的问题，但是在"新老划断"的大背景下，除非真的存在极端例外情形[2]，否则法院倾向于选择一律有效的处理方式。最后，通过违反公序良俗而认定无效或可造成不良的社会风气。因为在通道合同签订的过程中，双方作为理性经济人早就知悉其规避金融监管的目的，在明知自己有过错的情况下还以违法违规为由企图牟利不仅违反诚实信用原则，也不利于民事法律关系的稳定，属于不讲诚信、为追求自身利益最大化而置他人利益于不顾的恶意抗辩行为。[3]

（二）缓冲期后：以无效为原则，以有效为例外

《九民纪要》并未明确指出缓冲期以后通道业务的司法认定规则，但从上述规定不难看出司法实践中认定合同无效的理由主要有三：①违反法律、行政法规的强制性规定的民事法律行为无效；②以通谋虚伪意思表示所实施的法律行为无效；③违反公序良俗的法律行为无效。此类裁判观点在信托法中体现为"信托目的违反法律、行政法规或者损害社会公共利益"。

但本文认为，前两种无效事由的认定可能存在现实障碍，第三种或可为缓冲期后认定此类业务的司法态度。首先，《资管新规》的法律位阶仅为部门规章，还未上升至法律或者行政法规，更别提强制性规定。通过法律解释的路径难以将其囊括至《民法典》第143条的规制范畴。

其次，以"通谋虚伪"作为规制路径恐怕难度较大。因为第一，在商事外观主义原则的统领下，司法企图探求商主体背后的真实意思表示只能通过外观表象加以自由心证。商事行为中双方当事人的真实内心活动难以切实探求，除非有强有力的事实证据证明其存在"通谋虚伪"的合意，否则法院通常认为二者之间的通道合同乃双方真实的意思表示，应认定为有效。[4]第二，仅以《民法典》规制商事信托需要充分论述必要性。上文已论述了此类业务的整体性质应为事务管理类信托，所以在法律规制层面《信托法》仍有参考价值。虽然《信托法》第11条规定存在法律、行政法规规定的其他无效情形时信托无效，但是兜底条

---

[1] 参见黄忠：《比例原则下的无效合同判定之展开》，载《法制与社会发展》2012年第4期，第46页。

[2] 目前司法还未呈现，但笔者推测需满足比例原则，即如若不认定合同无效，社会公序良俗将无限制遭受侵害。

[3] 参见北京市高级人民法院（2021）京民终59号民事判决书。

[4] 参见最高人民法院（2020）最高法民终877号民事判决书、上海金融法院（2022）沪74民终376号民事判决书等。

款的适用情形应当严格限制，否则商事信托特有的属性将被普通民事法律关系所取代。商事行为的规制最终还是要回到对商主体、商行为的法理论分析上，仅以基础性、原则性规定否定商事行为错综复杂的关系或会打击商事行为的积极性与创新性，对于商事发展而言将是致命的。因而，除非有明确的证据证明双方存在虚假的意思表示合意（证明难度偏高），否则不应轻易仅以民事法律关系中的基础性原则否定商事行为。

最后，缓冲期后以"公序良俗"认定无效或应成为司法中的主流原则。但是通道类资管业务中的监管政策是否涉及"公序良俗"还需要更为明晰地讨论。

第一，在《合同法》时代下，"公序良俗"的前身乃"社会公共利益"，即损害社会公共利益的合同应为无效，这与《信托法》第 11 条的用语不谋而合。但是在《民法典》时代，公序良俗成了帝王条款，或在民商事法律关系中扮演主要角色。一般认为，公共利益是指有关国防、教育、科技、文化、卫生等关系国计民生的不特定多数人的利益。[1]而从文义解释的角度，"公序良俗"包含两块内容，即"公共秩序+善良风俗"，前者与公共利益的定义相呼应，而后者更多强调了一个地域人类文明发展演进过程中所形成的良好生活习惯和善良风俗。[2]相较于"社会公共利益"，"公序良俗"的内涵与外延更宽广，在一定程度上体现了"以人为本"的价值追求。因此，《民法典》时代下的"公序良俗"条款的适用不仅要考量社会公共利益的政策导向，同时也要坚守"以人为本"的价值目标。

具体到通道业务当中，正如图 1 所示，在典型的通道业务实际操作模型中，银行和融资需求方本质上是通过逃避金融监管的方式完成融资贷款业务。对于融资需求方而言，在"以禁止为导向"的金融监管口径下，其利用银行的信用背书和信托公司的金融牌照合法地吸收公众存款，以盘活资金链。对于信托公司而言，以"金融牌照"赚取通道费用，虽然价格相比于普通信托业务较低，但其仍有经济价值。

对于银行而言，其利用通道业务将表内业务挪至表外，通过美化数据的方式为信贷额度腾挪空间，尤其是在国家货币政策收紧的时候，银行信贷额度将会严格受限，但通过通道业务投资非标资产将大大降低银行表内业务数据。同时，通道业务也为银行追求高风险、高杠杆收益提供了契机。表内外业务的监管指标的不同驱使银行更愿意通过通道将表内信贷转移到表外，相比于普通信贷，银行受制于审慎资本充足率、风险杠杆比率等宏观货币政策的调控，无法投资高风险行

---

[1] 王利明：《论征收制度中的公共利益》，载《政法论坛》2009 年第 2 期，第 22 页。
[2] 参见宋才发：《〈民法典〉对公序良俗的确认、吸纳与适用》，载《河南师范大学学报（哲学社会科学版）》2022 年第 4 期，第 55 页。

业。但在通道业务中，银行可以通过通道将募集资金定向投资于类似于房地产等高风险行业以追求高收益。

由此可见，对于通道业务中的三方主体而言，通道业务百利而无一害，但在此业务中真正的受害者或是"公众"。银行以销售理财产品的方式向公众募集资金，虽然理财产品禁止刚性兑付，但是银行仍然要承担如实告知义务，必须对通道业务以及其中的潜在风险承担披露义务，但实践中通道业务实则非常隐蔽，银行通常不会在理财产品中直接点明，而凭借公众单薄的金融知识难以清晰界定其中风险。公众基于银行的信用背书将资金投入理财产品，虽然风险自担，但本质上通道业务中最初的资金均源于公众，通道业务中的三方主体亦不能因为一己私利将公众的投资风险不断放大，甚至最终导致资金链崩盘，引发金融系统性风险。因此，在典型的通道业务中，公众投资的风险被通道业务无限放大，而在"公序良俗"的规制语境下，金融秩序以及公众群体的切身资金安全都会被典型类通道业务所破坏，以此认定合同无效将重塑金融市场稳定的秩序。[1]

但是，必须指出的是，以"违背公序良俗""信托目的损害社会公共利益"认定合同无效只是对典型类通道业务的规制路径。对于例外的合同或可认定为有效，但是必须对"公序良俗""社会公共利益"的侵害没有达到突破意思自治的地步作出充分论述。有学者认为，在（2015）民二终字第401号案中，案涉认定通道合同无效不满足比例原则，理应认定为有效。理由在于，若将此类合同认定为无效，商业银行碍于合规成本提高，不愿贷款给房地产行业。房地产行业不得不转向融资成本更高、风险更大的民间借贷，同时会通过缩减建材成本等方式控制支出，最终影响的是我国商品房的质量，很难达到维护社会公共利益的目的，因此案涉合同应为有效。[2]但笔者认为，房地产行业的贷款融资监管采取的是审慎监管的态势，而非全面禁止，旨在通过国家宏观调控政策稳定房地产行业发展，少部分满足条件的房地产公司仍可以正常取得商业贷款，无须通过放大公众资金风险的通道业务满足融资需求。相比于后续的房地产发展所呈现的未知风险，在投资阶段公众资金安全所呈现的现实危机更具有规制价值。因而，如若在缓冲期后，此类业务所涉合同或将被认定为无效合同。

第二，缓冲期后若不以无效为原则或将架空金融监管的功能目的。趋利避害是每个市场主体的天性，具有监管套利性质的通道业务原本就是监管者与市场主体之间"猫抓老鼠"游戏背景下的金融产物。《资管新规》以前，碍于实践融资

〔1〕 参见蒋大兴：《超越商事交易裁判中的"普通民法逻辑"》，载《国家检察官学院学报》2021年第2期，第15~18页。
〔2〕 参见沈心怡：《〈资管新规〉第一案评析——规避监管型通道业务中的合同效力认定》，载《金融法苑》2020年第2期，第51页。

的需要，行政监管的态度模糊不清，但是自 2017 年起，银行表外理财正式被纳入广义信贷范围，旨在降低由"影子银行"高风险、高杠杆、高期限等资产与流动性的配错加剧的金融体系风险。[1]同时《资管新规》也正式明确禁止通道业务的开展，由此可见监管机构对通道业务的态度呈现趋严的态势。

在国家"去通道化、去非标化"的金融强力监管背景下，司法若不以无效为原则认定类似合同，或将导致宏观监管政策无法稳健实施。当然，司法权具有天然的独立性，而无须向金融监管权低头。但是无效认定的关键在于考察宏观监管政策背后的利益考量是否属于"公序良俗"的范畴。

对通道业务予以禁止，实质上是为了保护公众投资者的资金安全。在"穿透式审查"的行政监管思路下，监管者始终着力于对资金链末端的主体进行强力监管，但是通道业务通过拉长交易链、层层嵌套等方式试图模糊末端资金使用者，这直接影响到了监管者的"穿透式审查"的目标实现。正如最高人民法院在裁判中提倡的，当事人的交易模式确实存在拉长资金链条、增加产品复杂性之情形，可能导致监管部门无法监控最终的投资者，对交易风险难以穿透核查，不符合《资管新规》之要求。因此，各方当事人今后应严格按照《资管新规》，规范开展业务。[2]而且我国对于银行的信贷监管也是为了控制银行潜在的兑付风险，防止出现系统性金融风险，波及公众的资金安全。至此，禁止通道业务背后所蕴含的监管目的并非仅仅为了维持金融交易秩序，防止系统性金融迅速传染。其根本目的仍是希望通过坚守"穿透式审查"的行政监管思路以切实保障金融消费者的资金安全。政策制定的初衷和目的皆以"公序良俗"为导向，如若缓冲期结束后，仍有投机者企图以此谋求利益，或应以无效为原则审查合同效力。

四、责任配置：通道方的责任边界

责任配置决定合同双方权利义务关系，同时也为争议纠纷提供高效的解决路径。在"新老划断"原则的支配下，讨论通道业务中的责任配置则显得尤为重要。在通道类资管业务当中，由于此类业务兼具信托性质，整体上属于事务管理类信托，但又与普通意义上的信托存在差异，故信托公司（或称"通道方"）的责任边界需要再探讨。从图 1 所示的模型架构不难看出，通道方承担责任的路径无非有两种情形：①内部责任：依照合同关系，对银行承担违约责任；②外部责任：依照侵权关系，对公众承担侵权责任。通常而言，通道方与融资需求方并无直接的合同规制，而且其仅接受银行的指令将资金定向投资于融资需求方，故二者之间发生争议的情况少之又少。

---

[1] 参见叶名怡：《结构化资管计划的私法规制——以"宝万之争"为例》，载《法学》2018 年第 3 期，第 34 页。

[2] 参见最高人民法院（2016）最高法民终 215 号民事判决书。

（一）内部责任：以合同条款为准

《九民纪要》第 93 条指出，通道业务中委托人和受托人之间的权利义务关系，应当依据信托文件的约定加以确定。这样的裁判思路被司法所延续，例如在前述（2016）最高法民终 215 号案中，法院认为三方签订的《资管合同》合法有效，其中明确规定了通道方的管理义务和委托人义务，包括资金的定向流动均由委托人指示，而委托人（原告）作为合格投资者，理应了解信托产品所存在的潜在风险，其要求受托人（被告）对损失承担连带赔偿责任于法无据。[1]

笔者认为，在规制缓冲期内通道方的内部责任时，以合同条款为准确能体现事务管理型信托的独特性。

其中一个关键问题在于，由于我国立法未能直接引进事务管理型信托的法律概念，进而导致类案中的司法界定存在差异，但立法的差异可以通过私法合同加以弥补。托马西曾将罗尔斯的正义论与哈耶克的自由秩序结合起来，对包容性制度进行新的或更有启发力的解释。包容性制度是以市场制度为基础的制度，是市场本身追求公平与效率的必然结果。[2]渴求通过立法明晰责任边界是缺乏效率的。斯坦曾言，公平是法律的基本价值；而波斯纳却认为效率是法律的核心价值。立法是利益平衡下的最优产物，缺乏效率是其典型特征。但市场具有包容性，在追求自身利益最大化的大环境下，市场主体资源配置所产生的包容性制度或将兼具市场公平和效率。经过多年的金融实践，通道类资管业务的合同早已成为格式合同，其中均已明晰了通道方不承担主动积极的财产管理义务以及信托项目风险全由委托人自担等免责条款，双方之间的私法合意只要不侵害公共利益，自然在双方之间发生效力，合意双方均受其约束。

另一个关键问题在于，二者之间的约定能否排除《信托法》中受托人的法定义务。笔者认为，在双方通道业务合同不涉及第三人利益时是可以约定排除的。因为第一，我国《信托法》规制的是普通信托业务，而通道类资管业务的合同定性虽然为事务管理类信托，但是其在权利义务分配上与普通信托存在差异，所以适用上或需调整。第二，法理上，每个人都有自由处分只能属于自己的权利，不能行使超出自己权利以外的权利。[3]通道业务中，委托人为了自身利益考量选择让渡自身权利（即要求受托人主动履行管理义务）而换取信托业务主导权并不违背法理。第三，权利处分必须受到公共利益条款的有效约束。有些

---

〔1〕 类案还可参见北京市东城区人民法院（2020）京 0101 民初 12756 号民事判决书。

〔2〕 参见［美］约翰·托马西：《市场是公平的》，孙逸凡译，上海社会科学院出版社 2016 年版，第 20~100 页。

〔3〕 参见郭松：《被追诉人的权利处分：基础规范与制度构建》，载《法学研究》2019 年第 1 期，第 166 页。

权利背后代表的不仅仅是私法权益，同时也是一种客观价值秩序，是公权力和全人类共同追求的价值体现，因而权利处分需受到公法益的限制。[1]但在通道业务中，通道合同规制的是委托人和受托人之间的私益，在不触及第三人及公共利益的情况下，或应允许双方的意思自治。

（二）外部责任：以勤勉尽责为准

在外部责任上，由于信托公司与外部投资者没有直接的合同关系，因而请求权基础为侵权责任。信托公司在通道业务中虽仅承担事务管理辅助职责，但其在面对外部投资者时仍需审慎经营，对其出具的调查报告等具有披露意义的文书仍应秉持注意义务，达到勤勉尽责的标准。在华澳案中，法院认为虽然信托公司的权利义务按照信托文件确定，但在涉及外部投资者利益的情况下，其在明知融资需求方募集资金可能存在刑事风险的情况下，仍按照委托人的要求出具具有误导性的调查文件、未采取必要的风险提示预防措施，对外部投资者而言应按照其过错程度承担连带赔偿责任。

这样的司法理念体现了我国"保护金融消费者合法权益"的态度。虽然金融消费者在购买理财产品时已经同意风险自负，但是这不意味着信托公司可以免除勤勉尽责义务。更何况信托公司在通道业务中还收取相对丰厚的通道费用，其设立通道业务时已经规避金融监管，如若在经营中还允许其以"免责条款"为由逃脱司法裁判，那通道业务或将沦为犯罪分子非法集资的温床，对金融市场稳定秩序和金融消费者权益保护而言都将是致命的二次打击。因此，对于缓冲期以前的通道业务，司法在裁判通道方外部责任时应当着力审查通道方在通道业务中是否履行勤勉尽责的法定职责，做好信托计划设立前的尽职调查，把控业务准入标准，出具项目尽职调查报告，同时认真做好事中事后管理，严格资金支付，严格投后管理。除此之外，法院还需着重审查受托人是否对项目资金来源、用途等进行合法合规性审查，以及在可能影响投资者资金安全的情况下是否采取措施防止或减少最终损失的发生。[2]

五、结语

通道类资管业务影响着"穿透式审查"的行政监管和司法裁判思路，致使投资人的资金安全遭受威胁，金融消费者的合法权益亟须保护。以往，暧昧的监管态度放任通道业务滋生，但《资管新规》和《九民纪要》的出台无疑有望为金融市场肃清潜在隐患。首先，通道类资管业务作为事务管理类信托，具有区别于普通信托的天然属性。其次，细化到具体合同效力层面，在缓冲期之前发生的

---

〔1〕 参见李建良：《宪法理论与实践》，学林文化事业有限公司2003年版，第64页。
〔2〕 参见北京市朝阳区人民法院（2019）京0105民初87359号民事判决书，目前该案因基本事实有待进一步查清发回重审，但是裁判论述仍有参考价值。

通道合同应以有效为原则，以无效为例外；但之后发生的通道合同应以无效为原则，以有效为例外，以避免监管套利的现象侵犯金融消费者的合法权益。最后，对于缓冲期之前发生的通道合同，通道方的权利义务通常以合同条款为基准，但是如若涉及投资者资金安全，则必须考量其是否履行信托法意义下的勤勉尽责义务。

中国农地金融法治化进路研究*

李　蕊**

摘要： 滞碍中国农村金融供给和土地制改革的一大要旨问题在于农地融资法律表达模糊。现有立法对农地金融实践探索自发形成的法秩序及法治化愿景未能给予有效回应。农地金融法治化不能仅仅停留在技术层面的修补，亟待基于农地权利公私法益兼具之属性，着眼于农地权利人社会责任之承担，厘清其法治化的权利根基和目标，进而明定其法治化之具体径路。以期拱卫农地农用之制度、防范化解农地金融风险，进而促进农业农村现代化和乡村全面振兴战略目标之实现。

关键词： 农地金融；土地经营权；农地金融法治化

　　毋庸置疑，乡村全面振兴战略实施和农业农村现代化推进，离不开农村资源要素整合配置，离不开金融"活水"支撑，关键在于农地顺畅流转和融资。农村金融是现代农村经济的核心。《中共中央 国务院关于做好二〇二二年全面推进乡村振兴重点工作的意见》强调"强化乡村振兴金融服务"。当前，滞碍我国农村金融供给和土地制度改革的关键问题之一在于农地融资法律表达模糊。《中华人民共和国民法典》（以下简称《民法典》）、《中华人民共和国土地管理法》（以下简称《土地管理法》）、《中华人民共和国农村土地承包法》 （以下简称《农村土地承包法》）、《农村土地经营权流转管理办法》等相关立法只是概括规定了土地经营权的融资担保功能。[1]但是对于自20世纪80年代开始历时三十余年的农地抵押、土地经营收益权质押、土地银行、土地信托等农地金融实践探索自发形成的法秩序及法治化愿景尚缺乏有效回应。尤其缺乏基于农地属性特质的

---

　　* 本文系国家社会科学基金项目"我国粮食安全保障法治化的困境与克服研究"（21BFX110）及教育部规划项目"粮食安全的农田保障制度构建研究"（20YJA820010）的阶段性成果。

　　** 李蕊，中国政法大学民商经济法学院教授。

〔1〕 单平基：《土地经营权融资担保的法实现——以〈农村土地承包法〉为中心》，载《江西社会科学》2020年第2期。

考量，对农地金融中政府角色地位、农地农用制度恪守、土地承包经营权人及土地经营权人权益保障等的有效安排。[1]这种模糊化的制度设计不仅无助于纾解农地金融实践之窘困，易衍生农地金融风险乃至社会风险，而且严重阻碍了农村资金和农地资源优化配置乃至农民发展权利的实现。[2]正如庞德指出的："由于社会经济关系的不断变化，现实的法律秩序总是存在不合理性。因此，适应社会经济关系发展的需要，法律要不断地变革。"[3]当务之急是有效厘定中国农地金融法治化进路，进而出台土地经营权融资的实体与程序规则，通过法律制度创新和供给，回应实践变革要求。要而言之，立法者应将农地金融立法空白或冲突所引起的不确定，限制在立法技术绝对必要的标准上，[4]以期防范农地金融多元风险，守住耕地红线不突破、农民利益不受损之底线，进而有效满足乡村振兴和现代农业经营产业化对于农地金融发展之需求。[5]

一、中国农地金融法治化的逻辑起点：农地权利的社会化向度

作为一种资源性资产，农地首先是一种资源，同时它亦是一种资产。这是开展农地金融业务的基础。早在四千多年以前，土地已成为长期信用的基础，土地抵押借款不仅是长期信用最广泛使用的工具，也是最古老的信用工具。[6]作为农村土地制度和农村金融制度的重要组成部分，农地金融乃是二者耦合发展的产物。[7]着眼于我国土地公有制语境和农地"三权分置"制度现实，农地金融主要是指以土地经营权为信用担保而获得的资金融通。[8]

迥异于一般金融制度单纯以维护金融秩序、防范化解金融风险之目标，着眼于农地的资源属性和农业生产功能，农地金融制度还要肩负着固守农地农用底线、防范农地非农化风险之社会使命。申言之，农地金融法治化的一个特异面向在于以公权管制约束农地金融机构担保权利的具体实现方式。尽管农地金融机构着眼于担保权利实现，有权处置作为担保物的土地经营权，但是异于一般担保物之处置，其土地经营权处置手段、方式要受到公权管制和约束。囿于篇幅所限，笔者将在下文主要眷注我国农地金融这一独特面向，对于其法治化进路予以

---

[1] 《农村土地承包法》只是在第 47 条、第 53 条对于家庭承包取得承包地的土地经营权融资和其他方式取得土地经营权作出了原则性规定，并在第 47 条授权由国务院有关部门出台土地经营权融资担保办法。

[2] 我国农村发展面临两大现实困境：一是作为农村经济血液的农村金融资源供给严重不足，二是作为农民最大财富源泉的农地资源利用不充分。

[3] [美] 罗斯科·庞德：《普通法的精神》，唐前宏、廖湘文、高雪原译，法律出版社 2001 年版。

[4] 参见胡锦光、王楷：《论我国宪法中"公共利益"的界定》，载《中国法学》2005 年第 1 期。

[5] 李蕊：《管制与市场：土地经营权融资的法律回应》，载《法学杂志》2019 年第 5 期。

[6] [美] 伊利、莫尔豪斯：《土地经济学原理》，滕维藻译，商务印书馆 1982 年版，第 95 页。

[7] 周小全：《城乡一体化下的农地金融》，载《中国金融》2012 年第 17 期。

[8] 高圣平：《农地金融化的法律困境及出路》，载《中国社会科学》2014 年第 8 期。

论述。

前已述及，农地金融乃是以土地经营权为信用担保展开的资金融通行为。无可置喙，土地经营权属于土地财产权的范畴，具有鲜明的私权属性和特质。然则，在农地金融领域，公权干预管制作为私人财产权的土地经营权之处置的法理基础何在？对所有人随心所欲处置其财产的自由加强法律上的限制乃是一种不可动摇的趋势。[1] 自由有着实践上的现实边界，财产权亦天然有其社会的边界，在财产权上个人的自由意志要契合于社会的普遍意志。[2] 故而正如狄骥所言，财富的持有者负有完成社会功能之义务。倘若没有完成这个义务，统治者强迫其完成相应的社会功能的干涉就是合法的，以确保其所持有之财富依照用途加以使用。[3]

土地是财富之母，是一切生产和存在的源泉。作为重要的财产权，农地权利社会化的进程，也必然是其社会义务性不断累积强化的过程。诱致农地权利社会化的根本原因在于土地资源的稀缺性、不可替代性与社会发展对于土地资源日益增长需求之间的矛盾。农地利用具有显著的外部性，有效有序的农地保护所生成的良好的社会效益、生态效益将惠泽于整个社会，但并不一定能够使得农地保护和利用者直接获益；相似而论，擅自改变农业用途所引致耕地数量锐减，进而有害于农业乃至整个国民经济可持续发展的不利后果也未必直接由责任者来负担。[4]

法律必须通过提供调整利益冲突标准的一般性规则方能实现调整、调和种种相互冲突之利益。[5] 好的法律提供的不只是程序正义。它应既强有力又公平；应有助于界定公众利益并致力于达至实体正义。[6] 各国（地区）立法对农地的态度已然从"物尽其用"发展为"永续利用"，一般规定农地使用权须承受保持农地农业用途、维持地力、保护生态等负担。《日本民法典》规定，"永佃权人不能对于土地施加可能发生无法恢复性损害的变更"。《瑞士民法典》规定，"用益权人不得在土地经营用途上作任何变更，造成土地所有人严重不利益"。为平衡土地开发利用与土地保育，彰显生态保护之时代理念，2010 年我国台湾地区

〔1〕 参见［德］罗伯特·霍恩、海因·科茨、汉斯·G. 莱塞：《德国民商法导论》，托尼·韦尔英译，楚建译，中国大百科全书出版社 1996 年版，第 189 页。

〔2〕 参见邓晓芒：《康德自由概念的三个层次》，载《复旦学报（社会科学版）》2004 年第 2 期；［德］康德：《实践理性批判》，邓晓芒译，人民出版社 2003 年版，第 609～610 页。

〔3〕 ［法］莱昂·狄骥：《〈拿破仑法典〉以来私法的普通变迁》，徐砥平译，中国政法大学出版社 2003 年版，第 78 页。

〔4〕 杨惠：《土地用途管制法律制度研究》，法律出版社 2010 年版，第 36 页。

〔5〕 ［美］E. 博登海默：《法理学：法律哲学与法律方法》，邓正来译，中国政法大学出版社 1999 年版，第 398 页。

〔6〕 ［美］P. 诺内特、P. 塞尔兹尼克：《转变中的法律与社会：迈向回应型法》，张志铭译，中国政法大学出版社 2004 年版，第 82 页。

所谓"民法"物权编删除永佃权，增设农育权。[1]在其第850条之六规定，"农育权人应依设定之目的或约定之方法，为土地之使用收益，未约定使用方法者，应依土地之性质为之，并均应保持其生产力获得永续利用"。作为存在于他人土地之用益物权，农育权以土地的农业生产或土地保育为内容。[2]设置农育权的一个重要的宣誓意义在于其赋予了使用人不得违反"永续利用"原则滥用土地的法定的义务，若有违反，所有权人可以随时终止其对土地的使用。《中华人民共和国宪法》（以下简称《宪法》）第10条第5款亦规定"一切使用土地的组织和个人必须合理地利用土地"。《土地管理法》第4条进一步规定了土地用途管制制度。《农村土地承包法》第11条第1款规定，"农村土地承包经营应当遵守法律、法规，保护土地资源的合理开发和可持续利用。未经依法批准不得将承包地用于非农建设"。同时在《农村土地承包法》第18条第1、2项和第38条第2项承包方义务和土地经营权流转原则中进一步强调，"维持土地的农业用途，未经依法批准不得用于非农建设；依法保护和合理利用土地，不得给土地造成永久性损害""不得改变土地所有权的性质和土地的农业用途"等。

综上，着眼于体系解释和目的解释，于我国农地金融的基础性权利——土地经营权而言，立法为其所设定的社会功能义务，[3]首要在于保障农地之有效有序利用，进而保障粮食安全和农业生态环境的可持续。尤其随着经济增长和人口增加，环境污染、粮食危机等社会问题日益加剧，着眼于个人利益与社会利益的调和，土地承包经营权人和土地经营权人所肩负的社会义务和责任也将动态递增。[4]此乃农地金融管制之要因之一，也是农地金融法治化过程中必须考量的首要因素。

二、农地金融法治化的法益目标

利益乃是人类行动的一切动力。人们奋斗所争取的一切，都同他们的利益有关。[5]正如庞德所指出的，协调各种利益抵牾以及保护、实现某种利益乃是法律的主要任务。[6]农地所聚合的生产性、保障性和资本性等多重属性，使得农

---

[1] 我国台湾地区所谓"民法"第850条之一第1项规定称，农育权者，谓在他人土地为农作、森林、养殖、畜牧、种植竹木或保育之权。

[2] 王泽鉴：《民法概要》（第2版），北京大学出版社2011年版，第437页。

[3] 许明月：《论农村土地经营权市场的法律规制》，载《法学评论》2021年第1期。

[4] 王铁雄：《财产权利平衡论——美国财产法理念之变迁路径》，中国法制出版社2007年版，第251页。

[5] 中共中央马克思恩格斯列宁斯大林著作编译局编译：《马克思恩格斯全集》（第1卷），人民出版社1956年版，第82页。

[6] Roscoe Pound, "My Philosophy of Law", selected from *The Great Legal Philosophers*, University of Pennsylvania Press, 1958, p. 533. 转引自吕世伦主编：《现代西方法学流派》（上卷），中国大百科全书出版社2000年版，第465页。

地金融法治化天然含蕴鲜明的社会性和公共性。而权利和利益边界的重叠模糊，导致掩藏于利益背后的价值目标冲突，决定了农地金融业务的开展过程不仅是对于农村资金和农地资源重新配置，更是农地权利主体、相关金融机构、社会投资者以及政府部门等多方利益交织纠葛、博弈角力之过程。农地金融法治化必然要对农地金融所关涉的公私权益进行有效调和配置，通过表达、聚合、分配并最大限度内实现各种利益。其间不仅要妥当平衡协调农地金融法律关系中最基础最核心的主体——农地金融机构和作为农地融资者的土地承包经营权人和土地经营权人围绕资金融通所衍生的各种利益纠葛，亦要眷注作为农村土地所有权人的农民集体乃至社会公众围绕土地资源属性所产生的诸多利益诉求。法律之于市场的经济价值在于，依靠公共权威强制实施权利界定和利益分配，进而为因利益分歧而界限不清的稀缺资源划定清晰的边界。[1]某些利益只有当其成为一定法的目的，并受到保护时才成为法益，[2]也只有当立法者制定的规范同整个社会的价值判断与真正利益完全一致时，才能达至最理想之状态。[3]故而我国农地金融法治化的终极价值目标正是在于通过有效的制度安排，回应各方利益诉求实现博弈结果的实质公平。因此首要的是啮合于不同主体利益关系，将权利（力）、义务与责任在主体间公平有序地进行配置。[4]

"在某种条件下，法律着眼于社会公共利益目的而对自由予以分配或限制的社会基础，正是现代社会生活的复杂性以及各种相互抵触的社会主体间的博弈与冲突。"[5]作为社会最大多数人的最大的利益和幸福，[6]公共利益已然延展成为立法中一个较为普遍的价值追求目标，我国《宪法》《民法典》《土地管理法》等均将社会公共利益作为独立法益，与国家利益、集体利益、个人利益并列。当然，一部法律所保护的多元法益并不具有同等的价值，立法者应当区别各种法益保护的层级。[7]农地金融法治化必然要遵循并有效回应农地权利社会化之趋向，其法益目标不仅着眼于微观农地金融交易秩序之构建、农地金融主体权利之保障，更应眷注于农地所承载的社会公共利益之实现。我国农地的公益性根植于土

〔1〕 凌斌：《法律的性质：一个法律经济学视角》，载《政法论坛》2013 年第 5 期。

〔2〕 参见王保树：《论经济法的法益目标》，载《清华大学学报（哲学社会科学版）》2001 年第 5 期。

〔3〕 参见［美］E. 博登海默：《法理学：法律哲学与法律方法》，邓正来译，中国政法大学出版社 2004 年版，第 317 页。

〔4〕 参见李蕊：《中国土地银行农地融资制度建构之权衡》，载《政法论坛》2014 年第 4 期。

〔5〕 ［美］E. 博登海默：《法理学：法律哲学与法律方法》，邓正来译，中国政法大学出版社 1999 年版，第 284 页。

〔6〕 参见［英］边沁：《政府片论》，沈叔平等译，商务印书馆 1995 年版，第 92 页。

〔7〕 Basil Markesinis, *Foreign Law and Comparative Methodology: A Subject and a Thesis*, Oxford: Hart Publishing House, 1997, p. 235.

地资源、农业产业以及农地制度的公益性，[1]着眼于经济安全、环境保护和社会稳定等维度，需要兼顾食物可持续供给保障、生态环境改善、农民权益维护等多重目标。前述社会公共利益在农地金融领域实然映射于三个维度：其一在于粮食安全和生态文明之实现，其二在于农地有效有序利用，其三在于作为土地利用主体——土地承包经营权人和土地经营权人利益之保障。这三个层面呈现相互耦合延递之关系，要实现粮食安全和生态文明就必然要充分、有效、有序地利用有限的农地资源，要合理高效利用农地资源就离不开对于土地利用者之眷注。这也正是农地金融法治化之根本。

三、农地金融法治化的关键径路

农地金融法治化凸显对社会公共利益保护的法益结构，并不能将其作为唯一的利益进行保护。[2]公共利益的创设往往隐含着对于私人利益的削减，通常二者共存于一个所有权的框架之内并呈现此消彼长的关系。对公民财产权的威胁也往往来自国家或集体以公共利益为名的侵害。若解释不当，"公共利益"极易"异化"为压迫每个人的工具。[3]因此对于财产权的社会义务的强调可能破坏财产权所保障的个人经济上的自由空间，甚至波及财产所有人的生存基础，成为"通往奴役之路"。正如《德国基本法》第19条第2款所规定，"任何情况下都不得侵害基本权利的本质内容"。故而农地金融法治化需要恪守"本质内容保障"原则，在个体利益、集体利益和公共利益之间施以平衡，既要确保农地金融法律关系主体的基本金融权益，更要关注作为基本权利的土地财产权核心要素不会被侵蚀。

（一）政府角色及其行动逻辑

前已述及，在我国，农地具有生产和保障双重功能，农地金融具有准公共物品属性，亦含蕴极强的外部性，不仅关涉到农业产业高质量发展和农民福祉，也关系到多层次社会公共利益之实现。这是相较于一般金融活动，国家对于农地金融施以特别干预的价值本源，也是农地金融法治化的前提。产权管制决定了农地本身的资产专用较高，引致农地金融市场成为一个竞争性缺乏的薄市场。[4]市场机制不能充分发挥作用形成金融抑制：金融机构普遍不愿供给贷款；借款人与贷款的机构在规模上存在不匹配导致融资困难；比城市贷款利率更高、贷款规模

---

［1］ 参见祝之舟：《论农地的公益性及农地征收中的公益衡量》，载《法律科学（西北政法大学学报）》2013年第2期。

［2］ 王保树：《论经济法的法益目标》，载《清华大学学报（哲学社会科学版）》2001年第5期。

［3］ 张千帆：《"公共利益"是什么？——社会功利主义的定义及其宪法上的局限性》，载《法学论坛》2005年第1期。

［4］ 郭忠兴、汪险生、曲福田：《产权管制下的农地抵押贷款机制设计研究——基于制度环境与治理结构的二层次分析》，载《管理世界》2014年第9期。

限制更严，但是农业保险、信用记录、失信惩戒等则相对滞后。[1]

正如刘易斯所言，"没有一个国家不是在明智政府的积极刺激下取得经济进步的"。[2]即使是在实行土地私有的西方发达国家，农地金融的成长也不是完全自然发育演进的。这是由农地的高价值、高风险、稀缺性、外部性所决定的。以美国为例，在农地金融制度建设初期，美国政府积极推动和扶持。一方面，制定农地金融相关法律法规促成农地金融机构——土地银行的发展；另一方面，通过提供初始资金和低息信贷资金、给予财政补贴和税收优惠等支持推动农地金融业务开展。美国政府在初始阶段便认购联邦土地银行 80%的股金。在税收层面，联邦和地方政府不仅对于联邦土地银行和土地合作社只征收不动产税，还免除了土地债券持有者的地方所得税负担。[3]对农协发放的农业贷款，日本政府不仅给予利息补贴，还建立了包括存款保险、相互援助、农业灾害补偿等风险防范制度。并且免征农村合作金融机构的营业税、所得税和固定资产税。[4]正如美国经济学家 Hugh. T. Patrick 所言，在发展中国家农业和农村经济发展的初级阶段，需要应用供给领先模式的农村金融发展理论。目前我国正处于经济转型期，基于农村金融市场不完善、农村金融信息不对称、信用体系不完备等诸多障碍导致农地金融市场失灵严重。[5]着眼于粮食安全和生态文明保障以及农地有效有序利用等多层次社会公共利益之实现，农地金融法治化更应该采取政府主导、自上而下的模式。政府的基本职能之一是为社会提供准公共产品。含蕴较强外部性的农地金融业务显然属于准公共产品的范畴。目前，无论是农村土地制度还是农村金融市场，均不完备健全，这决定了依赖自发内生推动我国农地金融实践发展尚不具有现实可行性。政府依法适度干预有利于降低农地金融市场交易费用、弥补市场功能缺陷，在一定程度上缓释信息不对称引发的"逆向选择"和"道德风险"。[6]

鉴于农地金融的高风险、低收益特质难以为商业性的金融机构所接受，法国美国、德国等主要发达国家大多选择立法先行的农地金融制度构建方式，凸显农地金融政策性。1852 年法国政府颁布了《土地银行法》作为不动产金融领域的基本法律规范，细致厘定了土地银行组织结构、功能、业务等。据此，各地普遍

---

[1] Harry G. Johnson, "An Overview of Price Levels Employment and the Balance of Payments", *The Journal of Busines*, July (3), 1963.

[2] [美] W. 阿瑟·刘易斯：《经济增长理论》，梁小民译，上海人民出版社 1994 年版，第 475 页。

[3] 参见 1916 年《联邦农业贷款法》第 26 条。

[4] 张乐柱：《农村合作金融制度研究》，中国农业出版社 2005 年版，第 97~98 页。

[5] 李蕊：《我国农地融资制度构建理路研究——基于对美国联邦土地银行制度的考察和借鉴》，载《法学杂志》2014 年第 7 期。

[6] [美] 约瑟夫·斯蒂格里兹：《政府经济学》，曾强、何志雄等译，春秋出版社 1988 年版，第 2 页。

设立了土地银行。中央政府及其部门基于《土地银行法》的授权，每年购买土地债券，并且规定政府每年给予土地银行机构拨款。[1]美国1933年设立了农业信贷管理局来统筹管理所有联邦农业贷款机构，同时制定了《农业信用法》《紧急农业抵押贷款法案》。而后依据1934年出台《联邦农业抵押公司法》成立农业抵押公司。美国又制定了《联邦农业贷款法》，不仅对于农贷机构和抵押公司服务农业农村的公共使命予以明定，还着眼于借款人的主体资格、土地抵押贷款数额与评估价值占比、强制保险制度建立等维度对农地抵押贷款规范予以具体规定。此外，美国《紧急农业抵押贷款法案》和《农业信用法》要求，财政资金要支持土地银行办理委托贷款业务，为防范风险还需要建立信贷救济与保险体系等。德国为解决农业发展所需长期资金问题，1949年制定了政策性《农业地产抵押银行法》。该法体现了国家对农地金融的干预，具有鲜明的公法性质，并且依该法成立了政策性金融机构——农业地产抵押银行。此外，《德国民法典》《德国担保法》均明定了农地抵押权并准予抵押权流转，同时对于农民、土地抵押信用合作社、农业地产抵押银行的权利义务进行了系统规定。

但是也要注意，政府干预亦存在"诺斯悖论"。[2]由于政府干预大多关注共性和整体，容易忽视个体差异及个体利益，因此在农地金融法治化进程中，政府干预需要着眼于必要限度，绝不能够替代市场。进言之，不仅政府过度补贴支持可能导致市场失灵，而且由于政府权力膨胀，社会及其公众又必然遭受公共权力滥用之威胁，其税赋痛苦将随着政府财政支出增加而增加。同时，政府辅助性理念被突破的后果在于，许多原本可由社会自行处理的事务由政府包揽，使得社会的自治权遭受剥夺。[3]

基于"有限政府"原则和宪政分权视野，促进公共利益实现政府固然责无旁贷，但政府追求公益的行为必须在社会中个体凭自己的努力无法获得利益，也因此使公益无法获得时方可采取。[4]故而域外发达国家一般将政府干预调节农地金融关系的行为，限定于政策性农地金融机构设立、中长期农地金融业务开展、农地金融危机救助等特定场域。同时由市场调节农地金融经营、短期农地金融以及农地金融债券发行等。此外，还要遵循农地金融制度发展规律，动态地进行政府、市场角色定位调整。政府在制度初创阶段一般应作为"培育者"，采取财政货币等各种手段积极支持推促其发展成长。待农地金融业务渐趋进入稳定成

---

[1] 程郁、王宾：《发达国家（地区）农地金融制度的经验及其启示》，载《国家治理》2015年第22期。
[2] 国家的存在是经济增长的关键，然而国家又是经济衰退的根源。
[3] 张康之：《限制政府规模的理念》，载《行政论坛》2000年第4期。
[4] 陈新民：《德国公法学基础理论》（上册），山东人民出版社2001年版，第189页。

熟阶段，政府则转而担任农地金融市场"守夜人"，注重市场调节机制作用的发挥，政府只是作为农地金融市场必要的监管者和基本服务提供者。[1]

（二）农地农用之制度拱卫

毋庸置疑，土地利用中所衍生的粮食安全、环境生态等问题显然属于无法通过市场价格反映的公共利益，也难以纳入作为理性经济人的土地权利人的决策范畴。[2]正如亚里士多德所言，凡是属于最多数人的公共事务常常是最少受人照顾的事物，人们关怀着自己的所有，而忽视公共事务。[3]有学者指出，国家的土地使用规划管制是落实环境保护最直接和有效的方法，它将环境保护的理想与需求适度地表现在了土地使用的配置上。[4]在美国很多州，都将申请农地抵押贷款的必备条件设定为农地所有者遵从履行农地保护协议。[5]故而，我国农地金融法治化的要旨不仅在于通过制度构建促进更多金融资源配置到农村，不仅在于防范和化解农地金融风险、保障农地金融主体合法权益，更在于农地金融化过程中对农地所牵涉的社会公共利益予以存眷关怀，尤其是对农地农用的恪守和拱卫。故而迥异于一般金融活动立法，农地金融法治化要以遵从土地用途管制为皈依。

土地用途管制是为保护和合理利用农地，采取法律手段对于不符合社会公共利益的土地使用予以约束。其实质是基于维护社会公共利益而限制土地财产权。当下中国经济进入新发展阶段，一方面，粮食安全面临新的问题和挑战，保障粮食供应链稳定的难度不断加大，需要夯实农业生产能力基础，构筑"牢牢地端稳中国人饭碗"之根基。另一方面，农村生态环境呈现恶化的趋势，若不从根本上扭转，将严重制约农地农用生产发展和乡村振兴计划实施，甚至危及社会生态安全。这就要求必须着眼于农地农用，恪守"十八亿亩"耕地红线。

资产的用途决定了权利的价值，《宪法》《民法典》《土地管理法》《农村土地承包法》等立法所构造的制度环境决定了我国的农地产权管制结构，使得农地金融遭遇资产专用性和不确定性的双重约束，必然对担保债权实现过程中农地的处置构成实质性制约，从而影响农地金融治理机制和法治化路径选择。建议：①要为担保债权实现后的土地用途"设线"。一方面，农地担保债权的实现不宜采取折价方法。《农村土地承包法》将农地金融债权人限定为金融机构。因循法理，

---

〔1〕 李蕊：《我国农地融资制度构建理路研究——基于对美国联邦土地银行制度的考察和借鉴》，载《法学杂志》2014年第7期。

〔2〕 杨惠：《土地用途管制法律制度研究》，西南政法大学2010年博士学位论文。

〔3〕 ［古希腊］亚里士多德：《政治学》，袁岳译编，中国长安出版社2010年版，第22页。

〔4〕 黄锦堂：《台湾地区环境法之研究》，月旦出版社1994年版，第233、267页。

〔5〕 程郁、王宾：《发达国家（地区）农地金融制度的经验及其启示》，载《国家治理》2015年第22期。

基于设立目的限制，金融机构显然无法直接继受取得土地经营权，独立开展农业生产。另一方面，要明确禁止土地经营权受让人改变土地农业用途。土地经营权人以土地经营权设立担保之后，如果到期无力偿付或出现约定的情形，作为债权人的金融机构实现担保权利的逻辑路径是要通过拍卖、变卖相应的土地经营权，从变价款中优先受偿。因而农地金融法律制度需要着眼于前述实践逻辑，对于前述土地经营权受让人取得土地经营权后的农地利用行为，加以约束和监管。②建议引借德国民法定期金土地债务制度。〔1〕在借款人到期无力偿债之时，作为债权人的金融机构不直接处分土地经营权，而是设定一项定期金土地债务于该幅土地之上。作为担保物权人金融机构享有定期获得土地本体或土地产出物变价金额的权利，直至其全部债权得到清偿。③发端于德国的强制管理制度也可以在担保债权实现中借鉴，该制度主要是为避免抵押权的实现妨碍农庄持续经营而设置。当债务人与金融机构就债务偿付无法达成协议时，可委托他人管理该幅农地，并以其所得收益使债权得以优先受偿。〔2〕强制管理制度的最大优势在于不会改变担保财产之权属，只是在一定时期内以担保财产的收益满足担保债权人强制执行权。在实践中可以约定由农村集体经济组织内部处置土地经营权，或者由专业化的农村资产经营管理公司对其实施强制管理。④构建激励性农地金融制度给予农地金融机构正向激励。农地金融法治化需要结合利益衡量的方法，沿着分配正义与矫正正义、实体正义与程序正义的不同路径，恰当规范不同主体之间的利益关系。〔3〕基于农地农用的约束，并叠加地理位置固定和产权专属等特质抑制了农地交易市场发育，竞争性不足使得农地金融市场成了一个薄市场。这不仅导致地权价值较低，而且使得农地的最终处置也面临较高的交易费用。作为担保物的农地的资产专用性愈强则贷款的不确定性愈高，其结果会促使农地担保贷款的交易费用大幅提升。固然担保可减少由于借贷双方信息不对称所导致的机会主义行为，但是地权价值评估、违约后的担保物处置等都将面临不菲的交易费用。〔4〕基于激励相容理论和福利经济学观点，补贴是外部效益内部化最直接的方法。对于农地金融机构宜综合运用税收优惠、贴息、奖补、保费补贴等手段建立正向激励，降低其农地金融经营成本。同时，要完备多层次、多样化、覆盖广的政府性融资担保体系，加大涉农贷款风险补偿机制建设力度，推动构建贷款保险等风险防范制度。

---

〔1〕 所谓定期金债务，即在土地上设立的以定期给付一定金额为目的的土地债务。参见《德国民法典》第 1199 条。

〔2〕 房绍坤：《论土地承包经营权抵押的制度构建》，载《法学家》2014 年第 2 期。

〔3〕 梁上上：《论公司正义》，载《现代法学》2017 年第 1 期。

〔4〕 郭忠兴、汪险生、曲福田：《产权管制下的农地抵押贷款机制设计研究——基于制度环境与治理结构的二层次分析》，载《管理世界》2014 年第 9 期。

(三) 农地融资者权益之差异化保障

我国《宪法》第 13 条第 1、2 款规定:"公民的合法的私有财产不受侵犯。国家依照法律规定保护公民的私有财产权和继承权。"着眼于制度设计中社会公正性之实现,土地权利人的权利和利益理应获得妥当拱卫,否则基于公共利益的土地管制就无异于多数人暴政,并将损及土地财产权制度之良善品格。要求土地经营权承担社会义务进而对其限制,亦需要具有合宪性基础,注重手段与目的的合比例性。故而为防范社会义务理论被泛化滥用,拱卫于社会公共利益之彰显,农地金融法治化亦应眷注于农地融资者权益之保障。①于法教义学层面需要建构平衡农地融资者利益与社会公益的技术方案。固然由于资源有限及排他的特性,有效地保障财产权必须仰赖国家对他人的积极限制。[1]但是只有在公共收益明显大于个人因正常期望受挫而蒙受损害的情形中,才能允许对私域予以上述必要的干预。[2]②在"社会义务"的名义下,受到过于严格管制的少数财产权人,实际上承受了比一般人更多的公共利益的费用负担,这实然构造了一种不公平,国家理应给予其适当补偿。这是国家管制政策推行之必须也是必然要负起的财务责任。[3]国家固然可以基于公共利益对农地金融进行特别限制,但不应该让农地融资者等私主体承担所有的公益成本,否则将构成对私主体权益的变相剥夺。因此,世界各国的普遍做法是补贴农业和农民。通过建立农地公益性补偿机制,补偿农地权利人的利益损失乃是国家义不容辞的责任,对农地权利人的生产补贴实质上是对被特别限制的农地权能的补偿。[4]

博登海默指出,法律无法做到给予每一个当事人同等水平的保护,尤其是存在权利利益冲突的当事人之间。[5]农地权利获取方式差异,导致产权完整性、担保价值及处置难度各异。着眼于实质正义,需要基于农地权利取得方式,对于农地融资者进行类型化分析并对其权益施以差异化保障。根据农地融资者农地权利取得方式,可将农地金融分为"承包型"农地金融、"流转型"农地金融。两类农地金融面临的障碍各异:①对于以家庭承包方式取得土地承包经营权的普通

---

[1] Laura S. Underkuffler, "When Should Rights 'Trump'? An Examination of Speech and Property", *Me. L. Rev.* 52, 2000, p. 322.

[2] [英] 弗里德利希·冯·哈耶克:《自由秩序原理》(上册),邓正来译,生活·读书·新知三联书店 1997 年版,第 276 页。

[3] 杨惠、熊晖:《农地管制中的财产权保障——从外部效益分享看农地激励性管制》,载《现代法学》2008 年第 3 期。

[4] 祝之舟:《论农地的公益性及农地征收中的公益衡量》,载《法律科学(西北政法大学学报)》2013 年第 2 期。

[5] [美] E. 博登海默:《法理学:法律哲学与法律方法》,邓正来译,中国政法大学出版社 1999 年版,第 400 页。

农户，其农地细碎化特征明显，使得其担保物处置市场必然是一个缺乏竞争性的薄市场。其面临的主要问题是担保物价值低、担保物处置的交易费用高所引发的金融机构排斥。②对于以租赁、入股等流转方式取得土地经营权的规模经营主体，其农地集中规模化固然降低了农地资产专用性，但是其担保物权利的不完整又极易造成融资主体道德风险以及金融机构处置抵押物困难。[1]而实践中租金年付制等交易模式又降低了土地经营权的稳定性，必然会增加担保的不确定性。

对于以家庭承包方式取得土地承包经营权的普通农户参与的农地金融的，在初期，宜借鉴一些地方实践经验，构建"农地担保+团体联保"的复合型担保机制。利用农村熟人社会机制和内生秩序以及舆论和道德力量，减少基于信息不对称而产生的逆向选择并防范道德风险。由数个农户结成小组，小组成员共同签署贷款合约，承担连带保证责任。基于此，金融机构将原本由自身承担的风险转嫁给负有连带责任的小组。[2]当借款人违约时，金融机构在追究连带保证责任无效的情况下，有权依法处置作为担保的土地经营权。未来应坚持以合作制为根基。合作制乃是内生于农村经济的组织形式，通过融资者的组织化在一定程度上纾解农地金融机构与融资者信息不对称问题，降低交易成本。合作制最大的特质在于信息优势，即将社员与农地金融机构的信息成本内部化。以合作社为媒介，可以降低信息搜集成本和信息失真对应的风险成本。在以合作组织为载体的内部化定价相对稳定之后，再与外部市场主体平等交易，就能够降低交易成本而建立作为互信基础的可维护契约，继而可以有效对接正规金融机构的信贷服务。[3]很多国家和地区都以合作制作为农地金融制度的基础。例如德国的土地抵押信用合作社、美国的联邦土地银行合作社、日本农业协同组合等都是典型的合作金融组织。在德国，农地抵押与合作金融具有密切的关系，德国的土地抵押信用合作社是德国土地银行体系的核心，合作社由有意愿用自己的土地抵押的土地所有者组成，土地所有者以其土地作为抵押品交给合作社，在此基础上合作社将发行抵押债券。美国《联邦农业贷款法》也规定土地合作社是联邦土地银行体系中的地方合作组织。联邦土地银行不向个别农民放款，只向参加合作社的农民发放贷款。并且在合作社经营管理过程中充分贯彻成员所有、共同管理、共享收益的理念。借款者通过缴纳股金成为合作社股东参与管理和分红，这种方式不仅为农民提供了信贷资源也为其提供了参与农业信贷体系的机会。

在农地金融法治化过程中，对于相对处于弱势地位的普通农户利益更应给予

---

[1] 参见罗兴、马九杰：《不同土地流转模式下的农地经营权抵押属性比较》，载《农业经济问题》2017年第2期。

[2] Stiglitz, J., "Peer Monitoring and Credit Markets", *World Bank Economic Review* 3, 1990, pp. 351–366.

[3] 温铁军等：《创新农地金融制度》，载《中国金融》2018年第10期。

格外关注。对于流转取得土地经营权的规模经营主体，农地金融主要是作为满足农地规模经营需求的市场化融资手段。由于其具备一定的要素议价能力，一般通过直接定价合约与金融机构对等谈判。因而长远来看"流转型"农地金融的法治化主要是对市场机制的法律表达和遵从。但是对于以家庭承包方式取得土地承包经营权的普通农户而言：一方面，其市场决策参与能力弱，天然缺乏与金融机构对等谈判的能力。另一方面，其土地权利除却生产功能，还具有社会保障功能，农地金融关乎其生存发展。因此需要基于实质正义，在农地金融法治化过程中着力提升其信贷可获性并对其给予倾斜保护。尤其要加强对于这类主体在"因押失地"时的保障，以修正"看不见的手"调控之缺憾：①建议设置缓冲机制。以担保农地年经营价值作为担保资产超倍担保。若借款农户到期无力偿付，则由金融机构处置农地超倍期限经营权，流转给第三方进行农业经营。《黑龙江省农村土地经营权抵押贷款暂行办法》规定，经营权人与金融机构签订两年的土地经营权抵押合同，可抵押一年的经营权。在一年届满时，土地经营权人若未能按期还贷，金融机构有权将后续一年的土地经营权转让给第三人。从第三年起土地经营权人有权收回经营权。通过缓冲机制金融机构可以及时发现融资者无力偿付的情况，立即采取流转措施将经营权转让给有盈利能力的第三人，从而降低了坏账风险，同时亦巧妙解决了由于法律规定的缺失导致担保权利变现难的问题。于农地融资者而言，这一机制可督促其在获得融资后努力展开农业生产，即使其于借款期满无力偿付也只是暂时失去一年的经营权，不会陷入失地窘境。②由政府牵头设置"因押失地"农民保障基金，将基金收益用于虽勤勉经营但最终"因押失地"导致生活无着的农民，保障其在一定期限内的生活补助。③赋予"因押失地"农民对于原经营土地的一定期限的优先承租权和优先回购权。基于长期利用，农民与农地形成了亲密的人地关系，故而需要给予特别救济政策考量。《美国联邦法典》将"家园地豁免"条例延伸至农地抵押贷款的做法值得借鉴。在美国若抵押人先前耕作收入低于一定标准，则在抵押权实现和抵押物出售过程中，允许抵押人租借他的主要住处、住处周围地产、农用建筑物以及不超过 10 英亩的相邻土地。前述家园的租期一般不低于 3 年，不超过 5 年。同时"家园"承租人享有优先回购权。

四、余论：大数据时代农地金融法治化愿景

互联网、云计算等现代信息技术的迅猛发展，重新解构了既有的信息传播方式、舆论运行规律和社会的治理模式。正如刘易斯在对经济增长源泉的分析中指出，技术进步是表层因素，而制度所激发的创新热情才是更为深层次的动因。我国已进入了大数据时代，这为农地金融法治化创设了新的条件和场域。法律所提供的也不仅是秩序，更应是一种无限的可能性。农地金融法治化也要"让数据发声"：要从过去的数据封闭、数据孤岛、大概决策转向数据开放、数据共享和数据决策。①基于云储存、大数据预处理和挖掘技术支持，克服信息孤岛和数字鸿沟，搭建平台将各农地金融机构及监管部门的数据资源联网共享，建立数据比对和分析模型，通过数据库之间的比对和碰撞形成数据之间的关联关系。[1]求解农地金融领域普遍存在的信息成本问题和信息动态不对称问题，从而推动实现农地金融业务和监管扁平化、一体化和智能化，降低农地融资成本，有效防范和化解农地金融风险。②以"数据决策"代替"权力决策"，依托大数据促进农地金融领域政府和市场分权。基于对关涉农地和资金资源配置效率以及农地金融所承载的多层次社会公共利益的数据分析研判，实现政府对于农地金融领域的干预有据、有序、有度，防范缺位、越位和错位。

---

[1] 参见刘晓洋：《思维与技术：大数据支持下的政府流程再造》，载《新疆师范大学学报（哲学社会科学版）》2016 年第 2 期。

金融风险治理中监管机构职能的法律配置
——评《金融稳定法（意见稿）》

郭金良 *

摘要： 金融风险治理中监管机构职能的法律配置是各监管机构在金融风险的防范、化解、处置等全过程中的职能分配，它是金融风险有效治理的关键。《金融稳定法（意见稿）》对金融风险治理中的职能配置进行了设计，但其并未对现有金融法律制度中监管机构的职能安排做有序的制度衔接。《金融稳定法》应当定位为我国金融领域的基本法，应确立国务院金稳委为国家金融统筹协调机构的法律地位，并明确其法定职能；应当赋予中国人民银行宏观审慎监管职能和监管系统重要性金融机构的职能；应当调整存款保险基金管理机构的职能定位，赋予其监管参保机构的职能和法律地位。同时，《金融稳定法》要明确资金救助的原则、救助的主体、救助的程序等基本内容，确保金融风险能够得到有效的治理。

关键词： 金融风险；金融监管；职能配置；金融稳定法

金融是经济的核心，法治是国家金融安全与金融发展的重要保障。新时期，我国金融发展面临着新问题、制度建设面临新的挑战，时代发展对金融领域法治建设提出了新的要求。近年来，党和国家高度重视国家的金融稳定，围绕金融风险防范、处置等召开了系列会议，作出了重要部署。长期以来，我国金融领域机构监管模式和分业监管体制下建立的法律制度已经难以适应新时代的金融发展需求，我国金融领域需要一部统筹全局的基本法，以确保国家的金融安全。2022年4月6日中国人民银行对外公开了《中华人民共和国金融稳定法（草案征求意见稿）》[以下简称《金融稳定法（意见稿）》]，从事前、事中、事后金融风险治理的全过程出发，对我国金融风险治理做出了顶层制度设计。其中，监管机构及其职能配置是实现金融治理目标的关键。但结合我国现有金融法律制度和监管实践，《金融稳定法（意见稿）》中有关监管机构的职能配置尚存不足。一方

---

* 郭金良，法学博士，辽宁大学法学院副教授，主要从事金融法、经济法、商法方面的研究。

面，缺少明确的国家金融稳定发展机构，即国务院金融稳定发展委员会（以下简称"国务院金稳委"）的法律地位及职能不明确，国家金融稳定发展统筹协调机制作为金融风险治理的统筹协调机制缺少明确的法律实体来支撑。另一方面，结合现有金融法律制度考察，监管机构的具体职能配置不合理。中国人民银行的宏观审慎监管职能和系统重要性金融机构的监管职能在《金融稳定法（意见稿）》中没有得到合理的规范设计，存款保险基金管理机构的定位不明确、其职能配置与《存款保险条例》存在偏差，财政部、国家发展改革委等相关风险处置的参与部门在金融风险治理中的角色定位和具体职能不清。

一、金融风险治理中监管机构职能的法律配置

金融风险治理中的监管职能配置以不同监管机构的分工、合作为基本出发点，突出系统性金融风险治理的多元性、综合性、协调性、系统性，它是系统性金融风险法律治理的重要内容之一。按照文义解释，"职能"一词泛指"人、物、机构所具有和发挥的作用"。[1]金融监管职能主要指金融活动中金融监管机构应当发挥的作用与功能，体现了监管机构所承担的职责和能力。从功能主义出发，以权力为中心、通过权力之间的结构及体系化安排为逻辑进路，已经成为研究公权力主体职能配置的重要方法。[2]在我国，承担金融监管职能的机构大多为享有行政权的主体，在实行分业监管的情况下就需要对不同的监管权进行合理配置。金融风险治理需要多个监管机构的参与，大多数国家以法律的形式明确了不同监管机构在金融风险治理中的职能。监管职能通常作为政府管理语境下的概念来使用，带有较强政策性和笼统性，从金融监管机构职能配置可操作性出发，需要将其转化为准确的法律概念，如监管机构设定、监管职责、监管权力等。[3]金融风险治理中监管机构职能的法律配置主要是指通过法律来明确不同的监管机构在金融风险治理中的法定职责，配置的一个重要基础是监管机构有能力实现法定职责。无论是新设机构的职能配置，还是职能在已有机构间的重新配置，监管机构职能的法律配置都需要以职责法定和有能力实施监管职责为基础。金融风险治理中监管职能配置的最终目标是有效防控与处置金融风险、维护金融稳定。金融风险源于"双失灵"，市场主体的自利属性、有限理性和机会主义等因素，是

---

〔1〕 参见《新华汉语词典》相关词条。

〔2〕 例如，在关于检察机关职能配置的研究中，通常以检察权及其功能为研究范式，进而对检察机关的职能配置进行合理调整。参见江国华、王磊：《检察权功能设定与职能配置——基于系统功能的视角》，载《学习与实践》2020年第5期；徐悦、王昭雯：《略论民事检察监督的职能配置与程序设计》，载《华东政法大学学报》2010年第1期。再如，在关于我国监察委的权力配置研究中，有学者从监察委的职能定位出发，对监察委的权力配置进行与职能相匹配的制度设计。参见周佑勇：《监察委员会权力配置的模式选择与边界》，载《政治与法律》2017年第11期。

〔3〕 参见黄毅：《银行监管法律研究》，法律出版社2009年版，第104页。

诱发金融市场的周期性、负外部性等风险的内在因素；而政府不适当的干预市场、不及时的市场干预，也是引起金融危机的重要因素。[1]金融风险法律治理的核心是以各监管机构之间明确且关联紧密的职能分工为基础，通过构建科学的金融监管体制、明确监管机构的权责、规范相关主体的行为、制定完备的监管规则和行为规则体系，以健全金融法治体系。

2008 年全球金融危机让人们重新审视了中央银行的角色定位，中央银行在国家金融监管中的职能配置也发生了变化，很多国家通过制定或修改金融法律的方式重新配置央行在金融风险治理中的监管职能。在具体的监管职能配置中，除了中央银行的监管职能有较大调整外，存款保险基金管理机构的职能配置也尤为重要，后者既作为行业基金提供存款保障，又作为参保机构的监管者之一承担部分监管职能。由于各国金融体制和法律逻辑上的差异，存款保险机构的功能也各不相同，主要有：一是处理问题金融机构，防止金融危机的发生；二是对参保机构采取差别费率，监管参保机构的风险；三是直接监管参保机构，赋予存款保险机构对参保机构的监督和检查权。[2]我国存款保险基金管理机构的法律地位在立法中选择何种模式，我国《金融稳定法（意见稿）》及 2015 年国务院《存款保险条例》都没有给出明确的答案。2008 年美国次贷危机引发的全球金融危机折射出金融监管职能配置存在的诸多问题，危机后各国金融监管制度改革的一个重要内容就是通过立法的方式改变金融监管结构来优化监管职能配置，并以监管权形成的法律关系为基础，实现有效监管、防范金融风险的目标。

国际上主要国家或地区的金融法治建设，大都通过金融基本法的方式对金融风险治理进行系统化的制度安排，其中监管机构的职能配置便是其中一项重要的内容。中国人民银行 2022 年 4 月发布的《金融稳定法（意见稿）》对防范、化解、处置系统性金融风险中的监管职能配置进行了较为系统的制度设计，对推进我国金融基本法的立法及完善我国金融法治具有极其重要的意义。

二、《金融稳定法（意见稿）》中监管机构职能配置的制度设计

中国人民银行向社会公开的《金融稳定法（意见稿）》围绕金融风险的防范、化解、处置等，对不同环节各监管机构的职能配置进行了安排设计，吸收了近年来我国金融监管改革的成果和实践经验，这也是我国金融法治完善过程中的重要内容。

（一）监管职能配置的总体设计

《金融稳定法（意见稿）》在第一章总则部分确立了金融风险治理中监管职

---

〔1〕 靳文辉：《金融风险的协同治理及法治实现》，载《法学家》2021 年第 4 期。

〔2〕 朱大旗、李慈强：《论存款保险立法中银行监管权的分配与协调》，载《北京行政学院学报》2013年第 3 期。

能配置的总体安排或顶层设计，具体包括第 5 条（国家金融稳定发展统筹协调机制职责）、第 6 条（地方政府职责）、第 7 条（保障基金职责）以及第 8 条（监察审计监督）。《金融稳定法（意见稿）》明确了金融风险治理中监管机构职能配置的基本制度，形成了国家层面金融治理统筹、地方政府金融治理、保障基金管理机构参与以及审计监督等四大方面（以下简称"四维治理机构体系"）。其一，创设国家金融稳定发展统筹协调机制并明确其法定职责，即统筹国家金融的稳定与发展，建立了金融风险治理的"牵头机构"，奠定了金融统一监管的法律基础。其二，明确了地方政府在金融风险治理中的法定职责及重点任务是依法打击非法集资等非法金融活动。其三，明确了"两类"基金管理机构在金融风险治理中的法律地位，特别是强调两者参加重大金融风险处置的职责。其四，要建立金融稳定履职的监察与审计监督机制。"四维治理机构体系"的设计考虑到了系统性金融风险治理的特殊性，[1]在设立统筹协调机构的基础上，兼顾金融风险治理中地方政府的角色定位，明确了行业保障基金参与金融风险处置的职责，创新性地提出监察与审计机关在金融风险治理中的职能定位。

（二）风险防控中的职能配置

《金融稳定法（意见稿）》第二章对金融风险防控中监管机构的职能配置进行了设计，相关条款主要涉及：第 15 条（恢复与处置计划）、第 16 条（地方政府行为要求）、第 17 条（监管合力）、第 18 条（信息报送与共享）。《金融稳定法（意见稿）》在金融风险防范这一章既有对单一监管机构和地方政府的职责要求，也有对系统性金融风险防范中不同监管机构合作治理的安排。其一，国务院金融管理部门承担金融机构"恢复与处置计划"（也称"生前遗嘱"）的监管职能，包括恢复与处置计划的制定与实施。其二，明确地方政府在金融风险防范中的消极职能。在风险防范过程中，金融机构的参与度和自由度相对较高，主要是在监管机构严格监管下金融机构积极地防范风险。但个别地方政府，可能为了地方发展或其他利益，不当干预金融机构的行为。所以，《金融稳定法（意见稿）》第 16 条的规定具有约束地方政府行为的重要意义。其三，明确系统性金融风险防范中以中国人民银行为核心的监管机制，包括宏观审慎监管理念下系统性金融风险防范机制的建设、"两类"基金管理机构的风险监测职责以及重大金融风险发现报告机制。

（三）金融风险化解中的职能配置

金融风险化解主要是指金融机构发生监管指标异常或出现可能影响金融稳定

---

[1]《金融稳定法（意见稿）》中混合使用了"系统性金融风险""重大金融风险"及"重大风险"的概念，两者关系紧密但有区别。前者在国际组织规则及相关学术研究的使用上已形成较为一致的共识，所以，本文统一使用系统性金融风险的概念表述。

的风险时，金融机构、监管机构及相关部门采取措施化解风险的治理过程，也是金融风险治理、维护金融稳定的关键环节。《金融稳定法（意见稿）》第三章规定了金融风险化解中监管机构的职能配置，相关条款主要包括：第20条（地方政府风险化解职责）、第21条（监管部门早期纠正和监管）、第22条（存保早期纠正）。依据风险类型的不同，金融风险化解可以分为单体金融机构风险的化解和系统性金融风险的化解。对于前者，更多地依靠金融机构和行业监管机构来实施化解措施，实现化解目标；而对于系统性金融风险的化解，常常涉及多个监管机构的参与，也就会发生监管机构职能的重叠，在法律上就可能会表现出监管权定位不清、监管权重叠与冲突等问题。《金融稳定法（意见稿）》第三章规定的金融风险化解中监管机构的职能配置主要体现在以下几个方面：其一，明确了地方各级人民政府化解金融风险中的基本范围，即可能影响区域稳定的金融风险。同时，还规定了针对不同类型的风险可采取的具体化解措施。其二，规定了地方政府化解风险的具体职责，以及地方政府依法追究相关责任主体的责任，进一步明确了地方政府在金融风险治理中的职能。其三，结合现有《中华人民共和国银行业监督管理法》（以下简称《银行业监督管理法》）有关早期纠正措施的内容和近年来金融监管实践，规定了国务院金融管理部门对金融机构的早期纠正职责和具体措施。其四，规定了存款保险基金管理机构的早期纠正职责以及实施早期纠正措施的基本逻辑。

（四）金融风险处置中的职能配置

当金融风险无法有效化解时，监管机构就需要积极地进行风险处置，将风险带来的损失和影响降到最低，维护金融稳定。《金融稳定法（意见稿）》第四章对金融风险处置中监管机构的职能配置进行了设计，相关条款主要包括：第23条（金融风险处置）、第24条（责任分工）、第25条（重大金融风险处置机制）、第26条（高效执行）、第27条（跨境处置合作）、第29条（金融稳定保障基金）。《金融稳定法（意见稿）》在第四章依据市场化法治化的原则规定了金融风险处置中监管机构的职能配置。其一，明确了存款保险基金、行业保障基金，省级人民政府，国务院金融管理部门，中国人民银行，以及财政部等主体在金融风险处置中的具体职责分工。同时，规定了跨境风险处置中的监管合作。其二，明确了国家金融稳定发展统筹协调机制对重大金融风险的认定、处置统筹职能。其三，规定了参与金融风险处置的各机构积极严格履职的基本要求，以提高金融风险的处置效率。其四，创新提出设立金融稳定保障基金，并明确具体由国家金融稳定发展统筹协调机制承担该项职能，以丰富我国金融风险处置中的资金来源，确保金融风险有效化解。

三、《金融稳定法（意见稿）》中监管机构职能配置的几大困境

《金融稳定法（意见稿）》对金融风险的防范、化解及处置等几个金融风险治理中的监管机构职能进行了配置，对金融风险有效治理具有重要意义。但结合现有金融法律、法理逻辑和中国现实情况，《金融稳定法（意见稿）》在监管机构职能的配置方面还存在一些问题，可能给金融风险的治理造成障碍。

（一）国家金融稳定发展协调机构的定位问题

国家金融稳定发展协调机构以国家金融风险治理中不同监管机构的有效协调合作为基本出发点，突出国家金融稳定和有序发展目标的实现，是新时期新时代国家金融监管体制改革的重要主体，也是金融基本法立法的一个重要内容，如美国2010 年《多德-弗兰克华尔街改革与消费者保护法案》中设立的金融稳定监督委员会（FSOC）、英国 2012 年《金融服务法》中获得超级权力的英格兰银行。[1]近年来党和国家高度重视我国金融领域的风险治理和金融法治建设，在金融监管和金融法治体系完善方面进行了充分的实践和有益探索。2017 年第五次全国金融工作会议提出并设立国务院金稳委，其具有国家金融稳定发展协调机构的职能，但《金融稳定法（意见稿）》并没有明确其法律地位及法定职能。

第一，国务院金稳委的法律地位与职能如何解决。现有金融体制改革实践中，国务院金稳委已经发挥了非常重要的作用，第一次会议也明确了其职责，那么该机构在金融风险治理中的法定职能如何确定？《金融稳定法（意见稿）》为何不解决国务院金稳委的制度问题？2017 年第五次全国金融工作会议提出设立国务院金稳委，并在第一次会议中明确了国务院金稳委的主要职责，该委员会的常设机构设在中国人民银行。在金融风险处置的具体实践中（如包商银行处置），国务院金稳委发挥了积极的统筹职能，其已经成为我国金融监管框架中的重要监管机构，这也是我国金融监管改革的重要成果。在金融法治建设中，理应赋予国务院金稳委明确的法律地位、法定职能并建立起基本的制度框架。但是，《金融稳定法（意见稿）》目前的制度设计中，并没有明确国务院金稳委的法律地位。《金融稳定法（意见稿）》创设了"国家金融稳定发展统筹协调机制"，第 5 条明确了该机制的职责，但并没有确定该机制为国务院金稳委。《金融稳定法（意见稿）》起草说明中表示国家金融稳定发展统筹协调机制与国务院金稳委属同一机构，但"起草说明"与《金融稳定法（意见稿）》的性质不同，前者不可能作为将来《中华人民共和国金融稳定法》（以下简称《金融稳定法》）实施后的解释工具。从基本法律概念上看，"机制"与"机构"并不能做同义使用，前者主要指主体之间的结构关系和运行方式，而"机构"则是名词，可以指某一主体。这种概念表达及规范设计不符合法律关系主体概念的基本要求。

---

〔1〕 参见郭金良：《国务院金融稳定发展委员会的功能定位与法制化研究》，载张守文主编：《经济法研究》（2019 年第 1 期：总第 22 卷），北京大学出版社 2020 年版，第 149~151 页。

第二，国家金融稳定发展统筹协调机制的法律性质会弱化金融风险治理中的监管合力。《金融稳定法（意见稿）》第 46 条第 3 款对国家金融稳定发展统筹协调机制的概念进行了界定，根据该条第 3 款后半句规定，"该机制不替代各部门职责分工和工作程序"。这意味着《金融稳定法（意见稿）》中规定的监管机构职能配置与现有法律制度中规定的各监管机构或部门的职能配置发生冲突或不一致时，要遵守现有法律制度确立的职能配置。而在系统性金融风险的治理中，需要多个监管机构的协调合作并形成监管合力，如果《金融稳定法》不赋予国家金融稳定发展统筹协调机制协调监管的"硬权力"，那么监管合力也很难形成。《金融稳定法》的一个重要立法目的应该是整合并合理配置监管机构的职能，以及时有效地治理金融风险。如果现有制度下各机构的职能已经很明确，那么单独制定《金融稳定法》也就失去了其应有的意义和价值。

（二）与现有法律制度衔接中的障碍尚未破解

《金融稳定法（意见稿）》的内容涉及金融风险防范、化解和处置的全过程，应定位为金融领域基本法，关涉其与《中华人民共和国中国人民银行法》（以下简称《中国人民银行法》）、《中华人民共和国保险法》（以下简称《保险法》）、《中华人民共和国证券法》（以下简称《证券法》）、《中华人民共和国商业银行法》、《银行业监督管理法》、《存款保险条例》、《宏观审慎政策指引》、《关于完善系统重要性金融机构监管的指导意见》、《银行保险机构恢复和处置计划实施暂行办法》等法律、行政法规、规章、规范性文件之间的协调。

1. 与中国人民银行法律制度的衔接问题

在金融风险防范中，国务院金融稳定发展统筹协调机制与中国人民银行会同建立的宏观审慎监管框架之间是何种法律关系？按照《金融稳定法（意见稿）》第 5 条的规定，前者有指挥开展重大金融风险防范的职责，这与第 17 条规定的中国人民银行的"会同"之间如何协调？[1]前者是否参与"会同"？实践中，国务院金稳委是参与重大金融风险防范的统筹协调工作的。

《金融稳定法（意见稿）》并没有很好地结合近年来金融监管改革实践在总则部分重新定位中国人民银行，明确提出中国人民银行职能的条款主要有第 17 条、第 18 条以及第 24 条第 5 项等，其他的内容大都使用"国务院金融管理部门"来涵盖中国人民银行的职能。这种制度设计模式，一方面没有突出系统性金

---

〔1〕《金融稳定法（意见稿）》第 5 条第 1 款规定，国家金融稳定发展统筹协调机制负责统筹金融稳定和改革发展，研究维护金融稳定重大政策，指挥开展重大金融风险防范、化解和处置工作。涉及金融稳定和改革发展的重大问题和事项报党中央、国务院决定。第 17 条第 1 款规定，中国人民银行会同有关部门建立覆盖主要金融机构、金融市场、金融基础设施和金融活动的宏观审慎政策框架、治理机制和基本制度，运用宏观审慎政策工具，防范系统性金融风险。

融风险治理中中国人民银行特殊的监管职能定位和职能安排,另一方面也没有集中设计"监管合力"中不同监管机构的职能衔接,所以,无法体现金融风险治理中各监管机构"合力监管"中的具体分工,一定意义上会模糊不同监管机构在金融风险治理中职能配置的特殊性,进而会弱化监管机构的监管能力,容易产生职能交叉、权力交叉、互相推诿等问题,最终会影响金融风险治理的效率。《中国人民银行法》《银行业监督管理法》《保险法》《证券法》分别规定了中国人民银行、中国银保监会、中国证监会的法定职责,《金融稳定法(意见稿)》的设计没有体现出与现有法律上的衔接和作为金融基本法应有的特殊性。

中国人民银行对系统性金融风险或系统重要性金融机构监管职能的法律标准没有与现有制度形成有序衔接。《中国人民银行法》第34条规定了中国人民银行特定情况下的全面检查监督职能。该项职能下人民银行监管权力的启动有两个标准:银行业金融机构出现支付困难和可能引发金融风险,这里的金融风险应该是重大金融风险(影响金融稳定的风险)。《金融稳定法(意见稿)》缺少中国人民银行启动对系统性金融风险或系统重要性金融机构进行风险处置的程序性规定(如法律标准)。第24条第5项的"牵头处置"职能属于中国人民银行新设职能,该项职能的启动需要明确法律标准。如果是按照第25条的规定启动(第25条本质上是重大金融风险处置的基本流程),那么,很难认定该条中规定的"情况特别紧急""必须临机处置"等工作流程中的术语,并且没有明确国务院金融稳定发展统筹协调机制在此种情况下的请示对象。同时,按照现有法律和实践,在系统性金融风险(或重大金融风险)处置中,中国人民银行是牵头机构,且中国人民银行主要负责系统重要性金融机构的监管。但《金融稳定法(意见稿)》仅是在第24条第5项明确其牵头处置系统性金融风险,并没有明确系统重要性金融机构的监管职能。

同时,《金融稳定法(意见稿)》仅仅是在第二章"金融风险防范"中提出了中国人民银行"会同"其他有关部门建立宏观审慎制度,并没有赋予中国人民银行宏观审慎监管职能及主体地位。一方面,没有明确中国人民银行在宏观审慎监管中的法律地位,是核心监管机构还是牵头主体?"会同"二字并不能明确中国人民银行在宏观审慎监管制度中的主体地位。另一方面,宏观审慎监管应该贯彻到金融风险治理的全过程,仅仅在"风险防范"阶段设计相应条款,与监管实践和法律制度设计逻辑不符。

2. 与存款保险法律制度的衔接问题

《金融稳定法(意见稿)》第46条第2款将"国务院金融管理部门"界定为"中国人民银行、国务院金融监督管理机构和国务院外汇管理部门",把存款保险基金管理机构排除在外,这与其他国家在"存款保险法"中将存款保险基金管理机构确定为重要的监管机构存在着不同的制度安排。这无疑使我们产生一个疑问：如何定位我国的存款保险基金管理机构？难道存款保险基金管理机构不属于监管机构吗？如果不是，那么该机构的法律地位是什么？这些立法上的问题会模糊存款保险基金管理机构在金融风险治理中的职能定位。

国务院 2015 年《存款保险条例》确立了我国的存款保险制度，但该条例并没有明确存款保险基金管理机构的法律地位，包括缺少"三定方案"的支撑。在实践中，存款保险基金管理机构的常设机构设在中国人民银行，但无论是《中国人民银行法》还是《存款保险条例》都没有明确存款保险基金管理机构与人民银行之间的法律关系。《存款保险条例》第 7 条规定了存款保险基金管理机构的法定职责，最后一款规定"存款保险基金管理机构由国务院决定"，即条例也没有明确该机构的法律地位。《金融稳定法（意见稿）》中与存款保险基金管理机构相关的内容主要涉及保障基金职责履行中参与重大金融风险处置的权力、重大金融风险处置中的行业监测职责、实施有限的早期纠正措施的权力、金融风险处置中的依法救助职责，以及被指定成为接管组织实施接管行动的职责，条款主要分布在第 7 条、第 17 条、第 22 条、第 24 条、第 34 条。但《金融稳定法（意见稿）》并没有厘清存款保险基金管理机构在相应的金融风险治理过程中与中国人民银行、中国银保监会的法律关系，特别是监管机构职能履行过程中不同机构之间监管权的衔接、合作的具体内容。

金融风险治理中监管机构早期纠正职能的配置逻辑不清。一方面，关于金融风险化解中早期纠正权的启动，《金融稳定法（意见稿）》第 21 条规定的启动标准是"金融机构发生监管指标异常波动"，而《银行业监督管理法》第 37 条规定的是"银行业金融机构违反审慎经营规则"，那么，两者之间是什么关系？即《金融稳定法（意见稿）》确定的早期纠正制度与现有法律的早期纠正制度在监管机构的职能内容上是什么逻辑关系？另一方面，《金融稳定法（意见稿）》第 21 条和第 22 条分别规定了监管部门的早期纠正职能和存款保险基金管理机构的早期纠正职能。那么，当某一金融机构是参加存款保险的机构时，"两类"早期纠正职能如何协调？

3. 相关部门的职能定位不明

《金融稳定法（意见稿）》第 46 条第 3 款规定了国家金融稳定发展统筹协调机制的构成单位，即包括国务院金融管理部门、发展改革部门、财政部门等成员单位。金融风险的治理确实需要多部门的参与合作，但这里并没有明确发展改革部门、财政部门在金融风险治理中的法律定位和职能。《金融稳定法（意见稿）》第 24 条第 6 项仅仅规定财政部依法参与处置系统性金融风险，但具体有哪些职能并没有明确，即财政部在系统性金融风险处置中的角色定位不清晰。

四、《金融稳定法（意见稿）》中监管机构职能配置的改进方案

《金融稳定法》应该是一部建立我国金融领域风险治理基本制度的基本法，需要明确主体、权力配置的基本框架，应"务实"而不应"务虚"。

（一）确立以国务院金稳委为核心的国家金融稳定发展统筹协调机制

1. 明确国务院金稳委的法律地位与法定职能

建议在《金融稳定法》中直接采用"国务院金融统筹协调机构"或"国务院金融稳定发展委员会"来表述，将其定位为我国的国家金融统筹协调机构，赋予其明确的法律地位，然后将国务院金稳委第一次会议确定的职责吸收纳入未来的《金融稳定法》。[1]国务院金稳委法律地位的确立与具体职能的法定化，有助于真正发挥其在我国金融治理中的重要功能。

2. 坐实国家金融稳定发展统筹协调机制

国务院金稳委作为国家金融稳定机构，其职能的履行需要有一套特殊的程序，特别是系统性金融风险的治理中需要一个有效的、有约束力的程序性机制来保证国务院金稳委统筹协调职能的实现。据此，建议修改《金融稳定法（意见稿）》第 46 条，坐实国家金融稳定发展统筹协调机制，删除第 46 条第 3 款后半句"该机制不替代各部门职责分工和工作程序"的规定。

（二）依法厘清各监管机构之间的职能配置

《金融稳定法》的定位应该是我国金融领域的基本法，属于金融风险法律治理的顶层设计，应该明确我国现行金融监管框架中各主体的地位和职能。

1. 依法厘清《金融稳定法》相关规则的"立""改""废"

在《金融稳定法》中，以维护金融稳定、共同治理金融风险为目标，理顺《中国人民银行法》《银行业监督管理法》《证券法》《保险法》《存款保险条例》等法律、行政法规、规章及相关规范性文件之间的关系。如果"金融稳定法"设计的监管机构职能与现在制度中的规定相比有"新设"或"修改"的地方，建议在《金融稳定法》中明确现有制度需要修改的内容。例如，可以在《金融稳定法》中确立中国人民银行宏观审慎监管机构的法律地位、赋予其系统重要性金融机构的监管职能，然后在后续《中国人民银行法》的修改中对上述内容进行细化。

---

[1] 国务院金稳委第一次会议确定的主要职责包括：落实党中央、国务院关于金融工作的决策部署；审议金融业改革发展重大规划；统筹金融改革发展与监管，协调货币政策与金融监管相关事项，统筹协调金融监管重大事项，协调金融政策与相关财政政策、产业政策等；分析研判国际国内金融形势，做好国际金融风险应对，研究系统性金融风险防范处置和维护金融稳定重大政策；指导地方金融改革发展与监管，对金融管理部门和地方政府进行业务监督和履职问责等。具体职能分析，可参见郭金良：《国务院金融稳定发展委员会的功能定位与法制化研究》，载《经济法研究》2019 年第 1 期。

2. 重新定位中国人民银行的监管职能

为了契合我国近年来金融监管改革实践及《中国人民银行法》的修订，建议在《金融稳定法》中明确中国人民银行宏观审慎和系统重要性金融机构监管的职能。在宏观审慎监管方面，先在《金融稳定法》中确立宏观审慎监管基本框架，然后在《中国人民银行法》中设计人民银行宏观审慎的具体法定职责。据此，鉴于宏观审慎监管的重要性，建议在《金融稳定法》总则部分明确中国人民银行作为我国宏观审慎监管核心主体的法律地位并赋予其宏观审慎监管职能。在系统重要性金融机构监管方面，2018 年中国人民银行、中国银行保险监督管理委员会、中国证券监督管理委员会等三部委联合印发的《关于完善系统重要性金融机构监管的指导意见》（银发〔2018〕301 号），属于部门规范性文件，作为重要的监管职能配置，其立法层级较低。因系统重要性金融机构的有效监管属于治理系统性金融风险、维护国家金融稳定的重要方法，所以，在《金融稳定法》总则中明确中国人民银行对系统重要性金融机构的核心监管职能是国家金融风险治理中监管职能法律配置的一个重要内容。

3. 明确存款保险基金管理机构的法律地位与职能配置

作为三大金融安全网之一的存款保险制度，在金融机构的风险监管中发挥着非常重要的作用并且从信息掌控的角度，存款保险基金管理机构具有特殊的监管优势。因此，建议一是在《金融稳定法》中将存款保险基金管理机构确定为国务院金融管理部门，明确存款保险基金管理机构监管主体地位，与《存款保险条例》形成有序衔接，确保存款保险制度的有效实施。建议二是合理配置存款保险基金管理机构与中国人民银行、中国银保监会在系统性金融风险和系统重要性金融机构风险治理中的职能分工以及其与完善法律法规之间的衔接。这里涉及存款保险基金管理机构的定位，即监管机构模式和保险基金公司管理模式两种定位的选择问题。[1] 从目前的实践看，中国人民银行是存款保险基金管理公司的唯一股东，我国存款保险基金管理机构选择的是第二种模式。从存款保险基金管理的角度出发，选择何种模式均具有一定的合理性。但从存款保险制度及其运行出发，存款保险基金的有效管理需要依赖存款保险基金管理机构对投保机构有必要的监管权能，以便实现《存款保险条例》确立的保护存款人合法权益和维护金融稳定的立法目的。从监管能力的角度出发，中国银保监会需要监管的机构非常

---

〔1〕 依各国法律和监管实践的不同，对于存款保险基金管理机构的定位可分为监管机构模式和保险基金公司管理模式。其中，前者以美国最为典型，即美国联邦存款保险公司依法享有对参保机构的监管权，是重要的监管机构；后者以我国为代表，即自 2015 年国务院《存款保险条例》实施以来，存款保险基金管理机构主要由人民银行参与管理，结合此次《金融稳定法（意见稿）》第 40 条和第 46 条的规定，意见稿将存款保险基金管理机构排除在"国务院金融监督管理部门"之外。

多，包括大量的银行业金融机构和保险业金融机构，监管负担很大、监管资源有限；其中存在监管权交叉的仅是吸收存款的银行业金融机构，将这一部分划归存款保险基金管理机构监管能够分担中国银保监会的监管任务、提高监管效率。从监管信息优势的角度出发，存款保险基金管理机构会更加积极地了解参保机构的相关信息，以确保保费收缴的合理，实现存款保险制度目标。

因此，在系统性金融风险的治理中，在执行国家金融稳定发展统筹协调机制确定的方案的前提下，吸收存款的银行业金融机构由存款保险基金管理机构承担监管职能，其他银行保险业金融机构由中国银保监会负责监管。在系统重要性金融机构的监管中，中国人民银行是主监管机构，由于中国人民银行需要承担货币政策制定与执行、宏观审慎监管的重要职能，所以，从信息优势和监管能力、监管专业化的角度出发，需要存款保险基金管理机构协助中国人民银行对系统重要性金融机构进行监管，包括机构信息的提供、采取具体的监管措施等。

4. 合理确定"其他相关部门"的监管职能

《金融稳定法（意见稿）》并不是按机构来配置监管职能，而是按照金融风险在事前防范、事中化解、事后处置的过程中来具体配置监管职能。这种设计具有合理性，但还需要从两个方面完善：一是建议在《金融稳定法》中区分金融风险和系统性金融风险，统一"金融风险""重大金融风险""系统性金融风险"的概念使用，并对"系统性金融风险"和"系统重要性金融机构"作出界定。金融风险是监管的对象，这是合理配置监管职能的前提。二是明确相关部门或机构在"事前防范、事中化解、事后处置"中针对不同类型风险的监管职能。《金融稳定法（意见稿）》第24条第6项仅规定了财政部参与系统性金融风险的处置权，但并没有规定其在系统性金融风险处置中的具体职能是什么、何时介入处置程序。为了确保系统性金融风险的有效处置，特别是切实发挥国家金融稳定发展统筹协调机制的作用，建议明确包括发展改革部门、财政部门在内的各相关机构的职能。各国对于财政部在金融风险处置中的角色定位存在着差别，由于我国最后贷款人的职能由中国人民银行依据《中国人民银行紧急贷款管理暂行办法》承担，财政部作为公共资金救助的监管和实施主体，即在处置系统性金融风险的过程中，当国家金融稳定发展统筹协调机制经评估并认为需要启动财政部公共资金救助时，财政部可以采取相应的方式实施救助。《金融稳定法（意见稿）》第28条（处置资金来源）第4项仅规定了省级财政部门参与处置区域性金融风险时的救助职责，建议调整为国务院财政部门、省级财政部门两个层级的财政救助。

五、结论

法治是国家治理的基本方式，我国金融领域需要一部统筹全局的基本法，以确保国家的金融稳定与安全。《金融稳定法》的定位不仅仅是金融机构风险防控与处置规范，该法应当是我国新时代金融基本法律制度中的核心法律。就金融风险治理中监管机构的职能配置而言，《金融稳定法》应确立一个可以统筹多个监管工作的协调机构，应当由国务院金稳委承担该项职能；《金融稳定法》应当明确其与现行金融法律之间的制度衔接，理顺金融风险治理中不同机构依据不同法律履行各自监管职能的关系；《金融稳定法》应当确立中国人民银行在金融风险治理中的职能定位，赋予其宏观审慎职能和监管系统重要性金融机构的职能；《金融稳定法》的设计应当调整《金融稳定法（意见稿）》中对存款保险基金管理机构的职能定位，赋予其监管参保机构的职能和法律地位。金融风险（特别是重大金融风险）的治理需要充足的资金保障，《金融稳定法》要理顺资金救助中的职能分配，明确资金救助的基本原则、救助的主体、救助的程序等基本内容，确保金融风险能够得到有效的治理，推进金融领域国家治理体系和治理能力的现代化。

尽职免责制度的实施逻辑及其入法构造

——兼习《金融稳定法（草案征求意见稿）》第45条

詹周达*

摘要： 尽职免责这种责任配置方式旨在鼓励有关责任主体积极主动依法履职，并以之为前提，如若遭遇依然难以预见和克服的意外风险并造成损害后果时，可以免承担相应法律责任。有关尽职免责理论研讨在我国发展已久，但是讨论涉及的主体范围相对有限。相应探讨牵引了实务部门制定出台有关的正式规范性文件，其中或引导建立或着手建立了相应领域的尽职免责规则。纳入2022年立法工作计划的《金融稳定法（草案征求意见稿）》中亦规定有尽职免责规则，是尽职免责制度的最新入法导向。今后一段时间内，尽职免责规则可能出现在更多法律当中，也可能仅局限于现有领域中需要进一步实践经验积累，其原因在于各领域的工作逻辑和发展规律对于尽职免责制度的适配性均不相同、需要一定磨合以待时机成熟而非机械移植。但是归根结底，在设计尽职免责制度时，应当确保适用主体明确、适用条件合理、适用程序端正等，以正确地实现这种责任安排的初衷。

关键词： 尽职免责；法律责任；《金融稳定法（草案征求意见稿）》

党的二十大正式敲响了以中国式现代化引领推进实现建成社会主义现代化强国目标的征途壮鼓，号召全党全军全国各族人民在党的领导下同心同德、团结奋斗。具体到微观方面以积极性调动和责任惩戒等方式的力量集成问题上，可知在成事兴业的奋斗过程中，一方面要通过惩罚措施避免干部敷衍塞责、渎职失责，另一方面也应当通过科学合理的制度创设鼓励并调动各级干部的积极性和主观能动性。这是目前管理学实践中尝试实现的一种理想状态，也是当前全国各级公职人员实干奋进全面建成社会主义现代化强国的行为导向。关于运用责任配置手段或正向或负向激励干部担当作为的相应呼声进入到法学研究视域中，从而产生了多个维度的学理探讨成果，其中就有关于"尽职免责"制度的系列学理研究，

---

* 詹周达，北京师范大学法学院博士研究生。

例如有学者撰文分析了在金融市场主体内部管理活动、金融监管秩序、市场监管（含食药监管）、生态环境执法、应急管理（含原安全生产）等领域的规则建制过程中引入尽职免责制度的可行性问题。事实上，相应的制度实践在我国已经有所生发，主要集中在金融领域——尽职免责制度作为一种风险控制手段，在银行管理等领域已经得到了相关多年的实践，积累了一定的制度实施的现实经验此种经验带动了认识的惯性发展，于是在 2022 年中国人民银行出台《中华人民共和国金融稳定法（草案征求意见稿）》[以下简称《金融稳定法（草案征求意见稿）》]时，即将尽职免责制度写入草案文本中，并将其作为第五章"法律责任"部分的第 45 条予以呈现，对此切实丰富了尽职免责制度的可供探讨素材。本文即首先梳理现有学界对于尽职免责制度的系列探讨，进而结合《金融稳定法（草案征求意见稿）》中的尽职免责制度规则分析该制度的最新发展态势，旨在实现对于尽职免责制度内涵及其实施方式、入法构造更加时新的理解，结合法律责任制度的最新学理发展以及我国治国理政思路导向的主基调，为后续立法过程中正确处理尽职免责制度设置问题提供相应的理论探索积累。

一、尽职免责制度的学理研究回顾

"尽职免责"作为一种管理理念，其终将通过具体的制度实践予以落实。围绕尽职免责理念及其有关制度建构思路的理论探索在近年来逐渐兴起，整体呈现出涉及领域多元、以监管部门为讨论本位、以制度建设可行性为讨论落脚点等特点。为进一步提升对于尽职免责制度内涵要义和发展脉络的理解，有必要对以往学术研究的有关成果予以梳理，在进行学术史梳理的同时也是在尝试描摹出长期以来各领域对于尽职免责制度的认识变化脉络。

（一）文献梳理

鉴于尽职免责制度作为一项规范制度已经形成了相对固定的表达形式，且尚未出现类似于"知识产权""智慧财产权"等相关的近义词表达，因而可以以"尽职免责"作为关键词在中国知网进行主题检索。检索的结果首先展现出的是围绕"尽职免责"有关研究呈现出一种方兴未艾的趋势，具体表现为与该主题有关的文章最早出现在 2004 年，随后在 2014 年以后开始逐年累增，相关文章涉及学科领域众多，且围绕尽职免责制度的探讨逐渐从实务分析向理论研讨加深推进。从发文时间脉络来看，自 2004 年起相关文章关注到了尽职免责制度，但内容多局限在商业银行管理语境中，主要观点有肯定当时银监会发布的《商业银行授信工作尽职指引》的实施有助于通过帮助从业人员厘清职责，明确"尽职"的要求和"免责"的情形以提高商业银行业务过程的规范性[1]，并且认为《商业银行授信工作尽

〔1〕 王玉珍：《商业银行授信工作的问责与免责》，载《银行家》2004 年第 9 期，第 44~45 页。

职指引》不是一部免责令,而是要求各金融机构建立起基于自身情况的"尽职"与"免责"管理规范[1]等。到 2005 年时,有关尽职免责的探讨关联到了"独立董事职责"这一话题领域中,相关观点认为独立董事应当尽可能独立发挥作用以克减上市公司违规行为的风险[2],由此体现出对于"尽职免责"观念性的认识已经超出于金融领域,成为一种管理活动意义上的普遍性认识。

以上是早期研究的代表性观点,在 2014 年以后,关于尽职免责的相关本土化研究成果持续增加。有实务界人士基于安全生产管理语境撰文指出,频发安全事故的根本诱因是安全管理人员缺乏尽职免责意识、本职工作没有做到位,进而以实务视角提出了尽职免责制度实施的具体激励性落实方案[3];同样是聚焦安全生产领域,也有相应采访报道结合当时《中华人民共和国安全生产法》的修法背景,提出了修法应明确尽职免责原则[4]——相应的讨论体现了当时安全生产领域对于尽职免责制度的理解。同年,也有文章提出在《中华人民共和国环境保护法》的修法背景下环保执法监管领域亦可探索建立尽职免责制度的观点[5],映衬出了尽职免责作为一种责任制度类型,在多个领域具有建构的可探讨性。相关的例子持续出现,在 2015 年即有文章提出在食品药品监管领域应当通过依法监管、科学监管进而争取实现"尽职免责"以整体提升食品药品监管工作人员积极性和工作质量[6]。在 2016 年,有相关的文章继续关注到金融系统的尽职免责制度建设问题,以安徽省芜湖市的银行业尽职免责制度实施现状为调研素材,考察了当地金融机构尽职免责制度的建制覆盖面与执行总体情况、分析尽职免责制度的实施初步成效同时剖析了尽职免责制度执行中的偏差与影响因素、制约因素等,最后提出相应的制度完善建议[7],这些文章属于近年来较为专业的调研成果,具有宝贵参考价值。同样聚焦于金融领域尽职免责制度的还有 2018 年以某省银行信贷"尽职免责"情况为调查对象的情况分析和思考成果,该文呈现出的一个突出问题即是在具体的银行业务条线上,关于"尽职免责"的制度建设还待完善[8]。还有文章从激励促进普惠金融发展的角度,提出应当继续完善

---

[1] 杜艳:《商业银行要学会"尽职"》,载《金融信息参考》2004 年第 9 期,第 19 页。

[2] 张德斌:《独董尽职才能免责》,载《中国证券报》2005 年 9 月 7 日,第 A09 版。

[3] 马超:《试议安全生产事故尽职免责》,载《电子世界》2014 年第 4 期,第 199~200 页。

[4] 朱磊:《安全生产法修改应明确尽职免责原则》,载《法制日报》2014 年 4 月 1 日,第 3 版。

[5] 岳跃国:《尽职应当免责》,载《环境经济》2014 年第 6 期,第 20 页。

[6] 郝利民:《在食品药品监管领域如何做到"尽职免责"》,载《中国食品药品监管》2015 年第 11 期,第 56~58 页。

[7] 中国人民银行芜湖市中心支行课题组王林:《银行业尽职免责制度实施现状及问题研究——以芜湖市为例》,载《金融纵横》2016 年第 12 期,第 72~77、85 页。

[8] 赵景兰:《银行信贷"尽职免责"情况的调查与思考——以某省银行业情况为例》,载《北方金融》2018 年第 12 期,第 11~14 页。

尽职免责制度以激发高从业人员开展普惠金融业务的积极性，促进中小银行普惠金融业务良性健康发展〔1〕，即将对于尽职免责制度积极意义的认识扩展到了促进专项金融业务发展的维度。事实上近年来以金融活动为背景的有关尽职免责的学理探讨占该主题的大多数，从不同角度分析了尽职免责制度在具体业务条线展开过程中——例如信贷活动本身〔2〕以及具体业务面向的服务民营小微企业授信活动〔3〕等——何以实施难以及应当如何改进等问题，由此为本文探讨《金融稳定法（草案征求意见稿）》中的制度建制提供了参考观点，在此暂不予以展开。

同时应当关注到的是，近年来，对"尽职免责"制度本身内涵、制度影响进行探索而非理所当然地将其作为一个概念予以使用并探讨制度建构思路的文章开始出现。在 2017 年，有文章探讨了在改革攻坚期语境下如何鼓励领导干部锐意改革创新的责任减免情形，在明确责任配置能够影响领导行为的假设基础上，探讨不同情形的责任减免配置思路〔4〕。由此即是标志着一种思路的打开，尽职免责制度并非也固然并非银行金融系统的领域性实践，因而在审视尽职免责制度的建制思路时应当回归到尽职免责制度本身的逻辑，并结合对于领导干部或工作人员的制度性预期和工作成效要求予以有效审视。这种思路有助于理解后续有关具体领域的尽职免责制度探讨成果。例如有观点在研究生态环境行政管理制度时，即提出应当探索建立尽职免责制度，其立论基础即是旨在纠偏相应公职人员行为模式可能存在或被认为存在的"无限追责""避责型不作为"两种不良导向〔5〕。以及最为新近的一篇权威期刊论文在分析尽职免责制度的实施功能时，亦即从行政责任制的发展脉络作为引入，指出在当前语境下对于尽职免责制度功能的认识应当回归到事关管理激励行政人员的行政责任制维度。同样还有文章提出为推动《中华人民共和国社区矫正法》在今后能够得到进一步实施，应建立尽职免责制度以厘清权责、容错励人，保障社区矫正工作者担当作为〔6〕。此外，有文章运用裁判思维，以司法案例为引入聚焦《中华人民共和国食品安全法》（以下简称

〔1〕 陈一洪、梁培金：《我国中小银行发展普惠金融面临的难题与破解路径》，载《南方金融》2018 年第 12 期，第 88~96 页。

〔2〕 胡俊明：《精准把握信贷管理尽职免责的"度"》，载《中国农村金融》2020 年第 2 期，第 62~64 页。

〔3〕 尹楠：《民营小微企业授信尽职免责制度实施中的难点及改进路径》，载《清华金融评论》2021 年第 6 期，第 69~71 页。

〔4〕 张崇康、闫姝辰、武文风：《领导干部改革创新尽职减责机制的构建及其运行》，载《中共山西省委党校学报》2017 年第 1 期，第 73~75 页。

〔5〕 唐绍均、黄东：《生态环境行政管理尽职免责制度的证成与展开》，载《中国地质大学学报（社会科学版）》2022 年第 1 期，第 52~62 页。

〔6〕 肖乾利、吕沐洋：《〈社区矫正法〉实施效果考察》，载《宜宾学院学报》2021 年第 4 期，第 23~32 页。

《食品安全法》）第 136 条的规定，在承认该条款的设置体现了食品安全立法宽严相济、过罚相当原则的基础上，经由典型案例以不确定法律概念与行政裁量的边界为理论基点，探讨该条款的解释与适用过程中应当注重其裁量情节应与免责要件的法定情节相区分，同时食品经营者也应当实行以进货查验义务等为内容的积极自我规制，以满足该条款所蕴含的合规抗辩激励作用要求[1]。

上述是对过去一段时间内我国有关尽职免责制度学理探讨代表性成果的摘析，其中反映出的一个共同现象是，尽职免责制度在我国本土化讨论历时已久，时间跨度经历我国发展的不同历史时期，且在这些时间内通过理论思量确然引导了一定具体制度建设成果。最为典型的是在 2019 年发布的《国务院关于加强和规范事中事后监管的指导意见》（国发〔2019〕18 号）第六部分"提升监管规范性和透明度"当中，特设第 19 项明确要"健全尽职免责、失职问责办法"，其中与尽职免责制度实施的关切性政策规范表述即是"加快完善各监管执法领域尽职免责办法，明确履职标准和评判界线，对严格依据法律法规履行监管职责、监管对象出现问题的，应结合动机态度、客观条件、程序方法、性质程度、后果影响以及挽回损失等情况进行综合分析，符合条件的要予以免责"[2]。近年来全党全国对于营商环境建设的关注日益提升，在《国务院关于开展营商环境创新试点工作的意见》（国发〔2021〕24 号）的附件《首批营商环境创新试点改革事项清单》第八部分"进一步加强和创新监管"第 70 项中，亦是具体提出"在市场监管、税务领域探索建立行政执法人员尽职免责制度"[3]，进一步动员了行政执法人员尽职免责制度的相应实施。这样的思路在相关具体领域得到了贯彻，例如在 2021 年 7 月 15 日开始施行的《市场监督管理行政执法责任制规定》第 3 条即明确规定了在市场监管行政执法活动中应当做到"失职追责、尽职免责"，回应了长期以来关于在市场监管行政执法领域建立尽职免责制度的系列呼声，同理地，在 2022 年 12 月 1 日起施行的《应急管理行政执法人员依法履职管理规定》也在第 3 条明确了"尽职免责、失职问责"的履职导向。同时，在地方政府有关部门层面，例如内蒙古自治区通辽市科尔沁区应急管理局根据上位政策，通过部门工作规定的方式——因无立法权限，故不认为是一种立法成果——制定《科尔沁区安全生产工作尽职免责制度》，进行尽职免责制度的基层实践探

---

〔1〕 周晗燕：《〈食品安全法〉第 136 条"尽职免责"条款的适用探析》，载《天津大学学报（社会科学版）》2021 年第 4 期，第 340~346 页。

〔2〕 《国务院关于加强和规范事中事后监管的指导意见》（国发〔2019〕18 号），载中国政府网，http://www.gov.cn/zhengce/content/2019-09/12/content_5429462.htm，最后访问日期：2022 年 11 月 3 日。

〔3〕 《国务院关于开展营商环境创新试点工作的意见》（国发〔2021〕24 号），载中国政府网，http://www.gov.cn/zhengce/content/2021-11/25/content_5653257.htm，最后访问日期：2022 年 11 月 3 日。

索。此外，在党内法规和国家法律显著交融衔接的纪检监察领域，有地方党委的纪检监察机关在探索提升党内问责制度实施功效的同时提出了探索实施"尽职免责"的工作思路，例如贵州省安顺市纪委监委即在 2018 年 8 月结合当时该市出台的《关于鼓励干部干事创业实施容错纠错的办法（试行）》而出台《安顺市纪检监察机关在党内问责工作中推行"尽职免责"的实施意见（试行）》，以配合实现为领导干部干事创业过程中合理容错纠错目标的实现。可见，长期以来的相应学理探讨成果，对不同类型的实务发展形成了一定的先导性积累。

（二）尽职免责制度的学理意象

从上述梳理成果来看，我国的学术研究成果整体对于"尽职免责"制度呈现出较为温和的态度，能够对该制度进行较为全面的功能分析，而非陷入脸谱化的"脱责"与"避责"诘难。结合我国的社会心理的文脉来看，中国一直以来的主流意识形态对于官员常常是希望其能够积极有为、主动作为、敢作敢为以及善作善成。而尽职免责制度所设计以实现的一种效果是为有关主体在已经"尽责"情况下得以免除责任，对此一方面具有引人理解的合理因素，但是另一方面稍有不慎也容易受到制度性"脱责"或"避责"的指责、授人以柄，这也是前述若干文章在考察具体领域尽职免责制度难以完善和实施时所发现的一个共性问题。近年来，随着对于选人用人、管人治事的规律性认识日益推进，对于尽职免责制度的认识和理解也实现了日益祛魅，公职人员系统内部对于建立尽职免责制度的呼声与社会各界的关心监督形成合力，共同催生了对于尽职免责制度前提条件的系列探讨并形成日益理性的综合认识。

鉴于本文从法律的视角探讨尽职免责制度，因而应当从法理的角度对"法律责任"的概念加以理解。但是"法律责任"这个概念本身在学界即尚未形成一个能适用于一切场合的定义[1]，目前我国学理上对于法律责任的认识首先承认法律责任是一种与政治责任、道义责任相区别的独立的责任形式[2]，由此可知，在法律语境内探讨尽职免责制度，即应当遵循法律本身固有的思维，即注重程序性和规范性等，而非陷入政治逻辑或道德导向之内而应当以另外的逻辑予以理解。具体来看，在法学视域中，通说观点认为法律责任是"责任主体违反法定或者约定的义务，或者因为法律的特殊规定而必须承担的具有直接强制性的特定义务，亦即违反第一性义务而引起的第二性义务"[3]。同时，法学通说认为"免责"是"以法律责任的存在为前提，但具备法律规定的某些条件，其责任可

[1]　张文显主编：《法理学》（第 5 版），高等教育出版社、北京大学出版社 2020 年版，第 164 页。
[2]　朱景文主编：《法理学》（第 3 版），中国人民大学出版社 2015 年版，第 331 页。
[3]　《法理学》编写组：《法理学》（第 2 版），人民出版社、高等教育出版社 2020 年版，第 160 页。

能被部分或者全部的予以免除"〔1〕。按这样的逻辑理解，尽职免责制度即是在相关主体违背了第一性义务后，阻却其承担引起的第二性义务，阻却的理由是"尽职"，阻却的后果是"免责"。由此，尽管尽职免责制度并未被以规范命名的形式列明为一个通说中的责任免除类型，但是与其中的"不可抗力免责"具有一定的内在关联，即一种因为当事人不能预见、不可避免且不能克服的客观情况而导致的损害后果免除当事人承担法律责任的情形〔2〕。为更加生动具体地了解尽职免责制度，应当经由具体的立法实践予以剖析，留待后文经由研习《金融稳定法（草案征求意见稿）》相关立法条款展开探讨。

二、《金融稳定法（草案征求意见稿）》中的尽职免责制度

金融稳定是金融安全的重要表达，当前我国的金融安全长期以来被上升为是国家安全的一项重要维度予以对待审视〔3〕。2018 年我国进行"三大攻坚战"之一的"防范化解重大风险攻坚战"其中一维即是防范化解金融风险，尤其是避免出现大规模的系统性金融风险。《金融稳定法（草案征求意见稿）》作为一部金融稳定领域的中央立法动议稿，拟于 2022 年 4 月始向公众征求意见，在中国人民银行的公开征求意见通知中对该项立法工作的概括性描述为"为贯彻落实党中央、国务院关于防范化解金融风险、健全金融法治的决策部署，建立维护金融稳定的长效机制"〔4〕。《中华人民共和国金融稳定法》（以下简称《金融稳定法》）已明确被纳入到了在 2022 年 5 月正式网上公布的《全国人大常委会 2022年度立法工作计划》中，位列第二序列"初次审议的法律案" 24 件中的第 20项，其相应的立法计划目的性说明为"围绕保障国家经济安全，完善风险防控机制"〔5〕，同时在 2022 年 7 月正式公开的《国务院办公厅关于印发国务院 2022 年度立法工作计划的通知》中亦载有金融稳定立法安排，其采取立法目的说明是"服务保障党和国家重大决策部署"大框架下的"围绕全面深化改革开放、推动经济高质量发展"〔6〕。由此可知，整部金融稳定立法要实现的根本目的是服务党和国家工作大局、防范化解金融风险、维护金融安全稳定等，具有明确发展导

〔1〕 《法理学》编写组编：《法理学》（第 2 版），人民出版社、高等教育出版社 2020 年版，第 171~172 页。
〔2〕 《法理学》编写组编：《法理学》（第 2 版），人民出版社、高等教育出版社 2020 年版，第 172 页。
〔3〕 张军果：《高度重视金融安全在国家经济安全中的战略地位》，载《唯实》2015 年第 7 期，第 63~65页。
〔4〕 《中国人民银行关于〈中华人民共和国金融稳定法（草案征求意见稿）〉公开征求意见的通知》，载 http://www.pbc.gov.cn/tiaofasi/144941/144979/3941920/4525751/index.html，最后访问日期：2022年 11 月 3 日。
〔5〕 《全国人大常委会 2022 年度立法工作计划》，载《中华人民共和国全国人民代表大会常务委员会公报》2022 年第 3 号，第 559~560 页。
〔6〕 《国务院办公厅关于印发国务院 2022 年度立法工作计划的通知》，载《中华人民共和国国务院公报》2022 年第 21 号，第 5~10 页。

向，是在发展过程中进行的金融安全治理，而非具体关注于尽职免责制度实施的具体细节。因而理解其中设置的尽职免责制度，应当在遵循立法总体目的的基础上，下文予以详展。

（一）《金融稳定法（草案征求意见稿）》中关于尽职免责规则表述

从法条结构定位来看，尽职免责制度出现在《金融稳定法（草案征求意见稿）》第五章"法律责任"中的第 45 条，是在所有法定责任形式都列举完毕之后进行的一项规则安排，从此位置设置可以认为其是一种兜底性的免责设置，也体现出金融稳定立法整体上强调严责约束为主、尽职免责为辅的风格导向。

从规则内容来看，尽职免责制度以一个独立条文呈现，该条文分 2 款，第 1 款规定的是"免于承担法律责任"的情形，第 2 款规定的是"可以依法从轻或者减轻法律责任"的情形。所以严格来看，真正体现尽职免责制度安排的是第 45 条第 1 款，但是《金融稳定法（草案征求意见稿）》中将两个条款有序地安排在同一条文中，即是指代应当共同且有序地对条款内容进行理解。从法条本体角度来看，第 45 条第 1 款完全符合"行为主体+行为模式+法律后果"的法条构造方式。从内容来看，第 1 款首先明确，尽职免责制度适用主体是"国家金融稳定发展统筹协调机制成员单位""地方人民政府""存款保险基金管理机构"和"行业保障基金管理机构"及其工作人员。值得注意的是，《金融稳定法（草案征求意见稿）》对上述主体的列举是一种封闭式列举，排除了出现"等"这种可能引发"等内等"抑或"等外等"的歧义现象。第 1 款中，对于尽职免责制度实施的情形是"在金融风险防范、化解、处置工作中"，由此即是一种对于金融风险的事前、事中和事后全过程管理，即如有观点所表述的该法旨在建立一套覆盖金融风险演进全过程，注重强化金融风险防范、化解及处置功能的法制规范[1]；对尽职表现的有关描述一是"勤勉履行职责"，二是"履职和决策程序符合规定"，构成了对于行为主体的尽职性两大基本考察要点；对尽职的客观要件表述是"因不可控制或者难以预见的因素发生不利后果"，即尊重了各类不利因素发生的客观规律，承认自然人以及由自然人组成的各类机构在可能出现风险面前的力量局限性，进而在此基础上提出了一种趋利避害的引导。在第 2 款中规定了，依照本法规定应当承担责任的单位和个人如若积极采取补救措施，且实现了有效降低或者消除影响、挽回损失效果的，可以依法从轻或者减轻法律责任。可以发现，第 2 款的内容旨在第 1 条内容的基础上，针对的是第 1 款内容所规定情形的除外情况，即如若不满足第 1 款所规定的尽职表现要求或免责的客观情形，如若在发生金融稳定风险后，能够积极采取补救措施，达到有效降低或者

---

〔1〕 郑联盛：《〈金融稳定法〉的核心、意义与改进建议》，载《中国外汇》2022 年第 9 期，第 36~38 页。

消除影响、挽回损失的，依然可以在法律责任追究程度上予以从轻或减轻，体现了责罚相适的法治精神。同时尤其应当明确的是，该款使用的情态动词是"可以"，是赋予相应追责主体一定的自主裁量权，而非机械地对相应情形进行从轻或减轻责任认定。

（二）《金融稳定法（草案征求意见稿）》中尽职免责规则要义

长期以来，金融活动在我国经济增长结构中扮演着重要的作用，金融活动为实体经济提供资源哺育的同时，也通过特定跨时空资源配置与调控功能发挥为经济发展提供跨周期的资源保障，而一切功能发挥的前提即是金融运转秩序处于一种稳定状态。金融运行具有其客观规律，以政府监管为形式的人为干预是目前一种全球通行的实践方式，而其中的关切又在于其中作为决策集体成员和执行者的具体工作人员，因此有效调动相应工作人员的积极性即成为工作的关键所在。近年来，关于深化监管改革的分析日益深入，金融稳定立法则是一种金融监管活动法治化的建制尝试，旨在通过法治化方式更好发挥金融监管活动功能，在充分有效的竞争环境中着力培育和构建金融市场的核心竞争力[1]。通盘来看，可见《金融稳定法（草案征求意见稿）》第45条整体旨在实现的即是基于监管场景，通过为有关主体设定法律责任的免除或减轻情形规则，因而与第五章"法律责任"章节中的第40条政府部门及人员责任、第41条金融机构股东及实控人责任、第42条金融机构责任以及第44条非特定主体的信息传播违规责任相融合形成一种宽严相济的金融监管追责工作导向。与《食品安全法》第136条相比[2]，《金融稳定法（草案征求意见稿）》第45条的主体限定更加明确，因为该法中的四类主体及其工作人员均有明确的政策依据、组织法支撑或"三定方案"的框定，而不涉及在判定何为"食品经营者"时还应当理证"食品"和"经营行为"两大元素。《金融稳定法（草案征求意见稿）》尽职免责规则的适用难点在于如何认定"金融风险防范、化解、处置工作"的状态、如何认定"勤勉履行职责"，关于"履职和决策符合程序规定"则因为有相应的程序约束作为前提在追责认定时有文可循，由此也为健全的程序建制提出了相应的前置性要求。整体来看，《金融稳定法（草案征求意见稿）》中尽职免责规则安排呈现出的可严可宽的灵活追责形态，也并非一味地宽容放纵。事实上已经有文章分析到《金融稳

---

〔1〕 刘青松：《合理的监管是金融市场的"稳定器"》，载《社会治理》2018年第6期，第37~39页。

〔2〕 《食品安全法》（2021年修正）第136条规定，食品经营者履行了本法规定的进货查验等义务，有充分证据证明其不知道所采购的食品不符合食品安全标准，并能如实说明其进货来源的，可以免予处罚，但应当依法没收其不符合食品安全标准的食品；造成人身、财产或者其他损害的，依法承担赔偿责任，载国家法律法规数据库，https://flk.npc.gov.cn/detail2.html? ZmY4MDgxODE3YWIyMmUwYzAxN2FiZDhkODVhMjA1ZjE%3D，最后访问日期：2022年11月3日。

定法（草案征求意见稿）》中的一重局限即是对于"金融风险"等重要概念的理清缺失，容易造成在认定金融风险过程中的标准分离和秩序混乱[1]，对此有待后续正式立法时予以进一步考量，或通过专门的立法表达，例如在总则或附则章节中以专门条款规定何为"金融风险"及其认定模式，即类似于采取《中华人民共和国国家安全法》对于"国家安全"给予法律定义的一种方式，对重要概念予以澄清，例如有观点建议将关于金融的有关定义放在整部法律第 2 条的位置[2]。也有观点评价征求意见稿中的尽职免责规则是在问责力度较轻前提下的规定可能弱化问责效果[3]，这样的推测具有合理性，但是整体应当依托模型模拟或现实试行的制度测试方式以得到确切的理解方法。

三、尽职免责制度的可入法性

在探讨上文有关内容后，一个更加基础的问题浮出水面，即是在我国的正式立法中是否可以规定尽职免责制度？对此需要从学理层面予以分析，而非直接地进入"存在即合理"的认知捷径内。

（一）尽职免责制度入法的一般评价

本文讨论的情形是在国家法律中写入尽职免责制度，对此应当明确的是其所运用的应当是法律逻辑予以分析，否则可能导致完全不同的认知后果，例如早年即有学者比较了法律责任和政治责任的区别，提出法律责任的认定应当有明文规定、由专门机关认定、不具有责任承担的连带性等与政治责任截然不同的特征[4]。具体到法学视角而言，责任类型及其承担方式向来是立法过程中一个重要的主题，而从法治过程的角度来看，立法环节中需要合理设定和分配法律责任、行政执法和司法过程则是依法公正地认定和追究当事人违法责任以确保法律实施，由此可知，在立法中科学合理地设置尽职免责规则显得尤为重要。目前我国多部不同层级的法律以及政策等规范性文件均承载有尽职免责的规则，体现尽职免责理念正在逐渐得到援用。但是依然要追问，这样的现象有合理性吗？是符合法律本身的发展规律还是一种人为制造的懒政托词？对此应当结合我国法学主流观点对于法律责任本质属性的三维认识——一是从马克思主义法学观引发的法律责任认识，认为法律责任是居于统治地位的阶级或社会集团运用法律标准对行为予以的否定性评价，体现一种阶级性的鲜明色彩；二是法律责任是自由意志支配下的行为引

---

〔1〕 陈燕红、王临风：《浅析〈金融稳定法〉草案》，载《银行家》2022 年第 6 期，第 136~137 页。

〔2〕 张华曦：《全国人大法工委民法室原巡视员彭纪华：〈金融稳定法〉应对金融风险进行清晰界定》，载《21 世纪经济报道》2022 年 4 月 27 日，第 7 版。

〔3〕 王刚、黄玉：《金融稳定立法的关键进展与完善建议——〈中华人民共和国金融稳定法（草案征求意见稿）〉评析》，载《银行家》2022 年第 5 期，第 15~18 页。

〔4〕 张贤明：《政治责任与法律责任的比较分析》，载《政治学研究》2000 年第 1 期，第 13~21 页。

起的合乎逻辑的不利法律后果，由此有两项要件值得注意，分别为"自由意志"和"合乎逻辑"；三是社会为维护自身的生存条件而强制性分配给某些社会成员的一种负担，体现了法律责任承担方式往往有负效性的特点——进行分析。相应地，首先，我国立法是党领导下的立法，旨在通过立法保障实现统治阶级的利益，尽职免责制度并非事关国本的根本性公私之争，而是一种工作主体的责任配置方式；其次，尽职免责制度所要保护的情形即是在自由意志前提下行使应有的行为但是却遭遇超出逻辑的不良后果的情形；最后，法律责任设置目的在于通过负面影响实现惩戒目的，其中必然包括一定的减损，而尽职免责制度所要避免的，即是有关执法或监管部门的力量受到不当贬损进而影响本应持续推进、增力解决的风险治理工作进展。因而总体来看，在当前风险态势带动监管压力持续增大而相应治理主体编配或其他类型的资源力量有限的大环境下来看，尽职免责制度入法是能够理解的。同时，为进一步提升尽职免责制度的实施实效，可能的博弈重点在于认定条件、认定程序以及原本工作开展方式的科学性等方面。

（二）尽职免责制度写入金融稳定立法的综合审思

尽职免责规则作为一个明确条款写入草案以后，其即成为一种客观存在的现象，尽管存在有立法目的说明等材料作为立法意图的佐证材料，但是也无法排除对于该条款可能存在的多维分析。从积极意义来看，《金融稳定法（草案征求意见稿）》作为一部旨在实现金融稳定监管活动法治化的立法成果，在其中设立尽职免责制度有三重特别意义：一是作为主动贯彻尽职免责制度建构规则的具体体现，具有主体行为逻辑上的正当性；二是其顺应了长期以来金融领域尽职免责制度的实践惯性，在理论上能够吸收以往金融系统尽职免责制度的实施经验；三是丰富了尽职免责制度的建制场域，有助于在未来更加全面地掌握尽职免责制度的实施规律。从充分考虑可能存在的各种可能性的实在角度来看，即使这样的条款存在可能为相应工作的疲软开展打开制度缺口，但可能引发于机械执行决策程序规定以求自保的风险。但是相应的情形还需经由实践检验，无法单纯地从纸面推导予以完全证实——事实上从法学的角度来看，立法工作的本质是提供一套共识方案，而除却法律规定本身之外还有多种治理工具可以援用，例如党的教育和道德教化等，由此才能确保相应的规则能够得到符合立法目的的实施。从大方向来看，在党的二十大后召开的人民银行、外汇局学习贯彻党的二十大精神宣讲报告会上，相关的制度导向口径是要"加强和完善现代金融监管，强化金融稳定保障体系，为推动经济高质量发展和维护国家经济安全提供坚实有力保障"[1]，

---

[1] 《人民银行、外汇局召开学习贯彻党的二十大精神宣讲报告会》，载中国人民银行网站，http://www.pbc.gov.cn/goutongjiaoliu/113456/113469/4701212/index.html，最后访问日期：2022年11月3日。

对于金融稳定立法的制定和实施而言，整体立法都应当是以确保金融稳定功能能够有效发挥为前提。如若金融稳定立法的正式成果中包含有尽职免责的规则，一是体现了面对风险挑战尽力而治、顺势而为的实事求是态度以及过责相当的原则，二是对后续的配套制度建设或工作指导的出台提出了新的要求，三是表示我国法治体系对于"尽职免责"理念和实践的进一步接纳，由此可能引发出对于责任认定方式和责任承担方式有关理论的探讨发展，因为它也折射出立法者和社会公众对于责任追究情形的一种态度变化轨迹。

四、尽职免责制度的建制展望

从上述分析可以得知，尽职免责制度在我国经历了长年的本土探讨，由此牵引了实务部门关于现实制度建设的成果推进，同时也在近年来防范化解重大风险的关键环节金融领域上得到了新立法草案征求意见稿内容的因应，且相应规则的存在有着明显的历史发展脉络和存在的合理性基础。至此，值得且应当分析的问题即是探讨尽职免责制度未来发展的可能态势。责任是法学视域内一座永远的主题山峰，国内法不仅对于"责任"形成了一系列的理解，而且国际法的主题范围当中也具备围绕"责任"的系列讨论，传统主题聚焦国家作为行为体的"国家责任"，其主要习惯国际法共识载体为《国家对国际不法行为的责任条款草案》，其基本条件为一国行为违反了该国应当承担的国际义务因而构成国际不法行为和该不法行为对该国具有可归因性[1]；同时近年来随着非国家行为体的兴起，也开始出现诸如游离于国家责任集体性特点之外的国际法上个人责任[2]等责任类型。但即便是国际法上的系列讨论，对于责任的追究思维和国内法大体遵循的基本法理具有一致的部分，例如强调责任承担是因为主体行为所引起（其中具体的行为类型可以包括作为或不作为）、承认不可抗力对责任承担的阻却作用等，此既体现了不同法统背景对于责任认定和责任承担方式在一些具体情形上的宝贵共识，可能也反映出人类文明在这一具体话题交汇点上具有观念共识。回归到国内法制度建设范畴上，在未来尽职免责制度可能局限于金融稳定、市场监管、应急管理和生态环境等现有风险矛盾中较为突出的领域，也可能向其他执法领域扩展，其应当根据各个领域工作的实际情况和内在规律予以认定。但是总之，尽职免责制度的根本建制逻辑在于以实事求是地组织实施风险治理为前提，阻止因为难以预见的风险挑战危及已经严肃认真、积极能动依法履职的有关主体，进而在风险挑战前治理能力不削弱、治理士气有保障。

---

〔1〕 邵津主编：《国际法》（第5版），北京大学出版社、高等教育出版社2014年版，第424页。

〔2〕 李将：《国际法上个人责任的法理：制度渊源与价值关联》，载《国际法研究》2021年第2期，第100~114页。

五、全文的总结

尽职免责制度作为一种责任安排形式，从学理探讨到制度安排上经历了一段渐进式发展的过程，它反映出这段时间以来人类面对风险态势的一种工作态度的转变，即对已经依法履职尽职但是依然遭受超出治理活动能力范畴以及先前所能预料内容之外的负面后果这一情形显示出宽容态度。尽职免责所免的是法律责任，且是以承认责任存在为前提，因而并非在此之外对相应的责任主体别无评价依据，例如从党内法规的角度可以依托《推进领导干部能上能下规定》等继续研判相应工作人员的岗位适配性，进而作出相应调整等，此即涉及超出法律评价之外的其他社会约束力量的使用问题。但是后者无论表现为什么形式，依然需要以法律评价中的事实认定环节为基础，因为任何的评价都应当实事求是地尊重现实情况。今后，尽职免责制度可能在现有的领域深入实践，也可能延展到另外的行政执法领域拓土开疆，但是无论如何其都应该正确对待该责任免除方式的前提条件设置情况，即通过明确的条文规范表达，抑或在有关条文基础上颁布专门的实施办法等补充方式，从而正确厘清适用主体、适用的主观履职要求、损害后果发生的客观条件等要件性内容，进而搭建起符合天理、国法、人情的尽职免责制度，从而为相关主体在具体工作面前愿干敢干、能干善干提供法治支撑。具体到金融稳定治理领域，虽然金融稳定立法目前已经列入立法计划，但是无论是先期公开的资料还是"草案"的征求意见稿，今后情况都有待进一步观察。无论责任制度的配适状况为何，鉴于金融稳定和国家安全被认为有密切的联系，因而金融稳定工作归根结底都首先应当深入贯彻落实总体国家安全观，建构系统思维和"大安全"格局等，尤其应当遵循习近平总书记在主持中共十九届中央政治局第二十六次集体学习时发表重要讲话中强调的，坚持对于国家安全风险的"防范化解"本位，提高风险预见、预判能力，力争把可能带来重大风险的隐患发现和处置于萌芽状态[1]。

---

〔1〕 习近平：《习近平谈治国理政》（第四卷），外文出版社 2022 年版，第 391 页。

问题银行处置中股东权利救济的路径选择*

景　欣**

摘要：问题银行处置中对股东的权利救济面临两难境地：处置机构可能会侵害大股东的合法权益，大股东可能会滥用权利救济。救济困境主要体现在三方面：处置权力的行使与限制、股东利益与公共利益的权衡与调整、救济规则适用难，其根源在于我国的理论与实践未厘清权利救济的概念，也未构建相适应的理论与制度。国内外采取不同方式解决股东权利救济困境。国外处置机构追求形式正义，不影响处置进程和目的；我国赋予处置机构宽泛的自由裁量权，却存在救济规则不匹配和制度空白。在完善问题银行处置制度的背景下，我国需要厘清权利救济的不同内涵和机制，借鉴国外的制度与实践，优化行政救济与司法救济相结合的制度体系，并在实践中灵活处理和适用权利救济规则。

关键词：问题银行处置；股东；自由裁量；权利限制；权利救济

一、问题的提出

法谚有云："无救济则无权利""救济先于权利"。任何受到公权力过度影响的主体都有权维护其合法权益，已成为不证自明的公理。自 2008 年国际金融危机以来，股东优先分担损失成为问题银行处置的重要原则之一。[1]监管机构、处置机构可采取限制大股东权利，增设大股东的义务与责任。[2]处置权力的实质是权责机关运用自由裁量权，根据被处置银行风险态势，权衡与调整股东利益与公共利益，对大股东采取相应的规制措施。然而，在问题银行处置中，处置权

---

* 本文是 2022 年度教育部人文社会科学研究规划基金项目"经济应急法制研究"（项目批准号：22YJA820002）的阶段性成果，也是西南科技大学博士基金"问题银行股权法律规制研究"（22sx7103）的阶段性成果。
** 景欣，上海财经大学经济法学博士，西南科技大学法学院讲师，主要研究方向为金融法、国际金融法。

〔1〕 See FSB, *Key Attributes of Effective Resolution Regimes for Financial Institutions*, 2014, p. 3.
〔2〕 参见景欣：《商业银行风险处置中的股东权规制》，载《金融法苑》2021 年第 1 期。

力与股东权利保护存在一定的冲突，处置权力可能会扩张，过度侵害被处置银行股东的合法权益，而被处置银行大股东存在滥诉倾向，[1]容易滥用自身的救济权利，不仅阻碍问题银行处置进程，也影响中小股东的权利救济。由此产生了问题银行处置中股东权利救济的困境。是否需要救济银行大股东，如何协调银行风险处置与权利救济，是问题银行处置要妥善解决的重要问题。

当前学界与实务界仅在银行监管问责的研究与实施中简要提及相关问题。国际金融危机前后，通说认为银行监管的履职问责、机构问责与其独立性是一体两面的。[2]我国金融监管问责法律缺失、规则不周，源于问责理念缺陷、监管制度设计及其缺失之故。[3]银行监管问责制度包括机构职责、说明回应与违法责任等内容，我国需要完善实体问责与程序问责规则，将监管治理理念内化于银行危机处置体制。[4]司法审查虽不是银行危机处置的必经程序，却对制衡监管机构及其权力具有重要作用，我国需要健全制度实现行政监管与司法审查的平衡。[5]随着金融风险防范化解攻坚战的推进与胜利，专家学者们结合国家治理能力现代化的政策要求，深入探讨金融监管责任、问责机制。[6]我国金融监管权力与监管责任不对称，要完善金融监管机构履职的责任立法、评价体系与追责制度。[7]监管机构应当承担违法侵害银行股东权利的侵权责任。被处置银行股东可以采取司法审查、行政审查、侵权之诉等救济措施。[8]针对银行危机处置中的股东权利限制措施，股东可对处置机构依法提起异议之诉和赔偿请求之诉。[9]我国要设立包括问责启动、责任认定、权利救济的金融监管问责程序。[10]国内诸多学者主要从国家治理、监管治理、权力制衡等方面进行研究，金融监管侵权责任及股东起诉处置机构的观点具有开创意义。目前的研究中很少关注股东

---

[1] 本文所谓的银行大股东，是以其持股比例或影响力界定的，包括控股股东、主要股东、发起人、有影响力的自然人股东，也包括控股或有影响力的法人股东和国有股东。

[2] 参见周仲飞：《银行监管机构问责性的法律保障机制》，载《法学》2007年第7期。

[3] 参见齐萌：《我国金融监管者问责制度的检讨与反思》，载《财经科学》2010年第3期。

[4] 参见李安安：《银行危机处置程序中的问责制研究——以银行监管治理为视角》，载《武汉大学学报（哲学社会科学版）》2012年第6期。

[5] 参见伏军：《危机银行处置：原理、制度与方法》，法律出版社2018年版。

[6] 参见李安安：《银行危机处置程序中的问责制研究——以银行监管治理为视角》，载《武汉大学学报（哲学社会科学版）》2012年第6期。

[7] 参见李安安：《迈向监管治理：国家治理能力现代化的金融法治诉求》，载王卫国主编：《金融法学家》（第6辑），中国政法大学出版社2015年版，第119~131页。

[8] 参见苏洁澈：《论银行监管机构的侵权责任——以银行破产和英美法为例》，载《法学家》2011年第1期。

[9] 参见杨松、郭金良：《银行危机处置过程中的股东权利限制研究》，载《法律科学（西北政法大学学报）》2013年第5期。

[10] 冉俊：《金融监管问责的理论逻辑及其构建路径探析》，载《浙江金融》2020年第12期。

权利救济制度，一些学者的研究具有开创意义，仍需结合国际经验探讨相关法理与制度。国内外采取不同方法化解困境。欧美国家构建了人权法、宪法与行政法等多层面的救济机制；却在实践中维护处置机构的决定，原则上不因股东权利救济影响问题银行处置。我国长期深受单向度行政思维的影响，问题银行处置领域长期存在权利救济理论的相对贫乏，股东进行权利救济的制度供给不足。随着《中华人民共和国金融稳定法（草案征求意见稿）》〔以下简称《金融稳定法（草案征求意见稿）》〕的发布，我国即将构建金融风险处置机制。在问题银行处置制度处于现代化转型之际，我国需要借鉴国际最佳实践，结合银行监管与处置理论、宪法与行政法的权利救济理论，探索适合我国国情的股东权利救济制度，并在问题银行处置实践中灵活适用救济规则，实现股东利益与公共利益的再平衡。

二、问题银行处置中股东权利救济的困境

商业银行风险具有紧迫性、外溢性等特点，一国需要构建特殊的问题银行处置机制。处置机构被赋予较为宽泛的自由裁量权，可以采取强制措施或非强制性规制。[1]这些规制行为随着银行风险的演化而逐渐强化，呈现梯次性、强制性逐渐增强的特点。被处置银行的大股东需执行"恢复与处置"计划、"生前遗嘱"或监管要求，承担银行风险处置的主体责任。因此，股东权利救济的困境源于银行风险处置与处置权力本身的特点，导致权力与权利之间、不同利益之间的潜在冲突难以妥善调整，被处置银行的股东也无法适用现行制度进行救济。

（一）处置权力与股东权利的潜在冲突

股东优先吸收损失，优先救助问题银行，是有序问题银行处置的共识。[2]在问题银行处置中，处置机构具备行政机关或准行政机关的性质，[3]采取的处置措施及规制行为也具有行政行为的特点，应当遵循权限法定原则、正当程序原则、比例原则的要求。[4]银行监管与处置权力虽具有相对独立性，但问责机制却是其相对应的一面。国际准则倡导对处置和规制行为进行问责，赋予相关利益者必要的权利救济渠道。[5]欧美普遍制定了问题银行处置制度，从权力分配、具体流程、具体措施等方面约束自由裁量权。股东都可通过行政救济和司法救济维护其合法权益。大股东受风险处置影响最大，一般是问责处置机构、救济权利的主体。但大股东的问责与救济也可能会对问题银行处置产生负面影响，使处置

〔1〕　See FSB, *Guidelines for Identifying and Dealing with Weak Banks*, 2015, p. 11.

〔2〕　See Patrizia Baudino, Carlos Sánchez & Ruth Walters, "Institutional Arrangements for Bank Resolution", *FSI Insights on policy implementation* No. 32, 2021, p. 12.

〔3〕　参见张守文：《略论经济法上的调制行为》，载《北京大学学报（哲学社会科学版）》2000年第5期。

〔4〕　See Eva Hüpkes, "Special Bank Resolution and Shareholders' Rights：Balancing Competing Interests", 17 *Journal of Financial Regulation and Compliance*, 2009, p. 282 .

〔5〕　参见刘俊：《各国问题金融机构处理的比较法研究》，上海世纪出版集团2008年版，第57~67页。

机构正当行使自由裁量权及其限制之间存在冲突。大股东虽优先分摊损失，承担额外的义务与责任，其合法权益仍然受到法律保护。在问题银行处置中，大股东有权要求其权利受到公平处置，使其损失不高于银行破产时的损失。[1]大股东在其权利受过度的限制后，有权采取复议、诉讼等手段维护其合法权益。尽管我国妥善地处置了包商银行、锦州银行等中小银行风险，也初步建立了金融风险处置制度；但因行政干预存在较强的路径依赖，金融风险处置制度与实践中仍存在触发机制不健全、程序衔接不到位等问题，问题银行处置中的"建设性模糊"极易沦为刻意模糊，处置机构更容易违反法定程序和权限，对股东利益造成不当侵害，难以适用现行问责机制制约处置权力。如何实现股东权利规制与保护的平衡，是问题银行处置及其救济机制所要解决的难题。

（二）公共利益与股东利益不易妥善协调

问题银行往往源于公司治理机制失灵，根源在于大股东与相关主体的利益冲突。处置权力实质上是利益调整机制，是对股东利益与公共利益的再平衡，以期实现维护金融稳定、维持关键金融服务等公共利益。在商业银行经营的不同阶段，对股东利益与公共利益的重视程度是不同的。商业银行在审慎经营的常态中，不仅要注重保护存款人等利益，更加注重保护中小股东的合法权益。一旦这家银行产生问题，处于危机状态之中，金融市场秩序、市场信心、存款安全等公共利益就占据了优势地位，取得了优先保护的地位。然而，由于银行风险与危机的不确定性、紧迫性，处置机构在公共利益引导下，必须及时处置、有效处置，这些规制方式将不可避免地侵害被处置银行大股东的权益。因此，股东权利保护与限制之间产生了一系列矛盾，诸如公共利益与股东利益协调、股权保护与银行稳定、大股东与中小股东的矛盾等。[2]大股东与相关者在问题银行中的利益冲突更加尖锐，问题银行处置是重新调整大股东与各方利益的过程。处置机构权衡公共利益与股东利益，评估不同处置方式的利弊得失，选择最优处置方式，确保规制对股东利益侵害较小化、规制成本最小化。对问题银行的不当处置也会诱使大股东牟取私利。不适当处置会使大股东利用其优势，侵害中小股东、存款人等相关者；不及时处置会加剧银行风险和危机，使大股东从事极高风险的活动。为确保处置机构依法规制股东权利，有必要为大股东开拓依法维护权利的途径，却也可能促使大股东滥用权利救济。如何实现在利益调整与权利救济之间取得平衡，是权利救济理论与制度亟待解决的难题。

---

〔1〕 See Victor de Serière, Daphne van der Houwen, "'No Greditor Worse Off' in Case of Bank Resolution: Food for Litigation?", *Social Science Research Network* 31, 2016, pp. 376-384.

〔2〕 参见杨松、郭金良：《银行危机处置过程中的股东权利限制研究》，载《法律科学（西北政法大学学报）》2013 年第 5 期。

（三）现行救济与问责规则缺少适配性

在我国现行的民商法及其司法解释、行政法制度中，存在多元化的股东权利救济规则。股东有权据此提起司法救济与行政救济。我国民商法及司法解释中规定了股东诉讼权的基本制度，股东理应提起物权之诉、公司诉讼及破产诉讼，但是这些救济机制均无法适用于问题银行处置的情形。一是民事司法救济制度也无法适用。物权之诉适用《中华人民共和国民法典》（以下简称《民法典》）"物权编"第 125 条、第 233 条，[1]大股东享有排除妨害请求权、损害赔偿请求权等救济权。依照文义解释，《民法典》"物权编"中的救济权可适用于股东权受侵害的任何情形。但因我国实行行政诉讼与民事诉讼分离制度，排除了行政诉讼适用民事实体法的可能性。对于规制行为侵害股东合法权益的，大股东只能提起行政诉讼维护自身合法权益。二是股东诉讼权制度无法适用。《中华人民共和国公司法》及相关司法解释规定了股东的直接诉讼和派生诉讼制度，旨在解决实际控制人、大股东等主体侵害中小股东权利益的问题，并不适用于规制行为侵害股东权利的情形。三是破产管理人违信责任存在适用难题。《中华人民共和国企业破产法》（以下简称《企业破产法》）第 132 条规定了破产管理人违背信托义务造成损害时，应当承担损害赔偿责任。[2]处置机构在接管、重组问题银行中充任接管人或管理人，或在被处置银行破产清算程序中担任清算人时，可被认定为承担了问题银行风险处置的信义义务。当处置机构应当承担不履行或不适当履行管理人义务的违信责任。但我国的立法和实践并未明确处置机构的信义义务，大股东很难据此提起损害赔偿诉讼。

结合行政相对人的救济理论来看，大股东可以通过行政复议、行政诉讼和国家赔偿诉讼进行救济。然而，银行监管法中并不存在股东权利行政救济的特别规则。大股东可依照一般行政程序提出事中救济。大股东可依照《中华人民共和国行政复议法》（以下简称《行政复议法》）第 6 条的兜底性规定，[3]在认为规制行为侵害其合法权益时申请行政复议。其受理机关是作出该规制行为的处置机构之上级。[4]复议机关依法作出维持、撤销、变更或确认规制行为违法的决定，[5]或

---

〔1〕 《民法典》第 233 条规定，物权受到侵害的，权利人可以通过和解、调解、仲裁、诉讼等途径解决。根据该法第 125 条，股东权属于受《民法典》"总则编"保护的投资性权利。

〔2〕 《企业破产法》第 130 条规定，管理人未依照本法规定勤勉尽责，忠实执行职务的，人民法院可以依法处以罚款；给债权人、债务人或者第三人造成损失的，依法承担赔偿责任。

〔3〕 《行政复议法》第 6 条第 11 项规定，公民、法人或者其他组织认为行政机关其他具体行政行为侵害其合法权益的，可以依法申请行政复议。

〔4〕 《行政复议法》第 12 条第 2 款规定，对海关、金融、国税、外汇管理等实行垂直领导的行政机关和国家安全机关的具体行政行为不服的，向上一级主管部门申请行政复议。

〔5〕 《行政复议法》第 28 条第 1 款第 3 项。

决定被申请人依法赔偿。[1]大股东可依照《中华人民共和国行政诉讼法》（以下简称《行政诉讼法》）第 12 条的兜底性规定，[2]对处置机构的规制行为提起行政诉讼。此外，股东还可依据《中华人民共和国国家赔偿法》，要求处置机构赔偿规制行为造成的损害。但股东适用行政救济和司法救济时仍存在以下问题：所有的行政权利救济规则较为笼统，股东虽能依法提起行政复议，也可作为利益相关人提起申请补偿的行政复议或诉讼。但缺少法律的明确指引认定违法规制行为及其侵害，无法为大股东提供及时、全面的权利救济。此外，由于我国不存在基本权利的司法保护制度，股东无法适用征收条款提起规制行为违宪之诉。《民法典》财产权征收条款也无法给予股东财产权司法保护，股东无法以基本权利受侵害为由提起诉讼。现行银行监管制度中只有履职问责条款，受侵害的股东无法提起损害赔偿诉讼，要求处置机构工作人员承担法律责任。《金融稳定法（草案征求意见稿）》在金融风险处置制度中拟定了股东以复议或诉讼申请补偿的规则。[3]该条款借鉴了国际最佳实践，明确了股东请求复议或诉讼的条件。但其只是简要地规定了股东剩余财产请求权受损害的条件，并未厘清处置措施的类型，缺少对股东的及时、必要的救济规则，[4]对股东权利的法律制度保障仍不健全。

三、问题银行股东救济的权利与权利的救济

我国问题银行股东权利救济的困境根源于传统行政理念的影响，这种理念已无法适应问题银行处置措施多元化的现实，以单一行政关系为基础的规则无法给予股东妥当的救济。在问题银行处置时，股东权利救济具有丰富的内涵，需要结合银行监管与处置中的规制关系，反思与重构股东权利救济的理论。

（一）股东权利救济的概念反思

权利救济是主体在合法权益遭受侵害后，依法凭借自身力量或请求公权力机关，阻止侵害行为或请求适当赔偿。股东的权利救济是对问题银行处置中规制行为的矫正和补救，更是对股东权利的法律保障。当问题银行处置的规制超出必要限度或股东觉得自身权益受到侵害时，股东可通过公力救济维护合法权益。

股东权利救济的内涵具有多维性，可分别从基本权利、权利的救济权能及行政救济权等维度理解。首先，股东权利涉及公民的基本权利。股东既可提起财产

---

[1] 《行政复议法》第 30 条。

[2] 《行政诉讼法》第 12 条第 1 款第 12 项规定，人民法院受理公民、法人或者其他组织提起的下列诉讼：认为行政机关侵犯其他人身权、财产权等合法权益的。

[3] 《金融稳定法（草案征求意见稿）》第 33 条规定，债权人和相关利益主体认为在国务院金融管理部门实施的风险处置中，其所得低于被处置金融机构直接破产清算时其所能得到款项的，可以向风险处置实施机关提起复议；对复议结果不服的，可以向人民法院提起诉讼，请求获得补偿。

[4] 王刚、黄玉：《金融稳定立法的关键进展与完善建议——〈中华人民共和国金融稳定法（草案征求意见稿）〉评析》，载《银行家》2022 年第 5 期。

权的权利救济，也可行使公民监督权进行救济。股东权利是财产权与治理权相结合的权利束，其核心是股东获取股权投资收益，与宪法上的财产权有关。处置机构在问题银行处置中过度侵害股东合法权益的，股东可以财产权受侵害为据提起救济。作为公民的股东有权监督公权力机关，对规制行为实施问责与监督。违法规制行为侵害了股东的合法权益后，股东也可要求实施侵害的处置机构赔偿损失。[1]其次，股东救济权可被视为股东权利本身固有的救济权能，亦可被视为股东对各类侵害的救济权，[2]发挥排除妨碍、停止侵害的功能，排除包括处置机构违法规制行为的侵害。股东针对权利所遭受的不法侵害，可以提起自力救济和公力救济，要求侵害者修复、补救损害或赔偿损失。针对处置机构规制行为的侵害，股东可依法提起行政诉讼和国家赔偿诉讼。再次，针对行政机关不当行为或侵害行为，行政法赋予股东提起行政救济的权利。监管机关、处置机构都属于行政机关，作为行政相对人的股东可以依法提起行政复议。国内外判例表明，针对问题银行处置中的规制行为，股东依宪法、行政法、行政诉讼法提起行政救济和司法救济。

（二）问责与权利救济的关系辩证

股东权利救济与规制问责存在重合之处，是目标与功能不同、协调互补的机制，都旨在规范和约束股东权利规制行为。

1. 权利救济与规制问责的关系

行政救济与司法救济都属于公力救济，行政机关与司法机关的问责也都是行政法制监督方式，都属于公权力机关对处置机构的制约，矫正和补救股东权利规制中的瑕疵与过错。两种权利救济机制与问责机制在发起主体、启动程序、审查重点等方面不同。其中，行政机关的救济与问责以矫正、补救为主要目的，行政机关或股东都可以启动问责和救济程序，受理股东提出的申诉、控告、异议或复议申请，由行政机关或相关机构对股东权利规制实施合法性审查，处理异议规制行为。行政机关实施问责的方式较多，除为股东提供替代性救济外，还可以立法修法、职务任免等方式对处置机构及其工作人员问责。法院不会在事前或事后主动介入，主要在个案裁判中审查股东权利规制的合法性或合理性，作出维持、撤销、变更或赔偿等判决，裁决违法处置机构应当承担的法律责任。法院判决对处置机构的约束力不同，处置机构需消除违法规制行为的不良影响，或者赔偿股东所受损失。

---

〔1〕 参见张维：《权利的救济和获得救济的权利——救济权的法理阐释》，载《法律科学（西北政法大学学报）》2008 年第 3 期。

〔2〕 参见昝从进：《论权利的救济权能及其发展》，载《河北法学》2008 年第 8 期。

2. 行政救济与司法救济的关系

对问题银行处置中的股东权利规制，股东可适用行政救济手段，矫正规制行为瑕疵、消除其不利法律后果。当股东权利遭受不法侵害时，股东还可以以司法救济维护合法权益。行政救济与司法救济是权利救济的主要手段，行政救济包括事前、事中与事后的救济，有陈述、申辩、控告、检举、行政复议等方式，是对规制行为的矫正和补救，兼顾对股东权利损害的赔偿或补偿。而司法救济是以各类诉讼方式提起的事后救济。[1]大陆法系国家一般以行政诉讼对股东实施司法救济，英美法系国家以宪法诉讼、侵权诉讼等多种诉讼救济股东权利。所有类型的司法救济都具有被动性，只能由大股东等主体在权利规制发生后提起诉讼，司法机关受理申请后，裁决股东权利规制的赔偿责任等法律责任。在我国，行政复议并非行政诉讼或国家赔偿诉讼的前置程序，司法救济是股东权益的最后保障。[2]股东可自由选择救济方式，依法追究违法规制行为的法律责任。按照《金融稳定法（草案征求意见稿）》的设计，股东可以作为利益相关者之一，针对处置机构提起行政复议，也是行政诉讼的前置程序。

（三）股东权利救济的理论省察

股东权利救济兼具问责与救济的双重功能，是对银行监管与处置中不当规制行为的救济。作为受制主体的银行股东进行权利救济，以公民身份监督对处置机构的委托授权，可以实现控制处置权力的扩张，通过权利救济监督处置权力。

1. 股东监督委托授权的理论

社会契约论奠定了政府与公民关系的基础，虽能有效地解释政府权力的正当性，但其理性主义假设无法分析现代政府权力运行机制。委托代理理论补充了古典主义契约理性假设的缺憾。商业银行监管和处置领域存在双重委托代理关系。处置机构与政府之间因法定授权形成了直接的委托代理关系。社会公众是处置机构权力的最初来源和最终来源，相互之间形成了间接的委托代理关系。政府、处置机构及社会公众之间同样存在信息不对称问题。在问题银行处置中，为防止银行风险和危机的负外部性传染其他银行或其他行业，处置机构被依法赋予行政执法权、准立法权和准司法权。作为政府、社会公众代理人的处置机构以公共利益为导向，依法行使股东权利规制的自由裁量权。处置机构在实践中一般采取"建设性模糊""密室操作"等方式处置银行危机，使其与政府及相关者之间的信息不对称更严重。处置机构及其工作人员都属于"理性经济人"，容易受部门利益、短期利益或个人利益驱使，背离公共利益导向及监管、处置目标，产生监管

---

[1] 参见周仲飞：《银行法研究》，上海财经大学出版社 2010 年版，第 104 页。

[2] 参见章剑生：《论作为权利救济制度的行政复议》，载《法学》2021 年第 5 期。

容忍、监管腐败或监管过度等问题；也容易扭曲本部门、政府部门或社会公众传递的信息，在问题银行处置中追求私人利益最大化。[1]为减少问题银行处置中的逆向选择和道德风险，需要完善监督和问责机制，要求处置机构及其工作人员适当、适时地披露监管、处置或规制等信息，强调相关利益者及社会公众参与问责；还需完善代理人激励约束机制，明确处置机构的法律责任。

2. 股东参与控制处置权力的理论

行政法本质上是控权法，其核心问题在于控制行政权力，保护公民权利。随着经济社会发展，行政权具有维护经济秩序、发展经济和社会福利的作用，但权力扩张容易侵害个人利益。现代社会采取议会立法、司法审查、内部自控等多种方式控制行政权，防止自由裁量权滥用。对不当行使行政权的，应当依法追究行政机关法律责任。在控权论影响下，英美国家普遍构建了较为完善的权力监控体系，立法机关以行政管理法授予行政机关自由裁量权，相关利益者以行政程序法和救济法对行政权实施事前、事中和事后问责。[2]在历次金融危机中，国外处置机构不当行使处置权，损害了问题银行大股东等相关利益者的合法利益，也耗费了大量的公共资金，在一定程度上助长了银行大股东等主体的道德风险，已凸显出控制处置机构处置权力的重要性。国际组织不断总结、归纳问题银行处置的国际最佳实践，为各国完善相关立法提供了政策建议。各国针对国情不断完善"特别处置机制""有序清算程序"等法律制度，优化问题银行处置的法定程序，使处置机构监管权、处置权等权力的分配日趋合理，形成对处置机构自由裁量权的规范和约束，这些国际准则和法律也体现了控权论思想。问题银行处置中存在着权力不当扩张和滥用的可能性，对处置机构及其工作人员实施监督与问责显得尤为必要。银行处置法虽赋予处置机构很大权力，却也强调依法定权限和正当程序处置的重要性，试图实现赋予权力与控制权力的平衡。

3. 股东参与监管治理的理论

随着公共治理的兴起，国际货币基金组织（IMF）开始研究银行监管治理理论，探讨银行监管的独立性和金融稳定的关系，也更注重银行监管的社会影响和效果，分析监管治理在金融危机防控中的作用。[3]IMF 认为良好的银行监管治理标准包括监管机构的独立性、问责性、透明度和监管操守。[4]其中，独立性意

---

〔1〕 See Jonathan R. Macey, "The Political Science of Regulating Bank Risk", 49 *OHIO St. L. J.* 1277, 1989.

〔2〕 参见李娟：《行政法控权理论研究》，载《行政法论丛》1999 年第 2 卷，第 12~14 页。

〔3〕 See Robert F. Weber, "New Governance, Financial Regulation, and Challenges to Legitimacy", 62 *Admin. Law Review*, 2010, pp. 783–838.

〔4〕 See Eva. Hüpkes, Marc Quintyn & Michael W. Taylor, *The Accountability of Financial Sector Supervisors Principles and Practice*, IMF, 2005, p. 8.

味着处置机构具有充分自主权；问责性和透明度则强调处置机构公开、公正、公平地行使法定职权，对立法机构、政府、被规制对象及社会公众负责。通过不同的他律和自律机制，使处置机构恪守银行监管与处置目标，规范问题银行处置中的股东权利规制。适当的问责机制不仅会监督或惩戒违法规制行为，也会促使处置机构提升规制行为的绩效。问责机制通过明确法定职责和程序，有效地约束处置机构的规制权力，追究处置机构违法规制的法律责任。利益相关者通过权利救济进行监督。各问责主体主要审查处置机构及其工作人员职务行为的合法性，要求各处置机构明确在问题银行处置各环节中的不同角色，向问责主体解释、说明其履职情况、处置或规制措施实施情况。处置机构的法律责任是对其处置、规制等行为实施问责的必然结果。在问题银行处置中，处置机构容易侵害银行股东等主体的合法权益，也容易助长利益相关者的道德风险。在实施处置、规制措施中融入银行监管治理理念，赋予股东维护合法权益的救济渠道，有助于更好地调节股东利益与公共利益，实现问题银行处置中利益调整的实质合理性。

四、股东权利救济的国际比较

（一）股东权利救济的宪法与法律依据

现代法治国家以全面保护公民合法权益为标志，股东权利救济源于宪法基本权利条款、民法财产权制度。尽管侵害股东权利属于侵权行为，但不宜适用民事法律进行救济。

1. 股东权利救济的宪法基础

宪法中的公民财产权、公民监督权与救济权条款，既是财产权等具体法律制度的渊源，也是部分国家股东提起宪法诉讼的法律依据。各国宪法中确立了公民财产权保护条款，是股东实施权利救济的根本法依据。各国形成了不同的财产权保护体例。《美国宪法第五修正案》中规定了权利保护条款。[1] 欧盟国家采取欧盟法与国内法相结合，[2] 对个人基本权利的保护适用《欧洲人权公约》及其议定书的条文，[3] 也适用各国宪法中基本权利保护的条款。《中华人民共和国宪法》（以下简称《宪法》）第13条明确规定，公民的合法的私有财产不受侵犯。股东权利是公民投资获得财产及其收益的权利，应当适用宪法的根本性规定。各国宪法也规定了公民的监督权与救济权，对不法行政行为提出申诉、控告、请求

---

〔1〕 U. S. C. A. Const. Amend. V-Due Process. 《美国宪法第五修正案》的正当程序条款规定，未经法定正当程序，任何权力机关不得剥夺个人的生命、自由和财产。

〔2〕 ［英］罗斯·玛利亚·拉斯特拉（Rosa Maria Lastra）主编：《跨国银行破产》，苏洁澈等译，中国社会科学出版社2017年版，第59页。

〔3〕 如《德国基本法》第14条规定应当依照公共福利征收财产，法律应当公平地衡量公共利益与个人利益。《欧洲人权公约》及其议定书也规定了依法保护财产权。

赔偿。我国《宪法》第 41 条规定，公民对国家机关及其工作人员的违法失职行为，享有申诉、控告或检举的权利。公民财产权等基本权利受国家机关及其工作人员侵害的，享有依法获得赔偿的权利。各国宪法中基本权利条款是宣示性的、概括性的。英美法国家的普通法院适用判例实现宪法的可诉性，大陆法系国家则以专门法院裁判宪法条款的法律适用问题。

2. 股东权利救济的民商法依据

在民商基本法律中，股东权利救济的权源为股东权利及其衍生权利的损害赔偿请求权。股东权利具有维护合法权益、防止不法侵害的救济权能，衍生的股东诉讼权着眼于公司内部治理对中小股东的侵害，无法对规制行为侵权提起权利救济。股东可适用排除妨害的民法规则，对规制行为侵权提出权利救济。

在民商基本法中，大陆法对股东权利分别在物权法和公司法中予以保护。其中股东财产权的保护适用物权之诉，中小股东可适用股东诉讼维护合法权益。英美法中不仅存在股东诉讼制度，还可根据具体诉因提起维护权益的诉讼。各国法并不限制规制行为侵权诉讼的股东资格，被规制或受侵害的大股东、中小股东均可依法起诉。大股东持股比例较大，受规制行为影响较大或兼任银行高层职务，与问题银行存在较多的利益纠缠，一般以处置机构的处置措施致损为由起诉。在 U. S. *v.* Gaubert 案中，原告 Gaubert 是 IASA 银行的大股东兼前董事会主席，认为 FDIC 监管措施是造成其损失的原因。[1]在另一案中，Emch 持有美国城市银行股份公司的大部分股票，认为 FDIC 的接管导致该公司全资控股的银行倒闭，使其遭受了巨额财产损失。[2]

我国《民法典》"总则编"确认了股东权利属于投资性权利；[3]《民法典》"物权编"第 233 条、第 238 条规定股东可以诉讼方式维护合法权益，对侵害人提起损害赔偿诉讼。[4]虽然违法规制行为也会侵害股东权利，但股东不能适用这些规定维护合法权益，应当适用《行政诉讼法》《行政复议法》的相关规定。

（二）股东权利救济的主要方式

股东权利救济以宪法公民财产权与救济权为渊源。股东可通过行政救济和司法救济维护自身的合法权益，分别适用行政程序法与诉讼法中的救济程序。在处置机构实施规制行为前后，股东向行政机关提起救济，发挥行政机关维护股东权益的作用。各国法构建了多元化的股东权利行政救济制度，规定了行政救济的

---

[1] United States *v.* Gaubert, 499 U. S. 315（1991）.

[2] Emch *v.* U. S.，474 F. Supp. 99（1979）.

[3] 《民法典》第 125 条规定，民事主体依法享有股权和其他投资性权利。

[4] 参见杨松、郭金良：《银行危机处置过程中的股东权利限制研究》，载《法律科学（西北政法大学学报）》2013 年第 5 期。

受理机构、方式和程序。一方面，明确股东救济请求的受理机构。在监管、处置或规制的过程中，处置机构可受理股东的听证、申诉、控告等救济请求。如美国法中规定，FDIC 采取处置措施时，股东可请求举行听证会。处置机构的上级或相关机构可以处理股东的复议请求，维护股东的合法权益。如加拿大法规定，财政部部长受理针对金融机构监理署决定提起的诉愿。[1]另一方面，规定股东权利行政救济的主要方式。股东可采取听证、申诉和控告、行政复议等救济方式维护自身合法权益。股东可以要求处置机构召开听证会，说明处置或规制措施的正当性。股东认为规制行为可能侵害自身合法权益、存在法律适用错误或程序瑕疵的，可在该行为实施过程中提出申诉和控告，要求处置机构采取相应的补救措施，及时消除规制行为的潜在影响。当规制行为尚未产生确定力时，股东可向处置机构申请复查规制行为的合法性与适当性。这几种救济方式都具有及时矫正和补救作用。[2]

（三）股东权利的司法救济制度

股东通过各类诉讼进行司法救济。在国外，由普通法院和特别法院管辖这类案件。股东可提起人权诉讼、宪法诉讼和一般诉讼，分别维护股东的人权、基本权利、财产权或治理权等合法权益。股东权利救济诉讼以司法审查为核心，判断处置机构是否承担违法规制的法律责任。纵观欧洲的制度与实践，股东针对问题银行处置提起司法救济，一般以异议诉讼和求偿诉讼为主。当规制行为实施后对股东权利产生影响的，股东可针对规制行为提起异议诉讼和损害赔偿诉讼，[3]要求处置机构承担相应的法律责任，这是股东权利司法救济的主要方式。异议诉讼并不产生中止规制行为的效力，其实质是对规制行为的司法矫正。损害赔偿诉讼涉及规制行为侵害结果的赔偿。股东因重大金融风险处置中的规制行为侵权的，依法提起国家赔偿诉讼，要求处置机构承担赔偿责任。对于管辖法院的选择，取决于各国司法制度和具体案情。规制行为侵权案件涉及人权、基本权利和财产权等争议，管辖法院有普通法院和特别法院。在欧盟国家，因规制行为引发的人权争议，可由欧洲法院、欧洲人权法院审理，为股东提供人权救济。对涉及宪法争议的规制侵权行为，主要由宪法法院或行政法院审理。特殊管辖往往成为普通法院回避宪法争议的理由之一。德国是其中的特例，该国宪法法院负责规制

---

〔1〕 See Eva. Hüpkes, Marc Quintyn & Michael W. Taylor, *The Accountability of Financial Sector Supervisors Principles and Practice*. IMF Working Paper, WP/05/51, 2005, p. 45.

〔2〕 参见姜明安主编：《行政法与行政诉讼法》（第 5 版），北京大学出版社、高等教育出版社 2011 年版，第 145 页。

〔3〕 参见杨松、郭金良：《银行危机处置过程中的股东权利限制研究》，载《法律科学（西北政法大学学报）》2013 年第 5 期。

行为的违宪审查，普通法院负责审理处置机构赔偿案件。美国的普通法院可对规制行为实施违宪审查。若案件不涉及人权、基本权利争议，欧洲国家一般由行政法院管辖，美国则由普通法院管辖。

司法救济的重点是对风险处置与规制行为进行司法审查。在股东权利救济诉讼中，法院对涉案的规制行为从实体与程序两方面审查，判断股东权利规制的违法性，判断处置机构是否承担违法规制行为的法律责任。其一，程序合法性的审查。程序合法性主要是指处置机构依照法定程序规制股东权利。德国、法国等国法院的审查较为严格；英国、美国法院遵循判例法审查，一般考虑问题银行处置的特殊性及其体系性风险，在个案裁判中容忍银行监管机构规制的程序性瑕疵。在全球金融危机中，法院放松了规制行为的具体审查标准，不再要求处置机构恪守规制行为的法定程序。银行危机的紧迫性、公共利益成为处置机构规制股东权利的正当理由，可不完全受正当程序的约束。[1]其二，实体合法性的审查。实体规范审查主要涉及规制行为的合法性，其核心是处置机构依法行使自由裁量权规制股东权利。两大法系法院实体审查一般涉及权力主体、范围、种类、幅度等方面，但审查的广度有所不同。其中，法国法院的审查更加全面，涉及权力主体适格性、程序和形式法定性、职权范围法定性、主观认识等方面。[2]违法性、不合理性和权力滥用是两大法系法院实体审查中的通用标准。其三，规制行为违法性的审查。处置机构应依法履行职能，这是不证自明的。很多法律并未明确规定相关权力的适用条件，往往依照一般行政程序法实施规制行为。因银行危机的紧迫性、动态性和负外部性，法律也难以穷尽具体适用情形，需要处置机构机动灵活地处置银行危机。处置机构被模糊的法律赋予更大自由裁量权，使法院判断规制行为的违法性存在困难，法院在审查中基本上认可处置机构的权力。如美国法规定 FDIC 等机构享有自由裁量权，判断银行是否处于"不安全和不稳健"状态，[3]美国法院一般尊重 FDIC 权力，往往采取有利于监管机构的裁判意见。各国法院对违法性标准的审查存在难度，实践和理论中存在不同做法。英国学界存在依法律意图和普通法基本原则解释的争议，实践中一般以法律原则进行审查。法国法院违法性标准中的"法"包括银行监管法、欧盟相关条约、条例和指令，并以事实运用明显错误作为违法性标准的补充。[4]欧盟国家银行监管或处置决定还受到欧盟司法机构的审查，欧洲法院、欧洲人权法院审查发现其决定违反相

---

[1] 苏洁澈：《银行破产监管责任研究》，中国政法大学出版社 2016 年版，第 169 页。

[2] ［瑞］艾娃·胡普凯斯：《比较视野中的银行破产法律制度》，季立刚译，法律出版社 2006 年版，第 121 页。

[3] 12 U. S. C. § 1818（b）（e）（1991）. FDIC 对不安全和不稳健的银行采取执法行动。

[4] 苏洁澈：《银行破产监管责任研究》，中国政法大学出版社 2016 年版，第 180 页。

关条例、指令或侵害权利的，可以直接认定为违法。法院在司法审查中有意对法律术语作出模糊解释，减少银行监管与问题银行处置中的司法阻力。其四，不合理规制行为的审查，国外法院往往混用多种具体标准审查和认定规制行为的不合理性、权力滥用等，不同国家法院审查的侧重点不同。英美法院和法国法院都采取相似标准，在审查时一般结合监管或规制的法定目的，以对事实的认定、运用超出了不合理限度为认定标准。但英国法上的"不合理性"标准很少适用于银行监管和规制领域。德国银行监管机构被依法赋予自由裁量权，德国法院认同监管或规制决定，依照《德国基本法》的原则、基本权利条款和基本原则，审查监管行为或处置行为。[1]

（四）国际法和宪法适用争议与处理

问题银行处置具有紧迫性，一般会直接侵害股东财产权。为维护更重要的公共利益，股东应当承担较多的银行损失。当规制行为违反正当程序或超出必要限度时，处置机构应当承担违宪责任，甚至在特定情形下构成违背国际公约的行为。欧美国家法院虽给予股东以人权和基本权利保护，在裁判中持谨慎态度，更多地权衡股东利益与公共利益。在人权争议中，欧洲人权法院则适用《欧洲人权公约》及其议定书规定，认定规制行为是否违反财产权保护条款。对该公约中"剥夺"行为的认定，欧洲人权法院一般从合法性和比例性进行判断，在 Capital Bank AD 案中裁定保加利亚银行违背公约规定。[2]在宪法争议中，美国法院依据《美国宪法第五修正案》，对规制行为是否构成"征收"作出裁判。在 Branch v. U. S. 案中，[3]法院认为 FDIC 不应对银行控股公司承担因接管引发的赔偿责任。BNEC 控股的新英格兰银行、缅因银行已资不抵债，FDIC 通过接管控制、关闭了银行及 BNEC，并非占有该公司财产，而是对问题银行的处置，并不构成宪法上的"征收"。美国法院在同类案件裁判中均未认定 FDIC 的规制行为构成"征收"，理由在于银行业的特殊性使监管机构享有自由裁量权，可根据问题银行的紧迫性实施接管等措施。欧洲法院则通过审查成员国处置机构的救助措施，认定是否构成对问题银行股东的侵害。在 Kotnik and Others 案中，[4]斯洛文尼亚国民大会将欧盟委员会的银行业通信转化为国内法，该通信是欧盟应对 2008 年金融危机制定的，规定了债转股、债务减记等自救措施。2013 年 9 月，斯洛文尼亚银行依据法定授权，对五家银行实施政府救助。受影响的股东等认为其中的自

---

〔1〕《德国基本法》明确规定了保护平等权、财产权等基本权利的原则，是德国法院审查银行监管行为和处置行为的法律依据。

〔2〕苏洁澈：《银行破产监管责任研究》，中国政法大学出版社 2016 年版，第 239~241 页。

〔3〕 Branch v. U. S. , 69 F. 3d 1571 (1995).

〔4〕 Case C-526-14 Kotnik and Others v. Republike Slovenije (2016).

救措施与该国宪法及欧盟指令冲突，违反了财产权保护原则。欧洲法院基于初步裁决程序作出裁判，认为斯洛文尼亚法律依据的银行业通信并未给成员国施加自救义务，没有影响股东财产权，股东应当承担投资风险责任；欧盟相关指令虽规定增资减资决定需经股东大会同意，但银行业通信构成了例外，适用于维护金融系统稳定，并未干涉股东权利。

五、实现风险处置与股东权利救济的协调

随着金融风险防范化解攻坚战取得阶段性胜利，我国正在构建金融风险处置制度体系。我国需要吸收和借鉴国际最佳实践，制定符合我国国情的股东权利救济制度，完善问题银行处置制度，并在实践中以形式正义为导向，实现股东利益与公共利益的协调与平衡。

（一）股东权利救济规则的设计

股东的权利救济与股东的实体权利相对应，是依法治国原则和宪法、民商法等法律的基本要求。这些规则应当具有明确的功能与体系定位，形成具有可操作性的、互补的体系。

1. 救济规则的定位

在设置股东权利救济的具体规则时，制度的体系、目的与功能定位是首要问题，完备的制度需要处理好以下问题：第一，明确股东权利救济的体系定位。赋予受制主体进行问责与救济的权利，有助于约束与制衡处置权力，强化处置机构的合法性。[1]受制主体的权利救济制度是问题银行处置制度的重要组成部分，股东权利救济规则属于权利救济制度。第二，股东权利救济是利益平衡机制。问题银行处置以公共利益为导向，打破了银行原有的利益平衡，处置机构根据银行风险状况，对大股东采取相应的规制措施，重新配置大股东的权利、义务与责任。公共利益虽然占据优位，但大股东的合法权益仍应得到必要保护，应当满足大股东的合理诉求。第三，股东权利救济不应为大股东专享和独占。股东权利救济是对所有股东的救济，遏制处置机构滥用处置权力，对违法规制行为实施问责。合理设置的权利救济规则应当对所有股东不偏私、不歧视，不应诱使大股东滥用救济手段，助长大股东的道德风险，与问题银行处置及权利救济的初衷相悖。此外，还应区别股东类别制定不同的权利救济规则。

2. 救济体系的完善

我国应形成与行政问责互补的行政救济制度，需要完善行政程序法和行政救济法。首先，赋予股东在规制行为实施前后的救济权利。在完善问题银行的有序处置制度体系中，明确赋予股东知情权、异议权等救济权，规定股东在规制行为

---

〔1〕　参见周仲飞：《银行法研究》，上海财经大学出版社 2010 年版，第 83 页。

过程中可采取的各项救济措施。在《商业银行风险处置条例》等类似制度中，规定股东申请行政复议的条件，与《行政复议法》《行政程序法》等法律相衔接，允许股东在规制行为发生效力前及事后提起救济。其次，我国还可探索实施股东权利规制的合宪性审查制度，明确实施条件、审查内容和程序。股东可依据宪法财产权保护条款或公民救济权条款，向全国及各级地方人大宪法和法律委员会请求实施合宪性审查，认定处置机构规制行为的合宪性。审查机构分别权衡公共利益与股东利益，审查处置机构的法定授权、正当程序及所侵害的基本权利。

3. 救济规则度的优化

我国应当探索股东基本权利与股东权利司法保护的可行性，重点解决以下问题：首先，解决规制行为的可诉性问题。司法救济制度需要明确赋予股东起诉权，对不当规制行为提起救济。股东提起的诉讼并非物权诉讼、侵权诉讼，是行政侵权行为诉讼。可采取"分而治之"的方式，对于处置协议等非强制性规制行为，可准用民事侵权诉讼的规定；对强制性规制行为仍应适用行政诉讼。其次，探索处置机构信义义务诉讼。在国外制度与司法实践中，处置机构担任管理人、接管人、破产管理人或清算人时，也承担了依法处置、有序处置的信义义务。[1]处置机构规制股东造成侵害的，股东可以违背信义义务请求其承担违信责任。我国可探索处置机构违信责任制度，赋予股东提起违信诉讼的权利。再次，探索处置机构侵害股东基本权利诉讼，使股东能够以财产权受侵害为由提起诉讼。法院应当结合规制行为的正当性、公共利益、处置紧迫性等因素作出判断。股东权利的司法救济不应纵容大股东滥用诉讼权利，更不能影响问题银行处置的效力。最后，根据股东类别制定相应的救济规则。严格限定大股东的救济条件，对被处置银行风险负有责任的大股东不应享有救济权利。中小股东应当优先于大股东获得权利的救济，中小投资者保护机构可以作为中小股东的代表人提起救济。

（二）问题银行处置中股东救济的实施

在实践中各种利益相互交织，相关机构以公共利益为先，优先采取行政救济方式，不以实现实质正义为目的，更不能影响银行风险处置。

1. 维护公共利益优于股东利益

问题银行处置旨在实现维护金融稳定、保护存款人利益等公共利益。因此之

---

[1] 12 U. S. C. A. § 1821, 12 U. S. C. A. § 1823. 按照 FIRREA 规定，作为接管人的 FDIC 在行使接管权力时，应当承担信义义务。在司法实践中，很多股东以 FDIC 违背接管人或清算人的信义义务起诉。但法院判决往往不认为 FDIC 存在违背信义义务的接管或管理行为。如在 Golden Pacific Bancorp *v.* F. D. I. C. 中，法院认为，FDIC 虽未能运用比存款保险转移和资产购买协议（DITAPA）更温和的停业清理方法，但并未违背其信义义务。在 C. Robert Suess *v.* Federal Deposit Ins. Corp. 中，法院认为，FDIC 是符合其信义义务的。

故，国际准则倡导赋予处置机构较宽泛的自由裁量权，排除处置和规制措施实施中遇到的程序、法律等任何障碍。[1]处置机构在具体处置实践中存在滥用自由裁量权的可能性。被侵害的股东有权提起权利救济，有权请求相关机关对处置机构实施问责。然而，股东无论在事中事后提起权利救济，都不能诱发大股东滥用权利救济，对问题银行处置产生不当影响。应当从行政救济与司法救济两方面分别实现维护公共利益的目的。一方面，行政机关在受理、审查涉及规制行为的复议等案件时，审查规制行为、股东救济请求的合法性与合理性。辨识大股东的合理请求，不予受理或者驳回大股东提出的不合理、不合法请求。在实践中，行政机关需判断和审查规制行为要素，辨别实施主体、实施对象、规制措施等要素是否符合合法性要件，运用成本收益分析法判断规制措施是否违背最小成本法，判断大股东利益是否受到过度侵害。在全面审查和仔细判断的基础上，行政机关可作出是否变更、补足规制行为或赔偿大股东的损失。另一方面，司法机关在实施股东的司法救济时，首先审查大股东所提起的诉讼及诉讼请求，判断是否受理相关案件，其次在审判和调查取证中审查规制行为的程序合法性和实体合法性，判断规制行为是否处于法定授权范围，是否符合维护公共利益的要求。

2. 实现形式正义优于实质正义

与实质正义追求内容和目的的正义性不同，形式正义强调程序的公正性，并不以追求个案的公平正义为目的。行政机关可回应大股东请求、处理行政复议，及时变更规制行为；也可决定对大股东等受制主体作出适当赔偿。行政机关可依据自由裁量权驳回或不受理大股东的救济请求。司法机关主要在受案审查、个案裁判中对大股东实施救济，可以采取自由裁量权、银行危机紧迫性等正当理由。[2]对大股东的权利救济同样追求形式正义，赋予大股东救济权利，是否赔偿大股东在所不问。当问题银行处于严重危机状态，不及时处置就将会破产倒闭，严重危及金融稳定、关键金融服务、市场信心或市场秩序，无论是行政救济或司法救济都不宜受理大股东的救济请求。至于股东的权利救济是否能够实现，则取决于问题银行处置的状况，以"没有债权人不比清算时更糟糕"（no creditor worse off than in liquidation）为认定标准。倘若被处置银行恢复常态，大股东可根据追加投资享有相应的权利与分红，所有股东根据恢复后银行的股权比例享有相应权利。倘若该银行最终被清算注销，所有股东都只能遭受损失。

3. 行政救济优于司法救济

国际准则和国际最佳实践都强调有序、及时和有效处置，[3]需要及时处理

---

〔1〕 See FSB, Guidelines for Identifying and Dealing with Weak Banks, 2015, p. 9.

〔2〕 参见李晗：《法经济学视野下的金融监管法正义性分析》，载《法制与社会发展》2006 年第 5 期。

〔3〕 See FSB, Guidelines for Identifying and Dealing with Weak Banks, 2015, p. 12.

股东提起的权利救济请求。处置机构和大股东都不愿以旷日持久的方式维护权利。行政救济主动性、及时性更强，能更好地维护股东权利、减少维权成本，金融风险处置立法、政策与实践都不宜以司法救济为导向。[1]在实施处置和规制前后，处置机构可优先适用行政问责方式，对大股东等受制主体进行替代性救济；也可及时受理大股东提出的救济请求，维护大股东的合法权益。处置机构在作出规制决定时，应当及时告知大股东权利救济方式。处置机构也可在规制行为生效后，采取事后问责方式进行检查和监督。司法救济对问题银行处置影响更大，应当更侧重于对处置与规制进行必要的司法审查，更适合作为股东权利救济的最后防线。我国司法机关可以以公共利益为导向，确立和适用规制行为审查的合法性、合理性标准，全面审查规制行为的主体、行为、效果等要素，依据法律和事实作出准确的判决，要求处置机构及时消除规制行为的不良影响，或适当赔偿股东所受损失。

---

[1] 参见耿宝建：《"泛司法化"下的行政纠纷解决——兼谈〈行政复议法〉的修改路径》，载《中国法律评论》2016年第3期。

重构我国金融机构风险处置和市场退出机制之进路[*]

许戈雷特^{**}

摘要： 目前，我国金融机构风险处置和市场退出机制仍处于早期发展阶段，尚缺乏系统性、全局性的统筹规划和设计。因规范缺失、模糊、冲突等问题的广泛存在，现有相关立法并不能对问题金融机构的处置提供充分指引，进行改革势在必行。由于现行机制以普通公司破产机制为依托，受制于普通公司破产机制中既有的理念与制度设计，许多制度安排难以和金融机构的特性相适应。着眼于长远发展，构建出独立于普通公司破产机制的金融机构风险处置和市场退出机制将是更好的选择。在对现行机制所覆盖内容进行扬弃、整合的基础上，经重构而生的新机制应有界定明确的适用范围、规范清晰的监管职权与边界、运作协调的监管措施和司法程序。

关键词： 金融机构；风险处置；市场退出；破产

一、引言

作为连接实体经济和金融市场的媒介，金融机构受到特殊的金融监管。实践中，难免会存在金融机构陷入危机而无法符合监管要求的情形，这不仅可能损害广大金融客户/投资者的权益，还可能危及金融系统的稳定。而近年来，我国便接连出现诸如安邦保险、包商银行等具有较大影响的金融机构危机事件。因此，对问题金融机构的风险进行处置，甚至依优胜劣汰的市场规律使其退出市场，是一个无法回避的问题。然而在现阶段，我国关于金融机构风险处置和市场退出机制的立法并不能满足规范金融机构危机处置的需要。随着我国金融市场市场化程度不断提高，开放进程不断深化，改革和完善当前机制的需求愈发迫切。

实际上，早在 2012 年出台的《金融业发展和改革"十二五"规划》中，有

---

* 基金项目：中国博士后科学基金第 71 批面上二等资助（资助编号：2022M712730）；国家社会科学基金项目"我国银行法修改中域外效力问题研究"（批准编号：22BFX187）。

** 许戈雷特，法学博士，现为浙江大学光华法学院博士后研究员。

关部门就提出了要"建立适合我国国情的金融机构破产法律体系，规范金融机构市场退出程序，加强行政退出与司法破产之间的有效衔接"。在 2019 年发布的《加快完善市场主体退出制度改革方案》和 2020 年发布的《中共中央、国务院关于新时代加快完善社会主义市场经济体制的意见》中，有关部门再次强调要建立健全金融机构市场化退出机制。在此目标指引下，2022 年 4 月，中国人民银行公布其起草的《中华人民共和国金融稳定法（草案征求意见稿）》［以下简称《金融稳定法（草案征求意见稿）》］向社会公开征求意见；2022 年 11 月，中国银行保险监督管理委员会（以下简称"银保监会"）公布其起草的《中华人民共和国银行业监督管理法（修订草案征求意见稿）》［以下简称《银行业监督管理法（修订草案征求意见稿）》］向社会公开征求意见。而在《全国人大常委会 2022 年度立法工作计划》中，《中华人民共和国金融稳定法》（以下简称《金融稳定法》）的制定以及《中华人民共和国企业破产法》（以下简称《企业破产法》）的修改被列为初次审议项目。值此之际，如何改革和完善金融机构风险处置和市场退出机制自然成为一项焦点议题。

在国际层面，2008 年金融危机之后，美国、英国、欧盟等主要经济体都在不同程度上对金融机构风险处置和市场退出机制进行了改革和完善，而金融稳定理事会（Financial Stability Board）等国际组织也通过颁布诸如《金融机构有效处置机制的关键要素》（Key Attributes of Effective Resolution Regimes for Financial Institutions，以下简称《关键要素》）等一系列具有软法性质的基准型文件指引各成员国完善相关立法。因此，参考广受认可的国际基准，并借鉴其他法域有益立法经验，将有助于思考如何提升我国金融机构风险处置和市场退出机制相关立法。

于此背景下，为助力我国金融机构风险处置和市场退出机制的改革和完善，本文将首先对我国目前相关立法进行梳理，进而探寻在对此机制进行改革时所应采纳的理想立法模式，其后再讨论在此机制下金融机构范围的界定、相关程序（措施）的启动、管理人人选、监管措施和司法程序的协调等在改革中值得重点关注的几个方面。

二、我国金融机构风险处置和市场退出机制立法现状评析

现阶段，我国金融机构风险处置和市场退出机制主要由监管部门主导的金融监管措施和法院主持的破产程序构成，所涵盖内容散落于《企业破产法》以及各金融行业相关法律法规等规范性文件中。

根据《企业破产法》第 134 条的规定，对于具有"破产原因"[1]的商业银

---

[1] 一般而言，当企业出现《企业破产法》第 2 条所规定的情形时，便被认为具有"破产原因"。《企业破产法》第 2 条规定，企业法人不能清偿到期债务，并且资产不足以清偿全部债务或者明显缺乏清偿能力的，依照本法规定清理债务。企业法人有前款规定情形，或者有明显丧失清偿能力可能的，可以依照本法规定进行重整。

行、证券公司、保险公司等金融机构，国务院金融监督管理机构可以向人民法院提出对该金融机构进行重整或者破产清算的申请；金融机构实施破产的，国务院可以依据本法和其他有关法律的规定制定实施办法。据此，在现行立法框架下，《企业破产法》适用于处理金融机构破产问题。虽然鉴于金融机构的特殊性，《企业破产法》授权国务院制定更为详细、更具操作性的实施办法，但迄今为止尚未有系统性的实施办法被颁布。

在银行领域，结合《中华人民共和国银行业监督管理法》（以下简称《银行业监督管理法》）、《中华人民共和国商业银行法》（以下简称《商业银行法》）、《金融机构撤销条例》等规范性文件的规定，银行监管部门对问题银行可采取的风险处置措施包括：责令及限制措施[1]、接管[2]、机构重组[3]、停业整顿[4]、撤销并清算[5]和实施破产清算[6]。当问题银行处于被接管、被撤销或被法院受理破产申请等情形时，根据《存款保险条例》的规定，存款保险基金管理机构将使用存款保险基金以协助对银行危机的处置或直接偿付被保险存款。[7]

在证券领域，结合《中华人民共和国证券法》（以下简称《证券法》）及《证券公司风险处置条例》等规范性文件的规定，证券监管部门对问题证券公司可采取的风险处置措施包括：责令及限制措施[8]、停业整顿[9]、指定其他机

---

[1] 《银行业监督管理法》第37条第1款规定，银行业金融机构违反审慎经营规则的，国务院银行业监督管理机构或者其省一级派出机构应当责令限期改正；逾期未改正的，或者其行为严重危及该银行业金融机构的稳健运行、损害存款人和其他客户合法权益的，经国务院银行业监督管理机构或者其省一级派出机构负责人批准，可以区别情形，采取下列措施：①责令暂停部分业务、停止批准开办新业务；②限制分配红利和其他收入；③限制资产转让；④责令控股股东转让股权或者限制有关股东的权利；⑤责令调整董事、高级管理人员或者限制其权利；⑥停止批准增设分支机构。

[2] 参见《商业银行法》第64条；《银行业监督管理法》第38条。

[3] 参见《银行业监督管理法》第38条。

[4] 参见《银行业监督管理法》第45条、第46条；《商业银行法》，第74~77条。

[5] 参见《银行业监督管理法》第39条；《金融机构撤销条例》第5条；《商业银行法》第70条。

[6] 参见《商业银行法》第71条。

[7] 参见《存款保险条例》第18条、第19条。

[8] 《证券法》第140条第1款规定，证券公司的治理结构、合规管理、风险控制指标不符合规定的，国务院证券监督管理机构应当责令其限期改正；逾期未改正，或者其行为严重危及证券公司的稳健运行、损害客户合法权益的，国务院证券监督管理机构可以区别情形，对其采取下列措施：①限制业务活动，责令暂停部分业务，停止核准新业务；②限制分配红利，限制向董事、监事、高级管理人员支付报酬、提供福利；③限制转让财产或者在财产上设定其他权利；④责令更换董事、监事、高级管理人员或者限制其权利；⑤撤销有关业务许可；⑥认定负有责任的董事、监事、高级管理人员为不适当人选；⑦责令负有责任的股东转让股权，限制负有责任的股东行使股东权利。

[9] 参见《证券法》第143条；《证券公司风险处置条例》第7条。

构托管[1]、接管[2]、行政重组[3]、撤销证券业务许可[4]、撤销证券公司并进行行政清理[5]、责令关闭[6]、申请重整[7]和申请破产清算[8]。当问题证券公司处于被托管、被接管、被撤销、被关闭或被法院受理破产申请等情形时，根据《证券投资者保护基金管理办法》的规定，中国证券投资者保护基金有限责任公司将使用证券投资者保护基金以协助对证券公司危机的处置或直接偿付证券公司的债权人。[9]

在保险领域，结合《中华人民共和国保险法》（以下简称《保险法》）、《保险公司偿付能力管理规定》、《保险公司偿付能力监管规则》等规范性文件的规定，保险监管部门对问题保险公司可采取的风险处置措施包括：责令及限制措施[10]、整顿[11]、接管[12]、撤销并清算[13]、申请重整或破产清算[14]。根据《保险保障基金管理办法》的规定，当保险公司被依法撤销或者依法实施破产而其清算财产不足以偿付保单利益时，或当保险公司存在重大风险并可能严重危及社会公共利益和金融稳定时，中国保险保障基金有限责任公司可运用保险保障基金协助对保险公司危机的处置或直接向保单持有人提供救助。[15]

综合以上内容，在现阶段我国金融机构风险处置和市场退出机制中，可用于处置金融机构危机的措施和程序主要包括：①规定于各金融行业立法中的诸如责令及限制措施、整顿、托管、行政重组、接管、撤销清算等金融监管措施；②规定于《企业破产法》中的和解、重整和破产清算程序。经过梳理和分析，本文

---

[1] 参见《证券法》第143条；《证券公司风险处置条例》第8条。

[2] 参见《证券法》第143条；《证券公司风险处置条例》第8条。

[3] 参见《证券公司风险处置条例》第12条。

[4] 参见《证券公司风险处置条例》第17条。

[5] 参见《证券公司风险处置条例》第19条、第21条。

[6] 参见《证券公司风险处置条例》第36条。

[7] 参见《证券公司风险处置条例》第38条。

[8] 参见《证券公司风险处置条例》第37条。

[9] 参见《证券投资者保护基金管理办法》第19条、第20条。

[10] 《保险法》第138条规定，对偿付能力不足的保险公司，国务院保险监督管理机构应当将其列为重点监管对象，并可以根据具体情况采取下列措施：①责令增加资本金、办理再保险；②限制业务范围；③限制向股东分红；④限制固定资产购置或者经营费用规模；⑤限制资金运用的形式、比例；⑥限制增设分支机构；⑦责令拍卖不良资产、转让保险业务；⑧限制董事、监事、高级管理人员的薪酬水平；⑨限制商业性广告；⑩责令停止接受新业务。同时可参见《保险公司偿付能力管理规定》第26条。

[11] 参见《保险法》第140条。

[12] 参见《保险法》第144条。

[13] 参见《保险法》第149条。

[14] 参见《保险法》第90条。

[15] 参见《保险保障基金管理办法》第16条、第19条。

认为在当前立法中存在以下几个主要问题：

（1）分散式立法引发混乱。当前立法中对不同类型金融机构风险处置的规定大体类似，但又不尽相同。例如，在保险业立法中存在的"整顿"和银行业、证券业立法中存在的"停业整顿"，至少在字面上便有所不同。而相比于银行业、证券业立法，保险业立法特别在整顿组组成和职责等方面作出了概要性规定。这不禁使人思考这三个领域中的"整顿"在实践中是否存在实质性的差别，或是否应存在实质性的差别。又如，证券业立法中规定了证券监管部门可以指定其他证券公司对问题证券公司的业务进行托管，[1]银行业立法中规定了银行监管部门可以指定其他银行对处于撤销清算期间的问题银行业务进行托管，[2]而保险业立法中并不存在关于"托管"的规定。但在实践中，保险监管部门已开始"参照"证券、银行领域的做法，运用"托管"措施来处置保险公司的危机。2020 年 7 月 17 日，在银保监会接管天安财产保险股份有限公司、华夏人寿保险股份有限公司、天安人寿保险股份有限公司和易安财产保险股份有限公司的同时，银保监会便分别委托了中国太平洋财产保险股份有限公司、国寿健康产业投资有限公司、新华人寿保险股份有限公司和中国人民财产保险股份有限公司对四家被接管保险公司的业务进行托管。[3]即便通过"托管"措施能更加顺利、便利地推进对被接管保险公司危机的处置，但仅根据目前的立法，监管部门的做法将令人产生于法无据的质疑。

（2）缺乏具体、明确的规定。虽然《企业破产法》规定了当金融机构具有"破产原因"时可适用破产程序，并授权国务院制定相关实施办法，但目前针对金融机构破产问题的系统性的实施办法尚未出台。由于金融机构在业务、规模、影响等方面存在的特殊性，更具体、明确的破产实施办法的缺失将使相关组织和人员无法得知该如何开展金融机构破产程序。在此阶段，若出现有关案件，不免会形成无法可依的局面。此外，虽然在各行业立法中规定了监管部门对不同类型问题金融机构所能采取的托管、行政重组、接管、撤销清算等一系列监管措施，但目前大多数规定都较为原则，缺乏针对具体措施的详细规定，难以对实践给予明确指引，也未能勾勒出在实施这些措施时监管部门的权力边界。而在证券业立法中，既存在"责令关闭"，[4]又存在"撤销证券公司"，[5]但从对现有规定的

---

〔1〕 参见《证券法》第 143 条；《证券公司风险处置条例》第 8 条。
〔2〕 参见《金融机构撤销条例》第 12 条。
〔3〕 《中国银保监会依法对天安财产保险股份有限公司等六家机构实施接管的公告》，载国家金融监督管理总局网，http://www.cbirc.gov.cn/cn/view/pages/ItemDetail.html? docId=917190&itemId=915&generaltype=，最后访问日期：2022 年 8 月 20 日。
〔4〕 参见《证券公司风险处置条例》第 36 条。
〔5〕 参见《证券公司风险处置条例》第 19 条、第 21 条。

分析来看，并无法得知此两项措施有何区别。根据中国证券监督管理委员会（以下简称"证监会"）在对河北证券有限责任公司进行处置过程中所作出的行政处罚，证监会决定"鉴于河北证券已撤销，我会不再对河北证券给予责令关闭的处罚"，[1] 可以看出"撤销证券公司"和"责令关闭"二者至少都可以达到相同的目的。

（3）监管措施和破产程序缺乏协调。由于当前立法对金融监管措施和金融破产程序的规定均不完善，这不仅造成对各项措施、程序在理解与适用上的困难，还令人无法得知部分措施和程序之间该如何协调适用。例如，行政重组、接管和破产重整，实际上都将产生对问题金融机构的财务结构、组织架构或经营方式进行调整的效果，但从目前的立法规定中并不能明确它们之间的联系和区别。而实践中，行政重组和接管措施在处置金融机构危机过程中的普遍运用则实际上排除了破产重整程序的适用，或者至少可以说极大程度地降低了破产重整程序适用的必要性。因此，未来需要理顺此三类措施、程序间的关系，这样才能建成一个系统性的、功能协调的金融机构风险处置和市场退出机制。类似地，撤销清算（或行政清理）和破产清算，实际上都具有对问题金融机构进行清算而使其退出市场的效果，而是否有同时存在这两类清算程序的必要，或者是否有对具备"破产原因"的金融机构先进行行政清理再进行破产清算的必要，[2] 这都是值得商榷的。虽然通常认为撤销清算将适用于尚不具备"破产原因"的金融机构，而破产清算将适用于具备"破产原因"的金融机构，[3] 但由于金融机构的资产、负债情况往往是庞杂的，在面临程序选择的阶段通常难以确定问题金融机构是否具备资不抵债的破产原因。以广东国际信托投资公司案为例，广东省高级人民法院于 1999 年 1 月 16 日裁定宣告该公司破产并指定清算组负责破产清算；经过 20 余年的清算，在 2021 年 2 月 2 日破产程序全面终结时，所有破产债权均得到 100% 的清偿，且尚有剩余破产财产返还给该公司的出资人广东省人民政府。[4] 由此可见，即使是适用了破产清算程序的金融机构，最终也有可能被证明其资产大于负债，或出现因资产增值而重新使得资产大于负债的情况。而另一方面，对

---

〔1〕 《中国证监会行政处罚决定书（河北证券武铁锁等 8 名责任人员）》，载中国证券监督管理委员会网，http://www.csrc.gov.cn/zjhpublic/G00306212/200812/t20081212_36306.htm，最后访问日期：2022 年 8 月 20 日。

〔2〕 参见《证券公司风险处置条例》第 39 条。

〔3〕 参见龙翔：《保险监管机构在保险公司强制退出市场中的角色》，载《保险研究》2010 年第 12 期；巫文勇：《金融机构破产程序性规则修正研究》，载《山东社会科学》2012 年第 10 期；张婷：《中国危机保险公司风险化解及市场退出机制研究》，载陈景善、张婷主编：《东亚金融机构风险处置法律评论》（第 1 辑），法律出版社 2015 年版，第 15 页。

〔4〕 广东省高级人民法院（2021）粤破 1 号民事裁定书。

于已具备破产原因的金融机构，实践中往往也会先行运用撤销清算加以处置。例如，根据《证券公司风险处置条例》中的规定，当证券公司不能清偿到期债务，并且资产不足以清偿全部债务或者明显缺乏清偿能力，在需要动用证券投资者保护基金的情况下，监管部门须先撤销该证券公司并成立行政清理组对其进行行政清理，而后才可能批准使其进入破产清算程序。[1]

综上所述，针对我国金融机构风险处置和市场退出机制的相关立法仍处于早期发展阶段，缺乏系统性、全局性的统筹规划和设计，广泛存在规范缺失、模糊、冲突等问题，无法起到应有的对实践给予明确指引的作用。而央行公布的《金融稳定法（草案征求意见稿）》和银保监会公布的《银行业监督管理法（修订草案征求意见稿）》虽然一定程度上丰富了对于监管机构在处置问题金融机构过程中所能采取措施、手段的规定，但仍无利于解决因对当前机制缺乏整体考量所滋生的问题。因此，重构我国金融机构风险处置和市场退出机制仍势在必行。

三、我国金融机构风险处置和市场退出机制立法模式选择

根据金融机构风险处置和市场退出机制与普通公司破产机制的关系，金融机构风险处置和市场退出机制立法模式可以被划分为两类。第一类模式：金融机构风险处置和市场退出机制以普通公司破产机制为依托，针对金融机构的特性增添关于处置金融机构危机的措施、程序，并对普通公司破产法中的破产程序通过调整、修改而加以适用。采纳此类立法模式的国家（地区）包括英国和欧盟。第二类模式：金融机构风险处置和市场退出机制完全独立于普通公司破产机制，普通公司破产法不适用于处理银行、保险公司等金融机构的危机。采纳此类立法模式的代表性国家为美国。

按照我国当前立法，《企业破产法》中规定的破产程序适用于金融机构，因此我国现阶段的立法模式可被归为第一类模式。但由于我国立法中尚缺乏针对金融机构特性而作出的对普通公司破产机制进行修正适用的规则，实践中仍难以通过（至少难以直接通过）和解、重整和破产清算等程序对问题金融机构加以处置。于此阶段，在面临改革之际，一个值得被探讨的问题是：是否我国应坚持第一类立法模式，沿袭当前立法路径完善金融机构风险处置和市场退出机制，抑或转为采纳第二类立法模式，构建一个完全独立于普通公司破产机制的金融机构风险处置和市场退出机制。

由于在制定《企业破产法》时，针对金融机构破产问题，立法者选择了采纳第一类立法模式，因此继续沿袭该模式并在此基础上进行改革可以说是当前条

---

[1] 参见《证券公司风险处置条例》第 19 条、第 21 条、第 39 条、第 41 条。

件下最便捷的选择。国内许多学者也都认同此种做法，认为这样既能够针对金融机构做出特殊性规定，又能避免对金融机构破产规定与普通公司破产规定中相同的内容进行赘述。[1] 而在改革的实现方式上，大致存在两种建议：一种建议认为可以先制定《金融机构破产条例》，日后或可以此为基础再制定《金融机构破产法》；[2] 另一种建议则认为可以通过在《企业破产法》中设立专章的方式来规定金融机构破产问题。[3] 但在继续保留此立法模式的理念下，目前仍鲜有学者就如何调整、修改《企业破产法》中的规则而使之与金融机构的特性相适应提出更加具体的建议。

鉴于英国是选择第一类立法模式的代表性国家，对其立法加以考察能够对我国是否应沿着第一类立法模式的路径进行改革提供更多的思路。以英国银行业立法为例，在 2008 年金融危机之后，英国通过制定《2009 年银行法》（Banking Act 2009）建立起一套系统性的专门用于处理银行危机的"特别处置机制"（special resolution regime）。此"特别处置机制"包含三大模块的内容：①五项稳定性措施（five stabilisation options）；[4] ②银行清算程序（bank insolvency procedure）；③银行重整程序（bank administration procedure）。[5] 其中，银行清算程序和银行重整程序以普通公司破产机制中的清算程序（winding-up）和重整程序（administration）为基础，但基于银行业的特殊性，《2009 年银行法》对普通公司破产机制中的部分规则作出了修正适用的规定。除经过修正的规则外，普通公司破产机制中关于清算和重整程序的其他规则均可直接适用于银行清算和银行重整程序。[6] 相比较而言，五项稳定性措施是监管（行政）部门依职权便可作出的监管（行政）措施，[7] 而银行清算程序和银行重整程序则属于需要法院主持的

---

[1] 参见贺丹：《金融机构市场化退出：一个制度协调的新思路》，载《东方论坛》2017 年第 1 期；贺雪喆、陈斌彬：《金融机构破产对现行〈企业破产法〉适用的挑战及因应》，载《南方金融》2021 年第 1 期。

[2] 参见白鹤祥：《金融机构破产法律建设的国际经验及启示》，载《金融时报》2018 年 4 月 2 日，第 10 版；张世君：《我国金融机构破产制度的反思与重构》，载《经贸法律评论》2019 年第 1 期。

[3] 参见李曙光：《推进〈企业破产法〉修订 健全金融机构破产制度》，载《清华金融评论》2020 年第 2 期；贺雪喆、陈斌彬：《金融机构破产对现行〈企业破产法〉适用的挑战及因应》，载《南方金融》2021 年第 1 期。

[4] 该五项稳定性措施分别为：①转移至私营买家（transfer to a private sector purchaser）；②转移至过桥银行（transfer to a bridge bank）；③转移至资产管理机构（transfer to an asset management vehicle）；④债权人纾困措施（bail-in option）；⑤临时国有化（transfer to temporary public ownership）。Banking Act 2009, s 1 (3).

[5] Banking Act 2009, s 1 (2).

[6] Banking Act 2009, s 136 (2), s 90 (2).

[7] 除"临时国有化"措施须由财政部（Treasury）决定外，其余措施主要由英格兰银行（Bank of England）决定。

司法程序。一般而言，在处置问题银行的过程中，监管部门会先采用稳定性措施，确保达到维护金融稳定以及保护金融客户/投资者的目标。于此阶段，问题银行将被监管部门重组，其大部分业务、资产、股权等可能会被转移到私营买家、过桥银行或资产管理公司，债权人的债权也可能会被削减或被转化成股权。而后，对于剩余银行（residual bank），监管部门可能会向法院申请使其进入银行重整程序，也可能会向法院申请使其进入银行清算程序。

以普通公司破产机制为基础，英国建立了银行清算程序和银行重整程序。但在问题银行进入银行清算程序或重整程序前，通常已经由监管部门通过稳定性措施进行了重组，因此可以认为银行清算程序或重整程序在对问题银行处置的过程中主要起着补充作用，或是继续落实重组中未完成事项，或是进行最终的清算收尾工作。以银行重整程序为例，立法将该程序的首要目标规定为：为重组过程中作为受让方的私营买家、过桥银行或资产管理公司提供能使其顺利运作的服务和设施。[1]而根据银行重整程序中关于对债权人会议的规定，只有当监管部门作出通知，表明对于私营买家、过桥银行或资产管理公司而言剩余银行不再被需要（即前述首要目标达成），债权人会议才会在其后被召开。[2]类似地，银行清算程序的首要目标被规定为：与金融服务补偿计划（Financial Services Compensation Scheme）的运营主体协作，确保受金融服务补偿计划保障的存款人能够将账户转移至其他银行，或者能够直接从金融服务补偿计划处获得赔付。[3]在监管部门认为该首要目标已达成（或者达成该目标是切实可行的）之后，债权人会议才会被召开。[4]由此可见，不同于普通公司破产程序中债权人会议对债务人公司有关事务具有广泛的决定权，银行清算和银行重整程序中的债权人会议很大程度上只能承受问题银行被监管部门重组的结果。换而言之，债权人会议在问题银行危机处置过程中并无法一直起到具有实质性影响的作用，债权人会议存在的意义也就被大大削弱了。而就处理问题银行所生危机一事，当立法中既存在可由监管部门直接决定的具有重组效果的监管（行政）措施，又存在需要债权人会议对剩余事项作出决定的银行清算或银行重整程序，这在逻辑上是难以自洽的。在此种立法模式下，一个难以解释的问题是，为何在对债权人权利有实质影响的重组阶段未给予债权人决定权利，而在重组后的剩余事项上又赋予债权人决定权？

由于普通公司破产机制是一种集合性的债务处理机制，而债权人会议制度是内嵌于其中的不可或缺的制度，当立法选择将金融机构风险处置机制和市场退出

---

[1] Banking Act 2009, pp. 137-138.

[2] Banking Act 2009, Table 1, pp. 50-58.

[3] Banking Act 2009, p. 99.

[4] Banking Act 2009, p. 100.

机制建立于普通公司破产机制之上时，也就面临着要思考如何让债权人会议在处置金融机构危机中发挥作用。但由于金融机构危机可能牵涉数量巨大而分布广泛的金融客户/投资者，他们将构成金融机构最大部分的（潜在）债权人，此时若寄希望于由债权人会议作出处置问题金融机构的决议，将是不现实的，也不难预见这一过程将耗费巨大的金钱、人力以及时间成本。而当问题金融机构的危机可能引发或牵涉系统性金融风险时，由债权人会议作出决议的制度设计与迅速作出危机处置决策以避免或消除系统性金融风险的需要也是不相适应的。因此，基于金融机构所具有的特殊性，出于对金融机构危机处置的效率、效果等方面的考虑，在金融机构风险处置和市场退出机制中限制甚至是排除债权人会议制度的适用是合理且必要的。[1]英国《2009 年银行法》赋予监管部门对问题银行可直接采取稳定性措施的权力，实际上这意味着在银行危机处置中限制了债权人会议制度发挥作用的空间。但由于该法中规定的银行清算和重整程序仍建立于普通公司破产清算和重整程序基础之上，于是又不可避免地使债权人会议制度存续于处置问题银行的机制之中。由此一来，便形成前述难以自洽的逻辑链条：立法中既存在可由监管部门直接决定的具有重组效果的监管（行政）措施，又存在需要债权人会议对剩余事项作出决定的银行清算或重整程序。

而不同于英国，在美国独立于普通公司破产机制的金融机构风险处置和市场退出机制中，并不存在债权人会议这一制度设计。以美国保险业立法为例，对于问题保险公司，州保险监督官可向法院申请使其进入接管（conservation）、重整（rehabilitation）和清算（liquidation）等三种管理程序（receivership）。[2]当法院裁定同意此申请，州保险监督官便会被任命为管理人（receiver），以开展对保险公司的接管、重整或清算工作。[3]在此过程中，除部分事项需要事先获得法院批准外，管理人广泛拥有对保险公司业务、资产等进行处置的权力，而无须寻求债权人会议决议。[4]类似的，在美国银行业立法中，当由联邦存款保险公司（Federal Deposit Insurance Corporation）提供存款保障的银行陷入危机时，联邦存款保险公司可对问题银行采取一系列重组措施，乃至于对其开展接管程序（con-

---

〔1〕 值得指出的是，在此机制中限制或排除债权人会议制度的适用并不意味着对债权人权利的忽视。债权人的实体权利完全可以通过其他制度设计得以保障，如适格主体将受存款保险基金、保险保障基金、证券投资者保护基金等金融领域保障基金的保护，债权人获得偿付的情况将不会劣于金融机构直接被通过清算方式退出市场时可获得的偿付，等等。此外，立法还可以通过赋予债权人对处置方式提出异议的权利来实现对债权人程序方面权利的保障。

〔2〕 Insurer Receivership Model Act § 208.

〔3〕 Insurer Receivership Model Act § 301, § 401, § 501.

〔4〕 Insurer Receivership Model Act § 302, § 402, § 504.

servatorship）或管理程序（receivership）。[1]在此过程中，联邦存款保险公司无须征求债权人意见，甚至极少会受到司法审查。[2]综合来看，虽然针对保险公司的管理程序属于司法程序，而针对银行的接管或管理程序属于行政程序，但二者均完全区别于美国《破产法典》（Bankruptcy Code）中适用于普通公司的破产程序。美国的经验表明，若建立起独立于普通公司破产机制的金融机构风险处置和市场退出机制，那么对于后者进行的制度设计便可不受内嵌于前者的制度理念（如破产机制的目标）和具体规则（如债权人会议制度）的牵制，而只需包含与金融机构特性相适应的内容，以确保能够高效地完成对金融机构危机的处置。

综合以上分析，在针对金融机构风险处置和市场退出机制的两类立法模式中，以普通公司破产机制为基础的立法模式（以英国为代表）面临着在前后程序（措施）协调中存在立法理念逻辑不一致等问题，而独立于普通公司破产机制的立法模式（以美国为代表）在内部逻辑自洽的前提下还可实现对程序的灵活设计。因此，从长远发展的角度来看，在我国构建出独立于普通公司破产机制的金融机构风险处置和市场退出机制可谓是更好的选择。[3]此机制虽然将包含重整、清算等与普通公司破产机制具有相同或相似名称的程序，但这些程序可以蕴含全然不同于普通公司破产程序的设计理念。譬如，在程序启动条件、程序管理人、债权人会议制度、债权清偿顺序等主要制度的设计上，关于金融机构风险处置和市场退出机制的立法可以做出和《企业破产法》完全不一样的规定。若采纳此立法模式，还能在技术上更加便宜地实现通过制定一部专门立法的形式来呈现一套系统性的关于金融机构风险处置和市场退出机制的规则，其中不仅可以涵盖一系列循序渐进的监管措施、重整和清算程序，还可以涵盖恢复和处置计划制度、债权人纾困制度、金融客户/投资者保障制度、央行紧急贷款制度、财政救助制度等处置金融机构危机的相关制度。

四、针对金融机构特殊性的配套制度考量

鉴于金融机构的特殊性，在改革我国金融机构风险处置和市场退出机制时，除需要选择合适的立法模式外，还有必要对金融机构范围的界定、相关程序（措施）的启动、管理人人选、监管措施和司法程序的协调等方面进行考虑。

（一）金融机构范围的界定

根据目前我国立法中的规定，被纳入金融监管部门监管范围的金融机构包

---

[1]　Federal Deposit Insurance Act, 12 USC Ch 16.

[2]　Robert R. Bliss and George G. Kaufman, "U. S. Corporate and Bank Insolvency Regimes: An Economic Comparison and Evaluation", *Federal Reserve Bank of Chicago*, 2006, p. 31.

[3]　Geleite Xu, "Reflecting on China's Crisis Management and Market Exit Mechanism for Insurers —Based on or Independent of the General Bankruptcy System?" 31 (2) *International Insolvency Review* 275, 2022.

括：开发性金融机构、政策性银行、商业银行、农村信用合作社、村镇银行、邮政储汇机构、信托公司、证券公司、期货公司、保险公司、公募基金管理公司、金融资产管理公司、企业集团财务公司、金融租赁公司、汽车金融公司、货币经纪公司、消费金融公司以及金融控股公司，等等。[1]

一般而言，金融机构风险处置和市场退出机制具有两大主要目标：一是保护广大金融客户/投资者的权益，二是维护金融稳定。相较于普通公司破产机制，该机制中围绕金融机构特殊性而做出的设计也大多是为实现这两大目标所服务的。但并非所有类型的金融机构都像商业银行、证券公司和保险公司一样通常拥有着规模庞大的金融客户/投资者，也并非所有类型的金融机构都存在诱发系统性金融风险的可能。于是，对于部分类型的金融机构，当危机出现时，适用普通公司破产机制便能够有效、有序地对危机进行化解和处置。由此一来，对金融机构风险处置和市场退出机制的适用范围作出明确规定是不可或缺的。这样才能确保该机制和普通公司破产机制的效用均得到充分发挥，也有利于金融监管资源的合理配置。

此外，由于不同类型金融机构在资本结构、主营业务等方面具有不同的特点，在危机处置阶段有时需要有差别地采取针对性措施。因此，在金融机构风险处置和市场退出机制的立法中，应有针对不同类型金融机构而作出的"量体裁衣"式规定。在此方面，金融稳定理事会制定的《关键要素》提供了一个可借鉴的立法框架样本。在《关键要素》中，其主体部分对处置机制中可普遍适用于不同类型金融机构的内容作出了规定，而于此基础上，其附录又专门针对金融市场基础设施（financial market infrastructures）和保险机构（insurers）作出了特别规定。参照《关键要素》的框架模式，未来我国也可以考虑制定出一部系统性的关于金融机构风险处置和市场退出机制的法律，而其总则部分涵盖普遍适用于不同类型金融机构的规定，其分则部分则涵盖针对特定类型金融机构所作出的特殊规定。

综上，在对我国金融机构风险处置和市场退出机制进行改革时，需要明确该机制所适用的金融机构的范围，并针对其中不同类型金融机构的特点作出必要的特殊规定。而对于此范围之外的金融机构，其危机处置方式与其他公司一样，将会适用普通公司破产机制。

（二）相关程序（措施）的启动

关于金融机构风险处置和市场退出机制中相关措施和程序的启动，启动条件和主体是需要特别考虑的两个方面：

----

[1] 参见《反洗钱法》第34条；《银行业监督管理法》第2条；《中国银保监会非银行金融机构行政许可事项实施办法》第2条；《金融控股公司监督管理试行办法》第2条；《金融机构反洗钱和反恐怖融资监督管理办法》第2条。

1. 启动条件

不同于普通公司，金融机构通常受到金融监管部门的审慎性监管，须遵循一系列的金融监管要求。这既是保护广大金融客户/投资者权益的需要，也是维护金融稳定的需要。若金融机构持续性地违背金融监管要求，则表明其陷入无法正常运营的危机，此时金融监管部门应依职权主动采取相应措施或开展相关程序以对危机进行处置。

在当前的立法框架下，由于金融机构风险处置和市场退出机制以普通公司破产机制为依托，但却缺乏针对金融机构而作出的特殊规定，如欲将《企业破产法》中的重整和破产清算程序用于处置问题金融机构，仍须存在"破产原因"。因此，无异于普通公司，只有当金融机构"不能清偿到期债务，并且资产不足以清偿全部债务或者明显缺乏清偿能力"或"有明显丧失清偿能力可能"时，才能对金融机构启动重整程序；只有当金融机构"不能清偿到期债务，并且资产不足以清偿全部债务或者明显缺乏清偿能力"时，才能对金融机构启动破产清算程序。[1] 然而，由于金融机构通常具有较为庞大的规模以及复杂的业务结构，对处于危机中的金融机构往往会一时难以查明其是否具备"破产原因"。将启动重整或清算程序的条件局限于"破产原因"，并不能充分发挥金融审慎监管要求所能达到的对危机进行预警的效果，使得重整或清算程序无法及早地被运用于处理金融机构的危机，从而有碍于最小化危机处置成本或避免损失的进一步扩大。因此，为了更有效地应对、化解危机，未来应对接金融机构所遵循的监管要求以扩充启动重整和清算程序的条件。[2]

在此方面，美国相关立法提供了可借鉴的范例。当受联邦存款保险公司提供存款保障的银行出现无法清偿到期债务、资不抵债、无法满足资本要求、大量资产不当流失、遭受或将可能遭受重大损失、严重违法经营、拒不提供监管所需资料、参与洗钱犯罪等任意一种情形时，便可以启动接管（conservatorship）或管理程序（receivership）对问题银行加以处置。[3] 类似地，针对保险公司，《保险公司管理程序示范法》（Insurer Receivership Model Act）通过列举方式规定了22项可以对保险公司启动接管（conservation）、重整（rehabilitation）和清算（liquidation）等三种管理程序（receivership）的条件，涵盖的方面包括：保险公司具备或即将具备破产原因，保险公司无法在规定时间内补充资本，保险公司无法提

---

〔1〕 参见《企业破产法》第2条。
〔2〕 参见丁艳：《监管机构在银行破产法律制度中的定位》，载《中国金融》2007年第9期；白鹤祥：《金融机构破产法律建设的国际经验及启示》，载《金融时报》2018年4月2日，第10版；王斐民：《金融机构破产综合立法的体系研究》，载《中国政法大学学报》2021年第4期。
〔3〕 12 USC § 1821 (c) (5).

供能够证明其财务状况的资料，保险公司因财务危机而试图与广大债权人达成和解，保险公司财产被不当处置，保险公司的控制权掌握于不称职者手中，保险公司持续故意地违背保险法律、公司章程或监管部门的指令，等等。〔1〕若满足此22项条件中的任何一项条件，州保险监督官便可视情况向法院申请启动三种管理程序中的任意一种程序以对问题保险公司进行处置。〔2〕由此可见，在美国金融业立法中，启动具有重整或清算效果的接管或管理程序之条件具有多样化的特征，银行监管部门、州保险监督官等相关机构因此具有广泛的自由裁量权，能够在银行或保险公司未具备破产原因时及早启动（或申请启动）接管或管理程序以达到有序、高效处置风险的目的。这和金融稳定理事会所颁布《关键要素》中蕴含的理念是一致的，即相关处置机制在金融机构出现破产原因前能够被及时启用。〔3〕

2. 启动主体

与金融监管部门依职权便能启动、实施的整顿、接管等金融监管措施不同，和解、重整和破产清算程序的启动须由适格主体向法院提出申请。对于普通类型的企业，当具备"破产原因"时，作为债务人的企业可以向法院提出和解、重整或者破产清算的申请，而企业的债权人可以提出重整或者破产清算的申请。〔4〕出于对金融机构特殊性的考虑，《企业破产法》特别授权金融监管部门可以向法院提起对金融机构进行重整或者破产清算的申请，《证券法》《保险法》等法律要求金融机构或债权人向法院提出重整或者破产清算申请前须征得金融监管部门的同意，〔5〕而《商业银行法》则规定法院宣告银行破产前须经银行监管部门同意。〔6〕综合而言，根据我国现有法律规定，有权向法院提起对金融机构重整或破产清算申请的主体包括作为债务人的金融机构、金融机构的债权人和金融监管部门，但前二者提出申请时应获得金融监管部门的同意。

由于金融机构从市场准入到市场退出的整个生命周期始终受到金融监管部门的监管，因此赋予金融监管部门提起重整或清算申请的资格是容易理解的，这在各国立法中也是常见的做法。但除此之外是否仍授予问题金融机构（债务人）和债权人对重整、清算的申请权，甚至授予问题金融机构对和解的申请权，这是值得商榷的。面对金融机构产生的危机，为实现保护金融客户/投资者权益的目

---

〔1〕 Insurer Receivership Model Act § 207.

〔2〕 Insurer Receivership Model Act § 208.

〔3〕 参见《关键要素》第3.1条。

〔4〕 参见《企业破产法》第7条。

〔5〕 参见《证券法》第122条；《证券公司风险处置条例》第38条；《保险法》第90条。

〔6〕 《商业银行法》第71条。

标以及维护金融稳定的目标，金融监管部门往往拟制有危机处置计划，[1]涵盖一系列循序渐进的监管措施乃至重整、清算。此时若允许金融机构或债权人直接向法院提起重整或清算的申请，则可能会扰乱金融监管部门的既定安排，妨碍监管措施实施的效果，不利于有序、高效地对危机进行处置。[2]这大概也正是现行立法要求金融机构或债权人在提起重整或破产清算时须获得金融监管部门同意的原因。但此种设计既意在使金融监管部门掌握对重整或清算申请的决定权，又保留了金融机构或债权人的申请权利，徒增了烦琐。也不难预见，只有当金融机构或债权人申请重整或清算的时机符合金融监管部门的危机处置计划时，金融监管部门才会同意其作出该申请。然而，在此情况下，即使没有金融机构或债权人的申请，金融监管部门大概率也将依计划进行申请，这便使得金融机构或债权人为该申请所做的一切准备具有徒劳的意味。至于破产机制中的和解程序，其顺利运行需要债务人企业与所有非担保债权人通过债权人会议达成和解协议。然而如前文所述，蕴含于普通公司破产机制中的债权人会议制度并不适合被用于处置金融机构产生的危机，因而和解程序本身便不适于金融机构，金融机构对和解的申请权也因此应被取消。

基于上述分析，本文认为在金融机构风险处置和市场退出机制中，应排除和解程序的适用，而对于作为司法程序的重整和清算程序，最好赋予金融监管部门排他性的申请权。问题金融机构或债权人若认为应采用重整或清算程序以处置危机，只需向金融监管部门提出建议，由金融监管部门在综合各方面考虑的基础上做出合适的抉择。

(三) 管理人人选

在接管、重整和破产清算等程序（措施）中，问题金融机构的经营管理权将由适格主体接手以进一步开展危机处置工作。对于本质上属于监管措施的接管，金融监管部门将担任接管人以开展措施。而对于本质上属于司法程序的重整和破产清算，其管理人将由法院指定。根据《企业破产法》中的规定，"管理人可以由有关部门、机构的人员组成的清算组或者依法设立的律师事务所、会计师事务所、破产清算事务所等社会中介机构担任"。[3]通常情况下，法院会从本地管理人名册中指定管理人。[4]但鉴于商业银行、证券公司和保险公司等金融机构破产案件的重要性和复杂性，《最高人民法院关于审理企业破产案件指定管理人的规定》对此类案件作出了特殊安排，从而使法院可以在所在地区高级人民法院编制的管理人名册中列明的其他地区管理人或者异地人民法院编制的管理人名

---

〔1〕 参见《银行保险机构恢复和处置计划实施暂行办法》。

〔2〕 参见王斐民：《金融机构破产综合立法的体系研究》，载《中国政法大学学报》2021 年第 4 期。

〔3〕 《企业破产法》第 24 条。

〔4〕 参见《最高人民法院关于审理企业破产案件指定管理人的规定》第 15 条。

册中指定管理人，或者可以采用公告的方式邀请各地区管理人参与竞争从而择优指定管理人。[1]此外，由于商业银行、证券公司、保险公司案件在法院受理破产清算申请前往往已经由金融监管部门组成清算组进行了行政清理、清算，在此情况下法院也可以指定清算组为管理人，或在金融监管部门推荐的已编入管理人名册的社会中介机构中指定管理人。[2]因此，根据现行立法规定，针对商业银行、证券公司、保险公司等金融机构的重整或破产清算程序，其管理人既可能由金融监管部门主导的清算组担任，也可能由律师事务所、会计师事务所、破产清算事务所等社会中介机构担任。

虽然在金融机构重整和破产清算管理人选任方面，当前立法对普通公司破产机制中的管理人选任制度作出了变通适用的规定，但仍保留着让律师事务所、会计师事务所、破产清算事务所等社会中介机构担任金融机构管理人的可能。一个值得探讨的问题是：是否社会中介机构是担任金融机构管理人的理想人选？首先，不同于对普通公司破产案件的处理，对于问题金融机构案件的处置须围绕保护广大金融客户/投资者权益和维护金融稳定的两大目标。当金融机构的危机可能引发或牵涉系统性风险时，若将实现维护金融稳定的目标寄希望于社会中介机构，这是不切实际的。作为私主体的社会中介机构并无法胜任维护金融稳定的任务。其次，实践中，在金融机构进入重整或破产清算前，金融监管部门几乎都会通过组成接管组或清算组的方式对金融机构开展接管或行政清理等措施，既充分掌握问题金融机构的情况，也对危机处置有所安排。在此情况下，若法院另行指定其他社会中介机构为管理人，将引发二次接管交接工作（即管理人从接管组或清算组手中接管问题金融机构），造成不必要的金钱、时间和资源的浪费。也不难预见，在后续诸多事宜的处理过程中，管理人也仍需遵循监管部门的指令或寻求监管部门的同意或意见，产生沟通和协调的成本。最后，由于银行、证券公司、保险公司等金融机构受到严格金融监管，金融机构重整或清算案件发生率低，社会中介机构普遍缺乏处理此类案件的经验。由不同社会中介机构担任不同金融机构案件的管理人，将难以保证类似个案间处理思路和方式的一致性，可能导致不同案件中广大金融客户/投资者受到截然不同的对待。因此，综合多方面的考虑，本文认为社会中介机构并不是担任金融机构管理人的理想人选。

鉴于金融机构所具有的特殊性，本文主张，未来立法应取消社会中介机构作为金融机构管理人的设计，而明确规定金融监管部门为金融机构重整或清算时的专属管理人。诚然，出于开展工作的需要，管理人可另行聘请律师事务所、会计

---

[1] 参见《最高人民法院关于审理企业破产案件指定管理人的规定》第15条、第21条。
[2] 参见《最高人民法院关于审理企业破产案件指定管理人的规定》第18条、第22条。

师事务所等社会中介机构处理法律、财务等事宜。实际上，在以往金融机构破产案件中，经常也是由金融监管部门主导的清算组担任金融机构的管理人，因而本文关于此项改革的建议并不会对实践产生颠覆效果，而只是排除了现行立法中可能造成不当或浪费的安排。

（四）监管措施和司法程序的协调

在当前金融机构风险处置和市场退出机制中，既存在责令及限制措施、整顿、托管、行政重组、接管、撤销清算等由金融监管部门主导的监管措施，又存在重整和破产清算等须由法院主持的破产司法程序。正如前文所提及，由于立法的不完善，对于部分具有类似功效的措施（程序），在现行机制框架下尚缺乏协调与衔接的合理设计。

行政重组、接管和破产重整，便是一组需要厘清的措施（程序）。根据《证券公司风险处置条例》中关于行政重组的规定，进行行政重组"可以采取注资、股权重组、债务重组、资产重组、合并或者其他方式"[1]。实践中对于被接管的金融机构，监管部门也无一例外地采取了行政重组手段对问题金融机构进行了处置。而根据《企业破产法》的规定，在对问题金融机构采取接管等措施时，监管部门还可以向人民法院申请中止以该金融机构为被告或者被执行人的民事诉讼程序或者执行程序，[2]因此作为监管措施的行政重组和接管所能产生的效果和作为司法程序的重整所能产生的效果并无实质区别。基于这样的设计，在对金融机构危机进行处置的过程中，行政重组和接管实际上往往取代了重整而发挥作用，这也意味着监管权力已然扩张至本该属于司法权力作用的领域。例如，在包商银行案中，对处于接管状态下的包商银行，监管部门将其相关业务、资产及负债分别转让给蒙商银行和徽商银行，[3]又凭借认定其已发生"无法生存触发事件"而要求将其发行的二级资本债全额减记，[4]从而在破产司法程序外对包商银行进行了全方位的重组。虽然通过此方式监管部门实现了对包商银行危机的平稳处置，但其中涵盖的未经债权人同意而直接转让债务的举措尚缺乏法律依据，[5]而直接

---

[1] 《证券公司风险处置条例》第 13 条。

[2] 参见《企业破产法》第 134 条。

[3] 《关于包商银行股份有限公司转让相关业务、资产及负债的公告》，载中国人民银行网，http://www.pbc.gov.cn/goutongjiaoliu/113456/113469/4017033/index.html，最后访问日期：2022 年 8 月 30 日。

[4] 《关于认定包商银行发生无法生存触发事件的通知》，载搜狐网，https://www.sohu.com/a/432097507_660924，最后访问日期：2022 年 8 月 30 日。

[5] 根据民法理论，当债务人欲转移债务时，必须获得债权人的同意。（参见《民法典》第 551 条）但在对金融机构风险处置和退出机制的设计中，根据国际通行做法，行使处置权力的部门将问题金融机构的存款、保单等负债转移至其他金融机构时并无须征得广大储户、保单持有人等债权人的同意。（参见《关键要素》第 3.2 条、第 3.3 条）

转让债务或减记二级资本债的举措似乎也和现行立法中"被接管的商业银行的债权债务关系不因接管而变化"的表述相背离。此中的混乱都源于当前立法没能对行政重组、接管和重整作出合适的定位，从而导致其相互之间界限不清且难以协调。本文认为，由于行政重组和接管属于监管部门实施的监管措施，一般只应作用于问题金融机构本身，而不对问题金融机构债权人等第三方主体产生直接影响。然而，为了避免系统性金融危机的发生或为了提高危机处置的效率，立法可以做出特殊规定，授权监管部门在行政重组或接管中能够在无须征求债权人同意的情况下将问题金融机构的负债转移至其他机构，或对银行二级资本债等特定类别的债务进行减记或实施债转股，等等。而在特殊规定的范围之外，至于将使问题金融机构债权人权利变动的其他举措，应在重整程序中经法院审查并批准后才能作出。

在当前立法中，撤销清算（或行政清理）和破产清算构成另一组功效相近而应统筹考虑的措施（程序）。通常观点认为，撤销清算将适用于尚不具备"破产原因"的金融机构，而破产清算将适用于具备"破产原因"的金融机构。[1]然而，在证券行业的立法中，对于已具备"破产原因"的证券公司，在需要动用证券投资者保护基金对证券公司危机进行处置的情况下，也将先由监管部门撤销证券公司并成立行政清理组展开行政清理，之后才会进入破产清算程序。[2]于是，在处置证券公司危机时，往往既存在以收购个人债权及客户证券交易结算资金为主要任务的行政清理，[3]又存在破产清算程序。由此一来，在破产管理人不由行政清理组担任的情况下，不仅将产生行政清理组向管理人交接工作的麻烦，也会在破产清算中无谓地重复行政清理阶段已经开展过的诸多工作，还可能出现管理人不认可甚至欲撤销行政清理组所作出行为的情况。[4]依本文的观点，人为区分撤销清算（或行政清理）和破产清算实施无必要，只会滋生诸多弊端。基于前文论述中关于金融机构处置程序的启动条件不应限于"破产原因"的主张，本文认为无须因适用对象是否具备"破产原因"而分割出不同清算程序，只需保留一个在性质上属于司法程序的"清算"程序。而与前文管理人人选的

---

[1] 参见龙翔：《保险监管机构在保险公司强制退出市场中的角色》，载《保险研究》2010 年第 12 期；巫文勇：《金融机构破产程序性规则修正研究》，载《山东社会科学》2012 年第 10 期；张婷：《中国危机保险公司风险化解及市场退出机制研究》，载陈景善、张婷主编《东亚金融机构风险处置法律评论》（第 1 辑），法律出版社 2015 年版，第 15 页。

[2] 《证券公司风险处置条例》第 39 条。

[3] 参见《证券公司风险处置条例》第 22 条；《个人债权及客户证券交易结算资金收购意见》；《个人债权及客户证券交易结算资金收购实施办法》。

[4] 参见崔明亮：《证券公司行政处置与破产程序的冲突与协调》，载《北京航空航天大学学报（社会科学版）》2017 年第 2 期。

设计理念一致，在此"清算"程序中，将由金融监管部门担任管理人。简而言之，本文主张，在金融机构风险处置和市场退出机制中，只需存在一个将由金融监管部门担任管理人的司法清算程序。

五、结论

目前，我国关于金融机构风险处置和市场退出机制的有关规定散见于《企业破产法》和各金融行业相关法律法规中。由于对该机制尚缺乏系统性、全局性的统筹规划和设计，立法中广泛存在规范缺失、模糊、冲突等问题，无法对问题金融机构的处置提供充分的指引，因此改革和完善当前机制势在必行。

当前金融机构风险处置和市场退出机制以普通公司破产机制为依托，但普通公司破产机制中的诸多理念、制度与金融机构具有的特性并不相适应，若在现有模式基础上进行改革将难以灵活地做出适应金融机构特性的制度设计。基于长远考虑，本文主张打破已有格局，重新构建出独立于普通公司破产机制的金融机构风险处置和市场退出机制，在对现行机制所涵盖内容扬弃、整合的基础上打造成一套高效而协调的体系。对于此新机制，其适用范围应被明确界定，而只有当银行、证券公司、保险公司等被涵盖于此范围内的金融机构出现危机时才通过该机制进行处置。根据本文观点所作出的设计，该机制将包含责令及限制措施、行政重组、接管等监管措施，以及重整和清算两项司法程序。除非立法特别授权，监管部门所实施的监管措施一般只作用于问题金融机构本身，而不对问题金融机构债权人等第三方主体产生直接影响。至于重整和清算程序，其启动条件并不局限于"破产原因"，当程序被法院启动后监管部门将自动成为管理人以在法院监督下对金融机构危机进行处置。

基于对我国当前立法的剖析，并在借鉴相关国际经验的基础上，本文提出了未来我国应建立独立于普通公司破产机制的金融机构风险处置和市场退出机制的主张，并在此框架下对若干方面的制度设计进行了描绘。也许对于此番《金融稳定法》的制定和《企业破产法》的修改而言，文中的诸多设想会过于前卫而难以在短期内付诸实施，但希望借此起到抛砖引玉的效果，为未来不断打造更加完善的金融机构风险处置和市场退出机制提供可供参考的思路。

"三中止"制度的现实困境及其制度完善

——兼评《金融稳定法（草案征求意见稿）》第37条

钟颖彤*

摘要：《金融稳定法》通过建立金融法领域空缺的上位法，致力于健全防范、化解、处置金融风险的工作机制。由于金融机构较为特殊且复杂，金融监管部门在风险金融机构重组、退市的过程中往往需要介入风险处置。若合理适用"三中止"，将给予行政处置措施一定的司法保护，促进风险金融机构重组、退市。此次《金融稳定法（草案征求意见稿）》虽然重新明确了"三中止"制度，扩大了"三中止"的适用范围，但却缺乏具体的程序性规定，赋予法院和金融监管部门极大的自由裁量权。"三中止"作为行政处置程序与司法程序的衔接，需要进一步加强与国内诉讼法的衔接，补充完善"三中止"的申请、审查、送达程序。在未来适用"三中止"的过程中，也需要细化"三中止"的实操细则，保护债权人的诉讼权利。

关键词：金融稳定法；金融风险处置；三中止；完善建议

一、问题的提出

2022年4月6日，由中国人民银行会同有关部门研究起草的《中华人民共和国金融稳定法（草案征求意见稿）》［以下简称《金融稳定法（草案征求意见稿）》］已向社会发布并征求公众意见。近年来，金融机构如雨后春笋般蓬勃发展，但由于金融机构的经营管理水平参差不齐，在经济环境下行的情况下极大可能会面临退市，进而引发金融风险。金融风险的外溢性、复杂性、关联性强，一旦引发蔓延将严重威胁金融稳定和国家安全。[1]《中华人民共和国金融稳定法》（以下简称《金融稳定法》）的制定初衷是建立金融法领域空缺的上位法，打破金融行业分业经营的限制和局限，对全国范围内金融机构的稳定工作进行统筹安排，致力于健全防范、化解、处置金融风险的工作机制。《金融稳定法（草

---

* 钟颖彤，广东外语外贸大学硕士研究生。

〔1〕 参见刘桂平：《建议制定"金融稳定法"》，载《中国金融》2021年第6期。

案征求意见稿）》针对现有金融法律体系中跨行业、跨部门单行法律各自为政的不足之处，从一个整体性全局性视角，为金融稳定法律制度的顶层设计和统筹安排提供了基础性立法。[1]目前，我国金融监管部门虽成功化解了中银信托、包商银行等金融风险事件，但在实践中对于金融风险的处置并没有法律明文规定，存在处置工作机制不清晰、处置资金来源不明确、处置措施和工具不充分、司法衔接不顺畅等问题。《金融稳定法（草案征求意见稿）》第六章对此专章规定了如何处置金融风险，总结重大金融风险处置经验，将既往的金融风险处置经验上升为法律制度，使得金融风险处置的各项工作都有章可循。但《金融稳定法（草案征求意见稿）》中对于金融监管部门行政处置与司法衔接的规定过于原则性和概括性，不够精细，[2]尤其是第 37 条 "三中止" 制度。仅仅通过颁布《金融稳定法》明确 "三中止" 制度并不足以解决金融机构面临退市的司法程序衔接问题，在未来适用 "三中止" 的司法实践中，还需要完善和细化 "三中止" 实施的程序性规范以及债权人被中止诉讼的救济途径，才能更有效地衔接处置程序与司法程序。

二、"三中止" 制度的现状及存在问题

（一）"三中止" 制度的现状

在我国，"三中止" 最先出现于 1995 年中银信托投资公司退市的案例，最高人民法院为了推进人民银行接管中银信托投资公司，发布了《关于中银信托投资公司作为被执行人的案件应中止执行的通知》[3]，裁定中止执行相关案件。此后，"三中止" 陆续被应用在风险金融机构的重组或退市中，并在城市合作社、信托投资公司、证券公司等金融机构的清理整顿活动中得到大规模地运用。虽然 "三中止" 在处理风险金融机构退市的过程中发挥了积极作用，但长期以来 "三中止" 一直缺少法律授权的合法性和程序的规范性。[4]直至 2006 年，《中华人民共和国企业破产法》（以下简称《企业破产法》）第 134 条才首次明文规定了 "三中止" 制度，即 "国务院金融监督管理机构依法对出现重大经营风险的金融机构采取接管、托管等措施的，可以向人民法院申请中止以该金融机构为被告或者被执行人的民事诉讼程序或者执行程序"。随后于 2008 年，《证券公司风险处置条例》第 50 条第 1 款又规定了国务院证券监督管理机构可以向人民法院申请

---

〔1〕 参见李曙光、周陈：《金融稳定长效机制的基本法》，载《中国金融》2022 年第 8 期。

〔2〕 参见申伟新等：《德国问题金融机构处置法律制度对我国的启示》，载《金融理论与实践》2021 年第 3 期。

〔3〕 《关于中银信托投资公司作为被执行人的案件应中止执行的通知》（法〔1995〕209 号）。

〔4〕 参见黄韬：《金融机构退市与法院的 "三中止" 决定》，载《上海金融》2009 年第 9 期。

"三中止"。[1]现今 2022 年,《金融稳定法(草案征求意见稿)》第 37 条[2]重新规定了"三中止"制度,进一步扩大了可申请"三中止"的诉讼程序和"三中止"的适用范围。

(二)"三中止"制度的必要性

基于我国的经济体制,金融机构若要启动市场退市程序,金融监管部门、地方政府会以行政处置程序对其进行干预,并在救济与市场退出中处于主导地位。[3]在问题金融机构出现经营严重衰退之时,金融监管部门可以通过临时性行政管理制度直接对问题金融机构进行接管。在金融监管部门接管期间,被接管的风险金融机构的债权债务关系并不因此发生改变。[4]这一制度可以保证金融监管机构能够及时采取有效措施,为问题金融机构管理层注入新力量以维护银行稳定正常运转,以期处置金融风险。[5]一方面,由于金融机构本身的特殊性和复杂性,金融机构的崩盘极易引发系统性的金融风险,破坏社会稳定。另一方面,我国目前并没有出台金融机构破产的特别立法,处置部门需要维持风险金融机构的正常经营,保障基本金融服务不中断,再逐步视情况采取处置措施或推动衔接司法程序。而且,对于金融机构的风险处置多贯彻"多规范、少破产"的原则,一般要"先挽救、后退出"。[6]如果任由金融机构正常市场化退市,将难以充分弥补中小储户和投资者的利益以及转移金融经纪业务,引发社会动荡。[7]为了维持金融稳定,尽量减少风险金融机构退市带来的不利影响,最高人民法院应当及时下达"三中止"通知,积极配合相关处置部门的行政处置工作。

在我国大力处置金融风险的现阶段,适用"三中止"对金融稳定的意义非凡。首先,金融机构涉及的债权债务关系庞大且复杂,甚至掺杂着金融犯罪,处置部门采取的处置措施难以在短时间内完成,难以判断后续对该金融机构应该进

---

[1] 《证券公司风险处置条例》第 50 条第 1 款规定,国务院证券监督管理机构依照本条例第二章、第三章对证券公司进行处置的,可以向人民法院提出申请中止以该证券公司以及其分支机构为被告、第三人或者被执行人的民事诉讼程序或者执行程序。

[2] 《金融稳定法(草案征求意见稿)》第 37 条规定,处置部门依法实施处置的,可以向有关部门申请中止以被处置金融机构为被告、第三人或者被执行人的民事诉讼程序、执行程序,以及以该被处置金融机构为被申请人的商事仲裁程序。被处置金融机构的关联企业资产、人员、财务或者业务与被处置金融机构混同的,该关联企业适用前款关于被处置金融机构的规定。处置部门可以向有关部门申请中止以被处置金融机构股权为标的的民事诉讼程序、执行程序以及商事仲裁程序。

[3] 阎维杰:《金融机构市场退出研究》,中国金融出版社 2006 年版,第 78 页。

[4] 参见丁燕:《破产免责制度的合宪性考察》,载《中国法律评论》2020 年第 6 期。

[5] 参见刘泳邑:《商业银行破产特殊法律制度研究》,载《河北企业》2020 年第 3 期。

[6] 阎维杰:《金融机构市场退出研究》,中国金融出版社 2006 年版。

[7] 参见杨雄壬:《我国金融机构市场退出机制研究》,载《嘉应学院学报》2017 年第 4 期。

行重组还是破产清算。其次，金融机构的债权人遍布全国乃至全世界，个别债权人在各地法院或仲裁机构申请裁判或强制执行会引起清偿不公。最高人民法院下达"三中止"通知将给予进入行政处置程序的风险金融机构一定程度上的司法保护，促进风险金融机构积极寻求重组，即使在无可选择最终需要退市的情况下，也能尽可能保障债权人公平受偿。不仅如此，"三中止"还能有效避免各地法院同案异判，有利于处置部门推进行政处置工作。最后，近十几年来在国家一系列政策的支持下，由民间资本主导并成立运营的民营银行在全国各地陆续开办，但是与此相关的民营银行金融风险处置的监管措施以及配套的立法仍为一片空白[1]。除了应对民营银行，金融监管部门还需要应对日新月异的互联网金融，"三中止"的落实将为金融监管部门争取金融风险处置时间，积累实践经验，促进金融立法。[2]

（三）"三中止"制度存在的问题

虽然"三中止"能够在处置金融风险时给予金融监管部门一定的司法保护，但是由于"三中止"本身具有强制性，且相关的法律文件只是原则性、实体性的规定金融监管部门在必要时可申请"三中止"，缺乏具体适用的程序性规定，这赋予法院和金融监管部门极大的自由裁量权。法院基于社会利益的考量，行使职权单方面中止与涉案风险金融机构有关的诉讼，这无疑损害了债权人的利益。在实践中，也鲜有法院公开依据《企业破产法》第134条作出中止诉讼的裁决书。[3]其中，甚至有法院援用《企业破产法》第134条直接终结债权人的执行程序，[4]这导致"三中止"的法律适用具有很大的不确定性。

"三中止"制度存在的问题不仅在于本身，还在于与此相关的诉讼中止制度。首先，"三中止"作为行政处置与司法程序的衔接，《金融稳定法（草案征求意见稿）》并没有规定该制度下金融监管部门的申请程序、有关部门的审查程序及法院的送达程序。其次，"三中止"与诉讼法的衔接不足，《中华人民共和国民事诉讼法》（以下简称《民事诉讼法》）并未规定法院可以裁决"暂缓受理"。而且"三中止"的情形也并未规定在诉讼中止的明确事由中，只能适用《民事诉讼法》第153条第6款的兜底条款。再次，"三中止"的适用范围和适用时间并不明确，存在无限期适用的可能。最后，"三中止"对债权人的诉讼权利保障不足。当事人作为诉讼的主体，理应在诉讼是否中止的问题上享有充分的

---

〔1〕 参见高达：《我国民营银行股东的特殊法律规制》，载《法治社会》2016年第2期。

〔2〕 参见郭品、沈悦：《互联网金融、存款竞争与银行风险承担》，载《金融研究》2019年第8期。

〔3〕 以"《企业破产法》第134条"为法律依据检索裁判文书，结果仅有4篇，载威科先行数据检索库，https://www.wkinfo.com.cn/，最后访问日期：2022年10月20日。

〔4〕 （2021）陕0113执946号执行裁定书。

权利保障。在适用过程中，不仅要考虑债权人的诉讼时效，还要完善债权人的救济途径，例如对诉讼中止裁定的复议权以及诉讼中止恢复的请求权。

三、"三中止"制度的完善建议

(一) 加强行政处置与司法程序的衔接

风险金融机构的涉及面广，甚至会涉及金融类犯罪活动，金融监管部门、地方政府往往会介入风险金融机构重组或退市程序，开展行政处置工作，甚至向人民法院申请"三中止"进入司法程序。《金融稳定法 (草案征求意见稿)》对此并未明确处置部门的申请程序、有关部门的审查程序及送达程序。

首先，"三中止"的申请程序不清晰。理论上，为了便利金融监管部门、地方政府开展对风险金融机构的行政处置工作，金融监管部门、地方政府应该直接向人民法院提出"三中止"申请。但是，为了防止金融监管部门和地方政府滥用"三中止"，有必要对"三中止"的申请程序做一定的限制，即在申请程序中加入审查部门。按照相关文件指示，国务院金融稳定发展委员会 (以下简称"国务院金融委") 是为了统筹全国的金融稳定和改革发展工作而设立的，在处理金融风险问题上具备专业性。为此，金融监管部门和地方政府认为有必要对进入行政处置程序的风险金融机构申请"三中止"的，需要对向国务院金融委提交"三中止"的申请材料进行审查。而对于涉及金融稳定的重大问题和事项，则需要由国务院金融委报党中央、国务院决定后，再向最高人民法院提出正式申请。

其次，"三中止"是否可以得到人民法院的无条件支持尚不明确，法律没有具体规定申请"三中止"的审查标准。如果仅仅规定处置部门可以向人民法院提出申请，那么人民法院既可以接受也可以拒绝。参照美国法例，美国通过《联邦存款保险法》第 11 (d) (12) 条规定了法院应准许中止的要求，即"法院在收到财产看护人或接管人按照规定向有管辖权的法院请求中止诉讼或司法程序的申请以后，法院应同意中止相关的诉讼。"[1] 由于最高人民法院再次审查风险金融机构的案件比较复杂且耗时，也为了保障"三中止"兼具高效和专业，"三中止"应该主要交由国务院金融委审查。最高人民法院应当接受由国务院金融委提交的"三中止"申请并向各级人民法院送达。

最后，最高人民法院下达"三中止"的通知后，还涉及各级人民法院的送达程序。各级人民法院在收到"三中止"的通知后应当立即、坚决执行。及时启动"三中止"，才能避免风险金融机构行政处置开始日至"三中止"落实日之间存在较长空档期，推动风险金融机构的行政处置工作顺利进行。此外，由于涉

---

[1] 《美国〈联邦存款保险法〉、〈银行控股公司法〉》，邱海洋、刘萍译，中国政法大学出版社 2005 年版，第 101 页。

案当事人并非全部参与风险金融机构的诉讼案件,各级人民法院对于不同的涉案当事人应采取不同的送达方式:对已经受理、已经执行的案件当事人应当及时直接、邮寄或电子送达向当事人传达"三中止"的通知,保障起诉人、执行申请人的知情权;对还未申请诉讼的债权人则应向社会公告送达"三中止"的通知,尽可能降低未诉债权人的诉讼参与风险,促使权利人及时采取其他途径维权。完善"三中止"的送达程序可以保证"三中止"公正透明,保障债权人的诉讼权利。

(二)加强"三中止"与诉讼法的衔接

首先,对于提交诉讼申请的案件,《民事诉讼法》只规定法院可以采取"依法受理"或者"不予受理"两种处理方式,并未规定法院可以采取"中止受理"。[1]实践上,我国法院也没有发布过有关中止或暂缓受理风险金融机构的通知,更多的是采取不予受理风险金融机构案件的方式。[2]归根结底,这是由于目前我国金融法律供给不足以及法院回应金融市场变化的能力偏弱,法院受立法和司法条件的限制,往往不具备受理及审理风险金融机构纠纷案件的条件。[3]如果对于法院受理后难以审理的风险金融机构案件仅仅规定"中止受理",而不明确中止受理后重新受理的时间期限,将会阻碍债权人、被侵权人主张自己的权利。在此情况下,法院最直接的方式是下达对相关风险金融机构案件不予受理的通知。

其次,《民事诉讼法》第 153 条规定的中止诉讼情形似乎并不包括中止审理处于行政处置阶段的风险金融机构案件,此时"三中止"是否应该适用第 153 条第 1 款第 6 项的"其他应当中止诉讼的情形"来取得其合理性?同理,"三中止"是否也应该适用《民事诉讼法》第 263 条第 1 款第 5 项规定的"人民法院认为应当中止执行的其他情形"合理地衔接两法?援用诉讼中止事由的兜底条款适用"三中止"无疑会削弱"三中止"的正当性。"三中止"不仅需要金融法律的授权,还需要《民事诉讼法》配合适用。因此,作为诉讼程序之一的"三中止"必须有效衔接《民事诉讼法》,避免两法冲突影响行政处置进展。

四、"三中止"制度的适用

一直以来,"三中止"的适用都是由最高人民法院向下级人民法院下达"三中止"的通知,要求各法院配合有关部门接管或清理整顿风险金融机构的工作,不再受理相关案件、中止相关案件的诉讼和执行程序。但是最高人民法院下达的

---

〔1〕 参见黄韬:《金融机构退市与法院的"三中止"决定》,载《上海金融》2009 年第 9 期。

〔2〕 2001 年发布的《最高人民法院关于涉证券民事赔偿案件暂不予受理的通知》(已失效);2005 年发布的《最高人民法院关于人民法院是否受理金融资产管理公司与国有商业银行就政策性金融资产转让协议发生的纠纷问题的答复》,该答复规定"金融资产管理公司与国有商业银行就政策性金融资产转让协议发生纠纷起诉到人民法院的,人民法院不予受理"。

〔3〕 参见黄韬:《中国法院受理金融争议案件的筛选机制评析》,载《法学家》2011 年第 1 期。

"三中止"的通知内容简短,各级人民法院在具体落实"三中止"时难免执行不一,并不能充分发挥"三中止"的作用。"三中止"作为具有全局性质的统筹措施,虽然有效帮助金融监管部门完成金融风险处置工作,但是其适用的强制性也在一定程度上损害了债权人以及利益相关方的权利。在适用"三中止"的过程中要完善适用"三中止"的程序,注重保护债权人以及利益相关方的权利。

(一)完善"三中止"的适用范围和时间

首先,应该扩大"三中止"在金融领域的适用范围。《金融稳定法(草案征求意见稿)》扩大了申请"三中止"的案件范围,诉讼程序不仅包括民事诉讼程序、执行程序,还包括商事仲裁程序;诉讼内容不仅包括被处置金融机构的债务、行为,还包括以被处置金融机构的股权为标的之案件。此外,《金融稳定法(草案征求意见稿)》还扩充了被申请"三中止"的客体范围,不仅包括被处置金融机构,还包括与被处置金融机构混同的关联企业资产、人员、财务。然而,需要明确的是,虽然《金融稳定法(草案征求意见稿)》对"三中止"的适用范围有所扩大,但"三中止"应该只适用于进入风险处置程序的金融机构以及关联企业,不宜扩大到其他实体企业。若所有涉及或参股金融机构的实体企业都能适用"三中止",难免会破坏司法秩序。但是对风险金融机构申请"三中止"时,可以同时申请对于风险金融机构相混同的关联公司适用"三中止"。因为仅仅中止与风险金融机构有关的诉讼,没有中止其关联公司的诉讼,钱可能就会通过其他渠道被转移,同样会破坏债权人和投资者的权益。例如,在河南村镇银行事件[1]中,河南省金融监管部门、河南省地方政府通过行政处置介入涉案银行后认为确有必要,不仅可以申请对涉案村镇银行适用"三中止",同样也可以申请对实际控制河南涉案村镇银行的河南新财富集团投资控股有限公司适用"三中止"。

其次,应该明确"三中止"的适用时间期限。从以往最高人民法院下达的通知来看,[2]适用"三中止"并没有明确的时间期限,通知仅仅字面说明"何时恢复诉讼和执行,依照本院通知办理"。即使最高人民法院对"三中止"规定了适用时间期限,在实践中也可能被申请延期。例如,中国人民银行为了促进广东发展银行收购中银信托,也申请继续适用最高人民法院发布的关于"三中止"

[1] 2022年4月,河南省开封新东方村镇银行以及许昌农商行旗下的禹州新民生村镇银行、上蔡惠民村镇银行、柘城黄淮村镇银行被举报线上储户无法取款、转账。此案涉嫌金融犯罪,即河南新财富集团投资控股有限公司通过内外勾结、利用第三方平台以及资金掮客等非法吸收公众资金。

[2] 《最高人民法院关于中止审理、中止执行涉及场外非法股票交易经济纠纷案件的通知》(法〔1998〕145号)、《最高人民法院关于中止审理、中止执行已编入全国证券回购机构间债务清欠链条的证券回购经济纠纷案件的通知》(法〔1998〕152号)。

的通知。[1] 这在一定程度上破坏了债权人的制度预期。相比较而言，采取专门金融立法的国家对于"三中止"的适用时间期限的限制相当严格。例如，美国联邦存款保险公司接管风险存款机构后，可以请求中止风险存款机构的诉讼或司法期限，但时间不得超过 90 日。[2] 为了保障诉讼当事人合理的制度预期，应该根据实际情况权衡确定"三中止"的适用时间期限。

（二）保障债权人的诉讼救济权利

首先，应该考虑债权人债权的诉讼时效。债权人主张债权会受到诉讼时效的限制。一方面，债权人若在"三中止"的通知下达之前，尚未对进入行政处置程序的风险金融机构的债权起诉的，只能被迫中止采用诉讼的方式主张自己的债权。未主张的债权因诉讼时效无法中止而超过诉讼时效，这无疑损害了部分债权人的利益。已经起诉的债权人可以适用《中华人民共和国民法典》（以下简称《民法典》）第 194 条诉讼时效中止的规定。《民法典》第 194 条仅要求当事人在时效期间最后 6 个月内存在中止事由，而不论该事由之起点或者终点是否存在于该时间段。[3] 换言之，最高人民法院发布"三中止"的通知将中止债权人的诉讼，持续对债权人造成影响，影响期间的一部分在时效期间最后 6 个月内。虽然《民法典》第 194 条并未把"三中止"明确规定在诉讼中止法定事由中，但是当法人或非法人组织无法进行正常活动时也因债务人不能行使请求权而需要诉讼中止。[4] 最高人民法院发布"三中止"时，风险金融机构往往处于破产边缘，无法进行正常商业活动。此时"三中止"不仅存在时效中止的法定事由，且中止事由存在于诉讼时效期间的最后 6 个月内，可以适用诉讼中止的规定。另一方面，在关于"三中止"的通知公示期间，债权人对取得生效判决但尚未申请执行的案件申请执行的，人民法院应当受理执行案件后再中止执行。这不仅有利于避免债权人申请执行的诉讼时效无法中止，还符合《民事诉讼法》第 239 条关于执行中止的条款规定。除此之外，诉讼时效中止的时间点应该以最高人民法院下达"三中止"通知的时间为准，及时中止债权人债权的诉讼时效。

其次，应该完善债权人的救济途径。金融监管部门、地方政府申请适用"三中止"，这无疑会破坏涉案金融机构中债权人与债务人之间的平等关系。并非所

---

〔1〕《中国人民银行关于延长对中银信托投资公司作为被执行人的案件中止执行期限的函》（银函〔1996〕364 号）、《最高人民法院关于对涉及广东国际信托投资公司经济纠纷案件中止审理和中止执行问题的通知》（法明传〔1998〕339 号）。

〔2〕 美国《联邦存款保险法》（1933 年）。

〔3〕 参见张雪楳：《诉讼时效审判实务与疑难问题解析——以〈民法总则〉诉讼时效制度及司法解释为核心》，人民法院出版社 2019 年版，第 549 页。

〔4〕 参见杨巍：《〈民法典〉第 194 条（诉讼时效中止）评注》，载《南京大学学报（哲学·人文科学·社会科学）》2020 年第 6 期。

有风险金融机构的债权人都需要通过诉讼才能主张自己权利。我国《存款保险条例》规定，法院受理商业银行的破产申请时可以考虑启动存款保险机制，保障存款债权人的合法权益，但标的在 50 万元以下。[1]对于标的大于 50 万的债权人则需要通过诉讼主张自己的权利。"三中止"导致正在进行的诉讼或执行处于停滞状态，也必然会对当事人及利益相关方造成影响。然而，在实践中，债权人或利益相关方针对"三中止"进行救济存在一定的难度。一方面，"三中止"没有明确的送达程序，各地法院公告最高人民法院下达的"三中止"通知时间不一，在一定程度上扰乱了诉讼当事人的诉讼安排。另一方面，"三中止"由法律明文规定[2]，最高人民法院下达的"三中止"通知作为司法解释，一经作出即产生法律效力，诉讼当事人应该遵守执行。更重要的是，《民事诉讼法》诉讼中止制度存在不足，并没有规定当事人对诉讼中止的裁决不服时，应当采取何种救济程序。[3]虽然曾有学者主张扩大我国的裁定上诉范围，将诉讼中止的裁定纳入其中，[4]但是现行立法对于诉讼中止的裁决，诉讼当事人既不能对之提起上诉，又不能申请复议。不仅如此，对于诉讼中止的恢复程序，《民事诉讼法》也仅规定了"中止诉讼的原因消除后，恢复诉讼"这一个实体条件，未明确如何启动诉讼恢复的程序以及恢复后诉讼如何进行。无救济则无权利，在债权人收到诉讼中止裁决书时，应享有申请复议或者上诉的权利；在"三中止"实施结束后，债权人也应享有诉讼中止恢复的请求权，这是对债权人诉讼权利的程序保障。

因此，"三中止"适用过程中要注重保护债权人的利益，赋予债权人诉讼中止裁定作出的复议权以及诉讼中止恢复的请求权。在《民事诉讼法》尚未对此作出规定前，应先参照适用《金融稳定法（草案征求意见稿）》第 33 条规定的债权人及相关权利主体的救济途径。债权人如对诉讼中止的裁定不服，可享有复议权，应先向风险处置部门提出复议，由处置部门审查后交由国务院金融委统筹安排，国务院金融委应在接到复议申请之日起一定的时间内，作出复议决定，并答复复议申请人。复议期间，依据"三中止"所作出的裁决仍具有中止诉讼的法律效力。在国务院金融委撤回"三中止"申请后，法院应该通知债权人诉讼恢复，债权人也可以向法院提出恢复诉讼的申请。只有充分完善债权人对于诉讼中止的救济途径，才能尽量降低"三中止"对债权人造成的诉讼风险损失。这

---

[1] 参见蔡嘉炜：《破产法视野下的企业经营者保证：经济解释与立法进路》，载《中国政法大学学报》2021 年第 4 期。

[2] 在《金融稳定法》尚未出台前，"三中止"主要明文规定于《企业破产法》第 134 条以及《证券公司风险处置条例》第 50 条。

[3] 参见张卫平：《民事诉讼中止事由的制度调整》，载《北方法学》2018 年第 3 期。

[4] 参见刘学在：《民事裁定上诉审程序之检讨》，载《法学评论》2001 年第 6 期。

不仅可以保障债权人及时主张自己的权利，还有利于维护社会公平正义。

总而言之，恰当适用"三中止"将有助于保障债权人的债权。这是因为风险金融机构的不良资产较多，且多涉及违法犯罪活动，若不先通过处置部门清理债权债务、介入调查，债权人即使起诉或申请执行也难以实现债务清偿。[1]相反，如果可以通过"三中止"保障行政处置工作顺利推进，有效衔接接管或破产程序，就能迅速整理金融机构的债权债务，保障债权人的债权得到绝大部分甚至全部的清偿。但随着国家处理金融风险的经验增加，金融监管部门的监管力度增强，处理金融风险的速度加快，制定风险处置工作的能力增强，处置部门也能迅速有效地处置金融风险。例如，辽宁太子河村镇银行股份有限公司[2]与辽阳农村商业银行股份有限公司[3]两家银行顺利进入破产程序的事件，就是一个很好的例子。处置部门面对辽宁涉案银行不良资产过高、有退市风险时，并不需要借助"三中止"。这是因为金融监管部门能够及时发现辽宁涉案银行存在金融风险，并及时安排沈阳农商行对接辽宁涉案银行的接管工作，有效防止风险扩大化，也就不需要适用"三中止"限制债权人主张权利了。因此，为了保护债权人的权利，对于"三中止"的适用必须小心谨慎，即使在确有必要适用"三中止"的情况下，也要尽可能缩短"三中止"的适用时间期限。

五、结语

我国正处于防范、化解、处置金融风险的关键时期，只有提前制定好金融风险的应对方案，才能尽可能减少金融风险潜在的社会危害。《金融稳定法》总结防范、化解、处置金融风险的经验，将从全局的高度协助国务院金融委统筹协调金融稳定和风险防控工作。《金融稳定法》的颁布将完善金融法律体系，授权监管措施，公开透明监管程序。[4]但作为一部公法色彩浓厚的金融监管法，《金融稳定法》对于金融风险处置仅为概括性立法，缺少程序性的明确规范，不利于处置部门和人民法院落实"三中止"并保护债权人的权利。在《金融稳定法》最终颁布实施之前，需加强"三中止"与诉讼法以及行政处置与司法程序的衔接，完善"三中止"的申请、审查、送达程序。在适用"三中止"的实践中，要扩大"三中止"的适用范围、严格"三中止"的适用时间期限、考虑债权的诉讼时效中止、完善权利人的救济程序。但从长期来看，《金融稳定法》所规定的预案仍有助于我国金融稳定，未来可期。

---

[1] 参见陈起阳：《证券行政执法与刑事司法衔接问题研究》，载《证券法苑》2021年第4期。

[2] 《中国银保监会关于辽宁太子河村镇银行股份有限公司破产的批复》（银保监复〔2022〕554号）。

[3] 《中国银保监会关于辽阳农村商业银行股份有限公司破产的批复》（银保监复〔2022〕555号）。

[4] 参见刘盛：《现代金融体系视野下的金融法：理念信守与制度表达》，载《政治与法律》2022年第11期。

第二篇　金融监管的完善研究

适应性金融监管的发展、悖论与实现形式

王斐民　赵中杰*

摘要：新冠疫情在全球暴发后，主要国家和地区放松金融监管以恢复经济，"危机—监管—创新—放松监管—再危机—再监管—再创新—再放松监督"的模式似乎要再次回归。"适应性监管"是通过保持监管者与被监管对象之间的同步、协调来化解金融监管的三元困境：监管资源有限与目标多元、原则监管与规则监管中的标准解释、侵入式监管与轻触式监管周期循环。适应性金融监管在理念上表现为以前瞻性、全面性为基础的主动监管；在监管机构框架上主张采取与二元监管目标"宏微观审慎监管""行为监管"相吻合的双峰监管体制，形成风险导向配置监管资源的模式；在监管手段上广泛采取与金融科技协调的科技监管手段；在监管机制上，采用"监管沙盒""生前遗嘱"等监管者和被监管对象良性互动的机制。

关键词：适应性金融监管；金融创新；金融科技；监管沙盒；生前遗嘱

一、前言

从理论上和实践上观察，金融监管是金融监督管理的简称，包含监督（supervision）和管制（regulation）。监督包含监督金融机构及其从业者的行为，并为保证其行为符合金融监管法规框架的条款和精神，可以对这些行为进行从轻到重的干预；管制则是指制定金融机构及其从业者必须遵循的法律、规则和规范。本文所使用的金融监管包含监督（supervision）和管制（regulation）二者在内，包含监管规则的制定和执行。金融监管的理论和实践处于互动之中，并相互影响。有学者分析 20 世纪金融监管理论的演化和监管实践的变迁，认为整个 20 世纪的金融监管理论和实践的发展都是以危机为导向且具有事后性。沿着这种道路走

---

* 王斐民，河南西平人，法学博士，北方工业大学文法学院教授。赵中杰，河南上蔡人，北方工业大学文法学院 2019 级经济法学研究生。

下去，不可能跳出"危机—监管—创新—放松监管—再危机—再监管—再创新—再放松监管"的治乱循环。[1]在 2008 年金融危机爆发之前，受到 20 世纪 70 年代以来以"金融压抑""金融深化"等为代表的金融自由化理论的影响，金融监管理论和实践一改 20 世纪 30 年代以来的"侵入式监管"理念与模式，推崇"轻触式监管"的理念与模式。在 2008 年金融危机爆发之前的 20 年里，"轻触式监管"在金融监管立法上表现为采用更为开放的"监管原则"以取代详细的规章制度，即在立法上表现为以"原则监管"取代"规则监管"。[2]欧盟专员麦克里威宣称"轻触式的、原则导向监管是金融业的最佳监管模式"[3]，这种原则导向监管在规则监管发达的美国也有高涨的呼声。[4]2008 年金融危机爆发之后，尽管"轻触式监管"的理念及其在立法上的表现"原则导向监管"还有坚定的拥趸，但是"侵入式监管"及其在立法上的表现"规则导向监管"大幅反弹。国际社会对 2008 年金融危机的主要回应是巴塞尔委员会出台了《巴塞尔协议Ⅲ》，以限制银行系统的杠杆率，对系统重要性金融机构提出附加资本要求和逆周期资本要求。此后，推动系统重要性金融机构处置计划等危机干预措施作为金融监管体系的重要组成部分。在 G20 和金融稳定理事会的推动下，英国、美国、中国、欧盟等主要国家和地区进行了重大的金融监管法律制度调整，其监管理念和模式转向"全面强化监管"。但是，在特朗普政府上台之后，通过行政手段和法律改革推动监管放松。在法律改革方面，2018 年 5 月，特朗普签署了《经济增长、放松监管和消费者保护法案》（Economic Growth, Regulatory Relief and Consumer Protection Act，以下简称《放松监管法案》）。尽管《放松监管法案》没有彻底否定《多德-弗兰克法案》的政策逻辑，但是其对系统重要性金融机构、自营交易、中小银行特别是社区银行、资本市场等的监管上均有不同程度的放松。2019 年特朗普政府推动修改沃尔克规则，继续采取放松金融监管的重大举措。2019 年 10 月 8 日，美联储和其他四家监管机构最终批准通过了《沃尔克规则修正案》，以放松对商业银行自营交易等的监管。该修正案已于 2020 年 1 月 1日生效。修正案的核心逻辑是按照交易的资产和负债规模来削减不必要的规制，并打破银行进行自营交易的禁令，以给中小型金融机构监管豁免，给大型金融机

---

[1] 白钦先：《20 世纪金融监管理论与实践的回顾和展望》，载《城市金融论坛》2000 年第 5 期。

[2] ［荷］费姆克·德弗里斯：《原则导向监管怎样促成良好监管目标的实现?》，载［荷］乔安妮·凯勒曼、雅各布·德汗、费姆克·德弗里斯编著：《21 世纪金融监管》，张晓朴译，中信出版社 2016 年版，第 181 页。

[3] Mc Creevy, Speech to the European Parliament ECON Committee (Committee on Economic and Monetary Affairs), Brussels.

[4] Black J., "Forms and Paradoxes of Principles-based Regulation", *Cap Mark Law J*. 3, 2008, pp. 425-457.

构一定程度的自营交易空间。[1]在新冠疫情全球暴发之后，为了恢复经济，大多数国家和地区实际上放松了金融监管。这种"危机—监管—创新—放松监管—再危机—再监管—再创新—再放松监管"的治乱循环押着不同的韵脚再次回归。在"侵入式监管"和"轻触式监管"之间是否存在一种新的监管理念和模式？二者之间的某种结合是否有可能？本文拟探讨"适应性监管"（accommodative regulatory）可否作为二者结合的产物，从而为世界金融监管走出"治乱循环"提供中国方案。

二、适应性金融监管的界定与源流

有学者认为，金融监管应该具有强"适应性"，特别是在现代化技术快速迭代、金融与科技不断融合、金融市场加快创新的过程中，金融监管应该与市场、与技术发展至少要保持同步，要主动采用广泛的方法、利用新技术，保持监管的"适应性"，真正做到"早识别、早预警、早发现、早处置"。[2]适应性监管不仅在新冠疫情防控、个人信息保护、食品安全、生态保护、网络安全等领域有重大意义，而且在金融领域的价值更为重大。面对当前新冠疫情防控状态下满足金融支持经济恢复的需求、金融科技迅猛发展的趋势以及促进金融国际竞争力的内在需求，应从国家治理体系和治理能力现代化的高度认识适应性金融监管的意义与价值。有效的适应性金融监管应当从整体大局观出发进行分析，以体现出中国金融法律监管的安全性、有序性，提高效率，进而维护金融生态良好运行，维护市场秩序，防控系统性金融风险，促进经济发展。

（一）适应性金融监管的定义与内涵

现有学术成果中关于适应性金融监管的研究较少，理论界目前对适应性金融监管的研究也没有统一的系统性论述，因此深入理解和探讨适应性金融监管的前提是对适应性金融监管进行概念解释和内容界定。

1. 适应性金融监管的定义

通常情况下，生物学界比较多地使用"适应性"一词，用来描述一个生物体对其当前或者进入到一个新环境时的协调能力和反应能力。而关于适应性金融监管，则应当是在一定的国内外整体金融环境下，一个国家的金融监管体系对金融环境不断变化的适应能力表现良好，对宏观或国际经济环境的变化对金融产生的冲击回应很好，这可称为有良好的"适应性"。笔者认为，适应性金融监管的适应性不能仅从生物学界描述的适应性或适者生存的角度理解，也不能庸俗地理

[1] 胡滨：《从强化监管到放松管制的十年轮回——美国金融监管改革及其对中国的影响与启示》，载《国际经济评论》2020 年第 5 期。

[2] 周琳：《全国政协委员范小云：保持和加强金融监管"适当性"》，载 https://www.sohu.com/a/299168555_120702，最后访问日期：2021 年 8 月 1 日。

解为金融监管对金融发展创新亦步亦趋地跟随。有学者认为，金融监管者应当具有先于市场从业者的警觉性，在借助当前金融科技和监管科技实时动态监管的同时，要预测金融机构的发展路径，需要敏锐地感知到金融机构当前及未来可能存在的风险，然后及时地调整监管策略，以达到更好的监管效果。[1]前瞻性是好的金融监管的重要因素之一。什么是好的金融监管？如果以金融危机来衡量，好的金融监管一定能防止金融体系发生不良事件或者崩塌，及时化解金融危机。金融危机爆发之前，大部分监管机构都认为自己做得非常棒。危机爆发后，全球的金融体系几近崩溃，公众对金融机构和监管机构的信任骤降。[2]在 2008 年金融危机爆发后，反思金融监管理念和模式及其局限性的成果开始大量涌现。在 2010 年，国际货币基金组织发表了"打造良好监管：学会说'不'"的工作论文。[3]这篇论文认为良好监管的五要素是"具备侵入性""积极主动并敢于质疑""具有全面性""具有适应性""要形成决定性的结论并继之以行动"。其中，所谓的"具有全面性"是指超越单个机构分析风险，从整个金融体系分析风险，监管者必须持续关注金融发展的前沿以及随时可能出现的风险；所谓"具有适应性"，是指基于金融业是一个经常变化和不断创新的行业，监管者必须处于不断学习的状态，能够快速识别新产品、新市场以及新服务中的潜在风险，不断更新技能和工具箱，并能够采取有效的风险缓释措施或及时叫停某项业务。本文所讨论的适应性金融监管是指这种基于全面性的适应性，即基于整个金融系统甚至国内外经济形势的发展及随时可能出现的风险，监管者能够快速识别行业内新风险，并能够运用新技能和工具箱，通过降低风险或暂停业务进行及时有效的干预。适应性金融监管是一个国家特定时期的金融监管目标、体制、原则、方式、手段和内容在特定的金融环境发展中适应性、协调性的综合反映。金融环境的因素有很多，是包括金融发展生态、金融监管体制机制、金融法律法规、金融科技、监管科技、国际金融经济现状和发展走向等各方面因素相结合作用下的经济环境。金融监管对金融环境的适应性，以金融环境变化发展的客观规律为基础，金融监管不可能脱离金融环境而孤立于世；相反，金融环境影响甚至决定着金融监管的态势和方向，所以金融监管要具有一定的前瞻性、全面性、适应性，要主动适应国内金融环境的发展和当前世界经济格局的变化。

2. 适应性金融监管的内涵

适应性金融监管包含金融监管理念的适应性、金融监管目标的适应性、金融

---

[1] 廖凡：《金融科技背景下监管沙盒的理论与实践评析》，载《厦门大学学报（哲学社会科学版）》2019 年第 2 期。

[2] 陈辉：《监管科技：框架与实践》，中国经济出版社 2019 年版，第 113~115 页。

[3] Vinals J., Fiechter J. "The Making of Good Supervision: Learning to Say 'No'", *IMF Staff Position Note May* 8, 2010.

监管原则的适应性、金融监管方式的适应性、金融监管手段的适应性，以及金融监管体制机制的适应性等诸多因素，而本文主要想探讨此逻辑中最为重要和连贯的四个：金融监管理念的适应性，金融监管体制的适应性，金融监管手段的适应性和金融监管机制的适应性。在一个金融监管适应性较强的国家，这几个方面的监管适应性最能反映金融监管和金融生态内的经济状态以及发展趋势。

金融监管理念、体制、手段、机制的适应性统一于整个金融监管体系对金融环境的适应性，彼此影响和制约。一般情况下，金融监管理念的及时调整起着非常重要的作用，金融监管理念的适应性调整指导着金融监管手段和体制、机制之间的相互协调，而金融监管手段和体制、机制的适应性变革在很大程度上体现着金融监管理念的调整和变化。但是这并不妨碍适应性金融监管各内容之间的相对独立性。

适应性金融监管强调事前的适应性，也就是在金融行业没有出现问题但快要出问题时，监管机构要具有前瞻性的眼光，在金融机构或者一些金融行为的行动之前，找出问题所在，用发展的眼光分析问题，从而纠正某些金融机构的行为，引导其向正确的方向发展，力争避免那些因为监管不力而导致的金融风险。

适应性金融监管强调超越单个金融机构风险管控的适应性，不仅对单个金融机构稳健经营进行监管，而且对金融市场和金融体系的整体稳定性进行宏观审慎监管。

（二）适应性金融监管与相关术语的关系

国际和国内主流的"机构监管""功能监管""综合监管""双峰监管"等术语与"适应性金融监管"是何种关系？厘清此种关系，便于更好地理解适应性金融监管，这对适用和贯彻适应性金融监管会有很大的帮助。

1. 机构监管、功能监管与适应性金融监管的关系

机构监管是一种适应金融业分业经营并分业监管的监管模式，一般是根据金融机构的法律属性（如商业银行、证券公司、保险公司等）和业务牌照类型进行划分，从审慎监管和行为监管两个层面着手对金融机构及其业务进行分业监管。[1]在 20 世纪 90 年代之前，大多数国家和地区采取这种监管模式。功能监管则是根据金融机构所实际从事业务的性质进行分类监管。在完全采用功能监管模式的国家，一个多元化金融集团（包含银行业务、证券业务、保险业务、基金业务等牌照）内不同的业务条线将接受不同功能监管机构的监督和管理，不同监管机构的监管协调以及系统重要性金融机构的统筹监管将由中央银行或特定的委员会负责。功能监管的诞生有一个很残酷的现实背景——机构监管遇到了难题：大型金融集团多元化业务转型和金融创新发展使得其业务本身的法律属性难以界

---

[1] 张晓朴、卢钊：《金融监管体制选择：国际比较、良好原则与借鉴》，载《国际金融研究》2012 年第 9 期。

定。在一些国家和地区，采取了某种机构监管和功能监管的结合。目前，中国仍采取这种机构监管和功能监管相结合的监管模式，根据金融机构的类型设置不同类型的金融牌照，并根据金融牌照的业务性质分为两大类（即直接金融和间接金融），分别由中国银行保险监督管理委员会和中国证券监督管理委员会进行监管。同时，对于纯粹的金融控股公司、系统重要性金融机构由中国人民银行牵头进行监管，对于本金融业内的金融控股公司或系统重要性金融机构则由相应的行业监管部门进行具体监管，对于理财产品（所谓的第三金融，不是直接金融也非间接金融）则由央行牵头建立统一业务性质的资产管理监管规则。目前我国采用的机构监管、功能监管相结合并逐渐以功能性监管为主的监管模式，基本适应金融业及其监管的实际情况。这种监管模式能够回应金融新技术、新市场、新产品和新服务的风险，与适应性监管前瞻性地识别行业风险并快速采取干预措施的要求相适应。尽管目前的监管框架具有了一定程度的监管适应性，但是由于存在监管目标重叠、监管内容重叠的问题，因而笔者认为，中国目前的金融监管框架并不是一种促进高效率金融活动的监管，而是以金融稳定为更高导向的监管。

2. 综合监管、双峰监管与适应性监管

综合监管，又称为单一监管体制，是在金融混业化之后新出现的监管体制。对应分业经营的多头、分业监管不适应 20 世纪 80 年代开始的金融业跨业经营和金融产品的跨界属性，因此一些国家或地区对多类监管机构进行整合，形成一元监管体制。在综合监管体制之下，单一经济体只设置一个金融监管机构，该机构既负责金融体系和机构的宏微观审慎监管，也负责各类金融机构的行为管理。典型代表是英国、日本等。英国金融服务管理局（Financial Services Authority，FSA）成立于 1997 年 10 月，由 1985 年成立的证券投资委员会（Securities and Investments Board）改组而成，1998 年 6 月从英格兰银行承接了银行监管职能。自 2001 年施行英国《2000 年金融服务和市场法》之后，该局取得了法律赋予的对金融业统一监管的综合性权力。日本金融厅（Financial Services Agency，FSA）于 2001 年 7 月 1 日成立，由金融再生委员会下属的金融监督厅和大藏省金融企划局改组、合并而来，下设总务规划局、检查局、监督局和证券交易监视委员会、注册会计师监察审查会。在 2002 年金融再生委员会被撤销后，金融厅成为内阁府的直属机构，负责对包括银行业、证券业、保险业、信托业等在内的整个金融市场进行独立监管，与大藏省共同负责处置金融机构破产或危机事务。[1]

双峰监管体制最早在澳大利亚、荷兰得到实践，2008 年金融危机之后英国也转向这种监管体制。根据监管目标的不同，此种监管将监管机构划分为两部

---

[1] 张承惠、王刚：《日本金融监管架构的变迁与启示》，载《金融监管研究》2016 年第 10 期。

分：一个监管机构负责宏观与微观审慎监管，以确保金融体系稳定和金融机构稳健；另一个监管机构负责金融机构的行为监管，以维护金融市场秩序和保证客户受到公平对待。支持双峰监管体制的原因是，金融体系的活力和创新发展导致传统金融行业的界限消失。金融监管不应分业设置，而应基于不同的监管目标设立，确保任何金融业务活动处于监管之内，并尽量减少或避免监管重叠。[1]譬如，基于中央银行的货币政策职能与最后贷款人角色、金融稳定职能有较好的协同效应和知识互补，荷兰央行（DNB）承担不同类型金融机构和金融市场的审慎监管职能，荷兰金融市场监管局（AFM）负责所有类型金融机构的行为监管。再如，在英国双峰监管实践中，由英格兰银行内设的金融政策委员会（Financial Policy Committee，FPC）和审慎监管局（Prudential Regulation Authority，PRA）负责宏微观审慎监管，金融行为监管局（FCA）则负责金融机构的行为监管和消费者权益保护。英国在 2008 年金融危机之后出台了 2008 年、2009 年《银行法》以及 2012 年、2013 年、2016 年的金融改革立法，是对金融监管制度进行改革的力度最大的国家。英国 2009 年《银行法》规定了解决银行已经出现或可能出现的危机时的处置制度，即特殊处置制度（Special Resolution Regime，SRR）、银行破产程序（Bank Insolvency Procedure）和银行管理程序（Bank Administration Procedure）。在英国，传统的英格兰银行、财政部及金融服务管理局三方（tripartite）监管机构也是银行业危机处置体系中的三方机构。英国出台的 2012 年《金融服务法》（Financial Services Act 2012），撤销了金融服务管理局，新设了审慎监管局（PRA）和金融行为监管局（Financial Conduct Authority，PCA），分担金融服务局的职能。此外，根据 2012 年《金融服务法》，英格兰银行承担了更多的金融稳定职能和金融监管职责：一方面，英格兰银行内设的金融政策委员会（FPC），负责银行宏观审慎监管以维护金融系统的稳定，英格兰银行对系统性金融风险采取识别、监控等措施；另一方面，英格兰银行的下属机构审慎监管局，负责对存款机构、保险机构和大型投资机构的微观审慎监管，具体负责处置危机银行等危机金融机构。之后，英国金融改革持续深入，先后出台了 2013 年《金融服务（银行改革）法》［Financial Services（Banking Reform）Act 2013］和 2016 年《英格兰银行和金融服务法》（Bank of England and Financial Services Act 2016），前者对实施救助（implement bail-in）、人员责任（individual accountability）等方面制定了更加严格的监管标准，后者则建立了相对独立的货币政策委员会、金融政策委员会和审慎监管委员会共同组成的英格兰银行宏观审慎监管的组织架构。2016

---

[1] Jeroen J. M. Kremers, Dirk Schoenmaker, and Peter J. Wierts, "Cross-Sector Supervision: Which Model?", *Brookings-Wharton Papers on Financial Services*, 2003, pp. 225-243.

年改革之后，审慎监管局不再是英格兰银行的下属机构，英格兰银行创设审慎监管委员会，通过审慎监管委员会履行审慎监管职能。总之，通过 2012 年之后的三次改革，财政部和英格兰银行之间的分工和监督更加明确，审慎监管局更加重视审慎要素，对于其监管的 1700 余家机构和新设存款机构均要求有明确的复苏与处置计划。

笔者认为，双峰金融监管体制的产生本身就是一种适应性监管的体现，基于目标进行原则性监管和规则性监管的结合，同时基于金融创新和市场发展的活力、国际竞争的需求，把侵入式监管和轻触式监管有机结合，并按照风险评估结果配置监管资源，从而形成以合规为基础、以风险为导向的金融监管新路；金融监管要具有基于"全面性""前瞻性"的监管机构与监管工具的"适应性"，要具有基于合规为基础、风险为导向的监管资源配置的"适应性"，基于"侵入式""轻触式"相结合的监管决策的"适应性"。

三、金融监管的困境与适应性金融监管的发展

（一）金融监管的悖论

金融监管的治乱循环不仅是中国面临的重大问题，也是其他国家和地区面临的重大问题。金融监管的治乱循环之所以成为问题，根源于金融监管自身存在三元困境：第一，监管资源有限与监管目标多元的困境；第二，原则监管与规则监管中的标准困境；第三，侵入式监管与轻触式监管周期循环的困境。

在特定时期，一个国家或地区的金融监管资源（人力、预算、手段、工具、技术等）是有限的，而且受到国内外政治、经济和法院管辖权力的制约，金融监管机构及其人员所能够从事的监管工作受到限制，但是当下的机构监管、功能业务监管的任务并存，合规与风险监管并重，宏观、微观审慎监管和行为监管目标同样重要，被监管对象的合规人员和成本也有限度，因此监管资源有限与监管目标多元的困境时刻都在。

原则导向监管是建立在高道德标准上的灵活监管。它假设金融机构都是负责任的，它假设这些金融机构会遵守这些道德标准。任何原则解读上的分歧都能够通过监管者与被监管机构之间的磋商得以解决。2008 年金融危机后，原则导向监管被认为是危机的原因之一。英国金融服务局首席执行官赫克托·桑特斯在 2009 年 3 月宣布了一项有别于原则导向监管的新的监管办法，他认为"应该认识到纯粹原则导向监管体制的局限"，而且"原则导向监管对那些没有原则的机构是无效的"。[1]原则性监管通常与"开放性标准"联系在一起，这些开放性标

---

〔1〕 ［荷］费姆克·德弗里斯：《原则导向监管怎样促成良好监管目标的实现?》，载［荷］乔安妮·凯勒曼、雅各布·德汗、费姆克·德弗里斯编著：《21 世纪金融监管》，张晓朴译，中信出版社 2016 年版，第 183 页。

准在监管者和被监管者之间发生歧义时，通过监管谈话或监管解释并不总是能够达成一致意见，被监管对象在合规和风险控制上处于不确定状态。有学者认为，原则导向监管似乎在 2008 年金融危机爆发后被"草草埋葬"，但笔者认为事实上并非尽然，因为为了避免金融监管规则的繁文缛节所导致的巨额合规成本，任何金融监管必然是原则监管和规则监管的统一。所以，二者的结合度，尤其是其中的原则释义、标准解释始终是金融监管的困境。

为了保证金融监管的执行到位和避免严格执行监管规则的未预期后果，监管强度和干预时机是个艺术问题。从导致 2008 年金融危机的反思性报告看，很多国家或地区的监管机构奉行轻触式监管，没有对被监管对象施加有效影响，以推动它们开展审慎有效的风险管理。[1]从整个监管理念和体制机制上观察，轻触式监管实践和侵入式监管实践处于周期循环之中，这是一个分析危机与监管关系的公认特征。从博弈论角度分析，监管者有协作性监管或强制性监管的选项，被监管者则有遵从或规避的选项，结合在一起形成四种组合。在这里，有解释力的是一种"响应式监管"的范式，即综合运用协作式监管方式与违规惩戒"金字塔"式升高模式，是最为有效的结合方式。[2]但是，从金融监管立法和实践看，侵入式监管和轻触式监管无论在法律框架构建上，还是从监管执行上，均长期处于周期地徘徊在二者之间的困境里。

（二）适应性金融监管在域外的兴起

根据适应性监管的理念，监管者可以对包含市场规则和自身监管策略在内的内容进行创新和改变，也即在其自由裁量权范围内调整决策进程，在信息更加充分的基础上做出最恰当的决策，使之适应金融市场的不断变化。[3]要树立这样一种监管理念，就不能坐井观天，只关注于中国这样一个金融体系，要放眼全世界，观察域外其他国家的金融监管改革和发展，从中寻找启示和借鉴。

1. 美国金融监管发展的新阶段与新特征

金融监管体系是一个国家金融竞争力的重要构成因素，美国金融业能够领先其他国家和地区，从侧面说明了它的监管体系是适应市场发展的，并具有一定的优势。[4]美国的金融监管体系独具特色，是一种典型的分权型多头监管模式，

---

〔1〕 ［荷］海蒂·理查兹：《金融机构监管的影响和激励》，载［荷］乔安妮·凯勒曼、雅各布·德汗、费姆克·德弗里斯编著：《21 世纪金融监管》，张晓朴译，中信出版社 2016 年版，第 79~84 页。

〔2〕 Ayres I., Braithwaite J., *Responsive Regulation*, Oxford University Press, 1992. 转引自［荷］乔安妮·凯勒曼、雅各布·德汗、费姆克·德弗里斯编著：《21 世纪金融监管》，张晓朴译，中信出版社 2016 年版，第 86~89 页。

〔3〕 廖凡：《金融科技背景下监管沙盒的理论与实践评析》，载《厦门大学学报（哲学社会科学版）》2019 年第 2 期。

〔4〕 陈清：《美国金融危机的成因分析及启示》，载《管理观察》2010 年第 26 期。

也被称为"伞形监管"体制。美国的重要金融监管立法以及重要监管制度变革如图1所示。美国金融监管立法和实施呈现出典型的治乱循环：1929年经济大萧条导致金融监管法制化和系统化；1970年之后，广泛直接的金融监管被认为损害了金融机构和金融体系的效率以及发展活力，美国开始不断放松金融监管，银行可以跨州设立机构，金融业综合化混业经营得到了法律上的确认，金融监管不断放松；2008年金融危机后，美国通过了以《多德-弗兰克法案》为代表的多部法律，调整了监管机构框架和体制，强化了监管；自2017年之后，特朗普政府不断推动放松监管的人事变动和法律修改，美国的金融监管得到一定程度的放松。在这里重点介绍美国自2017年以来，针对金融科技发展，美国监管立法和监管实施呈现出"适应性金融监管"的新理念。

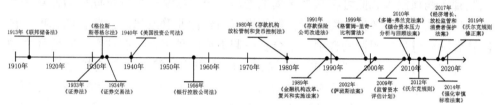

图1 美国金融监管的主要变革

在金融科技立法与监管方面，美国政府秉持"负责任的创新"的监管理念，对金融科技的变化更新保持高度敏锐性，并适时纳入法律和监管范围。[1]美国金融消费者权益保护局于2016年2月发布了类似于监管沙盒机制的《无异议函细则》，目的是降低监管政策的不实时更新或不当更新对金融创新产品和金融创新服务所造成的不利影响。[2]此函实质上是一种事前认可机制，它只接收还未正式推出但已经完成产品的申请，也可以说是一种具有前瞻性的准入制度。

2019年1月和3月，美国国会代表分别提交了《金融科技保护法案》和《金融科技法案2019》，意在建构针对金融科技的法律框架，并通过创设新的监管机构、厘清监管协调机制，以此希望可以强化对金融科技的监管。《金融科技保护法案》主要针对"利用虚拟货币从事恐怖主义和非法融资活动的人及其行为"，以行为监管为主，重点偏向于"举报和惩戒"。同时设立"创新和金融情报领域的金融科技领导力计划"，明确金融科技在创新和金融情报项目中的领导地位，以支持开发能够侦查恐怖分子和非法使用虚拟货币的工具和程序，并进行

---

〔1〕 李真、袁伟：《美国金融科技最新立法——监管动态及对我国的启示》，载《金融理论与实践》2020年第4期。

〔2〕 李展、叶蜀君：《中国金融科技发展现状及监管对策研究》，载《江淮论坛》2019年第3期。

创新授权和资助。[1]而《金融科技法案 2019》以"初创型金融科技公司"为主要的监管对象，进行功能监管，与上一个不同的是它侧重于"鼓励和保护创新"，明确监管主体、议事规则、协调机制等方式，解决"多头监管"和"监管真空"问题，[2]从而达到保护初创型金融科技公司、支持合理的金融创新和发展。

2. 荷兰的"创新中心"

荷兰在 2002 年引入"双峰监管模式"。在此模式下，金融监管主要聚合到两个方面：一方面，不同类型金融机构的审慎监管职责被整合到一个单一的监管部门内，此类监管由荷兰央行负责；另一方面，作为独立的监管者，荷兰金融市场监管局负责所有类型金融机构的行为监管。[3]2004 年荷兰将养老金和保险监管局并入荷兰央行，将全部的审慎监管职能交由荷兰央行承担，而行为监管继续由金融市场管理局负责，形成了明确的"双峰监管"模式。[4]财政部不是"双峰"监管机构之一，但是其在荷兰的金融监管体系中具有承上启下的作用，它主要连接欧盟监管机构和荷兰的"双峰"监管机构、荷兰金融市场；金融稳定委员会的主要作用是提供一个平台，协助"双峰"监管机构和财政部进行监管协调与信息共享。[5]荷兰在金融科技生态系统中占有重要地位，监管当局的支持性监管态度进一步为金融科技的发展提供了良好的制度环境。与其他采用"双峰"监管模式的国家一样，荷兰金融监管一方面侧重于对金融机构实施审慎性监管，以防范系统性风险，确保金融机构稳健经营，维护金融体系的整体稳定；另一方面侧重于对金融机构的行为进行监管，以防范道德风险，保护金融市场中的消费者和中小投资者。为应对金融科技带来的挑战，在现行法律框架下荷兰监管当局积极探索并根据金融科技的特点适度调整和完善监管方式，先后建立了创新中心或监管沙盒机制。

创新中心是企业就金融科技相关问题向监管当局提出询问的专门联络点。2016 年，荷兰金融市场管理局（AFM）和荷兰央行（DNB）成立创新中心（Innovation Hub），为金融科技创新者提供相关监管法律法规的指导和查询支持。

---

〔1〕 李真、袁伟：《美国金融科技最新立法——监管动态及对我国的启示》，载《金融理论与实践》2020年第 4 期。

〔2〕 朱雅婷、成源：《我国金融监管科技的发展与国际经验借鉴》，载《企业改革与管理》2020 年第 14期。

〔3〕 [荷]乔安妮·凯勒曼、雅各布·德汗、费姆克·德弗里斯编著：《21 世纪金融监管》，张晓朴译，中信出版社 2016 年版，第 204 页。

〔4〕 胡滨等：《监管沙盒：理论框架与国际经验》，中国金融出版社 2020 年版，第 212 页。

〔5〕 刘倩云：《荷兰金融监管"双峰"模式研究及对我国的启示》，载郭锋主编：《金融服务法评论》，法律出版社 2018 年版，第 119~141 页。

AFM 和 DNB 与荷兰消费者和市场管理局（ACM）合作，在此框架内，监管机构为机构提供创新服务或产品公司的监管者提供监管者便利，消除不必要的进入壁垒，并帮助监管部门及时了解金融部门技术创新的发展情况，从而增进利益相关者之间的知识共享与对话沟通。监管沙盒是一种允许企业在权威机构授权和监管下进行产品服务测试的机制。2016 年 12 月，AFM 和 DNB 共同推出了荷兰的监管沙盒测试方案，旨在为那些从事金融产品、金融服务和模式创新的所有金融服务公司提供更多的创新空间，使市场参与者能够推出他们的创新金融产品、服务或业务模式。

（三）适应性金融监管在中国的发展

在改革开放的前 30 年，中国的金融机构类型少、发展晚、起步慢，金融机构所经营的业务种类相对单一，中国金融监管以机构监管为主，主要由各类监管机构针对其划分的不同类型金融机构进行监管。但是，自 2013 年之后，依托于移动互联网、人工智能、区块链等金融科技的高速发展，金融业已不同于以往各类金融机构疯狂拓展业务类型的情况，金融科技的登场逐渐弱化金融机构的媒介作用，出现了很多的影子银行业务，使得这些机构的定性成了一个难题。它与传统金融的最大区别在于依托媒介不同。[1]在传统金融中，主要强调金融机构的金融中介的作用，用来连接资金需求双方，而如今拥有金融科技加持的各类金融机构则主要依托互联网进行金融活动和金融交易，传统金融监管对此不能完全适应。2018 年，经济环境恶化、信用风险上升等一系列压力催生了本质上属于金融危机的 P2P 爆雷潮，[2]更加凸显金融科技与金融创新所带来的改变带给传统金融监管的压力，同时也明示了传统金融监管必须做出适应性变革的必要性。

中国金融监管架构开始于 1983 年，中国人民银行被确定为中央银行。随后中国证监会、保监会、银监会相继成立，于 2003 年形成了具有中国特色的金融监管架构——"一行三会"的监管机构框架及监管体制。中国的金融监管是一个不断变革的过程，2018 年国务院成立"金融稳定发展委员会"、[3]银监会与保监会合并成立"银保监会"，至此形成了"一委一行两会"的监管机构框架和监管体制的新格局，但是依旧遵循"分业经营、分业监管"的金融监管模式。由于中国银行业金融资产的占比长期以来都在 80%以上，在中国金融体系中具有决定性影响，所以，中国金融监管深深地烙上了银行业监管的烙印和影子。[4]中国金融监管体系产生于特定的社会经济环境，既有主动因素也有被动因素，既有

---

〔1〕 年志远、贾楠：《互联网金融监管与传统金融监管比较》，载《学术交流》2017 年第 1 期。

〔2〕 周宇：《金融危机的视角：P2P 雷潮的深层形成机理》，载《探索与争鸣》2019 年第 2 期。

〔3〕 徐洪才：《详解"金稳会"》，载《中国经济报告》2017 年第 9 期。

〔4〕 吴晓求：《中国金融监管改革：逻辑与选择》，载《财贸经济》2017 年第 7 期。

体制依赖也有突破性创新，既有海外借鉴也有中国特色。[1]中国金融监管改革与发展主要分为三个大的阶段：1949 年至 1992 年；1993 年至 2012 年；2013 年至今。（如图 2 所示）

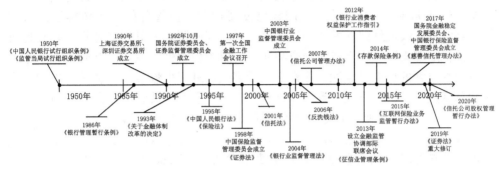

图 2　中国关键的金融变革

第一阶段从新中国成立至党的十四大召开。在这一阶段，中国实行计划经济体制，改革开放之后逐渐实行有中国特色的商品经济，但是现代意义上的金融监管在这个时期基本上属于银行监管，几乎不涉及保险、证券等业务。专业性银行逐步从中国人民银行中分离出来，并确立中国人民银行为中央银行，于是形成了中国人民银行承担货币政策职能，同时又是相对独立、全面、统一的监管机构。

第二阶段自党的十四大召开后至党的十八大召开。我国探索中国特色社会主义市场经济体制，中国人民银行剥离出了日常的金融监管权，主要的任务放在制定和执行货币政策方面。随后金融业的相关法律相继诞生——《中华人民共和国商业银行法》《中华人民共和国银行业监督管理法》《中华人民共和国证券法》《中华人民共和国保险法》《中华人民共和国信托法》等，随着时间的推移，金融监管法律不断地完善，中国的金融监管开始进入法治化阶段。进入 21 世纪以后，中国加入世界贸易组织，金融发展与国际接轨，开始借鉴域外经验，适应更大的经济环境，同时也意味着更大的风险——2008 年金融危机便是例子。

第三阶段自党的十八大召开后至今。随着中国经济发展步入新常态和新格局，金融业取得了快速发展，中国金融监管机构框架也适时进行了相应调整。2017年成立"国务院金融稳定发展委员会"，2018 年合并"银监会"与"保监会"，成立"银保监会"，更加全面地统筹和协调了银行与保险领域的有效监管，[2]也

---

〔1〕　尹振涛：《中国金融监管改革的历程回顾与未来展望》，载《金融时报》2020 年 3 月 9 日，第 12 版。

〔2〕　尹振涛：《中国金融监管框架改革的逻辑》，载《银行家》2018 年第 4 期。

代表着在一定程度上适应金融业发展的新需要。自 2012 年开始，国内出现"互联网金融"这一概念，[1]代表性的事件为余额宝正式上线，以及随后几年里引起波澜的 P2P、众筹为代表的商业模式开始出现。但是国内外并没有与此概念相对应的英文专有名词，一些中文作者创造了互联网金融这个概念，并将其翻译为英文"Internet Finance"。在互联网金融发展初期，监管部门出于包容性监管理念，划定了底线或红线，并未跟进监管，导致互联网金融其兴也忽焉，其衰也忽焉，并伴随着集资诈骗等非法集资犯罪、清退维稳案件的发生。互联网金融未得到适应性监管的后果是金融秩序紊乱、受害人家庭损失惨重，从金融发展和相应法律制度建设上看，直接导致众筹制度未在《中华人民共和国证券法》2019 年修改中落地、P2P 平台则随着专项整治的深入而在 2020 年 11 月全部退出市场。与互联网金融同时在中国兴起的还有金融科技。金融科技一词出现于 2014 年，一些初创企业在开展金融信息业务时开始使用大数据、区块链等互联网技术，[2]使得 FinTech 开始声名大噪。大型科技平台业务规模的快速扩张和创新产品的不断涌现，加之金融科技的发展迅速且深入，导致技术驱动形成金融产品和服务创新的周期越来越短，给传统的金融监管带来了多方面的挑战，也反映出其严重不适应金融创新和新型金融风险防控的需求。

金融科技以新型信息技术为底层逻辑，其为金融服务的方式更加地虚拟化，可操作性强但同时也带来业务边界的模糊。市场上拥有各种跨行业的金融服务，且不同业务之间的关联性非常紧密，导致风险传染性也进一步增强。①信息技术的不当应用会造成数据垄断和不当使用的风险。传统的监管是被动的，要求被监管者主动进行信息披露，监管机构根据披露出的信息评估风险、制定监管措施。这样的监管方式使得监管机构根本无法接触到某些重要但金融机构不希望监管者接触到的信息和数据。再者，各种信息和数据横飞，辨别信息真伪也会耗费很大的成本，同时也会滋生数据造假、数据泄露等数据黑色产业。[3]②数据时代更容易产生信用风险。金融最本质的功能就是解决信息不对称问题，但是传统的监管者难以及时发现信息披露中隐藏的问题，所以在风险传染性更强的数据时代，一旦发生信用风险，造成的损失将不可估量。

金融业发展迅速，导致传统的金融监管已经面临监管瓶颈。传统监管大多采用统计报表、现场检查等方式，缺乏时效性；而且依赖金融机构报送监管数据和合规报告，存在明显的时间差。另外有很多的金融创新产品包装新颖，但却只是表象，实质上还是传统的金融业务，尽管现在有提到"穿透式监管"，但是依然

---

[1] 谢平、邹传伟、刘海二：《互联网金融模式研究》，载《新金融评论》2012 年第 1 期。
[2] 谢平、刘海二：《金融科技与监管科技》，中国金融出版社 2019 年版，第 7 页。
[3] 杨东：《防范金融科技带来的金融风险》，载《红旗文稿》2017 年第 16 期。

无法准确识别层层嵌套的所谓金融创新产品的最底层。[1]监管机构的人员在业务经营范围、数据报送口径、金融消费者权益保护等方面存在理解偏差，监管标准无法做到完全一致。金融科技以一种"破坏性创新"的金融模式，[2]使得金融行业的运营状态、融资方式，甚至货币的形式都发生了根本性的变化，[3]已经颠覆了原有的监管模式，且发展速度一度超过金融监管的适应能力。[4]新的发展形势呼唤适应性金融监管在中国全面落地实施。

四、适应性金融监管在中国的实现形式

新技术的不断出现，使得传统监管手段难以应对金融科技的快速发展。一方面金融机构希望采用监管科技的方式以降低合规成本；另一方面，监管机构也可以利用科技手段履行其本能的监管职责。2008年金融危机后监管体制机制调整、金融科技迅猛发展，使得适应性金融监管的理念、机构框架、手段和机制成为当下金融监管的内在需求。

（一）适应性金融监管理念的重塑

从某种意义上来讲，金融监管应具备逆经济周期特征，尤其是处于经济繁荣时期，经济的快速增长使得市场主体信心膨胀，金融市场整体风险意识淡薄，这往往为金融危机埋下了风险的种子。采取积极主动并具有批判精神的监管态度意味着要对于风险具备一个独特的视角和对于追求普遍真理过程中质疑权威的精神，好的监管者对于相关的风险应当具备高度的警惕性和敏感性，[5]尤其是在经济繁荣表象下隐藏的风险隐患。前瞻性是适应性金融监管的基础理念之一。

金融监管已经超越单个金融机构的风险，是要针对整个金融体系的风险，即系统性风险。金融监管的目标不仅要实现金融机构的稳健经营，而且更要实现金融体系的稳定。从金融体系稳定而言，有学者认为强化系统性重要金融机构监管和影子银行的监管是全面性监管中的重点，因为这二者是当下影响金融稳定的系统性风险来源。[6]所以，基于重点突出为基础的全面性监管是适应性金融监管的另外一个基础理念。

监管理念的重塑是深化中国金融监管体制改革、推进监管法治化、现代化的

---

〔1〕 李伟：《监管科技应用路径研究》，载《清华金融评论》2018 年第 3 期。

〔2〕 许多奇：《金融科技的"破坏性创新"本质与监管科技新思路》，载《东方法学》2018 年第 2 期。

〔3〕 ［美］威廉·马格努森：《金融科技时代与美国的金融监管改革》，范连颖编译，载《经济社会体制比较》2019 年第 6 期。

〔4〕 胡萍：《大科技金融面临哪些监管挑战》，载《金融时报》2020 年 10 月 19 日，第 7 版。

〔5〕 陈辉：《监管科技：框架与实践》，中国经济出版社 2019 年版，第 114~115 页。

〔6〕 袁达松：《金融稳定法论》，法律出版社 2019 年版，第 13~74 页。

根与魂。[1]较之于传统金融体系，金融科技推动了金融中介、金融产品、金融市场的创新，使得金融业呈现出技术化、数据化、智能化的特点。要与此相适应，那么监管理念就不应墨守成规。传统的静态监管理念已不适应金融科技时代的发展需要。

金融监管理念的重塑是深化我国金融监管体制改革和推进监管法治化、现代化和智能化的关键所在。[2]基于金融科技发展的视角，未来的金融监管应更加具有前瞻性，注重在预防风险和鼓励创新之间寻求平衡，由被动式、响应式监管转变为主动式、包容性、适应性监管，以期金融规则或监管规则有足够的灵活性和主动性，从而包容金融市场不断发生变化，使监管机构保持适当且充分的监管裁量权。重塑金融监管理念的另一导向是要具有侵入性，指的是监管无处不在，侵入性的监管不仅指监管手段要侵入金融机构，深入了解被监管对象；还包含监管的震慑力，让被监管机构从根本上约束自身行为，避免激进违规运营。[3]

总之，要调整之前的被动性监管为主动性监管，主动寻找金融机构或者金融企业的风险敞口，主动出击，把风险扼杀在摇篮里。监管者应关注金融科技对金融业带来的变化、潜力、结构性影响，以便及时调整监管政策和监管制度。

（二）适应性金融监管机构框架的重塑

2008年金融危机中荷兰、澳大利亚的双峰监管框架的优异表现，使得危机之后英国把单一金融监管机构框架变革为双峰监管框架，把传统的分业监管的机构框架转化为以"目标导向"的监管。中国当下的"一委一行两会"监管机构框架部分体现了目标导向，但是仍未全部实现目标导向的监管。金融发展稳定委员会负责整体协调金融监管，中国人民银行负责系统性重要金融机构、金融控股公司的牵头监管，同时两会分别负责监管本行业内系统性重要金融机构、金融控股公司的监管；中国人民银行负责金融机构和金融市场的宏观审慎监管，两会分别负责本行业内金融机构的微观审慎监管。此外，中国人民银行、中国银保监会分别建立了金融消费者保护机构，负责金融消费者保护，同时两会分别从行业监管角度监督金融机构及其从业者的商业行为。这种以宏观审慎监管、微观审慎监管、金融行为监管及消费者保护并重的监管机构框架和目标初步形成，但是分业经营、分业监管的基本体制没有根本变革；宏观审慎监管和微观审慎监管目标仍有重叠，对系统重要性金融机构、金融控股公司等的监管尽管有所分工，但是仍有重叠。在当前修改《中华人民共和国中国人民银行法》《中华人民共和国商业

---

[1] 范云朋、尹振涛：《FinTech 背景下的金融监管变革——基于监管科技的分析维度》，载《技术经济与管理研究》2020 年第 9 期。

[2] 尹振涛：《监管科技：面向未来的监管变革》，中国金融出版社 2020 年版，第 159 页。

[3] 陈辉：《监管科技：框架与实践》，中国经济出版社 2019 年版，第 114 页。

银行法》和制定《中华人民共和国期货法》的新一轮金融立法中，须从学习美国的伞形监管体制中转向学习双峰监管体制，把审慎监管和行为监管作为两个独立监管目标构建监管机构框架和体制，以此为基础覆盖所有类型的金融机构、金融市场、金融产品、金融服务以及新金融科技和新型金融风险。适应性金融监管的机构框架并非通过监管消除一切风险，而是通过市场化、法治化手段快速出清破产的金融机构。

所以，在双峰监管框架下，还需塑造以金融稳定导向的金融机构恢复、处置和破产的机构和权力框架，作为双峰监管框架的重要补充机制，以充分发挥市场机制在"监管"中的作用。

在适应性监管机构框架下，监管资源配置以合规为基础、以风险为导向，把有限的监管资源配置到系统性风险和其他金融风险领域或环节，从而降低监管成本和金融机构合规成本。通过压力测试、风险评估、商业模式持续性评估分析、治理结构评估分析等方式，监测和分析风险所在，把监管机构和相关组织的金融监管资源运用到防止不发生系统性风险的底线，对可能发生金融风险的领域和环节，对可能引发金融风险的国内外经济、政治、生态持续进行关注、预测，及早防控。

(三) 适应性金融监管手段的变革——监管科技

从狭义的角度看，监管科技可以算作金融科技的一个分支，定位为"如何应对当前炙手可热的金融科技进行监管"。立足于这个层面，可以看到世界范围内金融科技风险监测、识别、防控等领域的技术得到广泛关注，以英国 FCA 为代表的监管机构积极推动监管科技生态建设。[1]譬如，英国等国家和地区通过设立"监管沙盒"机制，可以在仿真且可控的测试环境中对金融科技的创新产品或服务进行测试，这一机制可以有效地控制那些本身就底子薄弱且又有发展走偏的初创企业，以进行更好的风险防控；荷兰等国家和地区通过设立"创新中心"，可以很好地帮助和引导金融机构或初创企业理解金融监管框架，准确识别创新中的某些行为是否合规，是否合法等问题。

从广义的角度看，监管科技可以被认为是在整个金融系统中，与金融监管、合规和风控相关的各种信息技术及其应用，包括云计算、大数据、人工智能、区块链等技术及在金融交易或服务中的应用。基于此视角，金融监管领域应用科技推动发展并非全新的现象。我国的金融业包括金融监管部门在信息技术方面也处在各个行业领域的前列。

目前来看，只有监管科技可以在一定程度上可以实现监管智能化和前瞻性，

---

[1] 杜宁等：《监管科技——人工智能与区块链应用之大道》，中国金融出版社 2018 年版，第 36 页。

平衡金融科技创新和金融风险管理，是实现监管理念重塑的关键性工具，新技术的应用将有力拓展金融监管的"生产可能性空间"。[1]金融行业中存在大量的用户交易数据，这正是需要监管部门来负责推进监管规则数字化、科技化和监管数据统一化，利用科技手段采集、分析、处理、交互、报送相关监管数据，从而有助于实现与传统金融监管之间的完美衔接。

传统金融监管有强烈的路径依赖，主要依靠分业态监管、经验监管和事后监管，然而这正是与现代新型金融科技加持下的金融发展所不适应的。因此，监管科技正是解决监管实时性的必由之路，通过对监管状态的实时反馈，快速且准确地形成合规评估报告和监管处置方案，一针见血地找到风险痛点和监管落脚点，弥补监管漏洞，合理分配监管资源。

（四）适应性金融监管机制创新——监管沙盒、恢复和处置计划

监管沙盒可以形象地描述为一个"安全空间"，在这个安全空间内，金融科技企业可以测试其创新的金融产品、服务、商业模式和营销方式，而不用再遇到一点小问题就立即受到监管规则的约束。在限定的范围内，监管沙盒简化了市场准入标准和流程，豁免部分法规的适用，在确保消费者权益的前提下，允许新业务的快速落地并投入运营，然后再由监管机构根据其在沙盒内的测试情况决定是否准予"出盒"推广。

监管沙盒提供了一个"缩小版"的真实市场和"宽松版"的监管环境，在保障消费者合法权益的前提下，允许金融科技初创公司对创新的产品、服务、商业模式等进行大胆操作。这样，金融科技公司可以在监管机构规定好的范围内大胆操作创新，监管机构也可以随时了解其创新情况，可谓是一举两得。

沙盒监管根据创新方案的实际需求和监管需要，适当地对监管规则进行调整，给金融创新创造了舒适的环境，避免了以往金融创新产品被一再延迟面世的状况，甚至让金融创新得到了监管者的鼓励。与传统监管方式相比，监管沙盒模式具有三个明显的优势：[2]第一，监管沙盒有助于监管机构直接指导企业，减少企业为创新落地运营所付出的监管成本，沙盒监管耗费低成本的模式，使金融科技公司可以在不断地尝试中对创新的金融产品或服务进行检测和评估，使其符合现有的法律和监管要求。第二，监管沙盒有助于减少金融创新产品和服务面世的经济成本，根据金融创新产品和服务所面临的实际需求和监管要求，适当放宽法律和监管的要求，是非常明智的做法。第三，监管沙盒有利于初创企业降低应对未来风险的监管成本，通过了沙盒测试，就意味着获得了未来一段时间内监管

---

[1] 尹振涛：《监管科技：面向未来的监管变革》，中国金融出版社 2020 年版，第 160 页。

[2] 陈辉：《监管科技：框架与实践》，中国经济出版社 2019 年版，第 217 页。

的确定性，因为这一时期内所可能遇到的风险已经在沙盒测试中充分地显现，甚至部分企业预先设计了应对未来监管风险的方案，也为受测企业及时调整金融产品和服务增强了自信心。

监管沙盒充满了适应性监管理念的体现：监管沙盒在监管过程中有三种主要的措施：第一，发送不采取进一步法律行动的函，也就意味着企业现在运行的状态还可以，可以继续运行；第二，如果企业有问题，监管部门将会发送指导意见，企业需要按照指导意见和监管要求进行修正；第三，如果企业运行非常好，但是其突破现有的法律限制，可以暂时豁免使用某些法律，即一要按照法律来规范；二要在法律和监管以及产品的创新上使得消费者受益上，其价值更大。此时可以在不修改法律的情况下，特许其豁免适用某些相关法律。

当前，中国人民银行已经会同相关部委在北京、上海、广州等十个省市开展"监管沙盒"试点项目。2020年4月，人民银行扩围上海、重庆、深圳、河北雄安新区、杭州市、苏州市6地确定了"监管沙盒"试点。这说明充满着适应性和前瞻性的"中国版监管沙盒"已开始落地，我们需要根据"盒内盒外、区别对待"的原则进行不断尝试和逐步改进，同时考虑各地不同的特殊情况，及时汲取各省市试点的经验，调整状态，争取实现监管者与受测者之间的良性互动，打造一个逐渐完美的监管生态。

恢复与处置计划在本质上就是一种运用了适应性信息监管的系统。分为恢复计划与处置计划，其中，恢复计划（RCP）是指对于一家出现破产问题的金融机构，可以作为其开展恢复工作的计划；主要内容包括降低公司风险暴露、留存资本的措施，以及分离业务线、进行债务重组等战略处置方案。[1]处置计划（RSP）是用于在恢复计划不可行，或已证明无效的情况下，处置机构有效行使其处置权力的工作计划；旨在使处置机构能够在不对金融体系造成严重负面影响、不给有风险暴露的纳税人增加额外损失、维持系统重要性职能继续运作的基础上，以可行的方式对一家金融机构进行处置。

2011年以来，金融监管部门指导中国银行、工商银行、农业银行、建设银行和平安集团制定和更新恢复和处置计划，并先后对信托公司、民营银行提出了全面制定恢复和处置计划的监管要求。[2]为了充分借鉴国际监管良好实践经验，及时总结防范和化解金融风险攻坚战的有益经验，2021年6月9日，中国银行保险监督管理委员会发布了《银行保险机构恢复和处置计划实施暂行办法》。《银行保险机构恢复和处置计划实施暂行办法》规定，并表口径调整后表内外资产

---

〔1〕 王敏：《系统重要性金融机构可处置性的新发展及启示》，载《陕西行政学院学报》2013年第4期。
〔2〕 俞勇：《构建有效的危机应对，恢复与处置计划》，载 http://chinabond.com.cn，最后访问日期：2021年8月1日。

（杠杆率分母）达到 3000 亿元人民币以上的商业银行均需制定恢复和处置计划，并未强调只有系统重要性银行才需要制定，实际上是对系统重要性银行监管要求的延伸和补充，在这种标准下，满足条件的商业银行合计应该超过 70 家。[1]这主要是考虑部分中型银行的无序经营同样会给金融市场带来巨大冲击，如最近破产的包商银行，净资产已经达到 –2000 亿元，给债权人、交易对手、公众带来巨大的影响。

　　同时恢复和处置计划有助于监管机构与银行的监管互动，银行的恢复和处置计划制定之后，要根据自己的情况变化持续更新信息，以便于监管机构更好地了解银行的发展情况，从而做出具有前瞻性的风险管理措施和监管应对。多国的监管实践表明，恢复和处置计划不仅仅是"生前遗嘱"，应急预案，更可以是推动银行风险管理的工具。银行在制定恢复和处置计划时，可以加强对自身发展战略、组织架构、管理能力、数据系统方面的重审，全面评估压力情景下的恢复能力，改进经营策略和风险管理能力，以便更好地应对风险。

---

〔1〕　曾刚：《曾刚专栏 | 中国版银行"生前遗嘱"落地，防范"大而不倒"风险》，载 https://m.21jingji. com/article/20210326/9f41d12835458ea37b0d58327fb7850c. html，最后访问日期：2021 年 8 月 1 日。

动态博弈与我国系统重要性金融机构动态监管机制的构建

——兼评《关于完善系统重要性金融机构监管的指导意见》相关规定

常　健　王清粤*

摘要： 博弈论作为分析人类行为的一种基本理论，在法学领域已经得到广泛的应用。在博弈主体、行为的外部性以及不完全信息博弈的前提假设基础上，构建金融监管机构与系统重要性金融机构在金融监管过程中的动态博弈模型，得出了二者需要相互试探地学习与探索，不断博弈，才能实现动态均衡的发展状态这一结论。我国《关于完善系统重要性金融机构监管的指导意见》的出台对系统重要性金融机构监管作了初步的制度安排，也为我国系统重要性金融机构的监管立法进行了有益的探索，具有一定的价值功效。但通过动态博弈模型的应用分析，该指导意见在细节安排上存在漏洞，对系统重要性金融机构经营过程中的动态变化性及退出机制的动态监管缺乏相关规定。本文基于动态博弈理论分析，从事前、事中、事后的三维角度提出了完善我国系统重要性金融机构动态监管规则的基本设计，以期有助于我国系统性风险的防范和金融行业的稳步发展。

关键词： 动态博弈；系统性风险；系统重要性金融机构；动态监管；金融法

2018年11月26日，中国人民银行、中国银行保险监督管理委员会、中国证券监督管理委员会联合发布了《关于完善系统重要性金融机构监管的指导意见》（银发〔2018〕301号，以下简称《指导意见》），在一定程度上体现了我国金融监管部门对系统重要性金融机构（Systemically Important Financial Institutions, SIFIs）坚持动态监管的原则。[1] 博弈论作为一种情境分析方法，逐渐在法学研究

---

　* 常健，河南济源人，法学博士、法学博士后，现为海南大学法学院教授、博士生导师。王清粤，湖南张家界人，现为海南大学法学院博士研究生。

〔1〕 "系统重要性金融机构"（SIFIs）一词最早可以追溯到2001年由国际清算银行（BIS）、国际货币基金组织（IMF）与经合组织（OECD）联合发布的《关于金融业的综合报告》。在2008年金融危机爆发之前，"系统重要性金融机构"（SIFIs）一词只是零散出现在一些学术研究文章之中，并未形成完整的理论和应用体系。而2008年国际金融危机之后，强化对SIFIs的法律规制成为与影子银行监管、金融消费者保护并列的全球金融法律变革中最重要的三项议题之一，参见袁达松、卢伊丽：

领域广泛应用。[1]理论上讲，金融监管部门的监管政策制定与 SIFIs 的经济效益保障之间必须进行某种利益衡量，这可以视为一个动态博弈的过程。那么，金融监管部门与 SIFIs 之间是依据何种规则进行动态博弈，从而调整各自的监管政策及经营策略，以求达到双方效益最大化的最终目的，实现纳什均衡的呢？对这一问题的探讨可以成为理解金融监管部门及 SIFIs 的行为规则的逻辑起点，也是完善我国 SIFIs 金融法治监管的重要理论基础。

《系统重要性金融机构监管法律问题研究》，载《政治与法律》2013 年第 2 期。"系统重要性金融机构"（SIFIs）一词逐渐出现在有关金融监管改革的文件和法律法规中，其内涵得到了逐步拓展。2018 年 11 月 26 日，中国人民银行、中国银行保险监督管理委员会、中国证券监督管理委员会联合发布的《关于完善系统重要性金融机构监管的指导意见》认为，系统重要性金融机构是指因规模较大、结构和业务复杂度较高、与其他金融机构关联性较强，在金融体系中提供难以替代的关键服务，一旦发生重大风险事件而无法持续经营，将对金融体系和实体经济产生重大不利影响、可能引发系统性风险的金融机构。在我国，系统重要性金融机构具体包括：系统重要性银行业机构、系统重要性证券业机构、系统重要性保险业机构，以及国务院金融稳定发展委员会认定的其他具有系统重要性、从事金融业务的机构，参见《中国人民银行、中国银行保险监督管理委员会、中国证券监督管理委员会联合发布〈关于完善系统重要性金融机构监管的指导意见〉》，载中国人民银行网，http://www.pbc.gov.cn/goutongjiaoliu/113456/113469/3672549/index.html，最后访问日期：2021 年 5 月 4 日。

[1] 博弈理论是"用来模型化个体行为使其策略性地相关联的一组规范工具"，"法学作为研究人类法律制度的学科，其理论基础是人类行为的理论。没有对人类行为的科学理论，要研究人类行为的制度规范可以说是空中楼阁。因此只有对人类行为的规律进行科学的研究，在此基础上才能构造科学、有效的行为规范。因而，博弈理论是法学重要的分析研究工具"。参见 [美] 道格拉斯·G. 拜尔、罗伯特·H. 格特纳、兰德尔·C. 皮克：《法律的博弈分析》，严旭阳译，法律出版社 1999 年版，第 347~348 页。从博弈论的角度来看，法律是一种解决集体行动问题的机制。See Wojciech Załuski, *Game Theory and Legal Interpretation*, Philosophy of Law and Legal Ethics, Department of Law, Jagiellonian University, Krakow, pp. 1-21, available at http://www.tilburguniversity.edu/upload/5a203de0-74c2-425a-bf99-3ed1fcd6da81_p-aper-WZaluski.pdf, last visited on May 9, 2019. 博弈论的兴起也引起了法学家们的关注，其逐渐在法学研究领域得以应用。1994 年，道格拉斯·G. 拜尔、罗伯特·H. 格特纳和兰德尔·C. 皮克出版《法律的博弈分析》一书，这是第一本关于法律规则战略分析的综合手册。随后，在法学领域便掀起了运用博弈论进行分析的热潮，学者们在对法律解释、亲属法、法律谈判与调解以及国际习惯法等问题的研究和探讨中融合了博弈论的相关原理。See Wojciech Załuski, *Game Theory and Legal Interpretation*, Philosophy of Law and Legal Ethics, Department of Law, Jagiellonian University, Krakow, pp. 1-21; Kenneth H. Waldron, Allan R. Koritzinsky, *The Art and Science of Using Game Theory Principles and Skills In Negotiation and Mediation*, High Conflict Institute Press, 2017; Kenneth H. Waldron, Allan R. Koritzinsky, *Game Theory and the Transformation of Family Law*, High Conflict Institute Press, 2015; Mark A. Chinen, "Game Theory and Customary International Law: A Response to Professors Goldsmith and Posner", *Michigan Journal of International Law* 23, 2001, available at http://digitalcommons.law.seattleu.edu/faculty/422, last visited on May 16, 2021; Eric Talley, "Interdisciplinary Gap Filling: Game Theory and the Law", *Law & Soc. Inquiry* 22, 1997, pp. 1055-1085, available at http://scholarship.law.berkeley.edu/facpus, last visited on May 16, 2021.

一、系统重要性金融机构动态监管的理论依据：基于动态博弈模型的分析

博弈在金融实践中无处不在，可以说金融市场近似于一个博弈的市场，[1]金融交易的双方、竞争的双方、监管者与被监管者之间的战略选择都是一个博弈的过程，博弈是市场主体作出理性决策的重要基础。从微观层面来看，金融监管部门与 SIFIs 分别作为监管者与被监管者，都属于金融市场主体的一部分，其监管政策或经营决策都是在进行充分博弈后的制度安排；此外，金融市场中存在一系列约束市场主体行为的"博弈规则"，这与"制度"这一概念比较类似，制度是进化而非人为设计的产物，进化就是一种竞争和试错的过程，可以看作社会中的一种游戏规则。

（一）前提假设

从本质上讲，博弈论是一种战略工具，用于揭示其他"游戏"参与者的行为和倾向，利用这些获取的信息在任何战略情景中都能产生最佳效果。博弈论在经济学和法学中的应用总是将情境简化到足以显示其作用的关键力量，这就涉及无情地剥离与这些被分析情景的关键力量无关的任何特征，因而针对 SIFIs 动态监管的博弈分析也必须建立在一些前提假设的基础之上。

1. 博弈主体（系统重要性金融机构与监管部门）的有限理性

博弈理论均强调参与主体的有限理性问题，即博弈的每个参与者都将选择自身的最佳行动方案以期实现收益（pay-off）最大化，但是参与者的选择均会受到人类有限理性的制约。[2]理性是行为人在既定的约束条件下力求实现自身的利益最大化的倾向。在实现这一目标的过程中，需要行为人的相互合作（cooperation），但合作中必然存在着冲突（conflict），[3]所以合作中的冲突直接导致理性的有限性，而有限理性则导致博弈的参与者并不能完全实现自身利益最大化。此外，在参与者决策的过程中，各种制约因素以及实现目标的多元化，也会导致参与者的行为并不都是为了自身利益的最大化。在 SIFIs 动态监管博弈的过程中，双方主体分别是我国的金融监管部门及国内的系统重要性金融机构（Domestic Systemically Important Financial Institutions，D-SIFIs）。从监管部门的角度看，其制定监管政策的目的并非使自身效益最大化，监管政策带有一定的"公益性"——基于维护金融稳定和保护社会公共利益的目的，不仅仅是为了促进监管效率的提升。因此，对监管部门这一博弈主体来说，其策略选择的过程受到有限理性的制约。从 SIFIs 的角度看，虽然其设立的目的是追求利润的

〔1〕 参见陶士贵、刘佳：《金融危机视角下金融创新与监管动态博弈研究》，载《南京邮电大学学报（社会科学版）》2013 年第 1 期。

〔2〕 参见金梦：《法律博弈论及其核心构造》，载《江海学刊》2015 年第 5 期。

〔3〕 参见张维迎：《博弈论与信息经济学》，上海三联书店、上海人民出版社 2004 年版，第 1 页。

最大化，但在实际经营过程中，其行为必然要受到相关法律法规的约束，必须承担由法律法规赋予的一定社会责任。因此，SIFIs 的决策者也然是有限理性的，其经营决策行为不能仅以盈利为目的，还需考虑到外部环境对其形成的制约。

2. 经营行为及监管行为的外部性

"当一个人不能获得其行动所形成的所有收益或者不承担其行动的所有成本时，便会产生外部性。"[1]经济活动的外部性是指一方经济主体的行为对其他经济活动参与者产生的积极的或者消极的影响，这种影响的产生不是经济主体刻意而为的，因为它不需要支付任何的成本，亦得不到任何的来自其他经济活动参与者的经济补偿。外部性具体体现在正外部性和负外部性两方面：当经济主体的行为所产生的社会成本大于私人成本时，就会产生负外部性；当经济主体的行为所产生的社会效益大于私人效益时，就会产生正外部性。对 SIFIs 的经营行为来说，一方面，其创新经营的行为会降低服务或者交易成本，使整个金融体系的效率得到提升，调高金融服务实体经济的能力，从而推动金融行业的整体发展；另一方面，SIFIs 的创新经营行为隐藏着巨大的系统性风险，在风险防范不当的情况下将会危及其他中小型金融机构及实体经济的发展，从而导致金融不稳定的状态。[2]对监管部门的监管行为来说，一方面，实施及时有效的监管行为有利于防止 SIFIs 的系统性风险的爆发，维护金融安全和金融稳定；另一方面，监管行为的力度过小会导致 SIFIs 的无序经营，监管行为的力度过大也会抑制 SIFIs 的创新经营，从而阻碍金融行业的发展和繁荣。[3]正是由于经营行为及监管行为的外部性，使得博弈双方的行为具有互动性和策略性，双方的策略选择都会考虑到对方的行为所带来的外部性，这种决策行为是相互依赖的。博弈论的应用需要外部性影响的存在，没有外部性存在的行为仅仅是一个简单的、独立的个体决定的行为，这将无法运用博弈理论。

3. 信息不完全共享条件下的动态博弈

不完全信息问题是博弈理论和法学研究中共同面对的重要问题。"如果所有的当事人和制定及执行法律规则的人拥有充分的信息，则制定出激励当事人按改

---

〔1〕 参见［美］道格拉斯·G. 拜尔、罗伯特·H. 格特纳、兰德尔·C. 皮克:《法律的博弈分析》，严旭阳译，法律出版社 1999 年版，第 346 页。

〔2〕 从另一个角度来看：第一，SIFIs 在持续经营的状态下具有正的外部性，即 SIFIs 的经营行为会给其他金融机构带来经济上的便利和效益。第二，SIFIs 在产生危机或倒闭时也具有负外部性，负外部性是 SIFIs 的本质特征，主要体现在 SIFIs 存在巨大的系统性风险。

〔3〕 参见刘刚、袁红展、陈建淇:《互联网金融创新与监管动态博弈研究》，载《金融科技时代》2018 年第 7 期。

善每个人状况的方式行为的法律就是简单的事情。"[1]信息经济学理论认为,在现实的金融世界中,信息是不完全的,[2]也是不对称的,各金融主体所拥有的信息量是不相同的。[3]SIFIs 与监管部门之间的博弈属于不完全信息的动态博弈,即二者的策略选择是在信息不完全透明或无法共享的情况下进行的,双方都不完全了解各自的得益情况,由此,金融监管部门及 SIFIs 做出策略选择时都难以系统地确认他们各自的战略选择是否符合自身效益最大化这一目的。

(二)动态博弈模型的建立

根据我国金融监管的实际,可以将影响金融监管部门与 SIFIs 之间博弈的重要因素纳入动态博弈模型之中,并在此基础上构建二者的动态博弈收益矩阵。这些重要的影响因素包括:SIFIs 正常经营条件下的正常收益、创新经营条件下的超额收益,金融监管机构维持原有监管的监管收益、行业损失、社会损失,加强金融监管所需要的成本,等等。[4]博弈双方的损益情况可分以下四个方面:

(1)假设 SIFIs 的战略选择是维持正常经营,金融监管部门的战略选择是维持原有监管。此时双方将保持原来金融稳定状态下所有的损益格局,SIFIs 与金融监管部门所获收益分别为:P,R。

(2)假设 SIFIs 的策略选择是维持正常经营,而金融监管机构的策略选择是加强监管。那么,监管部门必须支付一定的监管成本 C,包括人力、物力、财力等方面的成本。在此条件下,由于 SIFIs 未进行创新活动,此时金融监管部门加强监管的选择除了会导致监管成本的增加之外,不会对 SIFIs 的正常经营、利润获取造成任何法律上的、实质性的束缚。[5]因此 SIFIs 与金融监管部门此时的收益情况分别为:P,P-C。

(3)假设 SIFIs 的策略选择是进行创新经营。即在原有经营的基础上以提高金融效率和经营收益为目的,推出新型的金融产品、工具和服务,依法创新经营所获得的超额收益为 B。金融监管部门的策略选择是维持原有监管,而在

---

[1] 参见 [美] 道格拉斯·G. 拜尔、罗伯特·H. 格特纳、兰德尔·C. 皮克:《法律的博弈分析》,严旭阳译,法律出版社 1999 年版,第 2 页。

[2] 在一个完全信息的博弈中,博弈的结构以及每个参与人的收益(但不必包括其他参与人采取的行动)是共同知识。如果至少有一个参与人关于博弈的结构或者另一个参与人的收益存在不确定性的时候,信息就是不完全的。

[3] 参见邢会强:《金融危机治乱循环与金融法的改进路径——金融法中"三足定理"的提出》,载《法学评论》2010 年第 5 期。

[4] 参见滕磊:《互联网金融监管的动态博弈研究》,载《南方金融》2015 年第 11 期。

[5] 参见杨玉波、庄家慧:《互联网金融监管创新研究——基于监管与创新动态博弈的视角》,载《时代金融》2018 年第 15 期。

金融创新的条件下将会使整个金融体系存在系统性风险爆发的隐患，具有危及金融稳定的可能性，从而会给监管部门带来一定的由于市场秩序的破坏而导致的预期绩效和声誉损失 L1。[1]此时 SIFIs 与金融监管部门的收益情况分别为：P+B，R-L1。

（4）假设 SIFIs 的策略选择是创新经营，且金融监管部门选择加强监管。那么，SIFIs 就会因为监管力度的加强而遭受一定的损失 L2，SIFIs 与金融监管部门此时的收益情况分别为：P+B-L2，R-C。

综上，可以得出在监管与创新的博弈过程中 SIFIs 与金融监管部门产生的损益矩阵，见表1。

表1　金融监管机构与系统重要性金融机构的动态博弈损益矩阵

		金融监管机构	
		加强监管	维持原有监管
系统重要性金融机构	创新经营	(P+B-L2, R-C)	(P+B, R-L1)
	正常经营	(P, R-C)	(P, R)

（三）动态博弈模型的策略分析

在建立动态博弈模型的基础上，对四种组合进行"求解"便是博弈分析的下一步工作。此处的"解"是指博弈主体的最优策略选择以及在所选策略实施之后各主体之间所达到的"均衡"状态。[2]最为常见的"均衡状态"即为"纳什均衡"（Nash equilibrium），某一策略组合的选择可以使每一个博弈主体的收益达到最高，因为任何一方都不能通过改变这一策略而获得更高的效益；而纳什定理还告诉我们：有限博弈都至少存在一个纳什均衡。[3]

根据这一逻辑推理过程，进行简要分析可知：

（1）如果 SIFIs 的策略选择是维持原有经营。那么金融监管部门选择是否加强监管主要取决于其效益，维持原有监管和加强监管的效益分别为：R，R-C。因为 C 始终为正，因此 R 总是大于 R-C。故此种情况下金融监管部门的最佳博

---

[1]　参见陶士贵、刘佳：《金融危机视角下金融创新与监管动态博弈研究》，载《南京邮电大学学报（社会科学版）》2013 年第 1 期。

[2]　博弈论中的均衡，与通常的均衡是不相同的。一般均衡理论所说的均衡，实际上是均衡的结果，而不是均衡本身。博弈论中的均衡则是一种战略组合。参见张维迎：《博弈论与信息经济学》，上海三联书店、上海人民出版社 2004 年版，第 12、46、54 页。

[3]　"所有的博弈都至少有一个纳什均衡，更为重要的是一个策略组合如果不是纳什均衡则它不可能是博弈的解"。参见 ［美］道格拉斯·G. 拜尔、罗伯特·H. 格特纳、兰德尔·C. 皮克：《法律的博弈分析》，严旭阳译，法律出版社 1999 年版，第 18 页。

弈策略为保持原有监管，避免不必要的监管成本的支出。此时的均衡状态即为：SIFIs 选择正常经营，监管机构维持原有监管。

（2）如果 SIFIs 的博弈策略为创新经营。那么金融监管部门的策略选择取决于监管成本 C 与不加强监管所致的损失 L1 的大小：当 C>L1 时，R−C<R−L1，此时金融监管部门的最佳博弈策略为保持原有监管，博弈的均衡状态即为：SIFIs 创新经营，监管机构维持原有监管；反之，当 C<L1 时，博弈的均衡状态为：SIFIs 创新经营，监管机构加强监管。

（3）如果监管部门的策略选择为维持原有监管。那么在原有的监管约束下，SIFIs 可以选择正常经营或者创新经营，收益分别为：P，P+B，由于 B 总是为正，因此 P+B>B。此种情况下 SIFIs 的最佳策略选择是创新经营，以获得更高的收益，此时的均衡状态为：SIFIs 创新经营，监管机构维持原有监管。

（4）如果监管部门选择加强市场监管。那么 SIFIs 的策略选择取决于创新所获得额外收益 B 和因创新经营所受的被监管的损失 L2 的大小：当 B>L2 时，P+B−L2>P。此时 SIFIs 的最佳博弈策略为创新经营，博弈的均衡状态即为：SIFIs 创新经营，监管机构加强监管；反之，当 B<L2 时，博弈的均衡状态为：SIFIs 正常经营，监管机构加强监管。

SIFIs 作为一类市场主体，其经营活动总是带有一定的逐利性。在很多情况下，为了实现效益最大化，这些机构甚至会选择规避法律监管的方式实施创新性活动，以获得更多的额外收益。对此，若监管部门仍选择运用传统的监管方式规制其行为，则会导致 SIFIs 所获的创新收益 B 远小于被监管的损失 L2，这会遏制 SIFIs 进行创新的积极性，使金融市场缺乏创新的活力，最终影响金融市场的创新发展。若监管部门维持原有监管状态，放任 SIFIs 的创新经营行为，基于 SIFIs "大而不倒"的特殊性及其对危机时政府救助的依赖，会引发一系列的道德风险、垄断风险、系统性风险等。

（四）基本结论

每个金融机构都是从小到大、由弱到强逐步发展起来的，每一个金融机构都具有发展成为 SIFIs 的可能性，所以需要用发展的、变化的、动态的眼光看待 SIFIs 的监管问题。SIFIs 的经营状态与金融监管部门的监管措施是一种辩证统一的关系：适度的金融监管可以促进 SIFIs 的创新活动，SIFIs 的经营状态的转变也会推动金融监管制度的不断调整与完善，二者之间是一种动态博弈的过程。[1] 通过建立动态博弈模型，进行简要分析可得出如下结论：

---

[1] 参见安辉：《金融监管、金融创新与金融危机的动态演化机制研究》，中国人民大学出版社 2016 年版，第 143~144 页。

1. 监管部门的博弈选择：发掘法律制度的价值

法律是社会经济体系得以建立和维护的基础，法律为经济制度和规范的正常运行提供了重要保障。从监管部门这一群体的角度来看，一方面监管机构的权力来自法律的授权，其职能是由法律赋予的，另一方面监管机构的执法行为也要受到法律的规制。在监管过程中，监管机构博弈策略的选择主要是受加强监管所需的监管成本以及监管不足导致的监管绩效或者声誉的损失的影响，如何降低这些因素的影响程度是监管机构在博弈中达到"占优战略"状态的主要方式。[1]制度经济学的理论告诉我们，降低监管成本的最佳方式是制度体系的建立与完善。而法律制度作为最具广泛适用性和强制力的一种制度，用法律制度的建立这一集体性的行为约束 SIFIs 的经营这一个体行为，是金融监管部门在博弈过程中提升自身效益的最佳手段。由于制度安排发生实际效力的前提是纳什均衡的存在，[2]因此，监管部门需要在与 SIFIs 博弈的过程中，寻找最佳的均衡策略，作出一系列及时有效的制度安排，这是实现高效监管的前提，也能够使 SIFIs 的经营活动有规可循，避免达摩克利斯之剑的悬空状态。

2. 系统重要性金融机构经营过程的全程性监管

从宏观层面来看，在 SIFIs 发展的不同时期需实施不同的监管策略。在 SIFIs 诞生和发展的初期，对其监管或规制的力度不宜过强；相反，应当给予一定的政策激励或优惠，为其营造一个安全的生长环境，促进 SIFIs 的金融创新活动，促使金融机构的安全、稳定、快速发展。在 SIFIs 的迅猛发展阶段，针对此阶段 SIFIs 对自身效益最大化的盲目追求，从而产生的扰乱金融秩序的系统性危险，基于金融稳定和金融安全的目标考量，需要监管部门加强监管力度，规范 SIFIs 的经营秩序，引导 SIFIs 向有序、稳定的状态发展。在 SIFIs 发展成熟阶段，基于此时 SIFIs 的发展维持在相对稳定、有序的状态，且相关的法律监管政策比较完善，金融体制机制比较完备，可以说此时 SIFIs 经营的内外部环境都相对安全有序，因此监管部门可以适当放松监管的强度，使 SIFIs 在稳定的环境中持续发展。

从微观层面来看，对单一的 SIFIs 从产生到隐退的不同阶段需要进行不同的战略安排。金融机构自建立至退出市场，中间的每一个环节对金融市场的稳定性都会产生或多或少的影响，每个环节对监管者来说都是不容忽视的。因此，将 SIFIs 发展过程拆分开来，从其发展的纵向视角进行分析，它的市场准入、经营过程及市场退出中的各个环节都会牵涉到利益平衡问题，需要监管部门在充分博

---

〔1〕 占优战略（dominant strategy）是指一个参与人的最优战略可能并不依赖于其他参与人的战略选择。当监管机构的战略状态越接近"占优"，其博弈的结果受系统重要性金融机构经营状态的影响就越小，越能实现高效监管的目的。

〔2〕 参见张维迎：《博弈论与信息经济学》，上海三联书店、上海人民出版社 2004 年版，第 10 页。

弈的基础上进行全方位无死角的监管。

综上所述，不论是 SIFIs 还是监管部门，都需要通过相互试探的学习与探索过程，不断博弈，实现动态均衡的发展状态。监管部门不会在 SIFIs 诞生之时便找到对其最好的监管策略，必须通过试错的方式对监管策略实施动态调整，这便是实施动态监管的必要性之所在。

二、现行动态监管规则的价值功效与问题分析：基于动态博弈结论的审视

2018 年 11 月 26 日公布的《指导意见》是我国首次明确提及 SIFIs 并对其监管作出初步制度安排的法律文件。《指导意见》的出台体现了监管部门对 SIFIs 坚持动态监管的原则，无疑是规范 SIFIs 的经营以及加强金融监管机构之间的协调配合，并将对 SIFIs 监管法律化、制度化的重要举措。但是，我国 SIFIs 动态监管机制以及《指导意见》中的相关规定亦存在不完善之处，这将使我国的金融稳定、金融安全以及金融行业的稳步发展存在严重隐患。因此，需要在厘清 SIFIs 与金融监管部门之间进行动态博弈的相关理论的基础上，明晰《指导意见》的价值功效及存在的问题，进而提出 SIFIs 动态监管立法完善的相关建议和对策。

（一）价值功效：对我国系统重要性金融机构动态监管机制的法律评析

《指导意见》在明确 SIFIs 的定义和范围的基础上，提出了 SIFIs 评估与识别的具体流程和方法，指明了 SIFIs 监管的两条路径——制定特别监管要求和建立特别处置机制。这些规定对 SIFIs 监管作了初步的制度安排，也为我国 SIFIs 的监管立法进行了有益的探索。《指导意见》在 SIFIs 动态监管方面的主要价值功效包括：

1. 明确范围与动态识别规则：对市场"准入"的动态监管

进行博弈分析的前提基础是博弈主体的明确存在，而且博弈主体之间是相互依赖和互动的关系；[1]相关的博弈主体必须被当作个体来看待。[2]在动态博弈模型的构建中，我们假定博弈双方是 SIFIs 及金融监管部门，这在理论层面是可行的。但在实践层面，SIFIs 的数量及范围是模糊不定的，因为系统重要性的判定标准不是固定不变的，它与金融机构所处的特定的经济环境密切相关。因此，对 SIFIs 实施动态监管的前提是明确监管者与被监管者的范围。

《指导意见》的第一、二部分从 SIFIs 的定义、评估流程、评估指标等方面

---

[1]　这种相互依赖和互动关系十分重要，社会要通过权力的配置来控制和协调人类的相互依赖性，解决他们的利益分配问题。参见［美］A. 爱伦·斯密德：《财产、权力和公共选择：对法和经济学的进一步思考》，黄祖辉等译，上海三联书店、上海人民出版社 1999 年版，第 6 页。

[2]　由于整个博弈过程涉及博弈主体、博弈规则和博弈结果，因此，要进行博弈分析，首先要有博弈主体存在。各类主体之所以会从事博弈行为，主要是因为各类主体都是"理性人"；尽管未必都是自利的，但都追求一定的目标和结局，都追求某方面的"最大化"；故都会为实现一定的目标而采取相关的决策。只有这些主体存在自己的独立地位、独立利益或独立的目标追求，才有可能从事博弈行为。参见张守文：《经济法理论的重构》，人民出版社 2004 年版，第 137~138 页。

就其具体范围作出了较为详细的制度安排，为明确博弈中的一方主体的范围提供了制度依据。其中，"每三年对评估流程和方法进行调整和完善"的规定直接体现了在 SIFIs 的市场准入阶段实施动态监管的原则；随着市场的变化和金融的不断创新，针对新的情形确定新的评估标准是确有必要的。一项标准的制定和执行在一定时期内是可行的，当基准环境发生改变的时候，原有政策的"落地"条件已不复存在，因而需要不断地革新和变通相关政策。[1]《指导意见》的这一规定很好地贯彻了这一原理，为不同经济形势下的政策创新提供了充分的发挥空间。此外，《指导意见》中明确了各金融监管部门——国务院金融稳定发展委员会以及"一行两会"等相关机构的职责分工和协调配合，明确了作为博弈中监管者一方的主体范围。由此，《指导意见》明晰了动态博弈模型中两方主体的具体范围，为博弈的顺利进行奠定了基础。

2. 特别监管要求的提出：为动态监管提供制度空间

SIFIs 与金融监管部门之间的博弈并不是一种单次博弈，而是重复博弈，即需要将一个单独的博弈依次重复多次。准确来说是一种无限重复博弈，即没有终点的重复博弈。因为金融市场的发展是没有终点的，我们也不能确定一个节点，在这一点上形成的博弈均衡状态即为永久的均衡状态，这种做法在当今变化多端的世界里显然不可行。因此，SIFIs 与金融监管机构之间的博弈是无穷尽的，需要不断地重复这一过程。《指导意见》中特别监管要求的提出即为将来在重复博弈过程中的动态监管提供了充足的制度空间，针对将来 SIFIs 在创新经营中的新问题，金融监管部门可以通过"特别监管要求"的提出作出新的制度设计和安排。

就目前《指导意见》中的相关规定来看，针对"风险管理"中 SIFIs 需"每年制定或更新风险管理计划"的规定，无疑是监管部门对其实施动态监管的又一体现。此外，"囚徒困境"理论告诉我们，博弈的双方必须加强信息交流。在信息完全封闭的情形下，基于自身效益最大化的盲目追求，最终结果反而对双方都是最为不利的。[2]《指导意见》中明确要求 SIFIs "建立高效的数据收集和信息系统"，并定期报送相关信息，强化信息披露，这一特殊监管要求的提出可在一定程度上避免 SIFIs 与金融监管部门在博弈的过程中陷入"囚徒困境"。《指导意见》对 SIFIs 在公司治理方面提出的特殊监管要求亦可看作是对博弈理论的一种

---

〔1〕 参见沈云樵：《法律负面清单的理论构造——以中国（上海）自由贸易试验区为核心》，载《中国矿业大学学报（社会科学版）》2017 年第 2 期。

〔2〕 亚当·斯密曾说："在人类社会的大棋盘上，每个个体都有其自己的行动规律。如果他们能够相互一致，按同一方向作业，人类社会的博弈就会如行云流水，结局圆满。但如果两者相互抵牾，则博弈的结果将苦不堪言，社会在任何时候都会陷入高度的混乱之中。"参见［英］亚当·斯密：《道德情操论》，蒋自强等译，商务印书馆 1997 年版，第 302 页。博弈双方加强信息交流便是二者"相互一致，按同一方向作业"的重要体现。

应用，因为"猎鹿博弈"理论证明，每个参与人选取的战略是好是坏取决于对方的行动，[1]SIFIs 的经营行为与金融监管部门的监管行为是相互制约、相互影响的。监管政策的贯彻落实在一定程度上与被监管者的自身状况息息相关，比如金融监管部门作出的"信息披露"要求能否得以落实还取决于 SIFIs 本身的信息管理体系是否完整有效。

3. 特别处置机制的构建：对处置流程的动态监管

博弈的动态性不仅要将 SIFIs 作为一个整体看待，不仅对其发展的不同阶段实施不同的监管策略，而且还要将 SIFIs 分散为不同的个体，从其市场准入到市场退出的全过程进行动态监管，坚持整体与部分相结合。《指导意见》中明确了对 SIFIs 监管的途径——建立特别处置机制，以期防范"大而不能倒"的风险；《指导意见》还从危机管理小组的成立、恢复计划与处置计划的制定、信息报送要求的提出等方面作出了相应的制度安排。这是金融监管部门对 SIFIs 危机处置流程的动态监管，基于 SIFIs 的特殊性和外部性的特征，在其倒闭时政府的救助行为往往会导致更大的道德风险，加剧市场竞争的不公平性，危及金融稳定的状态。[2]因此，如何使 SIFIs 在经营危机爆发时有序地退出市场或者重新整顿经营，是 SIFIs 动态监管的一个重要方面。《指导意见》中按年度更新恢复计划和处置计划、按年度开展可处置性评估的规则的制定是在借鉴国外先进经验并结合我国 SIFIs 发展现状的基础上，作出的一种制度创新，确立了 SIFIs 处置流程的动态监管框架。

（二）现行动态监管规则存在的问题：从动态博弈维度之检讨

总体看来，《指导意见》作为专门针对"系统重要性金融机构"推出的第一部法律文件，其中的规定多为"原则性条款"，在实践中缺乏应有的可操作性。从动态博弈维度来看，具体针对 SIFIs 的动态监管问题，《指导意见》中的相关规定存在以下漏洞：

1. 法律层级较低与监管主体责任不明

制度经济学家诺斯认为，制度就是社会的博弈规则，是由人类设计出的制约人们一定行为的约束性规则。[3]在博弈的基础上对 SIFIs 实施动态监管也需要制度上的依据。《指导意见》的出台着实为 SIFIs 的动态监管提供了制度上的依据，但《指导意见》的立法层级过低，它的非法律性以及效力的不确定性使得其构

---

〔1〕 参见［美］道格拉斯·G. 拜尔、罗伯特·H. 格特纳、兰德尔·C. 皮克：《法律的博弈分析》，严旭阳译，法律出版社 1999 年版，第 350 页。

〔2〕 参见杨斌：《中国股市改革、金融监管与反腐败》，载《中国矿业大学学报（社会科学版）》2017年第 4 期。

〔3〕 参见［日］青木昌彦：《比较制度分析》，周黎安译，上海远东出版社 2001 年版，第 6 页。

建的动态监管机制缺乏权威性的特征。[1]在没有明确的法律规定下，法律文件的出台所形成的一系列制度安排和措施容易导致与法律、行政法规的冲突。如今中国特色社会主义法律体系已经基本形成，我们需要运用法治思维而不是传统的政治思维推进金融监管。[2]

此外，动态博弈分析主要依托博弈双方的损益情况计算展开，尤其是监管方的职责分工明确与责任机制健全，是评价损益的基本前提。但《指导意见》中涉及的金融监管部门（包括国务院金融稳定发展委员会、中国人民银行、银保监会和证监会）对 SIFIs 监管的职责分工并不明确，尤其是《指导意见》未就相关监管部门的职责分工与责任机制作出明确规定，容易加剧各个监管部门相互推诿、监管不力的风险。[3]当一方职责范围内涉及他方监管的职责和领域时，《指导意见》赋予人民银行可以"会同"银保监会、证监会一起实施相关职能的权力，但这种"会同"的形式不具强制性，可能导致三方相互推诿的情形时常发生，监管政策不能及时"落地"。[4]而当相关部门不履行责任或者履行不到位需要责任承担时，《指导意见》却未构建详细的责任机制，仅有"金融委办公室按程序牵头启动监管问责"这一"宣示性条款"或称"授权性条款"一言以蔽之。在对 SIFIs 的动态监管中缺乏相应的责任机制，难免使《指导意见》权威性不足，也使得动态博弈损益评估难以准确开展。

2. 事中动态变化性监管缺失

SIFIs 的动态变化性特征使得其经营状态与金融监管部门的监管力度一直处于动态博弈的过程中。这种动态变化性的特征不仅体现在对其进行识别和评估的阶段，也体现在 SIFIs 的经营过程中。因为某一机构的金融结构、经济周期以及

---

[1] 参见常健、王德玲：《试论我国金融控股公司监管立法的完善——兼评〈三大监管机构金融监管分工合作备忘录〉的相关规定》，载《甘肃政法学院学报》2006 年第 4 期。

[2] 参见杨斌：《中国股市改革、金融监管与反腐败》，载《中国矿业大学学报（社会科学版）》2017 年第 4 期。

[3] 在 2007 年英国北岩银行危机的救助过程中，由英国财政部、英格兰银行和金融服务局构成的"三方体制"就存在着相互推诿、监管不力的问题。在"三方体制"下，英国金融服务局、英格兰银行、财政部三者之间依据就金融系统稳定性达成的《财政部、英格兰银行和金融服务局之间谅解备忘录》（1997 年）进行分工，将对银行业的监管职能从英格兰银行中剥离出来由金融服务局行使，英格兰银行仅负责"金融系统整体上的稳定"。这样的分工很难识别和防范单个金融机构问题和系统性问题，更不用说采取高效率的联合行动以解决金融市场稳定的突发性问题。英国财政部在"三方共治"的监管体制中处于领导地位，但它离金融市场较远，不直接接触金融机构，对金融业系统性风险的感受较为迟钝。在北岩银行案中更是如此，"三方共治"框架中的各个机构虽然联合发表声明支持北岩银行，但是却没有一个核心机构作为责任主体来主导危机的救助，使得三家机构一直处于利益博弈之中，最终导致北岩银行危机救助代价巨大。参加余建川、常健：《英国金融监管：缘起、法律变革及其启示》，载《商业研究》2018 年第 8 期。

[4] 参见常健：《我国金融控股公司立法：一个分析框架》，载《上海财经大学学报》2004 年第 4 期。

金融产品及服务的期限结构都是影响金融机构的重要性的因素。[1]在经营过程中，基于战略布局的调整，SIFIs 的金融结构及产品和服务的期限结构具有随时变动的可能性。而且经济周期的变动也会对 SIFIs 的经营产生影响；一个金融机构的重要性程度会因为经济繁荣程度的不同而产生根本性变化。因此，在动态博弈对"纳什均衡"的追求中，监管部门需要对 SIFIs 在经营过程中的动态变化性进行动态的监管。《指导意见》中规定对 SIFIs 的评估每年进行一次，这是对金融机构被识别为 SIFIs 的过程的动态监管。对于其在经营过程中的动态变化性，《指导意见》仅有进行日常监管、风险监测和压力测试的相关规定，没有根据 SIFIs 的融资结构及产品和服务的期限结构的变化进行动态监管的规定，更不见经济周期变动时，在经济萧条期和繁荣期对 SIFIs 进行相应的监管政策调整的规定。这显然不符合进行全方位动态监管和动态博弈均衡的要求。

3. 事后退出机制的动态监管不足

SIFIs 有序退出市场是在其系统性风险的爆发之后的主要监管目标，否则其无序退出容易引发更为严重的道德风险，扰乱金融市场秩序，甚至危及国家金融安全。《指导意见》中专设章节规定了 SIFIs 的特别处置机制亦体现了金融监管部门对这一问题的重视，但其仅规定系统性风险爆发之前相关恢复计划和处置计划的制定与审核，以及风险爆发之后对问题机构进行处置的原则。必须明确的是，在对问题金融机构进行处置之前，金融监管机构必须进行充分的利益衡量，[2]在 SIFIs 倒闭造成的损失、危机的风险损失以及政府救助成本之间进行充分的博弈：从政府的角度出发，当 SIFIs 倒闭或危机对国家金融发展造成的损失大于政府予以救助所需的成本时，政府的最佳博弈策略为实施生存性救助，不对 SIFIs 进行处置是监管部门的理性选择；当 SIFIs 倒闭或危机对金融体系造成的损失小于政府救助成本时，政府的最佳博弈策略为不实施救助，依据问题机构处置原则对其进行及时有效的处置是一种合理的选择。当然，在问题金融机构退出市场的过程中，政府可以选择予以适当的清偿性救助。[3]

---

〔1〕 参见何德旭、钟震：《系统重要性金融机构与宏观审慎监管：国际比较及政策选择》，载《金融评论》2013 年第 5 期。

〔2〕 首先，利益衡量作为一种法律解释方法，具有可经验性，能够为人们认知和把握。并且它相对具有可视性、稳定性，即使它发生了变化，人们也能感知到，并根据变化作出调整。其次，在方法上它具有可操作性。由于利益能够进行具体的计量，因此可以利用有关经济原理和模型对双方当事人的情况进行具体的计算，得出利益大小。参见梁上上：《制度利益衡量的逻辑》，载《中国法学》2012 年第 4 期；梁上上：《公共利益与利益衡量》，载《政法论坛》2016 年第 6 期。

〔3〕 国家对问题金融机构的救助有两种方式：一是问题金融机构经营失败之后的市场退出中的清偿性救助，二是对问题金融机构陷入流动性危机或偿债不能时所进行的经营性（生存性）救助。参见巫文勇：《金融机构市场退出中的国家救助法律制度研究》，中国政法大学出版社 2012 年版，第 8 页。

三、系统重要性金融机构动态监管规则的完善：基于动态博弈理论的应用

（一）构建动态监管的整体框架：法律规则的明晰与细化

在法律层级上，《指导意见》作为体系内部的法律文件，其效力往往是有限的，应当将 SIFIs 动态监管规则上升至法律的高度，在未来有望出台的《金融稳定促进法》中对系统重要性金融机构的界定、识别标准、监管原则和监管框架等问题进行宏观上的设计，规范国务院金融稳定发展委员会、中国人民银行、银保监会和证监会等监管机构的执法行为和责任分工，将 SIFIs 动态监管列为保障金融稳定的宏观整体性制度的一部分。SIFIs 动态监管的具体规则设计应当在国务院出台的行政法规中予以明确，以保证规则实施的协调性和整体性，明确各监管部门的职责分工与责任机制，明确 SIFIs 日常动态监管与危机救助的基本流程，做到于法有据，消除法律规定不明和规则不清晰的状态。

针对 SIFIs 动态监管的复杂性，应当逐步采取整体性修法的立法技术形成以"动态监管"为核心的完备的 SIFIs 监管法律体系。对 SIFIs 的规范运行应当采用综合的、系统的调整手段，为实施全面有效的动态监管确立基本法律框架。在监管细则即配套规定的制定上，基于动态博弈分析，将 SIFIs 作为一个整体，金融监管部门的监管措施需要在与 SIFIs 的经营创新进行充分博弈的基础上不断地作出调整。监管力度的强与弱必须针对 SIFIs 发展的不同阶段和不同情况作出合理的调整；适当地增强或者放松监管力度，以有效调节对 SIFIs 鼓励或抑制性政策的实施。在我国日益复杂多变的金融环境中，监管部门不能只求效率，不求质量，搞运动式执法，对 SIFIs 的监管更不能盲目地一刀切或一禁了之。[1]金融监管部门在政策制定过程中，必须加强与被监管者的信息沟通和交流，通过充分的市场调研和考察获取更多对政策制定有用的信息，以使监管制度更为科学、合理、有效。

（二）事前的动态监管：完善风险预警及动态监测机制

动态监管要求对 SIFIs 的经营状况和风险程度进行整体上全方位的监控和评估：一方面，要建立 SIFIs 风险预警体系，其目的在于预防或者降低 SIFIs 在经营过程中由于出现决策失误、客观环境的变化或其他原因导致的财产、声誉等方面的损失。在建立风险预警体系的过程中，要注意事物发展的阶段性特征，在传统的金融风险体系的基础上，结合 SIFIs 的动态变化性特点，在不影响 SIFIs 正常经营和发展的前提下，建立以大数据为中心的风险预警机制，实现风险预警要素的功能全覆盖。应当赋予风险监测预警系统直接进入 SIFIs 业务系统的权力，相关

---

[1] 参见苏盼：《司法对金融监管的介入及其权力边界——以金融贷款利率规范为例》，载《上海财经大学学报》2019 年第 3 期。

的监管部门可以直接、及时地开展数据校验和分析。当 SIFIs 的某项监测目标值超过预期的目标范围，或者出现异常波动的情况时，预警系统将自动进行识别检验并迅速向监管部门发送警示报告。另一方面，在预警机制之外，需要对系统性风险指标实行动态监管和监测，坚持系统性原则、时效性原则以及弹性原则，做到“因时而异”和“因行而异”。[1]监管部门要密切关注 SIFIs 在动态监管指标实施后的政策效应，做好及时的评估和评价工作。在经济周期发生转变的时候，监管部门要依据当前的宏观经济指标及时地调整相关风险指标的目标值，从而保证风险指标的调整能跟上经济周期的变动步伐。

（三）事中的动态监管：建立监管信息系统与完善内控制度

1. 信息收集和信息披露的双向发力

在动态博弈过程中，信息的重要性是显而易见的：信息不仅决定了博弈主体作出何种策略选择，也会影响博弈的收益情况和均衡状态。在动态博弈模型建立的过程中，我们的前提假设之一就是不完全信息博弈。在现实生活中，完全信息博弈的情形是很难成立的，完全信息只是一种偶然，不完全信息才是一种常态。因此，金融监管部门与 SIFIs 之间的监管过程可以看作一个不完全信息动态博弈，它的均衡状态——“纳什均衡”——的要点之一就是“当事人要根据所观察到的他人的行为来修正自己的信息，并由此来选择自己的行动”。[2]在监管博弈中，博弈双方都想看透对方的一切而又不想让对方看透己方的策略，这样就可以取得博弈的主动权，作出不同的博弈应对策略。第一，从监管部门的角度出发，信息化是动态监管的基本特征之一，足够多的有效信息量是金融监管部门实施动态监管的重要依据，并且是对危机进行预警和及时应对的重要基础。动态监管必须以信息的收集、处理、传播和开放为核心，充分的信息流动才能保证监管部门决策的全面性和科学性。因此，监管部门必须主动去收集对政策制定有益的决策信息，力争实现决策的科学化、合理化。第二，从 SIFIs 自身来看，要完善对 SIFIs 的动态监管体制，仅仅依靠金融监管部门的信息采集手段是远远不够的，必须健全 SIFIs 内部的信息管理机制和信息披露机制。SIFIs 自身首先要完善信息生成系统，形成完整的数据源；其次要建立完备的信息数据库，将信息进行分类储存；最后要秉持信息共享的理念，建立完善的信息披露制度，力求监管体系整

---

〔1〕 将 SIFIs 的一些主要风险监控指标由以前的静态监管转变为动态监管，而“动态”的含义主要表现在以下方面：一是“因时而异”，即从时间维度看，在经济周期的不同阶段对同一家金融机构的监管目标值各不相同。二是“因行而异”，即从机构维度看，不同金融机构在同一时点上的监管目标值各不相同。动态监管的目的是，通过实施个性化、差异化的监管，充分体现风险监管的灵活性和可调性，进一步提高 SIFIs 监管的有效性和针对性。

〔2〕 参见张维迎：《博弈论与信息经济学》，上海三联书店、上海人民出版社 2004 年版，第 33 页。

体效益的提升，以避免陷入"囚徒困境"的两难境地。

2. 系统重要性金融机构内部管理人员的动态化管理

"囚徒困境"理论突出了个体理性与集体理性之间的矛盾，反映了个体利益与整体利益的冲突。SIFIs 所具有的"大而不倒"地位使得 SIFIs 自身与其管理层之间的利益冲突异常严重。在金融创新的浪潮中，源于 SIFIs 采取的风险激励型薪酬制度，以及政府实施救助的心理预期，SIFIs 管理层为获得高额的薪酬回报，对金融体系的整体性利益置若罔闻，不断地从事高风险的交易活动。[1]为缓解这种矛盾和冲突，需要金融监管部门对 SIFIs 内部利益冲突风险实施动态监管，尤其是对 SIFIs 管理层的准入资格、履职行为及退出资格实施动态化监管。首先，完善相关法律法规体系，建立完善的评价机制，坚持"底线思维"，确立管理层履职行为的最低红线标准，使管理层的履职行为在法律上有章可循。其次，改进动态监管的方式方法，可以采取日常信息积累和现场考核的方式，科学地设定相关定性因素和定量指标，[2]公正地评价管理人员的行为。最后，"猎鹿博弈"理论证明，加大对 SIFIs 违规操作的惩处力度可以有效地预防管理层不顾整体利益、盲目追求自身效益最大化的投机行为，强化内部管理人员的规范化管理。

3. 规范系统重要性金融机构内部关联交易行为

关联交易行为一般都伴随着风险的转移和积累，容易加速系统性风险的形成和爆发，从而危及金融业的正常经营与稳健。所以，关联交易行为是加速系统性风险传播的重要途径，SIFIs 内部母子公司之间的关联交易风险是其核心风险之一。在我国，SIFIs 已经在组织形态上多以"金融控股公司"的形式存在，[3]跨行业经营已经常态化，其在组织结构上的复杂性使得关联交易风险的隐蔽性增强。而 SIFIs 内部成员之间的相互授权委托关系与资金、通道的相互"借用"，也使得系统性风险进一步加大。因此，金融监管部门必须对 SIFIs 内部关联交易的行为实施动态监管：首先，强化对某些重大的或对金融行业产生不利影响的关联交易行为履行披露义务的规制，以提高内部关联交易的透明度，并对交易的规模和水平进行及时的监测。其次，监管部门应当建立严格的防火墙制度，直接限制甚至禁止 SIFIs 某些金融业务的关联交易行为，从根本上切断系统性风险迅速转移和累积的可能性。最后，监管部门可以实施加重责任制度，强化 SIFIs 母公

---

[1] 参见阳建勋：《系统重要性金融机构规制的法律问题研究》，法律出版社 2018 年版，第 100 页。

[2] 定性因素可涵盖遵纪守法、勤勉尽职、合规经营、组织协调能力、内控管理水平等内容；定量指标侧重于各项监管指标和内部经营管理指标完成情况，以及任职机构按照监管要求整改情况等方面。

[3] 参见中国人民银行金融稳定分析小组编：《中国金融稳定报告（2018）》，中国金融出版社 2018 年版，第 137~139 页。

司的公司治理以及对其子公司的监管。[1]

（四）事后的动态监管：规范系统重要性金融机构的退出机制

由于 SIFIs 本身承载着的"系统重要性功能"，使得 SIFIs 如何安全地从市场中"隐退"的问题既属于金融监管法制的一个基本的理论范畴，也属于金融法律制度中市场退出机制的一个非常特殊的问题。从动态博弈的角度看，当 SIFIs 经营状况恶化的时候，监管部门实际上可以有两条路径可供选择：一是监管部门可以通过组织行业支持或者运用央行最后贷款人机制为 SIFIs 提供援助，帮其度过危险期；二是选择让 SIFIs 在合适的时间和场合下实现破产。当然，这两种路径的选择是建立在充分的动态博弈和利益衡量的基础上的，监管部门需要考虑 SIFIs 的倒闭对整个金融市场造成的巨大损失、援助所需的巨大成本等重要因素，并进行充分的比较和利益衡量。在选择让 SIFIs 在危机时退出市场的前提下，亦需要完善 SIFIs 监管立法的配套制度，为 SIFIs 有序退出市场、化解系统性风险提供外部条件。例如，在《中华人民共和国企业破产法》修改或《金融机构破产条例》制定过程中应对 SIFIs 的破产程序作出特殊的制度安排，保障 SIFIs 及其子公司在经营出现危机时的市场退出。

五、结论

习近平总书记明确指出，金融是国家重要的核心竞争力，金融安全是国家安全的重要组成部分，金融制度是经济社会发展中重要的基础性制度。[2]SIFIs 作

---

[1] 加重责任制度是对 SIFIs 风险产生之后的责任追究机制，可以有效控制风险的进一步蔓延和恶化。加重责任制度是有限责任原则的一种例外规则。参见陈文成：《金融控股公司对附属金融机构责任加重制度研究》，载《上海金融》2009 年第 8 期。通常是指 SIFIs 在子公司出现缺乏偿付能力、经营或财务状况明显恶化的情况下，拥有对其进行资本协助的法定义务。See Hawell E. Jackson, "The Expanding Obligations of Financial Holding Companies", *Harvard Law Review*, 107, 1994, pp. 509–522. 针对 SIFIs 而言，加重责任制度的价值在于：第一，加重责任制度通过控制 SIFIs 管理者的冒险行为，在一定程度上制约特殊风险的产生。加重责任会使 SIFIs 在权衡其子公司的经营状况的基础上作出合理的投资决策。See Jonathan R. Macey, Geoffrey P. Miller, "Double Liability of Bank Shareholders History and Implications", *Wake Forest Law Review*, 27, 1992, pp. 61–62. 第二，加重责任制度通过给予 SIFIs 子公司在经营状况不佳时从 SIFIs 获得资金的法定权利，可以有效地防止 SIFIs 子公司的倒闭并缓解 SIFIs 的系统性风险。参见姜立文：《美国金融控股公司加重责任制度研究与启示》，载《环球法律评论》2006 年第 6 期。加重责任意味着 SIFIs 需要对其机构内部的经营和人事关系实行实时的监督并承担相应的责任，可以有效降低不当金融行为发生的概率。See Christopher D. Stone, "The Place of Enterprise Liability in the Control of Corporate Conduct", *The Yale Law Journal*, 90, 1980, pp. 59–61. 第三，加重责任制度可以构筑特殊风险预防机制。加重责任制度本质上是权利和义务相一致原则基础上对 SIFIs 在有限责任之外施加的额外责任。参见田田、龚华生：《建立中国金融控股公司的加重责任制度》，载《法学论坛》2005 年第 6 期。SIFIs 为了减少这种额外责任，势必会降低风险程度，这就起到了预防特殊风险的积极作用。

[2] 《习近平在中共中央政治局第十三次集体学习时强调 深化金融供给侧结构性改革 增强金融服务实体经济能力》，载《人民日报》2019 年 2 月 24 日，第 1 版。

为我国金融市场的重要组成部分，它的稳健发展事关我国的金融安全，是确保守住不发生系统性金融风险的底线的关键因素之一。市场经济首先是法治经济。在市场经济体制中，包括 SIFIs 在内的所有金融机构行为都应该受到法律的有效约束和规制。博弈论作为研究人类行为规律的一种重要工具，其为研究人类行为的制度规范提供了重要的理论基础，因而将博弈论作为分析 SIFIs 法律规制的逻辑起点不失为一种新的路径。本文首先构建了一个动态博弈的理论分析框架，在博弈主体、行为的外部性以及不完全信息博弈的前提假设下，通过对监管机构与 SIFIs 之间的策略分析，得出了监管机构需要进一步发掘法律的价值、充分发挥制度的作用，对 SIFIs 进行全程性监管的结论。结合动态博弈分析的基本结论以及 SIFIs 在其运营过程中体现出的动态变化性特征，我们坚持对 SIFIs 的监管需秉持动态监管的理念，《指导意见》在 SIFIs 市场准入阶段贯彻了动态监管的理念，特别监管要求的提出及特别处置机制的构建亦为动态监管提供了充分的发挥空间。但《指导意见》中仍存在法律层级较低、监管主体不明、缺乏事中动态监管及退出机制动态监管等问题。基于此，本文提出了完善 SIFIs 动态监管机制的相关建议：第一，在宏观上进一步明晰和细化相关法律规则，弥补法律监管的空白；第二，在微观上从事前、事中、事后的三维角度对我国 SIFIs 动态监管规则进行完善，进一步规范风险预警、动态监测、监管信息系统、内部控制及市场退出等机制。

在金融全球化、自由化迅速发展的今天，即使是面临全球性的金融危机，不同国家和地区受到危机浪潮冲击和损害的程度也会有所不同。所以，SIFIs 很难拥有一个立见成效的全球化的规范和标准，各国只能根据本国实际情况，逐步完善针对 SIFIs 的审慎监管机制，强化本国金融监管部门抵御系统性风险冲击的防范能力与承受能力，这才是对 SIFIs 有效监管的关键所在。鉴于 SIFIs 在支持各国金融行业及实体经济的发展过程中的重要作用，需进一步深化对系统重要性金融机构的理论研究：微观层面，着眼于提高单个 SIFIs 的抗风险能力，并降低其道德风险与系统性风险；中观层面，根据我国金融行业的发展现状，分别对银行业、证券业、保险业的金融机构的系统重要性问题进行深入研究；宏观层面，在现有《指导意见》的基础上，构建和完善与国际规则相衔接的 SIFIs 监管框架，从而维护金融稳定、保障金融安全、提高金融效率，实现金融业的持续繁荣。

结构主义视野下的金融监管权整合

刘志伟[*]

摘要：金融监管权力并非不可分割的整体，而是横向与纵向分割法则塑造的以权力为核心、关系为纽带的一种结构性权力，应属规范性而非事实性、闭合性而非开放性的逻辑自主范畴。金融监管权力配置的重心转移、职能的分化重组以及相互性权力关系的协调，意味着同权或异权分割法视野下分散且相互制约型金融监管权力结构的更新。实践中，金融监管权力结构有效运行的内外互动，要求其自身闭合运行和输入、输出上的开放认知；金融监管权力结构整合的良好路径选择，则须借助权力的分解得当、要素的合理配置、关系的有效协调及其权利面向的准确回应来完成。

关键词：权力结构；权利面向；分割法则；闭合运行；开放认知

金融监管权力结构本质上是对金融监管权力进行内部分解所形成的闭环权力系统，而不是以权力为核心、由权力生成基础或者权力行使指向所构成的开放式权力系统。作为金融监管权力分散配置和权力间关系协调体系，金融监管权力结构应具规范性而非事实性，闭合性而非开放性特征，而闭合性与规范性共同塑造了金融监管权力结构的逻辑自主特征。当然，金融监管权力结构的逻辑生成与金融社会分层、金融阶层结构以及权力的多元化发展存在极大关联，其中，金融监管权力的分解或者分割仅仅是金融监管权力结构生成的表象。从根本上讲，金融监管权力结构还是源于金融监管权力的权利性对权力的制约与专业化、技术性的现实诉求。金融监管权力结构有效运行的内外互动，则要求权力结构自身闭合运行和输入、输出开放认知的有效区分与统合，同时须从金融监管权力结构的生成角度来考察金融监管权力结构的权利面向。进一步讲，金融监管权力结构合理优化的路径，需要从金融监管权力分割配置与权力间关系两个层面展开，认真分析金融监管权力结构自身的整体性、可转换性与自身调整性的逻辑自主，同时须借

---

* 刘志伟，法学博士，西南政法大学经济法学院副教授。

助权力的分解及其相互之间制约结构的建构来保持金融监管权力结构的最终权利面向。

一、金融监管权力结构生成的逻辑构造

结构主义视野下的金融监管权力，是相对于包括力量说、关系说、影响力说等在内的权力思想的一种不同解读。同时，较之于传统的权力"结构论"和权力"结构关系"思想又有所差异，此处所言的金融监管权力结构专指权力↔权力结构关系，而不是权利→权力结构关系或者是权力→权利结构关系，并具有闭合性而非开放性、规范性而非事实性的特征。当然，此种金融监管权力结构的具体生成，又源于金融监管权力的权利性——对金融监管权力进行制约和对金融事务进行专业化管理的双重诉求。

（一）处于结构主义中的金融监管权力

权力之于社会科学[1]（法学）犹如能之于物理学基本而又不可或缺，[2]以至于包括法学在内的任何社会科学均将其置于研究的核心范畴之列。在既存的诸种有关"权力"的思想学说中，力量说、关系说、影响力说、技艺说等，无一不对"权力"某一个侧面不可或缺的特征进行了有效展示。然究其根本，上述诸说所关注的无非是"谁持有权力以及谁对谁行使权力"的问题。与"谁持有权力以及谁对谁行使权力"研究相对，或者说对"权力"研究进一步向前推进的则是福柯的权力观念，"福柯特殊的兴趣点总是集中于这些（社会）权力关系得以组织起来的方式、他们所采取的形式及其所依赖的技术，而不是集中于那些团体或个人在结果上是处于支配地位还是被支配地位"。[3]此外，针对权力理论的研究，学者还提出了因果论、唯意志论、结构论[4]等观点，其中，卡尔·马克思、列维-施特劳斯、路易斯·阿尔都塞等人都采用了"结构主义"的研究思路。当然。此处权力的结构论与本文权力结构理论存在交叉但又不完全相同。

进一步讲，尽管关于"权力"的研究已然提出了权力"结构论"和权力

---

[1]　"社会科学研究，我以为大致可以归结为三大类问题：其一是人与人之间的关系问题；其二是个人与政府之间的关系问题；其三是政府与政府之间的关系问题。……在现实生活中，人与人之间的关系在很大程度上是由政府行为来界定。"［美］曼瑟·奥尔森：《权力与繁荣》，苏长和、嵇飞译，上海世纪出版集团2014年版，第2页。

[2]　［英］伯特兰·罗素：《权力论》，吴友三译，商务印书馆2012年版，第4页。

[3]　［英］史蒂文·卢克斯：《权力：一种激进的观点》，彭斌译，江苏人民出版社2012年版，第84页。

[4]　"因果论"以霍布斯为代表，"唯意志论"以韦伯、汉娜·阿伦特以及史蒂文·卢克斯等为代表，"结构论"是与"唯意志论"相对（此处的相对是相对的对应性而非是绝对的对应性，是部分的对应性而非整体的对应性）的，指出权力是由一定结构所决定的产物，应将权力放在特定的社会经济和文化结构中予以研究，最终将权力视为系统内部结构因素而非个人意愿的后果。马克思、列维-施特劳斯、阿尔都塞等人都采用了结构主义的思路。值得注意的是，此处权力的结构论与本文权力结构理论存在交叉但不完全相同。

"结构关系"思想，但正如通常所定义的那样，"权力是一些元素可以用来控制另一些元素主导社会行为以符合控制要求的一种带有强制性的支配能力"，[1]其所彰明的依旧是权力及其行使对象的直接指向性，即权力主体与权力受体之间的结构关系，而非各权力之间或权力主体之间的结构关系。具言之，权力"结构论"认为，权力及其行使由一定结构所决定，应将权力及其行使置于特定的社会经济生活和文化结构中予以研究，即将权力及其行使视为系统内部结构因素而非个人利益诉求或欲望的后果，实质上所考虑的是权力及其行使应根植于客观的社会生活结构之中而非取决于人的主观性的欲求。"尽管结构主义将关注的中心转入结构，从而削弱了个体的欲望和意志对权力的重要性，但权力持有者，如统治者、精英、社会组织、个人等，依然是清晰可见的。"[2]福柯将其之前的有关权力的所有解释均归结为传统的权力观，其研究从既往的"谁持有权力以及谁对谁行使权力"转向了"权力怎样被运行"，[3]同时"福柯所关注的是'结构关系、制度、策略与技术'，而不是'具体的行动原则和它们所涉及的现实的人'"。[4]显然，福柯所关注的权力的"结构关系"，则主要还是从权力主体与权力受体的互动关系、角色的可互换性以及权力行使的非强制性层面来谈的，依旧未脱离权力及其行使所指向的对象关系分析的思路。

本质上，"所谓结构，指一个系统中元素之间相互连接的组织方式"，[5]因此，"权力结构是以权力为核心，以关系为纽带而形成的体系"，[6]并且据此可将其具体划分为权利→权力结构关系、权力↔权力结构关系、权力→权利结构关系三种类型。虽然既有研究已经就权力的"结构"进行了一定程度的探讨，但权力"结构论"所考虑的是权力及其行使的社会来源问题，并且权力及其行使的指向依旧未变，而福柯的权力"结构关系"则主要是权力主体与权力受体的可互换性结构关系，亦是权力及其行使的指向性问题。易言之，既有有关权力结构的研究主要是权利→权力结构关系、权力→权利结构关系两种类型。然而，"权力结构通常是指以权力为核心形成的组织体系，权力的授受、分工、配置、运行、回收及其相互间的制约协调、监督平衡关系"，[7]亦即权力↔权力结构关

---

[1] 潘德斌等：《中国模式：理想形态及改革路径》，广东人民出版社 2012 年版，第 2 页。

[2] 胡水君：《法律与社会权力》，中国政法大学出版社 2011 年版，第 75~76 页。

[3] 胡水君：《法律与社会权力》，中国政法大学出版社 2011 年版，第 76 页。

[4] ［英］史蒂文·卢克斯：《权力：一种激进的观点》，彭斌译，江苏人民出版社 2012 年版，第 84 页。

[5] 潘德冰：《结构论与社会变革》，载《政治学研究》1985 年第 4 期，第 8 页。

[6] 陈国权、黄振威：《论权力结构的转型：从集权到制约》，载《经济社会体制比较》2011 年第 3 期，第 102 页。

[7] 黄红平：《论党内权力结构改革：从高度集中到制约协调》，载《理论探讨》2014 年第 3 期，第 123 页。

系而不是权利→权力结构关系或者是权力→权利结构关系，而这也正是权力结构所重点研究的对象。

从另一层面来讲，目前有关权力的研究更多是社会学家的研究成果，而"社会学层面的权力界定或描述更多地偏重权力行使的实际结果与实际影响，这种权力界定范式倾向于从描述的层面对权力关系做单一化的处理"，[1]并且社会实证方法所观察的权力现象是事实上存在的权力，而不是应然[2]意义上的权力。[3]与事实性权力相关联的是事实性的权力结构，亦即面向社会开放的权利→权力结构或者是权力→权利结构。值得关注的是，与事实性权力相对应的规范性权力研究的缺乏，必然导致了规范性权力结构研究的缺乏。事实上，无论是规范性权力的研究还是规范性权力结构的研究，其所面向的是一种逐步向应然迈进的权力与权力结构，并且规范性权力与规范性权力结构的研究，也将有助于权力配置以及各权力之间关系体系的规范化，也有助于权力结构转换、调整的规范化，以达到权力授予、行使由有效法律控制的目标。

基于对"权力结构"不同维度层面的理解，本文所要阐明与确证的金融监管权力结构必然也是对金融监管权力进行内部分解形成的闭环权力系统，而不是以权力为核心、由权力生成基础或者权力行使指向所构成的开放式金融监管权力系统。同时，金融监管权力结构的闭合性也要求作为权力配置以及各权力间关系体系权力结构，其必须以规范性而非事实性的面貌呈现。如此来讲，金融监管权力结构，所具备闭合性而非开放性、规范性而非事实性的特征，不仅仅是对权力结构本质的挖掘。更为重要的是，金融监管独立性、专业性的特质，也要求金融监管权力结构必须保持应有的闭合性、规范性，唯有如此才能保证金融监管效用的发挥。[4]当然，金融监管权力结构的有效运行也必须在一定程度上体现其具有开放性、事实性，以保持自身对金融行业的现实回应性、切适性。

（二）金融监管权力结构的具体生成

"权力结构是指权力的组织体系，权力的配置与各种不同权力之间的相互关系"，[5]那么就应当从金融监管权力的内部对金融监管权力进行分解，并将其划分为若干不同形态的权力类型，才能实现金融监管权力的结构优化。值得注意的

---

[1] 胡杰：《论权力的权利性》，载《法制与社会发展》2013 年第 2 期，第 84 页。

[2] 结合周永坤教授《规范权力——权力的法理研究》书中所谈及的"应然性"权力主要是意指"规范性"权力。因为他在"观察的权力现象是事实上存在的权力，而不是应然意义上的权力"这句话之后紧接着指出，"权力是一种特殊的社会现象，权力不仅有事实上的，更有规范意义上的，特别是法治社会"。参见周永坤：《规范权力——权力的法理研究》，法律出版社 2006 年版，第 105 页。

[3] 周永坤：《规范权力——权力的法理研究》，法律出版社 2006 年版，第 105 页。

[4] 洪艳蓉：《金融监管治理——关于证券监管独立性的思考》，北京大学出版社 2017 年版，第 7 页。

[5] 周永坤：《权力结构模式与宪政》，载《中国法学》2005 年第 6 期，第 5 页。

是，金融监管权力的结构化并非仅仅以对金融监管权力进行彻底性分解为前提，集权模式之下依然会有因金融监管权力内部分解而生成的金融监管权力结构，金融监管集权模式与分解模式最大的区别主要是金融监管权力分割方式的不同。金融监管集权模式之下的权力分解所遵循的是同权分割法则（横向权力分割法则），而金融监管分解模式所遵守的是异权分割法则（纵向权力分割法则）。同时，"同权"与"异权"分割法则核心的差异即是，被分割的金融监管权力究竟是同质性的金融监管权力还是异质性的金融监管权力，同质性金融监管权力的分割，即同权分割，而异质性金融监管权力的分割，即异权分割，其又可分为功能性分割和结构性分割两类。譬如，中央金融监管部门及其在地方的派出机构存在明显的"职责同构"的特征，彼此间的权限范围并未进行有效界分，这明显属于金融监管集权模式下金融监管权力分解的同权分割方式，仅仅属于层级性分解分割的范畴，而中央层面金融监管权限在不同金融监管部门间的横向划分即是典型的功能性的异权分割。

进一步讲，"权力结构理论是一个技术的、客观的视角，将权力看作一个可由人主观加以安排的事物"，[1]并依据一定的分割法则对其进行分割，最终形成有关权力分配以及各权力之间的关系体系的理论。其中，同权分割与异权分割是金融监管权力结构化之权力分割的方式，金融监管集权模式与分解模式是金融监管权力结构化之权力结构的外部形态。金融监管权力结构是如何生成的呢？事实上，金融监管权力结构的逻辑生成与金融社会分层、金融市场结构以及金融监管权力的多元化发展存在极大关联，金融监管权力的分解或者分割仅仅是金融监管权力结构生成的表象，从根本上讲，还是源于金融监管权力的权利性对金融监管权力的制约与专业化、技术性的现实诉求。

金融监管权力的权利性要求金融监管权力的结构化必须以金融权利维护为面向，"强调权力的权利性有助于对权力运行的种种异化的方式进行规制与制约，使权力在良性的轨道上发挥其应有的价值与功能"，[2]然而金融监管权力的异化则主要表现为金融监管权力的滥用与权力自我扩张或集中的冲动。事实上，金融监管权力的异化已经违背了金融监管权力的权利维护面向，即对金融监管权力进行有效制约和对金融事务进行专业化管理的需要形成冲击。是故，金融监管权力结构的生成本质上源于金融监管权力的权利性，具体既表现为对金融监管权力进行制约和对金融事务进行专业化管理的双重需求。具言之：一是对金融监管权力进行制约的需要。"只有从权力内部对权力进行分解，并在此基础上建立一个稳

---

〔1〕 周永坤：《权力结构模式与宪政》，载《中国法学》2005 年第 6 期，第 6 页。
〔2〕 胡杰：《论权力的权利性》，载《法制与社会发展》2013 年第 2 期，第 88 页。

定的、相互制约的权力体系，以权力之间的关系来制约权力，以'强制对付强制'才能有效地控制权力。也就是说，只有将制约权力问题转化为一个权力的结构问题，对权力的制约才是可能的。"[1]权力内部的制约可分为功能性的制约和结构性制约，其中，功能性的制约主要限定于横向层面，而结构性制约主要限定于纵向层面。二是对金融事务进行专业化管理的需要。"权力结构化的过程是职权的分化和职能的专业化过程"，[2]并且"分工原则决定了社会经济事务由不同的行政部门按专业分工实施"。[3]金融行业专业化、技术性的诉求要求通过分析金融事务的内在规定性及其逻辑结构对金融监管权限进行合理配置。源于专业化、技术化需求而对一体化或集中性的金融监管权力进行功能性分解，这促成了金融规则制定权、金融监管执法权、金融司法裁判权的分离。然而，因专业化分工需要而衍生的独立性金融监管机构又打破了现行金融规则制定权、金融监管执法权、金融司法裁判权相分离的局面，独立性金融监管机构本身已经成为以金融监管执法权为核心、金融规则制定权和金融司法裁判权为两翼的新型权力载体，事实上这又促成了金融监管权力结构的转换与重塑。

二、金融监管权力结构运行的内外互动

如上所述，本文所言的金融监管权力结构是指有关金融监管权力配置及各权力间关系的组织体系应属于规范性而非事实性、闭合性而非开放性的逻辑范畴，并且闭合性权力结构与规范性权力结构共同促成了金融监管权力结构的逻辑自主的特征。闭合性与规范性同具的金融监管权力结构就其本身而言能够解决逻辑上的自主性问题，并且其重点关注的也是闭合性的金融监管权力结构内部权力的配置与各金融监管权力之间互动或制约关系等规范性问题。然而，闭合性与规范性同具的金融监管权力结构自主而不自足，并不像数学逻辑那样，它不能独立于其所处的社会系统，闭合性与规范性同具的金融权力结构还是社会系统中事实性权力结构转化的结果。加之，"不同的权力结构产生不同的权力行为与结果"，[4]闭合性与规范性同具的金融监管权力结构最终还是需要面向金融市场并处理金融市场中存在的问题，即前文已述及的金融监管权力行使指向的实施效果问题。因此，金融监管权力结构的合理优化需要处理好认知开放与闭合运行之间的逻辑关系，做到"开放立足于封闭，只有经由系统内部结构的'转译'，环境

---

[1] 周永坤：《宪政与权力》，山东人民出版社 2008 年版，第 143 页。

[2] 魏红英：《纵向权力结构合理化：中央与地方关系和谐发展的基本进路》，载《中国行政管理》2008 年第 6 期，第 31 页。

[3] 金国坤：《行政权限冲突解决机制研究：部门协调的法制化路径探寻》，北京大学出版社 2010 年版，第 22 页。

[4] 郭蕾：《政府权力结构合理设置的学理与实证研究——基于对地方公务员调查数据的实证分析》，载《学海》2013 年第 5 期，第 108 页。

的变动才能激扰系统，使之理解并作出回应"。[1]

金融监管权力结构合理优化的"自创生"[2]解释要求金融监管权力结构自身的闭合运行和输入、输出的开放认知有效区分与统合。[3]金融监管权力结构输入、输出上的"认知开放性"所指代的是其与金融监管权力结构之外的现实金融世界的持续沟通与互动，并且其所彰显的是金融监管权力结构优化的实质合理性；而金融监管权力结构的"运行闭合性"所指代的是金融监管权力结构生发其自身秩序的能力和权力结构自身的适度调整，本质上讲是金融监管权力结构优化的一个形式合理性的问题。在金融监管权力结构合理优化意义上讲，金融监管权力结构的合理优化不能仅仅在闭合的金融监管权力结构内部进行逻辑上的"自我指涉"，它还需要开放性地接受外部系统的输入和面向社会现实实践的输出。

（一）金融监管权力结构自身的闭合运行

金融监管权力结构自身的闭合性运行指的是金融监管权力结构是一种闭合性的权力运行系统，金融监管权力结构是本身具有自主性，理解金融监管权力结构不需要求助于同其内在规定性无关的任何其他元素，舍弃不重要特征之整体性、可转换性与自身调整性元素即共同塑造出了金融监管权力结构的逻辑性自主存在。金融监管权力结构是由若干元素组成的整体，但元素的整体性构造断然不是诸元素的简单罗列，其中，蕴含着能够解释或说明整体性构造的规律，而此处的规律所涵括的在更大程度上是"功能—结构论"意义上的共时性元素而非发生学意义上的历时性成分。同时，金融监管权力结构的"自身调整性质带来了结构守恒性和某种封闭性。试从上述这两个结果来开始说明，他们的意义就是，一个结构所固有的各种转换不会越出结构的边界之外，只会产生总是属于这个结构并保存该结构的成分"。[4]

金融监管权力结构作为金融监管权力配置以及各金融监管权力间关系的体系，金融监管权力结构的整体性所塑造的是作为一个整体的金融监管权力，并可依据一定规律对金融监管权力进行技术性的分割与组合。同时，分割组合规律主要是从"功能—结构论"角度切入来实现权力的功能性分解与结构性的整合，

---

[1] 陆宇峰：《"自创生"系统论法学：一种理解现代法律的新思路》，载《政法论坛》2014 年第 4 期，第 155 页。

[2] 卢曼首倡的"自创生"论，仍坚持系统/环境之分，但认为环境输入无法决定系统输出，并以三段论扬弃了封闭系统与开放系统的对立：正题——系统运作封闭，通过递回指涉既有要素和结构，实现自我再生产；反题——系统认知开放，借助既有要素和结构，感受环境激扰；合题——开放立足于封闭，只有经由系统内部结构的"转译"，环境的变动才能激扰系统，使之理解并作出回应。

[3] [比利时] 马克·范·胡克：《法律的沟通之维》，孙国东译，法律出版社 2008 年版，第 54 页。

[4] [瑞士] 皮亚杰：《结构主义》，倪连生、王琳译，商务印书馆 2006 年版，第 10 页。

并且其也因割裂了外界因素涉入的媒介而得以保持金融监管权力结构内部各类型金融监管权力的结构性调整。因此，金融监管权力结构是由金融监管权力子结构、历时性与共时性的结构转换规律组成的统一体系。金融监管权力结构作为一个整体，既不是原子论式的简单组合，亦非不具可分性的预先形成的单一性整体，其存在自己的来源与去向的历时性发展规律，同时从金融监管权力结构自身调整性的视角来看，金融监管权力结构自身的调整是由共时性的权力分割法则和权力组合法则共同促成的。金融监管权力结构在逻辑上的自主性是由保持其核心的转换规律，即金融监管权力结构的整体性、转换型以及自身调整性三项关键特征所塑造。同时，需要注意的是，此处所言的金融监管权力结构转换规律是方法论意义上的而不是实体论意义上的转换规律，方法论意义上的转换规律能够及时将现实中的某项要素纳入其所统领的范畴之内，以保持其在逻辑上的自主与运行上的封闭。

（二）金融监管权力结构输入的开放认知

金融监管权力结构输入的认知开放性所指的是规范性金融监管权力的建构过程的开放性，即金融监管权力的配置以及各金融监管权力之间的关系体系的形成过程需要对现实社会中存在的事实性金融监管权力结构予以充分考量，并以关键性要素为媒介来吸纳事实性金融监管权力结构的营养。然而，金融监管权力结构的生成，即金融监管权力的配置以及各权力相互间关系体系的构建决然不是对客观存在的事实性权力结构的简单重述，其中，必然会添附着制度设计者及其背后所代表利益团体的价值偏好与信念。因此，金融监管"权力的分配取决于行动者的偏好、信念、关系类型及诸多结构条件"，[1]而事实性金融监管权力结构向规范性金融监管权力结构的转换及其规范性表达则是现实中的客观存在与想象中的主观意志领域多重要素共同作用的结果。

规范性金融监管权力结构是对事实性权力结构进行规范性表彰的开放过程，即是对构成事实性金融监管权力结构中的关键性要素进行析出并予以规范性建构的过程，其中，明确了事实性金融监管权力结构究竟由哪些关键要素构成，以及按照什么样的逻辑规律进行排列组合。事实性金融监管权力结构向规范性金融监管权力结构的转换及其关键要素的析出需要理论上的指引，而"要素论（elementary theory）是一种解释并预测嵌入社会关系结构中的权力分配的形式理论"，[2]所谓的解释是对事实性金融监管权力结构的解释，而预测则是对规范性金融监管权

---

〔1〕 刘军、David Willer、Pamela Emanuelson：《网络结构与权力分配：要素论的解释》，载《社会学研究》2011 年第 2 期，第 134 页。

〔2〕 刘军、David Willer、Pamela Emanuelson：《网络结构与权力分配：要素论的解释》，载《社会学研究》2011 年第 2 期，第 134 页。

力结构的预测，并且事实性金融监管权力结构向规范性金融监管权力结构的转化以关键要素的析出为媒介。既然金融监管权力结构所指称的是金融监管权力的配置以及各权力之间的关系体系，其必然涵括金融监管权力划分与组合两方面的内容及其各自遵循的法则。金融监管权力的分割与组合法则本身就蕴藏着行动者的信念、偏好等主观要素，同时也受到事实性金融监管权力结构之外的行动者关系类型、金融结构等客观因素的影响。因此，事实性金融监管权力结构向规范性金融监管权力结构转化的关键要素包括行动者的信念、偏好等主观要素和事实性金融监管权力结构之外的行动者关系类型、金融结构等客观因素。当然，在事实性金融监管权力结构向规范性金融监管权力结构的转化中，还附加着金融监管权力配置者信念、偏好等主观方面的要素。总的说，金融监管权力结构输入的认知开放性是面向事实性金融监管权力结构的开放，同时也是面向金融监管权力结构设计者及其背后所代表利益团体价值判断的开放。

（三）金融监管权力结构输出的开放认知

尽管金融监管权力结构输出的认知开放性与金融监管权力结构输入的认知开放性所欲完成的金融监管权力结构的优化配置有所差异，但从金融监管权力结构化的目的出发，金融监管权力结构输入与输出的认知开放性均是为了对金融监管权力滥用行为进行制约以及实现金融监管权力的公共服务属性。金融监管权力结构输出的认知开放性所指称的是金融监管权力结构之权力行使中权力如何有效作用于现实世界的问题，认知的开放性更大程度上是为了保证权力行使的实际效果符合权力配置背后的初衷。从金融监管权力的指向看，金融监管权力本身即是"一个行为者或机构影响其他行为者或结构的态度或行为的能力"，[1]金融监管权力配置后的行使则是规范性金融监管权力面向现实世界的适用，而金融监管权力的适用必须在共容利益之下才能实现金融行业的长久增长与稳定。"不管是制度变迁还是经济增长，最终都是通过改变权力结构来影响社会演进的，如果不能引致权力结构的根本调整，表面的政治改革或者一定范围内的经济增长，都不能导向制度结构的根本提升和长期的繁荣与稳定。"[2]同时，金融监管权力结构的根本调整则要求在面向现实的适用过程中金融监管权力自身的重新配置以及各金融监管权力之间关系的深度调整，而金融监管权力结构的调整所引发的则是金融监管权力行使中各权力主体行为方式及其所指向对象结果的变更。

金融监管权力配置的过程即是金融监管权力结构构建的过程，金融监管权力

---

〔1〕 唐志军、谌莹、向国成：《权力结构、强化市场型政府和中国市场化改革的异化》，载《南方经济》2013 年第 10 期，第 5 页。

〔2〕 郭艳茹：《社会权力结构调整与中国经济转轨的路径选择》，载《经济社会体制比较》2007 年第 3 期，第 41 页。

配置之后，金融监管权力结构具有逻辑上的自治性并呈现出运行上的闭合型特征，但在认知层面则必须是开放的，开放的认知是运行闭合的前提条件。规范性金融监管权力与活生生现实之间的关系，虽然在涵摄的结果层面是封闭的，但在涵摄的过程层面却是开放的，唯有以开放的视野去看待和理解规范性的金融监管权力所面向的现实，才不至于导致规范性金融监管权力过于重视形式上的自治性而导致对实质自治性的忽视。从另一层面来讲，规范性的金融监管权力结构不是重述而是规定着现实，金融监管权力结构建构本身不是目的而是手段，目的是如何调整现实世界中人与人之间的行为以及金融监管权力运行中各权力之间的行为方式。既然金融监管权力面向的是现实世界的人，则必须在运行中保持不打破金融监管权力结构自身逻辑恰当的基础上展开认知上的开放，尝试以沟通的方式来理解兼容监管权力结构如何更好地面对现实生活中金融监管权力的行使对象以及各金融监管权力在分别面向行使对象时彼此之间的沟通与互动。

三、金融监管权力结构整合的优化路径

金融监管权力结构之学实为金融监管权力配置以及各权力间相互关系之学，因而"合理的权力结构是以分解为前提的，没有分解就没有权力牵制，就没有规范意义上的权力"。[1]质言之，金融监管权力结构的合理优化需要从金融监管权力分割配置与金融监管权力间关系两个层面展开。值得注意的是，如金融监管权力结构的"自创生"解释所言明，金融监管权力结构的合理化指向是规范性金融监管权力结构的构建以事实性金融监管权力结构为基础，并且最终面向社会并服务于社会，规范性金融监管权力结构自身只是实现金融监管权力制约、专业化诉求以及公共服务面向的手段或工具。是故，金融监管权力结构的合理化实质上是借助金融监管权力的分解及其相互之间制约结构的建构来更好地保障社会成员的金融权利。总的说，金融监管权力结构的合理优化应以金融监管权力的合理分割配置与相互性权力关系的确立为手段，以对社会成员金融权利的维护与服务为根本目标。

（一）权力分解及其结构化配置的权利面向

金融监管权力的权利性决定了金融监管权力始终以金融权利为面向，"权力的内在属性中包含了权利的价值指向与功能，权力的起源、运行与发展过程中都受到了权利价值与功能的指导与规制"。[2]金融监管权力的权利属性体现在金融监管权力的集中与金融监管权力的分解两个层面，其中，金融监管权力的集中主要阐明的是金融监管权力的权利来源问题，而金融监管权力的分解主要是金融监

---

〔1〕 周永坤：《规范权力——权力的法理研究》，法律出版社2006年版，第61页。
〔2〕 胡杰：《论权力的权利性》，载《法制与社会发展》2013年第2期，第86页。

管权力服务于金融权利的过程。当然，无论是金融监管权力的集中过程，还是金融监管权力的分解过程，贯穿集中的则是金融监管权力的结构化配置。

第一，从金融监管权力的集中来看，在学理上，所作的关于"权力"与"权利"的二分框架为权力的权利来源或权力的集中提供了可能。在自然状态下，每一个个体都拥有天赋的金融自然权利，并且主要是靠自己的力量来执行或保护自己的金融权利。"人们为了避免自然状态的缺憾，于是自然状态中的所有人都放弃了自己的自然权利，人们将所有的关涉自由、平等、权力、福利等权力和纷争事项寻求社会确定的、公布的法律的保护并交由社会或国家处理"，[1]此时国家保护私人金融权利、维护金融稳定以及制定金融法律的权力均来自个体金融权利的让与，同时金融权利让与的过程即是金融监管权力集中的过程。

第二，从金融监管权力的分解来看，金融监管权力分解的过程即是金融监管权力面向服务对象，对金融权利进行有效保护的过程。从国家（金融监管）权力产生并具有了成熟的存在形式之后，它就处在渐进但又永不停顿的分解和再分解过程中，直至它被分解完毕；在这个过程中，国家（金融监管）权力既分解为不同的存在形式，由不同的主体掌握和运用，又逐渐转化为社会成员的（金融）权利，由权力形态向权利形态回归，经过充分分解的国家（金融监管）权力最终将转化为社会成员的（金融）权利。

第三，从金融监管权力集中与分解中的结构化配置来看，从金融权利到金融监管权力的集中再到金融监管权力向金融权利的分解，贯穿其中的是金融监管权力的结构化配置。既往关于权力集中的研究更多是从金融监管权力形成之后金融监管权力的状态来分析金融监管权力结构究竟是集权模式还是分解模式，实质上这是理论上的一种静态描述。然而，以金融监管权力为中心的金融监管权力结构体系始终是面向金融权利的动态系统，金融监管权力与金融权利边界的调整始终处于变化之中，并且金融监管权力边界范围的缩小或扩大将直接导致金融监管权力结构的变化。另外，金融监管权力结构内部金融监管权力分割方式的差异调整也将会对金融权利产生影响，采用同权分割法则对金融监管权力进行分割将会导致金融权利保护的碎片化与不稳定性，而采用异权分割法则对金融监管权力进行分割将会更有效地保护金融权利。究其根本原因在于同权分割法则对金融监管权力的划分是一种不遵循金融监管权力配置内在规律的主观性分割，并且存在金融监管权力分割的同时态性、交叉性，而此举导致了金融监管权力配置与运行的单向性、随意性与不稳定性。相对于同权分割法则而言，异权分割法则对金融监管

---

[1] 汪岳：《认真对待公权力——洛克权力理论的启示》，载《沈阳师范大学学报（社会科学版）》2015年第6期，第50页。

权力的划分则是基于金融监管权力客观属性对有益性自生自发金融监管权力秩序的确认，同时金融监管权力的配置与运行具有双向互动的特性，能够保证金融监管权力行使时间与空间的有效划分。

（二）权力结构内部各权力要素的合理配置

"现代国家的体制改革要解决的首要问题就是国家权力重心的转移和政府职能的分化与重组"，[1] 然而金融监管权力重心的转移和金融监管职能的分化与重组的过程即是金融监管权力结构——金融监管权力的配置以及各金融监管权力间关系体系合理优化的过程。"从现代政府理论的角度出发，政府的职能、机构、体制与过程四个基本概念是构成现代政府理论研究的核心概念，同时也构成了现代政府理论的'四维'框架。"[2] 转换视角，从权力视角进行解析，现代政府理论的"四维"元素——政府的职能、机构、体制与过程——则分别与权力授予、权力主体、权力管理体制以及权力运行过程的权力"四维"元素相对应。"权力及其有效的运行是各相关要素共同合力作用所形成的综合状态，它们可以分解为权源、主体、对象、运行及保障等诸要素，各要素均对权力的形成、运用起着牵制作用。"[3] 是故，金融监管权力结构内部金融监管权力要素的合理化配置主要应涵括金融监管权力授予、权力主体、权力管理体制以及权力运行过程四个方面的内容，而不对金融监管权力对象、保障等要素进行分析。

如前所述，本文所述及的金融监管权力结构主要是指规范性的而非事实性的金融监管权力结构，因而金融监管"权力结构的合理性主要是一个形式合理性的问题，或者是一个工具合理性的问题，但是它不仅仅是一个形式合理性的问题，它同时是一个实质合理性的问题"。[4] 金融监管权力结构内部权力及其各要素的配置作为金融监管权力结构的子集，那么它的合理性一定也主要是一个形式合理性的问题。"从法律制度这个角度来说，形式合理性就是用法律规范来判断事物的是非曲直，来评价一个人的行为、评价一个事件。"[5] 金融监管权力结构内部权力及其各要素配置的形式合理性即是运用宪法、行政组织法等公法规范对金融监管权力授予、权力主体、权力管理体制以及权力运行过程的合法性与否进行判断。

除金融监管权力结构内部权力及其各要素配置的形式合理性外，也需要关注其本身的实质合理性，尤其是在动态性的金融监管权力运行过程中。在金融监管

〔1〕 汪进元：《国家治理体系中政府权力的分化与重组》，载《法商研究》2014 年第 3 期，第 5 页。

〔2〕 张翔：《改革进程中的政府部门间协调机制》，社会科学文献出版社 2014 年版，第 71 页。

〔3〕 方世荣：《论行政权力的要素及其制约》，载《法商研究（中南政法学院学报）》2001 年第 2 期，第 3 页。

〔4〕 周永坤：《宪政与权力》，山东人民出版社 2008 年版，第 144 页。

〔5〕 江必新：《论形式合理性与实质合理性的关系》，载《法治研究》2013 年第 4 期，第 4 页。

权力的运行过程中，或源于知识缺陷而造成的漏洞，或源于现实发展对既有金融监管权力配置结构的冲击，应如何保持金融监管权力配置结构的实质合理性与行使合理性的有机统一呢？规范性金融监管权力配置结构的变更将是对形式合理性的违背，而固守既有金融监管权力配置结构将有损实质合理性的价值。面对实质合理性与形式合理性难以得到共同遵守的两难问题，则可诉诸 H. L. A. 哈特所定义的第二性规则（改变或承认规则），确立事实性金融监管权力配置结构向规范性金融监管权力配置规范有效转变的程序性控制规则。在学理层面，规范性的金融监管权力结构确实是一个运行闭合的金融监管权力配置以及各金融监管权力间关系的封闭体系，但是当其走向现实，我们几乎不能说金融监管权力结构确实是一个闭合的系统。[1]事实上，这也证明了规范性金融监管权力结构为什么主要是一个形式合理性的问题但绝不仅仅是一个形式合理性的问题，它同时是一个实质合理性的问题。是故，金融监管权力结构内部权力要素的合理化配置不仅需要确立金融监管权力授予、权力主体、权力管理体制以及权力运行过程的形式合法性，而且要为形式合法性的维系和实质合理性的获得提供必要的规范性的金融监管权力结构转换程序性控制规则。

（三）权力结构内部相互性权力关系的确立

"权力的相互关系是权力结构合理性的主要标志。正是通过改变恒定的权力关系，建立权力的相互性关系，才能达到权力相互牵制的效果，防止权力的滥用与失控。"[2]相互性金融监管权力关系要求金融监管权力结构内部各金融监管权力边界明确、相互独立而又不失互动、制约，整体上形成一个逻辑上自主但内部各金融监管权力彼此互动的闭合性金融监管权力结构。因此，金融监管权力结构内部相互性权力关系的确立须打破既往集权的结构模式，在金融监管权力分割方式的选择上应遵循异权分割法则而非同权分割法则，最终建立相互制约的金融监管权力结构。质言之，金融监管权力结构内部相互性权力关系的确立即是以异权分割法则为权力分割方式，实现金融监管权力的分散化配置并建立各权力相互制约的金融监管权力结构模式。

"行政权力在行政体系内各级各类行政组织之间进行配置，形成一定的行政权力结构，包括纵向结构和横向结构。纵向结构表现为中央行政机关与地方行政机关之间的行政权力配置关系，讲究统一、高效，必须做到'有令必行，有禁必止'；横向结构表现为同级行政机关内部各职能部门之间的行政权力关系，追求协调与平衡。行政权力的纵向和横向配置，着眼于行政权力的合理布局、相互配

---

〔1〕 ［比利时］马克·范·胡克：《法律的沟通之维》，孙国东译，法律出版社 2008 年版，第 72 页。
〔2〕 周永坤：《规范权力——权力的法理研究》，法律出版社 2006 年版，第 118 页。

合、协调运转，以提高行政效能，实现行政目标。"[1]相互性权力关系结构究竟应当如何构建呢？我们应采取层层推进的方式，首先选择适当的权力分割法则对金融监管权力进行分割，而后对分割之后的金融监管权力进行配置，最后就分解配置之后的各金融监管权力之间的关系结构予以厘清。具体而言，一是相互性金融监管权力关系结构的权力分割方法，相互性金融监管权力关系结构的建立须采用异权分割法则而非同权分割法则，合理打破权力的集中模式，实现权力的分散化。二是相互性金融监管权力关系结构的内容或类型，金融监管权力分割之后对分散化的金融监管权力进行配置，实现金融监管权力的横向层面的功能性分解与纵向层面的层级性分解。具体就是从功能与结构的角度将金融监管权力结构划分为两种类型："一种是横向权力结构，指一级政府不同部门之间的权力配置关系；另一种是纵向权力结构，指不同层级的政府之间或者说中央政府与地方政府之间的权力配置关系。"[2]三是相互性金融监管权力关系结构，各金融监管权力之间的关系体系的塑造需要结合金融监管权力结构的类型进行分析。对横向层面的功能性金融监管分解而言，首先就是要求金融监管权力结构内部各金融监管权力的边界要划分清晰，以防止金融监管权力之间的相互侵犯，但金融监管权力的分散化配置绝非诸种金融监管权力之间关系的彻底决裂，而是要建立彼此之间的沟通与制约机制，促使诸种类型的权力相互独立而又不失互动与制约。对于纵向层面的层级性分解而言，首先需要明确上级与下级的关系不是单纯意义上的领导与被领导、指挥与被指挥的行政关系，而是上下级各自存在自己独自权限范围，并且上级与下级是平等意义上的法律关系；其次是上级与下级之间的关系不是单向性服从与被服从关系，而是双向性的互动与沟通关系。

在金融监管分解结构模式之下，无论是横向层面的功能性分解，还是纵向层面的层级性分解，金融监管权力结构内部诸种类型的金融监管权力之间既不是完全隔离，也不是彻底集中的关系，而是不同类型金融监管权力之间既相互独立而又不失互动与沟通的分解制约关系。同时，需要注意的是，纵向层面的层级性分解更大程度上需要横向层面的功能性分解支撑，如果没有后者将会导致纵向配置之下级权力因缺乏横向层面的制约而使其运行违背其最终的权利指向；同时纵向层面的层级性分解亦是不可或缺的，尤其是对于一个体量庞大的金融市场而言。是故，相互性金融监管权力关系结构的构建需要横向分解与纵向分解的有机结合，唯有如此才能将不同功能属性、结构层级的权力整合于金融监管权力的结构网络之中，最终实现金融监管权力结构的合理性构建。

---

[1] 石佑启：《论法治视野下行政权力的合理配置》，载《学术研究》2010年第7期，第32~33页。

[2] 杜治洲：《中国行政体制纵向权力结构调整30年——经验、教训与趋势》，载《学术界》2008年第5期，第17页。

复杂金融产品规制的理念、构造及启示
——基于域外金融监管范式变迁的考察

摘要： 传统的金融消费者保护路径依赖信息披露手段、专注销售环节，但这在金融产品复杂化时代遭遇了失灵。此困局背后有其难以克服的、内在的缺陷。鉴于此，金融发达国家近年来提出了产品规制的理念，即从产品本身出发，将金融监管的触角从传统的销售阶段扩展到产品的生产和设计阶段。此变化体现了复杂金融产品监管路径的范式转移。产品规制理念的制度构造包括产品治理机制和产品干预制度，前者通过施加金融机构系列的产品治理义务，形成风险防范的第一道防线，后者赋予金融监管机构在特定情形下干预金融产品的权力，形成风险防范的"最后手段"。我国金融产品已逐步迈入复杂化时代，消费者损害风险骤升。针对当前金融产品规制缺失的现状，我国应结合国情并参考国际经验，构建完善的复杂金融产品规制体系。

关键词： 产品治理；产品干预；金融消费者保护；金融监管改革

一、问题缘起：信息披露制度缘何失灵？

在传统的金融法理论中，投资者保护制度的构建以信息披露为中心，其首要任务，也在于保障投资者对金融产品的必要知情权，并减少交易双方的信息不对称。这一立法模式和监管进路，立足于投资者作为理性人的经济学假设，它力图通过为投资者创造信息平等的交易环境，保障其获得投资决策所需的信息，从而实现以意思自治为前提的利益最大化。在这一假设之下，法律要求投资者的潜在交易对手——金融产品的发行人或销售者，向投资者披露交易决策所必要的信息，并由此让投资者在私人自治的基础上做出投资决策。按照假设，投资者作为理性人，理应能够做出符合其利益、可以自担后果的投资决策；同时，即便在投资咨询环节存在问题，那也可以通过增加信息供给的方式加以解决。退一步说，若投资者无充分信息以作判断，那么，他理应有足够的理性去放弃实施相关交

---

* 邹青松，广东财经大学教师。

易。总之，在这一假设下，投资者自由投资决策，自担投资风险，法律不做过多干涉，只负责创造一个信息平等的交易环境。至于金融产品本身，传统的监管理念认为，金融产品通常都是基于市场需求而设计和生产，总是适合于特定的某些金融消费者的，国家不应当干预金融产品的设计。因此，国家的使命在于制定销售端的规则并予以监督实施，以防止有关产品卖给不适当的消费者，而不应当去质疑产品的设计。[1]

自 20 世纪 80 年代起，欧美国家开始实施金融自由化政策，意图通过不断放松金融管制，创造更为宽松的市场竞争环境。这一新政策，在科学技术和金融理论等发展的助推下，引发了金融产品创新的日新月异。与这一情况相呼应，金融产品的设计也呈现出越来越复杂的趋势。[2]原本存在于发行人与投资者之间的关于金融产品的信息不对称，在其复杂性的助纣下，也大大加剧。[3]同时，掩盖在产品复杂性之下的产品设计缺陷，可能成为随时损害消费者权益的定时炸弹。在此背景下，非专业投资者逐渐从投资者群体中分离出来，成为新的市场主体，即金融消费者。[4]金融产品复杂化的这些影响，导致了传统上奉"买者自负"为圭臬、专注于销售端交易公平的信息披露保护进路，对于复杂金融消费者的保护，再也无能为力，信息披露制度由此"失灵"。

2007 年开始的次贷危机中，金融产品复杂化对于信息披露制度失灵的作用，在危机始作俑者的资产证券化产品中体现得淋漓尽致。[5]众所周知，在次债危机中，MBS、CDO 以及 ABS、CLO 等几种资产证券化产品，它们通过复杂的产品设计，加剧了发行人与投资者之间的信息不对称，诱发了道德风险，最终导致了投资者的重大损失。[6]这些复杂金融产品，最终引发了传统信息披露制度的失效，也宣布了传统的、仅仅"专注于完全披露"的证券法监管路径的失败。对此，著名金融法教授 Schwarcz 经过分析和总结，指出了次贷危机中，产品复杂性

---

[1] 参见英国金融监管机构立法《讨论稿》：FSA, Product Intervention, DP11/1, 第 9 页。

[2] 牛津大学学者 Dan Awrey 从信息技术发展、金融产品与市场的模糊性、金融市场与机构的紧密联系、经济利益的碎裂化、监管制度的复杂化、市场参与者与市场之间的反身性等六个方面，详细阐述了金融产品复杂化的驱动因素，Dan Awrey, "Complexity, Innovation, and the Regulation of Modern Financial Markets," *Harvard Business Law Review* 2, No. 2, 2012, pp. 245-258.

[3] 杨东：《论金融法的重构》，载《清华法学》2013 年第 4 期。

[4] 有关系统论述，参见陈洁：《投资者到金融消费者的角色嬗变》，载《法学研究》2011 年第 5 期。

[5] 关于资产证券化产品对 2007 年次债危机的作用的总体描述，可参见〔加〕约翰·赫尔：《期权、期货及其他衍生产品》（第 8 版），〔加〕王勇、索吾林译，机械工业出版社 2011 年版，第八章。

[6] 白钦先、蔡庆丰：《金融虚拟化的道德风险及其市场影响：次贷危机的深层反思》，载《经济学家》2009 年第 5 期。

导致信息披露失效的两个层次的原因。[1]

第一个是机构层面的原因，即很多投资者，其中大部分是机构投资者，并没有配置专门从事评估复杂证券化产品交易的人员。一般而言，投资者有必要聘用从事评估交易的资产证券化专家，但是在现实中，他们在这一问题上的考量又受成本效益分析的影响。具体而言，投资者聘用专家，以聘用成本不高于充分理解产品复杂性所能带来的收益为前提；一旦该成本超过或可能超过其产生的收益，投资者则不会聘用专家。同时，因为聘用专家的成本是确定的，而完全理解复杂交易所带来的收益是不确定的，也很难量化的，所以，经理们基于成本效益分析，更重视确定的成本而更少相信任何不确定的收益。交易越复杂、聘用成本越高，这一成本效益比就越失衡，投资者也就越没有动机聘用专家。

第二个层面的原因，源于机构投资者与其员工之间因利益不一致而产生的代理成本。在评估高度复杂的金融产品的投资价值时，员工常常习惯于走捷径，过于依赖评级机构给出的投资等级（investment grade），而不愿花时间和精力去阅读理解相关投资项目的、常常是数百页的披露文件。过于依赖评级也似乎成了此次次债危机的通病。尤其是当某一证券化产品被市场广泛接受时，投资基金经理通常即便认识到某只股票被评级机构高估了，但仍然会选择从众，以避免股票崩盘时受到指责。此外，资产证券化产品的极度复杂性，在使得人们难以评估其投资适当性的同时，也潜在地诱使员工更倾向于相信，这些证券化产品是可信的。总而言之，基于上述两个层面的原因的分析可知，针对资产证券化产品以及类似的其他复杂金融产品的信息披露制度，具有固有的、内在的缺陷，从而无可避免地发生了制度失灵。

综上所述，传统的以信息披露为手段、专注于交易环节的金融消费者保护路径，在复杂金融产品的情形下，暴露出固有的、内在的缺陷，从而遭遇了失灵。因此，有必要在制度层面上，针对复杂金融产品特有的消费者损害风险，提出新的保护路径。

二、产品规制理念：对金融产品复杂化的回应

（一）产品规制理念：内涵及理由

如上所述，次债危机充分暴露了传统的信息披露制度在复杂金融产品情形下的失灵问题，对此，有关国家在危机后进行了深刻的反思，并提出了相应的应对思路。这些反思都不约而同地将解决问题的重点指向了复杂金融产品本身。譬如，美国于 2010 年设立了消费者金融保护局，并概括地赋予其对"不公平、欺

---

[1] See Steven L. Schwarcz, "Disclosure's Failure in the Subprime Mortgage Crisis", *Social Science Electronic Publishing*, 2008, pp. 1113-1115.

诈性和滥用性的"金融产品进行限制或禁止的权力。[1]而以英国、欧盟、澳大利亚等国为代表的国家和地区，则明确地提出了"产品规制"（product regulation）的理念，并以之为指导进行了体系性的立法构建和执法实践，在世界范围内影响广泛，成为各国可以参照的做法。

产品规制理念是一种针对金融产品本身施加国家干预的金融消费者保护路径，同时也是一种比信息披露制度更加强势、更具主动性的介入手段。[2]这一理念采用了一般的产品生命周期理论，将金融产品区分为生产设计、制定销售策略、销售阶段以及售后处理等四个生命阶段，每个阶段都涉及与产品相关的不同活动，而在这每一个生命阶段，都隐藏了相应的金融消费者损害风险。[3]具体如表 1 所示：

表 1　金融产品各生命阶段的风险及其规制状况

金融产品生命周期阶段	消费者损害风险类型	规制状况
生产设计阶段	掠夺性的定价和设计特征；不考虑产品可能的表现；不公平的合同条款	未规制
制定销售策略阶段	利用消费者行为特征（如风险偏好、惯性）	已规制
销售阶段	因金融机构与消费者利益不一致而导致的不恰当投资建议、不当销售	已规制
售后处理阶段	售后责任不明、缺乏关于产品表现或适当性审查的信息、缺乏持续性的消费者关怀等	已规制

产品规制理念认为，传统的风险规制路径的问题在于，其将注意力集中在了销售阶段和售后阶段的消费者损害风险，未顾及金融产品生产设计阶段可能会产生的风险，由此产生了复杂金融产品情形下的制度失灵。对此，它提出的解决思路，就是将监管的触角，从传统的销售相关的阶段（包含销售策略、销售终端与售后）扩展到产品的开发阶段，从而将监管范围覆盖到产品的整个生命周期，以

---

[1]　美国《多得-弗兰克法案》第 5531 条。

[2]　关于产品规制理念，学理上尚未形成完整、权威的论述。在迄今为止采纳该理念的国家中，英国作为首创国家，其在立法文件（《讨论稿》DP11-01）中对产品规制理念做出了最详细、最完整的阐述。该阐述也成为关于产品规制理念的经典论述，随后成为其他国家采纳产品规制路径时的主要理论参考。详见 FSA, Product Intervention, DP11/1，第二、三章。

[3]　根据 FSA 对各个产品生命阶段的解释：其一，生产阶段是产品生命周期的最早阶段，涉及产品的设计和开发；其二，制定销售策略阶段（Distribution strategies），它涉及发行企业计划以何种方式将产品投入市场；其三，销售终端阶段，它涉及产品实际上如何销售给消费者；其四，售后处理阶段，它事关金融产品在售后的长期表现，以及能否获得持续的消费者服务。FSA, Product Intervention, DP11/1，第 19 页。

此全面控制消费者损害风险的产生。

提出产品规制理念的理由，除了前述信息披露制度具有内在缺陷这一首要理由之外，还有其他方面的重要原因：[1]一是在产品开发阶段就实施介入对于投资者保护具有重要意义。这是因为，企业的许多决定对于投资者保护都具有重要的影响，这些决定涉及产品特征的设计、对产品在不同情形下如何运作的合理预测与持续审视、产品如何管理、产品的推广和销售策略以及持续的产品监控等，这些都直接或间接地影响到了投资者保护。而传统的监管路径忽视了这一阶段。二是传统的监管路径以销售终端为中心，这常常意味着问题只有在消费者遭遇损失后才得以显现。而随着更多的企业进入市场、更多的投资者受到影响，问题将变得更加难以处理。对于企业和监管者来说，在损失发生后再来处理问题和安排补偿，将付出更加高昂的代价。相比之下，产品规制更有效率，因为通常情形下，相比销售阶段，产品在其生命周期的早期阶段会涉及更少的企业。

产品规制理念提出后，在迄今为止的立法实践中，它表现为企业的产品治理义务以及监管机构的产品干预权。法律通过设定企业产品治理义务，建立企业的产品治理机制，由此在产品生产和设计的一线建立风险防控机制；通过为监管机构设置产品干预权，在产品治理机制不足以防范损害风险时，使得监管机构能够以直接、快速而强有力的手段，阻止损害的发生或扩大。对于此两种实施机制，下文将分章作详细的阐述。

(二) 监管范式的变迁：以"有限理性"为依据

产品规制理念突破了传统的金融消费者保护范式，在理论上具有重要的创新意义。事实上，这一变迁立足于新的经济学发展成果，具有逻辑上的强大根基。

如前所述，传统上以信息披露为中心的消费者保护路径，是以投资者作为理性人的假设为出发点的。然而这一传统假设，在20世纪下半叶开始遭到新兴的行为经济学理论的挑战。[2]当时，许多经济学家发现传统经济学的理性人假设并不能解释现实生活中人们非理性决策的现象，因此开始对其提出疑问，并指出了人的有限理性。20世纪七八十年代，以塞勒为代表的经济学家开始引入心理学和其他社会科学的方法，极大地丰富和发展了行为经济学理论，完善了"有限理性"理论；随后20世纪八九十年代，行为经济学理论和方法开始在金融市场得

---

[1] FSA, Product Intervention, DP11/1, pp. 19-20.

[2] 有关行为经济学对"有限理性"的观点，可参见杨东：《论金融法的重构》，载《清华法学》2013年第4期；孙天琦：《金融消费者保护：行为经济学的理论解析与政策建议》，载《金融监管研究》2014年第4期。

到运用。[1]根据行为经济学的研究成果，投资者只具备在一定程度上理解和加工投资相关信息的能力，而无法总是做出正确的决定；同时，对于自己的投资决策，人们总是表现得过于自信，倾向于错误估计自己的能力，从而容易做出不符合自身利益的决策。[2]

事实上，行为经济学的上述观点也在金融市场上得到了验证：尽管立法者一直以来不断颁布新的信息披露规则，但在投资咨询领域还是出现了很多损害事件，并导致信息模式的基础日益受到质疑，甚至被视为失败。[3]前述次债危机中美国投资者的种种不理性表现，也无不验证了此观点。产品规制理念尽管是受金融危机的刺激而提出的，但事实上也呼应了上述理论的发展。它代表了当代金融发达国家和地区对于复杂金融产品的监管进路，不再以完全理性人为出发点，单独依靠信息披露制度，而是将监管重点进一步提前到产品的开发阶段，以将损害风险尽可能消灭在萌芽之中。从这一角度看，产品规制理念的提出，代表了金融发达国家和地区金融监管进路的范式转移，在世界金融监管发展进程中具有重大的意义。

三、产品治理机制：风险防范的第一道防线

（一）产品治理理念：以客户利益为中心

在"买者自负、卖者尽责"的金融法理念要求下，法律创制了投资者适当性义务，据此，销售机构须承担"了解你的客户"（know-your-customer）的义务，以保证投资者获得适合其自身的产品或服务。正如上所述，这一制度在复杂产品的情形下已经不足以保护投资者。如今，在产品治理理念之下，企业则被更进一步地要求"了解你的产品"（"know-your-product"），即其"了解"义务从销售阶段扩张到产品的生产设计阶段、从只强调了解客户增加为强调了解产品：企业须在产品的设计与分销阶段，就明确其产品的目标客户群体。[4]具体而言，产品的生产者（manufacturer）和销售者（distributors）需要恰当地理解产品的所有特征，并准确评估何种类型的客户与之相容，如此，生产企业和销售企业既了解客户，又了解产品，由此可以从根本上保证复杂金融产品将提供给目标客户。

---

〔1〕 具体参见［美］理查德·塞勒：《"错误"的行为：行为经济学的形成》，王晋译，中信出版社2018年版。

〔2〕 孙天琦：《金融消费者保护：行为经济学的理论解析与政策建议》，载《金融监管研究》2014年第4期。

〔3〕 Buck-Heeb, Aufsichtsrechtliches Produktverbot und zivilrechtliche Rechtsfolgen-Der Anleger zwischen Mündigkeit und Schutzbedürftigkeit, BKR 2017, 89, 97.

〔4〕 Veerle Colaert, Product Governance: Paternalism Outsourced to Financial Institutions? Working Paper 2019/2 (Nov. 2019), available at https://papers.ssrn.com/sol3/papers.cfm? abstract_id=3455413, last visited on June 30, 2021.

在产品治理的进路下，产品治理理念将客户的利益置于金融产品整个生命周期——从其产生、到销售再到售后阶段——的核心位置，将客户与中介机构的关系内化为生产企业与销售企业的公司治理程序。这是立法理念上的重要转变，因为在法律上，客户的利益首次成为金融产品构造过程中的首要因素，它标志着对消费者保护的进一步强化。[1]

产品治理理念自提出以后，在欧盟、英国及澳大利亚等国家和地区得到积极实践，形成了诸多立法和执法经验。同时，这一理念也得到了国际证监委（IOSCO）的推崇。在其《关于复杂金融产品销售的适当性要求（最终报告）》（Suitability Requirements with Respect to the Distribution of Complex Financial Products）中，国际证监委提出了八个销售复杂金融产品的基本原则，其中就包含：在设计或选择复杂金融产品用以销售时，中介机构应当设立适当的持续性内部程序来确认、定期检查和批准（或否决）产品，以提升产品与目标客户的特点及需求的兼容性。[2] 为此，它还举例说，产品不得有意地设计成这样，使得目标客户理解其风险收益比的能力受到妨碍。由此可见，产品治理的理念受的广泛认可，代表了国际上关于复杂金融产品风险治理的创新趋势。

（二）产品治理机制的构建：以欧盟法为例

纵观目前有关国家和地区的实践，产品治理机制以施加生产和销售企业产品治理义务的形式为实施路径。这些企业产品治理义务，根据目前各国的实践，可以区分为生产企业的产品治理义务和销售企业的产品治理义务。因此，本文也以此区分为准，对产品治理机制进行描述。

目前实施产品治理机制的国家和地区中，欧盟法最早、最全面系统地对产品治理机制作出了立法上的表达：在2014年颁发的 MiFID II 中，欧盟立法者就正式在法律层面引入了金融产品治理机制；随后2017年，根据 MiFID II 的授权，欧盟委员会颁发了关于产品治理的委员会授权指令，[3] 进一步细化了产品治理义务的实施要求；2018年，欧盟证券监管机构 ESMA 也发布了 MiFID II 下产品治理义务的监管指引，从而明确了其执法标准。其他国家的情况，如英国，因其早前处于欧盟法体系下，产品治理机制与欧盟一脉相承；澳大利亚的产品治理机制虽然有细节上的特殊之处，但整体上明显受到了欧盟的影响。因此，关于产品治

---

〔1〕 Cartei, G., "The Impacts of MiFID II Product Governance Requirements on Financial Intermediaries And A Blockchain Solution to Face Pog Requirements", *New Challenges in Corporate Governance*: *Theory and Practice*, 2019, pp. 287–302, available at https://doi.org/10.22495/ncpr_41, last visited on July 5, 2021.

〔2〕 IOSCO, Suitability Requirements With Respect To the Distribution of Complex Financial Products, available at https://www.iosco.org/library/pubdocs/pdf/IOSCOPD400.pdf., last visited on July 5, 2021.

〔3〕 (EU) 2017/5932 (MiFID II Delegated Directive).

理机制，本文以欧盟法为观察样本。

1. *生产企业的产品治理义务*

在产品治理机制下，生产者的义务总结主要如下：

第一，确定潜在目标市场的义务。据此，产品生产者须承担的首要任务是建立产品批准程序（product approval process），以确保其设计的产品符合既定的目标市场（即目标客户群体）。生产者须确定与该产品相匹配的客户类型，并具体描述该客户类型的需求、特点及目标等。至于确定目标市场的标准，按照欧盟监管机构 ESMA 的监管指引，则包括客户的类型、知识和经验、财务状况、风险偏好（risk tolerance）以及其目标和需求等。[1]

第二，确立消极目标市场的义务。所谓消极目标市场，即其需求、特点和目标与相关产品不兼容的客户群体。法律要求生产者确定这一目标市场，即以负面清单的形式，明确了不适于相关产品的目标市场，从而更好地防范产品的不当销售。

第三，确保产品销售给目标市场的义务。据此，生产者还必须确保其产品的销售策略应当与既定目标市场相符合，并采取合理措施确保该金融产品实际上销售给既定目标市场。这些努力，根据 ESMA 的监管指引，包括生产者在选择销售者时，必须尽最大努力，以保证后者的客户类型和所提供服务与该产品的目标市场相符合，并为后者提供适当的投资服务方面的建议，以使得来自目标市场的客户可以获得该产品。[2]

第四，向产品销售者提供信息的义务，据此，生产者须为所有销售者提供所有关于该金融产品及其批准程序（包括其既定目标市场）的必要信息。该信息必须足够标准，以使得销售者可以准确地理解、推荐或出售该金融工具。对于销售者来说，只有从特定生产者能持续获得足以让其充分地理解产品风险的信息时，他才可以继续销售该生产者的产品。

第五，定期审查产品的义务。据此，产品生产者应当定期地检查其产品，包括可能实质性地影响既定目标市场所承受的潜在风险的所有事件；并审查该金融产品是否仍与目标市场的需求、特点和目标相一致，以及它是否正被销售给目标市场，或者是否被销售给在需求、特点和目标方面与该产品不相符的客户。

2. *销售企业的产品治理义务*

在产品治理机制下，销售者需主要承担如下义务：

第一，确定实际的目标市场的义务。根据 ESMA 的监管指引，在产品生产者

---

〔1〕 ESMA Product Governance Guidelines, para. 34, 18.

〔2〕 ESMA Product Governance Guidelines, para. 25-26.

确定了"潜在的"目标市场之后，销售者则须确定"实际的"目标市场；为此，销售者须运用与产品生产者相同的系列标准，只不过，他们须在一个更加具体的层面上来定义此目标市场，并将客户的类型、产品与服务的性质考虑在内。[1]

第二，确立实际的消极目标市场的义务。类似地，产品销售者也应当确定并描述实际的消极的目标市场（若有），即确定任何在需求、特点和目标方面与所提供产品和服务不相符的客户群体。其意义在于，从反面明确不适于相关产品的目标市场，从而更好地防范产品的不当销售。

第三，获取并利用产品信息的义务。产品销售者应当利用取自生产者和他们自有客户的信息，以确定实际的（积极的或消极的）目标市场和他们的销售策略。销售者还应当采取一切合理措施，以保证从欧盟法管辖之外的生产者处获得足够和可靠的信息。

第四，定期审查的义务。这包括：①产品销售者应当定期审查和更新其产品治理机制，以确保它们保持有效并符合其目的。②他们还应当定期审查其所提供或推荐的产品和服务，将任何可能对既定目标市场的潜在风险产生实质性影响的事件考虑进去。如果发现某一产品或服务的目标市场的确定有误，或者该产品或服务不再符合目标市场的具体情况，那么他们应当重新确定目标市场并在必要时更新产品治理安排。

第五，向产品生产者提供信息的义务。据此，产品销售者应当向产品生产者提供关于有关销售和审查结果的信息，以支持后者开展的产品审查。这些相关的信息可能包括生产者在目标市场之外的销售数额、客户类型的信息总结、接收到的投诉总结或对生产者提出的关于某一客户样本的问题的答复。从生产者的角度来说，只有当销售企业展现出充分分享信息的意愿时，生产企业才可以继续使用前者的销售渠道。销售者的这一义务与上述产品生产者的信息义务相连接，构建了两者之间法定的信息交换义务。

四、产品干预制度：风险防范的"最后手段"

（一）产品干预权：必要性、特征及争议

根据主流的金融监管理论，金融监管机构的市场干预权力须受到严格的限制和高门槛的理论证明。金融监管权力的配置，以市场失灵的范围为原则：只有市场失灵的地方，才有金融监管权力发挥的空间。[2]特别是从20世纪80年代起，西方国家兴起的金融业去监管化浪潮，使得金融监管权力的发挥空间受到极大的挤压。然而，2008年金融危机的发生，使人们在事后反思时深刻地认识到，随

---

[1] ESMA Product Governance Guidelines, para. 37-38.
[2] 李东方：《证券监管法论》，北京大学出版社2019年版，第55~56页。

着大量结构复杂的金融创新产品涌现，监管机构面对复杂金融产品带来的风险及损害时，缺乏有效、及时地应对重大损失风险的监管工具。[1]在此背景下，有关国家和地区（如欧盟、英国及澳大利亚）的监管者纷纷提出，在特定领域加强监管机构的权力，将复杂金融产品纳入更加严格的监管。[2]产品干预权随即在争议中被顺势推出。

作为一种行政权，金融产品干预权在效力上具有直接性、快速且强力的特征，它能够针对复杂金融产品本身的失灵，进行及时的修复，从而有效地预防风险，或者在损害出现时便及时地介入，以阻止其损害扩大而变得不可收拾。与产品治理机制通过赋予市场主体某种义务以达到消费者损害风险的预防效果不同，产品干预权借由裁判者之手，对市场失灵和损害风险进行直接干预。在此意义上，诚如德国金融监管局所认为的，产品治理机制是在企业层面对产品风险进行防范的第一线，而产品干预权就是当前者力所不及时，做最后补救的最终手段。[3]

产品干预权意味着，监管机构可以在相关产品具有损害消费者风险之虞时，对其发行流通采取禁止或限制的措施，表现为对市场直接和强有力的干预。因此，产品干预权也引发了理论界关于其"父爱主义"色彩的争议。父爱主义监管路径饱受争议的原因在于，它限制了市场主体自我决定、自我负责的权利，从而也限制了其行为能力，尽管其目的在于将"特定的危险"从一开始就予以剔除。[4]投资者此时被矮化为一个需要法律和监管机构保护的、无行为能力的人；同时，一些无需受保护的投资者也会被强行纳入保护范围，从而违背了该类投资者的意志。[5]对于产品干预权，人们的担忧也在于此：监管机构行使产品干预权的职责，将使投资者产生所有未被禁止的产品都是安全的预期，从而进一步丧失判断能力，一旦投资失败，则可能归咎政府；另外，从市场的角度来看，产品干预权的行使，也不可避免地增加市场的不确定性，影响市场效率。然而，正如上所述，更多观点认为，在复杂金融产品的情形中，随着近年来大量

---

[1] 如澳大利亚监管机构立法调查报告：Financial System Inquiry：Final Report, pp. 207-209.

[2] 见欧盟监管机构调查报告：Commission Staff Working Paper Impact Assessment, p. 15；澳大利亚监管机构调查报告：Financial System Inquiry：Final Report, pp. 207-209.

[3] "在逻辑上，只有当产品治理机制未能达到保护消费者的效果时，产品干预权才有用武之地。"参见德国金融监管局（BaFin）的关于产品干预权的观点，载 https://www. bafin. de/SharedDocs/Veroeffentlichungen/EN/Fachartikel/2018/fa_bj_1810_product_governance_en. html，最后访问日期：2020 年 10 月 30 日。

[4] 有关争议，参见孙笑侠、郭春镇：《法律父爱主义在中国的适用》，载《中国社会科学》2006 年第 1 期；黄文艺：《作为一种法律干预模式的家长主义》，载《法学研究》2010 年第 5 期。

[5] Buck - Heeb, Aufsichtsrechtliches Produktverbot und zivilrechtliche Rechtsfolgen - Der Anleger zwischen Mündigkeit und Schutzbedürftigkeit, BKR 2017, 89, 99.

复杂、创新的金融产品被推向市场，投资者自主决策的投资环境明显发生了变化，传统的以信息公开为中心的监管进路已经不足以实现投资者保护的目标。此时，法律赋予监管者对金融产品某种程度上的实质审查的权力，就获得了足够的正当性。

（二）产品干预权的实施机制

行政权力对市场的干预，应以市场失灵的范围且行政权力能发挥作用的范围为限度。产品干预权作为一种行政干预权，需要为其设定严格的适用范围，并防范其滥用，达到以最少的干预实现防范复杂金融产品风险的效果。纵观迄今为止的立法实践，产品干预权的实施机制主要包括适用标准、触发条件及控制机制等几个方面。

首先，关于产品干预权的适用标准。综合各国情况来看，其权力适用标准具有很多共同点，都主要以相关产品或服务对投资者具有充分的损害风险、对其他因素如市场秩序的不利影响为要素。比如在欧盟，其监管机构 ESMA 适用产品干预权的标准是，"某一金融产品、活动或业务，导致了对于投资者保护的显著的担忧，或对金融市场或原材料市场的有序运行和诚信，或对金融体系的整体或部分的稳定构成威胁；或者某种衍生品对市场上的价格形成机制具有破坏性的影响。"在英国，其监管机构 FCA 可以发布产品干预规则的标准是，"它对于实现消费者保护目标、竞争目标、抑或诚信目标是必要的"。[1]在澳大利亚，其监管机构 ASIC 一旦认定某一产品或某一类产品"已经导致、将导致或极可能会导致显著的消费者损失"，即可作出产品干预命令。[2]

其次，产品干预权适用的触发条件。其触发条件的成立，以上述干预适用标准的认定为前提，而限于本文金融消费者保护的主题，本文主要关注的是"投资者损害风险"的认定问题。综观各国立法，监管机构在认定某一产品或服务是否构成"投资者损害风险"时，主要考虑的因素包括产品的复杂性和透明度、客户的类型和抗风险能力、产品的风险收益比、产品的销售方式、造成的实际或潜在损失的范围等方面。比如在欧盟，这些因素包括产品的复杂性和透明度、目标客户的类型、风险收益比、定价方法、市场流动性和销售方法，以及与发行人相关的因素，如发行人的财务与经营状况或该产品作为发行人的资金来源所具有的

---

〔1〕 依据 FSMA 相关规定的解释，所谓的消费者保护目标，是指"确保适当的消费者保护水平"；所谓竞争目标，是指"为消费者的利益而提升市场的有效竞争"；所谓诚信目标，则指"保护和加强英国金融体系的诚信"。事实上，在 FCA 的政策文件中，这些标准被表达得更加简单明了——FCA 表示，只要"出现消费者损害的风险"，它就会行使其产品干预权。参见 Financial Conduct Authority, Policy Statement 13/3：The FCA's Use of Temporary Product Intervention Rules（March 2013），32［19］.

〔2〕 Regulatory Guide 272 Product intervention power, June 2020, RG 272.38.

重要性，等等。[1] 在英国，FCA 在决定对"问题产品"行使干预权时，主要考虑的是投资者群体的大小和成熟度、金融产品或活动的本质及其表现，潜在的损失大小、产品是中心还是边缘产品；另外考量的其他相关因素还包括：投资者群体是否弱势，产品是否复杂、不寻常，或者其不易理解性是否通过披露无法解决，将来的散户投资者的收益与已投资遭受的损失、此两者之间的比例，等等。在澳大利亚，ASIC 在对消费者"损失风险"进行认定过程中，会考虑所有情况，包括是否已有损失发生、损失的明显原因以及是否存在增加显著的消费者损害发生可能性的特别因素，也包括利益冲突、产品复杂性及不易理解性、消费者产生混淆的可能性、消费者的选择架构（the choice architecture）、消费者面临的导致显著损失的其他障碍，以及类似产品、行为或销售方法是否曾导致了显著的消费者损失等。[2]

最后，产品干预权适用的控制机制。鉴于产品干预权对市场主体的重要影响，相关立法也建立了相应的控制机制，以防止其滥用。因此，除了在程序法上遵循一般的行政法规则外，相关立法也在实体法上作出了特殊安排。第一，亦即最重要的是，将产品干预权的适用定位为"最后手段"，以此在根本上抑制监管者适用该权力的冲动。在欧盟，《金融工具市场条例》（MiFIR）强调该权力的适用须遵循"最后手段原则"，即只有当既有的欧盟法监管规定并不足以解决上述风险，且该风险难以通过改善监管或执行现有规定得以更好地解决时，监管机构才能动用产品干预权。[3] 在澳大利亚，产品干预权原则上被定位为"不经常"使用的手段，是作为"最终手段或先发制人措施"（last resort or pre‑emptive measure），且不得作为金融产品的事前批准程序来运用。[4] 这与欧盟产品干预权的使用原则完全一致。第二，比例原则的运用。在欧盟，主管监管机构采取干预措施时，应适当地（proportionate）将相关风险的性质、所涉投资者或市场参与者的熟练水平以及该措施对从中获利的投资者或市场参与者的可能影响等因素纳入考虑范围，从而体现了权力适用的比例原则。在英国，FCA 在适用产品干预权时，需要向公众发表拟发布产品干预规则的草案，而该草案须包含成本效益分析、关于拟发布规则的目的解释等内容，[5] 这显然也隐含了权力适用须符合比

---

[1] 根据欧盟法规定，在运用上述因素进行自由裁量时，主管机关可以基于一个或数个所列举的因素和标准，判断这一"明显担忧"或"威胁"是否存在。见欧盟委员会委托立法 [Commission Delegated Regulation (EU) 2017/567] 第 21 条第 1 款。

[2] ASIC 强调，在具体情形中，只有存在其中一个因素或多种因素相结合的时候，损失或极可能的损失才是显著的。See RG 272.51, Regulatory Guide 272 Product intervention power, June 2020.

[3] 参见欧盟《金融工具市场条例》第 42 条第 2 款第 b 项。

[4] Financial System Inquiry: Final Report, pp. 210−211.

[5] 具体内容，参见 FSMA 第 138 条第 2 款。

例原则的要求。

五、回归中国问题：产品风险、法律现状与构建图景

（一）迈入金融产品复杂化时代：产品本身作为风险源

我国金融产品的日趋复杂化已成为不可阻挡的趋势。[1]以资产证券化产品为例，根据 Wind 咨询的数据，我国资产证券化产品的发行量，从 2010 年趋近于零，2014 年开始大幅增长到 3000 多亿元人民币，经过这几年的持续快速发展，到 2020 年，已经增长到 28 749.27 亿元人民币，可谓爆发式增长。[2]而以互联网金融、数字金融等形式出现金融产品，在近年来金融科技浪潮的助推下，更是花样翻新，开始走入寻常百姓家。

在金融产品复杂化且规模化的背景下，围绕复杂金融产品的损害纠纷也日渐增多。就目前而言，相关纠纷主要围绕金融机构适当性义务是否履行而展开。据学者统计，近年来法院作出的关于适当性义务的案件呈现逐年递增的趋势，其中大部分案件涉及对"了解客户"义务、"客户与产品匹配"义务以及"风险揭示"义务的违反；然而，这些案例中并不包含违反"了解产品"义务的类型。[3]事实上，在金融产品复杂化时代，违反"了解产品"义务、复杂金融产品本身带来的损害风险，值得人们越来越多的重视。

以 2020 年发生的"原油宝"事件为例，有关金融机构未恰当履行适当性义务，固然是导致消费者损失的重要原因，但是，几乎所有反思却都局限于此，而忽视了"原油宝"这一"创新产品"本身对损害后果的决定性影响。具体来说，一是"原油宝"产品自身的巨大风险。本质上，"原油宝"相当于相关金融机构为普通投资者参与境外的期货交易提供一个通道，从而使后者参与到有巨大风险的交易中去，承担超出其承受能力的风险。[4]二是"原油宝"这一产品本身的不合理设计。首先是将移仓日放在合约到期前一日，使投资者暴露在流动性大幅萎缩而被迫平仓和移仓的风险之中，其次是该产品将停止交易的时间点设定在最后结算日的 22 时，使得投资者无法参与夜盘，只能被动承担其后市场交易的不

---

[1] 这一趋势，与我国金融业创新发展、金融机构综合化经营、金融消费者风险偏好多元化等因素密不可分。参见周德洋：《复杂金融产品的监管挑战》，载《中国金融》2020 年第 7 期。

[2] 参见不动产投资信托基金（REITs）研究中心：《2020 年资产证券化发展报告》，载 http://finance.sina.com.cn/money/fund/fundzmt/2021-02-20/doc-ikftssap7726036.shtml，最后访问日期：2021 年 7 月 23 日。

[3] 参见黄辉：《金融机构的投资者适当性义务：实证研究与完善建议》，载《法学评论》2021 年第 2 期。

[4] 参见胡艳明：《解析中行原油宝交易机制 银行账户原油产品市场面临重塑》，载 http://www.eeo.com.cn/2020/0426/382164.shtml，最后访问日期：2021 年 7 月 27 日。

利后果。[1]

总而言之，金融产品复杂化成为我国无可避免的趋势，在此情形下，我国应当开始重视复杂金融产品本身带给金融消费者的损害风险，并进行相应的制度反思和设计，从而有效地抑制其对金融消费者的损害风险。

（二）我国金融产品规制的规则梳理：现状及不足

与复杂金融产品风险日益显著相区别，我国目前的法律状况，并未针对复杂金融产品本身做出明确且充分的规定。

首先是企业的义务与责任方面。对于复杂金融产品消费者的保护，我国仍基本依赖适当性义务机制，对于金融产品本身，只给予了相当有限的注意。较早颁发的《商业银行个人理财业务管理暂行办法》（已失效）也规定了，商业银行应当制定理财产品的研发设计工作流程及内部审批程序。近年来随着复杂金融产品风险的加大，相关法律法规在制定适当性义务的同时，开始明确施加金融机构"了解产品"的义务，这明确地体现在《证券期货投资者适当性管理办法》《关于规范金融机构资产管理业务的指导意见》以及《全国法院民商事审判工作会议纪要》的相关规定中。而2020年中国人民银行颁布的《中国人民银行金融消费者权益保护实施办法》，则显示了建立产品治理机制的清晰意识。该办法明确要求金融机构应建立健全涉及金融消费者权益保护工作的全流程管控机制，确保在金融产品或者服务的设计开发、营销推介及售后管理等各个业务环节对金融消费者权益进行有效保护。这一"全流程管控机制"包含对金融产品损害风险的事前审查机制，对金融产品营销宣传的事中管控机制，以及对存在问题或隐患的金融产品的事后监督机制。至此，可以说，我国已经在特定领域建立了金融产品治理机制的雏形。

其次是关于对产品本身生产设计及销售方面的干预权力，我国无论在法律层面，还是在规章层面，都未明确授予监管机构相关权力。考虑到我国行政权力强大的制度背景，未明确授予干预权力，并不代表监管机构就无法实际地干预产品的生产设计及销售。也正因这一背景，明确监管机构产品干预的权力授予，通过明确权力适用的范围、前提及控制机制，以"正面清单"的形式，实现增加市场主体可预见性、防止干预权力滥用的目的。

在法律现状与金融产品复杂化趋势相脱节的情况下，学界早有建言，引入复

---

[1] 相关分析，可参见《从"原油宝"事件看金融产品设计和投资风险》，载 http://news. caijingmobile. com/article/detail/415609，最后访问日期：2021年7月27日。《解析中行原油宝交易机制 银行账户原油产品市场面临重塑》，载 http://www. eeo. com. cn/2020/0426/382164. shtml，最后访问日期：2021年7月27日。

杂金融产品规制制度。[1]同时，许多贴近市场的有识之士，也提出"产品监管"的呼吁，特别是对产品准入环节的干预。[2]值此情形，我国有必要借鉴发达金融市场国家的经验，建立健全我国应对复杂金融产品风险的规制体系，以抑制其对于消费者的损害风险。

（三）我国复杂金融产品规制体系的构建

复杂金融产品的消费者损害风险防控，从根本上来说，是一个系统工程，它涉及产品的生产设计、销售、监管机构的监管执法以及金融消费者权利实施与救济等环节，需要市场主体、监管者及消费者的共同作用。鉴于文章主题，本文将解决问题的重点放在与复杂金融产品规制直接相关的环节，包括产品的生产设计、销售以及监管等。具体思路是，在解决复杂金融产品范围的基础上，借鉴国际经验，首先建立作为风险防范一线的产品治理机制，然后再确立作为最后手段的产品干预权的实施机制。为将这一思路付诸实践，未来可通过制定《金融消费者保护法》或《金融服务法》，或修改相关金融领域法律，主导复杂金融产品的风险规制规则，从而实现跨行业的、功能性的规制。

首先，应当明确复杂金融产品的范围。此为需明确产品治理机制、干预权力可以作用范围的前提。目前，国际上对复杂金融产品的定义有两种模式：一是概括加列举的模式，比如国际证监委首先将其复杂金融产品概括为，"相对于传统或简单的金融产品而言，其条款、特征和风险不太可能被一般消费者所理解，且结构复杂、难于估值"，然后又进行了举例式的列举。[3]二是欧盟的"反向定义"模式：先对非复杂金融工具进行了兜底式列举，包括在受监管市场交易的股票与债券、货币市场工具、可转让证券集合资产管理计划等，而除此以外的金融产品则均属于复杂金融工具。[4]我国可以借鉴欧盟的模式，通过将特定较为人们熟知的产品列为非复杂金融产品，而将其余产品列入复杂金融产品的范围，这一方面尽可能地扩大了复杂金融产品的范围，使其具有很强的可操作性，另一方面也使得复杂金融产品概念获得了动态的含义，以应对金融产品市场的发展变化。

---

[1] 冯乾、黄旭：《金融创新、产品干预与金融机构行为风险防控》，载《金融论坛》2016 年第 9 期；卢琦、喻露：《后金融危机时代中小投资者保护范式的转变——以欧洲投资者保护范式最新转变趋势为借鉴》，载《中德法学论坛》2019 年第 2 期。

[2] 参见刘志清：《对标国际金融监管理念 强化复杂金融产品监管》，载《中国农村金融》2019 年第 15 期；钮文新：《"原油宝"再引深思——中国金融衍生品市场需要"负面清单"》，载 https://finance. sina. com. cn/roll/2020-06-04/doc-iirczymk5248621. shtml，最后访问日期：2021 年 7 月 27 日。

[3] 其定义的具体内容，参见国际证监会组织（IOSCO）：《复杂金融产品分销的适当性要求》（2013 年 1 月发布），第 5 页。

[4] 参见欧盟《金融市场工具指令Ⅱ》第 25 条第 4 款。

其次，建立作为风险防控一线的、企业层面的复杂金融产品治理机制。事实上，前述《中国人民银行金融消费者权益保护实施办法》规定的"全流程管控机制"，即为此雏形，但远不足称完善，需进一步发展。产品治理机制意欲实现有效的风险防范效果，则需产品的发行人和销售者在履行各自特定的义务的基础上并相互沟通合作。一是发行人的义务。产品生产端既是产品的源头，也是产品风险防控的开端。在产品设计生产时，发行人即应明确该产品指向的目标客户群体，并依据其特征、需求、抗风险能力等进行相应的产品设计，而不得依其自身利益出发进行设计；同时，明确列出不适合该产品的客户群体，以从反面进行保护。在此基础上，发行人还应采取恰当措施，确保该金融产品将实际上销售给既定目标市场，这包括选择适当的销售者。产品进入市场后，发行人还应定期地审查其发行的产品，以确保其在动态的市场中，与目标客户群体相符合。二是销售者的义务。销售者应当依据产品信息及其实际客户的情况，确立实际的目标客户群体，同时列出不适合该产品的客户群体。在此过程中，销售者应当充分利用来自发行人的产品信息与其自身掌握的客户信息，作为其决策依据。此外，销售者也应定期地审查其销售的产品，并确保其与目标客户群体相符合。三是建立发行人与销售者之间的信息交换机制。发行人有义务向销售者提供必要的产品信息，以协助后者准确地理解、推荐或出售该金融产品。反之，产品销售者应当向产品发行人提供关于有关销售和审查结果的信息，以支持后者开展产品审查。如此，通过施加双方信息交换的义务，实现在发行与销售两端共同防范产品损害风险的效果。

最后，建立我国针对复杂金融产品的干预制度。如上所言，我国对产品干预权无明确规定，但在我国制度背景下，反而有可能成为行政权力无序干预产品的漏洞。只有在明确监管机构产品干预授权的基础上，才能对其形成有效制约。我国应当把产品干预权定位为防范和制止消费者损害风险的"最后手段"，以降低行政权力过度干预市场的风险。在设立产品干预权时，可以将其干预的目标确定为消费者保护和防范系统性风险两项；就本文主题而言，只有当有关复杂金融产品具有充分的消费者损害风险时，监管机构才可以适用产品干预权；该权力的适用范围限于法律确定的复杂金融产品，并且可以在生产设计、销售及售后阶段进行干预。在行使产品干预权时，监管机构应时刻坚持其"最后手段"的定位，并根据比例原则的精神，以最低限度的市场干预，实现保护金融消费者的目标。

银行监管中"取消任职资格"的裁量权控制
——基于对 7319 份处罚决定书的实证分析*

张俏珊　　王雨乔**

摘要：研究取消任职资格的裁量问题具有重要的现实和理论价值。通过从规范层面分析《银行业监督管理法》《银行业金融机构董事（理事）和高级管理人员任职资格管理办法》对取消任职资格的规定，从实证层面分析取消任职资格的现实裁量情况，主要是通过对 7319 份行政处罚决定书的分析，可以发现银行监督管理机构在取消任职资格的适用中存在裁量失衡问题，主要体现为空白构成要件的创设和补充规则不够明确，对法定要件"直接负责"缺乏体系化的理解，在于其他行政处罚并处上存在混乱，并体现出显著的地区差异。对此，应根据新《行政处罚法》的规定，建立相应的裁量基准。

关键词：实证；行政处罚；裁量基准；金融监管

一、问题的提出

金融监管制度的合理性及有效性关键在于金融监管权力的配置结构，而银行法一直是各国金融立法的核心内容。[1]银行监管权力的合理配置对于一国金融监管制度的完善具有重要意义。《中华人民共和国银行业监督管理法》（以下简称《银行业监督管理法》）、《中华人民共和国商业银行法》（以下简称《商业银行法》）[2]规定了银行监管中的一项重要权力：取消一定期限直至终身的高管、董事的任职资格。对于该项制度，法条适用了空白构成要件与不确定法律概念——立法者高度授予了主管机关立法权与监管权，但也形成了裁量上的恣意空间。合

---

　* 本文系上海 2021 年度全面依法治市立项调研课题：临港新片区金融法治试验区建设研究（项目编号：KT2021001）的阶段性研究成果，课题获评 2021 年度全面依法治市调研课题一等奖。

　** 张俏珊，浙江泰隆商业银行合规部经理。王雨乔，复旦大学法学院博士研究生，复旦大学中国金融法治研究院研究员。

〔1〕 参见杨松：《后金融危机时代银行法面临的问题及其完善》，载《法学杂志》2010 年第 11 期。
〔2〕 《银行业监督管理法》《商业银行法》都规定了取消任职资格制度，但由于前者规定的适用条件更为宽松，监管实务中适用《银行业监督管理法》的情形占多数，故本文以《银行业监督管理法》中对取消任职资格的规定为例展开论述。

理有效的银行监管权的法律配置，既应包括监管权力的认可与界定，也应对其行使和制约提供制度性安排。因此，取消任职资格的裁量问题是现行银行监管制度下仍需进一步回应的重要内容。

取消任职资格的裁量问题具有重要性，其体现为秩序、效率、公平三个维度上的价值。首先，从一般公众的角度来看，不合理的裁量结果会导致威慑过度或威慑不足的问题，进而影响金融秩序。其次，对于监管者来说，对裁量的行使与制约提供制度性安排避免了监管者在裁量时的无所依照，对于其提高行政效率具有正面作用。最后，对于受取消任职资格的当事人来说，恰当赋予和控制取消任职资格的裁量权，实现同等情况同等对待，是平等的必然要求。假如裁量权没有受到恰当的规制，行政的恣意将无法避免，平等将无法得到有效保障。

然而，关于取消任职资格裁量是否公平、适度这一问题，现有的研究远非充分。以往的研究，从研究的内容上看，主要涉及取消任职资格的法律性质[1]，对于其裁量问题分析较少；从研究的视角上看，多是立足理论视角，缺少从实证角度分析法的实际施行情况的研究。因此，取消任职资格的裁量权问题的研究不仅具有重要的现实意义，更有较大的研究空间。

基于以上原因，本文将重点讨论以下问题：一是从立法、执法、司法三个维度分析取消任职资格的裁量问题，在执法部分主要通过对 7319 份行政处罚决定书的统计与分析，描述取消任职资格裁量的现实情况；二是分析取消任职资格裁量问题出现的原因；三是讨论裁量对取消任职资格裁量予以控制的路径。

二、统一裁量观下"取消任职资格"裁量权的具体表现

取消任职资格的裁量问题属于经济法学与行政法学的交叉领域。经济法主要是规制经营主体私的公害，但也规范经济调控和规制机关公的公害。[2]取消任职资格本是"规制经营主体私的公害"，对取消任职资格裁量权的规制却属于"规范规制机关公的公害"，在"规范规制机关公的公害"问题上，引入行政法上的裁量理论作为研究外部视角，能为取消任职资格的裁量研究带来较大的启发。

(一) 理论前提之选择：统一裁量理论

对于行政裁量的含义，理论上存在要件裁量说与效力裁量说两种学说，要件裁量说认为裁量仅仅在要件的认定上存在；效力裁量说与之相反，认为裁量存在于是否做出行为上，而并非存在于要件的认定上。此外，也有学者提出着眼于现实行政过程或者行政判断过程的学说，认为裁量存在于事实的认定、要件的认

---

[1] 参见邢会强：《金融监管措施是一种新的行政行为类型吗？》，载《中外法学》2014 年第 3 期；宋华琳：《禁入的法律性质及设定之道》，载《华东政法大学学报》2020 年第 4 期。

[2] 参见刘水林：《经济法是什么——经济法的法哲学反思》，载《政治与法律》2014 年第 8 期。

定、程序的选择、行为的选择、时间的选择中。[1]要件裁量说与效力裁量说建立在把裁量问题和法律问题二分的二元论基础上,而裁量一元论认为裁量问题与法律问题并非各自独立的二元。[2]在我国裁量理论研究中,一元论和二元论都不乏支持者,但总体来看,一元论似乎获得了更多学者的支持,他们提倡一种"统一的裁量理论";在实务中,我国行政执法机关一直奉行的实用主义立场也与统一的裁量理论不谋而合。[3]本文对裁量问题的讨论正是建立在统一裁量论的基础上,认为"无论是法律要件之中对不确定法律概念的解释和对案件事实的评价,还是法律效果中决定的作出和措施的选择等,均存在着裁量"[4]。因此可以通过还原"取消任职资格"的现实行政过程分析其中的裁量问题。

(二) 现实行政过程中"取消任职资格"裁量权的具体表现

《银行业监督管理法》第48条规定,银行业金融机构违反法律、行政法规以及国家有关银行业监督规定的,银行业监督管理机构除依照本法第44条至第47条规定处罚外,还可以区别不同情形,采取下列措施:取消直接负责的董事、高级管理人员一定期限直至终身的任职资格,禁止直接负责的董事、高级管理人员和其他直接责任人员一定期限直至终身从事银行业工作。首先,"违反法律、行政法规以及国家有关银行业监督管理规定"属于空白构成要件,即对于处罚的构成要件,法律本身不予明定而是授权有权机关订立[5]。空白构成要件就是授权立法,[6]监管机关就此获得"准立法权"。其次,取消任职资格的期间跨度过大,为一定期限直至终身,如若全部以个案裁量的方法加以解决,不免加重行政机关进行裁量的负担与困扰,不利于行政效率的提高和行政机关公平处理类似事务。因此,银监会制定了《银行业金融机构董事(理事)和高级管理人员任职资格管理办法》(以下简称《任职资格管理办法》)并就取消任职资格的要件和期限作了具体规定。此外,"可以"是监管者享有裁量权的标志,监管者有权在警告、罚款、取消任职资格、禁止从事银行业、责令银行金融机构给予纪律处分中"选择"择一适用或合并适用(选择裁量)。根据以上分析,银行监管者根据《银行业监督管理法》作出"取消任职资格"处罚决定的过程可分解为下列步骤:

A. 准立法:根据法律授权,通过下位法明确构成要件与法律效果("准立法权"、抽象裁量);

〔1〕 参见 [日] 中西又三:《日本行政法》,江利红译,北京大学出版社2020年版,第97页。

〔2〕 参见王天华:《从裁量二元论到裁量一元论》,载《行政法学研究》2006年第1期。

〔3〕 参见周佑勇:《裁量基准的技术构造》,载《中外法学》2014年第5期。

〔4〕 参见王贵松:《行政裁量的内在构造》,载《法学家》2009年第2期。

〔5〕 参见吴庚:《行政法之理论与实用》(增订8版),中国人民大学出版社2005年版,第310页。

〔6〕 参见熊樟林:《行政处罚上的空白要件及其补充规则》,载《法学研究》2012年第6期。

B. 调查：查明案件事实（事实认定）；

C. 解释：对构成要件的解释（法律解释）；

D. 涵摄：行为是否该当构成要件；

E. 决定：决定是否作出处罚（决定裁量）；

F. 选择：选择单处或并处（第一次选择裁量）、选择处罚幅度（第二次选择裁量）。

首先，A 是指监管机关的准立法权，根据法律授权制定《任职资格管理办法》对取消任职资格的构成要件作出具体规定，其中对期限所作的划分也可看作是抽象裁量。B 是指监管机关查明案件事实，属于事实认定问题。C 是指监管机关对构成要件作出解释，属于法律解释问题。D 是指将规范与事实进行涵摄。E 是指监管机关决定是否作出处罚，属于行政机关的决定裁量权。F 是指监管机关选择单处取消任职资格，或并处取消任职资格，并且就取消任职资格的期限作出决定，这一环节包含了两次选择裁量[1]。按照统一裁量理论，C 到 F 的过程均存在着裁量。准立法权一般不认为属于裁量，但因《任职资格管理办法》对期限作了划分，因此本文将其视为是抽象裁量而纳入讨论范围。即，取消任职资格决定作出过程中存在裁量的环节为 ACDEF。

三、现实行政过程中的"取消任职资格"裁量基本情况

本部分将通过对《任职资格管理办法》第 27～29 条进行分析，并对 2015—2020 年银保监会（银监会）对个人所作的 7319 份行政处罚决定书进行统计，同时结合行政诉讼中的相关案件，对有关取消任职资格作出的上述过程主要是 ACF 过程进行分析。D 不在本文的研究范围，主要原因在于处罚决定书未对个案事实的披露较为简略，不以支撑对涵摄中的裁量问题进行研究；此外，处罚决定书的内容是已经做出的处罚决定，对于是否存在符合要件但未作出处罚决定（决定裁量）的案例也无从判断，因此 E 也不在本文的研究范围内。

（一）立法层面的展开

根据巴塞尔《有效银行监管的核心原则》第 22 条原则的必要标准，监督机构不但对银行实行处罚和制裁，必要时，也对管理层和董事会实行处罚和制裁。就我国实践而言，由于我国许多大型银行金融机构为国有属性，即使罚款也由国家拿钱，仅对机构处罚有时缺乏威慑，对董事、高级管理人员和其他直接责任人员处罚可以较好地起到震慑作用。因此，《银行业监督管理法》规定了对单位和个人实行双罚。在对受处罚个人的范围框定的问题上，《银行业监督管理法》规

---

〔1〕 决定裁量指行政机关自行决定"是否"采取措施，选择裁量指在多数皆为法律许可的措施中决定采用何种措施。

定了取消任职资格的对象是"直接负责"的高管和董事,因此"直接负责"是取消任职资格的法定要件。

在违法性方面,《银行业监督管理法》以空白构成要件的形式授权监管机关就取消任职资格的要件作具体规定。作为下位法的《任职资格管理办法》承担了具体化构成要件的功能,并对取消任职资格期限进行划分。《任职资格管理办法》第27~29条规定的取消任职资格的事由,可分为影响稳健经营和不配合监管两类,具体而言,包括违法违规经营、内控不健全或执行监督不力、违反审慎经营规则、引发较大风险、提供资料不合规、信息披露不合规、拒绝监管、突发事件后或特殊时期不配合监管等类型,具体参见表1。

表1 对《任职资格管理办法》中取消任职资格事由的分类

大类	序号	事由	构成要件
稳健经营类	①	违法违规经营	违法违规经营,情节较为严重(严重/特别严重)或造成损失数额较大(巨大/特别巨大)。
	②	内控不健全或执行监督不力	内控不健全或执行监督不力,造成损失数额较大(巨大/特别巨大)或引发较大(重大/特别重大)金融犯罪案件。
	③	违反审慎经营规则	违反审慎经营规则,造成损失数额较大(巨大/特别巨大)或引发较大(重大/特别重大)金融犯罪案件。
	④	引发较大风险	被撤销、宣告破产,或者引发区域性或系统性金融风险。
配合监管类	⑤	提供资料不合规	未按照规定向监管机构提供报表、报告等文件或资料,经监管机构书面提示,拒不改正。
	⑥		向监管机构提供虚假的或者隐瞒重要事实的报表、报告等文件或资料(情节特别严重)。
	⑦	信息披露不合规	未按照规定进行信息披露,经监管机构书面提示,拒不改正。
	⑧		披露虚假信息,损害(严重损害)存款人和其他客户合法权益。
	⑨	拒绝监管	拒绝、阻碍、对抗依法监管,情节较为严重(严重/特别严重)。
	⑩	突发事件后或特殊时期不配合监管	发生重大犯罪案件或重大突发事件后,不及时报案、报告,不及时采取相应措施控制损失,不积极配合有关部门查处案件或处理突发事件。
	⑪		被停业整顿、接管、重组期间,未按照监管机构要求采取行动的。
	⑫		被停业整顿、接管、重组期间,非法转移、转让财产或者对财产设定其他权利。

不同的取消任职资格的事由对应的处罚类型并不相同,其中影响稳健经营类的事由,处罚主要是数额犯和结果犯;对于不配合监管的事由,处罚的类型主要

是行为犯、情节犯。在处罚的幅度，即期间的裁量上，对于数额犯根据数额大小决定期间长短，结果犯依据结果的严重程度，情节犯根据情节严重程度，行为犯根据行为类型决定期间长短，具体参见表2。

表2　《任职资格管理办法》取消任职资格的处罚类型及相应的裁量依据

处罚类型	对应事由	处罚门槛	取消期限档次〔1〕	处罚档次划定依据
数额犯结果犯	①、②、③	损失数额较大	1～5/5～10/10至终身	损失数额较大/巨大/特别巨大
	②、③	引发较大金融犯罪案件		金融犯罪案件较大/重大/特别重大
	⑧	损害存款人和其他客户合法权益的	5～10/10至终身	客户合法权益受到损害/严重损害
	④	被撤销、宣告破产；引发区域性或系统性金融风险	10至终身	—
情节犯	①、⑨	情节较为严重	1～5/5～10/10至终身	情节较为严重/严重/特别严重
	⑤、⑦	经监管机构书面提示，拒不改正。	1～5	
行为犯	⑩、⑪	有前述行为	1～5	—
	⑫		5～10	—
	⑥		5～10/10至终身	情节是否特别严重

　　根据上述分析，《任职资格管理办法》对取消任职资格的要件和期限所作规定，呈现出如下特点：一是处罚事由方面，处罚事由繁多，具体可分为两大类12小类。二是构成要件方面，构成要件全部为客观要件，主要为行为、结果，不包含主观要件。三是处罚门槛方面，既包括行为犯、情节犯，也包括数额犯和结果犯。四是期限划分方面，期限划分依据大量适用诸如较大、巨大、特别巨大、重大、特别重大、严重、特别严重等不确定法律概念。

　　（二）执法层面的展开

　　条文的规定是一回事，法律的实施又是一回事。如果只注重条文，而不注意

〔1〕　"1～5"指1年以上5年以下，"5～10"指5年以上10年以下，"10至终身"指10年以上直至终身，"以上"均含本数或本级，"以下"不含本数或本级。

实施情况,只能说是条文的、形式的、表面的研究,而不是活动的、功能的研究。[1]因此,除了从规范层面对取消任职资格进行分析外,本文还选取了2015—2020年银保监会(银监会)对个人所作的7319份处罚决定书作为对法律实施情况的研究样本,其中包含对高管、董事作出的"取消任职资格"行政处罚决定书共611份。[2]

1. 法定构成要件和裁量考虑因素:责任类型

如表3所示,实务中根据"直接负责"要件发展出了各种责任类型,根据统计样本:611份关于"取消任职资格"的行政处罚决定书,其中涉及责任类型多达30种,按照职责分工划分的责任类型有领导责任、管理责任、领导管理责任等,按照责任程度划分的责任类型有直接责任、主要责任、重要责任、最终责任、第一责任等,也有不予区分,直接描述为"负有责任""责任人"的,也有的处罚决定书对责任情况未作披露。其中被使用最多的五项是"直接责任""领导责任""管理责任""直接领导责任"和"直接管理责任"。责任类型表述的多样化、称谓的不统一,侧面反映了行政机关对"直接负责"内涵把握不准确、表述不规范的现实状况。

表3 实务中"取消任职资格"的责任类型和适用频率

序号	责任类型		取消年限			合计	占比
			10年以上	5年以上10年以下	1年以上5年以下		
1	直接责任		20	41	89	150	27.5%
2	领导责任类	领导责任	23	22	50	95	
		直接领导责任	9	13	33	55	
		主要领导责任	10	5	15	30	
		重要领导责任			4	4	
		最终领导责任			1	1	
		分管领导责任		1		1	
		小　计	42	41	103	186	34.1%

---

[1] 参见瞿同祖:《中国法律与中国社会》,中华书局2003年版,第2页。

[2] 数据由笔者根据银保监会官网公布的行政处罚决定书统计获得,期限为2015年1月1日至2020年11月27日,以上日期为文书公布的日期。参见银保监会官网,http://www.cbirc.gov.cn/cn/view/pages/ItemList.html?itemPId=923&itemId=931&itemUrl=zhengwuxinxi/xingzhengchufa.html&itemName=%E8%A1%8C%E6%94%BF%E5%A4%84%E7%BD%9A。

续表

序号	责任类型		取消年限			合计	占比
			10年以上	5年以上10年以下	1年以上5年以下		
3	管理责任类	管理责任	14	15	51	80	
		直接管理责任	7	14	24	45	
		主要管理责任	1	1	3	5	
		重要管理责任		2		2	
		管理失职责任			1	1	
		分管责任	1			1	
		监督管理责任	1		2	3	
		直接管理人责任	1	1		2	
		经营管理责任		1		1	
		小　计	25	34	81	140	25.7%
4	领导管理责任	领导管理责任			2	2	
		主要领导管理责任		4	1	5	
		小　计	0	4	3	7	1.3%
5	审批责任类	审批责任			1	1	
		直接审批责任			1	1	
		最终审批责任			1	1	
		主要审批责任			2	2	
		小　计	0	0	5	5	0.9%
6	其他责任（按分工）	承办责任	4	5	5	14	
		经办责任	1		3	4	
		直接组织实施责任			1	1	
		监督责任	1		3	4	
		决策责任	1		2	3	
		小　计	7	5	14	26	4.8%

续表

序号	责任类型		取消年限			合计	占比
			10年以上	5年以上10年以下	1年以上5年以下		
7	其他责任（按程度）	主要责任	4	2	2	8	
		第一责任			1	1	
		小　计	4	2	3	9	1.7%
8	责　任	负有责任、责任人等	5	1	16	22	4.0%
	合　计		103	128	314	545	

此外，责任类型也是处罚轻重（选择裁量）的考虑因素。这一结论并非从行政处罚决定的统计样本中推导得出，而是从取消任职资格有关的行政诉讼案件中窥见一斑。在武某宇诉银保监会山西监管局行政处罚一案中，武某宇因不服银保监会山西监管局变更对其作出的处罚，从拟作出"警告并处罚款8万元"到后加重为"取消高管任职资格2年"，因而提起诉讼。本文无意讨论监管机关这一行为的合理性，重点在于判决书中所披露的监管机关加重处罚的理由：对武某宇责任类型的认定变更为直接管理责任，是武某宇被加重处罚的理由；相应地，对省分行营业部高管减轻责任是基于其责任类型认定从直接管理责任变更为领导责任。可见实务中认为直接管理责任的处罚重于领导责任，据此，可推出实务中确将责任类型作为裁量的考虑因素。

2. 取消任职资格的单处和并处[1]情况

根据《银行业监督管理法》"官方学理解释"，第48条第1款第1项、第2项、第3项规定的"警告""罚款""取消任职资格、从业资格"等措施可以合并适用也可以单独适用。具体而言，对个人采取的措施包括警告、罚款、取消任职资格、禁止从事银行业、责令银行金融机构给予纪律处分5种措施，适用方式有单处、并处两种方式，组合选择之下在实务中共产生14种处罚类型组合，具体见表4。其中使用占比超过半数的是单处警告，综合来看，单处警告、警告+罚款、单处罚款三种类型占据了行政机关选择裁量的80%以上。取消任职资格（包括单处与并处）被适用的次数仅占总数的8%左右。有关取消任职资格的处罚类型，

---

〔1〕 单处是适用处罚种类或形式的单一，它所针对的是一个违法行为。并处是指行政机关对一违法行为适用两种和两种以上的处罚种类的处罚方法。参见杨小君：《行政处罚研究》，法律出版社2002年版，第228~229页。

包括单处、与罚款并处、与警告并处、与禁业并处、与警告和罚款并处五种形式，适用频率上以单处为主，与罚款并处、与禁业并处、与警告和罚款并处为辅，与警告并处的组合较为少见。众多的处罚选择表明行政机关非常大的选择裁量权。

表4 银行监管中对个人的处罚类型及其占比

序　号	处罚类型	数　量	占　比
1	单处警告	3768	51.48%
2	警告+罚款	1650	22.54%
3	单处罚款	694	9.48%
4	单处禁业	542	7.41%
5	单处取消任职资格	508	6.94%
6	单处责令纪律处分	42	0.57%
7	罚款+取消任职资格	42	0.57%
8	禁业+取消任职资格	37	0.51%
9	警告+罚款+取消任职资格	20	0.27%
10	警告+罚款+禁业	4	0.05%
11	警告+禁业	4	0.05%
12	警告+取消任职资格	4	0.05%
13	警告+责令纪律处分	2	0.03%
14	罚款+禁业	2	0.03%
合　计		7319	

3. 取消任职资格的年限分布

取消任职资格的年限是一定期限直至终身。根据样本统计结果，取消任职资格的年限分布呈现出"分界点处适用频率高、其他地方低"的特点（如图1）。《任职资格管理办法》中对年限的划分是1年以上5年以下、5年以下10年以上、10年以上直至终身，在各个分界点处的年限（1年、5年、10年、终身）被适用的频率高，此外低年限段的2年和3年被适用的频率也很高。这体现了对期限所作档次划分对具体裁量的影响力，执法者往往依托划分的分界点寻找裁量结果的"安全感"，也在一定程度上体现了立法赋予执法者在裁量上的"自由"与执法者无所依从之间的紧张张力。此外，根据职业生涯长度，本文将取消任职资格终身"终身"赋值为25年，可计算得到611份关于取消任职资格的处罚决定书的平均年限是 6.52 年，这一平均值表明实务中取消任职资格对公民权利的平均限制较大。

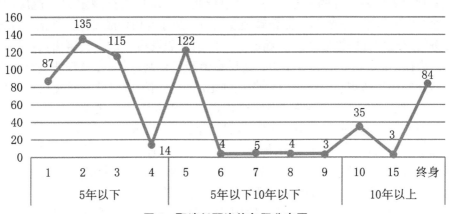

图1　取消任职资格年限分布图

四、取消任职资格的裁量失衡问题：规范与实证的双重视角

（一）空白构成要件的创设和补充规则远非明确

《银行业监督管理法》以"违反法律、行政法规以及国家有关银行业监督管理规定"的空白构成要件的形式授权下位法对构成要件进行具体化，这是一种便宜的行政处罚立法方式，但具有明确的构成要件是处罚法定原则的最低限度的要件，空白构成要件的创设和补充必须具体而明确。[1]

首先，就空白构成要件的创设而言，"授权的内容、目的与范围无须明示地规定在法律条文内，只要能依一般的法律解释方法从授权条款所依附之法律的整体明确知悉授权之内容、目的与范围何在，即为已足。"[2]其一，《银行业监督管理法》规定的授权内容为"有关银行业监督管理"，这并非针对某一特定问题的规范，按照文义解释，"有关银行业监督管理规定"具有非常宽泛的内容。其二，《银行业监督管理法》规定的授权范围也不甚明确，法律、行政法规的范围尚且明确，然而"国家有关银行业监督管理规定"中的"规定"为不确定法律概念，是规章还是包含规范性文件？有学者提出，为了保证构成要件的具体和明确，授权规范所能指定的补充规则应当只能被限制在一个从规章到法律的闭合区间，[3]即不包含规范性文件。其三，对于授权的目的也未作出规定，且目的的

---

〔1〕　参见熊樟林：《行政处罚上的空白要件及其补充规则》，载《法学研究》2012年第6期，第76页。
〔2〕　许宗力：《行政命令授权明确性问题之研究》，载《台湾大学法学论丛》1990年第2期，转引自熊樟林：《行政处罚上的空白要件及其补充规则》，载《法学研究》2012年第6期。
〔3〕　参见熊樟林：《行政处罚上的空白要件及其补充规则》，载《法学研究》2012年第6期，第76页。

解释本就具有主观性。因此，法律关于取消任职资格的空白要件的创设，内容较为宽泛，范围和目的都不甚明确，有待法律解释进行限缩与明确。

其次，就空白要件的补充而言，《银行业监督管理法》规定的"违反法律、行政法规以及国家有关银行业监督管理规定的"属于空白构成要件，承担了补充要件任务的《任职资格管理办法》规定了"取消任职资格"的三类事由：违法违规经营、内控不健全或执行监督不力、违反审慎经营规则。其一，《任职资格管理办法》规定的违法违规、违反审慎经营规则也属于空白构成要件，即《银行业监督管理法》设定了空白构成要件，而《任职资格管理办法》二次设定了空白构成要件，要件的具体化任务仍需要"法""规""审慎经营规则"进行明确。其二，"内控不健全"中所指"内控"是以规范性文件的形式加以规定的〔1〕。实务中也已将规范性文件作为处罚依据〔2〕。换言之，空白构成要件的授权实际上已被下放至规范性文件，即任何一层级的法律都能设定具体的构成要件，这显然与上文所述的补充规则只能被限制在一个闭合区间相违背。其三，除了纵向层面将补充规则的法律层级"下放"至最低层级外，对于横向层面的可设定要件的规则的范围，也具有宽泛性。违法违规经营的宽泛性自不待言，即使是对内容有所限定的审慎经营规则，其含义也非常宽泛。根据《银行业监督管理法》规定，审慎经营规则包括风险管理、内部控制、资本充足率、资产质量、损失准备金、风险集中、关联交易、资产流动性等内容。〔3〕那么，所有关于上述内容的规则都设定构成要件之可能。

实际上，因为空白构成要件的创设和补充在内容和范围上的不明确，导致实务中对违法违规经营、内控不健全或执行监督不力、违反审慎经营规则三者关系理解上的混乱：①有时将"违反审慎经营规则"作为"违法违规"的上位概念，如行政处罚书中的措辞"对该行违规放贷等严重违反审慎经营规则行为"〔4〕"违规对外担保严重违反审慎经营规则"〔5〕；②将"违法违规"作为上位概念，如"严

〔1〕 中国银行业监督管理委员会印发的《商业银行内部控制指引》（银监发〔2014〕40号）。事实上，2004年和2007年版的关于内部控制的规范均是以部门规章的形式发布的：《商业银行内部控制评价试行办法》（中国银行业监督管理委员会令2004年第9号，已失效）、《商业银行内部控制指引》（中国银行业监督管理委员会令2007第6号，已失效）。
〔2〕 葛某平诉中国银行业监督管理委员会上海监管局撤销取消金融机构高级管理人员任职资格行政处罚案，（2005）浦行初字第186号，该案上海监管局认定银行违规以及对个人进行处罚的法律依据包括《中国人民银行关于加强对农村信用社监管有关问题的通知》（银发〔2001〕396号，已失效）等规范性文件。
〔3〕 《银行业监督管理法》第21条第2款：前款规定的审慎经营规则，包括风险管理、内部控制、资本充足率、资产质量、损失准备金、风险集中、关联交易、资产流动性等内容。
〔4〕 《四川银监局机关行政处罚信息公开表》（川银监罚字〔2016〕10号），载银保监会网站，http://www.cbirc.gov.cn/cn/view/pages/ItemDetail.html？docId=120416&itemId=4114&generaltype=9。
〔5〕 《济宁银监分局行政处罚信息公开表》（济银监罚决字〔2018〕39号），载银保监会网站，http://www.cbirc.gov.cn/cn/view/pages/ItemDetail.html？docId=186657&itemId=4115&generaltype=9。

重违反审慎经营规则的违法违规行为"[1]; ③将 "违反审慎经营规则" 作为内部管理的上位概念, 如 "内控管理失控严重违反审慎经营规则";[2]④有时更是将三种事由杂糅在一起, 如 "对该行严重违反内部控制等审慎经营规则的违法违规行为[3]" 以违法违规行为为上位概念, 违反审慎经营作为下一级概念, 违反内控作为最低层级的概念。对三者的区分是必要的, 区分实益在于: 一是三类违法事由概念较为模糊、范围较为宽泛, 通过明确三类事由的内涵和外延可以限缩处罚范围、提高法律的明确性和可预见性。二是三类事由处罚的门槛有所不同, 只有违法违规经营可以处罚情节犯, 后两者均处罚数额犯或结果犯。

此外, 就《任职资格管理办法》所规定的要件而言, 取消任职资格处罚的相当一部分是情节犯、数额犯和结果犯。对不同程度的情节、数额、结果的认定将直接影响相对人是否该当构成要件, 以及在该当构成要件的基础上影响取消任职资格的期限长短。但对于情节、数额、后果的描述均为不确定法律概念, 如情节 "较为严重" "严重" "特别严重"; 数额较大 (巨大、特别巨大); 金融犯罪案件较大 (重大、特别重大); 损害与严重损害等。上述概念为规范性不确定概念[4], 价值补充来自一般价值观的衡量与法规目的的认知, 常具有开放性, 很容易发生见仁见智的争议[5], 对于公民来说难以预见, 对于执法者来说亦难以把握和判断, 只能依靠在个案中进行具体裁量, 一方面不利于提高行政效率, 另一方面很难确保规范的平等适用。

---

[1]《河南银监局周口分局行政处罚信息公开表》(周银监罚决字〔2018〕4 号), 载银保监会网站, http://www.cbirc.gov.cn/cn/view/pages/ItemDetail.html? docId=174181&itemId=4115&generaltype=9;《中国银监会伊犁监管分局行政处罚信息公开表》(伊银监罚决字〔2017〕4 号), 载银保监会网站, http://www.cbirc.gov.cn/cn/view/pages/ItemDetail.html? docId=141041&itemId=4115&generaltype=9;《四川银监局行政处罚信息公开表》(川银监罚字〔2016〕26 号), 载银保监会网站, http://www.cbirc.gov.cn/cn/view/pages/ItemDetail.html? docId=177598&itemId=4114&generaltype=9;《自贡银监分局行政处罚信息公开表》(自银监罚决字〔2018〕2 号), 载银保监会网站, http://www.cbirc.gov.cn/cn/view/pages/ItemDetail.html? docId=194868&itemId=4115&generaltype=9; 类似的表述还有 "严重违反审慎经营规则导致发生案件的违法行为",《怀化银保监分局行政处罚信息公开表》(怀银保监罚决字〔2020〕78 号), 载银保监会网站, http://www.cbirc.gov.cn/cn/view/pages/ItemDetail.html? docId=942162&itemId=4115&generaltype=9。

[2]《渭南银监分局行政处罚信息公开表》(渭银监罚决字〔2018〕46 号), 载银保监会网站, http://www.cbirc.gov.cn/cn/view/pages/ItemDetail.html? docId=170897&itemId=4115&generaltype=9; 载《烟台银监分局行政处罚信息公开表》(烟银监罚决字〔2018〕45 号), 载银保监会网站, http://www.cbirc.gov.cn/cn/view/pages/ItemDetail.html? docId=191815&itemId=4115&generaltype=9。

[3]《河南银监局驻马店分局行政处罚信息公开表》(驻银监罚决字〔2017〕8 号), 载银保监会网站, http://www.cbirc.gov.cn/cn/view/pages/ItemDetail.html? docId=162085&itemId=4115&generaltype=9。

[4] 规范性不确定概念指须加上价值的补充才能完成其概念, 与其相对的概念是经验性不确定法律概念。参见李慧宗:《行政法要义》(第 8 版), 元照出版有限公司 2020 年版, 第 165 页。

[5] 参见李慧宗:《行政法要义》(第 8 版), 元照出版有限公司 2020 年版, 第 165 页。

（二）对"直接负责"缺乏体系化的理解

"直接负责"是处以取消任职资格的构成要件之一，责任类型是裁量时的考虑因素，在行政监管的过程中，从"直接负责"发展出了 30 种具体的责任类型，侧面反映出实务中对责任类型缺乏统一的认识。对此，监管部门试图从规范层面统一认识，但并未成功：2009 年的《农村中小金融机构案件责任追究指导意见》（银监办发〔2009〕260 号，以下简称《责任追究指导意见》）界定了直接责任、间接责任在内等几种责任类型[1]，《责任追究指导意见》的适用主体是农村中小金融机构，且颁布已久，与实务中的责任类型已大相径庭。2013 年发布的《银行业金融机构案件问责工作管理暂行办法》（已失效）再次对责任类型进行界定，区分了管理、领导责任与监督责任，二者责任类型的区别主要体现为职责的不同：管理、领导责任对应管理职责，监督责任对应监督、检查职责。显然该定义未就两种责任类型作出准确的界分，反而有陷入循环论证之嫌，这一点也与实务中责任类型的繁多、体系性缺乏相互印证。上述《银行业金融机构案件问责工作管理暂行办法》自 2020 年《银行保险机构涉刑案件管理办法（试行）》颁布后即宣告废除，新办法未就责任类型作出统一规定。

实务中常以岗位职责分工和损害后果作为责任分配的依据。但这忽视了两个重要问题：①实务中对岗位职责分工未必是合理的，不合理的岗位职责分工体现为上级将任务与责任过度下放，以至造成下级员工承担过度的义务乃至承担兜底义务。在武某宇诉银保监会山西监管局行政处罚一案[2]中，银行监管机构在听证会后调整了责任分配，减轻上级行部分负责人的责任而加重了对原告武某宇的处罚，理由在于"未发现上级行存在统一安排部署相关违规行为"，但在下级行负责人武某宇也不存在"统一安排部署相关违规行为"的情况下，责任被归为下级行的武某宇，这意味着武某宇承担了兜底责任，无法用未实施违规行为而免除自己的责任。暂且不论案情与判决结果，这种责任认定的方式，会掩盖实际中上级机构对下级机构的责任过度下放，并掩盖了法人在组织机构和责任分配上的问题并由此逃避了相应的责任。②根据《中国银保监会关于印发银行保险机构涉刑案件管理办法（试行）的通知》（银保监发〔2020〕20 号）第 33 条规定，发生重大案件的，要向案发机构向上两级追责，而非重大案件，仅向上一级机构追责。这种以损害后果的大小作为是否向上一级机构追责的依据也是值得商榷的。由于金融行业的风险属性，损害后果的大小具有一定的偶然性，其与行为的违法性、行为人的主观恶性之

---

[1] 《责任追究指导意见》第 4 条规定，责任人分为直接责任人、间接责任人，其中间接责任人又分为机构案件防控第一责任人、机构经营管理责任人（包括主要负责人、分管负责人、相关负责人）、其他间接责任人。

[2] 武某宇诉银保监会山西监管局行政处罚案，山西省高级人民法院（2019）晋行终 876 号行政判决书。

间的因果关系并不那么紧密，而更多地与宏观、微观的经济环境有关，因此，仅仅以后果作为追责范围的划定依据，使得违法行为人在是否被追责上存在侥幸心理，并可能因为良好的经济环境而受到豁免，并不能对违法行为起到良好的威慑作用。

（三）取消任职资格与其他行政处罚并处上的混乱

实务中取消任职资格的处罚类型以单处为主，此外还有与罚款并处、与警告并处、与禁业并处、与警告和罚款并处五种形式。其中与罚款并处、与禁业并处、与警告和罚款并处较为常见，与警告并处的组合较为少见。法律虽然规定了众多的处罚手段，但却未明确相应的适用规则或原则。

首先，就是否与警告并处而言，警告是对违法行为人所作的谴责和告诫，以损害被处罚人名誉为内容。警告、罚款、取消任职资格分别属于申诫罚、财产罚、行为罚（能力罚），这三类处罚的严厉程度依次递增[1]。警告是最轻的一种行政处罚，此外其他所有行政处罚都有警告的意义，因此警告不与其他处罚并处。[2]但实务中，与警告并处的情形还十分常见。

其次，就是否与禁业并处而言，①实务中也偶有出现并处取消任职资格终身与禁业终身的情形[3]，从法律效果上看，禁业终身必然意味着取消任职资格终身，因此在禁业期限大于或等于取消任职资格期限的情况下，只要处以禁业即可。②此外，实务中出现的，如并处"禁业 5 年"与"取消任职资格终身"，这类禁业期限短于取消任职资格的期限的情况，是否有并处之必要呢？对此，一是应当考虑处罚手段对于行政目标的达成是否妥适。二是应选择足以达成目的的最轻处罚手段。[4]当高管违反防止义务，即未能防止他人的违反行政法义务行为时，此时行为类型常体现为不作为、主观上往往体现为过失，根据《中华人民共和国行政处罚法》（以下简称《行政处罚法》）规定的过错推定原则，相对人在防止"他人"违法上存在可归责，若其对监督管理义务的违反是持续的，甚至屡教不改的，那么对其取消高管任职资格是妥适的，但防止义务之违反并不意味着其本人存在违反行政法上义务的可能性，因此该相对人作为普通员工继续从业应是被允许的，禁业尽管有效但却是非必要的。当高管承担的是直接行为责任，即存在组织、指挥、决定、批准、授意单位违反行政法上义务的行为时，其责任已经超越了监督领导"他人"之义务，而是"自己"违法执行职务的责任。此行为类型常体现为积极作为、主观上往往体现为故意，其不仅作为高管存在失职，作为

---

[1] 参见余凌云：《行政法讲义》（第 3 版），清华大学出版社 2019 年版，第 335 页。

[2] 参见杨小君：《行政处罚研究》，法律出版社 2002 年版，第 179~181 页。

[3] 23 份处罚决定书的内容为取消任职资格终身并处禁业终身，2 份取消任职资格 15 年并处禁业终身 15 年，3 份取消任职资格 7 年并处禁业 7 年。

[4] 参见陈清秀：《行政罚法》（修订 3 版），新学林出版股份有限公司 2017 年版，第 83 页。

普通员工继续从业也存在违法可能性，此时适用从业禁止是有必要的，但因适用从业禁止必然包含了取消任职资格的效果，因此没必要并处取消任职资格。归结而言，与禁业匹配的是直接行为责任，与取消任职资格匹配的是监督管理责任。对一违法行为不必也不应并处禁业与取消任职资格。

最后，就是否与罚款的并处问题上，笔者认为当相对人违法体现出经济利益特征的，应当并处罚款，该经济利益既包括非正当的利益，如受贿等情形，也应当包括正当收入，如因单位违法而导致业绩提高进而获得的奖金激励，其法理在于防止因为违法而获利。

（四）适用取消任职资格存在显著地区差异

上述取消任职资格在规范层面存在的问题，在实务上的体现就是其中不同地区适用取消任职资格的次数呈现显著差异（如图 2 所示）。其中，海南、西藏、青海三地在 2015—2020 年未采用取消任职资格措施，采用次数最多的湖南省在 6 年时间共采取了 73 次。就适用取消任职资格的处罚决定书数量占对个人处罚的处罚决定书数量占比而言，全国各地差异较大，占比较高的陕西、上海、重庆占比超过或接近 20%，即平均 100 份对个人的处罚决定书中，处以取消任职资格的约为 20 份，占比较低的浙江、新疆、陕西、江苏、江西、天津占比均低于 5%。这一统计结果上反映了取消任职资格这一制度在适用中的地区性差异，而这种差异一定程度上体现了法律适用上的不平等。

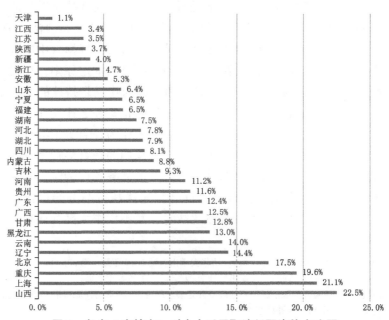

图2 各省（直辖市）对个人适用取消任职资格占比图

五、作为破解之道的裁量基准的结构塑造

由于《银行业监督管理法》未规定取消任职资格的要件,而是授权下位法对此进行具体化规定。《任职资格管理办法》再次设定了空白构成要件,并在要件上使用了较多不确定法律概念,弱化了法律的明确性和可预见性。同时,对作为法定构成要件和裁量考虑因素的责任类型缺乏理论化和系统化,实务上对责任类型的使用较为混乱。此外,行政机关在法律效果的选择上也存在较大的裁量空间。以上因素共同作用易导致行政上的恣意、法律适用上的地区差异和个案中的不平等。为改善取消任职资格裁量上存在的问题,本文提出以下建议。

根据实证分析的结果,实践中的大多违法行为较为固定,存在类型化的基础。而新《行政处罚法》也明确了裁量基准的合法地位。[1]因此,除了从立法层面对空白构成要件授权的内容、目的进行明确外,通过建立裁量基准明确构成要件、对情节进行细化、对法律效果的选择上对裁量形成指导和约束,可以较好地解决裁量中的问题。"统一裁量观"下的裁量基准,扮演了细化法律效果的"裁量标准"和解释法律要件的"解释标准"双重角色。[2]行政机关制定裁量基准的主要任务是情节的细化和效果的格化。[3]具体而言,"取消任职资格"的裁量基准宜包含以下内容。

(一)对法定要件的适当解释

裁量基准具有法律解释的功效。[4]取消任职资格的法定要件是"直接负责",针对实务中对"直接负责"的不同理解,裁量基准应当对其要件进行进一步解释与细化。对此,可以借鉴刑法学界关于"直接负责"的看法。刑法中对单位犯罪中受处罚的单位成员的表述也是"直接负责的主管人员"[5],刑法学者主张直接负责的行为责任包括两种类型:一是直接行为责任,指单位的主管人员因决策、组织、指挥单位犯罪而负有的刑事责任,其中决策可以涵盖决定、批准、授意等方式;二是监督管理责任,指单位的主管人员因管理、监督失职而承担的刑事责任。[6]我国台湾地区的行政法学者将双罚制下应受处罚的责任人员的行为类型分为两类:第一类是(自己)违法执行职务,导致法人违反行政法

〔1〕《行政处罚法》第34条规定,行政机关可以依法制定行政处罚裁量基准,规范行使行政处罚裁量权。行政处罚裁量基准应当向社会公布。

〔2〕 王天华:《从裁量二元论到裁量一元论》,载《行政法学研究》2006年第1期。

〔3〕 参见周佑勇:《裁量基准的技术构造》,载《中外法学》2014年第5期。

〔4〕 朱芒:《日本〈行政程序法〉中的裁量基准制度——作为程序正当性保障装置的内在构成》,载《华东政法大学学报》2006年第1期。

〔5〕《中华人民共和国刑法》第31条规定,单位犯罪的,对单位判处罚金,并对其直接负责的主管人员和其他直接责任人员判处刑罚。本法分则和其他法律另有规定的,依照规定。

〔6〕 参见王良顺:《论单位犯罪中直接责任与直接责任人员的认定》,载《法商研究》2007年第2期。

上义务应受处罚的。第二类是未履行监督义务，导致法人从业人员（他人）未遵守行政法规课予法人的行政法上义务。[1] 两种理论的共同之处在于将"直接负责"区分为对两种义务的违反，一种是自己义务，包括作为义务与不作为义务，自己违反义务时所负的责任为"直接行为责任"；另一种是防止义务，即防止他人违反义务的义务，对应"监督管理责任"，对防止义务的违反常常体现为不作为。

尽管自己义务的范围是相对明确的，然而防止义务的范围却难以把握，若过度不信任员工，采取过度紧张的监督措施，则会影响企业运行效率、妨害企业内部自由，若过度信任员工，则易使员工有漏洞可钻，从而导致违反防止义务而背负行政责任。就"自己义务"与"防止义务"的关系而言，首先，员工违反义务并不必然意味着防止义务人对防止义务的违反，即防止义务人的"监督管理责任"与员工的"自己责任"之间应设定合理的界限。对于违反防止义务的范围与界限，应以客观上的必要性和期待可能性作为判断标准，应以通常情形下一般防止义务人所被要求的注意程度为准。[2] 其次，在防止义务人与防止义务人之间，特别是不同层级的防止义务人之间面临着责任分配的问题。一方面，不能仅仅以金融机构的岗位职责分工作为责任分配的依据，以防止任务和责任过度下放至下级机构和员工，应以行业的一般标准审查岗位职责分工的合理性；另一方面，不能仅仅以损害后果的大小作为是否向上一级机构追责的决定依据。

（二）对空白要件的明确与细化

在法律要件上，裁量基准应明确授权规范的法律层级，也应承载要件的明确和要件的细化职能。首先，在授权规范的位阶上，裁量基准应当明确承载要件具体化功能的"国家有关银行业监督管理规定"的法律位阶。笔者主张空白要件的补充要件仅限于从规章到法律的闭合区间，而不应包括规范性文件，这也是行政处罚法定的要求。其次，在要件的明确上，对于《任职资格管理办法》规定了"取消任职资格"的三类事由：违法违规经营、内控不健全或执行监督不力、违反审慎经营规则，裁量基准应当明确其相对应的义务类型和规范依据。最后，在要件的细化上，笔者主张根据实务中的经验和数据总结常见的违法行为类型，挑选典型将"严重""重大""严重损害"等不确定法律概念加以具体化，使下级机关执法时有所依照，避免因对不确定法律概念的不同解释导致的个案不平等和地区差异。

（三）增加主观方面的裁量因素

取消任职资格作为一项具有特殊预防功能的监管措施，对其期间的裁量应当

---

[1] 参见陈清秀：《行政罚法》（修订 3 版），新学林出版股份有限公司 2017 年版，第 211~213 页。

[2] 参见陈清秀：《行政罚法》（修订 3 版），新学林出版股份有限公司 2017 年版，第 213 页。

包含对违法相对人主观方面的考察，更强的主观恶性意味着更强的特殊预防的必要性，反之则可酌情减少取消任职资格的期限。根据本文对行政处罚决定书相关内容的统计，实务中银行监督管理机构的处罚决定书未体现出对相对人主观方面的考察。但取消任职资格的平均期限为 6.5 年，对相对人施加不利的期限较长，对相对人的财产收入与职业发展均有显著影响，因此，在取消任职资格的裁量上应当尤为慎重，增加主观方面的裁量因素对于相对人的权利保护是必要的。主观方面的裁量因素包括违法动机和目的、主观过错的大小、相对人的再犯情况、是否主动停止违法行为、是否积极配合调查与交代违法情况、是否采取积极的补救措施等内容。

（四）法律效果的单处与并处规则

在法律效果的选择上，裁量基准应设定单处和并处的规则，并合理划分期限的区间。①在取消任职资格与罚款的并处问题上，相对人违法体现出经济利益特征的，应当并处罚款，该经济利益既包括非正当的利益，如受贿等情形，也应当包括正当收入，如因单位违法而导致业绩提高进而获得的奖金激励，其法理在于防止因为违法而获利。②警告不与取消任职资格并处，因为取消任职资格本就包含了损害名誉的效果，取消任职资格与警告并处并无必要。③在取消任职资格与从业禁止的关系上，违反"自己义务"导致的"直接行为责任"对应的法律后果是从业禁止，违反"防止义务"导致的"监督管理责任"对应的法律后果是取消任职资格，二者通常不并处。就期限区间的划分方法而言，现阶段主要有经验评估、寻找基础值、数学方法三种模式。[1]笔者对此主张将经验评估模式融入寻找基础值的模式，《任职资格管理办法》虽然规定了基础值，但未对基础值对应的典型情形加以明确，通过对执法中实践经验的归纳与总结，可以弥补这一缺陷，因此将经验评估模式融入寻找基础值的模式对于取消任职资格期限的格次划分而言是妥适的。

六、结论

尽管《商业银行法》的修正回应了诸多问题，但对于取消任职资格制度的空白构成要件授权的内容、目的未进行明确。有鉴于此，本文选取了的 7319 份处罚决定书，从实证与规范两个层面系统分析了取消任职资格的裁量权失控问题。首先，取消任职资格空白构成要件的创设和补充规则远非明确，除了授权的内容、目的与范围不甚明确外，并存在二次设定空白构成要件、空白构成要件的授权过度下且内容具有宽泛性，无论在纵向层面还是横向层面都缺少一定的制约。其次，对于法定构成要件"直接负责"缺乏体系化的理解，而规范层面也

---

[1]　周佑勇：《裁量基准的技术构造》，载《中外法学》2014 年第 5 期。

未能较好地解决该问题。再次，取消任职资格的单处以及与其他行政处罚的并处上，具有一定的随意性，缺乏规则或原则的指导。最后，适用取消任职资格存在显著的地区差异。

对此，本文主张从立法层面对空白构成要件授权的内容、目的进行明确，此外，根据新《行政处罚法》的规定制定裁量基准：承担法定要件的解释、空白要件的明确与细化、裁量因素的补充、法律效果选择的规则制定等功能。

金融监管中的实质主义：实质监管的方式与界限[*]

刘卫锋[**]

摘要： 监管的宗旨是要在静态的框架中规范动态的现实。虽然有程度上的差异，但监管和现实的背离是不可避免。为了填补这一缺陷，法学一般会通过解释论来应对，但在解释遇到障碍时，可能需要通过立法来调和。本文基于这一角度，首先对金融体系进行分析，再进而考察金融监管中的形式主义和实质主义的对立。在此基础上，为了完善形式主义的局限性，检讨以立法方式引入实质主义的方案。其次针对实质主义的解释论进行考察，在形式主义监管的回避可能性层面上将实际存在的问题进行类型化，进而检讨解释论的标准。最后针对实质主义监管的局限性，分析与罪行法定主义的关系以及类推解释的界限。

关键词： 金融监管；实质主义；形式主义；实质监管

一、问题缘起：金融监管与实质主义

在监管对象的事实关系中，法律形式与经济实质之间存在差异的情形比比皆是。此种情形可以说是，"形式主义"在监管上强调法律形式，而实质主义强调经济实质的体现。然而，在法律规范上，法律规定确定的法律形式成为解释与适用的优先出发点，因而也出现了形式主义与实质主义难以纯粹的同一性。另外，在形式主义的基础上，什么情况下应当将经济实质优先于法律形式加以规范，也成为问题。该问题在金融监管中也是如此，我们可以将其称为"金融监管中的实质主义"。金融监管中的实质主义在金融法或者金融监管中并不是一个熟悉的概念。传统上的实质主义一直在税法中以"实质征税原则"进行讨论。在税收法制强调法律形式的监管体制下，尽管征税客体具有相同的经济实质，但通过改变

* 本文系 2022 年中国金融资产管理课题"债券市场风险化解与工具创新"的阶段性成果（项目编号：2022HZI007）；国融证券委托西北政法大学研究课题之"企业合规管理制度体系化构建"的阶段性成果。

** 刘卫锋，法学博士，西北政法大学合规研究院研究员，硕士研究生导师，西北政法大学民商法学院商法教研室主任，主要研究方向为商法、公司法、证券法、企业合规等。

法律形式就形成了避税手段，借此税法规定了实质征税原则。税法上的实质征税原则将在后面进行详细分析，尽管金融监管从监管法制或对侵入性行政措施的严格解释等方面强调了法律形式，但如今的金融市场参与者在不断改变法律形式，寻找规避监管的方法。

若法律形式和经济实质之间存在差距，那么所有问题或差距都可以通过立法来解决，"金融监管实质主义"的问题就不会在解释上产生。然而，问题是通过法律形式包容经济实质的确存在局限性。换言之，通过立法完全体现实质主义在技术上存在局限性，虽然立法可以克服这种局限性，但在作为政治过程的立法也会出现时间上的延迟。因此，单凭立法来解决此种问题基本不可能，考虑经济实质的解释与适用是不可避免的。然而，若监管侧重于经济实质而非法律形式，在具体有效性与公平性层面有优势，但可能会破坏法律稳定性。鉴于此，金融监管的实质主义，尤其是通过法律解释而非立法的实质主义监管不可避免地具有一定局限性。从这一层面来看，尽管在新法律的制定、修订或者法律解释和适用中不断地强调经济实质，但金融监管的实质主义尚未公开讨论。随着金融市场的快速发展，尤其是衍生产品的发展，不仅金融监管实质主义提供了各种规避法律形式的手段，而且保持了相同的经济实质。尽管实质主义存在局限性，但却已经成为一个不可回避的问题。

因此，本文首先对一般的金融结构进行分析，进而考察金融监管中的形式主义和实质主义的对立。在此基础上，为了克服形式主义的局限性，检讨以立法方式引入实质主义的方案。与此相比较的是，税法的实质征税原则，是否需要像税收基本法一样，其一般规定用于金融管制，还是针对金融法规中的实质主义立法方法进行检讨。其次针对实质主义的解释论进行考察，在形式主义监管的回避可能性层面上将实际存在的问题进行类型化，进而检讨解释论与标准。最后针对实质主义监管的局限性，分析与罪行法定主义的关系以及类推解释的界限。

二、金融监管的结构：形式主义与实质主义辨析

（一）金融监管的构造

所有的监管均是达成法律目的的手段。金融法制也是如此。例如，《金融机构管理规定》（已失效）第1条规定："为维护金融秩序稳定，规范金融机构管理，保障社会公众的合法权益，促进社会主义市场经济的发展，根据国家有关法律和法规，制定本规定。"一般来讲，金融法规具有发展资本市场和金融投资业以及保护投资者的目的。但是，由于金融法规范的目的过于抽象，因而有时会将一种制度规定为中间阶段。例如，金融投资行业的审批制度和外国人投资审批制度等。简而言之，从金融监管的结构划分来看，呈现出法律目的与作为手段的制度和行为的层级结构。例如，为了证券市场的发展和投资者保护，确立了信息披露制度，并对违反信息披露行为规定了制裁措施。若将金融监管分成三个原则，即目的是什么、制度是什么、如何行动。一般来讲，金融监管是将制度确定为实现法律目的的基础，将行为确定为手段。

（二）形式主义与实质主义

在监管上，形式主义强调法律形式的重要性，相反实质主义更侧重于经济实质。若将此分为上述目的和手段，那么实质主义侧重于目的，而形式主义侧重于手段。一方面，若优先考虑作为手段的法律形式，可以获得法律稳定性，但是部分会丧失具体的适当性。另一方面，若优先考虑目的，强调经济实质，虽然会获得具体的适当性，但又面临着法律稳定性的问题。事实上，形式主义与实质主义并非处于排斥对方或相对立的关系，而是处于一种应当彼此寻求和谐与融合的关系中。

目的是抽象的，而手段是具体的。若金融法规对危及资本市场和金融投资行业的发展以及投资者保护的行为人进行处罚，那么从预测可能性层面来看，可能无法期待法律上的稳定性。在这种法规下，被处罚的风险最终可能导致资本市场和金融投资行业逐渐萎缩，以及投资者难以得到保护的局面。因此，金融法规并不仅仅定义抽象的目标，而且也列举了实现目的的手段。由此看来，金融监管的目的与宗旨是考虑具有具体适当性的规范，在不危及法律稳定性的范围内进行解释和适用法规。

然而，经济实质与法律形式之间必然会发生差别的情形，立法时所考虑的法律环境与之后所考虑的法律环境也必然存在差异，尤其是金融法制领域也不断出现新的法律形式和经济实质，且相互产生冲突的法律领域。当出现这种差异时，可以通过立法来弥补这种差异，也可以通过解释在一定程度上缩小差距。例如，回购协议（Repurchase Agreement，RP，Repo）是指以现金出售有价证券的合同的同时订立在将来一定日期以固定价格购买相同数量有价证券的合同。回购协议是一种在经济实质上包含特殊回购条件合同的金钱借贷，但在形式上相当于证券买卖。因此，回购协议属于金融投资行业的业务范围。然而，若银行将其作为营业范围，能否以银行未得到金融投资买卖业务许可为由进行处罚呢？监管当局可能会根据法律形式主张需要得到金融投资买卖业务许可，而银行会根据经济实质主张可以经营该业务。对此，《中华人民共和国商业银行法》（以下简称《商业银行法》）可以将回购协议规定为银行的兼营业务来解决这一问题。在立法阶段，有必要充分考虑回购协议交易的经济实质。此外，可转让定期存单也是比较典型的例子，可转让定期存单可以在到期之前转让，其价额随着利率的变化可以低于支付价额。根据 2015 年《中华人民共和国证券法》（以下简称《证券法》）的相关规定，可转让定期存单也属于证券的范畴。然而，以人民币为计价的可转让存单，考虑到存款的经济实质与现行金融行业之间的业务分配，事实上可转让定期存单并不在《证券法》的规范范畴。[1] 对此，国务院办公厅于 2020 年 2 月 29 日发布的《关于贯彻实施修订后的证券法有关工作的通知》中将《证券法》中的公司债券理解为仅证监会监管的"公司债券"和国家发展改革委监管的"企业债券"，此外，该通知将国家发展改革委界定为《证券法》中第 9 条和第 16 条所规定的"国务院授权部门"。

接下来看一下需要解释适用的典型事例。总收益互换（Total Return Swap，TRS）是指当事人之间交换现金流的合约，是一种典型的场外衍生品。境内外国人在上市公司进行证券交易时，必须进行外国人投资审核备案，而总收益互换被用于回避这一审核登记义务的权宜之计。未进行外国人投资审核备案的外国人与进行外国人投资审核备案登记的外国人缔结总收益互换，通过总收益互换的法律形式事实上进行上市公司证券交易时，是否可以以未履行外国人投资审核备案为由处罚该境内的外国人？对此，《中华人民共和国外商投资法》及其相关规定并没有作出明确规定。因此，法规的解释与适用产生问题，对此也很难找到相应规范的事例。此外，根据利害关系人的意思、目的、形态，总收益互换也有所不同，这将成为法律解释层面实质主义适用的问题。

（三）金融规范单行立法的局限性

在金融监管上，最理想的状态是不断研究可以容纳所有经济实质的法律形式框架，进而消除经济实质与法律形式之间的背离。换而言之，针对以上所述的回购协议，有必要通过法律规定银行可以兼营该业务。然而，这种事例并不是太多。基于实质主义立法，即使在某种情形下采取了形式主义，也会避免这种固定形式的法律形式或者经济实质的选择再次出现。如上所述，针对总收益互换，不仅是境内外国人审核登记存在问题，所谓的 5% 申报制度也存在问题。根据《证券法》第 63 条第 1 款规定，通过证券交易所的证券交易，投资者持有或者通过协议、其他安排与他人共同持有一个上市公司已发行的有表决权股份达到 5% 时，应当在该事实发生之日起 3 日内，向国务院证券监督管理机构、证券交易所作出书面报告，通知该上市公司，并予公告。根据《证券法》及其相关规定，投资者不仅要披露内容，还要披露增持股份的资金来源以及在上市公司中拥有表决权的股份变动时间及方式。然而，5% 的报告制度使用"持有"一词，并承认比"所有"更广泛的报告义务，这与大股东等所持有的股份报告制度不同。当持有一个上市公司的股份达到 4% 时，通过总收益互换再持有 3% 时，是否构成 5% 报

---

〔1〕 可转让定期存单本质上属于金融债券，但现行《证券法》对此并未明确规定。换而言之，央行管理的"金融债券"和中国银行间市场交易协会管理的"债务融资工具"并不属于现行《证券法》的调整范围。

告义务？这是一个如何解释"持有"概念以及是否应当包含事实关系的问题。对此，有的观点认为总收益互换不能合并，理由是只有与持有股份相同的经济损益；也有观点认为可以取消总收益互换，当通过其结算返还实物股票时，应当包含在"持有"概念范围内，合算报告。根据后一种观点，可以通过修订《证券法》，将总收益互换有限地包含在"持有"概念中。这可能又会产生另一问题，即不包括对股票实物的返还条件，相反有条件地允许代为行使表决权，或者包括对股票实物的返还条件，但总收益互换的收益结构设计为与持有股票的收益结构略有不同。在前一种情形下，由于法律形式没有对股票实物的返还条件，因此不构成5%报告义务；而在后一种情形下，对象本身不成为5%报告义务对象的总收益互换。

另外，作为规范对象的经济实质正在迅速改变，而作为规范手段的法律形式也在某个时候停滞不前。因此，通过单个立法，体现经济实质的法律形式解决问题的方法存在局限性。该局限性既是形式主义与实质主义的背离，也是实质主义的出发点。金融规范，作为法律形式的出发点只能是形式主义，但还讨论实质主义的原因就在于此。

三、实质主义规范的植入

（一）实质规范原则的一般性规定

如上所述，通过立法解决规范所需制度与行为的法律形式具有局限性。鉴于此，有必要将实质主义的一般规定立法化。一方面，我国并没有相关立法直接对普遍确立的实质课税原则予以规定，但在诸多税法文件中有体现实质课税精神的一般条款。《中华人民共和国企业所得税法》（以下简称《企业所得税法》）第47条规定，企业实施其他不具有合理商业目的的安排而减少其应纳税收入或者所得额的，税务机关有权按照合理方法调整。《一般反避税管理办法（试行）》第5条规定，税务机关应当以具有合理商业目的和经济实质的类似安排为基准，按照实质重于形式的原则实施特别纳税调整。除此之外，实质课税原则在我国实体法领域体现得较多，例如，《企业所得税法》和《中华人民共和国增值税暂行条例》（以下简称《增值税暂行条例》）等。此外，除在企业所得税领域有大量体现实质课税原则的法律规定外，在增值税、营业税、消费税、关税等法律文件中也有一些相关条款。

另一方面，在我国执法、司法实践中同样存在运用实质课税原则的案例。例如2010年扬州江都案、2014年浙江杭州儿童基金案、2015年北京怀柔案等。其中有比较典型的案例，北京某公司将本属于黄金交易的增值税专用发票套改为煤炭交易的增值税专用发票，并将套改过的增值税专用发票出售给甲公司一案，对于货物交易的定性应从实质课税原则来解释，只有切实履行的货物交易合同才可作为纳税的依据。在司法实践中，最高人民法院也有相关判例认为税务机关可通过实质课税原则独立认定民事法律关系，即在实务中，法院认可实质课税原则的运用。

然而，如何将实质主义的一般规定植入金融监管法制呢？有必要从以下三个层面进行考虑。首先，如何通过立法从本质上解决形式主义和实质主义之间的脱节问题；其次，如何将这种一般规定立法化；最后，如果没有此种一般规定，是否就无法解决经济实质和法律形式之间的脱节问题。针对这三个命题，答案是否定的。

(二) 一般性规范适用的界限

首先，即使将一般规定予以立法化，也不是所有时候都可以适用一般规定。虽然税法上也有对实际课税的规定，但该条款的适用范围局限于企业所得税领域。此外，在税收相关条款中，可以发现其体系内也存在诸多矛盾之处。根据《企业所得税法》第47条的规定，如果一项安排"不具有合理商业目的"，则税务机关就可以进行调整。据此，是否存在合理商业目的是认定避税行为的基本要件，只要满足这一要件，税务机关可以作相应的调整。然而，《特别纳税调整实施办法（试行）》（部分失效）第93条则规定，税务机关按照"实质重于形式的原则"审核是否存在避税安排，据此，"经济实质"将决定一项交易是否构成避税安排。那么，对于"合理商业目的标准"与"实质重于形式原则"而言，何者将确定一项避税安排的存在？两者同属一个标准或是两个独立的标准？答案并不明确。从法律位阶上看，"合理商业目的标准"是由全国人大所制定的《企业所得税法》予以规定，其法律位阶明显高于由国家税务总局制定的《特别纳税调整实施办法（试行）》。《特别纳税调整实施办法（试行）》也明确规定，该办法根据《企业所得税法》而制定。那么，"实质重于形式原则"似乎应当是"合理商业目的标准"的内含要件，是判断是否存在合理商业目的的标准，是"合理商业目的标准"的下位概念。如果单纯依据"实质重于形式原则"即可以认定避税安排，显然违背了"上位法优于下位法"的基本法理。如果根据《企业所得税法》的规定，一项交易只要不具有合理商业目的，无论是否存在经济实质或发生经济实质与法律形式的背离，都应当构成避税安排，即"商业目的"的存在将最终决定一项交易的属性及其税收负担。然而，根据《特别纳税调整实施办法（试行）》第92条的规定，实质上却将"不具有合理商业目的"作为启动一般反避税调查的前提要件，而将"实质重于形式原则"作为审查交易是否为避税安排的核心标准。同时，根据《特别纳税调整实施办法（试行）》第75条的规定，企业与关联企业所签署的成本分摊协议自行分摊的成本不得税前扣除，其要件之一为"不具有合理商业目的和经济实质"。如果按照上述规定，似乎可以认为"经济实质"与"商业目的"应当是分别予以认定的两个标准，两者并不存在相互包含的关系。这意味着必须独立判断一项交易是否存在商业目的或经济实质。那么，所产生的问题在于，一项不具有商业目的的交易，能否主张具备经济实质，从而避免被认定为避税行为？因此，当前企业所得税一般反避税条款的相关规定存在不明确、相互矛盾与冲突之处，决定了有必要对一般反避税条款实施的要件予以进一步厘清。[1]

（三）立法化问题

其次，如何制定一般规范也是问题。就《中华人民共和国民法典》而言，民法是基本法，第1条规定了五个方面的立法目的，即保护民事主体的合法权益；调整民事关系；维护社会和经济秩序；适应中国特色社会主义发展要求；弘扬社会主义核心价值观。然而，目前并没有关于金融监管的基本法。虽然也可以考虑在有关金融委员会的设置等法律上制定一般规定，但是该法律是有关金融监管局的设置及组织，不适合包含法律等级规范的一般内容。不仅如此，当制订金融监管基本法或者其他法律中引入实质主义的一般规定时，在与其他公法规范的关系上也面临着，是否仅在金融监管上将实质主义概括性立法。在与其他公法性监管的关系中，尽管可以以金融监管的特殊性来阐释，但其实并不恰当。《中华人民共和国宪法》第56条规定："中华人民共和国公民有依照法律纳税的义务"。这是宪法中关于税收法定原则的规定。实质课税原则是从税收法定主义的关系上进行定义。换言之，本质要素课税原则是法律基础，而实质课税原则是税收法定主义的辅助性原则，且在这一基本原则基础上回应了税收法定主义的实质目的，使其更加灵活和有效。然而，针对金融监管而言，在没有此种宪法基础的情形下制订金融监管的一般规范并不合理。

（四）金融监管中是否需要一般性规范

最后，若没有一般性规范，是否可以根据实质主义的立场来解释和适用呢？早在2017年8月，最高人民法院就在《关于进一步加强金融审判工作的若干意见》（法发〔2017〕22号，已被修改）中提出，对以金融创新为名掩盖金融风险、规避金融监管、进行制度套利的金融违规行为，要以其实际构成的法律关系确定其效力和各方的权利义务。最高人民法院于2019年11月8日公布的《全国法院民商事审判工作会议纪要》（以下简称《九民纪要》），将穿透式审判思维扩展到金融创新以外的一般民商事领域，提出注意处理好民商事审判与行政监管的关系，通过穿透式审判思维，查明当事人的真实意思，探求真实法律关系；外

---

[1] 汤洁茵：《〈企业所得税法〉一般反避税条款适用要件的审思与确立——基于国外的经验与借鉴》，载《现代法学》2012年第5期。

观主义是为保护交易安全设置的例外规定，一般适用于因合理信赖权利外观或意思表示外观的交易行为。实际权利人与名义权利人的关系，应注重财产的实质归属，而不单纯地取决于公示外观。审判实务中要准确把握外观主义的适用边界，避免泛化和滥用。就票据纠纷而言，《九民纪要》对于票据贴现、转贴现的处理，明确贯彻了穿透性审判的立场，规定合谋伪造基础关系材料的贴现行不享有票据权利；当事人之间不存在真实的转贴现合同法律关系的按照真实交易关系和当事人约定本意依法确定当事人的责任；以票据贴现为手段的多链条融资模式的封包交易、清单交易，存在倒打款、未进行背书转让、票据未实际交付等情形的，不属于转贴现关系，出资银行不享有票据权利；对票据清单交易、封包交易，把各个环节视为一个整体的票据交易关系，并按照在票据交易中所起的作用、资金的使用等情形，一揽子确定各方当事人的责任。

四、基于法律形式与经济实质差异规避监管的可能性

（一）金融监管的实质主义：法律形式的否定

实质主义是否具有一般性规定和实质主义解释使用与否是两个不同的问题。相比于确立一般规定，更为重要的是在个别案件中如何解释实质主义、如何适用实质主义以及在什么范围内划定其界限的问题。借此，在解释适用金融规范的情形下，所谓的实质主义无非是指法律形式的限制性否定。不仅如此，对于这种法律形式的否定存在于法律稳定性、具体适当性以及公平等理念相对立的领域。因此，立足于实质主义的金融监管最终只是法律规定的类型适用。此外，即使类推适用，也应当确定本身的界限。如下，从监管实质主义的角度出发，通过各种案例检讨法律形式的否认是否具有必要性。

（二）规避监管行为的类型

金融监管的形式一般采取的是 A 为 B 时 C 的形式。在这里，A 是交易主体，B 是交易形式，C 相当于监管的内容。例如，境外机构投资者[1]在中国境内从事证券期货时应当委托境内托管人代为办理所要求的相关手续。国家外汇管理局对境外机构投资者境内证券期货投资资金实行登记管理。在境内进行衍生品交易时，仅限于以套期保值为目的的外汇风险对冲产品和符合规定的金融衍生品。托管人等其他重要信息发生变更的，合格投资者应委托其主报告人自变更之日起 10 个工作日内向国家外汇管理局申请办理变更登记。在这种情形下，被监管对象当事人 A 和监管对象交易 B 发生规避的可能性最大。原当事人不能履行 C 时，可以履行于此的当事人呈现，当认为是 B 而不履行 C 时，经济结果一样；但不认

---

[1]　根据《境外机构投资者境内证券期货投资资金管理规定》，其中所称的境外机构投资者是指经中国证券监督管理委员会批准投资于境内证券期货市场的合格境外机构投资者和人民币合格境外机构投资者。

为是 B 时，法律形式就发生变化。若将其分为交易主体变更的规避和交易形式变更的规避，则可以考虑以下几种情形。

（三）通过交易主体变更来规避监管的可能性

1. 大股东适格要件的瑕疵规避

针对金融机构而言，考虑到金融机构的社会影响力，不仅限制金融机构的资格，而且还限制控制金融机构的大股东资格。因为大股东的财务健全性和社会健全性都会成为问题。若不满足这一资格要件，可能会发生通过更换大股东来规避法律法规的事例。例如，某金融机构的大股东 A 因刑事犯罪丧失金融机构大股东资格时，A 设立名为 B 的 SPC，因 B 在刑事犯罪层面无问题，那么 B 就可以投资于该金融机构并成为大股东。此种情形下，会产生大股东资格的瑕疵被治愈的问题。或者，在 SPC 成为大股东的情形下，大股东仍被解释为"A"，那么是否可以对 A 进行大股东资格条件审查的解释和适用呢？在银行方面，《商业银行法》对于股东资格审查并未明确界定，但是《商业银行股权管理暂行办法》对股东资格核准的对象和审查的标准做出了明确规定。《商业银行法》规定的审批对象是银行的股东，因此，新规则下虽然间接要求持股主体、最终受益人或者其他主体也提交资料对其进行审查，但银保监部门并不向其核准股东资格。在穿透核查的新规下，股东资格核准的对象仍限于直接持股主体。另外，对于间接持股主体、最终受益人或其他主体，因其不是银行的股东，其相关财务指标、经营状态等情况是否达到相关许可办法[1]规定的股东条件只是作为审查的参考因素，并不强制要求。如上，若利用 SPC 等持有银行股份时，是否应当纳入监管的范围仍未明确。

2. 境外机构投资者登记制度的规避

2020 年 5 月 7 日，中国人民银行、国家外汇管理局发布《境外机构投资者境内证券期货投资资金管理规定》，该规定的主要内容为：一是落实取消合格境外机构投资者和人民币合格境外机构投资者（以下简称"合格投资者"）境内证券投资额度管理要求，对合格投资者跨境资金汇出入和兑换实行登记管理。二是实施本外币一体化管理，允许合格投资者自主选择汇入资金币种和时机。三是大幅简化合格投资者境内证券投资收益汇出手续，取消中国注册会计师出具的投资收益专项审计报告和税务备案表等材料要求，改以完税承诺函替代。四是取消托管人数量限制，允许单家合格投资者委托多家境内托管人，并实施主报告人制度。五是完善合格投资者境内证券投资外汇风险及投资风险管理要求。六是人民

---

[1]《中国银监会中资商业银行行政许可事项实施办法》（已被修改）、《中国银监会农村中小金融机构行政许可事项实施办法》（已失效）。

银行、外汇局加强事中事后监管。

问题是如何评价这种总收益掉期交易惯例。从违反境外机构投资者登记制度来看，总收益掉期的投资者或双方是否都可以解释为违法行为，则存在争议。此外，通过总收益掉期，享受与持有该证券相同的经济效果的情况，在报告 5% 的情况下，如何处理也是个问题。2021 年 3 月 19 日，《中国人民银行办公厅关于进一步优化银行间债券市场基础设施对外开放服务 加强事中事后管理的通知》（银办发〔2021〕34 号）要求，中国人民银行上海总部应建立健全制度规则，加强事中事后管理，对境外机构投资者建立严格的看穿机制。虽然对境外机构投资者建立看穿机制，但具体实施办法尚未明确。

3. 通过更换交易方式规避监管

实践中，同时操作多个证券账户的情形非常之多，尤其是在现有新股申购模式下，不少家庭存在代为打新的行为。其实，这也是比较正常的现象，假如夫妻之间或父母子女之间，因工作时间或其他任务的安排，未能够及时登录证券账户完成新股或可转债的打新申购，此时委托亲属代为操作，可能也会是比较正常乃至普遍的现象。《证券法》第 58 条规定："任何单位和个人不得违反规定，出借自己的证券账户或者借用他人的证券账户从事证券交易。"此外，第 195 条规定显示，违反本法第 58 条规定，出借自己的证券账户或者借用他人的证券账户从事证券交易的，责令改正，给予警告，可以处 50 万以下的罚款。简而言之，现行监管要求证券账户持有人的信息必须真实准确，原则是"谁开户谁使用"，个人不得出借或借用证券账户来买卖证券。然而，如上所述，在现实操作中，多个账户在同一时段通过同一手机或者 MAC 地址登录操作，都被视为违背账户实名制要求。因此，亲属之间代为操作是否属于"借用"，是否违背法规要求，成为问题。

不仅如此，对拥有多账户操作的游资机构来说，尚且可能存在你有张良计，我有过墙梯的应对策略。即使是按照同一个设备或者同一券商登录 5 个以上账户触发预警的规则，游资机构可能会改变 IP 地址，或通过不同地址、不同设备等方式回避监管风险，这也是很难实施针对性监管的原因。（由此可见，对出借股票账户处罚的行为，需要实施更细化更严谨的解释说明，避免引发投资者的不安与焦虑。例如，对夫妻之间以及家人之间，且属于非上市公司大股东、非董监高以及非从业人员等性质的代为操作行为，只要不存在频繁交易、持续大额交易乃至持续异常交易的行为，应该要在《证券法》内容中有具体解释与说明。在一般情况下，因牵涉数据过于庞大，只要同一设备或同一 IP 地址登录证券账户不是特别多，或不出现持续频繁交易或异常交易等行为，应该不会遭到监管与处罚。与此同时，在争夺客户资源的当下，除非持续异常的情况，券商机构考虑到综合的因素，并不会轻易对客户实施预警或冻结的策略，投资者也不必过度焦虑。）

4. 在使用未公开重大信息行为中通过接受信息顺序规避监管

《证券法》第 50 条规定："禁止证券交易内幕信息的知情人和非法获取内幕信息的人利用内幕信息从事证券交易活动。"在这里，重要的是只有收到内幕信息的第一个信息接收者才会受到处罚，第二个信息接收者不会受到处罚。因此，信息接收者是第一个还是第二个成为决定是否受到刑事处罚的重要事实。例如，知情人 A 将信息传递给他的朋友 B，而 B 将信息传给他的亲戚 C 作为最终使用，那么 C 就不会受到处罚。然而，C 不仅仅是亲戚，而是 B 的配偶或者直系亲属呢？从形式上来看，因 C 和 B 是不同的个体，因此应当区分对待。从实质主义角度来看，两者是存在区别的。B 和 C 在经济上可以视为同一个体。实践中，若信息的接收者是一个共同体或者一个共同生活的家庭，则顺序不分先后，均被视为第一信息接收者。尽管不属于故意规避监管。

（四）变更交易形态规避监管的可能性

1. 通过非公开发行规避公开发行

一方面，《证券法》第 9 条同时规定了公开发行和非公开发行，"公开发行证券，必须符合法律、行政法规规定的条件，并依法报经国务院证券监督管理机构或者国务院授权的部门注册"，进而反向界定了非公开发行。因此，公司在计划发行债券时，应当首先判断该发行是否为公开发行。若是公开发行，应当注册；相反，若是非公开发行，则无需注册。另一方面，根据《证券法》第 9 条的规定，向不特定对象发行证券，或者向特定对象发行证券累计超过 200 人（但依法实施员工持股计划的员工人数不计算在内），则构成公开发行，受证券法的严格监管。首先，针对特定对象标准，现行法上虽然规定为"专业投资者"，但对专业投资者的界定仍存在模糊。此种情形下为利用非公开发行规避公开发行提供了空间。其次，针对 200 人的标准，只要不超过 200 人，即为非公开发行，无需注册。这种情形，为了规避公开发行的监管，可能利用代持等方式回避 200 人的标准。[1] 根据股票发行审核规则，公司向证监会申请发行股票时，应当将投资者披露至最终的自然人或者国有控股主体，证监会还可以自由采用穿透方法识别投资者。然而，在债券非公开发行领域，我国尚未出现适用穿透方法的案例。

2. 通过金融产品的形式变更规避监管

金融法治的监管体系一般是根据金融产品的不同而适用相关的法律。换言之，存款产品适用于《商业银行法》，投资证券适用于《证券法》，保险产品适

---

〔1〕 叶林：《公司债券非公开发行的规范模式》，载《法学研究》2021 年第 3 期。

用于《中华人民共和国保险法》（以下简称《保险法》），金融衍生产品适用于《银行业金融机构衍生产品交易业务管理暂行办法》等。然而，随着金融科技的发展，以这些产品为中心的行业区分出现了裂痕。在某些情况下，可能不是金融产品，且不受金融法治的监管，这就产生金融产品重新定性的问题。例如，信用违约互换（Credit Default Swap，CDS）是在一定期限内，买卖双方就指定的信用时间进行风险转换的一种合约。然而，事实上 CDS 的承销商成为担保 CDS 出售者风险的一种形态，因此与 CDS 承销商提供的保险并无差别。那么，CDS 是作为一种衍生产品合同还是一种保险合同呢？这就导致《银行业金融机构衍生产品交易业务管理暂行办法》和《保险法》的冲突。从出售者不具有保险利益的层面上来看，信用违约互换不被视为保险合同，但对此存在争议。

另一个例子是黄金银行业务。黄金银行业务是商业银行可以买卖金块、黄金存折、黄金证书、黄金贷款等与金相关产品的制度。中国银行上海分行于 2003 年 11 月开始经营黄金业务。黄金业务代表性产品是黄金储蓄账户和黄金证书。黄金账户（黄金存折）是顾客在银行积累一定金额后，银行每天购买黄金，到期后根据到期标准的市场价格，以现金或黄金实物等形式支付的产品。相反，黄金证书像可转让定期存单一样，由银行以一定数量黄金作为抵押而出具支付凭证以促进流通的一种产品。此外，还有黄金贷款，银行从国外借入黄金，贷给对黄金需求量大的公司，如半导体、计算机等，在到期时加上等量的黄金和利息偿还。那么，这种黄金银行的法律性质成了问题，特别是黄金账户成为争议焦点。从形式上看，与定期存款没有区别，但从当事人的立场上看，实际上与购买黄金相同，因此也可以看作是黄金的实物交易。

3. 通过各种衍生品规避监管

如上所述，通过总收益互换可以规避监管。然而，互换并不是避免监管的唯一方式。即使在期权的情形下，当期权本身或者与其他金融产品一起提供时，会产生性质重新定性的问题，由此也具有规避监管的可能性。在对金融投资产品进行界定上，一个重要因素是本金损失的可能性。金融投资产品承担的风险与预期回报成正比，通过以这种风险为前提的金融投资产品交易促进资本市场的发展。然而，从投资者角度来看，投资者更希望承担较低风险而获得高回报，金融机构也具有同意这种投资者立场的风险。为了防止出现这种情形，《私募投资基金监督管理暂行办法》第 15 条规定："私募基金管理人、私募基金销售机构不得向投资者承诺投资本金不受损失或者承诺最低收益。"另外，《关于规范金融机构资产管理业务的指导意见》指出，资产管理业务是金融机构的表外业务，金融机构开展资产管理业务时不得承诺保本保收益。出现兑付困难时，金融机构不得以任何形式垫资兑付。金融机构不得开展表内资产管理业务。然而，销售金融产品，并就其风险提供可销售的期权是否可行成为问题。事实上，这种情形下，经常运用的是资产回售权（put back option），在募集资金或者投资者过程中，战略投资者一般会授予资产回售权，以保障财务性投资者一定的回报。此时，是否应当从形式上将资产回售权纳入监管范围，还是从实质性层面视为与原投资一样？对此，监管部门并未考虑相应的政策。

五、金融监管中实质主义适用的标准与界限

（一）实质主义适用标准的必要性

如上所述，若法律形式和经济实质不同，则可能需要采取实质主义的方式进行监管。不仅如此，在某些情形下，有必要尊重形式而不适用实质监管。然而，在何种情形下应当优先考虑实质监管，又在何种情形下采用形式监管，这也成为问题。对此，关于实际主义的适用及标准进行规定虽然也是一种方法，但也存在立法上的困难，且立法不是必需的。因而，剩下的则是根据实质主义的解释，在何种情况下应当适用实际主义的问题。事实上，这是法律形式和经济实质、法律稳定性和具体妥当性相冲突的领域。

最高人民法院也一直考虑在法律解释适用中保持法律的稳定性、适当性以及公平性。尤其是，为了解决法律适用标准不统一的问题，2020 年 9 月 14 日，最高人民法院发布了《关于完善统一法律适用标准工作机制的意见》。该意见全面归纳了人民法院实现法律适用标准统一的 10 个路径与方法，提出了统一法律使用标准的 21 条具体措施，同时规定将统一法律适用标准融入人民法院审判整体工作之中，从完善规范依据、健全分歧解决机制，到指导审判组织，再到加强审判管理、审判监督，最后是类案检索、科技辅助、人才建设等方面进行了较为全面的规定，为人民法院统一法律适用标准提供清晰的导向和路径。总之，法律解释的目标应该是在不损害法律稳定性的范围内寻找具体的妥当性和有效性。在这个过程中，尽可能真实地解释法律用语的含义、立法目的和宗旨，以及其制定、修订历史，与整个法律秩序的协调，与其他法律法规的关系等。此外，如果法律用语本身是有比较明确的概念构成，那么原则上其他解释方法就不再需要使用。针对任何法律条款中的用语，即使试图通过立足于法律法规的立法目的和宗旨而作出与用语的通常含义不同的解释，也不能忽视该法律的其他规定与其他法律的体系相关性以及整个法律体系的协调性。从此种层面而言，法律解释也存在一定的局限性。

（二）金融监管中实质主义的适用标准与界限

1. 法律目的形骸化与否

对于通过变更交易主体或者交易形态而将法律目的形骸化的规避监管行为，可以积极适用实质主义。比较典型的就是实质课税原则。我国法律对于实质课税原则并没有进行明确规定，只是在税收程序法和税收实体法中授权税务机关在税收执法过程中可以运用实质课税原则来认定税法事实。例如，《中华人民共和国税收征收管理法》第 35 条和第 36 条、《中华人民共和国税收征收管理法实施细则》第 54 条、《中华人民共和国个人所得税法》第 8 条、《中华人民共和国消费税暂行条例》第 10 条、《企业所得税法》第 47 条、《增值税暂行条例》第 7 条以及《一般反避税管理办法（试行）》第 4 条和第 5 条等都体现着实质课税原则。[1]此外，即使在外部以一个人的名义开展业务，但实际业务是合伙企业时，也可以向所有合伙人征收营业税等。不仅如此，即使在英美国家，也没有理由忽视将节税行为作为没有商业目的的唯一目标而将多阶段行为捆绑起来评估。

外汇交易监管和通过所谓的背对背交易改变缔约方也是如此。根据《国家外汇管理局关于印发〈通过银行进行国际收支统计申报业务实施细则〉的通知》第 6 条第 1 款的规定，境内居民通过境内银行从境外收到的款项和对境外支付的款项，以及与境内非居民之间发生的收付款，由境内居民进行国际收支统计申报。然而，境内非居民之间的收付无须申报。鉴于这些限制，国内金融机构有时会在居民和非居民之间进行干预，进而达成内容基本相同的交易（背对背交易）。即居民 A 和非居民 B 之间若进行直接交易，那么应当进行申报。相反，若金融机构（非居民）以相同的内容与 B 进行交易，而居民 A 就可以回避相关规范的申报义务。针对金融机构在这种背对背交易中的合约地位，美国联邦地方法院认为："这两个互换合约并不是独立的，具有关联性，且其交易结构是旨在隐藏投机性离岸交易。尽管在合同中注明了当事人，但交易的真实当事人是通过交易的整个过程和主合同以外的附属合同来判断。"如果按照原样认可背对背交易形式，则就导致法律目的形骸化，因此有必要根据实质主义进行监管。

2. 法律形式的选择是否具有规避监管以外的目的

若法律形式的选择违反了法律目的，使监管形骸化，那么有必要适用实质主义。然而，如果法律形式的选择具有规避监管以外的其他法律目的或者经济目的时，是否适用实质主义呢？事实上这种情形下，不应当再固守实质主义，而应当尊重法律形式的选择自由，且这种形式的选择目的应当与规避监管的目的相适应。

在上述事例中，假设当事人 A 在试图规避信用风险的情况下可以进行 CDS 交易，或者在与保险公司签订保险合同的情况下选择了 CDS。如果 A 考虑到合同的便利性和成本，选择 CDS 作为场外衍生商品，那么应当尊重 A 的经济选择和

[1] 比较典型的案例是"建伟案——名为购房，实为借贷"和"慈利县某天然气公司与杨某某追偿权纠纷案"。

自由意思。在这里，当事人 A 不是以回避适用保险业法为目的，而选择 CDS 是具有特定经济目的。对此，可以参考保险合同和信用衍生合同的划分标准。在审查保险合同和信用衍生金融合同的法律关系时，不仅应当考虑合同的经济功能，而且还需要审查合同中规定的权利和义务。当然，若合同当事人按照合同条款善意地履行，这些权利和义务将决定合同的性质。然而，如果合同当事人并没有意思去履行时，法院会考虑合同当事人的真正目的，进而确定合同的性质。此外，从保障买房的支付义务不是以保障买方遭受损害或者具有损害风险为条件这一点来看，信用衍生品并非旨在保护保障买方的被保险利益。从不依赖于被保险利益的存在来讲，保障买方的权利与保险合同不同。

在美国，纽约州保险监管局于 2008 年 9 月做出了不适用于购买者在承保义务中拥有或者合理预期拥有重大利益的情形，在这种情形下，表明了 CDS 属于保险业务的范围，对此备受争议。该问题最终导致了在金融改革法案（《多德-佛兰克华尔街改革与消费者保护法案》）中规定互换（或者掉期）系金额产品，而非保险，不能作为任何州法律下的保险合同进行监管，即 CDS 被确定为非保险监管范畴。事实上，这是在法律形式和经济实质之间存在冲突的情形下通过立法查找的解决方案。

3. 法律语言的具体化程度

如上所述，实质监管是法律的补充性解释和类推适用，因此不能超出法律的字面含义。法律不仅对相关案件有具体规定，而且还应当通过立法过程和相关法律的比较来考察立法者的意愿。如果法律对该案件有具体规定，可以考虑对公司债券未公开的重要信息利用行为的限制。

《证券法》第 2 条第 1 款规定，在中华人民共和国境内，股票、公司债券、存托凭证和国务院依法认定的其他证券的发行和交易，适用于本法；本法未规定的，适用《中华人民共和国公司法》和其他法律、行政法规的规定。针对上述规定"国务院认定的其他证券"，在立法技术上对证券概念的界定采用了"有限列举"加"兜底条款"的方式。从这一规定来看，"国务院依法认定的其他证券"应当包含以下两个要素：其一，经过国务院认定的证券；其二，国务院应当依法认定。然而，何谓"依法"？证券法并没规定，此种情形下，一般解释为要依照《中华人民共和国立法法》规定的权限和程序，以及要依据《证券法》对证券概念与范围规定的原则与精神，符合证券的特质和功能。截至目前，国务院尚未就"依法认定的其他证券"做出过认定，学术界的认识也不尽相同。[1]从

---

[1] 郭锋等：《中华人民共和国证券法制度精义与条文评注》（上册），中国法制出版社 2020 年版，第 75~76 页。

立法者的意图来看，随着金融创新的不断发展，也会呈现出不同证券的种类，若具体进行规定的话，可能面临着不断地修订证券法，以至于影响法律的稳定性。在此种背景下，如果出现了具有证券性质、证券功能的新证券品种，中国证监会或有关功能监管机构可以提请国务院认定。当然，国务院也可以在有关行政法规中明确新的证券种类。获得国务院认定的新证券，其发行和交易必须遵守证券法的规定。

（三）反思

实质主义的适用标准和界限问题与法律稳定性和具体妥当性之间发生冲突时协调解释的问题如出一辙。在金融规制方面，在实质主义适用标准和局限性方面，可以考虑几个标准和局限性。首先，如果法律形式或主体的选择使立法目的形式化，就可以积极适用实质主义。但是，在法律形式或主体的选择上，如果有回避限制和兼顾的独立目的，则应尊重选择自由。从立法形式的角度来看，有具体规定的，不宜强行适用实质主义。另外，即使在立法技术上存在困难，适用实质主义也需要警惕。

六、结论

监管的宗旨是要在静态的框架中规范动态的现实。虽然有程度上的差异，但监管和现实的背离是不可避免的。法学为了填补这一缺陷，一般会通过解释论来应对，但在解释遇到障碍时，可能需要通过立法来调和。本文从这一角度出发，讨论了法律形式与经济实质之间可能会出现背离，以及在金融监管形式下适用实质主义可能性的方法和局限性。当法律形式和经济实质之间存在间隙时，从立法上消除或缩小间隙是可取的，但这种努力必然存在局限性。作为一般规定，将实质主义监管引入规定的可能性成为问题，但从立法技术上看，在与其他公法上的规制体系一致性上也存在困难，实质主义的适用也不一定需要一般依据规定。因此，在现实中，实质主义监管可以归结为法律的解释与适用问题，而实务中却出现了通过交易主体的变更或交易方式的变更来规避各种规制的形态，并对其产生了多种解释适用问题。本文以实质主义适用解释的标准和限度，探讨了立法目的的刑法化与否、其他法律、经济目的的存在与否、规定的文言化、具体化程度、立法技术上的问题的关系。实质主义的适用会导致规制体系的灵活性，稍有不慎就会削弱法治主义和民主主义的控制。当然，为了合目的性，不能陷入削弱民主法治主义控制的诱惑，但也不能偏向于对形式的严密性进行解释，从实质主义的角度进行解释和适用也是事实。希望本文能成为金融监管实质主义这一新讨论的一个起点。

数字金融监管的协同治理及其法治实现

王小雪 *

摘要： 数字金融在改善金融服务方式、促进科技创新与缩小区域发展差异方面作用显著，但同时也造成数字金融风险的泛化。传统金融监管历史是央地金融监管权在纵向体制内部上收与下放的权力变动历史，在央地协同监管模式中存在央地监管目标错位、监管权冲突与监管机构设置不合理的问题。数字金融的复杂性、风险性与技术性呼吁更加多元高效的金融监管治理模式。从治理主体、主观要素与结构出发，构建以政府、市场主体、中介组织为主体的数字金融监管协同治理模式，以主体间互信为法律基础，以分布式网络型治理结构为基底，在主体协同的基础上采取软法治理的方式，完善多元主体协同共治的激励相容与约束机制，从而弥补纵向监管体制在应对数字金融风险多发性方面的不足。

关键词： 央地协同监管；数字金融监管；协同治理；软法治理

一、数字金融转向金融风险

《数字金融蓝皮书：中国数字金融创新发展报告（2021）》将数字金融定义为：持牌市场主体运用数字技术，通过数据协作和融合打造智慧金融生态系统，精准地为客户提供个性化、定制化和智能化的金融服务，是与数字经济相匹配的金融形态[1]。作为一个由科技与数据双轴驱动的新金融业态，数字金融（Digital Finance）极大地改变了传统银行金融服务的方式，涵盖了从金融产品到应用程序，再到金融业务流程和业务模型的全链条，呈现出与人工智能、社交网络、机器学习、移动应用、分布式记账、云计算和大数据分析的深度融合[2]。在新一轮信息技术变革背景下，数字技术与金融深度融合，打破了地理距离与区域对开展金融业务的限制，极大地降低了信息的获取、处理和传播成本，有效扩大了金

---

* 王小雪，山西财经大学硕士研究生，北京市东卫（太原）律师事务所实习律师。

〔1〕《报告精读｜数字金融蓝皮书：中国数字金融创新发展报告（2021）》，载 https://www.pishu.cn/zxzx/xwdt/567492.shtml，最后访问日期：2022 年 11 月 15 日。

〔2〕王兰：《全球数字金融监管异化的软法治理归正》，载《现代法学》2021 年第 3 期，第 109 页。

融服务的广度和深度，提高了金融资源的配置效率，对金融产品、业务、组织和服务等方面产生了深刻影响[1]。数字金融能够提升资金配置效率，为实体经济发展提供金融活血。金融资源的配置效率决定着整个经济社会的运行效率和经济增长质量。从科技创新水平来看，数字金融能够充分发挥价值发现功能，推动数字、科技、创新、资金等要素向生产效率高的科技产业聚集，从而促进区域经济创新驱动发展。在区域数字鸿沟的弥补作用上，移动互联支付等数字金融能够基于真实有效信息进行跨主体、跨区域、跨时期的资金配置，减少区域间金融服务的可得性差距，从而有助于构建全国统一的金融大市场和促进区域协调发展[2]。

数字金融在推动金融创新、重塑金融市场格局、改善金融服务的同时，也带来了严重的金融风险和社会问题。从 2014 年开始，政府工作报告几乎每年都提到"互联网金融"，但论调逐渐从评估其创新的价值转向对风险的警告[3]。数字普惠金融指数快速上升和数字金融情绪指数大幅起伏，表明虽然数字金融拥有巨大的普惠价值，同时也存在实实在在的风险，比如大量个体网络借贷平台出问题。而金融风险恰恰是当今中国经济与金融最重要的问题之一[4]。从 2016 年底的中央经济工作会议到 2017 年初的"两会"，防范系统性金融风险一直是决策层关心的话题。最近三年来金融风险不停地在不同的部门和行业之间游走，从股票市场到债券市场，从房地产市场到外汇市场，从影子银行到数字金融行业。数字金融引发的风险传染、溢出与转变问题具有烈度大、影响范围广、传导快的特性，引发了人们对数字金融监管模式的反思。

故此，数字金融带来的多重挑战均揭示了数字金融新治理框架建构的紧迫性，以促成对重大金融风险的精准防控。而既有监管延续一贯的纵向监管思路，虽体现了央地监管的两重积极性，但也存在监管目标不一致、监管权冲突、监管机构设置不合理等诸多弊端。随着金融市场主体与中介组织力量的崛起，横向主体之间的数字金融监管协同治理大有可为，因此有必要探寻一条广泛合作参与、公平且高效的数字金融监管的协同治理路径[5]，以主体间的协同共治为纽带，通过软法的多元参与、开放灵活与硬法的强制约束相结合，通过设置合理的激励与约束机制来实现数字金融监管协同治理。

---

〔1〕 强力：《中国数字金融发展、监管及其法治回应》，载强力主编：《长安金融法学研究》（第 11 卷），法律出版社 2020 年版，第 2 页。

〔2〕 参见《发挥数字金融在支持经济增长中的重要作用》，载 https://news.gmw.cn/2022-06/09/content_35797327.htm，最后访问日期：2022 年 11 月 17 日。

〔3〕 黄益平、陶坤玉：《中国的数字金融革命：发展、影响与监管启示》，载《国际经济评论》2019 年第 6 期，第 26 页。

〔4〕 黄益平：《数字金融发展对金融监管的挑战》，载《清华金融评论》2017 年第 8 期，第 64 页。

〔5〕 王兰：《全球数字金融监管异化的软法治理归正》，载《现代法学》2021 年第 3 期，第 109 页。

二、传统监管模式的治理能力与现实驱动

（一）传统监管模式治理能力的反思：以央地金融监管为视角

1. 历史溯源：从中央单一监管到央地协同监管

传统金融监管历史呈现出"中央单一监管→央主地辅→央地协同监管"的发展趋势。

第一阶段为 1949 年至 2003 年，这一阶段是中央单一监管阶段。自新中国成立以来，我国一直实行由中国人民银行统领银行、证券、保险等各类金融业务的"大一统"金融监管格局。改革开放初期为了发展地方经济，中央下放少量金融监管权到地方。但 20 世纪 90 年代我国宏观经济增长出现波动与通胀，为了确保经济"软着陆"并阻止地方对本地金融资源的不当干预，中央将地方金融监管权上收。最终，中央于 2003 年 4 月组建银监会，形成"一行三会"局面，标志着涵盖金融、保险、证券的分业垂直监管体制正式形成〔1〕。

第二阶段为 2003 年至 2018 年，这一阶段是"央主地辅"阶段。前一阶段中央单一监管模式存在手段刚硬与监管资源不足的弊端。另外，随着小额贷款、融资担保、融资租赁、投资、众筹、交易所等地方性金融组织或"类金融组织"不断涌现〔2〕以及地方金融服务体量的扩张，"一行两会"及其派出机构在监管方面越发捉襟见肘。为了缓解两者之间的矛盾，中央政府便开始主动打破中央单一监管模式，通过部门规章、规范性文件和政策文件等形式，授予或委托地方政府行使部分金融监管权。以影子银行为例，以 2008 年 5 月小额贷款公司的监管权下放为肇端，中央政府开始陆续将融资担保公司、股权投资基金、典当行、融资租赁公司、P2P 等机构的监管权和风险处置责任赋予省级地方政府或其所属的金融办，我国由此迎来了以"中央为主，地方为辅"的双层金融监管格局〔3〕。

第三阶段是 2018 年之后的央地协同监管阶段，这一阶段与上一阶段相比，地方金融监管在机构设置与立法权限上具有更大的话语权与自主性。自 2018 年开始，部分地方政府将金融办（局）升格为地方金融监督管理局，至 2019 年 3 月，全国 31 个省级地方金融监督管理局均挂牌成立，并陆续在行政管理层面完成"三定方案"成为地方政府直属机构。在立法方面，截至 2021 年 3 月，山东、河北、四川、天津、上海、内蒙古、广西、江西八省、自治区、直辖市的人大常委会均通过了地方性法规性质的"地方金融监督管理条例"（山东省的名为《山

〔1〕 陈斌彬：《论中央与地方金融监管权配置之优化——以地方性影子银行的监管为视角》，载《现代法学》2020 年第 1 期，第 106 页。

〔2〕 参见朱慈蕴：《中国影子银行：兴起、本质、治理与监管创新》，载《清华法学》2017 年第 6 期，第 6 页。

〔3〕 陈盼：《央地金融监管协作：经验、回顾与展望》，载《西南金融》2020 年第 4 期，第 28 页。

东省地方金融条例》）〔1〕。

2. 治理能力反思：纵向治理模式的弊端

上述三阶段的监管模式演变既有重叠之处，又表现出了发展的阶段性或连续性〔2〕。但是，三阶段金融监管都体现了纵向监管的思路，以中央为主的纵向监管模式后期因地方金融监管机构的加入而更具针对性、灵活性，但仍存在央地金融监管立法目标错位、央地监管权冲突、央地监管机构设置不合理的现象。

央地金融监管目标错位的深层原因在于央地之间存在信息不对称、激励约束不到位、代理人理性经济人假设、中央监督成本过高。具言之，我国行政系统采取科层制的设置方式，中央与地方政府之间存在很长的代理链条，从信息经济学角度讲，代理人往往比委托人拥有更多私人信息。地方政府能有效协调并调动当地公安、司法、财政、税务、工商等部门资源，对防控当地金融风险的产生和蔓延具有更强的信息与地缘优势〔3〕，由于信息的不对称性，中央政府无法具体而微地知晓地方政府的金融管理工作是否按照中央政府的目标设定与步骤规划进行。如果激励约束不到位，代理人会基于晋升"锦标赛"的考虑与理性人假设，突破中央政府的约束，制定有利于绩效实现的政策规范而不顾中央金融监管目标实现。在此情况下，过长的代理链条致使中央政府的监管资源不足，监管成本过高，中央政府进行严格监督问责的能力不足，使得地方政府金融监管行为偏移中央目标设定。在这样的背景下，央地金融监管机构对金融风险的治理会出现漏洞与缺陷，出现金融风险外溢的风险。

在央地金融监管权冲突方面，主要体现为对市场主体的地方监管往往冲破中央监管权的规定。以地方监管规则最为集中的地方金融组织之一的小额贷款公司为例，《中国银行业监督管理委员会、中国人民银行关于小额贷款公司试点的指导意见》《中国银保监会办公厅关于加强小额贷款公司监督管理的通知》没有明确界定其业务范围，总的原则是强调小额、普惠，面向小微企业、农村、农户、农民、城镇低收入人群等提供贷款。禁止吸收或者变相吸收公众存款，通过互联网平台或者地方各类交易场所销售、转让本公司除不良信贷资产以外的其他信贷资产，发行或者代理销售理财、信托计划等资产管理产品〔4〕。但放松监管成为

〔1〕 冯辉：《地方金融的央地协同治理及其法治路径》，载《法学家》2021年第5期，第86页。
〔2〕 ［美］诺内特、塞尔兹尼克：《转变中的社会与法律：迈向回应型法》，张志铭译，中国政法大学出版社1994年版，第5页。
〔3〕 参见胡继晔、董亚威：《基于央地博弈的地方金融监管体制完善》，载《宏观经济研究》2021年第3期，第29页。
〔4〕 参见《中国银保监会办公厅关于加强小额贷款公司监督管理的通知》第1条第1款与第8款的规定；参见《中国银行业监督管理委员会、中国人民银行关于小额贷款公司试点的指导意见》第四部分"小额贷款公司的资金运用"。

许多地方监管规则的常态，突破上位法规定的做法比比皆是。比如《山东省小额贷款公司（试点）管理办法》（鲁金监字〔2016〕9号，已失效）第30条规定，在山东境内注册的小额贷款公司的业务范围包括"发放小额贷款；开展小企业发展、管理、财务等咨询业务；股权投资；委托贷款；不良资产收购处置；金融产品代理销售（应取得相应资质）；其他经批准的业务"。关于不良资产业务，其第35条第2款规定："鼓励小额贷款公司探索市场化的不良贷款处置办法，支持通过金融资产交易平台挂牌、资产管理类公司收购、有实力的大股东回购等方式转让不良信贷资产，支持通过债转股、以资抵债和资产证券化等方式消化不良信贷资产。"《河南省小额贷款公司试点管理暂行办法》第22条规定，小额贷款公司的经营范围包括办理各项小额贷款，办理中小企业发展、管理、财务等咨询业务以及经省中小企业局批准的其他业务[1]。这显然远远背离了上述《中国银行业监督管理委员会、中国人民银行关于小额贷款公司试点的指导意见》《中国银保监会办公厅关于加强小额贷款公司监督管理的通知》确定的基本原则，转而激励小额贷款公司发展为混业市场主体。中央监管在地方金融组织业务范围上一贯的垄断性管制，反向激发地方在中央监管标准模糊或缺位之处屡屡突破，罔顾其对市场的风险控制水平和自身的监管能力，从而遗留巨大的系统性风险隐患[2]。

从金融监管机构的下沉设置来看，主要表现在中央设置的地方监管机构与地方已有机构之间的管理职能的重叠和空白。金融委办公室地方协调机制是全新的金融监管机制设计，主要负责加强中央和地方在金融监管、风险处置、信息共享和消费者权益保护等方面的协作[3]。金融委办公室地方协调机制与现有的地方省级政府金融工作议事协调机制、省级地方金融监督管理局如何互相配合是一个问题。在同一个行政区域内，金融工作同时存在多套协调机制可能导致协调机制不"协调"[4]。金融委办公室地方协调机制主要是纵向协调，地方金融工作议事协调机制主要是横向协调，前者对中央精神进行学习传达、细化分解、督办落实，后者则动员地方各类资源组织实施。双方的协同障碍主要是涉及多部门的交叉性业务、合作性业务，在地方金融信息共享、监管履职评估体系、基层金融监管能力、地方金融风险处置能力方面存在冲突[5]。地方金融业的深入发展，已经形成了业务融合，深入基层的态势，而监管机构设立的地方机构极为有限，尤

---

〔1〕 参见《河南省小额贷款公司试点管理暂行办法》第22条规定。

〔2〕 参见冯辉：《地方金融的央地协同治理及其法治路径》，载《法学家》2021年第5期，第90页。

〔3〕 《我国将建立金融委办公室地方协调机制》，载新华网，http://www.xinhuanet.com/politics/2020-01/14/c_1125462257.htm，最后访问日期：2022年11月21日。

〔4〕 汪子旭、罗逸姝：《金融监管"央地协同"格局加速形成》，载 http://www.jjckb.cn/2020-03/17/c_138885213.htm，最后访问日期：2022年11月17日。

〔5〕 周逢民：《加强央地金融监管协调的思考》，载《中国金融》2020年第18期，第31页。

其是银监会、证监会和保监会，地方机构只设立到地市一级，只有中国人民银行设立到县一级，县市一级监管真空都无法解决，存在严重的基层监管空白〔1〕。

（二）数字金融风险特征：数字金融监管协同治理的现实驱动

1. 数字金融风险的系统性、复杂性呼吁金融监管协同治理

数字金融融合了数字技术和金融的各种特性，与传统金融呈现风险特征相比，数字金融同时面临金融风险和互联网风险，宏观金融风险的传染性、顺周期性、系统重要性风险更是不容忽视。数字金融以数字技术为基础，信息传递不受时间和空间的限制，高效的数据传输也意味着加快了金融风险扩散的速度，使得数字金融风险"交叉传染"更加不可控。数字金融与传统金融的融合以及自身的跨界经营，导致数字市场主体的业务风险相关性更趋近，任意网络节点出现问题，风险极易向不同源头传开，影响整个金融体系的稳定〔2〕。而且越是依赖技术，系统性安全风险就可能越大。比如，区块链信息系统可能本身就比传统信息系统多出一些额外的安全风险隐患：大多数当前所使用的区块链加密算法依赖于软随机数和伪随机数、智能合约刚刚起步可能存在代码漏洞和安全事故等。又如，量化金融是会发生互激循环、追涨杀跌以及共振践踏的。在一个充斥着智能合约、量化模型、算法"机器人"的金融世界中，可能在某些特殊时刻触发出更大金融风险〔3〕。数字金融风险跨市场形成的破坏力与传导性不可轻视，比如数字金融大型机构利用数字技术提升支付的快捷性，如移动支付、信贷服务、证券交易服务等，利用互联网的优越性将信息数据共享到信贷市场，从而刺激居民消费的需求。这使得证券市场和信贷市场更为活跃的同时，引发金融市场的虚拟活跃度较之以往更高，潜在的风险错综复杂。一旦大型的数字市场主体出现信息泄露风险，将引起股市动荡，恐慌情绪从证券市场传导至信贷市场，使得资金陷入流动性紧张困难，从而形成金融风险〔4〕。

金融风险的复杂性表现在金融风险类型的多样性和存在领域的广泛性，市场风险、信用风险、操作风险、流动性风险和法律风险都是金融风险的具体表现〔5〕。数字金融具有虚拟性和开放性，交易的不确定性和交易对象的模糊性，

---

〔1〕 李其成：《中央和地方金融监管权配置问题研究》，江西财经大学 2019 年博士学位论文，第 102 页。

〔2〕 参见强力：《中国数字金融发展、监管及其法治回应》，载强力主编：《长安金融法学研究》（第 11 卷），法律出版社 2020 年版，第 6 页。

〔3〕 丁晓蔚：《从互联网金融到数字金融：发展态势、特征与理念》，载《南京大学学报（哲学·人文科学·社会科学）》2021 年第 6 期，第 32 页。

〔4〕 陈庭强等：《数字金融背景下金融风险跨市场传染机制研究》，载《会计之友》2022 年第 12 期，第 49 页。

〔5〕 参见［美］菲利普·乔瑞：《VAR：风险价值——金融风险管理新标准》，张海鱼等译，中信出版社 2000 年版，第 15 页。

大多具有业务模式新颖、科技含量相对较高、业务主体多元甚至模糊等特点，因而在形成之初容易游离于监管体系之外，形成新的监管盲区，以致金融监管很难掌握实际风险状况。面对现代社会公共事务的复杂性，单一治理机制都表现出明显的功能不足，采取"多行动者—多机制—多属性—多结构—多目标"的治理模式，成为复杂公共事务治理的必然选择，因为治理本身就是一个复杂演进和相互调适的过程〔1〕。

2. 数字金融风险的技术性亟待金融监管协同治理

金融风险的发生绝非仅仅由经济领域的事件和行为所引发，治理金融风险也不能仅依靠经济领域的知识，而需要治理主体拥有与金融风险发生相关的政治、经济、文化、技术等领域的知识。"假如我们掌握了有关可资使用的手段或资源的全部知识，那么剩下的问题也就只是一个纯粹的逻辑问题了。"〔2〕问题是，现实中金融风险治理可利用的知识总是不完备的。要实现对金融风险的有效治理，不仅要熟悉单个类型金融风险的规律，还要熟悉相互交错的金融风险的整体形态；不仅要了解单个金融风险治理机制的运行机理，还要具备综合运用多种金融风险治理机制的能力。金融风险防范的科学问题、民主要求和价值判断相互交错，知识的不确定性和风险的不可知性相互交织。在这种状态下，金融风险治理中风险的事实知识、价值知识和方法知识如何选取，治理决策中的科学依据和民主要求之间的张力如何缓解，都对金融风险治理所需知识的数量和质量提出了极高的要求。从金融科技角度来看，区块链所带来的信用风险和操作风险全部或部分向算法、机器、技术风险的转化，使全面风险管理框架中的技术风险上升为最重要的风险之一，故此给金融信息系统和技术安全提出了更高要求。

三、数字金融监管协同治理的要素选择

(一) 治理主体：发挥政府、市场主体与中介组织的协同治理作用

政府主导下的金融监管存在运行成本过高、有限理性、权力俘获等问题，政府在面对数字金融时的监管技术与能力并不能完全满足金融市场治理的需求。但是，政府主导监管的优势也不可小觑。在数字金融风险治理中，当下巨量的金融交易和资本的跨国流动，金融运行中众多的交易参加者，以及繁杂的金融产品类型和交易方式，决定了政府机制在金融风险治理中的关键意义——当金融监管成为一道国际性难题的时候，国家的单边行动都难以应对和处理，其他任何机构、

---

〔1〕 参见李文钊：《理解治理多样性：一种国家治理的新科学》，载《北京行政学院学报》2016年第6期，第55页。

〔2〕 [英] F. A. 冯·哈耶克：《个人主义与经济秩序》，邓正来译，生活·读书·新知三联书店2003年版，第116页。

团体或组织就更是力不能及[1]。监管是政府的法定职能，政府的监管职能主要体现在为数字金融市场提供监管公共产品，比如监管标准、监管规则与惩罚措施。

市场主体协同治理背后蕴含着深厚的市场机制基础。数字金融契约群的义务约束与市场主体的强制自救机制为其例证。数字金融风险地发生着深刻的契约缘由：正常的金融生活主要通过金融交易（契约）来完成，从契约法的角度看，金融危机就是违约及其责任的危机[2]，系统性风险就是系统性的违约与责任风险，大规模违约及其违约责任是系统性风险在契约法中的对应物[3]。契约风险的发生常常和契约当事人的不谨慎有关，而契约法能阻止契约一方当事人对另一方当事人的机会主义行为，以促进经济活动的最佳时机，并使之不必要采取成本昂贵的自我保护措施[4]，亦即阻止当事人的机会主义行为。依循"规制性私法"理念，契约法不仅为契约群当事人之间私人风险分配提供行为规范，也要借助契约条款控制和契约司法政策来规范交易秩序、保护公序公益，通过对契约群行为提供明确预期指引来规范和促进契约群的市场效能[5]。从市场主体的强制性自救义务来说，是指"在市场主体破产或可能面临破产风险时，法律授权监管机关启用核销股权、减记债权、债转股的资本工具，快速填充市场主体资本，以避免市场主体账面破产"[6]。市场主体通过内部财务重整的方式避免股东与高管层转嫁危机的道德风险，但是，市场的不完全竞争、信息不对称与负外部性、公共物品供给不足的弊端也导致容易出现市场失灵，其后果造成数字金融风险的泛化与扩散。

中介组织在数字金融监管中发挥机构自律的作用，"当代发达国家金融监管的一个重要发展趋势是在保障国家金融监管有效性的前提下，充分发挥行业协会等自律组织的作用"[7]。行业协会因熟知所在行业而具备更充分的知识，这对于克服金融风险治理中信息不足异常关键。另外，行业协会的联合抵制功能可实现行业领域内的众多主体对单一主体非法行为的集体制裁，而且这种制裁的效率

[1] 参见周友苏、廖笑非：《金融危机背景下中国金融监管模式的选择与完善》，载《清华法学》2009年第2期，第89页。
[2] 参见陈醇：《论金融法中的违约预防制度》，载《环球法律评论》2019年第2期，第86页。
[3] 参见陈醇：《金融系统性风险的合同之源》，载《法律科学（西北政法大学学报）》2015年第6期，第145页。
[4] 参见〔美〕理查德·A. 波斯纳：《法律的经济分析》（上），蒋兆康译，中国大百科全书出版社1997年版，第117页。
[5] 徐英军：《金融风险生成的契约群逻辑及其法律规制》，载《法学评论》2020年第6期，第72页。
[6] 敖希颖：《金融机构强制性自救的中国价值及法律因应》，载《现代法学》2020年第4期，第130页。
[7] 鲁篱、黄亮：《论银行业协会自律机制的设计》，载《财经科学》2005年第4期，第31页。

和效果会因"联合"而成倍放大[1]，从而保证金融市场主体行动趋于规范和理性。这些功能都决定了金融风险治理中行业协会的重要地位，应认可其所具有的风险治理功能。当然，中介组织在治理中也存在监管俘获、利益驱动下机构行为的异化与行政化，非中立性成为中介组织在数字金融治理中的痛点。

总而言之，政府、市场主体与中介组织在风险治理中各有其有效的治理机制，但也存在治理边界与规制不到位之处。数字金融风险的特性决定了三种治理模式要互相补充、嵌入与联合，多元主体共治防范数字金融风险。

（二）主观要素：治理主体互信机制及其法律基础

信任是合作的基础，从整个社会层面上讲，可以感受到一种悖论现象：虽然人们认识到信任是构成人类合作行为的核心要素，在经济、政治和社会生活中起着难以替代的重要作用。但是人们又对赋予信任十分审慎，对组织机构以及陌生人非常警惕，常常"先入为主"地以不信任的心理倾向怀疑交往对象，对可能的信任欺骗采取"宁信其有、莫信其无"的防御态度[2]。"在很大程度上，制度信任或公共信任被看作优于人际信任或私人信任，制度信任是判断社会现代化的一个标准"[3]。法律是制度信任的基础，优良的法律能够化解数字金融社会的对立与冲突，消释社会排斥与冷漠，降低活动运行成本与资源损耗，推动经济稳定与增长发展，促成对数字金融风险防范方案的共识与实施。

"政府规章和法律提供了一个共同的，包括一般期望和具体规则交易的交换框架"[4]。在法学视角下，信用制度的构建可以从社会信用制度、信赖利益保护制度两方面入手。目前，我国已经制定了《征信业管理条例》对金融信用问题进行法律调整，在社会信用立法的过程中，将经济信用中形成的重要规则提升到数字金融监管的信用法中去进行立法规制，形成经济信用的法律规则体系[5]。信赖利益保护机制包括信赖利益承诺机制与利益损害赔偿制度，将信任利益确认为制度性权利[6]，给予金融风险治理主体稳定的行为预期，从而满足风险协同治理机制建构在主观方面的要求。

---

[1] 参见高菲、李凯、阚双：《网络嵌入性与互惠——产业集群网络治理机制的一个研究视角》，载《公司治理评论》2012 年第 4 期，第 73~74 页。

[2] 伍麟、臧宏洪：《制度信任的心理逻辑与建设机制》，载《华中师范大学学报（人文社会科学版）》2017 年第 6 期，第 172 页。

[3] See Khodyakow, D., "Trust as a Process a Three-Dimensional Approach", *Sociology* 40, No. 1, 2007.

[4] See Thomas, C. W., "Maintaining and Restoring Public Trust in Government Agencies and Their Employees", *Adminstration & Society*, 30, 1998.

[5] 王伟：《论社会信用法的立法模式选择》，载《中国法学》2021 年第 1 期，第 235 页。

[6] 参见高国梁、秦宏、汪丽英：《信任风险：内涵、根源与制度规制》，载《法律与伦理》2018 年第 2 期，第 47 页。

（三）结构选择：分布式的网络型治理结构

数字金融风险的不确定性、急发性、扩散性要求发挥政府、市场主体与中介组织的监管能力，防止金融风险的泛化，而分布式扁平化的网络状结构能够最大程度上统合多主体的治理效能，防范数字金融风险的扩散。政府、市场主体和中介组织因此在金融风险治理中具备了相应的角色依据，政府、市场主体和中介组织既是金融风险治理的独立能动主体，也可以根据金融风险治理的具体要求适应性地发展或改变其组合。各个治理主体因网络型结构的涵摄而具备了协同的可能，一个多中心、开放、合作和互动的金融风险治理主体结构由此得以形成[1]。从法律保障的角度来看，网络结构的制度建构重点，是如何为多元治理机制的组合和搭配创设可能和条件的问题，应建立金融风险治理议事协调机构和群众决策机制，确立目的导向型的主体调适制度，以此来完成金融风险协同治。比如可以借鉴金融契约群的构建模式，金融契约群围绕同一投融资活动形成相关联的交易合作关系，集合了旨在实现同一目标或与同一财产（权益）相关的多个契约，呈现出围绕核心主体、发散扩张互联的网状结构[2]。通过契约构建多元主体平等协商共治的基础，在契约条款中构建主体监管职责。

四、数字金融监管协同治理的法治展开

（一）理论前提：主体间性与协同共治理念

个体与集体以及个体之间的关系是相互依赖的有机关系，人的生存和发展不仅与自身的能力与努力有关，更与其所处的社会经济体系以及处于同一经济体系中的其他人的状况有关。"主体间性"为数字金融监管的协同治理提供了主体间沟通与商谈的可能。赫尔曼·哈肯的《高等协同学》著作中比较详细地介绍了协同学及其研究对象，他认为协同学是研究由不同性质的子系统（比如电子、原子、分子、细胞等）所构成的各种系统，研究子系统是如何在时间和空间上相互影响，并共同工作使系统沿着一定轨迹和结构运行的[3]。协同学不仅作用于自然科学领域，其在社会科学领域也能够得到广泛应用。在社会科学范畴内，协同学重点是研究如何促进不同主体之间的交流、沟通、配合与协作，更加强调多元主体依据一定的规则，组成开放的、弹性的、有序的、高效的协同型网络组织和架构，从而共同探寻解决公共问题的路径，追求公共事务的解决[4]。

---

[1] 靳文辉：《金融风险的协同治理及法治实现》，载《法学家》2021年第4期，第38页。

[2] 徐英军：《金融风险生成的契约群逻辑及其法律规制》，载《法学评论》2020年第6期，第65~66页。

[3] 参见［德］H.哈肯：《高等协同学》，郭治安译，科学出版社1989年版，第1页。

[4] 杜庆昊：《中国数字经济协同治理研究》，中央党校（国家行政学院）2019年博士学位论文，第54页。

在数字金融风险的治理当中，应当协调政府、市场主体与中介组织的力量，通过协同治理与主体配合共同防御数字金融风险，比如区块链金融风险的监管。我国当前对区块链的监管逻辑仍然是沿用互联网模式，以对相关区块链平台进行分业监管为主要形式。以数字货币监管为例，数字货币交易平台并未完全实现去中心化，反而中心化程度较传统金融更甚，数字货币交易平台在职能上相当于股票市场的交易所、公募基金、证券公司以及财经媒体等的职能之和。投资者相关的投资行为主要基于对交易平台的信任，但当前缺乏对中心化交易平台的监管，导致其信任机制难以真正确立〔1〕。对于区块链金融的监管，需要综合运用政府提供的监管规则、金融机构自身的技能与知识、中介组织的行业监管规范共同制定区块链金融风险的防范方案，防止金融风险外溢。

（二）规制工具：软法治理的协同性与公共性

软法治理对公共理性的弘扬因应了风险社会下高度的风险不确定性特征。软法制定主体的多元化和效力的自律性使得公共理性变得更加易于实现。正如罗尔斯所说，公共理性存在于从公民自己的合乎理性的学说出发而形成的重叠共识之中〔2〕。因此，公共理性必须依赖于公民对社会管理的实质性参与才能有效实现，软法治理恰好强调这一点〔3〕。从数字金融监管规则制定的角度来讲，中介组织的自律监管规范、金融机构的自我约束规范和激励措施，甚至是政府的倡导性、宣示性规范，都属于数字金融软法的范畴〔4〕。数字金融软法规则的协同性与开放性特征在于由共同体成员协商一致同意制定的〔5〕，而非由国家机关依照权力而制定。数字金融软法多样化的渊源，提供了承载上述差异性治理方案且约束力程度不同的载体。

从被监管者的参与性来讲，按照斯科特提倡的将监管对象视为合作者而非对抗者的新治理思路〔6〕，数字金融监管应重视作为主要监管对象的头部企业的引领作用。扮演领头羊角色的金融科技巨头占据数字金融市场的主导地位，这也将是推动国际数字监管标准的重要合作资源。通过行业标准等软法性规范，数字金融软法有助于帮助科技被监管者提供全球统一的技术设施接口，并借由其市场主

---

〔1〕 吴桐、李铭：《区块链金融监管与治理新维度》，载《财经科学》2019 年第 11 期，第 11 页。
〔2〕 参见［美］约翰·罗尔斯：《政治自由主义》，万俊人译，译林出版社 2000 年版，第 113 页。
〔3〕 王虎：《风险社会的软法治理》，载《自然辩证法研究》2018 年第 3 期，第 35 页。
〔4〕 软法与硬法的区别在于是否经过严格的制定程序、参与立法的意志是否具有广泛性、是否体现"国家强制"。参见罗豪才、周强：《软法研究的多维思考》，载《中国法学》2013 年第 5 期，第 104 页。
〔5〕 参见程迈：《软法概念的构造与功能》，载罗豪才主编：《软法的理论与实践》，北京大学出版社 2010 年版，第 13 页。
〔6〕 参见［英］科林·斯科特：《规制、治理与法律：前沿问题研究》，安永康译，清华大学出版社 2018 年版，第 210~214 页。

导地位而形成事实上的行业技术设施标准。这种视被监管者为合作者的软法治理理念，不仅有利于缩减外部监管资源投入以改善资源过度损耗问题，也助益改进执法机构的监管路径，促使其执法技术从单纯执法覆盖面的扩大，转向更轻灵且成本低廉的助推（nudge）思维[1]，通过如算法公平性排名、友好型企业标示等，为推动金融科技巨头的公共活动导入数字金融风险教育，并借此为监管科技的嵌入提供更清晰可控的升级方向。

（三）实施方式：激励相容与行为约束机制的构建

数字金融风险影响着每一个市场主体的资本可获得性、融资可能性、交易费用和资本的边际回报，事关每一个金融市场主体的利益。在金融风险的协同治理中，要求市场主体、中介组织参与到对金融风险的创造和维护过程中，就必须建立激励相容机制。制度设计可通过对市场主体、中介组织的财政补贴、基金支持、专项资金配套等制度安排，激发非政府主体参与金融风险治理的积极性，以此来释放非政府主体的潜能，为数字金融风险协同治理行为实现提供必要的激励和支撑。在此基础上发挥政府、金融机构与中介组织等主体的治理作用，协同防范数字金融风险。具体而言，政府数字金融监管主要侧重功能监管，通过审慎监管、行为监管、金融消费者保护三种主要方式，减少数字金融的外部性，保护公众利益。金融机构应当建立内部风险管控框架如健全公司治理结构、合理的风险管理战略、政策、程序和操作规程等。中介组织的监管机制主要包括：信息披露、行业自律以及外部评级等方面的内容[2]。

责任制度是最重要的行为约束机制。在数字金融风险监管的协同治理中，市场主体通过私法机制的风险预防行为，其所依托的是合同责任的风险防范功能，通过设置金融契约群中信息披露条款、违约条款、解除变更条款与救济条款，从而约束金融机构的自利行为。而金融协同治理中的政府责任则属于管理责任。比如2022年《中华人民共和国金融稳定法（草案征求意见稿）》第6条规定，各省、自治区、直辖市人民政府应当按照职责分工或者国家金融稳定发展统筹协调机制的要求履行本行政区域内金融风险防范化解处置职责，维护社会稳定，依法打击辖区内非法集资等非法金融活动。金融风险协同治理中的中介组织，如果其未能依法律或依约定履行治理职责，或基于非法目的行使公共性权力并对内部成员或相关社会公众造成损害，或不当干涉政府监管事务，影响政府权力的正当行使，可通过要求其承担实际履行责任、损害赔偿责任，甚至解散非政府组织等方

〔1〕　参见［美］理查德·塞勒、卡斯·桑斯坦：《助推：如何做出有关健康、财富与幸福的最佳决策》（第3版），刘宁译，中信出版社2018年版，第13~15、231页。

〔2〕　参见卜亚、张敏：《互联网金融创新监管机制构建——基于激励相容的视角》，载《技术经济与管理研究》2016年第1期，第86页。

式，来规范其在金融风险协同治理中职责的履行和权力的行使。这些都是金融风险协同治理中法律责任机制发挥作用的具体表现，其对于金融风险协同治理行为的规范运行有着重要的功用。

五、结语

数字金融风险的多发性、扩散性与快速性催生数字金融监管的多元主体协同共治模式，软法在其中发挥了重要作用，包括规则制定的开放性与包容性、治理过程的透明性与治理程序的协商性，最大程度地发挥了政府、市场主体与中介组织的治理效能。但是，软法治理也存在约束力不足、规则冗杂甚至侵权现象，其治理依据面临正当性与合法性的挑战。是故，需要完善硬法与软法相衔接的数字金融监管模式，提高两种类型法律在治理中的积极性与配合度，还有很长的路要走。

金融科技风险监管困境的二元应对路径：理念转变与方式优化

韦 洁*

摘要： 金融和科技的二元融合在一定程度上颠覆金融市场的结构，由此产生负外部性并冲击金融法社会公共利益的本位，需要金融法就此进行有力回应。而现行金融法的监管理念和监管方式在应对金融科技风险时呈现出无力感，因此需重新审视并变革金融法上的监管理念和监管方式，以维持金融科技生态系统的"鲁棒性"。具体而言，需要转变金融法的监管理念，树立包容性理念、实质重于形式理念及风险配置理念。同时，还需优化金融法上的监管方式，在主体维度上，发展共享共治型监管方式；在监管对象维度上，引入先行实验型监管方式；在监管工具维度上，形成科技驱动型监管方式。

关键词： 金融科技风险；金融法；监管理念；监管方式

顺应国际发展趋势，我国全面开启金融科技创新的新征程，金融科技正从"立柱架梁"全面迈入"积厚成势"的新阶段。当下高科技正广泛应用于社会化大生产中，一旦产品存在损害风险，由于受害者众多就容易积累成系统性风险。[1] 金融科技这一破坏式创新活动在提升某些方面效率的同时，也会使风险呈现出新的特征，给传统金融法的金融监管理念和金融监管方式造成前所未有的巨大挑战。金融新旧秩序交替的历史意蕴，总会设定新的问题情境，并赋予金融法新的历史命题，以考验立法者的理性自觉并重新寻求秩序的意义。[2] 本文以金融科技风险的监管为切入点，探讨当前金融科技风险监管面临的窘迫境况及其制度根源，最后提出通过"监管理念转变"与"监管方式优化"这二元路径来破解金融科技风险监管面临的困境。

一、金融科技的风险监管有赖金融法的有力回应

金融稳定委员会（FSB）将金融科技定义为金融服务领域的科技创新活动，

---

* 韦洁，中国政法大学民商经济法学院博士研究生，研究方向为经济法学基础理论、金融法学。

[1] 参见刘水林：《风险社会对经济法研究范式的挑战》，载《经济法研究》2019 年第 1 期。
[2] 管斌：《金融法的风险逻辑》，法律出版社 2015 年版，第 2~3 页。

该活动可能导致新型的商业模式、应用流程或产品服务，并对金融市场产生重大影响。[1]作为科技的一种表现形式，金融科技的风险似乎直接由技术的固有缺陷决定。就此维度而论，金融科技的风险监管需进行技术措施的改进即可阻断其中风险的生成。那么，是否技术的归技术、法律的归法律，金融科技的风险仅依赖于技术手段而无须借助法律手段？事实上，金融科技的风险监管不但为技术问题，亦为法律问题，尤其需要金融法在该领域上有所作为。

（一）金融科技风险冲击金融法社会公共利益的本位

金融科技并不单是静态的技术存在，也要动态地应用于金融行业的具体场景，涉及社会公共利益。[2]这体现为：一方面，金融科技产生"马太效应"，使得强者更强、弱者更弱，进而使社会上众多弱势群体的利益面临遭受侵犯之虞。金融科技在使被传统金融排斥的众多弱势金融消费者享受相关服务的同时，也可能让这些金融素养不高、风险承受力差的众多弱势群体暴露在风险中，成为加剧社会不平等的工具；[3]

另一方面，科技本身的不完备性等缺陷加大了金融风险的波及度，使社会上更多群体直接卷入金融风险中。典型的表现是金融科技在一定程度上改变了系统性风险的生发逻辑：在人们传统的认知中，系统性金融风险主要来源于系统重要性金融机构，并最终形成"大而不能倒"的现象。但是金融科技向人类提出了一个特别尖锐的问题，即金融科技公司比大型的金融机构更容易受到不利冲击并最终演化为系统性金融危机。这主要源于金融科技公司运营模式分散、互联性高、经营门槛低的问题，但绝大部分金融科技公司的抗风险能力不高，致使社会上更多公众参与到金融活动中并形成一个极度互联的整体，而监管机构面临此种情况时却缺乏掌握对金融科技市场运行的可靠信息，因而更多的社会主体会面临金融危机的冲击，最终在社会上形成系统性危机。[4]

经济法是以社会公共利益为本位的法律，金融监管法属于经济法，社会公共利益亦应当是金融监管立法的本位理念。社会利益论是金融监管的理论之一[5]，金融监管当局立足于维护公众利益，缓解金融市场自由运行的缺陷。以"社会中心"为价值取向、注重社会整体发展的均衡和保障社会整体效率的提升、追求社

---

〔1〕 FSB. Financial innovation and structural change：FinTech，https：//www.fsb.org/work-of-the-fsb/financial-innovation-and-structural-change/fintech/，last visited on Nov. 3th，2022.

〔2〕 参见袁康：《金融科技的技术风险及其法律治理》，载《法学评论》2021年第1期，第115~130页。

〔3〕 See Helmut Elsinger，Primin Fessler，Judith Feyer，"Digitalization in financial services and household financial：Fintech，Financial literacy and Financial Stability Report"，Oesterreiche Nationalbank Issue，2018，p.21.

〔4〕 William Magnuson，"Regulating Fintech"，*Vanderbilt Law Review*，Vol. 71，No. 4，pp. 1171-1172.

〔5〕 刘少军主编：《金融法概论》，中国政法大学出版社2005年版，第268页。

会整体利益最大化的社会本位理念，是普惠性现代金融体系和金融法律规范的共同指向。[1]由此，以社会公共利益为本位的金融法需针对"金融科技风险给社会公共利益带来冲击"的现象予以回应。

（二）金融科技的负外部性亟待金融法来克服

金融本身存在负外部性。金融的负外部性指的是由于金融行为引致的、在受影响者决策能力之外的对经济产生的负面影响。金融的负外部性表现为金融中介机构内含不断经受周期性危机冲击的特性，当金融中介的这一困境传递到经济生活中时，就会导致宏观经济的动荡和危机。

金融科技是金融领域的破坏性创新，但金融科技并未改变金融的本质，其只是从技术层面对金融业态进行优化，未改变金融体系本身的运作规律。[2]因此，金融科技也存在负外部性，并且金融科技使风险在金融系统内外之间的传递变得更为频繁，金融和技术的叠加聚合使金融风险发生量变，甚至发生质变，这些发生质变的金融风险有可能使得金融资产泡沫加深，一旦此金融风险不能控制和防范，金融资产泡沫将会突然破裂，进而爆发引发外部性动荡。恐慌心理的传播、不同类型金融市场的关联性和互动性、不同国度之间经济结构的相似性和经济关系的密切性，构成金融危机传递和扩散的动力。金融危机的传导，就是在这种力量的驱动下，实现其在不同市场、不同领域、不同地理空间上的传递和扩散。

单靠技术治理进路无法搭建起金融风险监管的系统化框架，更无法有效地处理金融科技与法律制度的冲突调和，在金融科技风险的监管方面，法律制度的理性亦不可或缺。金融监管法律制度的建构以克服和减轻金融科技创新的负外部性为目标，因此，金融科技的风险监管仍然最主要以金融法规范为适用依据。

二、现行金融法在回应金融科技风险时乏力尽显

在金融科技背景下，风险衍变出新的特质，而受到传统经济法理念和方式影响的金融监管无法有效规制具备新特质的金融风险。

（一）金融科技风险呈现的新特质

金融科技引致的风险存在异质性。虽然当前的科技仍然不能改变金融的本质，其本质功能仍为信用转换和流动性转换等，并由此产生信用风险、流动性风险、市场风险等风险形态。但是在金融和科技的深度融合下，上述传统的金融风险发生衍变，呈现出以下新特质：

第一，深度互联性导致风险辐射范围的扩大化。金融科技背景下，高度关联的实体可能出现，最有可能的形式是市场基础设施。譬如，数字货币和数字钱包

---

〔1〕 刘盛：《现代金融体系视野下的金融法：理念信守与制度表达》，载《政治与法律》2022年第11期。

〔2〕 李文红、蒋则沈：《金融科技（FinTech）发展与监管：一个监管者的视角》，载《金融监管研究》2017年第3期。

本身可能取代银行传统的支付系统，而聚合器可能成为申请银行新账户和贷款的默认手段。[1]这使得传统风险呈现出新的特点，当系统关联度高的时候，传染反而更容易蔓延，[2]最终导致风险波及的范围进一步扩展。并且，金融科技平台进行混业经营，拓展了金融服务的边界范围，服务了大量被传统金融排斥的人群，聚集了大量风险承受能力差的"长尾"人群，此人群数量广泛、个体分散，因此，很容易发生跨市场、跨区域的金融风险。

第二，风险传播具有瞬时性。网络数据技术传输速率的加快及信息共享机制的形成使得金融科技的风险传播速度相对于传统金融时代发生了质的改变，风险传播的速率得到极大的提升。此外，分布式技术的出现改变了风险传播的路径，使得金融风险由之前的自中心化扩散形态转变为分布式扩散形态，风险可以在瞬间被触发。就像避雷针尖端汇聚了整个大气层的气流，风险传播的瞬时性使得海量的风险以"雪崩式"的速度瞬间挤在某一个时点同时全面爆发。一旦因为系统故障或者操作失误而发出错误指令，在错误得以纠正之前，巨量交易就已然进行；若因内部风控机制和交易熔断机制缺位而导致错误延宕，后果则将更为严重。[3]这也催生出"太快而不能倒"的新型系统性金融风险新形态。[4]

第三，风险更具复杂性。首先，金融科技的发展打破了传统的时空距离，金融交易行为完全在网上进行，具有虚拟性及隐蔽性，而也正是由于网络交易的虚拟性，通过互联网系统的暗箱操作，现行交易方式相对于传统金融交易更具复杂性，可能导致金融市场出现新的、不可预测的传染源；[5]其次，随着时间的推移，某些金融科技的创新还会带来宏观金融风险，进而造成金融体系的冲击，使金融风险的复杂性剧增；[6]最后，金融科技创新导致了金融风险泛化，原属于金融机构的传统金融业务向新入行的非金融机构分流。[7]金融风险泛化表现在金融科技创新使相同的金融风险变得更加频发、更为严重。

---

〔1〕 SFB. Financial Stability Implications from FinTech，https://www.fsb.org/2017/06/financial-stability-implications-from-fintech/，last visited on Nov. 3th，2022.

〔2〕 Gai Prasanna，Andrew Haldane and Sujit Kapadia，"Complexity，Concentration and Contagion"，*Journal of Monetary Economics* 58，2011，pp. 453-470.

〔3〕 廖凡：《论金融科技的包容审慎监管》，载《中外法学》2019 年第 3 期。

〔4〕 武长海：《论互联网背景下金融风险的衍变、特征与金融危机》，载《中国政法大学学报》2017 年第 6 期。

〔5〕 Andrei A. Kirilenko and Andrew W. Lo，"Moore's Law versus Murphy's Law：Algorithmic Trading and Its Discontents"，*Journal of Economic Perspectives* 27，2013，pp. 51-72.

〔6〕 SFB. Financial Stability Implications from FinTech，https://www.fsb.org/2017/06/financial-stability-implications-from-fintech/，last visited on Nov. 3th，2022.

〔7〕 周仲飞、李敬伟：《金融科技背景下金融监管范式的转变》，载《法学研究》2018 年第 5 期。

（二）现行监管在应对具有新特质的金融风险时效果乏力

金融法在应对金融科技的风险监管时"疲态尽显"，主要表现为：遵循其理念、方法等实施的监管不能对当前具备新特质的金融科技风险进行有效的监管。

第一，现行金融监管法下，监管者未能在激励创新和监管风险之间"张弛有度"。金融发展是金融创新的结果。金融创新和金融监管呈现上下颉颃之态，在金融危机的治乱循环中，决策者一直在金融安全与金融效率的抉择中徘徊。[1]如果将现行的金融法作为监管依据，监管者在追求科技创新激励和实现风险有效监管之间尺度失衡。首先，面对金融科技风险的上述新特质，监管者欲将所有涉及金融的活动纳入现有金融监管框架之中，这种明显带有"规制俘获"痕迹的监管倾向容易遏制金融科技所产生的共享经济、金融创新和金融自由化的可能性；[2]其次，金融科技时代，面临一些瞬息万变的新型金融科技产品，法律的滞后性使监管当局在进行监管时缺乏法律依据而不能对该风险进行有效监管。金融科技和监管法律在很多时候难以"同频共振"，金融危机的治乱循环表明：金融监管立法往往都是在金融危机出现之后进行相应的变革；最后，现行金融立法中的准入式监管的作用在一定程度上有所弱化。传统上，开展金融业务需要先获得监管部门的牌照，但是实际上，一些科技企业名义上是从事互联网或者高科技业务，其实已经开展金融业务，却未事先获得牌照。譬如水滴筹在 2017 年 5 月正式获得保险经济牌照，但是在此之前其已经从事网络保险业务。支付宝的花呗和借呗在 2021 年才获得消费金融牌照，而在此之前其已从事多年网络借贷业务。以往的先获得牌照再从事金融业务的模式难以有效监管新型金融科技形式下的金融活动。[3]

第二，现有金融监管无法实现信息的有效获取并难以避免信息不对称的现象。首先，作为金融市场上的理性经济人，其对于创新所带来利益的渴望促使他们不断加快创新进度，从而出现了各种游离于法律监管之外的金融创新产品和服务，这也导致确定监管对象成为一大难题；[4]其次，金融科技风险的虚拟性、隐蔽性以及复杂性使得监管主体更难以获取信息，并且对于以利益最大化为首要及最终目标的金融市场主体而言，其往往拥有规避监管以获取利益的强烈动机，

---

〔1〕 参见邢会强：《金融危机治乱循环与金融法的改进路径——金融法中"三足定理"的提出》，载《法学评论》2010 年第 5 期。

〔2〕 参见沈伟：《金融科技的去中心化和中心化的金融监管——金融创新的规制逻辑及分析维度》，载《现代法学》2018 年第 3 期。

〔3〕 黄毅、王一鸣主编：《金融科技研究与评估 2018：全球系统重要性银行金融科技指数》，中国发展出版社 2018 年版，第 27 页。

〔4〕 Mark Fenwick, Wulf A. Kaal and Erik Vermeulen, "Regulation Tomorrow: What Happens When Technology Is Faster than the Law?", *Lex Research Topics in Corporate law & Economics Working Paper*, 2016, p. 8.

因此很可能将相关信息进行"包装"之后再行输出，监管主体获取的相关数据信息在真实性、完整性等方面大打折扣；最后，金融科技的出现使得在金融信息不对称方面产生一个悖论：即金融科技的出现便利金融监管当局获取信息，在此维度上看，似乎信息不对称鸿沟在一定程度上被消弭。但是从另一个维度看，金融科技的发展，使得部分金融科技平台公司兴起并逐渐走向垄断，比如信息垄断的出现。当其欲使交易对手或者监管主体获取何种信息即大量投放该种信息，在海量的信息中，无论是交易对手还是金融监管当局都可能因为信息过载而无法及时获取有效的信息。理论上，科技的发展应当使信息收集和披露变得更加经济和便利，从而减少乃至消弭交易主体之间的信息不对称，但实践中却往往并非如此，甚至有可能恰恰相反。[1]

第三，现有金融监管立法无法有效解决算法黑箱风险。一方面，金融科技时代，人工智能金融基于底层海量数据，依据一定的逻辑生成决策规则，其不透明性和自主性导致人类无法窥知算法决策的具体过程[2]，其如同一个黑箱，人们无法窥测其中。正是基于人工智能金融算法黑箱存在固有的不完备性与概率性预测缺陷，如果对算法潜在缺陷缺乏应对的风险防控管理体系予以限制进而做出的不合理决策，再加之金融科技的互联性使得该风险波及范围加大的新特质，该不合理决策有可能直接传导至业务领域，引发金融交易趋同，并且不同机构对于不同类型产品使用的算法策略趋同，可能因为算法同质化加剧投资行为的顺周期风险，进而因不合理决策加大金融市场的波动性；[3]另一方面，算法"黑箱"的存在势必导致私人利益主观上俘获公共利益，以及资本主观上规避公权力约束等风险的产生，从而很可能导致监管信任危机。监管信任危机的根源在于企业在数据和算法上的非对称优势。当前，基础数据的所有权和控制权主要集中在互联网平台企业，这些企业全程操纵算法设计、运行、测试和分析，由此占据着优势地位。监管部门在"算法社会"中已经呈现出被边缘化的趋势，极易失去对关键数据和关键算法的监督权和控制权。[4]

（三）现行金融监管效果乏力的根源

现有金融监管效果乏力根源于金融法上的监管理念和监管方式的落后。金融法并未适应科技时代的潮流做出有效改变，因而在应对具有异质性的金融科技风险时"捉襟见肘"。

---

〔1〕　廖凡：《论金融科技的包容审慎监管》，载《中外法学》2019 年第 3 期。

〔2〕　张凌寒：《算法权力的兴起、异化及法律规制》，载《法商研究》2019 年第 4 期。

〔3〕　李伟主编：《中国金融科技发展报告（2019）》，社会科学文献出版社 2019 年版，第 346 页。

〔4〕　刘祥龙：《打开算法"黑箱"》，载新华社新媒体，https://baijiahao.baidu.com/s? id＝172807313070
6068164&wfr＝spider&for＝pc，最后访问日期：2022 年 11 月 11 日。

监管理念的不足主要体现为：首先，包容性并未被普遍认为是金融法的理念。在"鱼龙混杂"的金融科技市场需要监管的力量来激浊扬清，这时监管者往往会展现"金刚怒目"一面，在危机驱动型的理念驱动下，金融法缺乏一种包容性思维，缺乏容忍度及包容性，不当扼杀金融创新；其次，实质重于形式的理念并未彰显出其价值，在传统金融监管法更加注重形式监管，即依据金融产品和金融行为的表面形态决定适用何种规则。这体现为中国的金融科技监管处于一种极端对立的两种状态，一种是依据形式主义监管方式，严格实行"相同形式业务、适用相同规则"的要求，对金融科技进行严格管制甚至扼杀，另一种是没有规则而导致金融科技野蛮生长；最后，固守传统的风险防范理念根本无法有效监管存在新特质的金融风险。譬如，现有的监管方式无法有效规制风险太快而无法挽救的情况。在金融科技背景下，极大额交易均可以通过网络在极短时间内完成，这也会使得一旦产生风险，其传播具有瞬时性的特征，金融市场主体及金融公司根本来不及挽救。传统金融法上的风险防范理念根本没办法解决这一问题。

监管方式的失灵主要源于以下几点：首先，在风险治理方面经济法缺乏协同共治的监管方式。在现行分业监管体制下，不同监管部门存在不同的监管范围及部门利益考量，会导致金融基础设施的分割，监管机关信息流通不畅，难以应对金融科技风险。加之现有金融监管并未充分发挥行业协会自律的作用，亦未有效调动金融市场主体与交易相对人的私法自治力量，进而面临监管成本巨大而监管效果不佳的问题。其次，现阶段缺乏一种能既可以激励创新又能控制风险的实验型监管方式。金融科技的破坏性创新特质决定了对其的监管亦须兼顾"破坏"和"创新"这两个维度：一方面，金融科技初创企业对于常规的监管要求往往不可承受之重；另一方面，自由放任的监管立场又容易导致金融科技野蛮生长，放大和传染其破坏性。[1]这需要借助实验型路径，在一定区域、针对部分主体进行一定的试验，探究新型的金融科技产品是否能实现金融法上的效率、安全、公平的三大基本目标。最后，当前经济法的治理方式并非有效融入科技的作用。金融科技本身的问题，仍需技术来解决，金融科技带来的风险，必须借助科技的力量进行监管。但是现行相关经济法律规范中较少体现科技的因素。

三、应对路径之一：金融法监管理念的转变

由于现行监管在应对金融科技风险时的乏力状况，制度设计者仅仅对现有的监管方式进行修修补补也只是"新瓶装旧酒"。所以需要从更上位视角出发，思考如何更新现有的监管理念。金融法的理念是人们对金融法基本取向和重大核心

---

[1] 廖凡：《金融科技背景下监管沙盒的理论与实践评析》，载《厦门大学学报（哲学社会科学版）》2019年第2期。

问题的理性认知和倾向性观念。金融法理念属于主观范畴，存在个体差异，处于不断变化之中，在很大程度上对人们从事各种形式的金融活动起支配作用。[1]我们所要求的金融法理念既需要具有金融体系所要求的恒定性，又要具备时代性。[2]因此金融法的理念在科技时代背景下需进行转变，让监管理念与金融创新同步演进。

（一）从"抑制"到"包容"：树立包容性理念

金融史是一部金融危机史，遵循"危机—监管"的治乱循环，在 2008 年金融危机之前，"轻触式监管"大行其道，奉行最少的监管就是最好的监管，但是 2008 年金融危机即证明了"金融自由化"的失败，因此，金融监管开始走向强监管的方向。以沃克尔规则和巴塞尔资本协议 III 等为代表，监管者们构建起宏观审慎和微观审慎的大工程，重新平衡市场和政府的关系。迄今它是否真正提高监管的有效性，尚待历史评估，但显而易见的是，金融机构背负的监管成本剧增，他们又玩起新的监管规避游戏，并产生了新的金融抑制。[3]具体到我国，当前的金融监管呈现出自上而下的抑制性监管路径，金融抑制的最大特点是体现出政府主导的强制性变迁发展路径，局部金融监管矫枉过正。在"父爱主义"的指引下，具有抑制性的管制型监管设立高准入门槛，并代替市场筛选"适格"的经营者。

然而，风险既源于客观世界自身的不确定性，也源于人对客观世界认知的局限。因此，囿于认知的局限，我们并不确定哪一种创新形态是我们所需的，哪一种创新形态是我们需要规制的。在技术的早期阶段，监管的宽容是至关重要的，因为它可以使创新的商业模式从概念验证的阶段快速转变为实际应用的阶段，只有这样我们才能看到新技术对市场乃至整个社会产生实际影响。作为破坏性创新的实例，金融科技需要监管者识别并挖掘其新价值，进而转变和创新监管理念。因此，金融监管必须具有前瞻性，做到有预判、有预案，要有效捕捉风险并与时俱进地配置监管资源，使监管能力建设和金融创新相适应。[4]因此，金融法必须改变"父爱主义"的品性，树立谦抑品格，贯彻包容性理念，给予金融科技机构试错、纠错的空间。包容性理念不代表对现有的金融刚性规则的突破或者瓦解，而是在承认现有制度的基础上进行柔性化的处理。因此在坚持刚性规则的基础上，在某些情形下可以豁免某些金融科技公司的监管要求。具体而言，树立包

---

[1] 汪鑫主编：《金融法学》（第 4 版），中国政法大学出版社 2011 年版，第 17 页。
[2] 李昌麒主编：《经济法理念研究》，法律出版社 2009 年版，第 3 页。
[3] 苏治等编著：《金融科技时代：冲击与变革》，经济科学出版社 2017 年版，第 184 页。
[4] ［荷］乔安妮·凯勒曼、雅各布·德汗、费姆克·德弗里斯编著：《21 世纪金融监管》，张晓朴译，中信出版社 2016 年版，第 13 页。

容性理念，需要监管者主要做到：

第一，允许监管者与被监管者良性互动。包容性监管要求改变传统的"命令—控制"型的单向监管模式，适当实施交互式的金融监管模式，加强监管者与被监管者的对话与反馈机制，监管者充分吸取、听取被监管者的意见和建议，并进行适当的监管变革。在科技治理模式下构建新型关系，监管者、金融中介机构和金融消费者都是平等的参与主体，从而可以进行双向互动和开放式谈话，从监管者视角了解监管的目标以及从公司视角观察监管要求。

第二，发展原则性监管和规则监管相结合的模式。从规则到原则是人类社会探索规律寻找真理的过程，从某种意义上来讲，法律与法治也是这样的过程。原则监管的弹性可以导致对其存在多重解读，金融机构有时不确定自己的行为是否契合监管者对原则的理解。如果监管者与被监管者之间缺乏信任，那么原则监管体系将无法运作。此外，原则可能蜕变为规则。因此，首先需要通过明确规则来作为对金融科技风险监管的依据。当规则监管在面对日新月异的金融创新表现得无能为力时，原则监管似乎是一种有效的应对方法。与规则监管相比，原则监管可以赋予监管机构自由裁量权，适应金融科技变革所引发的被监管行为及其背景的变化。最重要的是，规则治理不能有效应对新出现却未纳入原来监管范畴的金融创新，金融监管和法律需要设计抽象化、概括化、弹性化的原则加以治理。因此，需要通过原则性监管对规则监管进行补位。

（二）从"形式"到"实质"：树立实质重于形式理念

在金融科技背景下，通过云计算、人工智能等技术手段进行的金融创新，互设通道、相互嵌套、拉长资金链条，将实质违法的金融产品、金融服务包装为合法的形式，导致信息不透明，加大信息不对称。此外，某些从事互联网金融经营业务的公司向外宣称其转型为只从事金融技术研发的科技公司，以此企图规避金融监管。因此，在金融科技时代实质重于形式的金融法理念需进一步彰显。

第一，在金融监管立法中形成机构监管、行为监管并重的监管体系。贯彻实质重于形式的理念并不意味着否定和摧毁形式监管，而是仅在某些情形下需要刺破金融服务、金融产品的表现形态从而把握其实质。因此，即使注重实质重于形式理念，发展穿透式监管，仍然需要坚持金融牌照准入制，按照金融机构的类型发放牌照，并强化对金融业务持牌准入的要求，无论是行为监管还是功能监管等均建立在此基础上。在监管活动范围内，以金融行为的性质为标准实施监管，建立刚柔并济、富有弹性的监管机制，以此保证监管规则的统一性和一致性。

第二，在金融监管立法中，转变监管思维，形成功能监管与穿透监管互促的监管体系。金融科技的崛起可打破传统金融市场监管模式的"总体效用"，将金融监管体制转变的"选择题"变为"问答题"。监管科技概念的提出，则为以智能监管的范式运用提供研究和学习的起点，亦为既有体制之下通过科技手段实现功能性监管提供构建和融入的起点。[1]监管当局可穿透金融产品的表面形式，把握其金融实质，按照其实际的功能施以相关的监管规则，对相同功能、相同法律关系的金融产品按照同一规则由同一监管部门实施监管。

第三，在金融监管立法中，以风险为导向，区分业务主体和业务范围，在产品监管、业务监管的基础上，加快构建以风险监管为主体的新机制、新模式，严格定义各类风险的内涵和外延，清晰界定各类风险的业务主体及其业务范围，为各类风险制定有针对性的风险处置工具及配套的处置方案。[2]

（三）从"防范"到"配置"：树立风险配置理念

针对金融科技风险，现行的监管立法应当树立风险配置理念，而非风险防范理念。一方面，风险本身就是一种可以利用的资源，"风险"是"机会"的代名词，风险与收益并存，金融不能消灭风险，它只能转移风险、分散风险，现代金融的核心功能是配置风险，金融的发展趋势是提升金融体系配置风险的功能，使风险流量化。在商业银行占主体的金融体系中，商业银行和中央银行等都试图把风险堵在金融体系之外。宜堵不宜疏，有时候会出现一种极端的形态——经济的严重衰退或所谓的经济危机[3]。应当理智看待金融风险中政府规制的不足，切勿走向"规制万能主义"。另一方面，高科技与发达市场（制度）体系本身隐含风险的呈现。[4]既然金融法无法防范技术的固有风险，那么就在承认此状况的基础上，思考如何通过法律规则的设置使得该风险能够"变弊为利"。

基于以上两个原因，与其苦思冥想如何防范风险，还不如在不同主体之间配置风险，使资源禀赋好、抗风险能力强的市场主体掌握高风险，从而加大金融风险向有利方向转化的可能性。职是之故，金融立法者应当推动原有金融法的风险防范理念转向风险配置理念，通过制度化的途径让风险商品化。根据风险配置理念，管理风险的能力不仅仅体现在通过市场转移、交易风险从而化解风险的能力上，也体现在防止结果的发生。

首先，立法应当使金融科技的风险流量化而非存量化。顺畅的风险转移机制有利于增强金融稳定性。中国金融体系改革的目标之一应该是建立顺畅的风险转移机制，使得金融风险不至于累积于商业银行或者某一部门，而是在金融体系内

---

〔1〕 季立刚主编：《中国金融法治前沿报告（2019—2020）》，法律出版社 2021 年版，第 362 页。

〔2〕 吴晓灵：《对我国金融科技公司的监管建议》，载腾讯网，https://new.qq.com/rain/a/20211101A068 IE00，最后访问日期：2022 年 11 月 2 日。

〔3〕 吴晓求：《现代金融的核心功能是配置风险》，载《经济经纬》2003 年第 6 期。

〔4〕 参见刘水林：《风险社会大规模损害责任法的范式重构——从侵权赔偿到成本分担》，载《法学研究》2014 年第 3 期。

通过流动和转移获得有效配置。存量化的风险有可能侵蚀金融体系的肌体，从而严重恶化金融体系的功能。现代金融最核心的功能就是要创造出一种能够使风险流量化的机制，使风险处于一种流动的状态，将风险匹配到相应资源禀赋、抗风险能力和风险偏好的主体手中，防止将金融风险集中在某一特定的部位。

其次，完善对冲机制。但近年来伴随着金融创新的不断深化，尤其是资产证券化和金融衍生工具的大规模发展，银行部门通过资产支持证券和金融衍生工具的交易，向其他金融机构尤其是保险公司和对冲基金转移大量风险。[1]在金融科技背景下，金融市场主体不断发展创新型对冲产品，使得风险能够在不同的偏好群体之间得到更好配置。

最后，做到风险分摊和提供激励的平衡。风险分担是推动金融创新的引擎，然而，过度风险分担也导致激励扭曲，诱发道德危害。在不确定性和信息不对称并存的现实环境中，风险配置由"风险分担"和"提供激励"双重动机驱动。但是"分担风险"和"提供激励"的冲突是风险配置的核心问题，合约安排难以在两个维度上同时实现绝对最优，需要对风险分担的收益和提供激励的必要性加以权衡。参与约束和激励相容约束分别引出两项风险配置准则：第一，风险应分配给风险承担成本较低的一方。第二，风险应分配给最有能力管理风险的一方。第一个准则基于合约主体风险承担成本的差异，强调风险分担效应，第二个准则基于合约主体对产出施加影响的差异，强调激励效应，二者共同决定合约的综合绩效。[2]

四、应对路径之二：金融法监管方式的优化

科技的创新使资源重新配置以及产业利益格局重新组合，进而推动相关法律制度的创新。在金融科技背景下，金融法监管方式需要适应金融科技的发展，做出相应的创新与优化。

（一）主体之维：发展共享共治型监管方式

单一化、条块化的行政治理机制与社会主体自治义务的缺位表明，共享共治理念适用于金融科技议题具备充分的现实基础。[3]因此，就监管主体而言，应当打破自上而下的层级制治理模式，拥抱多元共治的扁平化监管模式，由"单头"监管逐步走向"多头"监管，加强监管协同和上下联动。共享共治型监管方式是一种网络化的治理模式，网络中的主体彼此互动、相互信任、协商合作、

〔1〕 许荣：《金融体系内风险转移及其对金融稳定性影响研究》，载《经济理论与经济管理》2007年第11期。

〔2〕 赵征：《风险配置的内在冲突、信用风险转移市场的脆弱性与监管改进》，载《上海金融》2012年第8期。

〔3〕 刘乃梁、吕豪杰：《金融科技数据垄断：源流、风险与治理》，载《财经科学》2022年第3期。

交换资源，形成多中心、多主体、多层次的监管方式。共享共治理念在金融科技背景下表现为以下几点：

第一，监管主体之间的共享共治。共享共治型面临一个集体行动的问题，它是多主体之间共同探索解决问题之道的过程，在金融科技的共享共治中首要需要考量的就是多维监管主体之间形成合作共治的局面。面对不断推陈出新的监管金融科技创新，金融监管部门必须通过信息的互联互通，形成监管合力，从而提高监管主体获取信息的能力。发展监管主体的共享共治监管可以提升监管的实时性和有效性。目前我国已经形成了国务院金融稳定发展委员会、中国人民银行、中国银保监会、中国证监会组成的一级多头的金融监管体制，并且在法治层面存在相应的制度供给。当前，金融数据是金融监管的核心武器，因此，需要在此金融监管体制内，依照"共建、共享、共用"三原则，加快金融业综合统计和信息标准化立法，在此基础上推进金融监管工作的信息化、智能化转向，探索金融监管数据统一的共享平台，建成《中华人民共和国金融稳定法（草案征求意见稿）》第18条中规定的"国家金融基础数据库"，并使该平台能覆盖所有的金融机构，执行一致性的合规标准，从而实现金融监管全流程、全方位的智能化。

第二，监管机关与金融科技公司的共享共治。不同的主体各自存在不同的价值追求和利益诉求，如何充分认识并有效回应多主体之间的冲突性诉求是一个有待解决的问题。发展共享、共治的监管方式，其实体现了监管范式由被监管对象"被动监管"走向与监管者与被监管者"合作监管"的转变，通过搭建监管机构和监管对象间平等对话的桥梁，试图建构一个"共同探索"的回应型治理框架，以多种方式改善双方的紧张甚至对抗关系，从而提升双方深层次的合作治理与技术治理。这需要实行行政机关中心化监管的变革，改变以法律规范以及行业规范为主的监管方式，通过对金融科技平台进行私法规制，即通过金融科技公司与用户的自治契约来对金融科技风险进行治理。金融科技公司与用户的自治契约变更相对于法律的变更更为迅速，其更能随着金融创新而进行相应的规则完善。

第三，监管机关与行业自律组织的共享共治。共享共治型监管方式的关键在于，它建立在一种基于自愿自律与充分协商的信任关系之上。监管机关与行业自律组织的共同治理方式弥补了传统监管组织结构科层制的单一性、封闭性和过程的单向性，增加了自律行业组织的作用，体现了由"单纯的硬法治理"走向"硬法与软法结合治理"的路向。该治理方式充分发挥行业规章、行业惯例等软法的作用，这将使得部分监管成本被监管者内部进行吸收。譬如金融自律行业对金融科技公司的行为制定金融科技伦理自律公约和行动指南等某些行业自律规则，在一定程度上能抑制金融科技公司的不当行为，则减少了政府对这部分不当行为进行监管的成本。

(二) 对象之维：引入先行实验型监管方式

金融科技是创造性的变革活动，面对一种新的金融变革，监管者只能"摸着石头过河"，这就需要发展出一种先行实验型监管方式。实验主义是一种基于结构—功能、信息—反馈、竞争—协调的决策系统，它反对用纯粹抽象的理论推演来确定实践路径，而是旨在通过实验的思维、理念和方法来提升治理实践的科学性和有效性。[1]它是在面对没有明确治理方案的复杂公共问题时，为适应政策的迭代和监管的优化而采取的一种监管方式。与强调理性设计的唯理主义相反，实践倾向的制度化进路并不追求理论上的完美设计，而更注重在控制条件下寻求可能的最优解，实验试错是基本方式。[2]

在金融科技创新上进行先行实验型监管主要体现在监管对象的维度上，即可以针对被监管对象实施沙盒监管。监管沙盒的出现本质上是对全球金融危机之后大为强化乃至过于烦琐的监管要求某种意义上的"反动"和"纠偏"，是要为金融创新尤其是金融科技放开一条"生路"。沙盒监管在保守与创新、固化和变革之中探索一条折中路径，其既为金融科技创新提供宽松的环境，又能在一定程度上解决金融监管制度规范滞后于金融创新的问题。其为金融科技创新营造一个可控的容错机制。如果引入沙盒监管，制度的内容主要包括以下几个方面：

首先，具体监管沙盒的主体应该为各类申请机构的监管机构。有观点主张：由于我国当前仍然遵循分业监管的逻辑，加之基于愈演愈烈混业经营的趋势下，监管沙盒的实施应当由金融稳定委员会进行指导协调，央行金融科技委员会具体负责，在监管交叉的情况下会同银行保险监督管理委员会、证券监督管理委员会等相关部门协商沙盒测试参数和开展监测工作。[3]但是该观点值得商榷。中国人民银行金融科技委员会是设立在中国人民银行下属的一个机构，其职能主要在于组织深入研究金融科技发展对货币政策、金融市场、金融稳定、支付清算等领域的影响，切实做好中国金融科技发展战略规划与政策指引。由此可见，中国人民银行金融科技委员会通常更倾向于制定政策指引和进行引导型工作，对金融科技工作的研究进行规划和统筹协调，而非具体进行监管。那么，在微观层面上进行监管还得依靠申请沙盒的各金融机构的监管机构。但是可以由央行金融科技委员会进行协调监管。

---

[1] 刘太刚、邓正阳：《实验主义治理：公共治理的一个新路径》，载《北京行政学院学报》2020 年第 1 期。

[2] 钱弘道、杜维超：《论实验主义法治——中国法治实践学派的一种方法论进路》，载《浙江大学学报（人文社会科学版）》2015 年第 6 期。

[3] 刘志云、刘盛：《金融科技法律规制的创新——监管沙盒的发展趋势及本土化思考》，载《厦门大学学报（哲学社会科学版）》2019 年第 2 期。

其次，应从创新风险程度和创新机构的风险控制能力上划分监管沙盒的具体模式。2015 年 11 月，英国金融行为监管局（FCA）向英国财政部递交了一份名为《沙盒监管》，是有关开展沙盒监管的可行性和实用性报告，其中明确了三种沙盒模式，分别为授权式沙盒模式、虚拟沙盒模式和伞形沙盒模式。授权式沙盒模式是最严格的模式，拟申请企业需要在规定时间内按照一定的格式向 FCA 提交申请，FCA 需要经过严格的审查之后做出是否能入盒的决定，如果获得入盒资格，FCA 将指派专门的官员作为联络员，与申请企业共同设计最佳的沙盒模式。虚拟沙盒是一种比较宽松的沙盒模式，在这种模式中，创新者并非在真实的环境中开展测试，不会对金融系统造成实际损害，而仅仅是通过云计算等手段，利用相关数据对申请者的产品和服务进行测试，并且邀请相关主体尝试其新方案。伞形沙盒模式相对于授权沙盒，并未进行特别严格的限制，无需经过严格的审核和授权，该种模式要求再成立一家非营利公司作为伞形沙盒，创新者可以作为该公司的受托人提供金融产品和服务，但是该公司必须受到 FCA 的严格监管。[1] 由此，可以视金融创新的风险程度、风险波及面、创新主体的风险控制能力、控制成本承受度等指标来选择不同的沙盒监管模式。如此，既能保证一些创新风险高、风险控制承受度高的大型金融机构通过授权沙盒模式来进行测试，也可以通过虚拟沙盒模式、伞形沙盒模式保证一些创新风险相对可控的小型金融创新主体能够获得测试产品的机会。

最后，基于本土化资源来建构沙盒的准入与退出问题。[2] 监管沙盒一旦开通，申请入盒的企业参差不齐。FCA 于 2020 年与伦敦金融城合作建立"数字沙箱"，该沙箱受到不同规模公司申请，最常见的是小型的、初创的公司，初创公司申请质量参差不齐，并缺乏明确的主张和完善的发展计划，因此他们的成功率只有 20%，远低于中型企业 50% 的成功率。[3] 为提高入盒企业的质量，避免浪费公共资源甚至扰乱沙河的运行模式，必须设置一定的准入制度，明确入盒的标准，使得申请入盒的企业必须真正有助于金融创新、能够保护消费者权益，并且不会造成市场的大规模混乱。目前，我国整体上形成了"一委一行两会+地方金融监管局"的新金融监管架构，因此，我们可以在这个架构基础上来建构准入的问题，可以由申请部门的监管进行初审，之后再上报至央行的金融科技委员会。

---

〔1〕 刘志云、刘盛：《金融科技法律规制的创新——监管沙盒的发展趋势及本土化思考》，载《厦门大学学报（哲学社会科学版）》2019 年第 2 期。

〔2〕 李爱君：《〈沙盒监管〉对我国金融创新监管的启示》，载《中国品牌》2017 年第 3 期。

〔3〕 FCA：Supporting Innovation in ESG Data and Disclosures：The Digital Sandbox Sustainability Pilot，available at https://www.fca.org.uk/publication/corporate/digital-sandbox-sustainability-pilot-report.pdf，last visited on Nov. 7th，2022.

在运行问题上，需要站在"一委一行两会＋地方金融监管局"的配合协调监管下进行测试。在出盒问题上，评估分为内部评估和外部评估，当监管沙箱结束时，应当由监管层和测试者分别进行评估，做出相关的评估报告，并且需要由监管机构和测试者之外的第三方进行评估。在评估标准上，应当考量金融科技企业的盈利标准、金融产品或者服务的风险状况、金融消费者的满意度情况及其权益维护状况等因素。

（三）工具之维：形成科技驱动型监管方式

金融科技是双刃剑，一方面给金融风险治理带来新挑战，另一方面也为金融市场主体及金融监管者赋能。金融科技为监管当局实施有效金融监管及金融市场主体高效从事金融活动提供强大的科技支持。尽管监管应当保持技术中立，但是监管应当与技术同步发展，因此，对于金融科技的风险监管应当融入科技因素，以科技为工具，形成科技驱动型的监管方式。科技驱动型监管指的是在去中介、去中心化的金融交易现状下传统金融监管维度以外的科技监管。[1]在金融科技背景下，科技驱动型监管是监管的新型方式，若在监管中忽视科技的运用，将无法有效应对新特质的金融风险，在监管方式中增加科技因素是监管的必然趋势。金融法作为治理金融科技风险的法律，需要变革监管方式，将现有的监管科技体现在金融法规范中。形成科技驱动型的监管方式，典型的表现是以下两方面：

第一，完善信用监管。信用监管不是监管信用风险，而是以信用来进行监管。在金融科技背景下，金融机构通过人工智能技术构建以客户为中心的风险全景视图，智能识别风险点及其传导路径，并且通过整合分析金融消费者等交易对手在实体银行等各个渠道的交易记录，将客户各方来源的数据信息等整合为统一的数据流，通过金融科技为交易对手描绘高精度画像，再以智能化评价策略和多维度关系图谱厘清风险关联关系，实现对存在高风险交易和异常可疑交易进行动态捕捉、动态预警、自动拦截、自动补救等措施。这时金融机构开始转变原有的"当铺思维"，不再单靠抵押物来预防信用风险，而是依赖科技信用来进行信用风险防范。最典型的信用监管的例子是芝麻信用，其通过云计算等技术客观呈现个人信用情况，据此进行一定的信用评分，该评分作为授信的重要参考依据。同样地，监管主体亦可以通过以上方式强化信息获取能力，提高监管的有效性。以科技信用进行金融科技公司的风险监管，需要立法者思考以下问题：首先，是如何设置金融数字归属、收集、流通、使用、分析规则。这是建立金融领域信用监管的底层逻辑和制度基础。其次，是需要明确科技信用监管方式的实施范围和实施情形。对于一些存在极高系统性金融风险的金融机构、金融经营行为不能采取

---

〔1〕 杨东：《监管科技：金融科技的监管挑战与维度建构》，载《中国社会科学》2018年第5期。

信用监管方式进行风险监管。最后，是厘清信用监管的内在逻辑及结构，明确信用监管主体和对象的权利义务，在此基础上制定信用监管规则。

第二，引入嵌入式监管。传统金融监管实现有效监管的前提是被监管主体及其行为的可识别，而金融科技的技术特性使监管机构很难确定需要被监管的主体和应受监管的行为。在一个去中心化的金融服务领域中却着眼于对中心化组织体的监管将是不合时宜的。针对去中心化技术的监管，如果套用传统的金融监管路径，势必造成监管的混乱和不确定性。随着 DLT 在金融领域的兴起，以秉持"技术中立"思想的新型监管模式正呼之欲出，嵌入式监管正是其中的代表模式之一。嵌入式监管是一种监管框架，通过读取分布式账本，自动监控数字证券、加密货币等数字资产的发行和交易是否合规，从而减少主动收集、核实和交付数据的需要。[1] 嵌入式监管可以实现动态的监管模式，监管不再只是在后台监管系统上运行，而是融合在交易系统上运行。嵌入式监督的第一个原则是"代币化"的过程必须得到法律体系的支持。基础资产的债权或所有权与数字代币记录之间的联系最终必须由法律制度和相关合同安排确定。第二个原则是在去中心化市场中保证交易最终性的经济激励。经济最终性概念，其中经济最终性是指一旦交易不再有利可图而无法逆转时，它就是最终的。第三个原则是设计嵌入式监督时关注更为广泛的社会目标。嵌入式监管主体的目标既不是特定的市场结构，也不是特定的交易形式，它追求建立一个稳定的金融体系，以尽可能低的成本，向消费者和企业提供高质量的服务。

---

[1] Raphael Auer, Embedded Supervision: How to Build Regulation into Blockchain Finance, available at https://doi.org/10.24149/gwp371, last visited on Nov. 2th, 2022.

公募基金投资顾问监管逻辑的重构：以销售佣金为中心

邹星光*

摘要：《资管新规》致力于拨乱反正，并未涉及回归本源后大资管的重要一环，即面向单一投资者的财富管理业务。财富管理业务具有独特的利益冲突问题，其源于金融产品端向投资顾问支付销售佣金这一传统、主流的商业模式，这也是域外监管的起点和关注焦点。以公募基金这一重要投资产品的投资建议服务为例，基金投顾会偏向于向投资者推荐向其支付佣金更多而非更适合客户的产品。面对这一利益冲突问题，英国等法域强制要求投顾从佣金模式转变为向投资者直接收费的模式，我国监管者目前亦大力鼓励卖方投顾向买方投顾的转型。然而，通过经济分析得出，强制转型的改革是不效率的，从基金端收取销售佣金的卖方投顾具有其存在的经济合理性，故所谓的全面转型亦不会自然发生。卖方投顾与买方投顾没有高低之分，只是不同业务的经济特征不同。因此，我国监管者的思路不应该是寄希望于通过促成商业模式的转型来解决利益冲突问题和保护投资者利益，应然的监管逻辑应当重构为一种区分监管的思路：对于投资者支付了投顾费用的买方投顾，应当严格禁止其直接或间接从基金端收受销售佣金，从而促进客户最大利益原则的实现或信义义务的履行；对于佣金激励下的卖方投顾/销售，应当设置明确的佣金费率上限，从而在一定程度上控制利冲问题，目的则在于促进适当性义务的履行。

关键词：开放式公募基金；基金销售；投资建议；销售佣金；利益冲突

一、引言

我们生活中一个很有意思的现象是，我们去银行、证券公司等金融机构购买基金、理财、保险等金融产品，机构的工作人员会向我们提供投资建议，支付宝等投资平台也会向用户推荐合适的基金、理财等产品，但人们通常不需要支付一笔投资建议费用，即投资建议服务似乎是"免费"的。这种看似"免费"的投资建议服务以及这种"免费"的商业模式就是本文的研究对象。

---

* 邹星光，北京大学法学院 2020 级博士研究生，研究方向为金融法、商法。

我国目前处于大资管回归本源与规范发展的重要时期，《关于规范金融机构资产管理业务的指导意见》（以下简称《资管新规》）于 2018 年开始实施。关于大资管行业的监管，《资管新规》和学界目前关注的重点是面向多数投资者的集合投资计划（collective investment scheme，包括公募基金、私募基金、信托与银行理财等），面向单一投资者的财富管理业务（wealth management）却较少受到关注，而后者亦是大资管业务链条上的重要一环，[1]且财富管理行业的规范发展是实现党的二十大强调的全体人民共同富裕的中国式现代化的重要途径。就面向单一投资者的财富管理业务而言，可以分为纯粹的投资建议服务/非管理型服务与全权委托型/管理型服务（discretionary management），前者只"动嘴"（即只提供投资建议），而后者"动嘴且动手"（即代客进行交易决策）。然而，这类面向个人投资者的 ToC 业务具有其独特的利益冲突问题，即产品端（即基金管理公司、信托公司、保险公司等）会向提供投资建议或管理服务的投资顾问支付销售佣金，而顾问可能会因为这一经济激励偏向产品端的利益而损害投资者的利益，即其会趋向于向投资者推荐佣金水平更高而非更适合投资者的产品。很多理财咨询、私人银行和财富管理业务似乎都是"免费"的，即客户通常并不需要支付一笔单独的顾问服务费或管理费，是因为他们是靠产品端支付的销售佣金来获得补偿。我国的财富管理行业直至目前仍然以卖方佣金激励下的"产品销售"为主要特征，而并非如我们所想象的"受人之托、代人理财"的模式。从监管的角度来看，对于财富管理或投资建议业务的干预源于投资顾问与个人之间的委托代理问题，监管的主要目标亦在于控制顾问的利益冲突行为，故监管关注的核心应当是利益冲突的经济根源——产品端向顾问支付的销售佣金，而这也正是域外证券监管者一直以来聚焦的议题。具体来说，需要解决的问题就是，如何减少产品端向投资顾问支付销售佣金这一商业模式所带来的利益冲突风险。遗憾的是，我国监管和法学界对这一问题缺乏关注。也正因如此，我国目前关于投资顾问行业的监管逻辑存在偏颇，亟待重塑。为了填补这一研究空白，本文以开放式公募基金（以下简称"公募基金"）这一重要的投资产品为例，以基金端向投资顾问支付的销售佣金为中心，重新构建了关于基金投顾的监管逻辑。

下文分为四个部分。第一部分是关于基金端向投资顾问支付销售佣金这一商业模式及其导致的利益冲突问题的一个具体描述，从而明确监管干预的原因。第二部分是对于最为彻底的监管方案——付费模式的强制转型或佣金禁令——的一个全面的成本收益分析，并指出这一方案成本过高而不具有可行性；这部分也是对于我

---

[1] 参见刘燕：《大资管监管体制的反思与重塑：大资管法制建设二十年（下）》，载中国金融新闻网，https://www.financialnews.com.cn/ll/xs/202002/t20200224_180925.html，最后访问日期：2020 年 7 月 15 日。

国业界和监管者所提倡的从卖方投顾向买方投顾转型这一思路的批评。鉴于全面的佣金禁令改革的成本过高，第三部分提出了一个新的监管框架，即在收受销售佣金这个问题上，应当对买方投顾与卖方投顾分别适用不同的利益冲突控制规则。最后，在结论部分，对我国公募基金投资顾问的监管逻辑该如何重构进行了总结。

二、基金销售佣金的商业模式及其固有利益冲突

既然本文是以基金端向投资顾问支付销售佣金所带来的利益冲突问题作为监管介入的逻辑起点，则首先需要对这一商业模式进行解析，以明确监管介入的必要性。

（一）基金"销售"的特殊性：销售与投资建议的关系

在进入正题讨论之前，需要首先说清楚的问题是，为何支付给销售机构的"销售佣金"会与提供投资建议的"投资顾问"扯上关系？这是因为，在许多场景下，基金销售与基金投资建议是一个"一体两面"的关系。与卖苹果不同的是，在基金端与投资者之间通常存在一个"中介"，中介存在的原因是金融产品的复杂性导致了买卖双方之间关于产品"质量"的信息不对称，买方需要在中介提供的投资建议的辅助下进行投资（即买卖基金）。一方面，中介对于产品方（基金端）来说是销售机构或代销机构，其负责帮助基金公司销售产品、吸引投资者，故银行、证券公司、独立销售公司等销售基金产品的机构在我国语境下通常被称为"代销机构"。另一方面，中介对于投资者来说是投资顾问，其负责向投资者推介合适的基金产品，故在域外的语境下，通常也会把销售机构（distributors）称为金融顾问（financial advisors）。因此，广义的投资顾问也包括了基金销售机构，因为他们通常会为客户提供关于购买基金的投资建议，广义的投顾业务也包括了基金代销业务。[1]当然，也存在只执行交易（execution-only）的销售机构（如美国语境下的基金超市与折扣经纪商[2]），这类机构并不提供投资建议，[3]故不存在本文关注的利益冲突问题，也就不属于本文讨论的范围。[4]也正是因为销售机构的"投资顾问"属性，监管者对销售机构施加了适当性义务，即其应当向公众投资者推荐与其财务状况、风险承受能力、投资目标、投资需求等相匹配的产品；这种义务在金融危机后甚至进一步升级为了服务于客户的最佳利益的义

---

[1] 需要注意的是，在目前，基金投资顾问通常是指根据《关于做好公开募集证券投资基金投资顾问业务试点工作的通知》试点的机构，但本文所说的基金投顾的含义更为广泛，亦包括提供投资建议的基金销售机构。

[2] See Haslem, John A., "Issues in Mutual Fund Distribution", *The Journal of Wealth Management* 18, 2016, p. 38.

[3] 并且，由于直销渠道的存在，投资顾问或中介也并不是必然存在的。

[4] 需要注意的是，类似支付宝的在线基金销售平台亦可能实质上构成"投资顾问"。以支付宝为例，其展示界面可以个性化地面向不同投资者（事实也确实如此），故其界面展示本身就构成了一种"推介"，故这种进行个性化推荐的投资平台亦属于投资顾问。

务或信义义务，即有义务向客户推荐"最适合的"或"使其利益最大化"的产品，而不只是"适合的"或"相匹配"的产品。例如，澳大利亚于 2012 年确立了金融顾问的"最佳利益义务"（best interests duty），并认为这是成文法确立的一种信义义务（statutory fiduciary duty）；[1]美国证券交易委员会（以下简称"SEC"）于 2019 年出台的《最佳利益规则》（Regulation Best Interest）要求经纪-自营商在向零售客户（retail investor）提供附带性投资建议时应当服务于客户的最大利益，而非仅遵循适当性原则。[2]但是，我国目前对于销售机构仍然只施加了适当性义务。

（二）基金投顾收费模式的特殊性：内嵌式销售佣金

对于投资顾问，直觉上应然的收费模式是投资者就投资建议服务向中介机构支付顾问费。然而，纵观全球基金市场，传统、主流的收费模式却是，提供投资建议的销售机构不会向投资者直接收费，而是通过由基金公司或基金向其支付销售佣金来实现收入，佣金的费率也是基金或基金公司与销售机构（投资顾问）之间的协议确定。如此一来，投资顾问本应就投资建议服务向投资者直接收取的费用就"内嵌"于基金管理人或基金对于投资者的收费之中，然后基金管理人或基金将其收取的费用的一部分以佣金的形式支付给投资顾问，故这一模式被称为"内嵌式佣金"（embedded commissions）。[3]这种收费模式在域外还有很多名字，如"佣金模式"（commission-based）、"间接收费模式"（indirect payment arrangement）、"共同基金化"（mutualization）等。例如，我国投资者在银行或支付宝平台购买公募基金时，在名义上不会直接向银行或支付宝直接支付任何费用，虽然标明了基金手续费或销售服务费，但手续费在名义上都是流向基金管理公司或基金而非销售机构本身。《开放式证券投资基金销售费用管理规定》亦明确规定，认购费、申购费、赎回费以及销售服务费等都是由基金管理人向投资者收取。并且，需要注意的是，这种收费模式在金融行业是十分流行的，投资顾问对关于抵押贷款、消费信贷产品、人寿保险等的投资建议在大多数情形下也并不直接向客户收费，而是从金融产品的提供方处获取佣金。[4]

虽然内嵌式佣金是投资顾问传统的收费模式，但随着市场的发展，越来越多

---

〔1〕 See Section 961, Corporations Act 2001.

〔2〕 See Securities and Exchange Commission, Release No. 34-86031, *Regulation Best Interest：The Broker-Dealer Standard of Conduct*, 2019.

〔3〕 销售费用与销售佣金这两个词的适用语境稍有不同。销售费用是对于基金投资者而言的，因为这是基金的购置成本；销售佣金是对于基金/基金公司与销售机构之间的关系而言的，佣金是前者支付给后者的报酬。但是，在本文的语境下，这两个词的含义基本相同、可以替代使用。

〔4〕 See Roman Inderst and Marco Ottaviani, "How（not）to pay for advice：A framework for consumer financial protection", *Journal of Financial Economics* 105, 2012, p. 394.

的投资顾问开始采取向投资者直接收费的模式，[1]这种顾问在我国语境下被称为"买方投顾"，而采用向基金端收取佣金这一模式的投顾则被称为"卖方投顾"。卖方投顾的另一个名字就是基金销售机构，但基本不会将买方投顾叫作销售机构。然而，现实情况中的这两类机构并非泾渭分明，业界和监管者的这种二分法过于理想化。这是因为，部分投资顾问既向投资者收取投资建议费用，又从基金端收取佣金。例如，美国许多投资顾问一方面向投资者收取投资顾问费，另一方面又直接或通过与经纪商的收入分成安排间接收取共同基金支付的佣金；同时向两端收费也是我国实践中常见的操作。[2]

因此，基金投资顾问的收入模式一共有三种（如图 1 所示），即所谓的佣金型（commission-based）、费用型（fee-only）与混合型（hybrid）。佣金型是指投资顾问完全通过基金端支付的佣金来补偿，费用型是指完全由投资者支付的顾问费来补偿，混合型则是指同时从基金端和投资者端获取收入。由于本文关注的是基金销售佣金带来的利益冲突问题，故只会覆盖佣金型和混合型这两类顾问。并且，从现实的角度来说，我国目前以佣金型为绝对主导，美国费用型的投资顾问虽然已经较为成熟，但混合型的收费模式亦十分普遍。

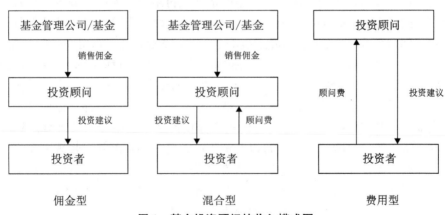

图 1　基金投资顾问的收入模式图

（三）销售佣金的构成：交易手续费与持续性佣金

基金销售佣金包括两类，一类是投资者在交易时支付的一次性手续费（如认购/申购费、赎回费等），另一类是在份额持有期间持续发生的费用（如我国的

---

〔1〕　See Michael Kitces, The Business Benefits Of Transitioning From Commissions To Fee-Based Advisory Accounts, March 27, 2017 07：01 am, https://www. kitces. com/blog/transitioning-commissions-to-fee-based-advisory-accounts-as-dual-registered-hybrid-ria/.

〔2〕　参见本文第三（一）部分的介绍。

客户维护费/尾随佣金、销售服务费、美国的 12b-1 费用）。然而，各国的市场实践与法律环境导致销售佣金的形式不尽相同，美国的模式尤其不同，区分为两类介绍如下。

1. 我国：交易手续费、销售服务费与管理费列支尾随佣金

在我国的语境下，一次性的销售佣金包括认购/申购费、赎回费等交易手续费，持续性的销售佣金则包括尾随佣金（trail/trailing/trailer commissions）和销售服务费。尾随佣金在我国的监管文件中称作"客户维护费"，它是指基金管理人每年定期根据客户基金保有量从销售机构管理费中支付的佣金，用以支付前端的销售行为以及客户持有期间提供的后续客户服务（如回复客户的咨询等）所产生的费用。销售服务费也是一种持续性的费用，每日从基金财产中计提，收取销售服务费的基金份额类型通常不会收取申/认购费，所以其实质是以持续性收费的模式来支付交易手续费。根据我国的法律规定，基金管理人与基金销售机构应当约定双方关于申购（认购）费、赎回费、销售服务费等销售费用的分成比例，客户维护费从基金管理费中列支，故销售机构的销售佣金收入都取决于基金管理人与销售机构之间的协商，而与投资者无关。[1]英国（2013 年佣金禁令改革前）和加拿大等法域的市场实践与规则和我国基本一致，尾随佣金并非基金费用的组成部分，且法律会明确禁止以基金资产支付销售佣金，[2]故尾随佣金属于管理人以自己的收入补贴销售机构。

2. 美国：交易手续费、基金资产支付 12b-1 费与管理费分成

在美国，一次性费用方面，交易手续费被称作份额持有人费用（shareholder fees），由投资者在交易时支付。但是，在持续性的销售佣金方面，美国的做法存在明显差异，其主要源于美国共同基金的 12b-1 费用的特殊性。美国的持续性销售佣金包括两类。一类是根据 12b-1 规则规定从基金资产中收取的 12b-1 费用。[3]在目前，12b-1 费用的用途主要是两项，一项是用于补偿代销机构前端的销售行

---

〔1〕 参见《开放式证券投资基金销售费用管理规定》（中国证券监督管理委员会公告〔2013〕26 号）第 12、13 条。

〔2〕 See HK, *SFC Handbook for Unit Trusts and Mutual Funds*, *Investment-Linked Assurance Schemes and Unlisted Structured Investment Products*, Section II: Code on Unit Trusts and Mutual Funds, 6.18; UK: FCA Handbook, COLL 6.7.12R, COLL 6.7.13G; Canada: National Instrument 81-105, 2.1 (1).

〔3〕 根据 12b-1 规则的规定，以基金资产支付销售费用需要满足以下条件：①该项支出是根据一项书面计划（即 12b-1 计划）作出的；②如果该项计划是在基金公开发售或基金份额出售给基金的关联方、管理方的关联方或基金的发起人或其关联方以外的人之后颁布的，则需要经过有投票权的已发行基金份额持有人多数通过；③该项计划及相关协议须经基金的董事会和与基金和该项计划无利益关联的董事表决通过；④如果该项计划持续超过一年，则需要董事会和无关联董事至少每年重新批准一次；⑤董事会至少每季度审查一次根据该计划所支付的销售费用的情况。See 17 CFR §270.12b-1-Distribution of Shares by Registered Open-end Management Investment Company.

为，即作为前端销售手续费（front-end sales loads）的替代，这部分费用被称为持续性销售手续费（ongoing sales charge），从而可以使得投资者购买基金份额无需支付高昂的前端手续费；另一项则是用于补偿金融顾问等对投资者在购买基金份额后提供的持续性的"个人服务和/或维护份额持有人账户所产生的费用"，包括回应客户的询问、提供与投资相关的信息以及定期审查客户持仓等服务，[1]这部分费用被称为服务费（service fee）或份额持有人服务费（shareholder servicing fee）。[2]美国的 12b-1 费用在形式上类似我国的销售服务费，因为他们都是从基金资产中计提，但二者功能并不相同。前者的功能包括手续费的延后支付与后端客户服务的对价，我国的销售服务费仅仅只是手续费的延后支付。另一类是基金管理人根据与代销机构之间的"收入分成协议"（revenue-sharing agree ment）支付给代销机构的佣金，这类收入是行业公开的秘密。[3]12b-1 费用是基金文件中披露的基金费用的组成部分，收入分成则是基金管理人对自身管理费收入的处分，后者在形式和功能上与我国的客户维护费/尾随佣金是基本一致的。

（四）销售佣金的固有利益冲突

了解了基金销售与基金推荐的一体两面的关系，又知悉了佣金型和混合型收费的投资顾问都从基金端收取佣金，就可以很容易地理解其中的固有利益冲突了，也即，投资顾问会为了收取更多的佣金而向投资者推荐佣金水平更高而非适合或最适合投资者的基金产品，而这也成了全球金融监管者关注的重点问题。并且，这潜在一利益冲突已经有大量的证据支撑。在实证研究方面，例如，早在1962 年，Friend 等以 1952—1958 年的数据为样本的研究就发现了销售手续费与基金净流量（net flows）之间的正相关关系。[4]Bergstresser 等（2008）的研究区分了经纪商代销与基金公司直销的基金份额，发现了经纪商代销渠道的买入量与前端手续费以及 12b-1 费用之间的正相关关系，且指出经纪商代销的基金份额的收益比直销的基金份额的收益更低。[5] Christoffersen 等（2013）的研究则更为精准，其发现了经纪商在前端手续费中的分成、经纪商与基金管理人之间关于管

---

〔1〕 See NASD Sales Charge Rule Q&A, at Question #17.

〔2〕 美国投资公司协会（ICI）2004 年的数据显示，40%的 12b-1 费用用于补偿前端销售行为，52%用于补偿持续性持有人服务；在持有人服务费中，93%支付给了经纪-自营商和银行信托部门，7%支付给了基金超市、折扣经纪商和养老金计划账目管理人。See Investment Company Institute, "How Mutual Funds Use 12b-1 Fees", *Investment Company Institute Research in Brief* 14.2, 2005, pp. 1-4.

〔3〕 See Haslem, John A., "Attributes and Implications of Mutual Fund Revenue Sharing and 'Defensive' 12b-1 Fees", *The Journal of Wealth Management* 22, 2019, pp. 134-139.

〔4〕 See Friend, Irwin, Francis E. Brown, Edward S. Herman, and Douglas Vickers, A Study of Mutual Funds, U. S. Government Printing Office, 1962, Washington, DC.

〔5〕 See Bergstresser, D., Chalmers, J. M. and Tufano, P., "Assessing the Costs and Benefits of Brokers in the Mutual Fund Industry", *The Review of Financial Studies* 22.10, 2009, pp. 4129-4156.

理费收入的分成与通过经纪商的买入量之间的正相关关系，以及前端手续费的分成与基金收益之间的负相关关系。[1]在域外监管实践方面，例如，美国 SEC 自2018 年以来基于违反最佳执行义务（best execution）处罚了许多投资顾问，因为其在同一基金存在销售费用更低的份额类型的情形下，向客户推荐了销售费用更高的份额类型，而这些销售费用直接或者通过关联关系或收入分成协议间接地流向了投资顾问。[2]就我国而言，"赎旧买新"是我国一直以来的问题，银行等基金代销机构之所以鼓励投资者赎旧买新或者偏向于向客户推介新产品，很大一部分原因在于，新产品的佣金激励（首发激励）强度更大，如部分基金的前几年的管理费全归作为销售渠道的银行享有。[3]

当然，需要注意的是，投资顾问向客户推荐佣金水平更高而非净收益（产品收益减去购买产品产生的各项费用）更高的基金产品并不必然意味着投资顾问违反了其法定义务。这取决于具体法域给基金销售机构和投资顾问施加了怎样的义务。买方投顾在大多数法域通常都负有最佳利益义务或信义义务，但卖方投顾或销售机构的义务标准却因法域而异。在我国，基金销售机构仅负有前文提及的适当性义务，故销售机构可以在与客户相匹配的诸多产品中推荐佣金水平最高的产品，因为其并没有义务向其推荐最便宜的产品；只有机构为了追求更多的佣金向客户推荐了与其财务状况和风险承受能力等不匹配的产品，才属于违反了法定的适当性义务。在包括销售机构在内的所有投资顾问都负有"服务于客户最佳利益"的义务的法域，如美国和澳大利亚，销售机构才有义务向客户推荐能最大化其净收益的产品，即在收益水平相当的产品中为客户选择销售费用最低的才属于履行了其最佳利益义务。因此，虽然销售机构基于销售佣金的激励而有动力从事向投资者推荐更昂贵而非更合适客户（"更合适"的实质就是与客户风险水平匹配且净收益更高）的基金产品这一利益冲突行为，这也确实增加了顾问违反法律规定的适当性义务的概率，但利益冲突行为与违反适当性义务之间不能画等号。

三、失败的改革：佣金禁令与付费模式的转型

上文介绍了基金销售佣金这一商业模式及其固有的利益冲突问题，面对这一

---

〔1〕 See Christoffersen, S. E., Evans, R. and Musto, D. K., "What do Consumers' Fund Flows Maximize? Evidence from Their Brokers' Incentives", *The Journal of Finance* 68, 2013, pp. 201-235.

〔2〕 See also What the SEC's Ongoing Vigilance of Mutual Fund Share Class Selection Means for Advisers, May 18, 2022, by Maggie Tavares, https://www.corecls.com/securities-and-exchange-commission-sec/what-the-secs-ongoing-vigilance-of-mutual-fund-share-class-selection-means-for-advisers/.

〔3〕 参见岳跃：《"赎旧买新"制造虚假繁荣 公募基金陷"死循环"|编辑荐读》，载《财新周刊》2020年第31期；另参见詹晨：《3个月37只爆款基金！牛市太疯还是资金太多？来看爆款背后的秘密：销售利益、业绩软肋、赎旧买新……》，载"券商中国"微信公众号，https://mp.weixin.qq.com/s/__vM4uwPW7SFdLygGv79fA，最后访问日期：2020年7月15日。

问题，最为直截了当的监管干预自然是禁止基金端向投资顾问支付佣金，将投资顾问的付费模式全面转型为投资者付费模式（investor-pay model），即所谓的佣金禁令（commission ban）。这种改革措施可以理解为是一种"唯一利益原则"（sole-interest）的体现，也即，投资顾问只能考虑投资者的利益，而不得基于投资建议服务接受来自产品端的任何经济激励。这也正是英国、澳大利亚与荷兰已经实施了的改革措施，亦是加拿大等法域正在考虑的议案，但这也是包括新加坡、新西兰和瑞士等许多法域的监管者在考虑后否决的方案。[1]总的来说，这一改革方案在全球监管者之间及业界和学界（包括法学和金融学）都引发了热议，且持续至今。我国监管虽然也早就认识到了佣金模式所带来的利益冲突问题，但我国没有考虑过通过监管规则强制改革投顾的付费模式，而是十分鼓吹所谓的从"卖方投顾"到"买方投顾"的行业转型，即监管者希望促进市场自发地实现从基金端付费的基金销售到投资者付费的基金投顾的转型，从而减少投资建议中的利益冲突风险，保护投资者利益。[2]证监会李莹处长曾表示，"基金销售需要从基金管理人的代理人这一卖方角色，向基金投资人的投资顾问这一买方角色进行战略转型"。[3]证监会于 2019 年出台的《关于做好公开募集证券投资基金投资顾问业务试点工作的通知》[4]（以下简称《基金投顾试点通知》）亦是为了鼓励金融机构尝试和推广投资者支付投顾服务费的买方投顾业务，目前业界所称的"基金投顾"通常是指根据该通知试点的买方投顾业务。许多观点认为以销售为特征的卖方投顾模式弊端十分明显，并将"基金赚钱、基民不赚钱"的怪圈归结于佣金激励下的卖方投顾不以投资者利益为中心，重销售、轻服务，而大力推崇以客户为中心、代表投资者利益的买方投顾模式。[5]

然而，本文将指出，这种颠覆性的改革所带来的巨大成本远超其收益，是不

---

[1] See PwC, Economic Impact Assessment of Banning Embedded Commissions in the Sale of Mutual Funds, June, 2017, pp. 59-70.

[2] 参见赵然：《深度丨财富管理转型：从卖方销售到买方投顾》，载"中信建投非银金融研究"微信公众号，https://mp. weixin. qq. com/s/XVJL23DPW3VgXIBJn-oK3Q，最后访问日期：2021 年 11 月 1 日；赵莎莎：《中国财富管理趋势：从卖方销售到买方投顾》，载"顾问云"微信公众号，https://mp. weixin. qq. com/s/0G8KuBI08yxi8kYEtt0WUA，最后访问日期：2021 年 10 月 8 日；《从销售到投顾：春天已至，相信趋势的力量》，载"星海笔记"微信公众号，https://mp. weixin. qq. com/s/HZDb7fFnrTiwmurO4EzoVg，最后访问日期：2022 年 6 月 18 日。

[3] 参见曹乘瑜：《证监会李莹：基金销售应向投顾转型》，载《中国证券报》2012 年 12 月 19 日，第 A07 版。

[4] 《基金投顾试点通知》[机构部函（2019）2515 号]。

[5] 参见房佩燕：《投顾业务有万亿空间 亟需解决"基金赚钱，基民不赚钱"问题》，载中国基金报网，https://www. chnfund. com/article/AR20211031033559227，最后访问日期：2022 年 9 月 6 日；余春敏：《原创丨如何破解基民不赚钱的痛点？长期主义、规模适配、利益绑定》，载新金融联盟网，https://business. sohu. com/a/582813673_120000911，最后访问日期：2022 年 9 月 6 日。

效率的选择。并且，以产品端补贴的卖方投顾或卖方销售具有其存在的经济合理性，其与买方投顾只是两种具有不同经济特征的业务类型，并无高低之分，无需贬低前者而推崇后者，也不可能实现卖方投顾到买方投顾的全面转型。对于我国监管者来说，佣金模式下的卖方投顾的利益冲突问题的解决与投资者利益的保护不能指望付费模式的转型，目前寄希望于模式转型的监管思路是行不通的。

（一）佣金禁令改革简介

具体来说，英国[1]和荷兰[2]的"佣金禁令"自2013年1月起正式实施，澳大利亚[3]的"利冲收入禁入禁令"（conflicted remuneration ban）于2013年7月开始实施。以英国为例，金融服务局［FSA，现为英国金融行为监管局（FCA）］于2006年启动了"零售分销审查"（Retail Distribution Review，RDR），并于2009年基于审查结果提出了佣金禁令的改革方案（"RDR改革"的一部分）。[4]具体来说，根据佣金禁令，投资顾问或投资组合管理人对于投资建议、投资管理及执行交易等其他相关服务只能以向客户收取的顾问费（adviser charges）或管理费的形式获得报酬，即只能采取直接收费模式，而不能接受第三方支付的与投资建议及其他相关服务有关的任何佣金、收入或收益。[5]除了过渡期安排以外的一个例外情形是，若收益构成"可接受的少数非金钱收益"（acceptable minor non-monetary benefit），例如反映个人客户情况的关于金融工具或投资服务的信息或文件、商业会议中提供的饮食等，则投资顾问可以接受该类收益。[6]在其中，需要说明的是，佣金禁令指向的是基金推介行为，而并不禁止基金管理人或基金就其接受的其他服务付费。例如，类似支付宝这样的在线基金销售平台可能会为基金提供广告、研究等方面的服务，则应当允许基金对这些服务付费，但是FCA的规则也明确规定，对于这些服务的付费应当满足以下要求，即对不同企业的定价不得存在不合理的差异，定价应当合理、与对应的服务成比例，广告费用不得影响产品的排名等。[7]

（二）改革收益：利益冲突行为确有减少

佣金禁令改革的逻辑十分简单，但须衡量其收益与成本。首先，就其收益而言，尽管理论上很好理解，也即，付费模式的转型意味着经济激励来源的转变，投资顾问应当不再有动力偏向基金端的利益，但这一推论仍然需要实证的检验。英

---

[1] COBS 6. 1A. 4 Requirement to be paid through adviser charges.

[2] Article 168a, Besluit gedragstoezicht financiële ondernemingen.

[3] Corporations Act 2001 Part 7. 7A.

[4] See Financial Services Authority, Distribution of retail investments: Delivering the RDR, June 2009.

[5] See COBS 2. 3A. 15, COBS 6. 1A.

[6] See COBS 2. 3A. 19.

[7] See COBS 6. 1E. 7 R.

国 FCA 委托的一项调查表明，在佣金禁令改革之后，指数型基金的净销售量陡增两倍以上，而指数基金在改革前正好是属于支付佣金较少的产品。[1] 此外，英国投资管理协会（IMA）2014 年关于英国资产管理行业的研究表明，2012 年 1 月的数据显示，近 60% 的零售客户的资金流向收费最高的投资产品份额类型（share classes），而截至 2014 年 5 月的数据显示，80% 的零售资金流向的是收费最高的投资产品份额类型以外的份额类型。[2] 除了开放式基金以外，封闭式基金在佣金禁令改革前属于不支付销售佣金的产品，而这类产品通过金融顾问购买的销售量在改革后增长了 50%。[3] 这些关于英国佣金禁令的实施效果的实证数据一定程度上表明，英国的佣金禁令改革至少一定程度上实现了其预期目的，即减少了销售佣金导致的不合适的（unsuitable）、偏颇的（biased）的投资建议，此即改革的收益。

(三) 高昂的改革成本

尽管实证数据显示改革确实减少了投资顾问的利益冲突行为，但其所导致的成本是巨大且多方面的，而这些成本产生的原因是销售佣金模式的经济合理性被监管强制抹杀了，主要体现为以下三个方面。

1. 小投资者的投资建议需求无法满足（Advice Gap）

反对佣金禁令改革的一个最为重要的原因就是担心佣金禁令会导致投资顾问的收入减少，因为许多小投资者会因无法负担投资建议费用而无法享受投资建议服务（priced out），从而导致大量投资顾问退出市场。[4] 这一问题在域外被称为 Advice Gap，且这一问题已经被实行佣金禁令的法域的市场数据所证实。2012 年，英国减少了近 10 000 家投资顾问企业，[5] 而这很有可能是市场基于对 2013 年 1 月 1 日开始实施的佣金禁令的预期而做出的选择。并且，在佣金禁令实施之后，除了极少数的智能投顾企业，绝大部分金投资顾问都有明文的或者实际存在的最低投资门槛的要求，即绝大多数顾问企业都仅以富裕人群为目标客户。[6]

---

〔1〕 See Europe Economics, Retail Distribution Review-Post-implementation Review, https://www.fca.org.uk/publication/research/rdr-post-implementation-review-europe-economics.pdf, p. 75.

〔2〕 See IMA, Asset management in the UK 2013-2014, p. 30.

〔3〕 See Europe Economics, Retail Distribution Review-Post-implementation Review, https://www.fca.org.uk/publication/research/rdr-post-implementation-review-europe-economics.pdf, pp. 75-76.

〔4〕 See Shearman & Sterling LLP, "Rule 12b-1 Reform: A Look Back (and Ahead) as the SEC Digests Over 1, 400 Pro-12b-1 Comment Letters", December 19, 2007, pp. 2-3, available at https://www.shearman.com/~/media/Files/NewsInsights/Publications/2007/12/Rule-12b1-Reform--A-Look-Back-and-Ahead-as-the-S__/Files/View-Full-Text/FileAttachment/AM_121907.pdf.

〔5〕 See Financial Conduct Authority, 2016, "Financial Advice Market Review: Final Report", available at https://www.fca.org.uk/publication/corporate/famr-final-report.pdf.

〔6〕 See FCA, Evaluation of the Impact of the Retail Distribution Review and the Financial Advice Market Review December 2020, p. 39.

在澳大利亚，自 2015—2020 年，四大银行的投资顾问从 4690 名锐减为 1161 名，且投资顾问行业总体上主要服务于高净值人群（HNWIs）和极高净值人群（UHNW），也有一部分服务于富裕人群（affluent segment），但大众市场（mass segment）却被忽略了；投资顾问为少于 10% 的人管理着约 9620 亿澳元的资产。[1] 虽然英国和澳大利亚的佣金禁令改革的实证数据证实了小投资者的投资建议需求无法满足这一问题的存在，但是值得思考的问题是——为什么大量的投资顾问会退出市场？如若佣金禁令改革所导致的其丧失的基金端支付的收入可以通过直接向投资者收费得到弥补，那么改革其实并不会影响其盈利水平，似乎不会导致金投资顾问退出市场。然而，事实并非如此，下文将解释投资顾问市场的供给下降背后两方面的经济逻辑。

其一，一项最新的研究对 Advice Gap 的形成原因给出了一个较为有力的解释。[2] 常识角度下对这项研究的理解可以描述如下：在佣金模式下，由于基金端支付的佣金可以确保投资顾问的利润，即使当投资建议的供给大于需求时，仍然会有新的主体选择进入这个市场。这是因为基金端支付的佣金可以激励其从市场上现有的投资顾问那里"窃取"（吸引）客户，从而仍然可以实现盈利，这被称为"业务窃取外部性"（business-stealing externality）。然而，在投资顾问费模式下，则出现了不一样的情况。佣金模式下的投资建议费固定为 0，故不存在投资顾问面向投资者的价格竞争；但在投资顾问费模式下，投资顾问会进行价格竞争（具体是指进行伯川德竞争，Bertrand competition），在竞争充分的情况下，价格水平会逐步降低，[3] 最后可能会降低至小于投资顾问行业的进入成本（entry costs，如成为投资顾问需要经过长期的专业教育、积累工作经验等的支出）的水平。如此一来，佣金模式下很有可能会出现的市场状态是，投资建议需求大于市场供给，即投资者的投资建议需求得不到完全的满足，也就会出现所谓的 Advice Gap。当然，这些是直觉层面（intuitive）的解释，该研究以数学的形式展示并证明了上述推演过程。但是，该项研究是典型的建立在诸多前提假设基础上的建模分析，而并没有过多关注现实语境下的情况。其中最为关键的一项假设是，在佣

〔1〕 See Angat Sandhu, Matthew Stewart, Rama Gollakota, "Future of Financial Advice The Australian Renaissance", pp. 5 - 6, available at https://www. oliverwyman. com/content/dam/oliverwyman/v2/publications/ 2021/ja n/future-of-financial-advice. pdf.

〔2〕 See Thiel Jurre H., "Adviser Compensation, Endogenous Entry, and the Advice Gap", *American Economic Journal: Microeconomics* 14, 2020, pp. 76-130.

〔3〕 这一现象已经被美国市场的情况证实。美国投顾行业从佣金模式向费用模式的转型促进了竞争，并导致了费用的逐步下降。See Fidelity, 2016 Fidelity RIA Benchmarking Study, cited in Thiel Jurre H., "Adviser Compensation, Endogenous Entry, and the Advice Gap", *American Economic Journal: Microeconomics* 14, 2020, pp. 76-130.

金模式下，新进入投资顾问行业的主体可以从现有投资顾问处"窃取"客户，而作者对此并未作解释。笔者认为，这一假设是基本符合现实情况的。在佣金模式下，由于投资建议不会被单独收费，故一个个人投资者可以通过多个顾问来购买金融产品，而并不会被一家机构绑定。例如，目前我国的支付宝平台与各家银行的手机银行 APP 都不收取注册费或会员费，故许多投资者会在多个平台上购买基金或理财产品（即享受智能化的投资建议或推荐服务）。

其二，行为经济学也为此提供了解释。如果不采用内嵌式佣金模式，则投资建议费用会被拆分出来，这种拆分（unbundling）会导致投资建议服务的成本更为"突出"（more salient），因为这部分费用原本是被包含或隐藏在基金的收费之中。如此一来，投资者对这一费用的敏感度增加、更不愿意为这一服务付费（即便基金费用与投资建议费用的总和在拆分前后并未发生变化）。[1] 基于投资者的这一认知偏差，法律要求全面转向直接收费模式可能会导致部分投资者不愿意为投资建议服务单独付费，从而无法享受到该服务。

2. 对市场竞争的负面影响

佣金禁令第二方面的成本体现为对于市场竞争的负面影响，具体包括两个层面。其一是对基金业内部的竞争的影响，其二是对包括公募基金在内的各类金融产品之间的竞争的影响。

（1）对于基金市场竞争的影响。对于基金公司而言，内嵌式佣金有一个重要的功能——它是一种有效的竞争手段，即基金公司可以通过支付更高水平的佣金来扩大销量，从而占据更多的市场份额。具体来说，基金公司可以通过投资顾问/销售机构来"引导消费者"（steer consumers）购买其基金产品。对于边际成本更低（即经营更有效率）的基金公司而言，其更愿意将多余的资金支付给投资顾问，然后通过投资顾问的推销来扩大销量，而非直接降低基金产品本身的价格（降低管理费）。这是因为，消费者对于复杂金融产品的价格可能并不敏感，而更加依赖中介（顾问）的建议或推销，故对于基金公司而言，扩大市场份额更为有效率的方法是通过高佣金来"收买"投资顾问。如此一来，佣金模式有利于更有效率的基金公司占据更多的市场份额。如若转为了直接收费模式，有效率的基金公司就丧失了这一有效的竞争手段，即有损基金市场的竞争。[2] 在美

---

[1] See Kramer, Marc M, "The Impact of the Commission Ban on Financial Advice Seeking", available at https://efmaefm.org/0efmameetings/EFMA%20ANNUAL%20MEETINGS/2018-Milan/papers/EFMA2018_0294_fullpaper.pdf.

[2] See, e. g., Inderst R. and Ottaviani M., "Competition through commissions and kickbacks", *American Economic Review* 102, 2012, pp. 780-809; Inderst R. and Ottaviani M., "How (not) to Pay for Advice: A Framework for Consumer Financial Protection", *Journal of Financial Economics* 105, 2012, pp. 393-411.

国一直以来的关于 12b-1 费用的存废的争论中，美国业界的声音亦有这方面的考虑。有观点认为，禁止以基金资产支付 12b-1 费用可能会导致小基金的竞争地位受到较大影响，12b-1 费用有促进竞争的作用。这是因为，与大基金公司相比，小基金公司缺乏市场力量、品牌知名度和广泛的销售网络，其管理的小基金本可以靠支付更多的 12b-1 费用来促进销售，从而与大型基金公司管理的基金相竞争。如果禁止基金端支付 12b-1 费用，则销售渠道没有动力去推介小基金。Ariel Capital 的总裁 Mellody Hobson 在 2004 年的圆桌会议中提出，"没有12b-1 费用，小基金公司则无法生存"。[1]并且，小基金是共同基金业的重要组成部分，其在历史上也一直是创新的来源以及高度专业化投资产品的提供者。[2]

（2）对公募基金的竞争力的影响。支付更高水平的佣金来激励投资顾问亦是公募基金与银行存款、保险、股票、债券等其他金融产品进行竞争的手段。从行业整体发展的角度来看，我们必须认识到，基金公司以佣金的形式激励销售机构（或投资顾问）在行业发展初期对于提升投资者对产品的认知、促进行业的基本成型是有积极意义的。在行业发展的初期，基金公司的经济实力尚且不足，无法完全应对经济下行所带来的冲击，这也就解释了基金公司为何希望通过加大销售投入来应对美国 20 世纪 70 年代的熊市。[3]Santosh Anagol 等的研究（2017）也强调，对经纪商的经济激励对于基金市场的成长有重要意义，对于发展中国家而言尤其重要，因为其市场的增长空间还有很大。[4]反过来看，也正因如此，随着美国共同基金业的壮大以及投资者对共同基金的认知逐步提升，SEC 一直在考虑是否应当大幅修改或甚至废除 12b-1 规则，即限制或禁止以基金资产支付销售费用。以中美对比为例，截至 2019 年末，美国公募基金的受托资产总额与GDP 的比重约为 120%，[5]而中国的该比率仅为 14.91%。[6]因此，对于中国等发展中的市场而言，公募基金的发展空间还很大，允许基金公司向投资顾问支付

［1］ See Division of Investment Management, SEC, Unofficial Transcript of Rule 12b-1 Roundtable June 19, 2007, pp. 151, 167.

［2］ See Comment Letter from ICI, Re: SEC Request for Comments Regarding Rule 12b-1 (File No. 4-538), July 19, 2007.

［3］ 参见［美］马修·P. 芬克：《幕内心声：美国共同基金风云》，董华春译，法律出版社 2011 年版，第 75~78 页。

［4］ See Anagol Santosh, et al., "On the Impact of Regulating Commissions: Evidence from the Indian Mutual Funds Market", *The World Bank Economic Review* 31, 2017, pp. 242-243.

［5］ See Investment Company Institute, Investment Company Factbook 2020, available at https://www.ici.org/doc-server/pdf%3A2020_factbook.pdf.

［6］ 参见中国证券投资基金业协会编著：《中国证券投资基金业年报 2020》，载 https://www.amac.org.cn/researchstatistics/publication/zgzqtzjjynb/202104/P020210419339834325513.pdf。

佣金来扩大销售对于行业发展来说是必要的。

3. 加剧频繁申赎问题

之所以说佣金禁令会加剧频繁申赎问题，是因为尾随佣金具有降低投资顾问引导投资者频繁申赎（churning）的动力这一作用，而尾随佣金的禁止会导致这一好处不复存在。具体来说，投资顾问之所以有动力劝说客户频繁申赎，是因为申赎可以为其增加一次性的交易佣金；但是，尾随佣金是定期以客户保有量（持有基金的客户资产数额）为基础支付，故在尾随佣金的配套下，顾问劝说投资者频繁申赎的动力也会一定程度上下降。也正因如此，印度甚至禁止基金公司向金融顾问支付"前端佣金"，印度证券与交易委员会（Securities and Exchange Board of India, SEBI）更是明确要求统一采取尾随佣金模式。[1]然而，一旦实施佣金禁令，尾随佣金这一抑制频繁申赎的机制不复存在，很有可能会导致（或加剧）客户资金的过度交易。[2]

（四）小结：佣金禁令的成本远超收益

如此看来，尽管佣金禁令这一颠覆性的改革减少了利益冲突风险，但却导致了一系列的成本。尤其是，这一改革导致的市场上投资顾问数量的锐减以及目标客户向高净值人群的集中，对于小投资者的影响可以说是毁灭性的。在改革前，小投资者获得的投资建议虽可能会有瑕疵或是偏颇的（biased），但仍然是有价值的。投资顾问对于小投资者和市场的一个最重要的价值就是，金融顾问的服务可以减少投资者的焦虑、提升其投资信心，从而可以鼓励投资者进行需要承受一

---

[1] See SEBI Circular No. SEBI/HO/IMD/DF2/CIR/P/2018/137 dated October 22, 2018. See also Avneet Kaur, Sebi Ban on Upfronting Commissions Will Stop Unnecessary Churning of MF Portfolios, The Economic Times, Sep. 21, 2018, 11: 42 am IST, https://economictimes. indiatimes. com/mf/analysis/sebi-ban-on-upfronting-commissions - will - Stop - unnecessary - churning - of - mutual - fund - portfolios/articleshow/658965 37. cms? utm_ source=contentofinterest&utm_ medium = text&utm_ campaign=cppst.

[2] 类似地，加拿大也禁止了前端佣金，但监管者并未表示这一做法是为了防止过度申赎。加拿大市场上盛行的销售佣金有两种，一是尾随佣金，二是所谓的"递延销售费用模式"（deferred sales charge, DSC）下基金管理人在投资者购买基金份额时向销售机构支付的前端一次性佣金。在递延销售费用模式下，投资者在购买基金份额时无需支付费用，但若在特定期间前赎回则应支付赎回费。对于销售机构来说，其向基金管理人收取前端佣金与尾随佣金。See CSA, Consultation Paper 81-408 -Consultation on the Option of Discontinuing Embedded Commissions, January 2017, p. 10. 加拿大证券管理局（CSA）自 2012 年起开始对共同基金的内嵌式销售佣金所带来的金融顾问的利益冲突以及是否应当废除内嵌式佣金模式这一问题进行仔细评估和征求意见，但目前已经实施的改革仍然只是禁止前端的一次性佣金，而并未禁止提供投资建议的销售机构收受尾随佣金。See Multilateral CSA Notice of Amendments to National Instrument 81 - 105 Mutual Fund Sales Practices Changes to Companion Policy 81 - 105CP to National Instrument 81 - 105 Mutual Fund Sales Practices and Changes to Companion Policy 81 - 101CP to National Instrument 81 - 101 Mutual Fund Prospectus Disclosure relating to Prohibition of Deferred Sales Charges for Investment Funds.

定程度风险的投资，这对于整个资本市场的繁荣是极为重要的。这也是为何尽管投资顾问服务是昂贵的（不论是在佣金模式还是直接收费模式下）且充满利益冲突的（conflicted），仍然有大量的投资者会寻求投资建议。[1]然而，在改革后，大量的小投资者无法享受到投资建议，这对于整个资本市场来说是很大的冲击或动荡。加之，佣金禁令还会妨碍竞争和加剧频繁申赎问题，故这一改革的成本大于收益是很明显的。

法律强制的付费模式转型的失败是因为其带来了巨大的成本，而这些成本源自佣金模式所带来的"好处"或其存在的经济合理性的消失。鉴于佣金模式背后强大的经济合理性，佣金模式或卖方投顾业务也不会随着市场的自然发展而消亡。根据美国投资公司协会发布的《2022 年投资公司概况》，在 2021 年，66%的家庭会在雇主发起型养老金计划以外投资共同基金，在这些家庭中，有 29% 通过全面服务型经纪商进行投资，18% 通过银行购买，8% 通过保险公司购买，而这些机构通常都扮演的是卖方投顾的角色，机会通过基金端支付的佣金获得收入。[2]因此，即使是对于美国而言，尽管投资者付费型的买方投顾已经发展了很多年，但卖方投顾在市场上仍然发挥着举足轻重的作用——满足小投资者的投资建议需求。我国业界动不动就以美国市场为例来鼓吹卖方投顾向买方投顾的转型，实属误读。就欧洲目前而言，根据 Funds Europe 的调研，基金管理公司认为最为重要的基金销售渠道仍然是由基金端的销售佣金补贴的银行和基金投资平台，而由投资者付费的独立投资顾问（independent financial advisor）的重要性与保险公司差不多。[3]因此，我国监管和业界关于卖方投顾向投资者付费的买方投顾转型的论调是不准确的，因为卖方投顾具有其独立意义。我国监管没有必要鼓励卖方投顾向买方投顾转型，因为只要监管不设限制，买方投顾自然会应运发展壮大；并且，监管也不应该"鼓吹"买方投顾而"贬低"卖方投顾，因为二者有其各自独特的经济意义，前者主要服务于投资者的利益最大化，而后者主要服务于促进产品端的自由竞争。更为重要的是，我国的监管不能寄希望于通过实现卖方投顾向卖方投顾的转型来解决销售佣金带来的利益冲突问题以及提升投资者保护力度，因为这种全面转型是不会发生的。

四、一个合适的监管框架：基于买方投顾与卖方投顾的区分

上文已经论证了全面的佣金禁令是成本大于收益的监管干预措施，换句话说

---

[1] 关于卖方投顾提供的投资建议的价值，see, e. g., Chalmers J. and Reuter J., "Is Conflicted Investment Advice Better Than No Advice?", *Journal of Financial Economics* 138, 2020, pp. 366-387.

[2] See, e. g., Gennaioli N., Shleifer A. and Vishny R., "Money doctors", *The Journal of Finance* 70, 2015, pp. 91-114.

[3] See Fund Europe, Distribution channels, available at https://www. funds-europe. com/calastone-march-2020/distribution-channels.

就是，要求投资顾问全面采取投资者付费模式的监管要求是不效率的。并且，期待通过市场自主实现业务模式转型来解决利益冲突问题也是不切实际的想法。因此，这一部分将分析何为合适的监管方案。下文论证，应然的监管方案需要建立在买方投顾与卖方投顾相区分的基础上，在销售佣金导致的利益冲突问题上，对这两类投资顾问进行区分监管。所谓买方投顾是指投资者已经就投资建议向顾问支付顾问费用的情形，而卖方投顾则是指投资者并未支付顾问费用的情形。

区分监管的模式亦是美国 SEC 的做法。在美国的投顾市场上，SEC 监管的两类主体会提供投资建议服务，即投资顾问（investment adviser）与经纪-自营商（broker-dealer），后者也通常被业界称为"金融顾问"（financial advisor）。美国的"投资顾问"通常是会向投资者收取顾问费，即属于本文所称的买方投顾；而经纪-自营商通常是通过向基金端收受销售佣金来获得补偿，故属于卖方投顾，也是美国市场上典型的基金代销机构。SEC 对这两类提供投资建议的机构分别适用了不同的规则。投资顾问适用《1940 年投资顾问法》，而经纪-自营商则主要适用《1934 年证券交易法》以及"金融行业监督局"（FINRA）等的行业自律监管规则。从后文的介绍可以看出，在收受销售佣金的问题上，SEC 对投资顾问的要求是，不得因为收受销售佣金而影响其信义义务的履行（通常是因为未能向客户推荐销售费用更低的份额类型而损害了客户的最佳利益，而销售费用会以佣金的形式直接或间接流向投顾），否则就会受到严厉的处罚；但对于经纪-自营商而言，尽管其在 2019 年后在名义上也对零售客户负有所谓的最佳利益义务，但 SEC 并没有关于经纪-自营商向客户推荐销售费用更高的基金产品、损害客户最佳利益的执法案例，[1] 经纪-自营商主要是受限于 FINRA 关于佣金费率上限的规则。

（一）买方投顾：禁止收受基金端支付的销售佣金

1. 为什么可以禁止买方投顾收受销售佣金？

虽然买方投顾业务以投资者付费为特征，但投顾在实践中仍然有可能从基金端获取销售佣金，同时从基金端和投资者处获取收入的投顾就是前文介绍的混合型投顾。也就是说，买方投顾并非就是天然的投资者利益的代表，它并没有我们想象得那么美好。当基金端支付的佣金激励大于投顾服务费的激励时，买方投顾也会被基金端"俘获"（captured）。下文将指出，域内外的实践已经表明，大量

---

[1] 自《最佳利益规则》出台以来，仅有一则 SEC 的执法案例。在该案例中，案涉机构实质上仍然违反的是适当性义务，故似乎 SEC 实际上仍然是按照适当性义务的逻辑在监管经纪-自营商，最佳利益义务截至目前在 SEC 执法层面仍然"空有其名"。See Roger E. Barton, James E. Heavey, Regulation Best Interest Sees Its First Enforcement Action, July 16, 2022, 12；02 am GMT+8, Reuters, https://www. reuters. com/legal/legalindustry/regulation-best-interest-sees-its-first-enforcement-action-2022-07-15/.

地从两端拿钱的混合型投顾虽然表面上打着以客户为中心、代表买方利益的旗号，但其以隐蔽的方式收受销售佣金所导致的利益冲突问题并不比卖方投顾业务中的情形要缓和。

因此，笔者主张，在买方投顾业务中，由于投资者已经为投资建议单独付费，在这类情形下，不应该再允许其从基金端收取销售佣金。换句话说，混合型的收费模式应当被禁止，投资顾问要么选择以基金端支付的佣金来创收，要么选择以向投资者收取顾问费的方式来盈利，二者不得并存。但是，需要回答的问题是，既然全面的佣金禁令是不效率的，为何禁止买方投顾收受销售佣金是可行的方案？禁止买方顾问收受基金端的佣金的经济逻辑如下。第一，从消费者预期的角度来看，其对投资建议进行了付费，故其期待的是投资顾问服务于其最大利益，而直接收受产品方的佣金对于顾问服务于客户的最大利益这一义务的履行是十分直接且严重的威胁。第二，尽管佣金禁令会导致投资顾问费用上升，但对于买方投顾这个市场而言，投资者需要支付投顾费用，投顾费会对客户产生一定程度的绑定效果，故本就不存在前文所说的纯佣金模式下的业务窃取效应，禁止投顾收受佣金并不会对这个市场的供给造成强烈冲击。第三，买方投顾业务中的很大一部分为全权委托型，即顾问会代客户进行交易决策，顾问与客户之间的信息不对称问题更为严重，故亦有必要适用更为严苛的利益冲突规则。第四，禁止买方投顾收受销售佣金使得买方投顾与卖方投顾在付费模式或经济激励上泾渭分明，从而可以减少消费者的困惑，因为这种区分是很直接且符合直觉的。相反，如若允许顾问采取混合型的收费模式，对于消费者来说，这种情形下的利益冲突风险更为微妙而难以估计风险大小，因为难以判断投资顾问在两方经济激励的刺激得下究竟是会偏向哪一方的利益。投资者很难基于其中存在的利益冲突风险的程度做出合适的反应，也即，顾问费的市场价格难以根据其中的利冲风险大小而做出调整或打折扣（discount）。第五，虽然禁止买方投顾收受佣金也在一定程度上减少了基金公司的竞争手段，但由于有效率的基金公司仍然可以通过以佣金激励卖方投顾的方式来扩大市场份额，故这一负面影响应该是在可承受范围内的。

就我国目前而言，商业银行的全权委托型私人银行/财富管理业务[1]、信托公司的家族信托业务以及自 2019 年开始试点的公募基金投顾业务等都可能向投资者收取管理费或服务费，故监管应当明文禁止机构在这类业务中从基金端收取佣金。其实，从美国的实践经验来看，投顾企业"明目张胆"地从基金与投

---

[1] 例如，中国银行公开的私人银行业务价格信息中就有投资顾问费（不高于投资项目投入资金或资产现值的 2%/年计收）与全权委托型业务的资产管理费［日均余额 500 万元（含）以下最高收取 1%；日均余额 500 万~800 万元（含）最高收取 0.8%；日均余额 800 万~5000 万元（含）最高收取 0.7%；日均余额 5000 万元以上最高收取 0.5%］。

资者两端拿钱是很罕见的，其收受佣金的方式较为迂回，主要有两种。第一种方式是同时具有投资顾问牌照与基金销售机构牌照（美国法语境下则是经纪-自营商牌照）的情形，这在美国被称为"双重注册"（dual registration），这是很常见的情形。这类机构同时开展投顾业务和基金代销业务，故这类投顾在实践中可能基于其代销机构的身份从基金端收受佣金。第二种方式是投顾与其他代销机构之间存在关联关系或二者签订收入分成协议，从而投顾可以间接地从基金端拿钱。对于我国来说，买方投顾收受销售佣金亦主要是通过这两种方式，下文将对这两种情形进行具体分析。

2. 基于双重牌照收受销售佣金

对于具有双重牌照的投顾来说，可能出现的情形就是，投顾账户（investment advisory account）的客户会通过投顾企业同时提供的代销渠道来购买基金，投顾企业可能不仅收受了投顾服务费，还基于其销售机构的身份从基金端收取了大量的销售佣金。根据前文的论述，基金端之所以要向销售渠道支付巨额的销售佣金，主要是因为销售渠道的"推销或投资建议"服务，而投资建议以外的交易执行服务（brokerage/order execution）对应的费用是很低的。因此，如若具有双重牌照的投资顾问在收取投顾服务费后仍然像以前一样从基金端收取大量的销售佣金，则不仅是存在利益冲突问题，更有重复收费的问题，即针对投资建议服务重复收费。并且，虽然理论上可以将投资建议与交易执行拆分为两个步骤或两种服务，但二者实际上是很难拆分的。对于管理型投顾（全权委托型）而言，交易执行本就是投顾服务应该包含的内容。对于"仅动嘴"的非管理型投顾，鉴于投资建议与交易执行的紧密关系，如若就投资建议服务直接向投资者收费，而就交易执行服务从基金端获取佣金，不仅会导致利益冲突风险，亦会徒增费用结构的复杂性与消费者的困惑。因此，对于具有双重牌照的投顾而言，不得允许其同时基于两种身份从基金端和投资者端获取收入。

具体来说，这类双重身份的投顾机构有两种执行交易的方案。第一种方案是，投资顾问通过直销渠道直接向基金公司购买基金，这样就不会产生基金端向投顾支付销售佣金的问题。第二种方案是，虽然仍然走自身的代销渠道，但须将其基于代销机构的身份获得的销售佣金如数退还给投顾客户，这主要是因为由投顾直接对接基金公司有时候是行不通的，而交易执行的成本都包含在投顾费用之中。美国许多投顾企业其实就是采取的这两类做法，从而实现了投顾业务面向投资者的直接收费模式。具体来说，这些投资顾问会直接向共同基金购买一类特殊的份额类型，通常被称为"顾问份额类型"（Advisory Share Classes），这类份额通常不产生销售手续费和持续性的销售费用，故不存在基金端向具有销售牌照的投顾支付佣金的可能。如若投顾选择的共同基金未设置这类特殊份额，许多投资顾问亦会将收到的销售佣金退还给客户。例如，摩根士丹利私人财富管理（Morgan Stanley Private Wealth Management）就承诺"其会将收到的 12b-1 费用退还（rebate）给投资者"，[1]且由于其选择的基金都是免手续费的，所以摩根士丹利在其财富管理业务中不会基于其投资建议和交易执行从基金端收取任何佣金，这亦是美国许多投顾的做法。[2]又例如，花旗银行承诺，花旗及其关联企业从共同基金（货币市场基金除外）收取的 12b-1 费用、销售费用、管理费用、行政管理费用、份额登记费、收入分成、份额持有人服务费或其他相关费用都将在收到后尽快悉数返还到客户账户，也即，花旗银行不仅将基于投资建议和交易执行从货币市场基金以外的共同基金中获取的收入返还给投资者，亦将其基于向基金提供的行政管理、份额登记等运营服务所获收入返还给了投资者。[3]当然，美国也有许多投顾企业的操作并没有这么规范，有的投资顾问会在明知同一基金中存在低销售费用的份额类型的情况下，为客户购买销售费用很高的份额类型，亦不将收取的销售佣金退还给投资者，目的就在于通过自身的销售业务获取销售佣金，这些机构也因违反了对客户的信义义务而遭到了 SEC 的严厉处罚。[4]

在我国，《基金投顾试点通知》亦要求，试点机构同时开展基金销售业务的，应当对基金销售费用的收取做出合理安排。向基金管理人收取客户维护费的，应当以客户维护费抵扣投资顾问服务费等方式避免利益冲突。《基金投顾试点通知》对于认购费、申购费、赎回费和销售服务费等销售费用的要求是"做出合理安排"，对于客户维护费/尾随佣金的要求是抵扣投顾服务费。如此看来，证监会认识到了双重身份的投顾机构可能会存在双重收费的问题，但离本文所主张的完全的直接收费模式还相差甚远。其一，《基金投顾试点通知》仅要求投顾企业对其从基金端获取的销售费用做出合理安排，即仍然允许其收取一定的销售佣金。其二，虽然《基金投顾试点通知》要求尾随佣金抵扣投顾服务费，但这与前文介绍的美国实践中"退还 12b-1 费用"是存在实质不同的。所谓"抵扣"也就意味着，如若尾随佣金数额大于投顾服务费，则抵扣的上限就是投顾服务费的数额，投顾仍然可以保有剩余部分；但退还则意味着投顾完全不可能从这笔佣

［1］ See Form ADV Firm Brochure, Morgan Stanley Smith Barney LLC, July 25, 2022; Form Adv, Part 2A Appendix 1 Wrap Fee Program Brochure J. P. Morgan Personal Advisors Program, J. P. Morgan Securities LLC, October 14, 2022.

［2］ See, e. g. , Form ADV Part 2A Firm Brochure, Benjamin F. Edwards Wealth Management, LLC, October 3, 2022.

［3］ See Form ADV Part 2A（Appendix 1）: Firm Brochure, Citigroup Global Markets Inc. , October 3, 2022.

［4］ See, e. g. , SEC, Release No. 5562 / August 20, 2020, In the Matter of NPB Financial Group, LLC, Respondent; Release No. 5760 / June 24, 2021, In the Matter of Crown Capital Securities, L. P. Respondent; Release No. 5581 / September 17, 2020, In the Matter of Coordinated Capital Securities, Inc. , Respondent.

金中获利。例如，国信证券的投顾产品就明确规定，若累计的用于抵扣的认购/申购费与客户维护费高于投顾服务费，则服务费为0，并不会将超过部分返还给投资者。如此一来，抵扣并不必然意味投资顾问不会收受基金端支付的佣金。

实践中的情况则更差。许多投顾未能遵守《基金投顾试点通知》的要求。例如，中金财富、中信证券等的投顾协议并没有向客户承诺对销售手续费给予优惠或进行调整，更是只字未提客户维护费抵扣投资顾问服务费，且实操中亦未进行抵扣或仅抵扣部分。[1]中金财富的协议约定，申购费与赎回费是否收取取决于基金管理人是否同意对该费用打0折，基金销售费用正常收取；中金财富在同时作为销售机构的情况下，有权根据实际情况以实施投资顾问服务费费率优惠、对投资顾问费进行减免或其他方式进行抵扣。[2]中信证券的协议约定，申购费是否收取取决于基金管理人，赎回费正常收取。[3]如此一来，这些机构仍然像以前一样收取了大量的销售佣金或者只是削减了较少一部分佣金收入。相对比而言，有些试点机构的收费模式已经接近了完全的"零佣金"模式。例如，中信建投承诺将投顾产品收到的基金认购费、申购费、销售服务费与客户维护费全用于抵扣账户管理费。[4]但是，由于未提及赎回费，故可能未能彻底地实现零佣金。不过，由于赎回费通常只发生在持有期间较短的情形中，且部分赎回费还可能需要计入基金资产或由基金管理人保有，[5]所以销售机构（投顾）收受的赎回费是很有限的或者甚至为0。[6]并且，需要注意的是，虽然未以销售佣金抵扣投顾服务费的投顾企业的投顾服务费可能相对较低，但较低的价格并不意味着可以弥补"不抵扣"带来的问题。这是因为投顾服务费率是相对固定的，即使从两端同时获取收入的投顾的费率较低，但投顾会偏向于推荐支付佣金更多的基金产品这一利益冲突仍然存在。除公募基金投顾以外，商业银行的全权委托型私人银行业务和信托公司的家族信托业务等都可能向投资者收取管理费或服务费，而

---

[1] 经咨询中金财富客服，客服表示不会以客户维护费抵扣投顾服务费。经咨询中信证券客服，客服表示客户维护费超过管理费的20%的部分可用于抵扣投顾服务费。

[2] 参见《中金财富基金投资顾问服务协议》第17条第3项。

[3] 参见《中信证券基金投资顾问服务协议》第8.2条。

[4] 参见《中信建投证券股份有限公司公开募集证券投资基金投资顾问服务协议》。

[5] 参见《开放式证券投资基金销售费用管理规定》第7条关于赎回费的规定。另参见中泰证券：《深度测算|财富管理行业的结构之变：产品结构、费率变迁与投顾收入》，载 https://pdf.dfcfw.com/pdf/H3_AP 202112201535708819_1.pdf? 1640041088000.pdf。

[6] 中泰证券承诺将从基金管理人处收取的申购费、客户维护费与销售费用都用于抵扣投顾服务费，但未提及赎回费与认购费。参见《中泰证券股份有限公司管理型公募基金投资顾问服务协议》第八（三）部分。国信证券表示从基金端收取的认购/申购费与客户维护费都抵扣投顾服务费，但未提及赎回费和销售服务费（未提及销售服务费的原因可能是不会购买收取销售服务费的C类份额），参见《国信证券股份有限公司管理型公开募集证券投资基金投资顾问服务协议》第六（三）部分。

这些机构又往往是基金代销机构，但这些机构目前并没有对管理费与销售费用之间的协调或抵扣作出合理安排。[1]

3. 通过其他代销机构间接收受销售佣金：关联关系与收入分成

在投顾本身没有基金销售业务的情形下，投顾仍然可以选择走直销渠道或代销渠道。但是，如若投顾经过代销渠道，仍然应当避免双重收费的问题，即其选择的代销机构只能就交易执行收取较低的手续费，而不能再像传统的代销机构一样从基金端获取巨额的佣金，因为其并没有提供投资建议服务，而只是机械地执行交易。除了双重收费的问题，投顾与代销机构之间可能基于关联关系或收入分成协议而间接地实现基金向投顾支付销售佣金，从而滋生相应的利益冲突问题。例如，美国许多投资顾问在明知同一基金中有销售费用较低的基金份额类型的情形下向客户推荐销售费用更高的基金份额类型，从而因违反了对客户的信义义务被美国 SEC 处罚，而其之所以为客户选择"更昂贵"的基金份额类型，是因为这些基金份额类型所产生的销售费用会流向投顾的关联企业（经纪商），或会通过收入分成协议流向投顾。[2]我国也有这样的例子。例如，支付宝平台上的投顾服务"帮你投"产生的投顾服务费是支付给作为投顾的先锋领航投顾（上海）投资咨询有限公司的，但投顾所选基金的销售手续费、销售服务费与客户维护费仍然需要照常支付给作为基金代销机构的蚂蚁（杭州）基金销售有限公司。[3]这一做法并不违反监管的规定，因为这是两家独立法人分别开展投顾业务与基金销售业务，不需要按照前文提及的规定对销售费用和尾随佣金进行合理安排或抵扣。然而，这种双重收费之所以会出现，是因为这两家企业高度关联，蚂蚁科技集团对于投顾企业和销售机构的持股比例分别为51%和68.83%，双重收费带来的利益很大程度上会流向这两家企业共同的股东——蚂蚁科技。所以，基于实质大于形式的标准，蚂蚁这种操作仍然属于投顾收受基金端支付的佣金的利益冲突行为，也属于重复收费，只是这一支付较为间接，是通过基金端支付给投顾企业的兄弟公司来实现的。类似的例子是，广发基金管理公司提供投顾服务，成分基

---

[1] 例如，经咨询招商银行私人银行部门，其客户经理表示全权委托型的私人银行业务需要按投资金额的0.65%收取管理费，且在购买具体的基金产品时仍然会发生相应的销售费用。

[2] 通过关联关系输送销售佣金的处罚案例，see, e. g. , Release No.5836 / August 27, 2021, In the Matter of Educators Financial Services, Inc. Respondent; Release No. 5820 / August 13, 2021, In the Matter of ISC Advisors, Inc. , Respondent; Release No. 5973 / March 3, 2022, In the Matter of City National Rochdale, LLC, Respondent. 通过收入分成协议输送销售佣金的处罚案例，see, e. g. , Release No. 5932 / December 20, 2021, In the Matter of 1st Global Advisors, Inc. , now known as Avantax Advisory Services, INC. Respondent; Release No. 6103 / September 6, 2022, In the Matter of Aventura Capital Management, LLC, Respondents; Release No. 5944 / January 11, 2022, In the Matter of O. N. Investment Management Company, Respondent.

[3] 参见"帮你投"《投资顾问服务协议》第4项。

金的销售费用仍然需要像投资者直接向销售机构购买基金一样如数支付给作为销售机构的广发证券，而后者持有广发基金 54.53% 的股权。[1] 因此，不论是为了防止双重收费还是为了减少利益冲突，投顾客户通过代销渠道购买基金所产生的销售费用不得像传统基金销售模式下一样那么高，而应适用相对较低的费率，故监管者应当认识到，类似蚂蚁和广发证券等的做法是明显需要被纠正的。

（二）卖方投顾：佣金费率上限

本文第二部分已经论证了，对于不单独收取投顾费用的卖方投顾实施佣金禁令是不效率的监管干预，但并非意味着监管无可作为。利益冲突的强制披露是传统手段，自不待言，尽管其有效性可能很有限。[2] 此外，还可以考虑的监管措施是对销售佣金费率设置上限。

对销售佣金的费率设置上限有两方面的经济逻辑。一方面，设置一个合理的上限会在一定程度上降低不同基金产品在佣金激励上的差别，从而可以一定程度上降低利益冲突的风险。并且，由于佣金费率上限是根据年度销售额计算，故亦能减少新老基金的销售激励之间的差别，从而一定程度上缓解我国的"赎旧买新"问题。并且，由于基金公司仍然可以在允许的费率范围内通过支付佣金来激励销售以及与其他公司竞争，故不会对市场竞争造成明显冲击。另一方面，上限本身还具有价格控制的功能，基于金融中介与消费者之间的信息不对称，限制"过高"的价格是为了防止金融机构滥用其市场力量，也是较为常见的干预措施。

在美国，不论是交易手续费还是持续性费用，作为自律监管组织的 FINRA 都对费率设置了上限。1992 年，SEC 批准了美国全国证券交易商协会（NASD，后被 FINRA 取代）修改其行为规则 2830［后被 FINRA 规则 2341（d）取代］，该规则规定了销售费用的上限，适用对象为作为基金代销机构的经纪-自营商，即经纪-自营商不得代销销售费用超过该上限的基金。[3] 该规则根据是否产生持续性费用[4] 区分了两种类型。首先，如若销售费用全部为一次性手续费，则其上限为发售价的 8.5%。其次，如若基金收取的销售费用包括从基金资产中支付的持续性费用（即尾随佣金），则持续性费用的年度总额不得超过基金资产总额的 0.75%；如若基金收取份额持有人服务费，则一次性费用与持续性费用的总和不得超过新增销售总额（new gross sales）的 6.25%；如若无服务费，则该总和的上限为 7.25%。此外，从基金资产中支付的份额持有人服务费的年度总额不得

---

〔1〕 参见《管理型基金投资顾问服务协议（广发基金）》第 7.2 条。

〔2〕 See, e. g., Ben-Shahar, Omri, and Carl E. Schneider, *More Than You Wanted to Know: The Failure of Mandated Disclosure*, Princeton University Press, 2014.

〔3〕 See Finra Rules, 2341, Investment Company Securities.

〔4〕 须注意的是，美国的持续性销售费用是从基金资产中计提。

超过基金资产总额的 0.25%。

对于我国而言，一次性的交易手续费方面并未设置上限。在持续性费用方面，虽然证监会于 2020 年对客户维护费（尾随佣金）设置了上限，然而其规定的上限是客户维护费占管理费的比例，即对于向个人投资者销售所形成的保有量，该比例不得超过 50%。[1]之所以将客户维护费的上限设置为管理费的 50%，是因为国内关于尾随佣金或销售佣金的讨论主要聚焦于基金管理人与以银行为代表的销售渠道之间的利益分配不均问题，业界充斥着诸如"赚的管理费半数交了尾随佣金"[2]"基金赔本赚吆喝"[3]"基金管理人为渠道打工"[4]等评论。因此，这一上限规定背后的驱动因素是基金管理人与销售渠道之间利益分配的不均。然而，这并非监管干预的正当原因。一方面，基金管理公司与销售渠道均为金融机构，监管并没有正当的理由去改变其间所形成的均衡。另一方面，所谓的"不平衡"或"不公平"的很大一部分原因在于市场上中小型基金管理公司与银行等销售机构之间的谈判力量的悬殊，中小型基金公司的知名度不高，故其很大程度上依赖销售渠道，从而也就产生了极高的尾随佣金，而这似乎也只是市场竞争的自然后果。对销售佣金设置上限的目的应当是价格控制以及控制销售机构在其中的利益冲突，故应当以销售佣金与投资者的投资金额之间的比例作为设置上限的依据。这是因为，从理论上来讲，尽管尾随佣金占管理费的比重有上限，但只要提升管理费费率，尾随佣金也会随之上涨，这种上限并不能为投资者利益提供有效保护。因此，我国监管应然的做法是，对支付给销售机构的一次性销售佣金与尾随佣金/客户维护费的总额占新增销售额（即新增投资金额）的比重设置一个合理上限。

五、结论：我国监管逻辑亟待重构

《资管新规》带来了以集合资金投资计划为代表的资管业务的监管逻辑的重构，而面向个人的财富管理业务的监管框架仍然十分残缺。如果说集合投资计划

---

[1] 基金管理人与基金销售机构可以在基金销售协议中约定，依据基金销售机构销售基金的保有量提取一定比例的客户维护费，用于向基金销售机构支付基金销售及客户服务活动中产生的相关费用。其中，对于向个人投资者销售所形成的保有量，客户维护费占基金管理费的约定比例不得超过 50%；对于向非个人投资者销售所形成的保有量，客户维护费占基金管理费的约定比例不得超过 30%。参见《中国证监会关于实施〈公开募集证券投资基金销售机构监督管理办法〉的规定》（中国证券监督管理委员会公告〔2020〕58 号）第 12 条。

[2] 参见李岚君：《"爆款基金"的辛酸泪：赚的管理费半数交了"尾随佣金"》，载"中国证券报"微信公众号，https://mp.weixin.qq.com/s/6jb0XzrACb9LuaTzNVtThg，最后访问日期：2020 年 9 月 2 日。

[3] 参见陆海晴：《赚 1 万管理费，要拿出 10 万给销售机构！基金：我太难了》，载"上海证券报"微信公众号，https://mp.weixin.qq.com/s/DayzyU4aIt2_pf99ZutSVQ，最后访问日期：2020 年 9 月 2 日。

[4] 参见吴晓灵、邓寰乐等：《资管大时代：中国资管市场未来改革与发展趋势》，中信出版社 2020 年版，第 213 页。

业务有一个"异化"的历史，[1]那个人财富管理业务则在《基金投顾试点通知》之前经历了很长一段时间的"萧条"。之所以说萧条，是因为：一方面，监管要求证券公司不得从事全权委托型的投顾业务，[2]银行的私行业务也基本以纯粹提供投资建议为主，[3]故管理型投顾业务十分稀缺。另一方面，不论是券商还是银行，投资建议服务主要以基金端支付的佣金为收入，故属于带有明显销售性质的卖方投顾，买方投顾业务十分少见。公募基金投顾试点的开展是我国财富管理行业发展历程中的里程碑，且证监会亦在考虑进一步试点股票投顾业务，最终我国也将建立一个完善的财富管理服务体系。在这个重要的行业格局重塑期，监管层面必须有合适的框架和逻辑。财富管理行业监管的核心目标是解决客户与投资顾问之间的委托代理问题，即如何减少投资顾问的利益冲突行为，而投资顾问利益冲突的最为重要的来源就是产品端支付销售佣金这一商业模式。因此，本文以公募基金投资顾问为例，围绕基金端向投顾支付的销售佣金重构了基金投顾的监管逻辑。具体来说，对于我国监管者而言，应当从以下三个方面改变现有监管思路。

第一，监管的目的和任务不应是促进付费模式的转型，而应是对具有不同经济特征的卖方投顾与买方投顾进行区分监管，这才是基金投资顾问监管最为基本的逻辑。买方投顾与卖方投顾并存是市场需求所致，带有明显销售特征和较高利益冲突风险的卖方投顾亦具有其存在的经济合理性。虽然投资者付费的买方投顾会逐步发展壮大，但从基金端收取佣金的卖方投顾并不会消失，不存在所谓的全面转型，通过监管规则的强制转型也被域外实践证明是失败的改革。因此，我国目前寄希望于通过所谓的卖方投顾向买方投顾的转型来保护投资者利益的监管思路是行不通的。这两种业务为投资者提供了两种成本不同、利益冲突风险不同的服务，两种服务均有其市场，难谓"孰高孰低"。应然的监管框架应当是区分监管的思路，即对两类基金投顾施加不同程度的利益冲突控制规则，这主要体现在两方面。一方面，在收受产品端的经济激励方面，对买方投顾应采取绝对禁止的立场，而应允许卖方投顾收受此种激励，这便是本文所解决的问题。另一方面，在行为标准方面，买方投顾应负有服务于客户最佳利益的义务或信义义务，但卖方投顾的义务应当限定在适当性义务之内（即不应该施加信义义务或最佳利益义

---

〔1〕 关于我国大资管异化的一个深入讨论，参见吴晓灵、邓寰乐等：《资管大时代：中国资管市场未来改革与发展趋势》，中信出版社 2020 年版，第 10~34 页。

〔2〕《中华人民共和国证券法》第 134 条第 1 款规定，证券公司办理经纪业务，不得接受客户的全权委托而决定证券买卖、选择证券种类、决定买卖数量或者买卖价格。

〔3〕 以国内私人银行业务的代表招商银行为例，经咨询其客服，其全权委托型私行业务的投资门槛为5000 万元，而对于投资金额为 5000 万元以下的客户的服务都是非管理型，即只提供投资建议。

务），要求后者负有信义义务是违背经济逻辑的做法，而这一方面的具体展开有待另行撰文分析。

第二，就卖方投顾而言，为了防范销售佣金的悬殊激励销售人员/卖方投顾违反其负有的适当性义务，强制信息披露是不够的，还应当设置销售佣金的上限，从而在一定程度上控制利冲问题。我国目前的监管规则有种"会哭的孩子有奶吃"的感觉：中小型基金公司持续抱怨渠道分成过高，故有了管理费的50%或30%这一上限。[1] 然而，最容易受到伤害的公众投资者可能是被割肉了也感觉不到疼，自然也不会哭闹，他们的潜在利益诉求反而被监管规则忽视了。具体来说，我国应当明确规定特定销售机构从基金和基金管理公司获取的所有销售佣金（包括认购/申购费、赎回费、销售服务费和客户维护费等）占其销售额的比例的上限，从而一定程度上减少不同产品之间的销售佣金水平的差异，缓解销售端的利益冲突问题。

第三，对于买方投顾，应当严格禁止其收受来自基金端的销售佣金，从而促进买方投顾所负有的客户最佳利益义务或信义义务的履行。投资者付费的买方投顾并不意味着就可以放松对利益冲突问题的监管，买方投顾也并非天然地是投资者利益的保护者。我国监管者目前对买方投顾的收入结构中的利益冲突风险明显欠缺关注，而美国 SEC 在这方面丰富的监管经验颇值借鉴。实践表明，投资顾问同时开展基金销售业务、投顾与销售机构之间的关联关系以及收入分成安排都可能会导致投顾同时从投资者和基金管理公司两端分别获取投顾服务费与销售佣金，而这亦是十分严重的利益冲突问题。并且，这种从两端拿钱的做法"十分隐蔽"，对于消费者来说极具"欺骗性"，即消费者很难理解到自己因为获取投资建议这一服务被收了两次费用。因此，对于监管者来说，实在没有必要过分推崇买方投顾模式，监管者的任务反而应当是如何防范买方投顾业务中更为隐蔽的利益冲突行为。具体来说，应当明文禁止收取投顾服务费的投资顾问（即买方投顾）基于投资建议与交易执行服务直接或间接收受来自基金管理公司的销售佣金，即采取彻底的面向投资者的直接收费模式。尤其是，投顾企业与其他为其执行交易的基金销售机构之间的关联关系或收入分成安排可以"间接"地向投顾输送销售佣金，看似投资者是在对不同的机构付费，实则充满利益冲突风险。所以，监管规则应当明确要求为投顾企业提供交易执行服务的销售机构的收费应当处于合理水平，即费率应与交易执行服务成比例，而不能按照传统的收费模式收取高额的销售佣金。

---

[1]　参见《中国证监会关于实施〈公开募集证券投资基金销售机构监督管理办法〉的规定》（中国证券监督管理委员会〔2020〕58 号）第 12 条。

第三篇　数字金融的法律问题

金融数据跨境流动的规制困境及激励机制构建

陈秋竹*

摘要：金融数据跨境流动治理已成为全球数字经济安全发展的重要议题。金融数据兼具高经济价值、高敏感性与强公共性等复杂属性，一方面，金融全球化及数字化要求开放金融数据跨境流动，另一方面，金融数据跨境流动对国家、行业、个体安全均构成较大威胁。如何在开放与限制中平衡金融数据跨境流动的商业利益与安全利益，是规制的核心问题。我国现有"限禁型"规制模式在实践中体现出系列弊端和适用困境，无法形成各主体间有效的利益平衡机制，规制的效率、有效性及科学性均存在不足。采取激励性规制有助于充分发挥金融数据控制者在治理中的积极作用，通过构建主体间合作博弈机制，克服金融数据跨境流动中的信息约束及外部性问题，提升规制效能。具体而言，应当适度赋予金融数据控制者跨境利用金融数据的财产权能，即借助豁免制度开放金融数据跨境流动的合法通道。同时，应根据具体数据类型在不同时空维度和技术条件下的风险大小，构建以场景风险为导向的多元规制结构，引入灵活多样的跨境流动约束机制。最后，应当进一步健全金融数据控制者的责任追究和责任承担机制，以实现主体权利与责任的配适性，通过正反激励相结合实现规制目标。

关键词：数据安全；数据价值；规制效益；激励机制；豁免制度；场景风险；问责机制

一、问题的提出

全球数字经济的发展引发了各主权国家对数据这一重要资源的激烈争夺，同时加剧了数据安全面临的风险。国际上，从欧盟法院先后认定"美欧安全港框架"（EU-US Safe Harbor Framework）、"隐私盾协议"（Privacy Shield）两项美欧

---

* 陈秋竹，西南政法大学经济法学院博士研究生。

间个人数据跨境转移机制无效[1]，到美国极力推行以 APEC 隐私框架为基础的
跨境隐私规则体系（CBPRs），及通过《美韩自由贸易协定》（KORUSFTA）、《美墨
加协定》（USMCA）等区域协定倡导和推动国际数据自由传输，这些实践争端及
规则制定均指向如何规范数据跨境流动这一议题。构建有序的数据跨境流动秩序
是保障数字经济安全发展的重要内容，其重点在于如何实施以"控制数据资源流
向"为核心的数据跨境流动政策。其中，金融业作为全球化与数字化"双高"
行业，对于数据信息跨境流动的需求有增无减。但目前，国际上关于金融数据跨
境流动缺乏统一的规则，各国家和地区通过国内法、贸易协定等方式确立数据跨
境流动的单多边标准，以寻求国际数据治理中的话语权及主导地位。不同国家及
地区对金融数据跨境流动采取差异化的规制思路，呈现出非均衡的状态，这种各
自为政的治理格局为国际金融贸易增加了诸多壁垒与不确定性。我国在深度参与
国际金融贸易的进程中，面临着如何规范金融数据流通的挑战。鉴于金融数据具
有高敏感性、高价值性、强社会性，相较于一般数据跨境流动风险的外部性和传
导性更为突出，具有特殊规制的必要。对我国而言，需要考虑如何以制度化、程
序化的方式，参与到"为世界制定规则"的全球规制网络中，使我国金融数据
跨境流动治理既能充分表达国家利益，又符合"共商共建共享"的开放理念[2]。
在此过程中，协调并处理好金融数据跨境流动商业性与安全性的矛盾，也即通过
妥善的规制机制平衡金融产业的安全和发展，是金融数据跨境流动治理中的核心
问题。

二、开放与限制：金融数据跨境流动的规制博弈

（一）发展视阈下金融数据跨境传输需求

改革开放以来，金融国际化一直是我国金融发展的主要任务。随着"一带一
路"深入推进以及《中华人民共和国外商投资法》颁布施行，进一步加强金融
机构"引进来"与"走出去"，放开外资金融机构准入及业务范围，仍是未来我
国金融发展的重点[3]。不同于其他行业数据作为主营业务经营管理中产生的
"副产品"，金融数据既是金融机构数字化转型的基础生产资料，也是国际化发
展的核心竞争力，促进金融开放不可避免伴随强烈的金融数据跨境传输需求。首
先是金融服务提供商基于业务需求进行跨境数据传输。数字金融业态极大提升了

---

[1] 在 2020 年 Schrems Ⅱ 案中，欧盟法院认为美国国内法对公权力访问数据的限制并不能满足欧盟法的
　　要求，其可能超过必要限度访问其传输的数据，且无法提供充分的救济路径，不符合"比例原则"
　　及"严格必要"原则，因而认定美欧数据跨境转移机制"隐私盾协议"无效。
[2] 参见宋华琳：《全球规制与我国政府规制制度的改革》，载《中国行政管理》2017 年第 4 期。
[3] 参见《易纲行长出席博鳌亚洲论坛 2021 年年会"金融支持碳中和"圆桌会议并作主旨演讲》，载中
　　国人民银行网，http://www.pbc.gov.cn/goutongjiaoliu/113456/113469/4235939/index.html。

金融数据的商业价值，其收集利用贯穿于跨境金融业务全流程。一方面，金融机构借助金融数据拓展获客渠道，通过大数据分析客户投资偏好和需求，得以开展精准营销和定制服务，提高经营管理水平；另一方面，金融机构可通过金融数据分析提高决策理性，从而降低交易风险。根据信息不对称理论，金融交易的信息不对称将导致逆向选择和道德风险，进而催生金融风险[1]。在跨境金融业务中，金融机构与客户间信息不对称加剧，借助金融数据动态分析监测，可生成供需双方的风险定价与动态违约概率，有效提升信息透明度，促进金融数据跨境流动，有助于金融机构经济效益提升。其次是境外金融执法与司法所需的跨境数据调取。网络空间的无界性与主权国家领土的有界性，使得一国执法所需数据存储于境外的情况较为普遍。例如美国政府通过《澄清境外合法使用数据法》《爱国者法案》等构建了全球信息调取网络[2]，得以要求其境内受管辖的数据控制者跨境提供存储于他国的金融数据。欧盟同样在 GDPR 中确立了对其境内设有实体的数据控制者享有数据管辖权，有权进行跨境数据调取。因而，为满足分支机构或业务开展地执法机构的数据获取，跨国金融机构面临被动向境外政府机构提供金融信息的要求。

（二）风险视阈下金融数据跨境传输安全威胁

人类社会现代化进程同时加剧了社会风险与潜在威胁，某种程度上，现代社会实际是一个世界性风险社会[3]。金融数据跨境传输在提升经济效益、便利国际执法的同时，也加深了数据主体及经济社会面临的安全风险，可能对个人、社会乃至国家的局部或整体利益产生损害甚或毁灭性打击。首先，金融数据蕴含的丰富价值导致其面临的泄露及滥用风险增强。近年来，美国征信机构"Equifax"、商业银行"第一资本金融公司"相继发生大规模客户信息泄露事件，数据安全事件已成为金融领域频率最高的安全事件类别[4]。在金融数据跨境传输中，若数据流入国在技术、法律层面无法提供充分保护，将加大金融数据在境外运输以及在储存中被泄露的风险，进而威胁金融数据主体乃至数据流出国的利益。其次，金融数据跨境传输关系到国家金融安全。金融业通过为其他领域提供支撑而成为一国核心竞争力，而数字金融使金融数据加速成为国际竞争中的战略性资源。金融数据本身蕴含或经分析而成的信息情报，能够反映一国的金融发展情况、金融

〔1〕 参见王洪章主编：《中国金融安全与风险通论》，中国金融出版社 2020 年版，第 35 页。
〔2〕 参见许可：《自由与安全：数据跨境流动的中国方案》，载《环球法律评论》2021 年第 1 期。
〔3〕 参见［德］乌尔里希·贝克：《风险社会：新的现代性之路》，张文杰、何博闻译，译林出版社 2018 年版，第 7~9 页。
〔4〕 数据安全事件占金融领域安全事件的比例高达 44%，参见普华永道等研究机构发布的《2018—2019 年金融科技安全分析报告》。

交易活动、消费者行为偏好等，一旦被国外政府部门、金融机构大量处理，并以此作出损害一国金融市场的决策，将严重威胁金融和经济秩序，进而危及国家安全。典型如美国依托全球两大银行业基础设施——环球银行金融电信协会（SWIFT）以及纽约清算所银行同业支付系统（CHIPS）[1]，广泛获取国际金融交易数据信息，侦测目标并开展金融制裁活动[2]。因此，基于公民隐私及财产权利保护、金融市场及国家安全保障，数据流出国家或地区普遍对金融数据跨境流动较为审慎，对于境内金融数据流出采取禁止或严格限制的措施。

（三）金融数据跨境流动开放与限制的规制博弈

金融开放进程加速了数据要素的全球化流动及配置需求，但针对金融数据跨境流动安全风险的规制亦具有紧迫性。一般情况下，从促进全球金融市场发展、实现数据经济价值的角度，国际和地区多边协定通常限制各国采取金融数据本地化措施，以破除金融数据跨境流动的障碍。在 WTO 制定的《关于金融服务承诺的谅解》[3]、《全面与进步跨太平洋伙伴关系协定》（CPTPP）[4]，以及美国主导制定的《美韩自由贸易协定》（KORUSFTA）[5]、《美墨加协定》（USMCA）[6]等多项区域协定中，均要求金融数据的自由流动。尽管从技术上实现金融数据自由流动并不存在障碍，但多数国家及地区基于数据主体权利保护及国家安全，从政策层面对金融数据流出进行严格限制[7]。尤其是对境外主权国家执法中的金融数据调取，为防止他国通过"长臂管辖"扩张数据主权与金融主导权，一般通

---

[1] 前者因运营世界级的金融电文网络而聚集了全球的国际金融交易数据，后者作为全球最大的私营支付清算系统，负责跨境美元交易清算，也掌握了大量的国际金融交易数据。

[2] 例如在 2005 年，美国财政部通过对系统中朝鲜相关账户金融交易数据的分析，指控澳门汇业银行为朝鲜洗钱提供便利并走私假币，直接导致澳门银行冻结了朝鲜的 52 个账户。以此为借口告诫其余国家与朝鲜开展金融交易的风险，使得亚洲和欧洲多个金融机构关闭或限制在朝鲜的银行账户。参见黄亚光、许坤、董艳：《美国金融制裁：演化逻辑与应对策略》，载《经济学家》2021 年第 7 期，第 113 页。

[3] 《关于金融服务承诺的谅解》"信息传送和数据处理"部分规定，如信息传送、金融信息处理或设备转移是金融服务提供者开展正常业务所必需的，则任何成员不得采取阻止此类信息传送或金融信息处理的措施。

[4] 《全面与进步跨太平洋伙伴关系协定》（CPTPP）附录 11-B 附件"具体承诺"部分规定，每一缔约方应允许另一缔约方的一金融机构为数据处理目的，通过电子或其他方式向其境内外传输信息，如此种处理是该机构日常经营过程所要求的。参见温树英：《数据本地化要求的困境与对策：以金融服务贸易为例》，载《国际经济法学刊》2021 年第 2 期。

[5] 《美韩自由贸易协定》（KORUSFTA）第十三章"金融服务"附件 13-B 中规定，金融机构相互之间可以传入和传出金融数据。

[6] 《美墨加协定》（USMCA）第 17.8 条、第 17.17 条中规定，在各方金融监管机关能够及时、有效监管本国金融数据的条件下，缔约方不得要求金融服务提供者计算机设施本地化，金融服务提供者在授权许可的范围内为商业目的活动，缔约方不得限制数据的转入或转出。

[7] 参见王融：《数据跨境流动政策认知与建议——从美欧政策比较及反思视角》，载《信息安全与通信保密》2018 年第 3 期。

过"封阻法令"对境外执法机构的数据调取予以禁止。针对美国启动 SWIFT 项目获取欧盟公民涉外金融交易数据的行为，欧盟认为 SWIFT 向美国财政部传输批量信息数据缺乏合法性，违反了欧盟个人信息保护的比例原则、透明度原则、充分保护原则等多项原则，对其进行了强烈抗议[1]。因而，各国家和地区关于金融数据跨境流动开放与限制处于不断博弈的状态，导致实践中金融数据跨境传输合法性的争议不断，这一冲突直接加大了跨国金融集团面临的经营风险，使其在提升经营效益以及满足业务开展的数据合规需求的同时，可能导致数据存储地政府与用户信任危机，最终阻碍数字金融全球化发展进程。

三、我国"限禁型"规制模式之适用困境

我国金融数据跨境流动受到行业普适性与金融业专门性法律规范构成的双重规制。首先，《中华人民共和国网络安全法》（以下简称《网络安全法》）、《中华人民共和国数据安全法》（以下简称《数据安全法》）、《中华人民共和国个人信息保护法》（以下简称《个人信息保护法》）等基本法确立了"促进数据跨境安全、自由流动"的总体方针[2]。《个人信息保护法》对个人信息的跨境流动要求较为宽松，提供了安全评估、保护认证、标准合同订立等多种制度工具。但针对金融领域在内的关键信息基础设施运营者，上述立法均要求其对境内收集、产生的个人信息和重要数据进行本地化存储，将"业务需要"并经"安全评估"作为例外适用的场景和条件[3]。对于境外司法或执法机构调取存储于境内的数据，非经主管部门批准同意不得对外提供[4]。其次，在中国人民银行发布的《个人金融信息（数据）保护试行办法（初稿）》、《个人金融信息保护技术规范》（JR/T 0171-2020）以及《关于银行业金融机构做好个人金融信息保护工作的通知》（已失效）[5]等金融业规范性文件中，央行直接要求境内收集的个人金融信息本地化储存、处理和分析，严格限制其跨境流动。可以看出，现有法律制度对境内金融数据出境持严格限制的基本立场，特殊情况下出境必须遵循"凡出必审"之要求[6]，表现为"限禁型"规制模式，即通过对金融数据控制者行为

---

[1] 参见邵朱励：《反恐背景下金融隐私信息的跨境流动与保护——以 SWIFT 项目国际争议及其解决为视角》，载《国际论坛》2014 年第 3 期。

[2] 参见《数据安全法》第 11 条规定，国家积极开展数据安全治理、数据开发利用等领域的国际交流与合作，参与数据安全相关国际规则和标准的制定，促进数据跨境安全、自由流动。

[3] 参见《网络安全法》第 37 条、《数据安全法》第 21 条及第 31 条之规定。

[4] 参见《数据安全法》第 36 条之规定。

[5] 参见《关于银行业金融机构做好个人金融信息保护工作的通知》第 6 条、《个人金融信息（数据）保护试行办法（初稿）》第 20 条、2016 年版《中国人民银行金融消费者权益保护实施办法》（已失效）第 30 条规定。

[6] 参见薛亦飒：《多层次数据出境体系构建与数据流动自由的实现——以实质性审查制变革为起点》，载《西北民族大学学报（哲学社会科学版）》2020 年第 6 期。

进行禁止、限制，实现金融数据出境安全风险控制之目的。这种限权模式将国家公共利益以及公民隐私权利维护作为规制的核心内容，但并未充分考虑金融机构等金融数据控制者的利益诉求以及数字金融产业发展利益，在实践中存在一系列适用困境，进而导致金融数据跨境流动秩序混乱。

（一）主体利益平衡机制失灵

1. 金融数据跨境流动中主体利益结构分析

从利益衡量的角度看，网络金融空间中的数据治理涉及政府、私营部门、市民社会等多元主体，构建良好的治理机制需要有效平衡上述主体的利益诉求。[1]金融数据跨境流通的利益主体包括金融数据控制者、金融数据主体、行业监管部门、社会国家等。金融数据具有的人格性与财产性、私人性与公共性、消极性与积极性并存的多重属性，加剧了金融数据跨境流动中各主体的利益博弈。首先，与数据主体关联的金融数据涉及私域的个人隐私信息以及企业客户的商业秘密，金融数据跨境流动直接影响着金融数据主体的隐私及财产安全；其次，金融数据具有显著的分析、预测、追踪功能，能够为公共部门的执法活动以及决策管理提供依据[2]，其影响范围已经不限于单个主体，而是关乎社会国家的安全利益；再次，金融数据因使用上具有的非竞争性与非排他性而具备较强的公共产品属性，金融数据广泛而深度的使用能够为整个行业持续带来经济增益，因而金融数据跨境流动有助于全球数字金融产业发展；最后，数字金融时代的大量数据实际是金融数据控制者与信息主体双方协作产生的结果，金融机构等金融数据控制者应依法按照其投入的成本或劳动等贡献程度合理获得金融数据的经济价值[3]。金融数据跨境流动规则通过对金融数据经济价值的促进与限制，对金融数据控制者的财产权益产生影响。

2. 金融数据财产权益与产业发展利益保障不足

现有关于金融数据流动共享的理论支撑已从保障"数据自益权"转向关注并促进"数据共益权"，从整体数字金融产业的角度平衡多方主体之利益已成为必要[4]。金融数据跨境流动是金融数据共享的具体表现之一，理想情况下，其规制方式及限度应综合国家安全、公共秩序、个人隐私、企业效益等因素分析，以确保各主体利益妥善平衡。[5]我国《数据安全法》将数据跨境流动"安全"

〔1〕 参见鲁传颖：《网络空间中的数据及其治理机制分析》，载《全球传媒学刊》2016年第4期。
〔2〕 参见盛学军、刘志伟：《金融业大数据运用中的个人信息保护》，载《银行家》2020年第10期。
〔3〕 参见邢会强：《论数据可携权在我国的引入——以开放银行为视角》，载《政法论丛》2020年第2期。
〔4〕 参见陈兵、顾丹丹：《数字经济下数据共享理路的反思与再造——以数据类型化考察为视角》，载《上海财经大学学报》2020年第2期。
〔5〕 参见廖茂林、贾晋：《探析金融业的数据要素融合应用》，载《银行家》2021年第1期。

与"自由"价值并列，金融数据跨境流动的安全性与自由性应同等重要。但实际上，我国现有"限禁型"规制模式对金融数据控制者的数据流通和利用设置限制，通过将境内产生的金融数据严格限制在境内以降低流动中产生的风险，治理重点在于国家安全和客户隐私保障，对金融数据控制者及产业发展的经济利益未给予充分安排，也即安全有余而自由不足，在此总体原则与具体条款呈现出一定程度的背离。究其原因，在于现有规制模式限制了金融数据经济价值的实现。

数字金融产业加强了金融数据的财产属性，但同时金融数据的高经济价值具有潜在性和不确定性，必须通过不断流通利用得以实现。金融数据的流通共享能够消除数据割裂产生的"数据孤岛"，发挥数据聚合的"整体涌现性"从而产生结构效应[1]。同时，金融数据跨境流动呈现出典型的"公地喜剧"现象，即参与金融数据共享利用的人数越多，每个人或整体的收益越大。一方面，金融数据价值伴随互联网、云计算网络的扩张呈现指数增长；另一方面，金融数据利用非排他性与传输的低成本性，使"公地喜剧"的广度和深度进一步扩大[2]。因此，金融数据呈现出强烈的流通性财产属性，海量金融数据只有在持续地流动和合法利用中，才能够创造巨大经济利益[3]。金融数据在全球范围内的流动能够促进金融数据控制者充分利用金融数据，同时提升全球数字金融产业的整体效益与单个金融数据控制者的经济利益。而"限禁型"规制模式并不能充分契合金融数据这一流通性财产的属性和需求，无疑将抑制金融数据经济价值的实现，影响我国金融企业的国际竞争力以及产业发展。研究显示，数据本地化和数据流动壁垒等措施造成我国的 GDP 下降 0.55%，而 20 国集团国家开放数据流动则将推动 GDP 显著增长[4]。

（二）规制机关执法效率偏低

实践中，数据出境安全评估制度具有扩张适用的倾向，对这一强制性审查方式的过度依赖，对执法机关的执法能力提出了挑战。由于"关键信息基础设施""重要数据"等概念的具体范围不明，导致其与一般金融数据控制企业掌握的数据难以清晰界定，因而存在将本不属于该范围的金融数据也纳入关键信息基础设施运营中收集的数据信息范畴加以规制的趋势，出境均需要通过监管部门安全评估这一前置性程序。实际上，按照现有关键信息基础设施的总体界定，关键性地

---

〔1〕 参见许可：《个人金融信息保护与数据协同：金融控股公司的选择》，载《银行家》2019 年第 7 期。

〔2〕 参见陈少威、贾开：《跨境数据流动的全球治理：历史变迁、制度困境与变革路径》，载《经济社会体制比较》2020 年第 2 期。

〔3〕 参见金耀：《个人信息去身份的法理基础与规范重塑》，载《法学评论》2017 年第 3 期。

〔4〕 Nicholas Gruen, John Houghton and Richard Tooth, Open for Business: How Open Data Can Help Achieve the G20 Growth Target-A Lateral Economics Report Commissioned by Omidyar Network, 2014.

位的认定主要在于其损害对国家安全、国计民生和公共利益的影响，不加区分地将大量金融数据纳入监管部门的实质审查批准范围，可能导致并不对上述利益产生影响的一般金融数据或个人金融信息也受到出境限制。监管者期望通过这一方式最大限度实现数据出境的安全保障，但同时该模式也将导致金融数据跨境流动的灵活性缺失以及效率低下。

相较于小数据时代，大数据时代的金融数据无论在体量还是规模上，均有巨大提升。数字金融发展使金融大数据具有容量大（Volume）、多样性（Variety）和速度快（Velocity）的"3Vs"特征[1]。据统计，2019 年全球大数据存储量已达 41ZB[2]，同时每年均保持 40%的增速，预计到 2025 年，我国数据总量将达到 48.6ZB，届时我国将成为全球数据总量最大的国家。金融行业相较普通行业对数据传输的需求量更大、速度要求更快，但仅中国银联就涉及超 9 亿持卡人以及 1000 万商户每天近 7000 万条交易数据，而按照 BCG 相关报告，银行业每创收 100 万平均产生 820GB 的数据量[3]。目前，中国银行的国际化程度已位于全球前列，其他中资银行境外业务规模也在不断扩大，截至 2018 年末，五大商业银行境外资产总额达 12 万亿人民币，因而无论是境内还是境外金融机构开展全球化业务均离不开海量金融数据的跨境传输。在这些金融数据中，既包括传统持牌金融机构所持数据，也包括金融科技公司等直接或间接参与金融业务的主体[4]；既包括原始数据，也包括加工后的匿名化数据、衍生数据；既包括客户的身份、交易、信用等数据，也包括企业自身的经营管理数据。[5]不同类型和规模的金融数据对国家安全等公共利益、个人隐私权利产生的实际风险完全不同，不加区分地大量适用安全评估这一规制手段，将造成执法资源的极大浪费，大幅提高监管执法与企业合规成本，难以满足跨国金融业务大量数据实时传输的效率要求。

（三）规制手段的科学性与有效性存疑

现有规制的核心在于金融数据本地化以及"凡出必审"要求，但已有不少学者对数据本地化限制的科学性与有效性提出了质疑。首先，就数据保护的技术

---

[1] 美国政府在大数据报告中将大数据特征总结为"3Vs"：容量大（Volume）、多样性（Variety）和速度快（Velocity），参见 Executive Office of the President, *Big Data*: *Seizing Opportunities*, Preserving Values, May 2014.

[2] 《大数据存储量达 41ZB！有银行已"提炼"出数据能源》，载中国电子银行网，https://baijiahao. baidu. com/s? id=1706415579832375568&wfr=spider&for=pc。

[3] 参见刘绍新：《全球化背景下的个人数据跨境流动》，载《中国金融》2019 年第 23 期。

[4] 参见范思博：《个人金融数据跨境流动的治理研究》，载《重庆大学学报（社会科学版）》2021 年 7 月 27 日网络首发。

[5] 参见马兰：《金融数据跨境流动规制的核心问题和中国因应》，载《国际法研究》2020 年第 3 期。

层面，有学者认为金融数据本地化并非实现数据安全的必要条件，该措施对于客户隐私保护、网络和公共安全保障均非必需。数据本地化限制将增强信息技术和数据的复杂性，反而削弱跨境金融机构在风险管理、合规管理和网络安全方面的有效性[1]。例如印度作为数据本地化措施最为严格的国家，其境内的公民个人信息数据库 "Aadhaar" 却频繁爆发数据泄露事故。由此证明保障数据安全的关键并非其是否存放于本国，而在于数据安全保护技术与安全监管能力的强弱[2]。反之，本地化限制将加剧全球金融网络的数据孤岛，使网络攻击所造成的破坏性影响加大。其次，就规制政策的实施效果层面，明确金融数据本地化限制之外延，是框定金融数据流动范围的前提，但在相关数据和信息基本法、金融业特殊规定中，均不存在对其范围的有效界定[3]。"因业务需要确需数据出境" 这一例外情况的合理性判定以及具体规则同样缺乏，规则的缺失导致金融数据跨境流动合法与非法的边界模糊不清，金融数据如何合法出境缺乏确定的法律指引。由于金融数据经济价值的最大化驱动金融机构产生数据传输行为，而该经济价值具有强烈的时间性，过度限制金融数据控制者的数据跨境传输，可能使金融机构在付出高昂合规成本的同时，暗地进行数据转移，即将金融数据跨境活动从 "地上" 转为 "地下"，游离于监管范围之外的金融数据转移将隐藏和累积更大的风险，导致各方主体权益面临的威胁更大，反而不利于维护金融数据跨境流动的秩序，致使法律规制的实质效果偏离预期。

四、金融数据跨境流动规制中激励机制的引入逻辑

法在协调各种利益关系中发挥着重要作用，通过对社会生产关系的调节，其既可能促进也可能阻碍社会生产力发展。[4]在数字金融发展初期，将限制金融数据跨境流动作为中心，有助于防止贸然开放数据跨境导致交易成本增加，致使数字金融发展负面效应远超经济效应的情况，以充分保障国内金融产业稳健发展。但随着全球数字经济发展，我国各类金融机构、金融科技公司等加快全球范围内的产业布局，更好地开放金融数据跨境流动已成为必选项。从管制型政府到

---

[1] 参见温树英：《数据本地化要求的困境与对策：以金融服务贸易为例》，载《国际经济法学刊》2021年第2期。

[2] 参见张莉主编，中国电子信息产业发展研究院编著：《数据治理与数据安全》，人民邮电出版社2019年版，第141页。

[3] 前者采取关键信息基础设施运营者特殊规制的思路，但关键信息基础设施运营者并不等同于金融数据控制者，仅当金融数据控制者满足特定条件时，才受该条款约束。按照《关键信息基础设施安全保护条例》，其认定需要综合考虑网络设施与信息系统的重要程度、受损的危害程度、对其他行业和领域的关联影响等因素。即使被认定为金融领域关键信息基础设施，现有法律限制范围为其控制的 "重要数据" 及 "个人信息"，除此之外的金融数据应受何种规制尚未明确。金融业专门性规定将个人金融信息作为主要调整对象，同样存在规制范围的局限性。

[4] 参见孙国华、朱景文主编：《法理学》（第5版），中国人民大学出版社2021年版，第51页。

服务型政府转变，促进多元主体的协商与合作，亦成为我国社会治理变迁的主要方向。针对我国金融数据跨境流动治理问题，亟须转变规制理念以发挥法律制度对金融数据控制主体的激励和引导作用，妥善平衡市场开放与政府规制的关系。采取金融数据跨境流动规制的激励机制，得以使外部干预与金融数据控制企业内生激励相容，充分调动金融数据控制者在规制过程中的能动性，在促进金融数据控制主体利用数据的同时形成安全保障的内生机制。

（一）金融数据跨境流动的信息约束及外部性问题

既有规制模式之所以产生诸多适用困境，核心原因在于该方式并未充分重视金融数据跨境流动中存在的信息约束与外部性问题。首先，目前通过本地化限制以及安全评估所构建的"限禁型"规制模式，主要是按照公共利益规制理论进行设计，以规制信息完全为假定前置条件。该模式隐含了金融数据控制机构能够向规制机构如实、全面、及时提供信息，规制部门得以完全掌握金融数据控制情况及流通动向这一前提，从而实现完全信息条件下资源配置的最优化。在金融数据跨境流动规制实践中，规制机关目前采取的主要规制手段为安全评估，其效力发挥有赖于金融数据控制者的主动申报和信息提供。但由于规制机关与数据控制者之间存在严重的信息不对称问题，规制机关难以掌握金融机构掌握数据的真实情况，因而存在规制失灵的困境。同时，在金融数据控制者与金融消费者之间同样存在信息不对称问题，即使按照现有《个人信息保护法》及金融业管理规定中"知情—同意"规则的要求，金融数据控制者在向境外传输金融消费者信息前必须取得明示的单独同意，但实际上信息一旦转移，金融数据消费者就难以得知金融数据的真实利用和流转状态，存在较为严重的信息黑箱情况。其次，金融数据控制机构作为数据管理者和行为活动者，其开展金融数据跨境流动活动存在显著外部性。对于金融数据控制机构而言，具有很强的传输金融数据以充分实现其经济价值的动机，但同时金融数据受损、泄露、非法获取的直接受损主体为金融数据主体或社会国家，置言之，其开展金融数据跨境传输活动具有较强的负外部性。现有的"限禁型"规制模式并未考虑金融数据跨境流动中的特殊信息约束与外部性问题，过度依赖法律规制的强制功能而忽视了激励功能，对于金融数据控制者施加的义务较多，配置的权利较少，权利义务机制的失衡违背公平原则，同时也难以激发金融数据控制者的内在主动性。金融数据控制者守法行为承担的成本较高，逃避法律的行为将获得更高收益，因而形成"扭曲性激励"[1]。

（二）激励相容对于金融数据跨境流动规制的作用

激励功能是法律制度的重要功能之一，能够激发和鼓励行为主体自发采取符

---

[1] 参见岳彩申：《民间借贷的激励性法律规制》，载《中国社会科学》2013年第10期。

合法律要求的行为，从而达到预期法律效果。具体而言，构建激励相容机制对于金融数据跨境流动规制的作用体现在几个方面：首先，克服多级"委托—代理"关系中的信息不对称问题，在金融数据主体、规制机构以及金融数据控制主体之间存在多级"委托-代理"关系，对于代理人而言，充分的激励是缓解信息不对称性的有效手段；其次，法律激励通过强制性规则，将个体行为的外部性内部化，使行为主体对自身行为产生的社会收益和社会成本转换为私人收益与成本，可有效克服主体行为的外部性问题[1]；最后，激励相容机制还可通过金融数据控制者权利义务平衡更好地实现多方利益主体的利益均衡，从而调动金融数据控制者参与治理的积极性。因此，激励相容机制意在缓解规制中的信息不对称和外部性问题，妥善配置规制对象的权利义务，是实现政府与市场主体合作治理的一种新治理模式，在此过程中采用更为柔性的规制工具和手段替代监管部门的强制性手段。

按照奥尼德·哈维茨的设计，市场经济中个人的自利行为必须受到与追求集体利益最大化相一致的激励相容机制约束，以解决个体利益与集体利益的矛盾，使行为人之行动与结果能够符合集体价值的最大化目标[2]。在金融数据跨境流动这一场景中，金融数据控制企业是数据的管理者与行为实施者，也是规则的直接调整对象。作为规制网络中的核心主体，金融数据控制企业的行为直接关系到金融数据跨境流动的规制效果。由于"人们发现规则如果能够与被管理者激励相容，会极大降低执法成本，提高合规动力"，因而只有将金融数据跨境流动的安全保障深度融入金融数据控制者内在需求之中，充分发挥金融数据控制者的主动性和核心作用，才能在节约执法成本的同时实现良好治理效果。如何设计妥善的激励相容机制，以充分发挥法律规则的引导作用，调动数据控制者的守法诱因，是金融数据跨境流动规则实施成败的关键[3]。

另外，激励相容机制还可推动主体间合作博弈机制的构建，克服非合作博弈的高昂规制成本，形成"多利益相关体系治理模式"，即将政府、私营机构、民间组织等利益相关方视为平等治理主体的治理模式，充分发挥不同治理主体的相对优势，以形成多样化、相互重叠的治理机制与体系，有利于冲突最小化，同时最大限度增进共识。在金融数据跨境流动中，金融数据主体、金融数据控制企

---

[1] 参见胡元聪：《经济法的激励功能与外部性解决分析》，载《社会科学论坛（学术研究卷）》2009年第10期。

[2] Vickrey W., "Utility, Strategy, and Social Decision Rules: Reply", *Quarterly Journal of Economics*, 4, 1960, pp. 507-535.

[3] 参见周汉华：《探索激励相容的个人数据治理之道——中国个人信息保护法的立法方向》，载《法学研究》2018年第2期，第5页。

业、国家社会等各个主体均有其自身的动机与目标，并具有相互制约的利益冲突，这一交叉制约关系影响着金融数据跨境治理规则的策略选择。建立金融数据跨境流动治理的激励相容机制，可在数据控制企业、金融数据主体以及社会国家三方主体之间形成内部均衡，在调动金融数据控制者自发性和积极性的同时，发挥其他两方主体对金融数据控制企业的监督制衡作用，实现多元主体的协同治理。

五、金融数据跨境流动激励性规制的构建路径

不断对各种冲突利益进行调和是法律的主要作用，制定法律制度的过程就是不同利益主体进行利益争夺的过程。"随着立法过程的完成，不同利益群体所争夺的利益结果固定为某一具体法律制度的制度利益。"[1]金融数据跨境流动规制涉及多方利益主体的相互博弈与制约，不宜从单一纬度限制或开放金融数据跨境流动，而是应当兼顾安全与自由价值，既注重国家安全与数据主权利益、客户隐私和财产权利，也注重数字金融产业的发展利益。例如尽管欧盟建立了以公民数据权利和隐私保障为核心的数据治理框架，金融数据出境必须遵循"充分保护原则"以保障个人金融数据权利，但同时欧盟亦日益重视数据流动的商业价值，通过多种制度安排为金融数据跨境流动提供较为广泛的渠道。近年来的立法趋势亦是不断增强数据共享者之间的信任，扫除数据共享与利用的制度障碍，促进各部门与成员国的数据共享。

对于我国而言，解决现有规制问题的关键在于如何在开放金融数据跨境流动的同时有效控制风险，一方面赋予金融数据控制者传输数据的合法空间，另一方面严格限制风险显著大于收益的金融数据跨境流动活动。其中，"激励与保护"同步是协调金融数据跨境流动自由与安全二元价值动态平衡的关键。在规制过程中，激励机制通过向金融数据控制者支付合理的信息租金，以构建其"说真话"的机制；通过正激励与负激励相结合的多种激励工具的运用，实现有效的激励结构和激励效果。具体而言，金融数据跨境流动的激励性规制要求开放金融数据开放的合法通道，引入更加丰富的激励工具以契合金融数据的复杂多样性，在赋予金融数据控制主体传输金融数据权利的同时，加强其责任追求与承担，从而实现各方利益平衡与风险控制。

（一）以豁免制度开放金融数据合法跨境通道

激励机制要求赋予金融数据控制者相对稳定的数据用益权，促进数据流通利用等具体财产权能实现，从而引导金融数据控制者积极发挥治理中的主体作用。现有规制模式以金融数据控制者的行为限制为核心，对于金融数据本地化限制的

---

[1] 参见梁上上：《利益衡量论》（第2版），法律出版社2016年版，第97~98页。

例外情形缺乏清晰且详细的规定，使金融数据控制者合法跨境传输数据的渠道受阻，难以满足金融数据流转的独立权能之需要〔1〕，导致实践中监管机构规制力度加强与规制失灵同时并存。特定情况下赋予金融数据合法出境的空间具有必要性，而将其纳入法律规范调整范围，是金融数据有序跨境流通的制度保障。但目前，我国关于金融数据跨境流动的规定散见于各文件之中，一方面各规定间存在冲突矛盾，另一方面关于金融数据出境的具体范围和要求不甚清晰。豁免制度能够通过具体范围和条件的设置，确定部分情况下金融数据得以排除严格限制而相对自由跨境流动，为金融数据出境安全与自由价值的平衡提供了法律框架，也是激励机制从积极的角度促进和激励规制主体的制度体现。

《欧洲经济共同体条约》最早确立竞争法中的豁免制度，即在特定情形下，本应禁止的限制、阻碍市场竞争的协议或行为，因符合免责条件不予禁止〔2〕。该制度以概括禁止与广泛豁免相结合的方式，通过具象化、确定性的标准，既达到了"合理原则"的相似功能，又能够避免"本身违反规则"所带来的武断与不连续〔3〕。《中华人民共和国反垄断法》第20条亦确立了出于多种公益目的的垄断协议豁免，以实现竞争政策与其他社会、经济政策目标的协调。纵观各国反垄断豁免制度，核心条件均在于豁免行为不会对竞争产生严重损害，制度价值在于实现竞争公平基础上的经济合理性。可以说，竞争法中豁免制度的产生正是对限制竞争协议所产生的经济后果进行权衡比较的结果，即从经济效果上对限制竞争行为的性质和影响进行比较，经分析部分限制竞争行为带来的利大于弊时，则可以排除反垄断法对该行为的禁止。

金融数据跨境流动规制的豁免与反垄断法的豁免具有价值与形式的一致性，同样能够通过明确的标准为金融数据控制主体行为确定立法指引，最终达成金融数据跨境流动"安全自由"的目标。金融数据跨境流动规制豁免有助于促进限权型模式向"赋权+义务"的模式转变，在安全保障下最大化实现数据价值。在适用中，金融数据出境仍应纳入监管范围，仅针对几类特殊出境情形，在其经济价值显著高于负面风险的情况下，作为例外情况免于个案审查，予以跨境流动。在此过程中，判断的基本原则和标准为数字金融产业的安全发展。就规制效果而言，通过"原则限制+豁免适用"这一基本框架，采取正负面清单结合的方式，确定对国家利益、公共利益和数据主体权利不会产生显著威胁的金融数据得以出境的范围、条件和具体要求，即概括限制符合重要性、关键性、敏感性等条件的金融数据出境，同时在此基础上对风险较低而经济效益较高的数据予以豁免。豁

〔1〕 参见申卫星：《论数据用益权》，载《中国社会科学》2020年第11期。
〔2〕 参见段宏磊：《中国反垄断法适用除外的系统解释与规范再造》，载《社会科学》2018年第3期。
〔3〕 参见许光耀：《"合理原则"及其立法模式比较》，载《法学评论》2005年第2期。

免制度的适用有利于实现金融数据控制者的金融数据财产权能，同时将数据出境安全证明及保障责任转嫁于金融数据控制者，能够促进其积极提供规制所需信息，将金融数据出境的安全保障以及风险控制"内化于心、外化于行"。同时，构建多层次动态豁免制度，可针对不同类型和场景下数据出境安全威胁程度的不同，制定严宽不同的出境限制条件和要求，以最大化实现金融数据跨境的安全保障与经济效益的相互调适。

（二）构建以风险为导向的动态多元规制结构

金融数据跨境流动激励性规制的核心在于构建以风险为导向的、多方合作博弈的多元规制结构。风险控制系现代法治的基本目标，"从广义上说，整个法律制度都是旨在解决风险问题的风险防控制度"[1]。风险伴随收益而生，金融数据风险因客观存在于金融机构经营和管理数据之中而不可消弭，因此金融机构及监管部门的重点在于如何准确识别、预防以及控制风险。实际上，欧盟GDPR对个人数据保护即采取风险管控的立法理念和路径，根据不同主体具体的数据处理行为的风险不同，要求主体承担不同的数据保护义务。同时，金融数据跨境流动风险具有不确定性，"在安全/风险进路下，只有不利影响的严重性、持续性才是关键"[2]，金融数据信息的敏感性也并非一成不变，任何数据信息基于具体的场景都可能有其敏感性，相应地，即使被纳入到敏感信息范围的金融数据信息也可能在某些场景中丧失其敏感性[3]。结合场景风险理论，金融数据跨境流动的规制措施及工具选择，需要根据详细数据类型在不同时空维度、数据规模、技术保障等条件下的风险加以综合判定，如将敏感性较低、偶发性的个人金融信息与重要数据出境适用同样的安全评估和实质审查程序，可能会造成执法资源的浪费以及市场效率损害[4]。系统理论认为，在内部因素和外部环境的作用之下，系统始终处于不断运动和变化中。金融数据规制体系作为有机整体应当根据外部风险进行动态调整，从而保持系统的开放与活力。总的来说，构建风险导向型金融数据跨境流动规制模式，要求对豁免规则本身进行审查评估，使其与外部风险变化相适应，同时引入更加灵活丰富的制度工具及标准，以保持规制的多元性和动态调试性。

首先，金融科技的发展使得数据的敏感性、重要性处于不断变化中，"关键

---

〔1〕 参见张守文：《当代中国经济法理论的新视域》，中国人民大学出版社2018年版，第170~171页。

〔2〕 参见许可：《自由与安全：数据跨境流动的中国方案》，载《环球法律评论》2021年第1期。

〔3〕 参见常宇豪：《论信息主体同意权的绝对化困境与相对性重构——兼论〈个人信息保护法（草案）〉（二审稿）同意制度的完善》，载《江西财经大学学报》2021年第5期。

〔4〕 参见周汉华：《探索激励相容的个人数据治理之道——中国个人信息保护法的立法方向》，载《法学研究》2018年第2期。

信息基础设施""重要数据""敏感数据"等概念的内涵和外延并非一成不变，范围尺度的确定并非一劳永逸。因此，应定期对可跨境传输金融数据的适用条件和标准进行评估及修订，以适应金融市场发展和环境变化，对于不符合条件的予以终止或调整；其次，现有金融数据跨境流动过度依赖安全评估这一事前行政审批方式，忽视了事中及事后规制方式的运用，未发挥数据控制者自律规范、合同规范等约束机制的作用，在加重行政部门与市场负担的同时，难以适应金融数据风险的隐蔽性、多层次性和动态性。斯科特提出多元主体参与的"规制治理"理论，认为规范不仅包括国家法律，还包括指导、合同、私人标准、自我规制规则等多元法律规范，以充分发挥政府部门、企业、协会、认证机构在社会控制体系中的作用[1]。在国际实践中，欧盟通过白名单制度、标准合同条款（SCC）、公司约束性规则认证（BCRs）等多种方式为数据出境提供渠道。在金融领域，《关于内部市场的支付服务指令（第 2015/2366 号）》明确在客户同意及审慎监管的情况下，开放银行在充分评估并防范风险的条件下，可向第三方支付服务提供商跨境开放用户账户数据[2]。为充分发挥我国金融数据跨境流动中多元主体协同治理的作用，提升规制效率及效果，应加强金融数据控制主体内生的自我约束等方式的运用，除安全评估外，根据金融数据出境风险大小，允许企业内部行为规范认证、金融数据跨境流动标准合同条款等作为有效的出境条件，并探索采取"正面清单+备案"的形式成批授予豁免等。

（三）健全金融数据控制者问责机制

总体而言，我国关于金融数据跨境流动的规制体系尚处于初步构建阶段，在赋予金融数据控制者传输金融数据合法空间的同时，必须健全其责任追究和责任承担机制，以实现权利与责任的配适。通过强化执法、司法的外部威慑力，可督促金融数据控制者做出合法行为，这也是法律制度反激励功能的体现。首先，就金融数据跨境流动的责任追究看，将在境内收集的金融数据控制者作为问责主体，有助于便利我国监管部门的监管执法以及损害救济。因此，金融数据控制者对于向境外传输金融数据所产生的损害，均应承担无限连带责任，从而督促并监督境外数据接受者充分保障数据安全。鉴于部分实体运营的在境外的机构也可能在境内收集并处理数据信息，其中涉及重要性、大规模性金融数据信息的，应要求其在境内设立具有独立责任承担能力的实体机构，并将该机构及其相关人员确定为金融数据责任主体。其次，目前主要通过行政处罚措施追究违规数据跨境传

[1]　参见［英］科林·斯科特：《规制、治理与法律：前沿问题研究》，安永康译，清华大学出版社 2018 年版，第 11 页。

[2]　参见邢会强：《论数据可携权在我国的引入——以开放银行为视角》，载《政法论丛》2020 年第 2 期。

输的责任，刑事责任与民事责任的规定尚存在不足。从刑事责任看，可以通过既有刑事法律中的相关规范予以惩戒，可将向境外传输或泄露金融业重要数据信息和个人金融信息，严重损害国家利益、公共利益和个人隐私财产权利的行为，纳入到危害国家安全、破坏市场经济秩序以及侵犯公民个人信息等罪名的规制范围，但必须注意刑事责任的适用必须严格限制在刑事法律规定的范围之内。同时，可探索设置单独的罪名，规制关键信息基础设施运营者违反数据安全管理规定、向境外机构传输重要数据、造成严重损害的行为。从民事责任看，由于金融数据跨境流动中涉及的数据侵权行为一般具有隐蔽性，分散的金融数据主体维权成本较高且力量较弱，应当健全涉及金融数据跨境流动侵权的公益诉讼制度，通过司法途径强化金融数据控制者的责任承担。最后，应当充分发挥合同约束、自律规范等规范的作用，例如在相关标准合同中明确境内机构作为责任第一承担人，同时细化数据传输者和数据接受者的义务和责任分配，在公司约束性规则中也明确具体的数据管理和风险控制机构以及相关责任等。

六、结论

在全球数字贸易背景下，构建合理的金融数据跨境流动规制体系已成为我国金融开放的必然要求，同时设计科学有效的制度也有助于我国赢取在国际数据治理中的主导地位。目前，各国家和地区均朝着促进区域内金融数据跨境自由流动的趋势发展，相关区域协定和条约普遍在不排除缔约方采取一定保护措施的条件下，将金融数据跨境自由流动作为基本原则。同时，包括美国、英国在内的诸多国家已开展开放银行实践，通过开放 API 接口使金融数据得以在金融机构、金融科技公司等主体之间共享流通，从而更大限度实现金融数据的经济价值，提高金融市场竞争活力。从整体趋势看，促进金融数据的开放流动是顺应全球数字金融发展的时代要求。《区域全面经济伙伴关系协定》（RCEP），亦明确禁止缔约方对金融服务提供者为日常运营所需的信息转移进行限制。实际上，应当将安全风险防范与促进自由开放均作为金融数据跨境流动治理的重要目标。但在我国既有的国内法律法规中，仍以禁止和限制金融数据跨境流动为核心，包括金融数据出境的范围、条件等在内的具体规则亦存在诸多矛盾、模糊之处，金融数据如何跨境流动尚未形成体系化的制度安排。法律规制思路上的局限以及具体规则上的缺失，难以为我国金融数据跨境流动提供有效的指引。"对虚拟安全问题的有意义的回应将发生在制度层面"[1]，有必要对我国现有"限禁型"规制模式的理念及制度工具进行充分梳理与调整，重新平衡金融数据控制者、金融数据主体、社

---

[1] 参见 [美] 弥尔顿·L. 穆勒：《网络与国家：互联网治理的全球政治学》，周程等译，上海交通大学出版社 2015 年版，第 195 页。

会、国家几方主体的利益。应当通过引入激励性规制理念以及多元化的规制工具，构建风险导向型、动态多元型的激励性规制结构，以有效保障金融数据跨境流动的秩序，实现国家安全、公共秩序、数据主体权利、经济发展的统一，为我国深度融入金融全球化提供制度保障。

数据安全：数据信托目的及其实现机制*

席月民**

　　摘要： 基于所有权与控制权的分离设计，数据信托在实现数据安全管理、有效保护隐私和个人信息方面应该有所作为。数据信托的信托财产为数据权，而非数据本身。在数据信托中，数据的"入托"与"出托"都涉及数据安全问题，而解决这一问题的逻辑起点是科学认识信托数据的法律特性。从数据的流动过程进行区分，"入托"的数据可以称为信托原始数据，而"出托"的数据可以称为信托衍生数据。数据信托的数据分类保护及其限制是实现数据安全管理的基础性问题。"三元主体结构"是数据信托的既定主体结构，该结构促使数据信托在数据服务与管理市场中占据一席之地，并通过信托权益的结构化安排及其信任机制在数据治理中实现对数据安全的特别维护。信义义务是信托法上受托人的核心义务，在数据信托中，确保数据安全是受托人信义义务的题中应有之义。

　　关键词： 数据信托；数据；数据权；数据安全；受托人信义义务

　　随着数字经济的快速发展，数据已经成为各国政府及其企业日益重视的核心资产。《中华人民共和国国民经济和社会发展第十四个五年规划和 2035 年远景目标纲要》明确提出，要建立健全数据要素市场规则，统筹数据开发利用、隐私保护和公共安全，加快建立数据资源产权、交易流通、跨境传输和安全保护等基础制度和标准规范。在激活数据要素潜能、强化数据资源全生命周期安全保护的过程中，信托工具基于所有权与控制权的分离设计，近年来已经在数据治理领域引起一些国家和地区的重视。

　　数据信托虽然是信托大家族中的一个新概念，但其受欢迎程度正在增长，围

---

　　* 本文为中国社会科学院创新工程项目"数字经济法治创新研究"的阶段性成果。
　** 席月民，河南灵宝人，中国社会科学院法学研究所研究员，中国社会科学院大学教授，博士生导师。

绕数据信托的研究、试点、实验、评估以及政策与法律建议正在逐步展开〔1〕。数据信托是信托类型化研究和当代信托立法中典型的新生事物。数据信托在有效平衡数据主体与数据控制人的数据权益结构、维护数据安全、促进和保障数据市场健康发展等方面具有突出的工具性价值〔2〕。为了实现数据对我国经济社会发展的潜在效益，推动大数据采集、清洗、存储、挖掘、分析、可视化算法等技术创新及其应用，适应数据跨境安全有序流动的新趋势，我们需要更多值得信赖的数据管理工具，数据信托在实现数据安全管理、有效保护隐私和个人信息方面应该有所作为。

一、数据信托是实现数据安全管理的一种有效方式

数据信托的提出，目的是为机器学习、人工智能治理与数据保护等提供一种数据共享利用机制，以确保重新利用的数据只能以尊重数据主体权利和利益的方式使用。《中华人民共和国信托法》（以下简称《信托法》）已经实施了 20 余年，这为数据信托的制度构建提供了坚实基础。应该说，数据安全是数据治理的重要目标之一，数据信托是实现数据安全管理的一种有效方式，可以确保数据处于有效保护和合法利用的状态，并在期限上有机匹配保障持续安全状态的能力。正因为如此，数据信托正在逐步被合理地接受为实现个人信息保护的新的替代性手段。

第一，数据信托的核心目的是数据安全。数据信托的应用场景十分广泛，每一个数据信托都是在其信托目的的指引、制约和驱动下设立并运行，而这些信托目的往往与利益相关者的需求、愿望、权利、利益等交织在一起。数据信托旨在实现数据共享利用中保护数据共享人的利益乃至社会公共利益，尊重并保护对数据拥有合法权利的数据主体的权利，确保数据使用符合道德标准、法律标准以及

---

〔1〕 如英国开放数据研究所（Open Data Institute，ODI）即为一个典型，近年来该所一直在持续研究数据信托并发表多份研究报告，开展了诸如电动汽车停车位、社区取暖系统能源使用、非法野生动物贸易、食品浪费等试点数据信托项目研究。See Mark Bunting and Suzannah Lansdell, *Designing Decision Making Processes for Data Trusts*：*Lessons from Three Pilots*, April 2019. 在我国，有关数据信托的研究近年来刚刚起步，相关成果主要有，张丽英、史沐慧：《电商平台对用户隐私数据承担的法律责任界定——以合同说、信托说为视角》，载《国际经济法学刊》2019 年第 4 期；赵一明：《大数据时代的个人信息保护——从合同义务到信托义务》，载《山西省政法管理干部学院学报》2020 年第 2 期；冯果、薛亦飒：《从"权利规范模式"走向"行为控制模式"的数据信托——数据主体权利保护机制构建的另一种思路》，载《法学评论》2020 年第 3 期；席月民：《数据信托的功能与制度建构》，载《民主与法制》2021 年第 3 期；翟志勇：《论数据信托：一种数据治理的新方案》，载《东方法学》2021 年第 4 期；李毓瑾：《数据信托：保护个人数据的有效途径》，载《人民邮电》2021 年 7 月 9 日，第 4 版；等等。也有学者对数据信托提出不同意见，如邢会强：《数据控制者的信义义务理论质疑》，载《法制与社会发展》2021 年第 4 期。

〔2〕 席月民：《数据信托的功能与制度建构》，载《民主与法制》2021 年第 3 期。

数据信托所确定的具体规则，确保受数据信托规则约束的数据控制人在数据利用行为上的安全性与可靠性，并在数据信托结束时使信托数据得到适当处理。上述信托目的，无不围绕着维护数据安全而展开，数据安全是数据信托追求的重要目标和前提条件。

第二，信托数据的管理、运用措施重在维护数据安全。通常认为，数据的匿名化处理是实现个人信息安全的重要方式，这对数据信托而言同样适用。然而，匿名化与去匿名化之间存在着一定张力，其对数据分类应用场景的要求会因信托目的的不同而有所区别，为此相关立法和数据信托合同[1]需要对其作出明确规定或约定。数据信托利用信托的结构化框架，使受托人的信义义务在《信托法》和《中华人民共和国数据安全法》（以下简称《数据安全法》）等法律的多重规制下成为可实际执行的现实义务和责任，以确保数据安全得以真正实现。一些特殊的数据信托，对信托数据的管理还常常会涉及众多个人信息权益的集体管理，在建立数据共享规则标准的同时，受托人还需代表数据提供者或数据使用者的利益作出有关决定等。

第三，数据信托期限更适合保护数据安全。信托是中长期财富管理和投融资工具的最佳选择，数据信托并不适合那些短期利用数据尤其是一次性使用数据的市场行为。数据从重要资源转变为市场化配置的关键生产要素，对政府与企业而言，均着眼于数据服务的长效治理实践。这既包括引导和培育面向应用的原始数据交易市场，同时也要在衍生数据增值服务中提供解决方案。我国《数据安全法》已经确立了数据分级分类保护制度，数据信托的中长期配置更有利于实现不同级别和类型的数据在安全治理方面的长效治理目标。

第四，数据信托具有自身的比较优势。对数据安全保护而言，理论上可以采用信托模式[2]、合同模式[3]、公司模式[4]以及公共机构模式[5]等不同制度

---

[1] 需要注意的是，实务中的一些互联网平台和APP的隐私政策条款并不构成数据信托合同，需要避免混淆。

[2] 即数据信托，通过信托原理架构数据提供者与数据处理者、数据使用者等市场主体之间的数据法律关系，主要依据信托法保护数据安全。

[3] 即数据合同，主要依据合同法保护数据安全。由数据提供者与数据处理者、数据处理者与数据使用者分别签订数据服务合同，其中数据处理者往往采用知情同意规则收集和处理数据。合同模式缺乏独立的可被信任的中间主体作出决策和收集数据，数据提供者在合同关系中处于弱势地位，对于来自人数众多的海量数据而言，该模式显得笨拙且效率不高。

[4] 即数据公司，主要依据公司法保护数据安全。在公司模式中，数据提供者成为公司股东，与数据处理者之间形成股权关系，数据权利归属于公司。实务中，由数据提供者设立公司难度较大，即使成立了公司，数据安全也主要依靠公司董事、经理等高级管理人员完成，其缺点是成本较高，容易导致数据治理中的内部人控制。

[5] 即数据监管部门，主要依据数据安全法保护数据安全，通过法定公共机构对数据处理应用进行集中统一的安全监督管理执法来完成，属于非市场化的政府监管范畴。

设计。这些模式〔1〕在法律机理、实施条件、实现机制、法律效果上有所不同。数据信托的优势在于，其具有为受益人利益管理数据资产的既定法律结构，受托人基于委托人的信任必须同时严格遵守信托法律规则和数据安全法律规则，这在数据市场化条件下对数据提供者而言十分有利。相比较而言，信托模式在主体结构安排方面优于合同模式，其三元主体相较于合同模式的二元主体更有利于实现企业数据权与个人信息权的分离保护，而且对受托人义务的要求通常高于合同模式。同时，信托模式也回避了公司模式在资本、组织机构、登记、数据权属等方面的实体与程序双层强制性规定与数据利益冲突，便于向更广泛的公众提供数据利益。信托模式与公共机构模式相比，其完全可以适应数据市场化的需要，在管理成本和管理效率方面更具优势。

二、数据信托的财产基础分析：数据还是数据权

数据安全事关国家安全和经济社会发展的重大问题，与个人信息保护、企业数据权益保护息息相关。《数据安全法》的出台，确立了我国数据安全领域的基础性法律制度，并与《中华人民共和国国家安全法》（以下简称《国家安全法》）、《中华人民共和国网络安全法》（以下简称《网络安全法》）、《中华人民共和国电子商务法》（以下简称《电子商务法》）等形成穿透性互动。数据信托借助信托工具的专业性与灵活性，在数据治理中积极致力于数据的安全有效管理与数据流动，进而驱动《信托法》与《数据安全法》等形成有机对接。

设立数据信托，需要满足的基本条件是数据能否成为信托财产，且能否保持作为信托财产的独立性。这些年来，民法学界对数据财产性问题给予了高度关注，数据信托的创设遭遇了"数据并非财产"的普遍质疑。在数据财产性问题出现之前，民法对网络的关注仅限于人格权或个人信息保护领域，这是建立在数据所携带信息的认定和规制上，在权利基础、行为定性和责任追究上都严格遵循人格保护的规则体系，由此网络仅获得了人格权侵权工具的意义〔2〕。随着网络纠纷与数据纠纷的日渐增多，数据财产性问题在司法裁判过程中成为一个不容回避的关键问题，不同法官往往基于不同的专业背景，尝试采取自认为最方便、直观且接近传统的法律定性来解决涉案问题〔3〕。这些年来有关数据的财产性争论，一直强调的是物与财产权客体的物权法视角，数据的非独占性、可复制性与物权

---

〔1〕　需要说明的是，数据安全还可以通过技术模式来完成，但因为技术模式重在技术创新与技术控制，基本上会绕过法律要求，本质上不属于法律制度范畴，因此这里不再讨论。
〔2〕　梅夏英：《数据的法律属性及其民法定位》，载《中国社会科学》2016年第9期。
〔3〕　近年来的典型案例有大众点评诉百度反不正当竞争案［参见上海知识产权法院（2016）沪73民终242号民事判决书］、新浪微博诉脉脉非法获取用户信息案［参见北京知识产权法院（2016）京73民终588号民事判决书］、淘宝诉美景反不正当竞争案［参见浙江省杭州市中级人民法院（2018）浙01民终7312号民事判决书］等。

法的财产概念背道而驰，这导致数据确权似乎障碍重重。一些研究认为，在目前的法律状态下，法院极不可能将信息或数据归类为一种传统意义上的财产[1]。

问题在于，在数字经济的前沿领域，对财产的传统理解似乎已经落伍，知识产权等无形财产就是典型例外，任何依赖排斥侵入者的有形财产概念都跟不上现代财产的应用实践。在许多情况下，要求无形财产具有排他性权利显得过于夸张，缺少这样一个权利并不会影响该财产的享有。数据作为现代市场经济中的要素资源，通过互联网商业模式的持续创新所产生的巨大经济利益已经不容否认，这使得企业的数据权与个人的信息权在相互区分、彼此独立中成为数据财产性问题的一体两面，"数据"与"信息"这两个概念在一些学术成果和立法成果中反复出现且交互使用。这种概念上的不一致，并非简单的措辞不同，而是真正廓清了从民商法跨越到经济法的部门法分工以及从个人信息权到经营者数据权的双重保护问题。从我国现有法律规定看，《数据安全法》第 7 条明确规定，国家保护个人、组织与数据有关的权益；《中华人民共和国民法典》（以下简称《民法典》）第 111 条和第 1034 条规定，自然人的个人信息受法律保护；《中华人民共和国消费者权益保护法》（以下简称《消费者权益保护法》）第 14 条规定，消费者享有个人信息依法得到保护的权利。"数据"与"信息"的密切关联在彼此的语义阐释中获得了最直观的注脚，这从数据与个人信息的法律定义中即可窥见出来。根据我国现行法律规定，数据系指任何以电子或者其他方式对信息的记录[2]；个人信息则指以电子或者其他方式记录的能够单独或者与其他信息结合识别特定自然人的各种信息，包括自然人的姓名、出生日期、身份证件号码、生物识别信息、住址、电话号码、电子邮箱、健康信息、行踪信息等[3]。可见，数据只是信息表达的方式，是信息存在的媒介，是对信息的记录，在数字经济中对个人信息权的保护无法脱离数据市场秩序而独立完成。

数据信托的信托财产为数据权，而非数据本身。数据的财产性，一方面会体现为其所承载的信息所包含的使用价值，另一方面，也体现为信息流通所带来的交换价值。换言之，数据的财产价值并非来源于数据本身，而是借由当事人的控制行为而获得数据资产[4]，这种控制力实际体现为数据主体的数据权。当然，

---

[1] See Jeffrey Ritter & Anna Mayer, "Regulating Data as Property: A New Construct for Moving Forward", *Duke Law & Technology Review* 6, 2018, pp. 220, 247-252.

[2] 参见《数据安全法》第 3 条第 1 款。

[3] 参见《民法典》第 1034 条第 2 款。

[4] 参见王玉林、高富平：《大数据的财产属性研究》，载《图书与情报》2016 年第 1 期。有些学者将数据称为信息财产，参见高富平：《信息财产——数字内容产业的法律基础》，法律出版社 2009 年版；陆小华：《信息财产权——民法视角中的新财富保护模式》，法律出版社 2009 年版；齐爱民：《捍卫信息社会中的财产：信息财产法原理》，北京大学出版社 2009 年版。

数据的财产性并非只是和记录其上的信息价值相联系，在市场经济社会，从原始数据到衍生数据，数据也会包含知识产权、商业秘密以及数据提供者、数据处理者等不同利益相关者的经济利益在内。虽然这使得数据的财产性特征更加复杂多样，数据管理需要给予这些不同权利和利益以应有的尊重和保护，但这并不妨碍对数据的财产价值认定，并不影响数据的开发利用以及对其财产性权利的保护。企业在行使其数据权利时，应当对用户信息内涵的基础权利尽到安全保护义务，兼顾企业数据权利与用户信息权利的保障〔1〕。实践中，有关数据处理的收集、储存、使用、加工、传输、提供、公开等行为，均与数据的财产价值的生成与增长联系在一起，数据市场中不断涌现的各种数据交易生动说明了数据所具有的财产性特征。这些年来，围绕数据交易问题，我国在交易载体、机制和技术上已进行了深入探索，在实现数据定价〔2〕和数据确权方面积累了一些试点经验〔3〕。

三、从"入托"到"出托"：数据信托的数据分类保护及其限制

在数据信托中，数据的"入托"与"出托"都涉及数据安全问题，而解决这一问题的逻辑起点是科学认识信托数据的法律特性。从数据的流动过程进行区分，"入托"的数据可以称为信托原始数据，而"出托"的数据可以称为信托衍生数据，二者的区别在于这些数据是否控制在受托人之手。其中，信托原始数据是提供给信托的数据，由受托人进行控制；而信托衍生数据则是那些从数据信托中获取的数据，由市场上的数据用户进行控制。

（一）信托数据的法律特性

无论是提供给信托的数据，还是从信托中获取的数据，就其本质特性而言，均与我国《数据安全法》所保护的数据完全一致。数据的分级分类保护对于数据信托来说同样重要，不同来源、不同类别的数据都需要接受来自法律规则体系

---

〔1〕　马宇飞：《企业数据权利与用户信息权利的冲突与协调——以数据安全保护为背景》，载《法学杂志》2021年第7期。

〔2〕　如2021年初南方电网发布《中国南方电网有限责任公司数据资产定价方法（试行）》，在兼顾电网数据成本与市场供需的基础上，创新运用了多维数据资产定价方法，通过不同定价方法进行相互校验和修正。

〔3〕　从2014—2021年，我国各地相继设立十余家数据交易中心、平台、公司或交易所，如北京大数据交易服务平台、贵州大数据交易所、武汉东湖大数据交易中心、河北大数据交易中心、重庆大数据交易平台、上海大数据交易中心、浙江大数据交易中心、哈尔滨数据交易中心、山东数据交易有限公司、北部湾大数据交易中心、湖南大数据交易中心、北方大数据交易中心、粤港澳大湾区数据平台、北京国际大数据交易所等，并成立全国数据交易联盟。先行先试的政府和企业开始共同尝试探索数据确权、数据定价和数据交易等领域的体制、机制和制度建设，数据要素参与分配的价值红利逐步获得释放。赛迪顾问统计显示，2020年中国大数据产业规模达6388亿元，同比增长18.6%，预计未来三年增速保持15%以上，到2023年产业规模将超过10 000亿元。参见中国大数据产业生态联盟：《2021中国大数据产业发展白皮书》，第4页，载大数据产业生态联盟，https://bdinchina.com/ueditor/php/upload/file/20210728/1627450992976794.pdf，最后访问日期：2021年8月2日。

的种种约束。数据信托需要坚持合法性原则，信托数据必须是合法数据，其是否受到访问限制或使用限制，不但取决于我国有关数据的法律、行政法规的既有规定，而且要与数据信托合同以及其他信托文件的规定保持一致。如果在数据跨境流动中形成国际信托[1]，则还要求信托数据不能与一些域外立法相冲突，如欧盟《通用数据保护条例》以及英美等国的《数据保护法》等。对数据信托而言，数据的"入托"与"出托"都需要满足合法性要求，进行必要的合法性评估，否则无法有效设立数据信托，也无法通过信托进行数据共享。只要数据法律规则体系对数据的访问、使用或者处理等建立了相应控制，则无论这种控制采用的是何种形式，那么在数据信托中都需要予以充分考虑和遵守。这意味着，数据信托中的数据必须同时满足各种法定或约定的条件，并根据数据来源、数据类别以及信托目的的限制等进行"入托"管理或"出托"管理。只有深刻认识到这一点，才有可能在数据信托中创建自身的数据管理"工具箱"，在实现数据共享的过程中，不断优化数据用户对信托数据的访问、使用以及技术创新，在数据信托的法律框架、合同框架以及技术框架下坚持守护数据安全。

（二）信托原始数据：提供给数据信托的数据

数据信托的创建离不开数据，提供给数据信托的数据是通过信托方式实现数据利用与共享的物质基础。虽然数据提供者可以自由许可使用其数据，但数据信托在收到这些信托原始数据时，必须注意立法所施加的各种限制。依照数据主体的不同，可以把信托原始数据分为个人数据和商业数据两大类型[2]。

第一，对个人数据的保护与处理限制。个人数据是指已识别到的或可被识别的自然人的所有信息，包括姓名、身份证号码、手机号码、电子邮箱、银行账号、定位数据、在线身份等数据，或者通过自然人的物理、生理、遗传、心理、经济、文化、社会身份的一项或多项要素予以识别自然人身份的数据。在识别特定个人身份时，这些数据可以单独使用，也可以相互结合起来共同使用。实践中，一些设备信息等是否属于个人数据，如何对个人数据进行去识别化，去识别化的数据是否仍属于个人数据等问题非常值得探讨。例如，在欧盟，网络用户的IP 地址即被司法实践视为个人数据，因为用户可以被精确识别到[3]，或者网站运营商拥有合法手段使其能够使用互联网服务提供商拥有的关于该人的附加数据

---

[1] 所谓国际信托，是指信托当事人中有一方在一国国外，或信托行为跨国进行的信托。参见徐孟洲主编：《信托法学》，中国金融出版社 2004 年版，第 10 页。

[2] 政府数据虽然也是一种独立的数据类型，而且体量庞大，但其属于非市场化数据，故这里不作探讨。

[3] Scarlet Extended SA v Societe Belge des Auteurs, Compositeurs et Editeurs SCRL (SABAM) (Case C-70/10) [2011] ECR I-11959.

来识别到数据主体[1]。有些企业规定，如果个人数据掺杂了非识别性数据，依旧会被视作个人数据处理[2]。我国《民法典》和《消费者权益保护法》确认了个人信息权，这为数据信托中的个人数据保护提供了重要法律依据。此外，《个人信息保护法》呼之欲出，对个人数据的保护，该法和《数据安全法》一样被寄予厚望。

数据和隐私是个人数据处理中最为敏感也最为重要的法律问题。为保护个人隐私，数据立法往往对个人数据处理作出一些必要限制，尤其针对个人敏感信息会作出有别于一般信息的更为严格的规定。在欧盟，《通用数据保护条例》第6条规定，除非有合法依据[3]，否则禁止处理个人数据。在数据信托中，识别和遵守针对个人数据的这些法律限制至关重要。收集个人信息必须坚持正当、合法、必要原则，处理个人信息则应当限于实现处理目的所必要的最小范围，并采取对个人权益影响最小的方式，明示处理目的、方式和范围，并保证个人信息的质量。针对个人敏感信息、未成年人信息以及人脸识别、人工智能等新技术、新应用，数据信托的受托人需要严格遵守专门保护标准，在得到数据提供者明确同意的前提下，接受比一般信息处理更严格的法律要求，积极履行好个人数据保护义务。

第二，对商业数据的保护与处理限制。商业数据与产业发展联系在一起，诸如工业、农业、能源、通信、交通、金融、旅游、物流、教育、健康医疗等行业大数据是商业数据的典型样态，体现了不同产业价值链上的集合信息，包括商业企业的研发数据、产品数据、销售数据、技术数据、投融资数据、管理数据等内容。商业数据是数据信托中原始数据的重点类型，在范围上可以覆盖数据基础设施、数据服务与数据融合应用等大数据产业发展的不同层次。法律对商业数据的保护是立体的，从《中华人民共和国数据安全法》到《中华人民共和国电子商务法》《中华人民共和国专利法》《中华人民共和国反不正当竞争法》《中华人民共和国反垄断法》等，共同搭建起我国商业数据保护的法律体系。

数据信托对商业数据的收集与使用同样面临来自法律上的一些限制，这与立法对商业数据的保护相统一，与信托对数据安全的特别关注相一致。在这一个问题上，数据信托需要重点注意处理好两对关系：一是与知识产权保护的关系；二

---

[1] Breyer v. Bundesrepublik Deutschland（Case C-582/14）[2017] 1 WLR.

[2] 例如华为技术有限公司的《个人数据保护声明》，载华为官网，https://www.huawei.com/cn/events/huaweiconnect2021/privacy-policy/online，最后访问日期：2021年8月6日。

[3] 这些依据具体包括：①同意，即个人明确同意处理其个人数据；②合同，即为履行与个人的合同所必需的处理或者在签订合同之前因为他们已经要求组织采取某些步骤；③法律义务，即为遵守非合同义务所必需的处理；④切身利益，即保护某人生命所必需的处理；⑤公共事务，即执行法律确定的公共事务所必需的处理；⑥合法利益，即为个人自身合法利益或第三方合法利益而必需的处理，除非隐私利益凌驾其上。

是与竞争执法的关系。一方面，数据已经成为创造和捕获价值的新型经济资源，数据分析、人工智能、区块链、物联网、云计算以及所有基于互联网的服务等发展迅猛，以数据为中心的商业模式不仅被数字平台所采用，而且越来越多地被各个行业的领先公司所采用，数据开发应用中的商业秘密保护与知识产权保护已经越来越重要，数据信托的受托人需要防止信托原始数据的知识产权被不法侵权或负面利用，也需要保护数据中存在的第三方知识产权；另一方面，数字竞争日益加剧，有关商业数据处理的法律限制需要考虑与竞争法的执行相联系，尤其在数字平台领域，界定相关市场、评估市场力量滥用的可能性以及更新经营者集中审查工具等都需要广泛适用市场竞争法律规则，需要符合商业伦理道德和国家竞争政策。而且，在任何情况下，数据信托的委托人都并不希望信托原始数据被其竞争对手使用以获取竞争优势。总之，只要对信托原始数据的访问和使用有限制，数据信托均需要引起注意，谨防超出信托目的之外的任何应用。

（三）信托衍生数据：从信托中获取的数据

与"原始"相对应，"衍生"揭示的是信托数据的去向特征。信托衍生数据虽然也称为衍生数据，但与通常所理解的衍生数据并不完全相同。其区别在于，信托衍生数据的主体与信托原始数据的主体并非同一人，而通常使用的衍生数据和原始数据在主体上可以为同一人，也可以不是同一人。信托衍生数据是数据信托的受托人在接受信托数据后将其交付数据用户进行数据共享和使用后的数据。简言之，这类数据是从信托中获取的数据，至于是否经过算法加工、计算、聚合等而形成系统的、可读取的、有使用价值的新数据在所不问。

信托衍生数据同样强调数据安全问题。无论是个人数据还是商业数据，信托衍生数据的形成均需接受信托目的的制约与检验。数据信托及其运作方式完全由信托文件声明的信托目的定义。这一目的是确定数据信托的法律结构与治理框架的基本依据，是完成从信托原始数据向信托衍生数据转化的基本依据，是设定潜在数据用户访问信托数据的条件的基本依据。数据用户访问和使用数据的规则条款必须与设立数据信托的目的相一致，并坚持"公平、安全、合理、互利"的数据共享使用原则。这是因为数据信托的信任机制是数据共享和使用的重要基础，而数据安全事关数据信托信任机制的建立和维系。只有平等保护数据提供者、数据处理者与数据使用者的利益，才能在数据信托主体之间夯实信任基础，确保数据共享和使用的公平性、安全性、合理性及互利性，才能避免使受托人陷入数据管理运用的不当风险之中。与此同时，还要注意"数据输出"规则与"数据输入"规则的关联性，切实维护信托数据"出托"后的合法性，在考虑确立信托数据访问规则的要素和制定共享使用条款时防止出现简单的"一刀切"。

四、主体厘定：数据信托的安全信任机制

数据信托将数据资产作为信托标的物，尽管每个数据信托会因自身特殊的信托目的不同而呈现出不同特色，但数据信托的主体结构是法定的，也是恒定与稳定的，受益人的存在为信托数据的利益归属提供了特别渠道，这种结构充分适应了数据应用中众多的不同类型数据主体的利益诉求，进而超越了合同模式中合同主体的相对性限制。"三元结构"是数据信托的既定主体结构，囊括了数据市场中的数据提供者、数据处理者和数据使用者三类市场主体，这些主体围绕信托数据各自享有一定的权利和利益。这使得数据信托在数据服务与管理市场中占据一席之地，并通过信托权益的结构化安排及其信任机制实现对数据安全的特别维护。

（一）数据信托主体的资格界定

数据信托主体即数据信托当事人，是数据信托法律关系中主体要素的集中体现。这些主体活跃于数据市场，基于《信托法》和《数据安全法》等法律规定而分别享有权利并承担相应义务。具体说来，数据信托主体包括委托人、受托人和受益人。在数据信托关系中，委托人是创设数据信托的人，是将数据资产交付给受托人进行管理、运用和处分的人；受托人则是接受委托人的委托并专门从事信托数据的管理、运用和处分的人；受益人则是享受信托数据利益的人，换言之，信托数据利益归属于受益人，受益人由委托人在信托文件中指定。有学者提出，在数据信托法律关系中，数据主体既是委托人又是受益人，数据控制人为受托人[1]。这种观点将数据信托统一设定为自益信托，并不能完全适应数据共享实践的需要，数据信托也可以是他益信托或公益信托。

数据信托主体在法律资格上必须符合《信托法》的规定，否则会导致信托无效。首先，委托人应当是具有完全民事行为能力的自然人、法人或者依法成立的其他组织[2]。数据信托的委托人可以是数据提供者，也可以是数据处理者，将其统称为数据主体也无不可，其在主体形态上包括了持有数据的任何自然人、法人或者其他组织。委托人将其控制的数据交由受托人管理、运用和处分，由受托人按照信托目的就数据利用作出决定。其次，受托人应当是具有完全民事行为能力的自然人、法人，如果法律、行政法规对受托人的条件另有规定，则需从其规定[3]。数据信托的受托人通常是数据处理者，如互联网平台等，其承担《信托法》规定的受托责任，即以受益人的最佳利益对数据利用作出决定。数据信托被看作是解决数据合同关系中委托代理问题[4]的重要方案，信托可以通过解决

---

[1] 参见冯果、薛亦飒：《从"权利规范模式"走向"行为控制模式"的数据信托——数据主体权利保护机制构建的另一种思路》，载《法学评论》2020 年第 3 期。

[2] 参见《信托法》第 19 条。

[3] 参见《信托法》第 24 条。

[4] 委托代理问题的核心是代理人的道德风险，代理人有动机为自己而非委托人的最佳利益行事。委托人和代理人的利益不能完全一致，委托人无法完全监控代理人的行为，而且代理人掌握委托人所没有的信息。

信托主体之间任何的潜在冲突来确保委托人和受托人的利益与动机的持续一致，使受托人的行动与目标符合委托人的初衷以及受益人利益的最大化，以此最小化委托代理风险，受托人的信义义务有助于增加个人和组织对数据使用方式的信任。实践中，并非每个与数据用户打交道的自然人或法人都可以成为受托人。一般而言，信任是信托的基础，只有当他们通过向公众展示其作为尊重隐私和保护个人信息的主体赢得了数据主体的信任，且数据主体有理由相信他们不会泄露或滥用其个人信息，这些自然人或法人才可能成为受托人。再次，受益人是在信托中享有信托受益权的人，可以是自然人、法人或者依法成立的其他组织[1]。数据信托的受益人通常为数据提供者，他们是需要从数据创建的内容中受益的人，当然也可以是那些有权访问数据的数据使用人。最后，共同受益人与共同受托人为数据信托主体结构的进一步优化提供了现实可能。在数据信托中，委托人可以是受益人，也可以是同一信托的唯一受益人；受托人可以是受益人，但不得是同一信托的唯一受益人[2]。这就意味着，数据提供者既可以是委托人，也可以是受益人，而且可以是同一信托的唯一受益人；数据处理者可以是委托人，也可以是受托人，还可以是受益人，但不得是同一信托的唯一受益人。实践中，数据提供者、数据处理者、数据使用者在数据信托中的地位确定要依具体情形而定，他们可以成为共同受益人。由于同一信托的受托人可以有两个以上，作为共同受托人共同处理信托事务[3]，因此，数据信托也可以设定共同受托人。

（二）数据信托治理：数据安全信任机制的透视

笔者认为，数据信托宜采用信托的法定概念，并将其适用于数据共享。英国开放数据研究所将数据信托定义为"提供独立数据管理的法律结构"[4]，其中的管理涉及决定谁有权访问数据、访问条件以及谁从数据访问中受益，这一定义与我国《信托法》上的定义有所不同，更突出了信托治理的结构化安排[5]。理论上，数据信托的主体结构可以灵活设计，以满足数据应用和管理的实际需要。在谈到包含某种程度的自主权的数据共享安排时，数据信托是最常用的术语，这

---

[1] 参见《信托法》第 43 条第 1 款。

[2] 参见《信托法》第 43 条第 2、3 款。

[3] 参见《信托法》第 31 条。

[4] Defining a "data trust" （Oct. 19, 2018），Open Data Institute，available at https://theodi. org/article/defining-a-data-trust/，last visited on Aug. 6th, 2021.

[5] 我国《信托法》在其第 2 条中将信托定义为"行为"，即委托人基于对受托人的信任，将其财产权委托给受托人，由受托人按委托人的意愿以自己的名义，为受益人的利益或者特定目的，进行管理或者处分的行为。另外，海牙国际私法会议在其《关于信托的法律适用及其承认公约》（Convention on the Law Applicable to Trusts and on Their Recognition）第 2 条第 1 款中则将信托定义为"法律关系"，即"当财产为受益人的利益或特定目的而置于受托人控制之下时，信托一词是指委托人设定的在其生前或死后发生效力的法律关系"。这些定义反映出对信托含义所把握的侧重点明显不同。

一点并非偶然〔1〕。无论是否采取共同受托人或共同受益人形式，委托人对受托人的信任是数据信托中最根本的基础所在，委托人可以保留直接分配信托利益的权利而享有受益权，也可以与受托人一起享有共同受益权。

在数据信托的信任机制上，信托提供的解决方法是以治理为基础的排他。在信托中，期望对受托人进行有效排他，但也需要给予其完全和不受束缚的平台。通常情况下，强加给受托人各种义务和责任，目的在于排除他从持有的信托资产中获益，而受益人则通过各种权利和权力拥有信托财产的衍生所有权。受益人必须排除不受欢迎的第三方，但同时又不能不当干预受托人的工作。委托人的恰当作用包括支配信托条款，甚至参与投资和分配〔2〕。信托主体的权益结构是以信托财产和信托受益权为核心的复合结构，其最大优点和特征在于赋予受托人管理权限的同时，对享有信托利益的受益人安排了诸多保障措施，委托人、受托人和受益人这些信托主体的债权人不得对信托财产有所请求或主张。在出现共同受益人时，受益人可以发挥出重要的民主决策与监督作用，切实保护好共同受益权。总之，数据信托允许收集、维护和共享数据，同时保护可能因开放这些数据而受到影响的各方的隐私〔3〕。

五、受托人信义义务：数据安全责任认定的实质性条件

数据信托的主体结构及其信任机制预设在有效管理和利用数据的基础之上。委托人对受托人的信任基础，源自受托人恰当管理信托财产的丰富经验、专业能力与市场声誉，正因为如此，受托人往往会将接受信托视为一种荣誉。数据信托展示的是数据资产与数据权利的双重分离特征，从而使受益人及其受益权在信托法框架下获得了特别保障。在数据信托中，为有效保护受益人及其受益权，实现数据共享目的，维护数据安全，受托人需要承担和履行信义义务，为受益人的最大利益行事。

（一）受托人义务的强制性与任意性

数据信托的设立，离不开数据信托合同、遗嘱或者法律的直接规定。受托人义务因而可以区分为法定义务和约定义务。从其法定义务看，我国《信托法》规定的受托人义务主要有：①诚实、信用、谨慎和有效管理义务；②忠实义务；③分别管理义务；④亲自管理义务；⑤保存记录义务；⑥定期报告义务；⑦依法

---

〔1〕 BPE Solicitors, Pinsent Masons, and Chris Reed, "Data Trusts: Legal and Governance Considerations", April 2019, p. 42.

〔2〕 刘鸣炜：《信托制度的经济结构》，汪其昌译，上海远东出版社2015年版，第183、199页。

〔3〕 Moritz Godel, Ashiwini Natraj, "Independent assessment of the Open Data Institute's work on data trusts and on the concept of data trusts", London Economics, April 2019, p. 1.

保密义务；⑧向受益人支付信托利益的义务。[1]从其约定义务看，则主要是委托人在数据信托合同或遗嘱中确定的义务，该类义务一定程度上体现了受托人义务的任意性质，体现了委托人的主观意志。当然，在数据信托中，受托人义务的绝大部分内容仍是强制性的，这些强制性义务来源于我国《民法典》《信托法》《数据安全法》《消费者权益保护法》等法律的直接规定，甚至是域外立法的规定，既包含有积极义务也包含有消极义务。这些法律为数据信托主体建立信任关系提供了制度性激励，某种意义上说，数据信托中委托人对受托人的信任是法律强制执行的信任，因此单纯从合同法角度解释数据信托以及受托人义务，可能会失之偏颇。

（二）对受托人信义义务的理解与适用

在数据信托中，确保数据安全是受托人信义义务的题中应有之义。信义义务是一种针对那些对于处置别人的事务有裁量权的人所施加的一种特别的义务[2]。现代信托法确立了两条最为重要的受托人的行为标准，即忠实和谨慎义务，以规范受托人自由裁量权的行使[3]。每个数字企业的信义义务范围并不相同[4]。数据信托中数据控制人与一般数据共享平台的差异主要体现在，数据控制人在数据信托中享有更大的权限并承担更严格的信义义务[5]。

第一，忠实义务是受托人对受益人所负的信托根本性义务，各国信托法对此均作出了明确规定。忠实义务要求受托人忠实于受益人，必须仅为受益人的利益而管理信托，避免使自身利益或第三人利益与受益人利益相冲突。具体而言，忠实义务包括三项原则：①受托人不得置身于使受益人利益与自己的个人利益相冲突的地位；②受托人在处理信托事务时，不得以个人利益而为之；③受托人在办理信托事务时，不得为第三人谋求利益[6]。这些义务首先要求受托人所获得的自由裁量权必须用于正确的目的[7]。需要说明的是，该义务在受托人成为共同受益人时是个例外，对该义务的理解可以从许多特殊义务详尽展开，包括从信托获益、利益冲突、与信托财产交易等[8]，但"不冲突"始终是忠实义务的核

[1] 参见徐孟洲主编：《信托法学》，中国金融出版社 2004 年版，第 157~164 页。
[2] 赵廉慧：《信托法解释论》，中国法制出版社 2015 年版，第 305 页。
[3] 张天民：《失去衡平法的信托——信托观念的扩张与中国〈信托法〉的机遇和挑战》，中信出版社 2004 年版，第 76 页。
[4] See Jack M. Balkin, "Information Fiduciaries and the First Amendment", *UC Davis Law Review*, 2016 (4), p. 1229.
[5] 冯果、薛亦飒：《从"权利规范模式"走向"行为控制模式"的数据信托——数据主体权利保护机制构建的另一种思路》，载《法学评论》2020 年第 3 期。
[6] 转引自张淳：《信托法原论》，南京大学出版社 1994 年版，第 149 页。
[7] Eclairs Group Ltd v. JKX Oil & Gas plc, [2015] UKSC 71, [15].
[8] See J. E. Penner, *The Law of Trusts* (3rd Edition), Butterworths lexisNexis, 2002, p. 320.

心。在数据信托中，受托人必须通过技术和法律两个手段确保信托原始数据不会被数据信托所滥用，确保数据的共享和利用行为完全符合信托目的。

第二，谨慎义务则要求受托人处理信托事务时，要同处理自己的事务一样警惕而小心，要依照信托的本旨，履行善良管理人的注意职责。受益人有数人时，受托人即应公平地分配信托的利益；共同受托人相互间应彼此监督，如有受托人从事违反信托的行为，应立即加以阻止；如信托财产有毁损或灭失之虞时，受托人应立即采取适当的保存行为；如第三人侵害信托财产时，受托人应采取诉讼或其他适当的保全行为[1]。对数据信托而言，受托人的谨慎义务需要坚持"安全第一"原则，例如在执行信托事务时，需要严格区分数据用户中的直接用户和间接用户，其中前者与数据信托之间有协议约定且可以直接获取信托数据，后者则在获取信托数据时与数据信托之间没有直接的协议约定。通过这种区分，将数据使用协议尽量标准化、公开化[2]，尽量避免数据用户责任的混淆，进而严格区分数据用户的违约责任与侵权责任。又如，要在数据信托实施中把如何提供、存储和访问数据的技术方案纳入数据信托的整体设计中，这些技术方案和相关操作流程需要具有可行性、可持续性和可扩展性，需要防止因为技术操作障碍而阻碍数据信托目标的实现。

无论传统信托法还是现代信托法，核心均在于如何控制受托人不当行为的风险。信义义务是信托法上受托人的核心义务，早已明文写入了我国《信托法》中。受托人对数据信托履行忠实义务和谨慎义务，是利用信托工具服务数据共享利用实践的实质性要求，构成受托人所应承担的数据安全责任的实质性条件。受托人在作出数据管理和运用决策时，应当科学权衡不同方案的实际影响，认真倾听来自利益相关者的声音，以负责、包容的态度践行对个人信息权和企业数据权的双重保护。把受托人的信义义务与其他义务区别开来是一种传统，例如区别于按照信托条款保护信托财产和分配信托财产等义务[3]。信义义务属于受托人的强制义务，也是绝对义务，受托人的分别管理、保密等其他义务是其信义义务的细化与延伸，这些义务越具体越明确，受托人的数据管理和运用就越有可能做得更

[1] 赖源河、王志诚：《现代信托法论》，五南图书出版公司 2002 年版，第 105 页。
[2] 一般而言，数据使用协议的主要内容应包括：①成为数据用户的标准（包括任何技术性要求）；②订立合同的步骤、过程；③使用范围；④对数据使用目的的具体限制；⑤财务或费用条款；⑥许可授予；⑦可能适用的信息自由；⑧技术标准和要求；⑨对数据提供者和数据信托的可归责情形和免责声明；⑩审计监督；⑪数据治理和争议解决方式；⑫个人数据保护特别条款（包括安全性、数据泄露报告义务、国际传输、后续传输、数据处理者的使用、数据主体权利以及详情表）；⑬担保；⑭数据访问条款的变更；⑮数据期限、终止和数据返还；⑯适用法律等。
[3] Lionel Smith, "The Duties of Trustees in comparative Perspective", *European Review of Private Law*, 2016 (6), p. 1039.

好，越有利于信托目的和数据安全目标的实现。对于受托人的数据安全责任而言，其是否违反信义义务，如何认定其违反信义义务，是否造成实际损害结果，其主观上是否存在过错，是否存在和符合免责条件等，应成为数据信托追究其受托人责任时重点考虑的因素。在不能举证证明其履行了高标准的信义义务时，通常应承担连带责任。

六、结语

数据治理是一个国内治理和国际治理相结合的复合型命题[1]。从国际上看，理论界针对数据信托的研究仍在持续深入之中。目前，英美两国各自发展出了不同的数据信托构想，即英国的"数据信托"构想与美国的"信息受托人"构想，两者都有非常深厚的普通法上的信托理论与实践背景[2]。在我国，对数据信托的研究，不能囿于金融信托的现有框架和信托文化，需要从民事信托、法定信托视角展开更多分析，并融入全球化的数据治理和数据安全保护之中。

数据信托既可以采用意定信托，即基于数据主体与数据处理者之间自愿订立的数据信托合同而设立；也可以是法定信托，即直接在数据分级分类保护的立法中直接确认相关主体之间的数据信托关系，尤其在公共数据开放领域更是如此，其更方便实现隐私保护与数据安全。通过"信托"概念清晰表达数据主体与数据控制人之间的法律关系性质，不仅可以从立法层面回避目前有关数据控制人的数据赋权与证成中的种种障碍，而且能有效保护数据主体的个人信息权。特别是，法定信托可以有效避免意定信托中数据控制人所要签署的海量信托文件，有利于提高数据市场交易效率和交易安全[3]。总之，维护数据安全是数据信托的信托目的，无论是意定信托还是法定信托，数据信托的引入对我国数据安全管理和数据共享实践都具有重要现实意义，需要我国立法者和数据处理者在大数据产业的关键领域积极尝试并采取实际行动。

---

[1] 参见孔庆江、于华溢：《数据立法域外适用现象及中国因应策略》，载《法学杂志》2020 年第 8 期。
[2] 参见翟志勇：《论数据信托：一种数据治理的新方案》，载《东方法学》2021 年第 4 期。
[3] 参见席月民：《数据信托的功能与制度建构》，载《民主与法制》2021 年第 3 期。

美国对虚拟货币证券性质的认定思路及启示
——以 SEC 诉瑞波币为视角

邓建鹏　李铖瑜*

摘要：在美国虚拟货币监管中，如何认定虚拟货币证券性质是 SEC 监管的重要前提。区块链项目开发者试图营造"功能型代币"的形象以逃避监管。由于"豪威测试"的模糊性，美国证券监管机构在准确认定瑞波币的证券性质上存在争议。在"豪威测试"的四项要件中，"对投资利益的合理期待"和"仅仅依赖第三方努力"这两点是认定虚拟货币是否构成证券的关键。监管者需区分投资者使用的目的和投资目的，观察虚拟货币是否依赖第三方开发者的努力，将未实现"充分去中心化"的虚拟货币纳入证券监管。虚拟货币市场风险巨大，中国监管机构应提高对虚拟货币的风险认知，调整监管思路，在捍卫中国金融主权的基础上推动相关诉讼进程，并提示投资者谨防风险，从而更好地保护投资者合法权益。

关键词：虚拟货币；豪威测试；瑞波币；美国证交会；以太币；区块链

一、引言

自 2009 年中本聪发布比特币项目起，以区块链为底层技术的虚拟货币由于具有巨大的财富效应，其热潮近年正席卷全球，万众瞩目。随着底层区块链技术众多功能的开发，虚拟货币被赋予各种内涵，其中最广受各国监管机构关注的是证券型代币。这类代币往往意味着具有债权或股权性质，持有者在项目收益过程中可凭代币分得相应比例的红利，或对该项目的发展按持有比例拥有投票表决权，获得投资收益，等等。如果在未来该项目得到大多数人使用，该代币将供不应求，币值增长，代币持有者甚至可能一夜暴富。因此，某些证券型代币逐渐成为当下投资者青睐的新型虚拟资产。但是，此类证券性质的产品之发行与销售方式往往与证券监管法律存在冲突，有着极大的金融风险与合规风险，引起各国监管机构的重视。

---

* 邓建鹏，中央财经大学法学院教授，博士生导师。李铖瑜，中央财经大学法学院硕士生。

许多发行者隐藏虚拟货币的证券特征,打着"功能型代币"(Utility Token)的幌子开展证券发行活动。为此,美国证券交易委员会(SEC)曾控诉多家区块链与虚拟货币发行公司,以未经注册发行证券或从事欺诈性发行等理由,将其相关活动置于美国证券法的监管下,保护投资者权益。其中,2020 年 12 月 21 日,SEC 以瑞波(Ripple Labs)公司未进行证券注册,擅自发行虚拟资产瑞波币为由,向当地法院提起诉讼[1]。瑞波币原是由 OpenCoin 公司发行的虚拟货币,称作"Ripple Credits",简称"XRP",中文名为"瑞波币"。Ripple 现由 Ripple Labs 负责开发、运行和维护。至 2021 年 2 月 17 日,瑞波币市值居于所有虚拟货币排名中的第六位,币值高达 230 亿美元[2],在"币圈"影响巨大。这起诉讼被称为虚拟货币历史上最大的法律事件,也是虚拟货币项目与 SEC 首次全面的冲突。自 SEC 提起诉讼起,瑞波币成为全球各头部虚拟货币交易所关切的代币,欧洲各国和美国等地的知名虚拟币交易所发布下架该代币的风险提示,市场大量抛售曾使其价格一度遭受断崖式下跌,进一步引起局部投资风险。针对此次诉讼,司法者将对美国证券法作出回应,判断是否将瑞波币纳入证券监管范围。

在我国,2017 年 9 月 4 日中国人民银行联合中央网信办、工业和信息化部、工商总局等部委出台《关于防范代币发行融资风险的公告》(以下简称"94 公告"),认定 ICO(首次初始虚拟代币发行)涉嫌非法集资、非法发行证券等活动,禁止在国内设立虚拟货币交易平台,为投资者提供交易服务[3]。中国互联网金融协会多次发布风险提示,提醒投资者提高自我防范意识,不参与相关活动[4]。大量交易平台虽停止相关业务,但诸多区块链融资项目通过海外交易平台,继续将投资渠道面向中国投资者。中国监管态度较为保守和僵化,且自"94公告"出台后,中国政府对相关监管措施尚未进行调整和修正,未形成成熟、严谨且有效的虚拟货币监管框架[5],相关规范性文件比较粗糙。比如,如何判定涉及 ICO 的融资为非法发行证券?适用于 ICO 的非法发行证券的各类细则为何?如何将此类细则有效规范和引导国内区块链企业和虚拟货币市场?从现有国内法

---

[1] See SEC, Complaint: Ripple Labs, Inc.("Ripple"), Bradley Garlinghouse and Christian A. Larsen, available at https://www.sec.gov/litigation/complaints/2020/comp-pr2020-338.pdf, last visited on January 3, 2021.

[2] 参见 https://www.feixiaohao.com/,最后访问日期:2021 年 2 月 18 日。

[3] 参见《关于防范代币发行融资风险的公告》,载 http://www.csrc.gov.cn/pub/newsite/zjhxwfb/xwdd/201709/t20170904_323047.html,最后访问日期:2021 年 1 月 12 日。

[4] 参见《关于参与境外虚拟货币交易平台投机炒作的风险提示》,载 http://www.nifa.org.cn/nifa/2955675/2955761/2987305/index.html,最后访问日期:2021 年 1 月 12 日。

[5] 参见赵炳昊:《加密数字货币监管的美国经验与中国路径的审视》,载《福建师范大学学报(哲学社会科学版)》2020 年第 3 期,第 78~80 页。

规与监管实践中很难找到明确答案。

美国是世界区块链创业项目的研发强国，且在虚拟货币投资领域举足轻重。此次 SEC 针对瑞波币的起诉将极大地影响全球虚拟代币投资与区块链项目的生存与发展。在该案背景下研究美国监管者对虚拟货币证券性质的认定思路，对中国未来加强监管虚拟货币、规范引导区块链创业企业具有很高的参考价值。为此，本文首先探讨 SEC 与瑞波公司双方的争议细节；其次，分析 SEC 对虚拟货币证券性质认定的方式与思路；对法院可能做出的裁判结果进行预判；再次，以与瑞波币对比为基础，探讨其他具有影响力的代币证券法律属性的可能性；最后，为我国虚拟货币监管提供建议。

二、双方争议焦点介绍

本案争议双方分别为美国证券交易委员会（SEC）与瑞波公司。被告瑞波公司是国际知名虚拟货币发行机构，主要经营瑞波币开发、支付、交换等业务。该公司工作核心在于，以瑞波币搭建桥梁，为不同国家之间的用户提供跨境转账汇款交易服务，即用户甲可将持有的任意法币兑换为瑞波币用于支付，对方用户乙在收到瑞波币后可将其兑换为需要的任意币种[1]。自 2013 年至今，瑞波公司先后向公众共发售价值 13 亿美元的瑞波币，但根据《美国 1933 年证券法》，证券发行活动必须经依法注册后才可进行。SEC 曾向瑞波公司发出建议，其认为瑞波币符合《美国 1933 年证券法》及"豪威测试"对"投资合同"的定义，要求瑞波币及时进行注册申请。由于瑞波币向来以功能型代币的形象自居，瑞波公司宣称瑞波币自始至终不是一种证券，无视 SEC 建议继续大规模发售。于是，SEC 于 2020 年 12 月向法院提交起诉书，请求法院判定：①责令被告瑞波公司退还违法所得收益；②禁止该公司参与任何虚拟资产证券发行活动；③对被告处以相应民事罚款[2]。

SEC 以"瑞波币始终为证券"这一观点作为核心，向法院提出上述三项诉讼请求。在长达 23 页的观点论述中，其援引美国最高法院"豪威测试"标准阐述起诉理由，具体而言可细分为以下四点：①瑞波币投资者需要投入一定资金；②瑞波公司鼓励投资者合理预期公司及代理人的经营管理努力将推动瑞波币项目成败；③瑞波币购买者投资于一项共同事业；④瑞波公司让投资者合理预期他们将从被告的努力中获得收益。SEC 对以上四点进行充分论证后认定，瑞波币符合"投资合同"定义。此外，考虑到此前诸多虚拟货币交易平台开发人员认为瑞波

〔1〕 See Ripple, Our story, available at https://ripple.com/company, last visited on January 11, 2021.

〔2〕 See SEC, Complaint: Ripple Labs, Inc. （"Ripple"）, Bradley Garlinghouse and Christian A. Larsen, available at https://www.sec.gov/litigation/complaints/2020/comp-pr2020-338.pdf, last visited on January 3, 2021.

币仅属于功能型代币，SEC 还对上述质疑进行解释：瑞波公司并未出于"使用"目的或者将瑞波币作为"货币"发售。对瑞波币而言，不存在明显的非投资"使用"，瑞波公司所宣称的"国际虚拟资产"交易服务从未成为现实，且根据美国联邦证券法的规定，瑞波币并非"货币"[1]。据此，SEC 坚持认为瑞波币并非功能型代币，应当被认定为证券。

为应对 SEC 指控，瑞波公司随后在其官网进行了一系列发声，该公司首席执行官 Brad Garlinghouse 公开说明："美国 SEC 在事实和法律认定上均发生了错误，瑞波币是一种货币而非证券，原因在于：第一，瑞波币不是'投资合同'。瑞波币的投资者们不参与公司分红也未获得股票或其他公司权利。代币购买者不会从瑞波币中获得任何收益，持有者与公司没有任何关系。第二，瑞波公司有自己的股东，如果欲投资公司，投资者需购买公司股份而不是瑞波币。第三，不同于证券，瑞波币的市值与瑞波公司毫无关系，相反，币值波动与其他虚拟货币相关。"在瑞波公司及被指控的两位高管看来，SEC 各项举措是"不合逻辑的断言"[2]，SEC 对其提起的诉讼是对美国整个虚拟代币行业的攻击[3]。同时，Brad Garlinghouse 认为瑞波币是全球第三大虚拟货币，与 SEC 所认定的比特币和以太坊类似。依据 SEC 前任主席 William Hinman 的观点，瑞波币、比特币与以太坊均不是投资合同[4]。

综上，瑞波币能否被判定为证券是解决该案的关键，这本质上涉及以下三个核心问题：第一，美国 SEC 的判定是否于法于理充分有据？第二、依据美国证券法及豪威测试，瑞波公司抗辩理由是否成立？第三，能否以 SEC 前任主席 William Hinman 对以太币、瑞波币的相关论述证明瑞波币不具备证券性质？

三、"豪威测试"与瑞波币证券性质的讨论

定性和分类是法律规范之重要前提，虚拟货币证券属性的判定标准决定了 SEC 监管权力范围。在美国联邦证券法下，"证券"一词的内涵极为丰富，普遍认为任何利润或投资参与凭证都可被视为证券[5]。美国司法将判断"投资合

[1] See SEC, Complaint：Ripple Labs, Inc. （"Ripple"）, Bradley Garlinghouse and Christian A. Larsen, available at https：//www. sec. gov/litigation/complaints/2020/comp－pr2020－338. pdf, last visited on January 3, 2021.

[2] See Bradley Garlinghouse, The SEC's Attack on Crypto in the United States, 2020, available at https：//ripple. com/insights/the-secs-attack-on-crypto-in-the-united-states/, last visited on January 3, 2021.

[3] See Ripple, Our Statement on Recent Market Participant Activity, available at https：//ripple. com/ripple-press/our-statement-on-recent-market-participant-activity/, last visited on January 11, 2021.

[4] See Bradley Garlinghouse, The SEC's Attack on Crypto in the United States, 2020, available at https：//ripple. com/insights/the-secs-attack-on-crypto-in-the-united-states/, last visited on January 3, 2021.

[5] See Michael Mendelson, "From Initial Coin Offerings to Security Tokens：A U. S. Federal Securities Law Analysis", *Stan. Tech. L. Rev* 22, 2019, p. 65.

同"的"豪威测试"标准用以界定代币属性，2017 年 SEC 针对"The DAO"案发布调查报告，正式确立虚拟货币证券识别原则[1]。"豪威测试"包括四个要件：①是否存在资金投资；②是否投资于共同事业；③是否存在对投资利益的期待；④是否依赖第三方的努力获得利益[2]。通过该标准确定的虚拟货币将被认定为"投资合同"，发行过程将完全按照《美国 1933 年证券法》规则进行，SEC 可对其采取证券化监管措施[3]。

但在虚拟货币的诉讼中，项目开发者精心构建代币系统，以向法院证明其开发的代币不符合"豪威测试"标准，致使相关代币无法被认定为证券[4]。在 SEC 诉瑞波公司一案，SEC 虽认为瑞波币是证券，并提交瑞波公司广告和新闻、瑞波币发行总量、价格等证据，但瑞波公司指出瑞波币不代表任何股权、受益权等权利，且瑞波币收益与瑞波公司活动无关，与"豪威测试"标准相冲突。通过整合相关案情，我们认为瑞波公司的抗辩理由实则欲说明两点问题：第一，瑞波币持有者不享有股权，瑞波币仅用于支付。因此从经济功能上看，瑞波币没有类似于股权的融资潜力，在此基础上，瑞波币持有者在购买瑞波币时未有对投资利益的期待，不符合"豪威测试"第三项要件的要求。第二，瑞波币进入网络系统后，其价值波动主要由二级交易市场决定，瑞波公司的影响微乎其微。此时瑞波币不符合"豪威测试"的第四项要求，即瑞波币投资者并非依赖瑞波公司（第三方）的努力获得利益[5]。以上抗辩对"豪威测试"标准提出了严峻挑战，瑞波公司的抗辩理由是否站得住脚？能否在该标准下厘清瑞波币之性质？我们认为必须针对以上瑞波公司的两点问题进一步分析。

（一）问题一：瑞波币购买者是否存有投资获利的期待？

有研究者谓："主要是为消费而开发的加密货币不应被视为投资，也就是说如果消费者可以将所持有的加密货币交换为服务或产品，它就不再是投资[6]。"这种说法从根本上否定此类虚拟货币持有者具有投资获利意图，因此不是"豪威测试"所定义的"投资合同"。此类用于消费服务的虚拟货币往往属于"功能型

〔1〕 See Michael Mendelson, "From Initial Coin Offerings to Security Tokens: A U. S. Federal Securities Law Analysis", *Stan. Tech. L. Rev.* 22, 2019, pp. 54–55.

〔2〕 See Nareg Essaghoolian, "Initial Coin Offerings: Emerging Technology's Fundraising Innovation", *U. C. L. A. Law Review* 66, 2019, pp. 331–334.

〔3〕 See Ethan D. Trotz, "The Times They Are a Changin': Surveying How the Howey Test Applies to Various Cryptocurrencies", *Elon L. Rev.* 11, 2019, pp. 210–211.

〔4〕 See Neil Tiwari, "The Commodification of Cryptocurrency", *Mich. Law Review* 117, 2018, pp. 615–617.

〔5〕 See Ripple, Our Statement on Recent Market Participant Activity, available at https://ripple.com/ripple-press/our-statement-on-recent-market-participant-activity/, last visited on January 11, 2021.

〔6〕 See Neil Tiwari, "The Commodification of Cryptocurrency", *Mich. Law Review* 117, 2018, p. 621.

代币"，其具备特殊使用功能，即持有者可以凭其在被开发项目中享受服务或用于支付。有别于证券型代币，功能型代币不可用于融资或者分红，持有者仅出于消费目的进行购买[1]。

但在虚拟货币交易市场中，人们注意到目前出现这样一种交易情况，活跃的二级市场致使"功能型代币"的币值发生巨大波动，吸引大量用户报以"以小博大"的心态参与投机[2]，人们购买"功能型代币"的初衷不再是"使用"，而是赚取投资利益。这个发现引起各界关注，这些代币可能因其潜在的消费功能而对某些购买者有吸引力，但也有包括风险资本家和新成立对冲基金在内的购买者[3]。针对这种特殊情况，美国最高法院率先在"福尔曼案"中强调购买者是否具有投资目的在判断某物是否在证券中扮演重要角色[4]。经 SEC 及各界学者的延伸，我们应当从区分购买者消费目的和投资目的入手，以此证明购买者抱有投资意图，进而将相关虚拟货币视为证券[5]。这种区分不是盲目的，即使购买者同时具有消费和投资目的，仅在投资目的占主导地位时才能认为购买代币以获得收益为主。但主观意愿难以具象，需要在具体事实情形下，依靠客观证明予以判断[6]。在实务中，煽动用户购买代币的广告宣传资料被视为重要的判断数据[7]，因为广告是吸引投资者最有力的宣传手段。例如，针对以投资为中心的在线讨论组或网站的广告，倾向于激发购买者对利润的期望。相反，以享受平台消费或服务的潜在用户为最终目标的广告则可能侧重于激发购买者使用该服务的渴望[8]。一旦开发者过多强调虚拟货币所带来的投资利益和差价的红利，虚拟货币的发售可能被视为虚拟经济投机，即使该代币从表面上看属于功能型代币，仍然存在对其进行证券监管的必要。

瑞波币常以"功能型代币"的形象示众，其为瑞波公司的用户提供低成本、

---

[1] See Philipp Maume and Mathias Fromberger, "Regulations of Initial Coin Offerings: Reconciling U. S. and E. U. Securities Laws", *Chi. J. Int'l L.* 19, 2019, p. 577.

[2] See Jonathan Rohr and Aaron Wright, "Blockchain-based Token Sales, Initial Coin Offerings, and the Democratization of Public Capital Markets", *Hastings L. J.* 70, 2019, p. 492.

[3] See Jonathan Rohr and Aaron Wright, "Blockchain-based Token Sales, Initial Coin Offerings, and the Democratization of Public Capital Markets", *Hastings L. J.* 70, 2019, p. 493.

[4] See United Hous. Found., Inc. *v.* Forman, 421 U. S. 837, 852 (1975).

[5] 参见孙点婧：《首次代币发行的监管：问题与对策》，载《东北财经大学学报》2020 年第 2 期，第 85~86 页。

[6] 参见李敏：《融资领域区块链数字资产属性争议及监管：美国经验与启示》，载《现代法学》2020 年第 2 期，第 138 页。

[7] See Jonathan Rohr and Aaron Wright, "Blockchain-based Token Sales, Initial Coin Offerings, and the Democratization of Public Capital Markets", *Hastings L. J.* 70, 2019, p. 496.

[8] See Jonathan Rohr and Aaron Wright, "Blockchain-based Token Sales, Initial Coin Offerings, and the Democratization of Public Capital Markets", *Hastings L. J.* 70, 2019, p. 497.

高速度的支付服务，且不包含任何有关公司股份及分红权益，公司高管因此认为瑞波币不存在投资利益。但事实上，瑞波币包含巨大投资潜力，其不光用于国际支付，同时作为全球第三大虚拟货币积极参与二级市场交换，其市值高居所有虚拟货币前列[1]。同时，在 SEC 列举的证据中，瑞波公司多次公开宣传他们将努力激发市场对瑞波币的需求，鼓励投资者期待从此中获得投资收益。虽然这种"收益"并非直接来自公司股权分红，但瑞波公司的系列举措吸引大量投机者参与交易，加剧美国虚拟货币交易市场金融风险[2]。公司高管在 2018 年 4 月 4 日的采访中甚至做出如下承诺："如果瑞波公司成功实施 xCurrent 项目并顺利扩充 xRapid 的使用户数量，瑞波币的价格将在三到五年内上涨，并向投资者表示他们可以信任瑞波公司对瑞波币交易市场的管理和保护，公司众多活动将围绕推动瑞波币币值上涨而行动。"[3]种种迹象表明，公司意图以"币值上涨"的可观收益吸引投资者大量购买瑞波币。对此，瑞波币购买者当然存有对投资获利的期待，瑞波公司的第一点抗辩理由被推翻。

（二）问题二：瑞波币投资者是否依赖瑞波公司的努力获得利益？

"豪威测试"第四项要件向来是 SEC 及代币开发者们最为关注的要点，因为美国法院最初对第四项要件的要求为："仅仅依靠开发者或第三方的努力"，其中"仅仅""开发者或第三方"等诸多要素对被判断代币提出较高要求，开发者们可以轻松使其代币无法满足相关要求。为解决这一适用难题，美国法院遂将"仅仅依靠"解释为"较大程度上依靠"或"主要依靠"[4]，即使投资者对利益的获取有一定影响力，但只要该代币的获利主要来源于开发者努力，该要件即可满足。与此同时，法院对"努力"的理解不再区分代币发售前和购买后努力的不同，无论开发者何时做出努力，只需要求该努力对投资者的利益起到决定性作用即可[5]。此后，"仅仅依靠开发者或第三方的努力"这一要件的内涵被充分丰富 SEC 前任主席 William Hinman 在。2018 年雅虎金融市场峰会上不断强调开发者或管理者对实现投资利益的努力，确切地说，这种努力应当是"投资者

---

[1] 参见 coinmarketcap 的市值前 100 名虚拟货币排名，载 https://coinmarketcap.com/zh/，最后访问日期：2021 年 2 月 12 日。

[2] See SEC, Complaint: Ripple Labs, Inc.（"Ripple"），Bradley Garlinghouse and Christian A. Larsen, available at https://www.sec.gov/litigation/complaints/2020/comp-pr2020-338.pdf, last visited on January 3, 2021.

[3] See CNBC, CNBC Interview with Brad Garlinghouse, Ripple CEO, available at https://www.cnbc.com/2018/06/05/cnbc-interview-with-brad-garlinghouse-ripple-ceo.html, last visited on January 11, 2021.

[4] See Neil Tiwari, "The Commodification of Cryptocurrency", *MICH Law Review* 117, 2018, p. 622.

[5] See Benjamin Van Adrichem, "Howey Should Be Distributing New Cryptocurrencies: Applyingthe Howey Test to Mining, Airdropping, Forking, and Initial Coin Offerings", *Colum. Sci. & Tech. L. Rev.* 20, 2019, p. 404.

以外的人所做的努力是不可否认的重要努力，是属于影响企业成败的重要努力"[1]。同时，SEC 于 2019 年发布《数字资产"投资合同"分析框架》，该框架列举一系列行为特征，用以判断数字资产购买者是否依靠"开发者或管理者的努力"[2]。参考上述判例及官方文件，我们认为"豪威测试"中"依靠第三方努力"应当理解为"依靠开发者或管理者不可否认、影响企业成败的重要努力"，在具体判断时可另参考《数字资产"投资合同"分析框架》提供的行为模型。

以上虽已对"豪威测试"第四项要件做出了充分说明，但在互联网环境下，运用传统观念很难将虚拟代币准确标记为证券，这是因为许多开发者乐于推动功能型代币进入二级市场自由买卖，使其代币用途和价格波动不再依靠开发者努力，而由更加广泛的交易市场和交易者决定，或者善用区块链技术，构建充分去中心化的交易环境，淡化开发者自身的核心地位[3]。特别是自 2020 年下半年以来，以 Uniswap 为代表的去中心化交易所搭建在区块链平台以太坊上，其交易由智能合约促成不特定交易者对虚拟货币的买卖，交易量甚至超过一些老牌的中心化交易所，核心开发者的影响力被弱化。上述情形将直接导致投资收益在表面上不再依赖特定的开发者或管理者的努力，从而不符合"豪威测试"的要求。同样，瑞波公司坚持认为瑞波币投资者不依赖公司的努力获得收益。这项抗辩理由一旦成立，将给予其他虚拟货币开发者极大信心逃避证券监管，虚拟货币投资风险将进一步增大，给国家留下大量监管灰色地带[4]。

在新型问题缺乏既定规则的情况下，我们必须回到"豪威测试"定义中寻找答案。值得注意的是，"豪威测试"强调"投资者之外第三人的努力是否为不可否认、影响项目成败的努力"，这意味着：①为项目付出努力的人可以是投资者、开发者、管理者等，在此不否定投资者或二级市场可能影响项目成败；②开发者、管理者等第三人的努力是项目成败的关键，只有在离开第三人努力仍可成功的情况下，才可认为该项目不依赖第三方的努力。因此，针对依靠二级市场获利的虚拟货币，若开发者或管理者仍可影响二级市场中虚拟货币的价格或交易，该虚拟货币依然属于"依靠第三方努力获利"的情形。对此，有学者举例，开

[1] See William Hinman, Digital Asset Transactions: When Howey Met Gary (Plastic) (2018), available at https://www.sec.gov/news/speech/speech-hinman-061418, last visited on January 13, 2021.
[2] See Sec, Framework for "Investment contract" Analysis digital assets, available at https://www.sec.gov/corpfin/framework-investment-contract-analysis-digital-assets, last visited on February 27, 2021.
[3] See Neil Tiwari, "The Commodification of Cryptocurrency", *Mich. Law Review* 117, 2018, p.622.
[4] See Kenyon Briggs, "Taming the Wild West: How the SEC Can Legitimize Initial Coin Offerings (ICOs), Protect Consumers from Bad Actors, and Encourage Blockchain Development", *Bus Entrepreneurship & Tax Law Review* 2, 2018, p.424.

发团队通过构建网络系统，发售新代币，并且通过社交媒体宣传等方式刺激二级市场，都足以符合豪威测试要求[1]。SEC 发布的《数字资产"投资合同"分析框架》也对该问题有少许回应，该框架认为，开发者、赞助商以及其他第三人（在此统称"主要参与者"）做出以下行为时，投资者对其努力的依赖程度就越大，例如，一些重要任务或职责是由主要参与者负责，而非由网络用户（通常称为"分散式"网络）组成的分散社区来执行，并且投资者希望由主要参与者完成这些重要工作；又如，主要参与者决定或维持数字资产的市场或价格。这包括：①控制数字资产的开发和发行；②采取其他行动维持数字资产的市场价格，例如通过回购、"销毁"或其他活动限制供应或确保代币的稀缺性。再如，在网络或数字资产的持续发展方向上，主要参与者扮演着领导或中心角色。尤其是在决定治理问题、代码更新或第三方如何参与有关数字资产的交易验证等方面起主导作用或中心作用[2]。

在瑞波公司的抗辩理由中，不可否认的是瑞波币上涨依赖二级市场及其他投资者的行为，但 SEC 仍在起诉中认定瑞波公司的努力对投资者收益起决定性作用，其逻辑在于，瑞波公司曾大力宣传自身对推动瑞波币发行的努力，其主要负责开发和维护内部分类账本验证服务器，保证投资者可基于开放协议进行快速交易[3]。公司一开始即保留了瑞波币 80% 的供应量[4]，甚至其高管对瑞波币的每日供应量享有最终决策权，致使瑞波币很大程度上依赖公司的管理及运营[5]。从 SEC 的分析中我们可以合理推测，瑞波公司可通过控制瑞波币供应量，保证币值维持在相应较高的水平，以此保证公司及投资者获利，并在技术层面影响着瑞波币能否实现交易。虽然二级市场对瑞波币币值的波动存在客观影响，但在瑞波公司高强度中心化的体系中，瑞波币难以摆脱核心开发者的管理和控制。因此，瑞波公司对瑞波币的发展起着不可否认的重要作用，就目前情况而言其币值上涨无法脱离瑞波公司的"推波助澜"，即使二级市场和其他虚拟货币对瑞波币产生影响，但基于上述 SEC 的思路及美国证券法的精神，我们仍可认为瑞波币

---

[1] See Nareg Essaghoolian, "Initial Coin Offerings: Emerging Technology's Fundraising Innovation", *U. C. L. A. Law Review* 66, 2019, pp. 334-335.

[2] See Sec, Framework for "Investment Contract" Analysis Digital Assets, available at https://www.sec.gov/corpfin/framework-investment-contract-analysis-digital-assets, last visited on February 27, 2021.

[3] See SEC, Complaint: Ripple Labs, Inc. ("Ripple"), Bradley Garlinghouse and Christian A. Larsen, available at https://www.sec.gov/litigation/complaints/2020/comp-pr2020-338.pdf, last visited on January 3, 2021.

[4] See Ethan D. Trotz, "The Times They Are a Changin': Surveying How the Howey Test Applies to Various Cryptocurrencies", *Elon L. Rev.* 11, 2019, pp. 213-215.

[5] See Sec, Framework for "Investment Contract" Analysis Digital Assets, available at https://www.sec.gov/corpfin/framework-investment-contract-analysis-digital-assets, last visited on February 27, 2021.

依赖瑞波公司的努力而获利。

综合以上两点问题，瑞波公司的抗辩理由很难成立，SEC 在其起诉书中已就如何运用"豪威测试"认定瑞波币证券性质作出充分论述。正如上述分析所言，瑞波币符合"豪威测试"各项要件，SEC 对其证券性质的认定并无不妥。

四、瑞波币与以太币的比较分析

此外，瑞波公司除从"豪威测试"入手否定瑞波币的证券性质，又尝试将其与以太币（ETH）相提并论，试图借用以太币不被 SEC 定义为证券的理由为自己开脱[1]。在市值上，以太币作为全球第二大虚拟货币主要用于交易支付，各代币持有者虽不参与以太坊项目分红，但可通过出售以太币获得相应收益。以太币正经历 ETH1.0 到 ETH2.0 的飞速发展，其始终是美国 SEC 重点关注的虚拟货币风向标。而在 2018 年，SEC 前任主席 William Hinman 发表了"比特币、以太币不是证券"的观点[2]。从币圈以往的态度来看，业内人士通常把瑞波币和以太币并列或比较，甚至等而视之，其原因在于：首先，瑞波币、以太币市值影响力巨大，在 2018 年瑞波币的市值曾超过以太坊，成为世界第二大加密货币，但随后被以太坊超越。除比特币外，瑞波币和以太币的影响力和竞争力曾一度不相上下，成为人们两相对比的对象。其次，二者性质较接近。从经济功能上看，以太币是商家接受的"货币"支付方式之一，投资者还可购买以太币，用于与其他代币交换。瑞波币作为快速支付工具同样具备与以太币类似的一些功能，两者均是目前投资者广泛使用的交易工具。最后，二者均存在大量投资机会。特别是随着 ETH2.0 的陆续推进，以太坊基金会为投资者搭建质押以太币的智能合约平台，自 2020 年 11 月提供质押服务。至 2021 年 2 月末，众多投资者在智能合约上已质押了高达三百多万枚以太币，希望成为 ETH2.0 的验证节点，以获得较高的年化收益率，这无疑增加了以太币在二级市场上的投资可能[3]。

在瑞波公司有关回应 SEC 起诉的申明中，高管 Brad Garlinghouse 指出："瑞波币作为每日交易数十亿美元的全球第三大虚拟货币，就像 SEC 认定的比特币、以太币一样，不属于投资合同[4]。"那么，瑞波公司能否援引 SEC 官员的相关论述证明瑞波币不是证券？"以太币不是证券"的观点实际来源于 SEC 前任主席

[1] See Ripple, Our Statement on Recent Market Participant Activity, available at https://ripple.com/ripple-press/our-statement-on-recent-market-participant-activity/, last visited on January 11, 2021.

[2] See William Hinman, Digital Asset Transactions: When Howey Met Gary (Plastic) (2018), available at https://www.sec.gov/news/speech/speech-hinman-061418, last visited on January 13, 2021.

[3] See Grayscale, valuing Ethereum, available at https://grayscale.co/wp-content/uploads/2021/02/VALUING_ETHEREUM.pdf, last visited on Feb. 17, 2021.

[4] See Ripple, Our Statement on Recent Market Participant Activity, available at https://ripple.com/ripple-press/our-statement-on-recent-market-participant-activity/, last visited on January 11, 2021.

William Hinman 在雅虎金融市场峰会上的发言，得出该观点的理由在于：目前不存在第三方主体对比特币发展事业发挥重要作用，比特币在网络中早已实现去中心化，此时依据联邦证券法要求其披露相应信息的行为显得毫无意义。同理，William Hinman 认为当前状况下的以太币具有相同特征，以太坊包括其去中心化组织、代币发行以及以太币买卖不再被视为证券交易[1]。随后，虽然有众多比特币、以太坊开发者援引该观点为自己撑腰，顺利逃避 SEC 监管，但至今 SEC 官方并未同意前任官员的看法。"以太币不是证券"的观点是否正确，在业界仍然处于悬而未决的状态。对此，2019 年 9 月美国国会议员曾向 SEC 时任主席 Jay Clayton 提出疑问，请求 SEC 对以太币性质进行说明，Clayton 并未直接对以太币是否为证券表态[2]。2019 年美国联邦商品期货委员会（CFTC）主席 Heath Tarbert 在 Coindesk 投资会议中发表言论称，CFTC 和 SEC 均将仔细考虑即将到来的 ETH2.0，他们认为 ETH2.0 所建立的权益证明机制（proof-of-stake，简称"PoS 机制"）将涉及证券交易。从本质上说，ETH2.0 采取的权益证明与以太坊此前的采矿机制明显不同，采矿行为在网络系统中更加分散，因此 SEC 可能对 ETH2.0 重新审查[3]。尽管 William Hinman 此前发表过"以太币不是证券"的观点，但随着 ETH2.0 采取了全新的 PoS 机制后，美国官方态度已然发生变化。

从上述争议中我们发现，传统意义上的比特币、以太币在区块链系统中实现交易，这是一个"共享、分布式的账本"，所有交易和资产踪迹都将公开记录在此中，在这种"充分去中心化"环境下，以太币才失去被证券监管的意义[4]。因此，以太币是否仍然"充分去中心化"是判断其是否为证券的核心所在。

有学者认为："以最简单的形式来看，'充分去中心化'标准要求代币网络系统具备一些基本功能，问题在于对它的管理是否比单一的中央集权组织更加开放和分散，是否有购买者不是投机者"[5]。同时另有人提出："在这样的系统中

〔1〕 See William Hinman, Digital Asset Transactions: When Howey Met Gary（Plastic）（2018）, available at https://www.sec.gov/news/speech/speech-hinman-061418, last visited on January 13, 2021.

〔2〕 See Amy Davine Kim, Chief Policy Officer, Reading the Security Tea Leaves Statements from SEC Chair Clayton Provide Needed Comfort, available at https://digitalchamber.org/sec-chair-statement/, last visited on January 11, 2021.

〔3〕 See Coindesk, What the CFTC Chairman Actually Said About Ether Futures and Ethereum 2.0, available at https://www.coindesk.com/what-the-cftc-chairman-actually-said-about-ether-futures-and-ethereum-2-0, last visited on February 25, 2021.

〔4〕 See Michael Mendelson, "From Initial Coin Offerings to Security Tokens: A U.S. Federal Securities Law Analysis", *Stan. Tech. L. Rev.* 52, 22, 2019, p. 57.

〔5〕 See Blockchain Association, Understanding the SEC's Guidance on Digital Tokens: The Hinman Token Standard, available at https://blockchainassoc.medium.com/understanding-the-secs-guidance-on-digital-tokens-the-hinman-token-standard-dd51c6105e2a, last visited on Feb. 12, 2021.

无法找到决定系统内事务的中心组织。" 但这种解释意味着，没有特定主体对违法行为承担责任，具体到证券法的相关规定，确定"充分去中心化"系统中信息披露及发行责任主体将非常困难[1]。"充分去中心化"在区块链系统下有丰富的含义，若将其置于美国证券法下进行判断会引起较多歧义和问题，我们认为在理解其含义时，不宜直接否定某个中心组织的存在，但该中心组织在系统中不能形成单个组织集权掌控的状态，或者参与人数众多但不应成为一致意志行动人。在比特币或以太坊区块链网络中，我们常常将"充分去中心化"用于描述权力或管理者工作，因此它强调：在数量上，权力中心或管理者数量必须为多数，并非单独团体对该网络系统承担责任；在权力形态上，例如比特币等去中心化系统中，权力可以在同一时间上无处不在，并非集中于某一固定主体，正如Melanie Swan 所说："权力自由地浮动。"[2]

以太坊官方宣称，以太坊基金会是专注于支持以太坊和相关技术的非营利组织，它扮演的角色并不是控制或领导以太坊，也不是唯一支持以太坊相关技术核心开发的组织，只是以太坊生态系统中的一部分[3]。但从当前 ETH2.0 的推进模式来看，以太坊基金会承担 ETH2.0 的开发、监督等核心工作，搭建抵押交易智能合约平台，并由其中某一小组制定相关规则，以太坊基金会甚至在发售代币前保留了一定数字资产的股份或权益。与其官方所言不同，以太坊基金会事实上在 ETH2.0 发展中实际扮演着至关重要的角色[4]。投资者一方需要通过 PoS 机制进行以太币质押活动，由此获得相关收益。目前大约有 330 万枚投资者的以太币锁仓质押，年利率为 8.8%[5]。这与投资者购买诸如理财基金的收益模式近似。以太坊基金会掌控着 ETH2.0 的技术发展路线图，一些投资者为此对ETH2.0 看好。未来可能长达两年左右的锁仓质押减少了二级市场上以太币的供给，供给减少成为以太币价格上涨的动力。这些状况实际影响了以太币目前的交易价格，与"充分去中心化"的要求背道而驰。如以美国证券法的各项原则衡

---

[1] See Angela Walch, Deconstructing "Decentralization": Exploring the Core Claim of Crypto Systems, Crypto Assets: Legal and Monetary Perspectives (OUP, Forthcoming), available at https://ssrn.com/abstract = 3326244, last visited on Feburary 12, 2021.

[2] See Angela Walch, Deconstructing "Decentralization": Exploring the Core Claim of Crypto Systems, Crypto Assets: Legal and Monetary Perspectives (OUP, Forthcoming), available at https://ssrn.com/abstract = 3326244, last visited on Feburary 12, 2021.

[3] See Ethereum, ethereum foundation, available at https://ethereum.org/en/foundation/, last visited on March 3, 2021.

[4] See Grant Gulovsen, Ethereum 2.0's New Consensus Protocol: "Proof of Security?", available at https://gulovsen.io/proof-of-security/, last visited on January 11, 2021.

[5] 参见非小号：《ETH2.0 合约地址当前质押量》，载 https://www.feixiaohao.com/data/eth/，最后访问日期：2021 年 2 月 18 日。

量，William Hinman 此前对以太币性质的判断在 ETH2.0 背景下恐怕难以继续成立。我们认为，若以太坊基金会仍持续发挥着中心组织的影响力，以太币有很大可能被认定为证券。

这一结论的原因在于以太坊基金会有着典型的中心化组织地位，使以太币无法实现"充分去中心化"。若延续上述思路，我们发现瑞波币与以太币处于类似境地，瑞波币未达到"充分去中心化"程度，原因在于，瑞波公司未采取区块链技术去中心化的思路运营瑞波币，该币用户并非通过采矿获取瑞波币奖励，1000 亿枚瑞波币均由瑞波公司统一开采后进行发售，瑞波实验室控制新币的分散，到目前为止有 387 亿枚瑞波币进入市场流通，瑞波实验室将在更多的市场需求下控制代币供应量，以此提升瑞波币价值〔1〕。瑞波公司地位与以太坊基金会雷同，二者致力于为投资者搭建收益平台，均采用控制代币数量的方式直接或间接抬高价格，瑞波公司在瑞波币交易系统中处于核心地位。参考证券法学者的理论论述，这种行为与传统证券市场中的操纵行为非常近似〔2〕。

综上，虽然以太币是否属于证券仍有一些争议，但 SEC 前任主席 William Hinman 的观点当前已不再完全适用于对以太币性质的认定，William Hinman 在其讲话中多次强调比特币、以太币"去中心化"的特点，也正是基于此才可能失去证券披露的意义和强制要求〔3〕。我们认为，从目前 CFTC、SEC 对待 ETH2.0 态度的转变来看，瑞波币未实现"充分去中心化"，瑞波公司及瑞波币需接受联邦证券法下信息披露等一系列监管。

五、SEC 起诉瑞波公司的思考与启示

自 2017 年监管机构的"94 公告"出台后，中国监管机构在虚拟货币领域多多少少陷入了"不管就乱，一管就死"的一刀切模式。相关政策虽在短时间内能有效化解虚拟货币交易风险，但国内原各大虚拟货币交易平台"转战"海外，以"出口转内销"的方式继续为境内投资者提供交易服务。因此，事中事后的监管应引起高度重视〔4〕。随着瑞波币、稳定币 USDT 等知名虚拟货币的诞生与普及推广，相关金融风险仍有可能渗透到中国市场的任一角落。有学者认为，虽

〔1〕 See Skalex, What is Ripple? The Ultimate Beginner's Guide, available at https://www.skalex.io/what-is-ripple/, last visited on Feburary 24, 2021.

〔2〕 参见缪因知：《操纵证券市场民事责任的适用疑难与制度缓进》，载《当代法学》2020 年第 4 期，第 126~137 页。

〔3〕 See Benjamin Van Adrichem, "Howey Should Be Distributing New Cryptocurrencies: Applying the Howey Test to Mining, Airdropping, Forking, and Initial Coin Offerings", *Colum. Sci. & Tech. L. Rev.* 20, 2019, pp.417-420.

〔4〕 参见董淳锷：《市场事前监管向事中事后监管转变的经济法阐释》，载《当代法学》2021 年第 2 期，第 69~81 页。

然政府曾多次出台相关文件来规范虚拟货币，禁止金融机构开展与比特币相关的业务，但是政府的这种政策性叫停并未从本质上解决问题。扬汤止沸，不如釜底抽薪，只有良好的法律才能为其发展提供强有力的保障[1]。因此，与其事后采取补救措施，不如监管机构在事先出台全面的风险管控措施[2]。SEC 起诉瑞波公司一案表明，中国投资者应及时预判监管带来的风险；以主动、审慎、发展和兼容为基本监管原则，这应当是金融大国对待虚拟货币的重要态度。

首先，中国投资者应提高虚拟货币的交易认知，强化风险意识。美国金融监管历史悠久，其监管体系严密，思路灵活。SEC 采取"豪威测试"作为虚拟货币证券性质的判定方法，并在这种思路支配下积累大量监管经验，以此应对金融市场出现的新问题、新变化。如针对瑞波币这种有证券性质嫌疑的代币，在解读其是否符合"豪威测试"要件时，需综合现实情况进行深入解读。瑞波币开发者在试图淡化自身努力的情况下，去判断代币成败对开发者努力的依赖程度，以此评估瑞波币符合"豪威测试"，并确定其证券性质。同时，借以 SEC、CFTC 针对ETH2.0 性质的讨论，重点关注代币开发是否已经实现"充分去中心化"，在考虑开发者对其影响程度的情况下谨慎作出判断[3]。虽然我国目前不具备适用"豪威测试"的现实土壤，但上述思路有助于国内投资者预判某些知名虚拟货币性质，从而规避美国监管风险可能带来的投资损失。例如，境外虚拟货币头部交易平台币安发行虚拟货币"BNB"（币安币），该交易平台在 BNB 发售一段时间后，以特定时间交易平台的收益回购 BNB 并销毁[4]，以此抬高币值。自 2021年 2 月以来，BNB 价格大涨，市值高达 250 亿美元左右，更是吸引众多投资人关注[5]。在 2020 年 4 月，美国纽约南区联邦法院曾受理关于针对币安公司的集体诉讼，投资者以币安公司发行的 BNB 未经注册擅自发行为由要求赔偿[6]。BNB投资者持有收益期待，币安公司的回购销毁活动及 2021 年以来以币安为依托推动发展的币安智能链等因素，对 BNB 的价格走势发挥着至关重要的影响，BNB难以逃避"豪威测试"标准，有极大可能被 SEC 认定为证券。受诉讼及美国潜

---

[1] 杨玉晓：《区块链金融衍生品刑法规制研究》，载《重庆大学学报（社会科学版）》2020 年第 6 期，第 134 页。

[2] 参见邓建鹏、邓集彦：《稳定币 Libra 的风险与规制路径》，载《重庆大学学报（社会科学版）》2020年第 2 期，第 150 页。

[3] See Grant Gulovsen, Ethereum 2.0's New Consensus Protocol: "Proof of Security?", available at https://gulovsen. io/proof-of-security/, last visited on January 11, 2021.

[4] 参见《币安第六次 BNB 销毁》，载 https://www.binance.com/cn/blog/292158287506071552/%E5%B8%81%E5%AE%89%E7%AC%AC%E5%85%AD%E6%AC%A1BNB%E9%94%80%E6%AF%81，最后访问日期：2021 年 1 月 13 日。

[5] 参见《币种排行》，载 https://www.feixiaohao.com/，最后访问日期：2021 年 2 月 18 日。

[6] See Eric Lee and Chase Williams v. Binance Changpeng Zhao, Yi He, and Roger Wang. 1: 20-cv-02803.

在监管处罚的威胁，币安公司开始通过一系列宣传，淡化 BNB 投资属性，重点强调 BNB 所具备的各项支付、交易功能，以此论证 BNB 不属于证券，并停止向美国用户提供服务，欲规避美国证券监管机构和司法系统的管辖。

其次，中国监管机构或应及时修正监管手段，明确监管态度，捍卫中国金融主权。SEC 此次起诉不仅迫使瑞波公司阐明瑞波币性质为何，同时向美国区块链与虚拟货币交易市场再度发出明确信号：各虚拟货币与区块链项目开发者必须在开发之初明确代币性质，若符合"豪威测试"及相关标准，SEC 将要求开发者及时完成注册，在证券法的监管下进行信息披露。此次诉讼将规范和形塑美国未来区块链项目方的开发行为，在美国虚拟货币市场中起到示范性作用，是对涉嫌违规公司的再度警示。美国监管与司法机构将直面违法交易行为，在证券法及"豪威测试"框架下打击违法主体，维护国家金融主权和投资者权益。区块链是自互联网技术发明以来的另一重大发明，与之伴生的虚拟货币投资市场正在高速崛起，已成为极其重要的另类资产。至 2021 年 4 月 26 日，整个虚拟货币总市值已经超过两万亿美元[1]，正成为国际上众多传统投资机构的投资标的。因此，这个领域迫切需要切合实际发展状况的法律与监管规范。也正是在这个意义上，中国政府监管应注重从"旁路监管"向"主动干预"过渡[2]，警示防范区块链金融领域的违法犯罪，维护国家金融秩序。

再次，监管机构应着重投资者权益保护，积极推动相关诉讼进程。从本文所论述的瑞波公司一案来看，早在 2018 年，瑞波币持有者就向美国各地法院提起相关诉讼[3]，请求法院认定瑞波币具备证券性质。直至 2020 年，陆续又有众多投资者提起了类似诉讼，这些诉讼最终合并在一起移交至联邦法院，其中原告 Bradley Sostack 作为代表参加集体诉讼，要求公司归还非法销售所得，并给予补偿性损害赔偿[4]。有关瑞波币的争议从未消失，但投资者们的声音尚未得到有效回应。2020 年 12 月，SEC 正式起诉瑞波公司或给瑞波公司带来致命一击。自 2020 年年末以来，一些头部虚拟货币交易平台先后解除瑞波币的交易，瑞波币市值一度蒸发超过 50%。

我国金融监管机构于 2017 年出台的"94 公告"已全面禁止在中国境内设立虚拟货币交易平台，为投资者提供交易服务，禁止在中国境内发行虚拟货币融资[5]。

---

〔1〕　参见 https://www.feixiaohao.com/，最后访问日期：2021 年 4 月 26 日。

〔2〕　参见杜宁等：《监管科技：人工智能与区块链应用之大道》，中国金融出版社 2018 年版，第 4 页。

〔3〕　See Coffey v. Ripple Labs Inc., 333 F. Supp. 3d 952.

〔4〕　See Zakinov et al. v. Ripple Labs, Inc. et al., 4：2018cv0675.

〔5〕　参见《关于防范代币发行融资风险的公告》，载 http://www.csrc.gov.cn/pub/newsite/zjhxwfb/xwdd/201709/t20170904_323047.html，最后访问日期：2021 年 1 月 11 日。

这些禁令主要专注于确保国家金融安全，试图以"全面禁止"的方式杜绝虚拟货币交易带来的风险，但在实践中欠缺投资者权益保护导向。众多中国虚拟货币交易平台"移师"海外，继续为境内投资者提供买卖比特币等虚拟货币的交易服务，一旦发生财产权益纠纷，中国投资者海外维权成本极高，即使向中国法院提起诉讼，各虚拟货币平台也试图以管辖权异议逃避监管，仅依靠投资者个人力量几乎无法实现有效追责[1]。对此，中国监管者提示："代币发行融资与交易存在多重风险，包括虚假资产风险、经营失败风险、投资炒作风险等，投资者须自行承担投资风险，希望广大投资者谨防上当受骗。"考虑到区块链网络及虚拟货币的跨国性特征，同时自 2020 年下半年以来，以比特币为代表的虚拟货币价格大涨，财富效应正吸引着大量投资者跑步进入"币圈"。在缺乏监管机构有效保障的前提下，投资者的权益事实上面临着巨大风险隐患。因此，针对虚拟货币投资领域的风险，中国金融监管机构应在金融诈骗、洗钱、逃税和非法发行证券等违法犯罪活动和其他危害投资者利益的风险活动上加强监管，积极推动相关司法审判进程，对一些违法违规者以潜在的诉讼威胁和规范化引导，对投资者权益保护有所作为。我国应在监管机构的协同下，助推司法机构揭开一些区块链虚拟货币项目方、虚拟货币交易平台法人的真实面纱，全方位审查实际控制人身份，保证相关案件落入我国司法管辖范围内，有效保护投资者的合法权益。

最后，面对广泛的虚拟货币交易市场，加强投资者自身风险教育尤为重要[2]。特定虚拟货币一旦被美国监管机构认定为证券，其将在市场中引起巨大波动，影响投资者利益。因此，各国投资者必须清楚认识各虚拟货币性质，学会如何做出正确的投资选择。SEC 专设投资者网站，免费为个人提供虚拟货币交易政策解读以及问答回复，一再强调"了解专业投资背景和法律规范是保护财产最重要的第一步"。[3]美国 SEC 的这种做法也是对中国同行的有价值参照，为预先保护中国投资者财产权益提供可资参考的途径。

六、结语

以比特币、以太币和瑞波币等为代表的各类虚拟货币及区块链技术正日新月异，飞速发展。这个行业既潜藏巨大风险，又可能给社会带来重大技术创新的福利。虚拟货币的风险及其法律性质认定的困难不仅挑战了美国的监管者，也给中国的监管机构带来诸多困扰。漠视其存在，则将可能错过主导未来金融科技发展话语权的良机，而行之有效的监管方式与法律规制则需要漫长的探索。有论者

---

[1] 参见邓建鹏、李铖瑜：《境外虚拟货币交易平台纠纷的中国司法管辖权认定问题研究》，载《陕西师范大学学报（哲学社会科学版）》2020 年第 6 期，第 99~100 页。

[2] 参见邓建鹏：《区块链的规范监管：困境和出路》，载《财经法学》2019 年第 3 期，第 45 页。

[3] See SEC, Investor, available at https://www.investor.gov, last visited on February 17, 2021.

谓，对数字货币（即本文所谓之虚拟货币）的治理还处于初期阶段，数字货币的法律地位、法律属性还存在诸多争议和分歧。很少有"硬法"或法院裁决能起到"一刀切"的监管和效力影响[1]。不过，在美国监管的实践中，尝试对特定虚拟货币法律属性作精细思考、仔细判定以及监管者和被告针锋相对的辩论，从而使模糊的规则明确化，约束区块链公司的违法行为，为整个行业提供较为有效的规范性引导，保障金融稳定，保护投资者权益，这对中国监管机构摆脱以往较为粗糙的禁令模式，提供了有价值的参照系。

---

[1] 参见许多奇：《从监管走向治理——数字货币规制的全球格局与实践共识》，载《法律科学》2021年第2期，第106页。

个人金融数据安全监管进路研究*

李 蕊 张龄方**

摘要：随着数字经济和信息技术的发展，作为基础性战略资源的数据已然成为驱动经济社会发展的一种全新生产要素。为平衡个人金融数据有效保护和深度开发利用之间的关系，以此提升个人金融数据安全治理能力，推动数据赋能金融产业发展，因而亟须强化个人金融数据安全监管。个人金融数据具备私益性和公益性、封闭性和开放性、静止性和流动性等多重悖论属性，这些都对金融监管主体、对象及方式提出了新的挑战。当务之急是厘清监管主体架构、扩展监管对象范畴、推动监管方式迭代，以期有效发挥个人金融数据作为生产要素的基础作用，进而推动金融产业创新和有序发展。

关键词：个人金融数据；数据安全；金融监管；监管科技

一、问题的提出

在大数据背景下，个人源源不断供给数据，已经成为金融活动的"原材料"。相较于一般数据，个人金融数据往往同时包含姓名、身份证号、银行卡号、资产情况、信用状况、金融交易等诸多内容，兼具人身性和财产性，其具备更高的数据价值，但同时所面临的数据安全风险也更为突出。据报道，泄露在"暗网"的个人信息中有60%以上来自金融行业，个人金融数据已成为黑客最青睐的攻击目标。[1]一旦个人金融数据出现大规模泄露，不仅损害个人金融信息权益，同时也会加剧金融机构的经营风险，严重影响金融消费者权益的保护和金融机构的稳健运行，因而迫切需要对于个人金融数据的安全予以有效监管。虽然出台的

---

* 本文为中国政法大学2020级博士创新实践项目"监管科技应用下我国金融监管转型研究"（项目编号：2020BSCX17）的阶段性研究成果。

** 李蕊，中国政法大学民商经济法学院教授，博士生导师。张龄方，中国政法大学民商经济法学院博士研究生。

〔1〕《泄露在"暗网"的个人信息60%以上来自金融行业》，载http://www.hg-news.cn/chuangtou/202104/999920934.html，最后访问日期：2021年11月2日。

《中华人民共和国个人信息保护法》（以下简称《个人信息保护法》）和《中华人民共和国数据安全法》（以下简称《数据安全法》）已然明定金融主管部门承担本行业、本领域数据监管职责的职权，但是相关监管规范还未健全，在个人金融数据安全监管层面还存在诸多问题，亟待解决：其一，对个人金融数据利用的关注度较低。"一行两会"规范侧重于金融机构履行对个人金融数据保护义务的强调，而对个人金融数据合理利用的关注度较低，这不利于个人金融数据对金融产业的有效赋能。其二，制度文件层级较低，且强制力不足，个人金融数据安全监管效果不显。前述"一行两会"所出台的文件以规章、推荐性行业标准为主，制度文件的法律位阶较低，强制力不足，这不利于金融监管措施在金融行业的有效实施。其三，规范对象呈现碎片化的特征，且往往集中于传统机构，容易造成监管真空，从而危及个人金融数据安全。"一行两会"以各自监管领域为着眼点，出台相关个人金融数据保护细则，但是尚未形成体系化的个人金融数据安全监管体系，这与大数据背景下个人金融数据的跨界共享实践相冲突，容易造成监管冲突和监管真空。在数据成为驱动经济社会发展的一种全新生产要素背景下，亟须在剖析个人金融数据特异属性的基础上，从监管机构职责安排、监管对象、监管方式等角度，厘革个人金融数据安全监管之具体进路，进而提升个人金融数据安全治理能力，以充分发挥个人金融数据作为生产要素的基础作用。

二、个人金融数据多重悖论属性对金融监管的挑战

国内大多学者将个人金融数据直接表述为个人金融信息，并对二者不作明显区分，统一适用。[1]笔者认为，个人金融信息与个人金融数据呈现出交叉关系，二者既有联系又有区别。虽然在内容上个人金融数据是个人金融信息的记载和表达，但在数据内容和实际控制者归属上，二者具有明显不同。在数据内容方面，个人金融信息聚焦单一主体的人格权益保护，侧重对已识别或可识别的自然人有关信息的保护与利用，关注初次采集数据的"个人性"特征；个人金融数据则是一个聚合整体概念，不仅包括初次收集到的原始数据，还包括对原始数据进行分析运算而得出的二次数据，[2]强调对沉淀于金融机构内部海量个人金融数据的合理使用，更关注个人金融数据作为金融活动"原材料"的财产性。在实际控制者方面，特定金融消费者虽然是个人金融信息的所有权人，金融机构在处理个人金融信息时需遵循《个人信息保护法》下的"同意"原则，然而在大数据

---

〔1〕 如梅夏英采用"个人信息数据"表述，参见梅夏英：《数据的法律属性及其民法定位》，载《中国社会科学》2016年第9期，第176页；范思博虽采用"个人金融数据"表述，但认为金融数据的本质是特殊的个人信息，并将二者混同使用，参见范思博：《个人金融数据跨境流动的治理研究》，载《重庆大学学报（社会科学版）》2021年7月27日网络首发，第1~17页。

〔2〕 刘斌：《大数据时代金融信息保护的法律制度建构》，载《中州学刊》2015年第3期，第56页。

背景下，个人金融信息在被金融机构收集完成之时，即"脱离"了个人控制，汇集到金融机构手中，成为沉淀于金融机构内部的数据，[1]金融机构代替个人成了个人金融信息的实际控制者、使用者和最大的受益者。综上，本文将个人金融数据定义为金融机构在提供金融产品或服务的过程中，收集、加工和保存的以电子或其他方式对客户金融信息的记录。

迥异于一般数据，个人金融数据不仅呈现出全面性、高价值性等特质，也同时具备更强的私益性与公益性、封闭性与开放性、静止性与流动性等相互矛盾之属性，这无疑对传统金融监管带来多重挑战。

（一）私益性和公益性的复合挑战金融监管的权力配置

"自环者谓之私"。[2]"私益性"即以个体为中心，与私人利益相关的属性。个人金融数据的私益性表现在其与个人利益密切相关，往往涉及个人私生活的敏感信息而归属于个人隐私的范畴。[3]个人金融数据是个人姓名、出生日期等身份信息的记载，同时也是个人账户信息、信贷情况等财产信息的表达，其中多数属于"自然人不愿为他人知晓的私密活动"，与个人隐私密切相关，具备高度的私益性。基于个人金融数据与个人关系的密切性，着眼于私权保护的理念，金融机构也承担着不得泄露所知晓客户信息的严格保密义务。具体体现在未经法律规定，不得向任何第三方共享及利用其所收集到的个人金融数据，如《中华人民共和国商业银行法》（以下简称《商业银行法》）规定了商业银行为储户保密的原则、《中华人民共和国反洗钱法》要求金融机构在履行反洗钱职责或者义务中获知的客户身份资料及交易信息，非经法律规定，不得对外提供。

而在数字经济时代，作为战略性资源的数据已然具有生产要素属性，对个人金融数据进行开放共享及深度利用的需求日益强烈，个人金融数据的公益性愈加突出。金融业本质上就是信息产业，金融产品和服务创新的关键在于对金融数据进行挖掘、分析和运用，各类金融产品和服务均可以视为信息数据集合的产物。[4]申言之，金融行业的发展天然需要以数据作为生产要素，个体对自身金融信息适度让渡正是金融契约得以建立的前提。不宁唯是，着眼于信息不对称之弥合，只有获取足够数量的个人金融数据，方能便利于金融机构风险发现和识别，也才能完善金融机构内部风险控制的水平，进而提升其防范抵御风险的能力，才能守住金融安全之底线。金融安全乃是国家安全的重要组成部分，是经济平稳运行健康发

---

[1] 沉淀于金融机构的数据不仅仅包括个人金融数据，还包括金融机构的业务经营数据、公开数据等。
[2] 韩非：《韩非子·五蠹》。
[3] 张新宝：《从隐私到个人信息：利益再衡量的理论与制度安排》，载《中国法学》2015年第3期，第39页。
[4] 邢会强：《大数据时代个人金融信息的保护与利用》，载《东方法学》2021年第1期，第52页。

展的根基。故而，个人金融数据不仅仅是私权之标的，还具有一定的公共属性，关涉国家安全和社会稳定，这是最大的公共利益所在。

个人金融数据的私益性要求数据保密，对抗、限制数据公开；而个人金融数据的公益性则要求需要有效回应大数据时代对于数据开放、共享甚至交易的需求。过于严苛的数据私权保护必然会加剧信息不对称，滞碍金融市场的健康发展，乃至金融安全的实现。前述悖论属性之张力，在个人金融数据安全监管领域的实然映射，就在于通过金融监管权的有效、有序、有度之行使，恰当厘定个人金融数据合理保护和共享利用的边界范畴，以达至个人私益与公共利益之平衡。

（二）封闭性和开放性的兼具挑战金融监管场域

任何金融机构所收集的个人金融数据都是本机构的重要数据资产，基于开展市场竞争以及履行合规义务下保密等要求，金融机构之间以及金融机构与其他市场主体之间所收集管理的个人金融数据呈现出各自封闭的"孤岛"状态。一方面，金融消费者的个人金融数据本身并不具有直接的财产利益，但对金融机构来说，客户的个人信息是其开展金融服务的基础，基于对客户信息的分析，可以实现为客户提供个性化的金融产品或服务，提高自身竞争力。另一方面，个人金融数据富含个人身份、财产等信息，与个人隐私密切相关，金融监管机构基于保护金融消费者权益的考量，要求金融机构承担不得泄露所知悉的金融消费者数据信息的合规义务。基于对合规义务的遵循，金融机构往往将个人金融数据的使用"封闭"于本机构内部，如我国《商业银行法》即规定商业银行办理个人储蓄存款业务，应当遵循为存款人保密的原则。

大数据背景下，数据赋能金融业以及数据开放共享、数据深入利用已成为金融行业发展和金融监管的共识。在金融行业发展方面，以开放银行为代表的金融数据共享模式逐渐兴起，推动金融机构打破自身数据壁垒，向外部主体进行开放；在金融监管方面，针对跨行、跨支付机构的欺诈问题，亟须打破各机构之间的信息孤岛，实现金融行业交易风险事件评级、信息共享和联防联控。[1]在打破金融业信息孤岛方面，最重要的是以共享之机制，打通沉淀于金融机构内部的诸如金融交易等个人金融数据孤岛，实现个人金融数据的有限开放利用。个人金融数据开放即在互联应用程序接口下，允许外部机构通过互联网渠道，调用金融机构应用程序接口，访问金融机构内部的个人数据。在数据开放场域下，个人金融数据由过往金融机构主导控制转变为具有金融机构、金融科技公司和第三方合作平台协同处理的市场融合特征。

个人金融数据从封闭于金融机构内部走向有限开放是数字金融发展的必然要

---

〔1〕 中国人民银行：《中国金融标准化报告（2019）》，第100页。

求。但在开放过程中，第三方服务机构等主体的加入，导致个人金融数据处理主体增多。无可否认，着眼于我国的金融监管体制，传统金融机构的业务活动（包括个人金融数据处理）始终处于严格的金融监管之下。但对于第三方服务机构和大型科技公司而言，目前尚未将其对于个人金融数据的处理有效纳入监管范畴，其所承担的个人金融数据安全义务也主要体现为合同义务下的连带责任约束。[1]着眼于数据安全实现的需求，目前亟须全面约束各类主体处理个人金融数据的行为。进言之，在金融监管层面，需要适时扩大监管对象之范畴，将涉及个人金融数据处理业务的第三方服务机构都纳入监管。

（三）静止性和流动性的叠加挑战金融监管方式

与封闭性强调金融机构对个人金融数据的独占使用不同，静止性表现为对个人金融数据流通性的关注。换言之，封闭性聚焦个人金融数据处理的实际控制者归属，静止性则是个人金融数据处理中的特定状态。始于客户身份识别的需要，并基于市场竞争的考虑及技术手段的限制，传统金融机构初始收集并封闭于自身内部的数据呈现出相对静止的状态，也即沉淀于金融机构内部的个人金融数据，除基于金融机构与特定市场主体开展外包服务的需要外，几乎不对外进行流动。此时的金融监管也着力于对静止性数据进行分析，监管手段呈现出以现场监管和非现场监管的事后监管方式为主，通过对金融机构已有行为的事后惩戒，达到防范未来金融活动风险的目标。

伴随信息科技的发展以及数据开发利用需求的增高，个人金融数据的流动性不断增加。一方面，科技的发展推动传统纸质存储方式的变革，传统纸质客户资料已基本全部实现数字化，具备了高度利用性、可复制性强等特点，便于个人金融数据的流动。[2]另一方面，流动性的增加提升了个人金融数据的价值。"数据不应该以它的存储而定义，应该由它的流转来定义"。[3]个人金融数据只有在流动中才能发挥其作为生产要素的作用，在合理利用的状态下才能推动金融创新，具备公共物品属性的数据不可能被某一特定主体独占，[4]对其进行开发利用成为共识。

大数据背景下，数据作为一种全新的生产要素参与到市场化配置活动中来，个人金融数据也因以计算机储存而具备高度的利用性，传统静止状态下的个人金

〔1〕《个人信息保护法》第20条第2款规定，个人信息处理者共同处理个人信息，侵害个人信息权益造成损害的，应当依法承担连带责任。

〔2〕郑岩：《从私益到公益：金融信息权保护路径研究》，载《辽宁大学学报（哲学社会科学版）》2021年第2期，第101页。

〔3〕参见凯文·凯利斯坦福演讲：《现在只是分享时代的早期》，载 http://news.cnfol.com/it/20160103/22046845.shtml，最后访问日期：2021年11月17日。

〔4〕程啸：《论大数据时代的个人数据权利》，载《中国社会科学》2018年第3期，第104页。

融数据逐步信息化和高速流动化。流动起来的个人金融数据在被大量开发利用的同时，也面临着被大规模侵害的风险，这也对个人金融数据保护的方式提出了新的要求，因而金融监管方式亟须进行科技化和实时化的转换。具体而言，在以事后手段实现对个人金融信息进行静态保护的同时，需要创新金融监管方式，在实时化和科技化下推动实现金融监管在个人数据监管方面的前瞻性和预判性，以规范个人金融数据在流转过程中的合规使用，以促进个人金融数据的有序共享与利用。

三、监管机构厘革：独立金融消费者保护局的监管主体框架设计

个人金融数据的私益性和公益性冲突要求监管机构在个人利益与公共利益之间探索平衡之道。而公共利益是在一定历史时期主体对客体的法律、政治、经济等多方面的价值判断，如何促使公益的增进及维持，以及如何调和与私人的基本权利之间的紧张关系，都是宪法赋予立法者的形成权，由立法者以制定法律的方式来消弭及调和。[1]对此，应在未来金融消费者保护的专门立法过程中，[2]"剥离"现有金融监管机构的金融消费者保护职责，成立独立的金融消费者保护机构，履行个人金融数据监管职能。

（一）"一行两会"分散保护下个人金融数据监管困境

金融消费者个人金融数据安全属于金融消费者信息安全权的范畴，作为金融消费者权益的一部分，目前由中国人民银行、中国证券监督管理委员会、中国银行保险监督管理委员会（以下简称"一行两会"）具体履行本领域的个人金融数据安全监管职责，[3]个人金融数据监管呈现出分散化特点。

由表 1 可以看出，央行的金融消费者权益保护局负责综合研究金融消费者保护工作的重大问题，并侧重对交叉性金融工具风险进行监测，协调促进金融消费

---

[1] 胡建淼、邢益精：《公共利益概念透析》，载《法学》2004 年第 10 期，第 7 页。

[2] 《央行：推动金融消费者保护专门立法》，载 https://baijiahao.baidu.com/s？id=1709299541114320959&wfr=spider&for=pc，最后访问日期：2021 年 11 月 30 日。

[3] 如央行在反洗钱、金融消费者权益保护和征信等领域陆续颁布相关制度，2021 年央行发布《金融机构反洗钱和反恐怖融资监督管理办法》，要求对依法履行反洗钱和反恐怖融资职责或者义务获得的客户身份资料和交易信息，应当予以保密，非依法律规定不得对外提供；2011 年、2012 年央行发布了《关于银行业金融机构做好个人金融信息保护工作的通知》（已失效）和《关于金融机构进一步做好客户个人金融信息保护工作的通知》（已失效），要求金融机构加强个人金融信息保护；2021 年央行发布《征信业务管理办法》，以规范征信业务及其相关活动，保护信息主体合法权益。同时，央行出台了《个人金融信息保护技术规范》（JR/T 0171-2020）等标准指引，严格规范金融机构的个人金融数据保护义务履行。银保监会也出台《商业银行信息科技风险管理指引》（2009 年）、《银行业金融机构外包风险管理指引》（2010 年）、《银行业金融机构信息科技外包风险监管指引》（2013 年，已失效）等规范，防范信息科技外包中的数据风险。证监会则出台《证券期货业数据分类分级指引》（2018 年），提供数据分级分类的方法，加强机构的数据管理以及安全防护的水平。

者保护相关工作。而银保监会和证监会内部分别下设消费者保护局和投资者保护局则在各自领域开展相关工作，将个人金融数据安全保护纳入金融消费者权益保护之中，并重点以金融消费风险提示的方式，提醒金融消费者做好个人金融数据风险防范。[1]

表1 "一行两会"金融消费者保护机构设置

机构名称	金融消费者保护机构名称	职能范围	处室设置
中国人民银行	金融消费者保护局	金融消费权益保护局主要职责：综合研究我国金融消费者保护工作的重大问题，会同有关方面拟定金融消费者保护政策法规草案；会同有关方面研究拟定交叉性金融业务的标准规范；对交叉性金融工具风险进行监测，协调促进消费者保护相关工作；依法开展人民银行职责范围内的消费者保护具体工作。	综合处、监督检查处、金融消费教育处、投诉调查处、制度与研究处
银保监会	消费者保护局（消保局）	研究拟订银行业和保险业消费者权益保护的总体规划和实施办法。调查处理损害消费者权益案件，组织办理消费者投诉。开展宣传教育工作。	未公布
证监会	投资者保护局（投保局）	负责投资者保护工作的统筹规划、组织指导、监督检查、考核评估；推动建立健全投资者保护相关法规政策体系；统筹协调各方力量，推动完善投资者保护的体制机制建设；督导促进派出机构、交易所、协会以及市场各经营主体在风险揭示、教育服务、咨询建议、民事纠纷多元化解等方面，提高服务投资者的水平；推动投资者受侵害权益的依法救济；组织和参与监管机构间投资者保护的国内国际交流与合作。	未公布

然而，由多个主体履行金融消费者保护职责容易造成监管冲突和真空。大数据背景下，科技的无边界性与数据多元性的结合进一步加剧了金融业混业经营的特征，同一类个人金融数据可能同时被运用于银行保险、证券等多个领域。而由各个金融监管主体内部下设的金融消费者权益保护部门，各自职责范围和对金融消费者的表述迥异，容易产生监管冲突和监管真空。如表1所示，"一行两会"在金融消费者基础定义方面即已产生冲突。央行采用"金融消费者"表述，银

---

〔1〕《关于注意甄别保险中介销售资质的提示》提示消费者"注意保护个人信息"，载银保监会网站，http://www.cbirc.gov.cn/branch/shaanxi/view/pages/common/ItemDetail.html? docId=1016125&itemId=1645&generaltype=0，最后访问日期：2021年11月7日。

保监会则在 2018 年机构整合的基础上，将原保监会所称的保险消费者和银监会所称的银行消费者统一称为"消费者"，证监会则聚焦于本领域金融消费者投资的特征，采用"投资者"的称呼。然而从实质来看，不论是银行、保险抑或证券业的消费者，均为金融消费者，应统一采纳金融消费者表述。[1]在职权割裂的背景下，虽然央行 2016 年发布《中国人民银行金融消费者权益保护实施办法》（已失效）设置了"个人金融信息保护"专章，但却适用于银行业、提供跨市场、跨行业交叉性金融产品和服务的其他金融机构以及非银行支付机构，同样属于金融消费者的保险消费者和证券消费者（投资者）却无法在个人金融信息方面，获得特别保护。换言之，由"一行两会"分别履行本领域个人金融数据安全监管职责，容易衍生监管真空和监管冲突，不利于防范个人金融数据安全风险，也不利于规范个人金融数据的共享和利用。

此外，由关注金融市场稳健运行的"一行两会"内设金融消费者权益保护部门实施个人金融数据保护容易造成监管职责的冲突。相较于金融消费者权益保护，促进银行业和保险业稳健运行的"一行两会"更注重对行业整体利益的维护，当与金融消费者权益保护发生冲突时，金融消费者权益保护便极易沦为一般金融监管目标的附庸。[2]数字经济发展下，个人金融数据的合理利用对金融业的创新发展至关重要。如若由"一行两会"内设的金融消费者保护机构具体负责个人金融数据监管工作，实则将个人金融数据的保护和利用复合归属于同一个机构，放大了上述金融业发展和个人金融数据保护的冲突。

（二）独立金融消费者保护局监管框架的分步设计

在个人金融数据安全监管主体设计层面，有学者认为应由银保监会、证监会分别履行银行保险、证券市场的个人金融数据保护职责，央行负责沟通与协调较为妥当。[3]也有学者建议整合现有的"一行两会"金融消费者保护职责，成立统一的金融消费者保护机构，由该机构统一负责整个信息领域的保护职责，同时在金融领域与金融监管机构积极开展合作，就金融行业的信息保护做具体的执行性规定。[4]

毋庸置喙，在金融业混业经营发展趋势下，设置统一的金融消费者保护机构能有效促进金融消费者保护水平的整体提升。然而金融消费者保护部门的设置与

〔1〕 杨东：《论金融服务统合法体系的构建——从投资者保护到金融消费者保护》，载《中国人民大学学报》2013 年第 3 期，第 119~120 页。

〔2〕 郑岩：《数字金融背景下个人金融数据风险监管问题》，载《沈阳师范大学学报（社会科学版）》2021 年第 2 期，第 42 页。

〔3〕 张继红、颜苏：《大数据时代我国金融信息保护机构的模式选择》，载郭锋主编：《证券法律评论》（2018 年卷），中国法制出版社 2018 年版，第 252~266 页。

〔4〕 廖凡：《论金融科技的包容审慎监管》，载《中外法学》2019 年第 3 期，第 812 页。

安排，与一国金融部门的法律体制、组织架构、业务规模、监管能力、政治优先级、金融市场发展程度密切相关。[1]为有效平衡个人金融数据的私益性和公共性所引致的个人金融数据保护与共享利用之间的冲突抵牾，结合我国金融监管体制安排，建议在未来出台的《金融消费者保护法》中统一金融消费者保护工作的负责部门。对此，可以参照金融法院先行设立金融法庭，而后独立设置金融法院的实施方式，[2]在剥离银保监会、证监会个人金融数据安全监管职能基础上，短期内统一由人民银行下设的金融消费者保护局行使金融消费者保护职能，形成由下设于央行的独立金融消费者保护机构以及银保监会、证监会、各金融业协会等组织积极落实金融消费者保护机构要求，并促进个人金融数据利用的个人金融数据监管架构。未来待条件成熟时，再考虑设置单独的金融消费者保护机构，以保障其独立性和专业性。

具体而言，将统一的金融消费者保护机构下设于央行，存在制度上和实践中的可行性。在制度层面，我国已出台统一的《个人信息保护法》和《数据安全法》，其中均明确金融监管部门负责职责范围内的个人金融数据保护工作，[3]并没有特指"一行两会"，为未来履行个人金融数据监管职责的机构设置留下了空间。此外，央行实然承担了大数据背景下个人金融数据保护职责。我国个人金融数据安全监管始于央行，早在 2011 年央行就发布了《关于银行业金融机构做好个人金融信息保护工作的通知》，规定由央行及其他地市中心支行以上分支机构对银行业金融机构履行个人金融信息保护义务情况进行监管。此后，央行下发了《关于金融机构进一步做好客户个人金融信息保护工作的通知》、《中国人民银行金融消费者权益保护实施办法》、《个人金融信息保护技术规范》（JR/T 0171 - 2020）等一系列文件，对个人金融数据保护提出明确要求。在实践方面，央行在金融消费者保护，尤其是在个人金融数据保护方面具备网点人员优势和技术优势。与同样实行垂直管理的银保监会、证监会派出机构覆盖到省级区域相比，央行的网点众多，能覆盖到市县级区域，有利于保障基层金融消费者个人金融数据权益保护。此外，个人金融数据保护制度多以技术标准先行的方式出台，而央行

---

〔1〕 郑博、黄昌利、李易：《金融消费者保护的国际比较研究》，载《宏观经济研究》2018 年第 3 期，第 174 页。

〔2〕 2008 年上海在民事审判庭、刑事审判庭的基础上，专门设置了金融法庭，审理金融类案件。此后，南昌等地区先后设置金融法庭。伴随金融业的发展，上海金融法庭于 2018 年独立成上海金融法院；北京也于 2021 年设立了北京金融法院。

〔3〕 《数据安全法》（2021 年）第 6 条第 2 款规定，工业、电信、交通、金融、自然资源、卫生健康、教育、科技等主管部门承担本行业、本领域数据安全监管职责。《个人信息保护法》（2021 年）第 60 条第 1 款规定，国家网信部门负责统筹协调个人信息保护工作和相关监督管理工作。国务院有关部门依照本法和有关法律、行政法规的规定，在各自职责范围内负责个人信息保护和监督管理工作。

同时承担金融标准化组织管理协调和金融科技相关工作，便于统一开展金融科技背景下个人金融数据保护工作。《个人金融信息保护技术规范》是目前个人金融数据保护领域的重要指南，而负责金融标准化技术归口工作的全国金融标准化技术委员会（SAC/TC 180）秘书处设在人民银行科技司。[1]

在具体职责方面，内设于央行下的金融消费者保护机构除承担保障金融消费者知情权、金融消费者资产安全等权利外，还应重点保障金融消费者个人金融数据安全权，包括在特定情况下，代替大量个人金融数据受侵害的金融消费者提起个人金融数据公益诉讼。技术的运用加剧了个人金融数据损害的隐蔽性、潜伏性、扩散性，虽然《个人信息保护法》明确了个人信息受侵害后的举证责任倒置的归责原则，有利于个人在举证责任方面与信息获取处于优势地位的金融机构抗衡。但与传统个人金融数据受侵害情形不同，大数据背景下个人金融数据受侵害也存在受害主体数量巨大，单一受害主体损失较小的特点，使得个人金融数据侵害具备了公益诉讼的特征，需要由专业机构代替金融消费者维护其合法权益。最高人民检察院 2020 年 9 月出台《关于积极稳妥拓展公益诉讼案件范围的指导意见》，已然明确将个人信息保护作为网络侵害领域的办案重点，纳入了公益诉讼范畴。未来应在金融消费者保护专门立法中，明确侵害众多不特定金融消费者合法权益等损害社会公共利益的行为，独立的金融消费者保护机构可以向人民法院提起公益诉讼。在与检察机关职责划分上，检察机关在发现损害个人金融数据的情形后，应当首先履行诉前程序，依法督促或者支持金融消费者保护机构依法提起民事公益诉讼。[2]

最后，应注重发挥第三方机构对独立金融消费者保护局个人金融数据安全监管中的补充作用，包括金融行业协会的自律监管和中介机构的监督作用。政府、市场和社会组织在结构、功能等层面的互补性决定必须通过多元协同合作供给，方能有效求解单一供给方式面临的困境。[3]我国《数据安全法》已承认行业协会在数据安全保护中的作用，明确要求推动有关部门、行业组织、科研机构、企业、个人等共同参与数据安全保护工作。实践中，基金业协会、保险业协会等金融业协会在自律监管过程中一贯承担了部分金融消费者权益保护职能，如基金业协会职责之一为"教育和组织会员遵守有关法律和行政法规、维护投资人合法权

---

[1] 《第四届全国金融标准化技术委员会章程》。

[2] 《最高人民法院、最高人民检察院关于检察公益诉讼案件适用法律若干问题的解释》第 13 条第 1、2 款规定，人民检察院在履行职责中发现破坏生态环境和资源保护，食品药品安全领域侵害众多消费者合法权益，侵害英雄烈士等的姓名、肖像、名誉、荣誉等损害社会公共利益的行为，拟提起公益诉讼，应当依法公告，公告期间为 30 日。公告期满，法律规定的机关和有关组织、英雄烈士等的近亲属不提起诉讼的，人民检察院可以向人民法院提起诉讼。

[3] 李蕊：《公共服务供给权责配置研究》，载《中国法学》2019 年第 4 期，第 135 页。

益"，由其承担部分个人金融数据投诉纠纷化解工作，可以有效缓解监管机构所面临的工作压力。同时，也可参照目前财务审计制度，设立第三方大数据审查机构对个人金融数据处理活动进行合规审查。《个人信息保护法》已然明确要求个人信息处理者定期对其处理个人信息遵守法律、行政法规的情况进行合规审计，并赋予"履行个人信息保护职责的部门"在履行职责中可以要求个人信息处理者委托专业机构对其个人信息处理活动进行合规审计。在具体实施层面，由于个人信息处理活动关涉个人隐私，建议未来出台对实施审计的第三方机构进行考核的具体要求，并授予其执业资格，[1]第三方中介机构凭借其专业能力，对金融机构的数据准确性、分析合理性及算法安全性进行审核，促使其做到数据合规。

四、监管对象扩展：第三方服务提供商的监管纳入

大数据的广泛应用，打破了个人金融数据主要由特定金融机构处理的封闭性，以开放银行为代表的开放金融模式创新，彰显了市场对个人金融数据开放共享的强烈需求。数据开放共享过程中，第三方服务提供商（Third-pafrty service provider，TPP）实质上对个人金融数据具备了一定的处理能力，且代替银行等金融机构直接面向金融消费者。据此，需跳出对第三方服务提供商施以合同约束的传统民法思维之窠臼，将第三方服务提供商纳入个人金融数据监管对象范畴，增设准入前的资格认证和准入后的承担持续信息披露等监管义务。

（一）开放金融背景下第三方服务提供商实然参与个人金融数据处理

作为一种新兴的业务模式，以开放银行为代表的开放金融契合了当下数据共享的需求。2019 年 12 月，英国金融行为监管局（FCA）发起了开放金融的征求意见（Call for Input：Open finance），并将开放金融列入其 2019 年和 2020 年业务计划，明确了开放金融模式下共享数据范围（参见表 2）。2021 年 3 月，FCA 发布了对"开放金融"意见征集活动的反馈声明（Open finance-Feedback State-ment），阐释了开放金融的下一步发展计划。[2]同时，澳大利亚的消费者数据权（Consumer Data Right，CDR）超越了开放银行业务，赋予第三方访问消费者抵押和个人贷款数据的权利。[3]我国的开放金融实践也已拉开帷幕，如 2020 年 9 月浦发银行、太平洋保险、国泰君安证券等 12 家融合银证保业务的金融机构成立了开放金融联盟。

---

[1] 李勇、许荣编著：《大数据金融》，电子工业出版社 2016 年版，第 151 页。

[2] FCA. Call for Input：Open finance, https：//www. fca. org. uk/publication/call-for-input/call-for-input-open-finance. pdf.

[3] ACCC. Commencement of CDR Rules, https：//www. accc. gov. au/focus-areas/consumer-data-right-cdr-0/commencement-of-cdr-rules.

表 2 开放金融模式下共享数据范围 [1]

市场	数据共享
储蓄	· 产品信息（功能、条款，包括费用或收费） · 余额和交易信息
抵押贷款	· 产品信息（功能、条款，包括费用或收费） · 余额（贷款规模）和财产价值 · 支付记录
消费信贷	· 产品信息（功能、条款，包括费用或收费） · 信用额度、限额和余额 · 付款和使用记录
投资	· 产品信息（功能、条款，包括费用或收费） · 余额和交易信息 · 投资历史和历史风险敞口
养老金	· 产品信息 · 基金价值和预测 · 贡献历史 · 投资资产的费用和收费 · 当前的缴费率 · 累积回撤率
保险	· 产品信息（政策功能、包括费用或收费在内的条款、除外责任） · 基本客户数据（姓名、地址、索赔历史数据） · 其他客户信息

开放金融是指用户可以通过 API [2] 等技术向受信任的应用方（TPP）授予对其数据的访问权限，应用方可以使用这些数据来开发满足消费者当前和未来需求的创新产品和服务（如图 1）。[3] 作为在其他部门更广泛地推动开放数据的一部分，开放金融还可以支持跨部门创新并帮助在整个经济中释放数据的价值。

---

[1] FCA. Call for Input：Open finance, https：//www.fca.org.uk/publication/call－for－input/call－for－input－open－finance.pdf.

[2] API 是一种可以调动组织之间的软件应用程序之间的接口，在我国香港地区金管局（HKMA）发布的《API 咨询文件》中，开放 API（Open API）是指允许第三方服务提供商（third party service providers, TSP）访问属于组织的系统的 API。HKMA, Consultation Paper on Open API Framework for the Hong Kong Banking Sector, January 2018.

[3] FCA. Call for Input：Open finance, https：//www.fca.org.uk/publication/call－for－input/call－for－input－open－finance.pdf.

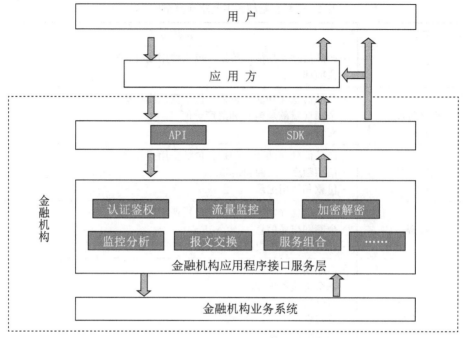

图1 开放金融应用程序接口逻辑结构图[1]

开放金融的核心要素是数据,基本要求是数据共享,重要参与主体是第三方服务提供商,运行前提是第三方服务提供商对诸如客户数据的读取。由表2可看出,第三方服务提供商可以根据业务场景共享数据。

我国开放金融实践呈现出金融机构自主发起的特点,由四大行等金融机构依托集团资源优势,将金融服务融入合作伙伴企业门户APP。虽然近两年央行相继出台《金融科技(Fintech)发展规划(2019—2021年)》、《商业银行应用程序接口安全管理规范》(JR/T 0185-2020),明确要借助API深化跨界合作,拓展金融服务的广度与深度,但关于第三方服务提供商数据共享的相关规则体系与治理框架尚在构建过程中。2020年《个人金融信息保护技术规范》(JR/T 0171-2020)将受"监管"主体拓展至新型的互联网金融持牌机构和地方的金融组织,其将金融机构定义为"由国家金融监管部门监督管理的持牌金融机构,以及涉及个人金融信息处理的相关机构"。但《个人金融信息保护技术规范》(JR/T 0171-2020)作为行业标准,仅仅参考适用,而无强制力。[2]开放金融背景下,应加

---

〔1〕 根据中国人民银行《商业银行应用程序接口安全管理规范》(JR/T 0185-2020)绘制。

〔2〕 《个人金融信息保护技术规范》(JR/T 0171-2020)由中国人民银行发布,属于金融行业标准。根据《中华人民共和国标准化法》规定,行业标准属于推荐性标准,而非强制性标准。

强对第三方服务提供商的处理个人金融数据的监管。

（二）明晰第三方服务提供商的资格认证与信息披露的义务

开放金融下，原始收集者或处理者将数据传输给第三方，这些第三方使用或传播数据不当，采取的安全措施不充分或弱于预期，均会使得个人金融数据面临较大威胁。目前我国《个人信息保护法》《数据安全法》是从集中于信息披露等角度对第三方数据处理机构提出要求，但并未明确第三方服务提供商的事前准入资质要求。而在信息披露义务方面，仅仅是要求个人信息处理者承担一般公开信披义务。不同于一般产业，金融业的个人金融数据不仅关涉个人隐私，而且攸关国家金融安全，第三方服务提供商资质的空白和承担信息披露义务内容的不完全性，不利于个人金融数据保护和有效利用。对此，亟须对从事个人金融信息处理的第三方服务提供商进行有效规制。

一方面，需要明晰第三方服务提供商认证标准。作为开放金融中的重要主体，各国均对第三方服务提供商的资质提出了相关要求。如 FCA 已将第三方服务提供商纳入监管范畴，英国在启动开放银行计划时，即已要求其中的账户信息服务商（account information service providers，AISP）和支付发起服务提供商（payment initiation services provider，PISP）在开展业务前，必须获得在 FCA 的注册或授权。[1]我国金融监管部门也明确了要将所有金融活动全部纳入监管，[2]《个人信息保护法》同时赋予金融监管机构对处理敏感个人信息的行政许可设定权，明确"法律、行政法规对处理敏感个人信息规定应当取得相关行政许可或者作出其他限制的，从其规定"。未来，建议我国金融监管部门适时将参与金融活动的第三方服务提供商纳入监管范畴，明确资质条件标准，包括第三方服务提供商的安全政策、治理、业务连续性安排以及测试《重要数据目录》[3]中描述的重要数据的访问流程。此外，由于开放金融下第三方服务提供商所参与的金融数据的重要性和专业性，也可要求负责第三方机构管理的董事或高级管理人员具备提供开放金融服务的适当知识和经验，其水平应与业务活动固有风险的性质、复杂性和规模相称。

另一方面，需进一步明确第三方服务提供商的定期信息披露义务。保障金融消费者的知情权是个人数据保护的核心内容，金融机构与第三方机构履行持续公

---

[1] FCA. The FCA's role under the Payment Services Regulations 2017 and the Electronic Money Regulations 2011，2019 年 6 月。

[2] 孟凡霞、李海颜：《银保监会：依法将金融活动全面纳入监管，所有金融业务必须持牌经营，消除监管套利》，载 https://baijiahao.baidu.com/s? id=1710231318437551058&wfr=spider&for=pc，最后访问日期：2021 年 11 月 20 日。

[3] 《数据安全法》第 21 条第 1 款规定，国家数据安全工作协调机制统筹协调有关部门制定重要数据目录，加强对重要数据的保护。

开的信息披露义务是保障金融消费者知情权的关键手段。[1]开放金融模式下，数据的高度共享和深度利用使得对金融消费者个人数据的控制权由传统金融机构独享拓展至第三方服务提供商共享。数据交互中，个人金融数据暴露风险陡增。由 Ipsos Mori 进行的一项调查显示：如果个人金融数据发生泄露，55%的消费者会将其归咎于第三方服务提供商。[2]我国现有数据监管法律虽已构建了个人信息处理者的信息披露规则体系，但集中于个人信息处理者获取授权时的基础信息披露和发生损害时的临时信息披露，均为"一次性"披露信息，而鲜少关注数据使用过程中的定期信息披露。如《个人信息保护法》明确了第三方服务提供商处理一般信息时需要公开名称、联系方式等基础信息（第 17 条）和处理敏感个人信息时需要公开的处理必要性、对个人权益的影响（第 30 条）；《数据安全法》规定了发生数据安全事件时，应按照规定及时告知用户并向有关主管部门报告（第 29 条）。大数据背景下，数据处理活动的高频化与"一次性"的信息披露操作产生了冲突，个人金融数据处理者是否按照其所披露的规则严格开展处理活动，个人囿于信息不对称原因而难以获知。故而，在应构建第三方数据服务提供商在处理个人金融数据的定期信息披露义务。具体而言，可以参照传统金融机构信息披露义务的范围，明确第三方服务机构信息披露义务包括定期信息披露和临时信息披露。定期信息披露包括月度、季度、年度数据处理报告等内容的公开。而临时信息披露包括变动类信息，如可能影响第三方经营能力、数据处理能力的信息，以及数据安全事件的临时披露。

五、监管方式迭代：实时化、预判性的事前监管

数据在利用中实现价值，金融是数据价值变现的最重要领域之一。[3]个人金融数据由封闭静止转变为高速流动，在促进数据高度利用的基础上，也对常态化、实时化、动态化的个人金融数据监管方式提出了新的要求。

（一）以事后监管为主的个人金融数据监管困境

由于传统的金融活动以线下为主，且底层数据静止于特定金融机构内部呈现出碎片化特征，传统金融监管侧重于对金融机构已固化静止性历史数据进行查阅分析，以判定金融机构是否履行合规义务，具体表现为监管机构通过实际驻场进行专项检查，或要求金融机构进行报表报告等方式开展监管活动。然而，不论是以报表报告为主的非现场监管，抑或以实地驻场为主的现场监管，均属于对被监管机构过去特定时段内已然实施行为进行的事后评判，存在严重的滞后性，使得金融监管措施甫一出台，即已落后于金融实践活动。

---

[1] 赵吟：《论开放银行数据共享中的信息披露义务》，载《政治与法律》2021 年第 2 期，第 94 页。

[2] 胡伟洁：《英国开放银行计划的影响》，载《中国金融》2020 年第 Z1 期，第 77 页。

[3] 吴晓灵、丁安华等：《平台金融新时代：数据治理与监管变革》，中信出版社 2021 年版，第 147 页。

随着数字金融的发展和信息技术的深层运用，诸多交易得以在线上完成，金融机构对个人金融数据已然实现了电子化形式存储及处理，个人金融数据也具备数量上的规模化、类型上的多样性和流通上的高速性等特征，传统的迟滞化的事后监管难以因应高频流动的个人金融数据利用活动，金融监管的难度逐步增大。概因事后监管所观测到的问题只是特定被监管对象在过往某一时期内的个人金融数据合规状态，实践中相关部门在爆发严重个人金融数据安全事件或重大负面舆情的情况下，方才采取对金融机构进行监管约谈等监管措施，存在严重的滞后性，尚未建立制度化、常态化的实时监测工作机制。

（二）运用监管科技实现预判性的事前监管

金融的数字化发展也需要监管的数字化应因，而监管的艺术在于既不限制市场的创造力，又能敏锐地嗅到新的市场风险而防患于未然。[1]伴随着金融科技的深度发展，亟须通过科技来强化个人金融数据安全监管的有效性，包括利用自动化的程序以降低金融监管成本、借助数据分析科学来强化资料识别及分析能力。[2]大数据、人工智能、区块链等监管科技[3]的运用，为常态化、实时化、动态化的个人金融数据安全事前监管创造了条件。

第一，通过应用程序接口（API）等监管科技手段，实现金融监管机构获取监管数据的实时性。借助 API 技术将金融监管系统直接对接到金融机构系统，通过实时的数据抽调等行为，实现金融监管机构对数据行为的直接、实时获取，减少了传统金融监管下监管机构需实际驻场以获取实时监管所需资料的成本，也在一定程度上降低了金融机构履行合规报送义务时中间环节所产生的数据泄露风险。鉴于金融监管机构系统与金融机构的系统对接，实质上是金融监管机构数据获取的单方面性，据此需要设定监管科技可以自动爬取金融机构系统数据的范围

---

〔1〕 万建华：《金融 e 时代：数字化时代的金融变局》，中信出版社 2013 年版，第 235 页。

〔2〕 Dirk Broeders and Jeremy Prenio, Innovative technology in financial supervision（suptech）–the experience of early users, FSI Insights On Policy Implementation, No. 9, 16–17（July 2018），https://www. bis. org/fsi/publ/insights9. pdf, last visited on Nov. 19, 2021.

〔3〕 对于监管科技（SupTech，我国台湾地区称之为"监理科技"）的定义，学界早期将其与合规科技（RegTech，我国台湾地区称之为"法遵科技"）混用，并认为狭义的监管科技是指金融机构内部使用科技手段达到合规要求，广义的监管科技则不仅包括金融机构的使用，还包括金融监管机构使用科技手段来达到监管目标。参见杨东：《监管科技：金融科技的监管挑战与维度建构》，载《中国社会科学》2018 年第 5 期，第 77 页；臧正运：《监理科技发展的关键挑战——以台湾纯网银数位监理申报机制为例》，载《月旦法学杂志》2021 年第 9 期，第 37~40 页。2020 年 10 月 FSB 发布的报告中，明确对 SupTech 与 RegTech 进行区分，故两者的区别在国际金融监管层面已基本无异议。本文所提及的监管科技，即指 SupTech 的范畴，仅指金融监管者在对创新技术的利用。参见 Fin. Stability Bd.（Fsb），The Use Of Supervisory And Regulatory Technology By Authorities And Regulated Institutions – Market Developments And Financial Stability Implications（2020），https://www. fsb. org/wp－content/uploads/P091020. pdf, last visited on Nov. 20, 2021.

（目录），[1]使得金融监管得以遵从臂距原则，实现谦抑和适度。概因金融机构作为商业经营主体，其在经营过程中产生了大量的经营数据。其中既有非经特定情形下，不向所有人公开的商业秘密数据，也包含了业务处理中无关紧要的流程性数据，如若允许监管机构能实时抓取金融机构的所有经营数据，则可能导致监管之手过长，不仅可能戕害金融机构商业秘密，而且由于金融机构数据的海量性，若对于监管范围不加限定，也会干扰大数据分析，滞碍于监管效率的提升。

第二，借助人工智能（AI）分析，实现金融监管的预判性。通过大数据分析与风险画像，可以有效观测个人金融数据处理情况，提前预判可能存在的个人金融数据安全风险，提升个人金融数据监管的前瞻性和准确性，从而促进个人金融数据的合理保护与有效利用。需要注意的是，大数据所带来便利性的同时，数据应用本身所产生的"数据风险"也需要金融监管者予以警惕。在金融创新高速发展、金融交易高频的背景下，因数据封闭而产生的全体数据不足、海量数据汇集而产生的过度混杂以及集中于相关关系的数据可视化分析，而缺少对因果关系的细致探寻，使得大数据在带来便捷的同时，也产生了由于数据真实性和"虚假关系"所带来的数据分析错误风险，即"数据风险"。如果协助做出交易决策的自适应机器学习系统，很多甚至全部存在同样的缺陷，那么整个市场就会变得更加脆弱。[2]一方面，大数据分析对数据的质量和要求极高，一旦混入虚假错误的信息，将会使数据分析结果失真，干扰金融监管决策。另一方面，即便数据的真实性得以保证，大数据分析结果也可能因集中于对相关关系的分析而使分析结果缺少逻辑推理和因果关系的洞察而"失真"。此外，断裂数据、缺失数据的存在将会使这种虚假关系伴随数据量的增长而增长，我们将很难接触到真相。[3]综上而言，在运用大数据提升监管效能的同时，金融监管部门应密切警惕个人金融数据监管过程中产生的"数据风险"，并制定具体的细则，规范金融市场主体数据质量，同时应建立具体的规章制度，规范基于大数据分析而进行的决策行为。

诸如大数据、人工智能、云计算等监管科技的运用，在提升金融监管效能的同时，也对金融监管资源、力量提出了新的要求。除了金融监管机构主导研发的监管系统外，基于监管力量的有限性，不可避免地与第三方科技公司存在技术上

---

〔1〕 许可：《数据爬取的正当性及其边界》，载《中国法学》2021 年第 2 期，第 181 页。

〔2〕 ［英］维克托·迈尔-舍恩伯格、肯尼斯·库克耶：《大数据时代：生活、工作与思维的大变革》，盛杨燕、周涛译，浙江人民出版社 2013 年版。

〔3〕 刘德寰、李雪莲：《数据生态的危险趋势与数据科学的可能空间——兼谈中国市场调查业的现状与问题》，载《现代传播（中国传媒大学学报）》2016 年第 1 期，第 22 页。

的委托开发等关联。在使用第三方科技公司所开发的监管科技时，应首先利用监管沙盒，在小范围对监管科技解决方案的可行性进行测试，及时对该解决方案测试情况进行评价和调试，而后再投入使用，以控制和降低因技术创新带来的个人金融数据泄露风险。[1]

---

[1] 张龄方：《论我国内地监管沙盒实施主体的确定》，载《南方金融》2019 年第 7 期，第 11~17 页。

全球数字金融监管异化的软法治理归正[*]

王 兰[**]

摘要： 金融科技催生的数字金融运营方式，因其兼具跨国监管套利与金融通道媒介的双重效应，极易冲击全球金融市场的稳定。传统的数字金融治理进路通常采用双边监管协作的方式以遏制监管套利，但成本过度投入却未能获得更佳的监管成效，极易造成监管资源耗散下的错配；而数字金融的通道效应则易诱发强势国家的监管标准单极化输出，出现长臂管辖或替代合规，诱致监管技术的固化。对此，须借助法律多元主义支持下的软法治理路径，采用基于吸引而非强制的监管技术标准，通过监管科技共享和监管参与激励的方式，以消弭数字金融监管异化问题。同时，嵌入具有义务性内容、程序性保障和梯次强制执行力的硬法，能有效充实参与能力不足造成的软法正当性欠缺，遏制成员国选择性的软法治理投机行为，进而在多边主义下促成一种去霸权主义的协同治理模式，助力以中国为代表的新经济体对数字金融全球治理的话语权提升，更好实现区域监管相容与全球金融稳定的平衡。

关键词： 全球数字金融；监管异化；数字金融软法；治理归正

作为一个科技与数据双轴驱动的新金融业态，数字金融（Digital Finance）极大改变了传统银行金融服务的方式，涵盖了从金融产品到应用程序，再到金融业务流程和业务模型的全链条，呈现出与人工智能、社交网络、机器学习、移动应用、分布式记账、云计算和大数据分析的深度融合。[1]随着数字科技在全球

* 本文是国家社科基金后期资助项目"民间金融软法治理及其协同问题研究"（19FFXB033）；福建省社科一般项目"公私权共治下的互联网金融协同治理研究"（FJ2018B004）。
** 王兰，厦门大学法学院副教授。

〔1〕 EU. Digital Finance, available at https://ec.europa.eu/info/business-economy-euro/banking-and-finance/digital-finance_en, last visited on March 10, 2021.

范围的加速普及与全方位渗透，金融科技采纳率呈逐年上涨之势，[1]极大地推动了传统金融业的数字化迭代革新，使得数字金融在全球经济社会从二元结构向三元结构转变的时代中[2]愈发彰显其不容置疑的重要地位。此外，席卷全球的新冠疫情更是加重了一国市场对数字金融的依赖度，加快经济社会数字化发展与转型已然成为一国或地区提升国际竞争力、驱动经济增长、促进社会进步的战略化核心方针。

然而，在数字金融迅猛发展创造新机遇的同时，也带来诸多安全和竞争隐患，不仅引发了新旧金融样态协调的冲突，凸显传统监管指标适配性的不足，也揭示了跨机构监管协同与国际监管合作等巨大挑战，以及在世界范围形成一个认可度较高的数字金融治理模式的重大意义。尽管二十国集团确立的《G20数字普惠金融高级原则》试图为数字金融搭建法律监管框架，并开始关注消费者权益保护相关的数字金融服务，但因初出茅庐而成效不显，且适用范围相当有限。[3]以欧盟为代表的区域性数字金融一揽子计划，其重心在于促进数字金融发展并鼓励试错，[4]但也就此造成了缺乏全球共识的区域性监管沙箱做法的泛滥，进而导致全球数字金融监管标准的不统一性。与此同时，美式单边主义下的强势监管又甚嚣尘上，其大肆推行基于国内监管标准基础上的长臂管辖政策，不仅可能窒息数字金融多元化发展的空间，也令全球性金融监管合作充满了诸多不确定性。此外，以中国为代表的新兴经济体在全球数字经济的影响力正与日俱增[5]，亟待在全球化浪潮中加大其参与数字金融全球治理规则与标准制定的话语权配置。故此，数字金融面临的种种全新挑战及其所嵌入的国际环境之复杂多变，均揭示了全球数字金融新合作框架建构的紧迫性，以促成对国际重大金融风险的精准防控，而既有监管倾向双边监管协作或单边替代合规所带来的监管异化，亦凸显多边主义下探寻一条广泛合作参与、公平且高效的数字金融协同治理路径的重要性。

---

〔1〕 全球金融科技采纳率已从2015年的16%逐年上升至2019年的64%。其中，我国金融消费者科技采纳率已高达87%，再次领跑全球。

〔2〕 即从人类社会、物理世界组成的二元结构，向人类社会、物理世界和信息空间组成的三元结构的转变。参见东京数字科技研究院：《数字金融》，中信出版社2019年版，序论。

〔3〕 Siddik M. N. A., Kabiraj S., *Digital Finance for Financial Inclusion and Inclusive Growth*, in George B., Paul J. (eds.), *Digital Transformation in Business and Society*, Palgrave Macmillan, Cham., 2020.

〔4〕 Jens Weidmann. *Digital Finance Reaping the Benefits Without Neglecting the Risks*, At the G20 Conference "Digitising Finance, Financial Inclusion and Financial Literacy", Wiesbaden, 25 January, 2017.

〔5〕 有资料显示，在过去十年，中国已在电子商务、数字化支付、数字前沿技术投资等领域成为全球数字经济的领头羊，在市场规模优势、产业生态圈拓展等方面展现了极大的数字化发展潜力，对全球经济数字化格局的影响日益深远。参见麦肯锡全球研究院：《中国数字经济如何引领全球新趋势》（讨论文件2017年8月），第1~10页。

一、全球数字金融监管异化的识别

数字金融在内涵上兼具金融要素跨国性与数字要素脱媒性两大特征。前者集中呈现为金融技术创新下的"监管套利",使得基于金融科技的隐性跨国资本流通陡然剧增,而数字货币与区块链金融等加密资产的快速应用,更加速了金融产品向不特定国家的套利趋势;后者则伴生于金融要素体系的"脱实向虚",即相关金融体系的重心日渐从资本、财产等实质要素向消费者数据、消费偏好、金融场景等数字要素偏转,使得传统金融产品日渐脱媒于银行等传统金融机构,并快速向科技巨头(Bigtech)聚拢,进而引发数字金融垄断和数字权利损害等金融消费者权益保护的新问题。对此,传统监管所施行的金融要素监管,既需要拓展监管对象的范围,从特定一国金融机构的"点"向数字金融网的"面"进行穿透,又需要识别如消费习惯、算法、用户生物特征等全新要素,以应对数字金融产业巨头化带来的算法公平、隐私保护和反不正当竞争等诸多新挑战。鉴于此,有效的数字金融监管机制就应在监管工具、监管设施及监管手段上有全新的特性要求:一是要改变依赖各国金融机构自身报送数据的传统监管工具,从时效性、穿透性和标准统一性等方面提供全球数字金融监管标准;二是应建设开放数据接口和监管信息共享的全球数字监管基础设施,以充分回应以加密资产为载体的金融与科技的融合;三是需要从底层逻辑上回应金融服务线上化和数字化的新模式,全面提供应对网络数字安全、长尾客户效应、数字金融产品系统性风险以及人工智能应用共振性风险等解决方案。[1]

由于缺乏有效响应数字金融监管特性的全球合作机制,导致各国相关监管改革几乎朝向了增加双边监管协作抑或强化单边替代合规的方向:前者通过双边协议下的监管合作来应对数字金融领域更复杂隐蔽的监管套利,则需投放大量的对外协调资源,但由于双边协作领域有限导致事实上难以规制数字金融全球混业型套利,就此引致投入过高而资源使用率变低,造成资源错配下的监管低效;后者则是处于金融霸权地位的特定国家在国际上强推单一金融监管模式,造成监管标准或技术的简单复制却缺乏平等磋商的协同,使得相关监管技术创新被固化在特定国家标准中,从而牵制全球数字金融监管水平的提升。

(一)全球数字金融监管资源错配:双边协作下的监管套利抑制

从业务驱动机制来看,数字金融更善于借网络化、科技化手段,寻求传统金融监管在不同业态产品和不同国家的监管口径差异,并凭借金融要素线上流转的速度与成本优势,赢得超高回报。这种跨产品与跨国界的监管套利还会因以数据

---

[1] 肖钢:《数字金融的创新与规制——如何构建前瞻性、平衡型的国际监管框架》,载《中国金融四十人论坛报告》(2020年10月25日)。

为导向的金融科技大规模应用，使得具有更广阔用户资源的数字消费市场被叠加进传统的国际金融要素循环中。在这一过程中，针对不同消费场景的多元化数字金融衍生产品不断催生，并通过创设新的跨国资管计划、境外资产证券化、海外投资信托、场外收益权和期权互换等方式，形成高度复杂的数字金融全球混业形态。[1]这势必将极大增加国内金融监管的射程，且须动用更多的国际协调资源才可能实现既往的监管效果。目前国际上运用频率较高的主体间合作是双边监管协作，即通过签署双边协议或合作备忘谅解录等方式，实现监管标准趋同或互认、监管政策协调、冲突化解与执行合作等，[2]以共同防范金融风险并打击金融违法，但由于这种监管合作通常仅限于金融市场内的一个或几个部门，且每个部门的监管合作都是单独进行的，[3]这就导致双边协议实际上难以对科技巨头的全球混业型监管套利施行有效规制，就此产生为抑制监管套利而投入更多协调成本，却未能获得更佳监管成效的资源错配后果，呈现为数字金融监管效率的持续低下。

此外，鉴于数字要素的脱媒性和流转全球化，以及监管科技（Regtech）应用的高成本支出，数字金融监管也将比传统监管需要更多的资源配置。其一，随着金融产品和服务在全球范围内实现大规模的数字化、电子化后，金融监管对象也逐渐从有形实物转向了无形数据。[4]监管者需要对科技巨头的底层数据存储、信息收集渠道、产品开发算法等予以逐一识别，这将在传统金融要素监管之外额外增加对数字要素监管的成本开销。其二，被监管者为了规避监管会致力于套利性金融科技的研发，这定然会牵引监管者被迫跟进开发穿透性更强的监管科技，如目前美国、英国、意大利、新加坡等国都已着力通过区块链、人工智能、大数据等技术，研发并施行关于数据整合验证、实时识别监控、不端行为监测、信用风险评估等监管科技。[5]这种基于对抗而非互通共享的资源交替性竞逐投入，必定在无形中造成资源的损耗。加之，各国数字金融发展政策不一，金融基础设施存在国别差异，跨国穿透式监管还需动用额外的跨国技术匹配与协调资源，方

〔1〕 Eva Xiao, *Jack Ma's Ant Financial to Build An Open Market Place for Finance Products*, Tech in Asia（29 March 2017）, available at https://www.techinasia.com/ant-financial-to-launch-caifu-hao, last visited on February 12, 2021.

〔2〕 Pierre-Hugues Verdier, "*Mutual Recognition in International Finance*", *Harvard International Law Journal* 52, 2011, pp. 56-108.

〔3〕 以我国为例，中国人民银行、证监会、银保监会等金融监管机构，通常是各自与他国对应的监管机关签署某个领域的双边监管协议或合作谅解备忘录。参见王宝杰：《论金融监管的国际合作及我国的法律应对》，载《政治与法律》2009年第6期，第114~115页。

〔4〕 Susan Lund, James Manyika, and Jacques Bughin, *Globalization Is Becoming More about Data and Less about Stuff*, available at https://hbr.org/2016/03/globalization-is-becoming-more-about-data-and-less-about-stuff, last visited on March 10, 2021.

〔5〕 东京数字科技研究院：《数字金融》，中信出版社2019年版，第251~266页。

可满足双边合作的即时性监管要求。林林总总的额外监管资源需求，迫使双边合作的监管机构更深陷于监管资源的依赖之中，导致造成高投入而低效能的监管资源错配后果。

（二）全球数字金融监管技术固化：金融霸权与统合监管下的挑战

西方发达国家主导下构建的全球金融体系及其治理机制，长期存在内在性失衡。[1]尤其美国在以美元为主的国际货币金融体系支持下，通过《多德-弗兰克法案》等法案强制推行长臂管辖或替代合规的美式监管标准，以"恳求＋威胁"的策略，使不能有效监管自身金融市场的国家，其金融机构禁入美国金融市场。[2]此外，由于数字金融所涉加密资产及线上交易均被纳入美国联邦金融法律框架，[3]在金融霸权下推行单一的金融监管模式，不啻在世界范围内封锁了进行多元化监管技术创新的通道。

在监管技术层面，由于不同国家（或区域）、不同部门在技术基础上设置的监管标准往往不同，而理性的金融主体通常倾向于选择监管负担最轻的途径[4]，他们会比较监管负担值差，比如在税负种类和比率、持牌准入条件、资本充足率要求等方面的差别，通过投资监管洼地国、转换经营领域或者直接创新业务模式等方式来规避监管，[5]并在监管待遇的差异中实现监管套利。这就要求监管机构在施行统合监管时，应从稽税风险计提、市场投资范围、企业资金构成比等多视角，全面穿透识别数字金融业务类型及其风险，[6]且须在跨国界（或区域）下的多种监管技术或标准中探寻较合宜的尺度。尽管施行一个全球通行的统合性监管标准能有效改善监管套利，但前提是各国在监管技术上应先实现从基础设施、应用软件、数据库体量到专业人才、政策支持等方面的资源匹配与协调。倘若在非平等协商基础上推行某一国的监管模式，则他国须为本仅适合特定国家的监管标准和技术要求而投入庞大的建设资源，以支撑高标准的，甚至不具有本土适配性的监管科技在本国运行。对此，那些监管科技弱势国家基本上会被驱逐出全球

〔1〕 廖凡：《全球金融治理的合法性困局及其应对》，载《法学研究》2020年第5期，第40页。
〔2〕 彭岳：《场外衍生品金融监管国际方案的国内实施与监管僵化》，载《上海财经大学学报》2016年第5期，第109页。
〔3〕 张天行：《美国证券法框架下数字代币发行的监管实践与启示》，载郭锋主编：《证券法律评论》（2019年卷），中国法制出版社2019年版。
〔4〕 Frank Partony, "Financial Derivative and the Costs of Regulatory", *The Journal of Corporation Laws*, 22, 1997, pp. 604-607.
〔5〕 Gaston Siegelaer, Pleter Walhof, *Regulatory Arbitrage: Between the Art of Exploiting Loopholes and the Spirit of Innovation*, available at https://www.researchgate.net/publication/312917272, last visited on February 13, 2021.
〔6〕 宋琳、唐芳：《中美"穿透式监管"与"罗斯福金融监管"之比较研究》，载《山东社会科学》2019年第3期，第101页。

数字金融市场。此种监管标准确立中暴露出的金融霸凌，反过来会侵蚀构筑统一标准的全球共识基础，甚至会诱致对抗不公正"单边主义"的金融脱钩和市场分割，这不仅无益于各国进行数字金融要素溯源的技术体系建设，反而会增加跨界统合监管的难度，形成穿透式监管技术创新发展的桎梏。

此外，由于数字金融要素涉及市场管理部门、信息产业部门以及司法机关等，故亟须各部门间全方位的配合与协力，不过协同部门也需为此承担相应的配合成本，却难以有持续性协力的激励。为此，金融监管者往往倾向于向立法机关寻求应急性立法赋权，为统一调动各部门相关资源而搭建独立的统合监管体系。这种另设一套监管架构的做法，姑且不论运作中可能产生的职权边界冲突隐患，在资源消耗上也远高于跨部门监管协作的成本。以英国"超级央行"统辖下的双峰监管模式[1]为例，仅每年实现金融分业"围栏"的 IT 技术就须额外投入 1.2 亿多英镑，而整个银行业为此每年付出的整体成本更是高达 40 亿英镑。[2]显然，这种统合监管的改革是以增加监管资源投入，而非采用更高效率的监管技术改进为代价。这种通过额外动用监管资源的改革思路，实质上阻碍了更高效的监管技术发展升级，逆向促成了数字金融监管技术的固化。

二、全球数字金融监管异化的软法治理归正

黄宗智对资源禀赋变化原因的研究，揭示了过剩禀赋自然减少、分流以及投放的回报增加，是自发促进资源配置优化并催发技术发展升级的关键内因。[3]循此逻辑，应对数字金融监管成本与技术困局的重心应放在改善金融要素套利，并解决数字要素穿透引发的监管资源错配问题，进而向更具回报效率的监管方向投放资源，以增益跨国沟通的监管协力并促进监管技术自身的迭代更新。对此，软法治理以其特有的协商对话、多元参与、利益共享、回馈反思等优势，不仅能积极促成数字金融监管共识以至致资源优化配置并减少损耗，亦能在促进监管标准共享和参与激励的基础上突破监管技术发展困局，有助于改善数字金融"监管竞次"[4]带来的金融消费者利益受损问题。

---

[1] 在英国"双峰监管模式"下，英格兰银行下设两个金融监管局，即审慎监管局和金融行为监管局，直接监管英国约 27 000 个各类金融机构。两局之上是英格兰银行，除了负有货币职能，还承担全面监管金融机构的职责，故成为最有权力的中央银行。参见吴云、史岩：《监管割据与审慎不足：中国金融监管体制的问题与改革》，载《经济问题》2016 年第 5 期，第 30~35 页。

[2] 瞿亢、李振龙、田佳敏：《监管启示录：近距离感受英国"双峰监管"的得与失》，载《中国银行业》2018 年第 5 期，第 41 页。

[3] 黄宗智：《小农经济理论与"内卷化"及"去内卷化"》，载《开放时代》2020 年第 4 期，第 130 页。

[4] 监管竞次通常是监管机构为了吸引潜在监管对象、扩展监管势力范围等，而竞相降低监管标准。这会导致整体监管水平的下降，并损害消费者和社会公共利益。参见罗培新：《美国金融监管的法律与政策困局之反思——兼及对我国金融监管之启示》，载《中国法学》2009 年第 3 期，第 97 页。

（一）监管资源错配的软法纾解：跨国监管共识的协商促成

从数字金融监管成本的症结来看，资源错配起因于额外的跨国协调摊薄了更有效率地穿透监管资源投放，但根源上归结于缺乏统一的监管标准以及促成这一标准共识的机制。因此，相应的改进对策应落脚于如何有效促进监管标准共识的达成，以最大限度地降低跨国协调资源的消耗。可以说，数字金融软法治理在这方面有着不可替代的优越性。

第一，软法基于在治理工具上的丰富选项，显然比其他治理机制更有助于跨国监管共识的塑造，更能有效拉近各国公众与立法者对监管对象的认识。从实践而生的软法，一般会采用告知立法意图和政策偏好的方法，以获得类似个体知识的回馈，从而向软法制定机构传递更真实、完整的世界观信息，[1]这显然非常契合数字金融监管的新需求。由于数字金融跨部门、跨维度的牵涉面之广，这无疑亟须远较传统金融监管更多且更贴合现实的监管知识，而软法的生成及信息反馈机制有助于这种监管知识源源不断且及时地从金融消费者、产业链等端口，自下而上地导入监管规范的生成过程中，并且软法可协商、灵活的调整机制，能最大限度地契合数字金融迭代创新带来的多变性，使得相关监管规范可以获得更强的正当性和更高的遵从度。正是软法这种迥异于用权力建构与运行规范的思路，而是依托道义层面上的文化动力[2]来证成规范的设置及遵守问题，以助力"自我规制"下的数字金融监管共识通道的搭建。

第二，为应对监管套利下的避税和混业目标设定，软法治理能助益数字金融穿透式监管的有效落地。对数字金融监管者而言，穿透式监管政策落实的前提要先完成金融要素与数字要素的标准衔接，以便为金融要素的流转提供全球统一的数字接口和基础设施建设标准。对被监管者如科技巨头而言，这种统一的接口及基础设施既能实现数字金融要素在全球范围的配置，从而激发被监管者的积极响应，也更易于促进其在金融科技创新中绑定而非另设独立于监管者的数字金融体系，以防止金融暗网的集结。由于国际金融条约多由主权国家和国际组织推动和创制，层级单一且自上而下，并将广大的行业协会组织和跨国公司等金融活动参与主体排除在外，[3]不仅易导致科层结构下的对抗式执法，也难以实现二者间的有效沟通。相较之下，强调扁平化、透明化治理的软法体系则着力于搭建良性

---

〔1〕 Jacob Gersen and Eric Posner, "Soft Law: Lessons from Congressional Practice", *Stanford Law Review* 61, 2008, p. 573.

〔2〕 这种道义层面的文化动力贯穿于软法的产生与运行的整个过程。以行业协会的软法为例，由于行业协会的软法通常是成员间在平等协商基础上自发地基于共同意愿、自律性管理而设立的，在运行过程中也主要通过与道义相关的声誉、信用等奖惩机制来促使成员自觉履行。

〔3〕 涂亦楠：《论国际金融软法及其硬化——以国际信贷法为例》，载《湖北大学学报（哲学社会科学版）》2012年第3期，第82页。

对话与互动空间，凸显被监管者作为关键利益主体在数字金融软法创制中的参与，[1]为更加公平的数字金融监管秩序形成提供规范沃土。

第三，软法治理能促成多方监管主体在信息分享、磋商基础上的利益融合与认知趋同，进而带来数字金融监管共识下的跨国资源优化配置。如前所述，为应对跨国协调造成的资源损耗，传统思路是建立能统合诸要素的全球顶层监管机构，但因数字金融监管牵涉较庞大的数字要素范围，成员国通常不愿开放较诸金融主权外延更广的数字主权，且维持运营该类统合监管机构的成本负担也更重。对此，数字金融监管不能仅动员国际金融组织或单一协调机制，而需借助软法规范的联结作用，运用其"求同存异"的包容性[2]与利益迎合下的吸引力[3]，以有效耦合数字金融监管所涉主体间的利益鸿沟。此时，数字金融监管机构可借助软法开放的知识体系，实现与其他协同监管组织在规范文本上的兼容，以及在关键术语、技术指南、治理宗旨等方面的转化，以此获得协同监管组织能接纳、识别并运用的渠道，并发挥彼此交互且少冲突的适用优势，[4]进而在利益共存互利的基础上吸引跨国、跨域主体间更多运用软法来施行数字金融监管合作。

（二）监管技术升级的软法促进：监管标准共享和监管参与激励

1. 监管标准共享的软法促进

软法治理具有阶段性，系通过设定不间断的阶段性目标，并借助反复试错、及时反馈以及自我效能持续提升而取得最终目标与阶段性目标的最佳结合点，这就提供了较诸一蹴而就的高标准更具缓冲的过渡空间，避免在高低标准间进行"选边站"的纠结与对抗。由于最终影响数字金融业者策略的关键在于成本收益的预期、金融数据要素的配置与金融风险的均衡程度，这可以通过容许差异却渐进趋同的国际标准倡导来实现统一监管水平。数字金融软法多样化的渊源，就提供了承载上述差异性治理方案且约束力程度不同的载体，如通过类似欧盟白皮书，面向企业和行业提出涵摄数字金融消费者保护的社会责任要求；通过国际标准的规范，设置可供跨国穿透监管的金融数据类型和获取数据的技术性平台或产品标准；通过与计算机相关技术性国际组织合作，推出涵盖监管科技资助、金融

---

[1] ［英］科林·斯科特：《规制、治理与法律：前沿问题研究》，安永康译，清华大学出版社 2018 年版，第 211 页。

[2] 这种包容性在国际层面上主要体现为柔性的软法对主权侵犯较少，且更易于促成各方在充分协商基础上的谅解与妥协。See K. W. Abbott, D. Snidal, "Hard and Soft Law in International Governance", *International Organization*, Vol. 54, 2000, pp. 412-456.

[3] 丁保河：《软法价值论》，载罗豪才等：《软法与公共治理》，北京大学出版社 2006 年版，第 215~224 页。

[4] N. Phillips et al., "Discourse and Institutions", *Academy of Management Review* 29, 2004, p. 645.

风险预警、金融科技负面清单等涉及面更广的国际综合数字治理方案；通过开源的监管科技软件和金融科技研发投资准则等，提供监管者与被监管者彼此的帕累托改进激励，并最终逐步缩小各国金融监管强度的差异性。

2. 被监管者参与治理的软法驱动

数字金融跨国监管的关键在于如何促成被监管者尤其那些掌控行业最新技术的金融科技巨头的参与，而软法治理所设立的被监管者参与的双重活动机制，就此能提供全新的监管技术升级路径。按照斯科特提倡的将监管对象视为合作者而非对抗者的新治理思路，[1]数字金融监管应重视作为主要监管对象的头部企业的引领作用。扮演领头羊角色的金融科技巨头所具备的全球数字金融市场主导地位，将是推动国际数字监管标准的重要合作资源：一方面，通过行业标准等软法性规范，数字金融软法有助于帮助科技巨头提供全球统一的技术设施接口，并借由其市场主导地位而形成事实上的行业技术设施标准；另一方面，通过软法性社会责任等营造"尊崇感"或带来声誉资本[2]的增长，激励这些金融科技巨头更主动向数量庞大的长尾客户设定更具普惠性的服务标准并加以践行。这种视被监管者为合作者的软法治理理念，不仅有利于缩减外部监管资源投入以改善资源过度损耗问题，也助益改进执法机构的监管路径，促使其执法技术从单纯执法覆盖面的扩大，转向更轻灵且成本低廉的助推（Nudge）思维，[3]通过如算法公平性排名、友好型企业标示等，为推动金融科技巨头的公共活动导入数字金融风险教育，并借此为监管科技的嵌入提供更清晰可控的升级方向。此外，督促金融科技巨头为用户提供有数字内容选择权的"中间件"技术安排，[4]也能间接消除金融市场霸权下的交易数据垄断优势，阻断其使用特定算法对消费者金融偏好窥探与营销滥用，从而改善监管技术固化的困窘处境。

三、数字金融全球软法治理的基本理路：从主体到逻辑

（一）数字金融全球软法治理主体：网络搭建与正当性获取

金融的高度敏感性、与经济命脉密切关联等特点，使得这些非正式的、无强

---

〔1〕 ［英］科林·斯科特：《规制、治理与法律：前沿问题研究》，安永康译，清华大学出版社 2018 年版，第 210~214 页。

〔2〕 K. Jackson, "Global Corporate Governance: Soft Law and Reputational Accountability", *Brooklyn Journal of International Law* 35, 2010, pp. 43~56.

〔3〕 "助推"旨在不牺牲人们自由选择权的前提下，通过创造新市场与更多自由，以增加管理吸引力并促进正确的行为结果。参见 ［美］理查德·塞勒、卡斯·桑斯坦：《助推：如何做出有关健康、财富与幸福的最佳决策》（第 3 版），刘宁译，中信出版社 2018 年版，第 13~15、231 页。

〔4〕 即通过引入一批新的、有竞争力的"中间件"公司，给予用户更多地向平台展示信息的选择机会，以此阻断技巨头独占用户数据的垄断地位。相较于施压甚至强制拆分科技巨头而言，这种技术安排更具可行性。See Francis Fukuyama, etc., *Saving Democracy From Technology*, Foreign Affairs, 2021 (1/2).

制力约束且不会带来过多主权成本（sovereignty cost）[1]的软法更易在国际金融领域占据核心规范的角色。从规范设定及发展演变历程上看，国际金融软法主要是由国际金融组织、金融标准制定组织与国家、非国家实体之间通过协商而创制并施行的，或者由专门的国际金融监管机构予以督促实施并监测协调。在这一过程中，随着国内监管的扩张、经济相互依存的增强和技术创新等影响，[2]参与构建国际金融新架构的权威机构已从单一主体间的合作，向更宽泛且灵活的非正式合作网络拓展。这种政策网络正逐步成为新的合作与协调形式中心而构筑了世界新秩序图景。[3]典型的如肇始于七国集团的非正式合作机制已经扩充为二十国集团，提出了金融监管的最佳守则，并借助国际金融软法的自我实施机制，着力推动国际货币基金组织和世界银行"金融部门评估规划"在各国的施行，进一步强化软法治理的影响力和执行力。[4]此外，G20 创设并扩大了金融稳定理事会（FSB）的成员范围，使其拓展为真正的全球金融监管标准与政策合作的跨政府组织网络，并通过成员以身作则倡导、同行审查与评议、跨国合作和信息交流激励[5]以及实施后效果评估[6]等有效措施，更有力地促成国际金融软法被广泛遵行。尤其近年来 FSB 密切关注金融数字化发展并发布多个专题报告，关涉加密资产（如金融稳定币）、金融科技与市场结构、金融服务与人工智能、金融科技信贷等诸多领域，力推与其他国际金融组织合作并通过软法实现最低标准上的趋同，致力构建数字金融软法治理的全球化框架。

数字金融软法治理的推行是基于软法设立过程中的正当性。从获取方式上看，要么软法制定者获得正当性授权，要么该软法最终被转化为特定的硬法。前者如 G20 授权有专家智识的专业机构制定数字金融监管标准相关的软法，而正是由于创制权力来源于国家或国家间组织的承认或认可，才使得这些数字金融软法在实施中获得遵行的依据和动力源泉。后者如德国《数字金融立场报告》所阐

---

[1] Chris Brummer, "Why Soft Law Dominates International Finance-And not Trade", *Journal of International Economic Law* 13, 2011, pp. 623-643.

[2] 由于软法的非正式性和灵活性，能促成国家间达成谈判，从而节约了谈判成本。See Kal Raustiala, "The Architecture of International Cooperation: Transgovernmental Networks and the Future of International Law", *SSRN Electronic Journal* 43, 2002.

[3] D. Arner, M. Taylor, "The Global Financial Crisis and the Financial Stability Board: Hardening the Soft Law of International Financial Regulation?", *UNSW Law Journal* 32, 2009, pp. 488-490.

[4] Minilateralism, *How Trade Alliances, Soft Law, and Financial Engineering Are Redefining Economic Statecraft*, Cambridge University Press, 2014, pp. 102-104, 108.

[5] FSB Framework for Strengthening Adherence to International Standards, available at https://www.fsb.org/wp-content/uploads/r_100109a.pdf, last visited on March 15, 2021.

[6] Framework for Post-Implementation Evaluation of the Effects of the G20 Financial Regulatory Reforms, available at https://www.fsb.org/wp-content/uploads/P030717-4.pdf, last visited on March 15, 2021.

明的远程生物识别技术对公民自由造成的风险，推动了欧盟《一般数据保护法案》[1]第 4 条第 14 款有关生物数据处理的立法，即限定了如人脸识别等生物性采集数据适用应被纳入侵犯隐私权的风险考量，就此印证了数字金融软法融入国际硬法的正当性。上述立场报告并未明确限定生物识别中人工智能的使用，也未就在公共空间使用面部识别技术的规范问题进行阐释，这都凸显了软法在数字产业规制权衡上的灵活性，即以更宽泛的试探性立场激发组织成员的积极关注和更充分讨论，避免其硬法化后"一刀切"式强监管对数字金融创新发展的遏制。

（二）数字金融全球软法治理逻辑：标准确立与运作机制

1. 数字金融基础设施的软法标准确立

鉴于数字金融更强的穿透式监管要求，软法治理所指向的金融基础设施标准体系，应涵盖满足监管科技要求的国际统一接口、在产品运用场景中的数字金融标识、非歧视与信息保护标准系统，以及数据采集的限制和再应用原则等。从现有资源来看，如国际清算银行下设的支付和市场基础设施委员会（CPMI），就经常与标准制定机构开展面向各国中央银行委员会的主动合作，以开发分析报告和框架来帮助中央银行进行评估。目前已发布包括数字货币（2015）、支付清算和结算中的分布式分类账技术—分析框架（2017）和中央银行数字货币及其国际清算等报告。[2]这些软法性规范规定了主动评估建议和常态化讨论机制，为国际数字金融基础设施提供了统一标准的成熟范式，无疑有助于各国数字金融基础设施建设的趋同。此外，国际标准制定机构（SSB）在国家集合体的授权下，在投资者保护、市场诚信、银行风险敞口、金融风险稳定性预测等方面，[3]也提供了面向数字金融的基础设施延伸标准。

落实到具体的建设标准上，数字金融基础设施的建设可通过国际软法规范，设置大数据及支撑算法透明原则的系列技术标准，并针对向监管者报备参数、向社会公开参数、存档数据和公开源代码等不同需求，设置可供算法问责的数据端口。此外，为了达到穿透式监管的强度标准，上述基础设施还需结合场景和目标，在消费者保护、中小商户利益、公众知情权等方面设立便于穿透监管的数据

---

[1] 该法案自 2018 年 5 月 25 日起适用于所有欧盟成员国，也同样适用于在欧盟各成员国内存储或处理欧盟公民个人信息的任何公司。

[2] FSB, *Crypto - assets*, *Work Underway*, *Regulatory Approaches and Potential Gaps*, available at https://www.fsb. org/2019/05/crypto-assets-work-underway-regulatory-approaches-and-potential-gaps/. FSB Report, last visited on March 20, 2021.

[3] FSB, *Crypto - assets*, *Work Underway*, *Regulatory Approaches and Potential Gaps*, avcilable at https://www.fsb. org/2019/05/crypto-assets-work-underway-regulatory-approaches-and-potential-gaps/. FSB Report, last visited on March 20, 2021.

采集机制,〔1〕以全面回应对限制不正当竞争和保障消费者数字权利的关切。

2. 数字金融要素治理的软法运作机制

软法制定过程的协商性,能为不同数字金融要素的治理赋予一种平等对话下的问责和更高的正当性,〔2〕并通过利益吸引下的目标趋同、行动倡议等激励引导机制,以及声誉、信用等道义性惩戒机制,以确保规范施行成效的实现。

首先,全球数字金融软法治理动员了国家层面的谈判磋商,并以此为主要形式,推动了包括双边、区域、洲际乃至于更大范围的多边数字金融要素的共同监管行动倡议。例如,涵盖了数字金融治理相关内容的欧盟人工智能软法体系,就选择在强制标识之外,通过《人工智能白皮书》鼓励在产品中明确自我调控、自主标识等标明其成分或构成的内容成为标准。〔3〕此外,这种自愿式实践及强有力的标准化流程,一方面可在现有立法中提供符合安全性标准内容的创新空间,另一方面也能通过领先的要素监管科技及其监管知识示范,获得其他国家的认可、学习与遵从,从长远意义有助于推动基于悦纳而非对抗的全球性监管方案达成。

其次,为回应数字金融要素与传统金融要素密切联动的特性,数字金融软法制定过程中可采用如定义共用、目标趋同和共同行动倡议,以促成跨国际组织和跨监管部门的耦合。其一,定义共用可与国际会计准则联动,共同对数字金融所涉资产及其会计处理标准的定义〔4〕,以避免跨部门监管的知识鸿沟。其二,目标趋同可涵盖国际反洗钱、金融稳定、普惠金融等领域,并借此与国际司法部门、贸易组织以及相关国际机构等建立全面合作关系,以此强化数字金融治理的合规与效用。其三,深化共同行动倡议,通过链接金融货币政策和公平市场诉求以改善宏观金融市场结构,提倡建立更完备的金融产业链条,并提供应对金融科技乃至数字金融危机冲击的行动方案。

最后,在数字金融软法治理的实现机制上,既有多边参与协商的规范应被各成员遵循的信义义务设定,也有各成员间的声誉制裁以及由此衍生出的如点名和规劝,以及金融风险评级等执行工具。如点名和规劝是定期公开不合规成员名单及其不合规行为,并通过约谈、劝导等方式敦促其遵从软法;金融风险评级则主

---

〔1〕 汪庆华:《算法透明的多重维度和算法问责》,载《比较法研究》2020 年第 6 期,第 163 页。

〔2〕 J. Braithwaite and V. Braithwaite, "The Politics of Legalism: Rules versus Standards in Nursing-Home Regulation", *Social and Legal Studies*, 4, 1995, pp. 307-341.

〔3〕 Samuel Stolton, *EU Nations Call for "Soft Law Solutions" in Future Artificial Intelligence Regulation*, available at https://www.euractiv.com/section/digital/news/eu-nations-call-for-soft-law-solutions-in-future-artificial-intelligence-regulation/, last visited on October 8, 2020.

〔4〕 "定义"主要面向数字资产的归类及其对应的会计处理方法。比如,数字货币是应被视为现金及现金等价物,还是一种金融资产、无形资产或存货,还是另设新的会计核算类别等,仍存在巨大争议。相应的,会计处理方法也会因数字货币的种类特征及其持有目的而有所差异。

要借助大数据或评级机构的评定而引导金融资本的安全流向，以激励成员主动合规化发展。上述执行工具的指向范围，应包含数字金融市场开放程度、数字金融体制设计，以及数据隐私权、不正当竞争等新监管要素。围绕上述监管要素，相关软法附件还应设置各成员有能力达到的阶段性治理目标以及更详细的渐进行动清单，以便消弭成员之间动辄报复的强硬博弈或逆向竞次策略，进而增益多边主义下数字金融全球软法治理的稳健性。

四、走向数字金融全球软法治理的优化：与硬法的衔接

如上述，软法治理标准设置的协商性、治理施行中的双向参与，以及软法规范结构上的开放性与灵活性等，有助于各成员国间达成更具吸引力和认可度的监管标准，这在很大程度上化解了跨国协调监管成本高而效率低的难题，也改善了单一适用霸凌标准造成的监管技术固化问题。然而，诚如托依布纳所言，软法治理所欲建立的全球金融规范体系注定是一个"中心"发育不全的体系，[1]故此，寻求以硬法为基础性框架而建立更具公平内涵的软法治理体系，通过更具规范理性且有强制力保障的硬法来衔接数字金融软法，强制校正个体理性行动以满足集体理性的要求[2]，是优化数字金融软法治理成效的必要保证。

（一）以义务性硬法改善软法治理下的成员投机

随着大数据、云计算等金融科技的广泛运用，可能会因算法趋同而导致市场参与者采用相似的交易策略和风控指标，而随着要素数字化、网络化的快速流转，这种趋同下的"羊群效应"更易被强化，进一步放大了全球金融市场的波及共振面，[3]进而激发多国金融风险敞口的快速膨胀。例如当一国金融遭遇刚性兑付压力时，极易因数字金融更快的流转频次而导致出现大规模的金融危机，并在全球范围内迅速传播。[4]为防止并快速切断上述金融危机的全球性蔓延，国际金融监管的常规做法是出台临时应急方案，并通过更易获得成员认可的软法规范，快速达成危机应对的国际共识。然而，由于金融软法治理较普遍采用"遵从或解释"原则[5]，以获得成员国间关系互动的道义执行力，但仍可能因成员

---

〔1〕 G. Teubner (ed.), *Global Law Without A State*, Hanover：Dartmouth, 1997, p. 7.

〔2〕 徐崇利：《全球治理与跨国法律体系：硬法与软法的"中心—外围"之构造》，载《国外理论动态》2013 年第 8 期，第 23 页。

〔3〕 时雨：《在金融科技发展中需要思考和厘清的几个问题》，载中国金融新闻网，https：//www. financial-news. com. cn/kj/jrcx/202011/t20201102_204390. html，最后访问日期：2020 年 11 月 2 日。

〔4〕 Kaminsky, Graciela L. and Carmen M. Reinhart, "On Crises, Contagion and Confusion", *Journal of International Economics* 1, 2000, pp. 145－168.

〔5〕 肇始于英国的"遵从或解释"原则构成了软法治理的基石，具体是指成员对软法规范可以选择遵从，也可以选择不遵从，但应对不遵从的行为做出合理且充分的解释，否则很可能遭受相应的惩戒。See Philip J. Shrives, Niamh M. Brennan, "A Typology for Exploring the Quality of Explanations for Non-compliance with UK Corporate Governance Regulations", *British Accounting Review* 47, 2015, pp. 85－99.

国"不遵从的解释"而被推诿适用,造成个别成员国在危机后就放松监管标准,以支持本国的数字金融产业在后危机时期的迅速复苏,这将诱发另一种"自下而上的金融监管单边主义"的勃兴。[1]此时,有必要借助国际硬法的规范强制力、组织权威性保障下的倡导鼓励与强制惩戒举措,以强化数字金融软法治理的成效。

在具体规范设置上,一方面,通过国际硬法的宣示性原则如"信息共享、发展共同观念、合作解决问题"等,倡导并鼓励成员国都应积极遵从数字金融监管标准等软法规范;另一方面,有必要设置"合理解释"的强制性义务,规定不遵从软法的成员国应承担合理且充分解释的法定义务,而对于解释不充分不合理的或拒绝解释的,则应施以相应的强制性惩戒。需要强调的是,为警惕国际硬法可能沦为单边主义压制的工具,有必要对强制性惩戒设定一定的边界,宜采取进阶性对策,而不应对不遵从的成员国设置单边制裁或报复等对抗性过强的措施,以防因其抵触而弱化了软法治理的吸引力。相关规则内容可借鉴《加强国际标准实施的框架》中所采用的强制性措施逐步增强的梯次设置,[2]即对解释不合理或不充分的国家,建议联动世界银行、国际货币基金组织等国际机构削减对其危机应对援助资金的额度与长期贷款配额等;对一年内未明显改善遵守软法的国家,在全球数字金融机构网络内应限制该国机构开展特定合作业务,同时由数字金融多边组织强化审查该国投资和经营政策;而对长时间持续性拒绝解释且不愿遵从的国家,则应禁止该国机构与来自上述全球网络的对手方开展金融交易,并在数字金融国际组织层面暂停该国机构的成员资格,或直接降级为观察员国。

(二)以程序性硬法强化软法治理下的数字金融公平

软法在制定过程中更强调多元主体间的平等协商对话,但协商伴随的选择性、非统一性等因素,也可能直接或间接地引发数字金融在跨国决策程序、共识形成机制、成员反对或保留的机会,以及未直接参与决策的成员权利保障等方面的不确定性。此外,保护金融消费者的数字隐私、消费选择等权利,推动适度且普惠的数字金融赋权等话题,也可能因科技巨头的话语权优势和标准设定垄断等,而很难通过数字金融弱势方参与软法议定来得到改善。尽管数字金融软法设定中可通过金融科技论坛、数字金融倡议、资金汇兑合作等机制,促成跨国监管科技平台的信息共享,但这些机制的有效施行则仰赖于一个更高确定力且更强执行力的硬法框架,以强化数字金融软法制定的公平参与及其程序保障。

在权力多元的全球治理体系中,作为公共权力中心的国家,天然具有消解多

---

〔1〕 彭岳:《场外衍生品金融监管国际方案的国内实施与监管僵化》,载《上海财经大学学报》2016年第5期,第114页。

〔2〕 刘子平:《国际金融监管标准实施评估机制研究》,载《金融监管研究》2019年第9期,第27页。

元群体和多种标准之间冲突的正当性,[1]为避免软法规范落入利益集团的控制或受限于某种产业自利的政策,[2]就应在多边主义下动员并确保多方利益相关主体都平等参与的规则设定,以缝合各层次主体相关治理诉求的分歧。具体而言,在参与程序上,主要由国际硬法设置能契合数字金融软法多元内容设定的程序,框定广泛性治理参与者的标准,并向不同层级主体开放参与资格的确认程序,以确保一定比例的金融消费者代表、行业性组织以及新兴经济体等主体的平等参与,落实弱势方平等参与数字金融治理的资格保障,从而改善监管标准形成过程中的"民主赤字"问题[3]。在议定程序上,国际硬法应明确规定有助于实现包容性对话的软法制定程序,包括参与主体资格确认程序、软法提案程序、论证决议程序、投票表决程序、信息反馈程序等,以确保不同利益相关者充分讨论并确证分歧意见的反馈与化解,从而迅速达成规则方案。此时,有效的程序性硬法的导入,确保了数字金融软法议定内容的开放性和公平性,避免了软法达成后各方遵循的动力不足问题。

(三) 以强执行性硬法阻断软法治理下的跨国数字垄断

诚如福山所担忧的,通过金融合作网络以促成统一监管标准的软法治理方案,在实施中很可能遭遇强者先发优势的问题,[4]即当面对监管标准限制时,科技巨头会利用其累积的用户规模和数据优势,在协助打造数字金融准入门槛的同时,反而进一步巩固了自身的垄断地位。[5]这种反垄断却强化垄断的做法,不仅无法孕育出有全球竞争力的金融科技新企业,也难以在依靠公平适用标准的软法框架下得到彻底纾解。尽管数字金融软法接受不同意见的反馈,但不同利益取向可能导致互相矛盾的选择,在难以统一调和的情形下易导致软法条款最终被妥协为原则性倡导,难以在全球金融市场上促成实质性内容的施行。

---

〔1〕 〔美〕D. 赫尔德、〔美〕J. 罗西瑙等:《国将不国:西方著名学者论全球化与国家主权》,俞可平等译,江西人民出版社 2004 年版,第 207~210 页。

〔2〕 Chris Brummer, "Why Soft Law Dominates International Finance And not Trade", *Journal of International Economic Law* 13, 2010, p. 642.

〔3〕 参见 〔美〕克里斯托弗·蔡斯-邓恩:《全球治理的民主赤字及其解决》,王金良编译,载《学习与探索》2014 年第 10 期,第 42 页以下。

〔4〕 Francis Fukuyama, etc., *Saving Democracy From Technology*, Foreign Affairs, 2021 (1/2).

〔5〕 相较于传统金融公司,科技巨头在金融服务技术提供、大数据收集整合、数据跨境流动等方面独享优势,并能接触到传统金融服务无法覆盖到的客户群体,从而拥有更庞大的用户规模。典型的如蚂蚁金服就能借助金融技术和大数据,为那些常年不在银行存贷的人群提供个性化小贷服务。此外,科技巨头通过算法,诱使用户以浏览记录等个人信息交换便捷数字服务,从而获得用户持续数据信息以实现算法持续升级,进而精准俘获更多的用户,实现垄断优势的自我增强。参见 〔英〕凯伦·杨、马丁·洛奇编:《驯服算法——数字歧视与算法规制》,林少伟、唐林垚译,上海人民出版社 2020 年版,第 9 页。

对此，借助双边或多边协议设立的具有反垄断执行力的国际硬法，可强化数字金融软法通过多边程序所被赋予的合法性，并增加软法规范的执行力，[1]甚至将软法内容提炼并融入国际硬法以提升治理实效。例如，欧盟于 2020 年底出台的《数字服务法案》和《数字市场法案》的草案，[2]就是在吸纳 OECD 的数字经济行动指南相关软法内容的基础上，补充了在线平台等数字服务提供商的法定义务，并授权欧盟对脸书、推特、谷歌、亚马逊等超大型平台的特别监督权和直接制裁权，[3]以阻断其数据先发优势和市场独占地位对数字金融软法的公平性削弱，强化对数字金融消费者的保护。

此外，成员国也可在国内数字金融监管中，主动采用相关国际软法并引入软法性治理工具，将数字金融反垄断规则和相关标准转化为国内硬法。我国在率先通过的《中华人民共和国网络安全法》中规定，将"重要数据境内存储"的数据安全峰会的共识设定为数据运营商标准。[4]这种转化为国内硬法的方式通常是自利诱因和理性期待引导下各国自愿遵行国际软法的最直白表征，成就了国际金融软法最常见的归属形态，且国内硬法的强制适用效果也能就此反哺并增强该软法的全球化治理效力。[5]例如，纳入反垄断范畴的数字税计划是 OECD 近年来在包容性框架下力推的重点，[6]尽管因单边主义干预等因素而进程缓慢，但借国际软法平台在全球范围推行数字税协定已成大势，届时将会有更多国家和地区选择通过国内硬法化的方式，将该协定的内容强制适用于本辖区内的互联网企业尤其跨国科技巨头，也为发展中国家实现数字金融红利共享提供了国内法示范。同时，国内硬法还可从传统部门法角度，细化并升级对数字平台反垄断的监管技术内容，并通过算法备案等数字金融透明化的要求，阻断科技巨头通过算法合谋等对本国消费者金融偏好窥探与营销滥用，以改善国内数字金融市场的公平竞争

---

〔1〕 徐崇利：《全球治理与跨国法律体系：硬法与软法的"中心—外围"之构造》，载《国外理论动态》2013 年第 8 期，第 24~25 页。

〔2〕 为提升在数字经济国际市场的影响力并捍卫数字主权，欧盟发布了这两大法案。前者主要适用于所有在线中介平台，以保障欧盟所有数字服务用户的基本权利；后者则主要规制科技巨头的不正当竞争行为，旨在欧盟乃至世界范围打造更公平开放的数字市场。

〔3〕 如欧盟委员会于 2020 年 11 月作出判定，认定亚马逊利用其规模、权力和商户数据，在零售业务算法下牟取不正当竞争优势，故将依《数字市场法案》对其处以最高可达其全球年营业额 10%（约 280 亿美元）的罚金。

〔4〕 详见《中华人民共和国网络安全法》第 37 条的规定。

〔5〕 这种硬法化形式主要是法律层面的立法上吸收与转化，以及司法判决中的认可和接纳。See Daniel E. Ho., "Compliance and International Soft Law: Why Do Countries Implement the Basle Accord?", *Journal of International Economic Law* 5, 2002, pp. 647–688.

〔6〕 以 2020 年公布的《OECD/G20 关于实现包容性数字税框架的"双支柱"路径的声明》为前奏，OECD 和 G20 向世界展示了在全球范围内大力推行数字税方案的决意，以防止科技巨头把利润转移到低税率国家避税，并给大量中小企业造成不公平竞争。

环境。

五、结语

以监管套利和通道效应为表征的数字金融全球化的发展，导致了穿透式监管在资源配置和技术创新上的诸多困窘与异化，也就此触发了人们对数字金融基础设施协同、监管科技共享和被监管者参与激励等监管机制革新的呼吁。对此，尝试借助国际软法的协商、灵活、多元等特性，设立基于平等共享而非单边霸凌、利益吸引而非威慑强制、风险互担而非利益零和的全新治理逻辑，在求同存异中更好地尊重区域性监管差异，并提供兼容性更强的数字金融全球治理积极示范，从起点上找到能呼应数字监管内生性扭曲与外延性冲突的灵活机制。当然，数字金融全球软法治理也应走出单纯遵从式的道义设定局限，通过与硬法的衔接来强化其在数字公平性议题和执行惩戒上的周延性，赋予数字金融软法治理机制集结各方国际力量的正当性，以遵从的示范来打破内部成员国投机性的监管政策博弈，进而瓦解单边主义下的金融市场霸权。[1]此外，借硬法来巩固乃至优化共识成果，以促进全球金融要素的有序流动并提供公平的数字金融产业环境，将有助于在金融多极化的共存中找到二者协同的利益平衡点。

毋庸讳言，当下以美国为代表的数字金融强势输出国，正通过其科技巨头的先发优势和对传统金融要素市场的强势地位，推行金融霸权并施行"逆全球化"行动；以欧盟为代表的传统金融优势地区，则更注重对数据安全、用户隐私、金融垄断等领域的监管，以构筑数字金融发展的"数据伦理"，从而保护该地区传统优势金融产业的有序发展；而以中国为代表的新兴经济体，在面临国际上的歧视性准入与数字安全质疑的同时，既要在国内兼顾好数字产业发展和金融系统安全的平衡，又亟须在国际上强化对数字金融国际规则和标准制定的话语权。这些策略重心的差异化，不仅隐藏了促进数字金融全要素有效流通配置的潜在风险，也进一步诱发前述金融监管单边主义的暗潮涌动。对此，全球数字金融治理所秉持的国际合作基本框架，应在多边主义下趋向一种去霸权主义的"交由大国引领，且各国平等参与下遂成"[2]的软硬法协同模式，以落实区域监管体系相容性和数字金融稳定性之间的平衡。这一过程中，中国作为数字经济崛起大国，力倡在多边主义下积极发挥链接发展中国家与发达国家的沟通桥梁角色，着力解决广大发展中国家在数字金融议题与规则设定长期阙如的"民主赤字"问题，以促进数字金融全球化发展朝向开放合作、互利共赢的未来新局面。

---

〔1〕 Abraham Newman, "Elliot Posner, Transnational Feedback, Soft Law, and Preferences in Global Financial Regulation", *Review of International Political Economy* 1, 2016, pp.123-152.

〔2〕 徐崇利：《变数与前景：中美对国际经济治理模式选择之分殊》，载《现代法学》2019年第5期，第193页。

数字人民币离线支付的法律规制*

柯 达**

摘要： 数字人民币以加密字符串为表现形态、通过数字钱包被保管、在双层运营模式下被发行的方式，具有不可挪用、支付即结算等特点，其可通过手机、芯片卡等支付工具以及 NFC 等通信技术实现离线支付。数字人民币的离线支付仍基于收付款人之间的货币债务关系、收付款人与保管人之间的支付服务关系，并通过特定保管媒介、支付工具和通信技术完成货币债务清偿；但与在线支付不同，离线支付状态下的数字人民币债务清偿具有延时性和更强的匿名性。数字人民币离线支付的法律风险主要体现在重复支付、结算最终性不明以及非授权支付，既有法律制度均无法有效予以规制。对此，应基于小额、临时、近程的政策导向，将离线状态下的数字人民币视为持有人可向商业银行等第三方行使、由央行保障其国家信用的货币服务债权，在支付次数、金额等方面限制数字人民币的法偿性。此外，应确立数字人民币 APP 钱包部分匿名、两类硬件钱包购买或使用时匿名的原则，将其分类纳入现金和账户管理机制，并从用户适当性、个人信息和数据安全保护等方面实现对商业银行的监管。

关键词： 数字人民币；离线支付；硬件钱包；法偿性；匿名性

一、引言

数字人民币的"离线支付"（offline payment），是指付款人使用手机、卡片等支付工具，将存储于数字钱包之中的人民币通过离线通信技术转移至收款人，从而清偿货币债务的过程。与同属于非联网支付的实物现金支付不同，付款人通过近场通信、蓝牙等通信技术实现与收款人或第三方的信息交互，从而在脱离移

---

* 本文是国家社科基金一般项目"人工智能算法应用的金融法规制研究"（22BFX089）的阶段性成果。

** 柯达，法学博士，华东政法大学经济法学院副研究员，研究方向为经济法、网络法、货币法。

动网络信号、手机通信信号甚至缺少电量的情况下实现货币财产权的转移。[1]
随着技术进步以及私人数字货币对法定货币体系的挑战日益加强，许多国际组织
以及国家或地区的中央银行正在研究测试法定数字货币的发行与流通问题。国际
清算银行、美联储、日本银行等机构均认为，考虑到自然灾害等突发性事件对法
定数字货币流通的不利影响，与离线支付相关的"可得性"（availability）和"弹
性"（resilience）成为法定数字货币的核心特征，从而让消费者获得类似于现金
的体验，但同时需要防范相应的欺诈风险。[2]

我国是研发法定数字货币进度最快的大型经济体，为维护货币主权、提升数
字经济国际竞争力，央行于2017年开始中国版法定数字货币——数字人民币的
研发进程，目前已完成顶层设计、标准制定等工作，正在多个城市进行试点流
通。按照央行的设计方案，数字人民币以"账户松耦合"的方式被存储、在具
备接受条件时具备无限法偿性，并在双层运营体系下由商业银行作为"指定运营
机构"向社会公众提供运营流通服务。一方面，数字人民币的离线支付和智能合
约应用是数字人民币相较于现金人民币、银行存款等传统货币形态的最大创新，
而包含"碰一碰""贴一贴"等功能在内的离线支付作为促进金融普惠、实现共
同富裕，以及减少数字鸿沟和"货币排斥"的方式，在促进数字经济产业健康
发展的政策背景下更具社会公平意义。[3]但另一方面，即便数字人民币具备较
高的安全防护能力，离线支付过程中仍可能会发生双重或多重支付、非授权支付
等侵害私人或公共利益的行为，因而需要法律予以规制。对此，我国既有的货币
支付法律制度主要约束现金支付和以银行存款为核心的在线支付，其难以规制数
字人民币这一新型货币形态的离线支付。基于此，本文先在传统支付的基础上，
梳理数字人民币离线支付的具体应用表现，分析数字人民币离线支付的财产安全
风险及法律规制困境，最后提出相应的制度完善建议。

二、数字人民币离线支付的应用表现

在数字人民币支付过程中，数字人民币是支付客体，APP钱包等保管媒介是

---

[1] 我国既有法律中尚无"离线支付"这一概念，而在学理上一般不会区分在线支付和离线支付，而是
将支付作为一个整体进行研究。根据国际清算银行（BIS）的定义，"支付"（payment）是付款人向
收款人转移货币债权的过程。完整的支付过程包括交易（transaction）、清算（clearing）和结算
（settlement），分别表示支付的产生确认、信息交互与债权计算、完成债权的最终转移这三大过程，
如没有特别说明，本文所指的"支付"涵盖了交易、清算和结算过程。参见中国支付清算协会编
著：《支付清算理论与实务》，中国金融出版社2017年版，第8页。

[2] Bank of International Settlements et al. , *Central Bank Digital Currencies: User Needs and Adoption*, 2021,
p. 6; Bank of International Settlements et al. , *Central Bank Digital Currencies: Foundational Principles and
Core Features*, 2020, p. 11.

[3] 参见中国人民银行数字人民币研发工作组：《中国数字人民币的研发进展白皮书》（2021年7月）。

保管数字人民币的载体，手机等支付工具是转移数字人民币的通道，而互联网等通信技术是保障数字人民币转移成功的技术条件。目前，各地数字人民币试点在推广手机中的数字人民币 APP、实施在线支付的同时，还利用手机、芯片卡、可穿戴设备等支付工具实现单离线支付或双离线支付。总体而言，数字人民币通过差异化的保管媒介、支付工具和通信技术，实现了以下三种离线支付模式：

第一，通过手机（APP）的支付，其仅基于 APP 钱包实现货币保管、基于扫码或 NFC 等近场通信技术实现支付信息交互。在离线状态下，付款人可在数字人民币 APP 点击相应页面后，扫描收款人提供的二维码或靠近收款人的收款设备、输入需要支付的金额或确认收款人输入的金额并提交后，便可完成支付。例如，苏州多地支持用户在离线状态下打开数字人民币 APP 的"碰一碰"功能后，靠近商家的 NFC 标签便可进行收款人端的单离线支付；又如，北京"亿通行·秒通卡"支持在手机离线状态下，无需打开 APP 便可以靠近地铁闸机，从而完成具有一定延时特性、收款人端的单离线支付或收付款人的双离线支付。此外，中国移动等电信运营商又推出数字人民币 5G 消息平台，用户可通过短信方式实施余额查询、数字人民币转账等行为，此种形态可视为脱离移动互联网，但不脱离通信网络的单离线支付或双离线支付。

第二，通过独立的芯片卡，以及内置芯片或另插入芯片卡的手机或可穿戴设备的支付，其基于硬件钱包实现货币保管、基于 NFC 技术实现支付信息交互。付款人在确认支付金额、将手机或芯片卡或可穿戴设备靠近收款人的收款设备后，便可完成支付。芯片卡（特别是 IC 卡）是目前较为普及的离线支付方式，例如在 2022 年北京冬奥会举办期间，外籍人士在自助机具中使用护照可办理开立数字人民币芯片卡、并通过外币为芯片卡充值，从而可以在冬奥会相关场所内消费支付；又如，为了满足老年人、中小学生等不便于直接使用手机的特殊群体，工行与中国移动公司合作推出数字人民币"智慧学生证"和"长者爱心卡"，该产品同时具有数字人民币支付、紧急求助、实时定位等功能。此外，部分手机厂商发售的特定机型内嵌了可发挥数字人民币硬钱包功能的安全芯片，一些通信运营商亦与商业银行合作推出了嵌有数字人民币硬钱包功能、可插入手机的 SIM 卡，这两种硬件设备相当于在手机中本身就有内嵌的另一张"卡片"（只不过体积更小）；通过此类安全芯片或 SIM 卡，用户亦可在离线状态下靠近收款人的收款设备，在经过一系列信息交互过程后，完成付款人端的单离线支付或收付款人的双离线支付。例如，华为公司按照央行数研所的统一技术标准，在部分型号的手机内嵌入数字人民币硬件钱包，用户可通过数字人民币 APP 生成硬件钱包的页面、与某一 APP 钱包完成绑定，之后便可在离线状态下、无需打开任何 APP 完成支付。

第三，通过手机与独立芯片卡或可穿戴设备的结合支付，其仍基于硬件钱包实现货币保管、并基于互联网和 NFC 技术实现支付信息交互。收款人可在收款人提供的支付页面确认支付金额、选择贴近支付方式，将 IC 卡或可穿戴设备贴近手机 NFC 的感应区后，便可完成支付。例如，京东 APP 的用户在下单自营商品、选择数字人民币"挥卡付"功能后，便可用手机读取数字人民币 IC 卡进行支付。由于仍需要手机在线支付的配合，此种支付方式事实上属于在线和离线混合的支付模式，以实现硬件钱包的手机页面支付功能、扩大硬件钱包的消费场景。需要注意的是，手机与 IC 卡或可穿戴设备的结合支付，不等同于通过 APP 钱包与硬钱包的绑定、实现两者之间的资金转移。目前，用户可以使用数字人民币 APP 中的"贴一贴"功能，将 IC 卡或可穿戴设备贴近手机 NFC 的感应区后，可实现硬件钱包与 APP 钱包的绑定，两类钱包之间的资金可以相互转移。[1]但此种资金转移只是收款人或付款人一方内部不同钱包之间的资金转移，与收付款人之间的资金转移不存在直接关系。

结合上文所述，从离线的主体视角看，数字人民币的离线支付又可分为双离线支付、付款人端的单离线支付、收款人端的单离线支付，三类离线支付均主要包含付款人（主动或被动）向收款人发出支付指令、收款人向保管人发送授权请求（包含身份验证信息和交易信息）、保管人向收款人发回授权结果并扣款等信息交互行为。不过，三类离线支付所涉信息交互行为的实现途径存在差异：例如，付款人端的单离线支付和双离线支付通过近场通信等方式发出支付指令，而收款人端的单离线支付仍然使用互联网；付款人端的单离线支付为实时扣款，而收款人端的单离线支付和双离线支付还可实现延时扣款。

与传统人民币情形下的离线支付相比，数字人民币的离线支付在支付流程、信息交互行为、技术应用等方面存在较大的相似性；因此，数字人民币的离线支付本质上仍为基于收付款人之间的货币债务关系、收付款人与保管人之间的支付服务关系，通过特定保管媒介、支付工具和通信技术完成货币债务清偿的过程。但另一方面，数字人民币离线支付与传统人民币最大的区别在于，数字人民币以加密币串形式体现的不可挪用性，使用户脱离了与商业银行之间的储蓄存款关系，可以更有效保护离线状态下用户的财产权；此外，数字人民币在不同商业银行或支付机构和使用场景中的互联互通属性，使得用户无需在现金、银行存款、第三方支付账户余额等货币形态之间转换，可进一步保障用户的货币财产安全和个人信息。[2]

---

[1] 由于已经实现两类钱包的绑定，用户在进行资金转移（数字人民币的转入或转出）时，IC 卡或可穿戴设备无需一直靠近手机。

[2] See Fabio Panetta, *A Digital Euro that Serves the Needs of the Public*：*Striking the Right Balance*, available at https://www.ecb.europa.eu/press/key/date/2022/html/ecb.sp220330_1~f9fa9a6137.en.html, last visited on March 30, 2022.

三、数字人民币离线支付的法律风险

(一) 针对付款人：重复支付

重复支付又被称为"双花"（double spending），是指在不考虑货币回笼的前提下，用户持有的特定金额货币被该用户多次重复使用，从而形成了一笔资金用于清偿多项等额货币债务的不法后果。如发生重复支付的情形，法律只能认定某笔资金的支付只能用于清偿一项货币债务，而无法清偿所有货币债务。[1]基于数字人民币保管媒介的多样性，其在离线支付状态下的重复支付主要体现为钱包数据篡改和延时重复支付。一方面，对于"价值型"硬件钱包而言，由于数字人民币的加密币串存储于钱包之中、无需第三方操作便可完成扣款，如数字人民币的持有者通过一定的硬件破解技术对硬件钱包中的加密币串实施篡改，使得钱包余额增加或余额不变但可多次使用，那么便会造成重复支付的后果。另一方面，如收付款人采用延时即"异步"（asynchronously）扣款的离线支付方式，在不设置支付限制的情况下，付款人事实上可以将钱包内同一笔数字人民币进行多次消费使用，因此同样造成了重复支付的后果。[2]

重复支付不仅使得收款人获得的数字人民币合法性难以被确认、破坏市场交易秩序，其还造成私人创造货币的事实、侵犯了国家的货币发行权，因此需要予以规制。对于数字化的货币，技术和法律是两类最主要的规制方式。在技术层面，以比特币为代表的区块链去中心化支付网络试图采用分布式记账和链式信息存储，以避免单方篡改支付信息、确保不会发生重复支付，因而其又被称为"价值互联网"，以区分于以中心化的在线支付所对应的"信息互联网"。[3]但此种方式仅适用于互联网在线支付的重复支付问题，在离线状态下，区块链上的各个节点无法实时验证交易信息，进而难以避免重复支付。[4]针对离线状态下的钱包数据篡改风险，我国部分商业银行、电信运营商和手机制造商拟采用安全等级更高的芯片设备和相关软件，以进一步增加内部加密币串被篡改的难度。[5]针

---

[1] 需要注意的是，数字人民币可能出现的重复支付作为一项技术问题，与数字人民币是否会弱化商业银行的信用创造能力不存在直接联系。

[2] See Bank of England, *Responses to the Bank of England's March* 2020 *Discussion Paper on CBDC*, available at https://www.bankofengland.co.uk/paper/2021/responses-to-the-bank-of-englands-march-2020-discussion-paper-on-cbdc, last visited on June 7, 2021.

[3] 参见［美］安德烈亚斯·安东诺普洛斯：《区块链：通往资产数字化之路》，林华、蔡长春译，中信出版社 2018 年版。

[4] 不过，已有一些商业机构尝试采用最新的区块链技术（如握手协议），力求实现离线状态下基于区块链技术的数字货币交易。参见天翼电子商务有限公司发明专利：《数字货币双离线支付方法及支付系统》（申请公布号：CN 111899007 A）。

[5] 当然，对离线支付次数和支付金额的限制也与硬件钱包的存储容量有关，如果支付次数过多、金融过大，可能增加硬件钱包带来数据处理的压力、使得支付时间过长，不利于发挥离线支付的高效优势。

对离线状态下的延时重复支付风险，我国央行和部分商业银行表示，将对离线状态下的硬件钱包的支付次数、支付金额等交易条件进行限制，以减少重复支付可能对收款人合法权利以及货币流通秩序的损害。[1]

然而，技术的迭代更新十分迅速，任何被加密保护的数据事实上均无法获得完全的无风险状态。[2]例如，在 Apple Pay 采用高强度加密技术的情况下，实践中仍然出现了无故被盗刷的现象。此外，数字人民币安全防护的水平需要与通过数字人民币实现的效益相平衡，这也会使得安全防护投入不会被单方重视。因此，数字人民币离线支付所导致的重复支付问题（特别是事后），仍然需要在法律层面被进一步规制。

（二）针对收款人：结算最终性不明

数字人民币在离线状态下的双重支付风险，会同时引发结算最终性不明的疑虑。"结算最终性"（settlement finality）是金融市场基础设施的核心概念之一，即收款人获得货币财产权的时间点可以被清晰确定；一般而言，已结算的货币被视为债务清偿完毕、无条件地不可撤销，如提交支付到最终结算发生的时间差过长、无法当日或即时完成，那么因系统参与者的破产等事由导致收款人无法取得货币财产权的风险便会加大。[3]

在离线状态下，数字人民币的结算最终性在多重支付，以及延时支付和双层运营模式的影响下存在不明确的状态。一方面，如付款人在破解"价值型"硬件钱包篡改金额后，将凭空创造的"假币"支付给不知情的善意收款人，收款人如何判断其真伪、是否可以即时享有相应的财产权利仍不明确。在善意收款人缺乏一定的技术认知能力的情况下，如否认收款人将之前获得的"假币"予以转让的权利、等到第三方如商业银行确认后才有结算最终性，可能会导致数字人民币流通效率的低下。另一方面，在延时离线支付情形中，付款人虽然已将收款人的数字人民币转移至收款人的钱包，但能否即时享有相应的财产权利同样仍不明确。如上文所言，在线状态下的数字人民币权属登记和变更由商业银行

---

〔1〕 "基于准账户"的硬件钱包由于其加密币串事实上存储在在线状态的商业银行中心化后台系统之中，其一般不会发生双重支付的情形。例如，根据中国银行的官方说明，受理准账户模式的硬件钱包的收款终端设备应当在线联机，且单个钱包余额上限不超过 5000 元。另外，根据欧洲央行发起的数字欧元调查，对离线支付的数量和价值设置限制是防止双重花费的重要方式。See European Central Bank, *Eurosystem Report on the Public Consultation on a Digital Euro*, 2021, p. 23.

〔2〕 Hanna Armelius, Carl Andreas Claussen, and Isaiah Hull, *On the possibility of a cash-like CBDC*, Sveriges Riksbank Working Paper, 2021, p. 7.

〔3〕 参见韩龙、毛术文：《人民币国际化条件下清算最终性与破产法的冲突与协调》，载《清华法学》2020年第 4 期，第 200 页。Committee on Payment Settlement System, *Core Principles for Systemically Important Payment Systems: Report of the Task Force on Payment System Principles and Practices*, 2001, p. 7.

负责、相关登记或变更信息会定期异步传输至央行；如出现跨行支付，则由央行负责进行权属登记和变更。如果采用 APP 钱包或"准账户型"硬件钱包的收付款人双方在离线支付后始终不在线，导致相关支付记录无法上传至商业银行或央行的信息系统，那么收款人是否能即时取得数字人民币财产权仍然存在不确定状态。

在技术层面，如上文所言，央行目前的方案事实上更加侧重于防止付款人的重复支付、维护财产安全和货币流通秩序，但这会间接造成结算最终性难以确定，进而造成货币流通效率的低下。例如，对于延时异步处理的离线支付，收款人所收到的数字人民币可能将被"冻结"，只有在重新联网的情况下才能正常使用；[1]此种被冻结的数字人民币的法律属性如何认定仍不明确，进而会影响到相应的货币顺利流通。瑞典央行甚至表示，基于防止多重支付的需要，离线模式下执行的数字货币交易不能被视为已结算，需要恢复到在线状态时进行认证。[2]因此，数字人民币离线支付所导致的结算最终性不明确的问题，同样需要在法律层面被进一步解决。

（三）针对第三人：匿名性与非授权支付等违法犯罪

货币的匿名性是指货币的表现形态本身或相关保管媒介、支付工具，不包含可被交易相对人或第三方识别货币持有人真实身份的任何信息。现金人民币的匿名性体现在货币表现形态本身，即硬币纸币本身不包含持有人的真实身份和相关交易信息。而传统人民币场景下互联网在线支付由于采用了互联网账户实名制以及银行账户、支付账户的实名制，因此不具有匿名性。对于在线支付场景下的数字人民币而言，其具有"去标识"意义上的匿名性，[3]即可在借助额外信息的情况下识别货币持有人的真实身份。具体而言，用户可通过手机号注册开立最低权限的匿名化钱包，商业银行、央行以及其他国家机关无法直接获取手机号和相关交易信息所对应的个人真实身份，除非因法定事由向电信运营商进行调取。[4]而如上文所言，可实现离线支付的"准账户型""价值型"硬件钱包的匿

---

[1] 参见中国工商银行股份有限公司发明专利：《基于数字货币的离线支付方法、终端及代理投放设备》（申请公布号：CN 109493016 A）。

[2] See Sveriges Riksbank, *E-krona pilot Phase* 1, 2021, p. 16.

[3] 参见《中华人民共和国个人信息保护法》第 7 条、第 43 条。

[4] 根据央行数研所负责人的介绍，数字人民币账户并不必然跟手机号码绑定，目前与手机号码绑定只是为了便于接收验证码等信息，将来也可能会出现其他的认证方式。此外需要注意的是，手机号注册的效果是对央行匿名而非政府匿名，因为要符合手机号的实名制规定。参见《电话用户真实身份信息登记规定》第 6 条第 1 款规定，电信业务经营者为用户办理入网手续时，应当要求用户出示有效证件、提供真实身份信息，用户应当予以配合。第 12 条第 2 款规定，电信业务经营者及其工作人员对在提供服务过程中登记的用户真实身份信息应当严格保密，不得泄露、篡改或者毁损，不得出售或者非法向他人提供，不得用于提供服务之外的目的。

名属性更强，此种匿名性不仅体现在硬件钱包的开立无需真实身份信息，更在于商业银行等第三方主体无法在离线状态下即时获取该钱包相关的货币流转信息（即不具备可追踪性），相关信息仅由收付款人双方知晓。

数字人民币离线支付所展现的匿名性，加大了有效应对上文提及的重复支付，以及非授权支付、洗钱、逃税等违法犯罪活动的难度，例如，在违法犯罪活动发生后，司法机关难以及时确定具体的违法犯罪行为人。此外，此种匿名性与"不挂失"相关，因而也不利于数字人民币持有人在遗失特定钱包或支付工具，或支付工具的数据不慎被清除（如手机被格式化或恢复出厂设置）时，如何维护其财产权利，最大程度挽回损失；以及在收款人因商品退货等事由需要返还数字人民币时，如何识别持有人的身份。特别对于加密币串仅被存储于"价值型"的硬件钱包而言，其拥有最接近现金人民币的匿名性，如持有人不慎遗失，其便难以通过第三方找回其遗失的数字人民币。在技术层面，由于匿名性本身便是数字人民币的一大亮点，目前我国央行并未对匿名性状态下的财产权保护提供相应的技术解决方案，而是凸显匿名性所带来的个人信息保护优势，以及强调要与反洗钱等公共利益相平衡。在此背景下，法律更需要发挥保护货币财产权保护的角色，并且为平衡个人信息保护与反洗钱提供更完善的制度保障。

四、数字人民币离线支付的法律规制完善

（一）明确离线状态下数字人民币的私法属性

由上文可知，不论是离线状态下如何对数字人民币实施交易限制，还是如何确立数字人民币的结算最终性，其均涉及数字人民币持有人享有多大的财产权的问题；此外，商业银行等离线支付服务提供者应当对数字人民币持有者履行何种性质的法律义务，亦取决于离线状态下数字人民币在民事交易层面的私法属性。因此，明确离线状态下数字人民币的私法属性，是对数字人民币离线支付实施法律规制的前提与基础。

1. 财产权属性：特殊的货币服务债权

在传统学理上，货币一直被视为特殊的动产来看待，除了封金、专户等情形外，其适用"占有即所有"的物权取得规则，其甚至可适用于非实体性的银行存款。不过，随着证券结算资金、金钱质押等特殊货币状态的出现，"占有即所有"规则亦面临了诸多质疑。尽管数字人民币的经济本质仍然是货币，但对于极其注重财产实体外观的私法而言，数字人民币不可能也没有必要被视为物权客体或动产，从而通过适用"占有即所有"规则迂回实现私法促进货币流通的功能。其核心原因在于，相较于个人通过现金人民币的实物本体的占有实现对现金人民币的所有，由于数字人民币以可变更的加密币串为表现形态，而加密币串必须存储于由第三方提供的相应保管媒介和支付工具、个人无法通过记录等方式实现对相应加密币串的占有。这不仅使得数字人民币的特定性较弱，更使得个人行使数字人民币财产权需要在很大程度上依赖于以商业银行为代表的第三方。再加上数字人民币财产权的行使必须通过非实体性的电子支付指令进行，其更加无法被完全归属于任何一种物权客体之中。[1]虽然在离线状态下，持有人通过"价值型"硬件钱包使用数字人民币、更新相应的密币串，在短时间内无需商业银行的第三方的参与，但硬件钱包及相关的支付服务仍然是由第三方提供的，持有人无法仅凭自己的努力实现此种硬件钱包内数字人民币的转移。

因此，不论是在线状态还是离线状态，数字人民币只能被视为持有人可向商业银行等第三方行使、由央行保障其国家信用的货币服务债权。以作为指定运营机构的商业银行为例，此种货币服务债权具体可分为三个层次：其一，持有人请求商业银行开立其需要的数字钱包，并为其执行充值、兑出、支付等支付指令；[2]其二，持有人请求商业银行谨慎保管其数字钱包中的数字人民币，并采取技术手段确保数字钱包相关数据不被篡改，及其依托的数字人民币信息网络的抗攻击性；其三，由央行保障的国家信用只能间接地体现在数字人民币发行运营过程中，自身的内部管理（如个人信息保护）和对商业银行等第三方的监管（如破产时的国家"担保"）上，而不等同于法律意义上对央行可直接行使的债权。

2. 结算最终性

数字人民币的货币服务债权属性决定了其在离线状态下具有特殊的结算最终性。离线状态下数字人民币的结算最终时点应当是收款人的钱包余额发生变动即收款到账之时。虽然此时可能会出现收款人通过双重支付使得收款人获取"假币"的现象，但基于收款人的保护善意收款人的需要，其结算最终性应当以到账为准而非以联网后交易同步为准。[3]但另一方面，在延时支付情形下，收款人应当履行及时交易同步的义务。根据数字人民币 APP 相应页面也提示，如收款人未收到交易金额或交易异常，在联网后应第一时间进行交易同步。不过，收款人是否及时进行交易同步是其风险自担的表现，其不影响数字人民币结算最终时点的确定。

在明确离线状态下数字人民币的结算最终时点的前提下，法律应当明确只有

---

[1] 此外，尽管《中华人民共和国民法典》承认了网络虚拟财产和数据的合法地位，但在相关法律不完善的情况下，将数字人民币视为网络虚拟财产或数据并无太大实践意义。

[2] 参见《数字人民币 APP 用户服务协议》《中国银行电子钱包用户服务协议》《中国工商银行电子钱包用户服务协议》。

[3] 这类似于考虑到银行卡持卡人的有限理性即不可能无限提高谨慎注意水平，因此不能让持卡人承担过重的责任。参见彭冰：《银行卡非授权交易中的损失分担机制》，载《社会科学》2013 年第 11 期，第 86 页。

通过智能合约实现数字人民币"特定化"的结算最终性，才具有对抗破产撤销权的优先效力。如上文所言，在传统的电子化清算结算领域，具有最终结算优先效力的领域，主要是由大型金融机构作为结算参与人、由清算机构作为中央对手方的证券或衍生品，由于数字人民币的行内交易不存在结算参与人、可实现脱离中央对手方的点对点支付，基于防范系统性金融风险的最终结算优先效力并无适用的意义。不过，当数字人民币基于防范预付资金挪用、规范财政资金流转等公共利益需要而通过智能合约支付的，不论其通过在线或者离线方式支付，为了防止相关公共利益无法实现，应当赋予其最终结算的优先效力。未来在建立数字人民币支付服务监管制度时，可参考国际清算银行等国际组织发布的《金融市场基础设施原则》（PFMI），明确数字人民币加载智能合约时的最终结算优先效力。[1]

（二）明确离线状态下数字人民币的公法属性

与数字人民币的私法属性不同，数字人民币在离线状态下的公法属性体现了对数字人民币财产权实施的一定限制，其集中体现于数字人民币的法偿性。

从技术条件和价值衡量两个层面考量，离线状态下的数字人民币不具有无限制的法偿性，而是具有比现金人民币和在线状态下的数字人民币限制性更强的有限法偿性。一方面，货币的法偿性指国家发行的货币在支付过程中的债务清偿效力，除了双方当事人协商一致使用其他货币形态（如银行存款）之外，如货币债务人使用国家货币进行支付，具有足额的货币债务清偿效力。[2]在我国法律中，货币的法偿性更为严格，即人民币是法定货币，任何单位和个人不得拒绝接受。由于个人无需依赖其他主客体便可自由使用现金人民币，且现金人民币的物理本体不承载其他功能，不论是债务清偿还是更严格的不得拒绝接受效力，现金人民币的法偿性效力不受技术条件的任何限制。但对于数字人民币而言，由于持有人不得不依赖相应的保管媒介和支付工具才可使用；此外，一些专为离线支付使用的多功能支付工具（如校园卡账户与数字人民币硬件钱包合二为一）突破了现金人民币的单一实体属性，其更加难以被普遍接受。因此，数字人民币仅能在收款人具备接收条件的前提下具有法偿性，如收款人拥有与付款人相同类型的保管媒介或支付工具。

另一方面，离线状态下数字人民币的法偿性更需要考虑付款人、收款人、央行及商业银行等各方利益的衡量。货币法偿性体现了对收款人使用何种货币的权利限制，以通过强制性手段保障货币的顺利流通和普遍认可接受。不过，出于对

---

〔1〕 Committee on Payment and Settlement Systems and International Organization of Securities Commissions, *Principles for Financial Market Infrastructures*, 2012, p. 64.

〔2〕 参见柯达：《货币法偿性的法理逻辑与制度反思——兼论我国法定数字货币的法偿性认定》，载《上海财经大学学报》2020 年第 6 期。

用户行使数字人民币财产权的保护，数字人民币离线支付从支付次数、支付金额等方面限制了付款人的支付能力，其同样也限制了数字人民币的法偿性。我国央行之所以组织推出数字人民币离线支付产品，主要目的是让电子支付产品的便捷性和隐私保护功能更加贴近现金人民币，从而使数字人民币持有人获得与现金人民币相似的体验感。而为了实现此种目的，央行和商业银行应当更应当通过市场化手段而非法偿性等强制性手段促使离线状态下的数字人民币被公众认可接受。

对此，法律应当厘清现金人民币、数字人民币（在线状态）和数字人民币（离线状态）的法偿性差异，根据离线支付的特殊性设置收款人不得拒收数字人民币的例外情形。具体而言，基于保护收款人合法权益和货币流通秩序的需要，结合付款人的信用水平和数字钱包的数据处理能力，对其离线次数、金额限制、离线时间实施差异化的限制。[1]如付款人的离线支付不符合此种限制安排，收款人便有权拒绝付款人提出的支付要求。

（三）建立匿名与实名相结合的保管媒介管理机制

如上文所言，离线状态下数字人民币的匿名性对我国以实名制为导向的现金、账户和网络管理制度带来了较大挑战，因此需要根据数字人民币的技术特性对实名制予以调整。我国央行负责人也表示，数字人民币既不能完全照搬银行或支付账户的管理模式，也不能完全套用纸币的管理逻辑，"该打破的要打破，该约束的要约束"。据此，应当在可充分发挥数字人民币技术优势的前提下，结合现金与账户的既有管理规定，对数字人民币的保管媒介——APP钱包和两类硬件钱包实施匿名与实名相结合的管理机制，这对离线支付而言尤为重要。

具体而言，首先，确立数字人民币APP钱包部分匿名、两类硬件钱包购买或使用时匿名的原则，以充分发挥数字人民币近似于现金的便利性与隐私性。对于APP钱包，应当承认仅用手机号码等方式注册、未绑定银行账户情形下的第四类钱包的部分匿名性，用户通过该钱包使用数字人民币时享有个人信息不被收集的合法权利。对于两类硬件钱包，应当确立用户在购买和使用时无需向商业银行提供个人信息，当钱包内余额不足需要充值时，商业银行才有权处理相关个人信息。当然，为了防止硬件钱包用于洗钱等违法犯罪活动，用户购买时的卡内金额应当控制在小额范围之内。在未来制定数字人民币管理制度时，应明确第四类APP钱包、两类硬件钱包不适用反洗钱、网络安全以及个人信息保护的相关法律规定，且在身份和交易资料保存时限的规定方面适应行使个人信息删除权的

---

[1] See Sveriges Riksbank, *E-krona Report：E-krona Pilot Phase* 2, 2022, p. 20. 不过，如果出现长期的脱网事件（如严重的自然灾害），对离线支付设置金额上限等约束可能会降低法定数字货币支付系统的可用性和弹性。See Bank of International Settlements et al., *Central Bank Digital Currencies：Foundational Principles and Core Features*, 2020, p. 15.

需要。

其次，按照现金管理的基本思路对两类硬件钱包的大额充值（兑入）进行管理。价值型号和准账户型号的硬件钱包匿名性更强，其在使用方式上更接近于现金。针对大额现金的提取，我国通过《现金管理暂行条例》和开展大额现金管理试点，对大额现金管理的金额起点、取现预约、取现登记以及风险防范等内容进行了规定。[1]为了在不侵犯个人信息权益和数据安全的前提下实现对货币流向的及时监测，应当对通过 APP 钱包或其他途径向两类硬件钱包兑入数字人民币的金额进行限制，具体限制金额还应当考虑钱包持有主体的类型（如个人还是企业）和该钱包所依附支付工具的其他功能种类，此外还应当建立相应的兑出登记和资金监测机制。需要注意的是，此种金额限制对象是 APP 钱包或其他账户的持有人，因此不与硬件钱包本身的支付限额存在冲突。

最后，按照银行账户与支付账户管理的基本思路对 APP 钱包进行管理。APP 钱包的开立或使用与一般的银行账户和支付账户基本一致，虽然第四类 APP 钱包仅由手机号注册便能开立，但前三类钱包的实名程度与银行或支付账户相当。基于 APP 钱包同样面临被非法使用的风险，银行或支付账户管理基本思路也应当适用于此类钱包。对此，除了对前三类钱包实施实名制开立（客户身份识别）之外，商业银行应当履行尽职调查义务，防止 APP 钱包被用于出租、出借以及从事其他违法犯罪活动，并实施客户身份资料和交易记录保存、大额交易与可疑交易报告制度。此外，基于数字人民币可搭载智能合约的特性，商业银行应当履行相应的资金监测义务，防止受智能合约限定的 APP 钱包资金被用于与智能合约所实现目的不符的用途。

（四）实施数字人民币离线支付服务的准入和日常监管

除了从微观层面确立离线状态下数字人民币的法律属性、对数字钱包这一保管媒介实施特殊管理机制之外，还需要从宏观层面对参与数字人民币发行运营的相关主体实施监管，其更侧重于对数字人民币持有人进行事前性的财产权保护。如上文所言，数字人民币实施央行提供发行额度并组织跨机构清算、商业银行面向个人用户提供支付服务的双层运营模式，而提供离线支付产品或服务的电信运营商等主体可视为商业银行的"外包"机构，即受到商业银行的委托提供相应支付服务。数字人民币离线支付的准入与监管，也应当在双层运营模式下进行确定。

1. 市场准入监管

对于作为指定运营机构的商业银行而言，数字人民币离线支付服务的准入监

---

[1] 参见《中国人民银行关于开展大额现金管理试点的通知》（银发〔2020〕105 号）。

管需要体现为一般支付机构的市场准入以及作为指定运营机构的市场准入，并同时体现离线支付的特殊性。结合从数字人民币离线支付的类型和设计初衷来看，其应当具有小额、临时、近程的政策导向。其一，为了减少双重支付等风险带来的损失，因而数字钱包在特定时期内的离线可支付金额不宜过高。其二，离线支付主要解决突发性事件等紧急场景下的支付难题，其难以发挥在线支付环境下央行意图通过数字人民币实现的其他公共目的（如负利率政策），[1]因此在社会生活安定时期，仍需要以在线支付为主；此外，离线支付无法完全脱离在线支付，其仍需要电源和网络连接，以便重新兑入或兑出资金。[2]其三，离线支付主要应用于面对面交易，只有与其他支付工具组合时才可用于网络远程交易。

基于此，首先，由于支付结算业务属于商业银行的基本业务之一，提供数字人民币离线支付服务的商业银行事实上可以自动满足一般支付机构的准入条件，如法定数额的资本金，以确保其损失吸收能力。此外，商业银行还需具备与提供离线支付服务相匹配的安全保障措施、技术能力和支付业务基础设施，有健全的公司治理架构、内部控制制度、风险管理措施等。其次，作为数字人民币的指定运营机构，商业银行还需要在社交、电子商务等方面已有较成熟的业务网络，以便于尽快推动数字人民币的流通。最关键的是，商业银行已经拥有具备一定规模数量、较为适合使用数字人民币离线支付服务的群体作为目标用户，如老年人、中小学生等。最后，商业银行已与具备较强技术水平的电信运营商、手机制造商等机构开展商业技术合作，以确保离线支付服务的安全可靠性。特别是与其他社会公共服务功能（如学生证）相结合的卡式支付工具，其公共属性更强、风险外溢性更大，以及支持双离线支付的"价值型"硬件钱包，法律上应当对这两种离线支付服务实施更严格的技术准入条件。

2. 日常行为监管

数字人民币离线支付服务的日常行为监管，以商业银行履行财产保护义务为核心，其主要体现在用户"适当性"、个人信息及数据安全保护两方面。一方面，实施离线支付服务的用户适当性管理。具体而言，基于离线支付存在的财产损失风险更大，可参考证券投资者适当性的制度规定，对拟使用离线支付服务的用户的风险识别和承受能力进行评估，之后为其提供与其风险能力相匹配的离线支付服务。在该用户开启离线支付服务之前，商业银行应当对其进行充分的风险提示，详细说明离线支付可能存在难以挂失等财产安全风险。此外，由于恶意重复支付或延时支付后不及时联网会损害数字人民币的正常流通，商业银行可建立

---

〔1〕 See European Central Bank, Report on a Digital Euro, 2020, p. 31.

〔2〕 Tony Richards, Chris Thompson, and Cameron Dark, *Retail Central Bank Digital Currency: Design Considerations*, Rationales and Implications, Reserve Bank of Australia, Working Paper, 2020.

相应的信用评价机制，以评估用户之后是否能再次使用离线支付服务。如果商业银行未尽到财产保护义务而造成用户的数字人民币被盗用，且未能证明用户存在过错，可参照银行卡盗刷相关法律规定，要求商业银行承担相应的赔偿责任。

另一方面，由于作为指定运营机构的商业银行相当于承担了数字人民币发行的"中介"角色，其具备较强的公共性，因此应当参照国家机关处理个人信息的标准，要求商业银行在法定范围、严格按照法定程序处理离线支付中的个人信息。当然，由于相较于在线支付，离线支付对使用者的信用水平和风险能力要求更高，商业银行可基于比例原则收集处理相应的个人信息。此外，由于数字人民币以加密币串为表现形态，商业银行的财产安全保护义务本质上是数据安全保护义务、对资金流的保护本质上是对数据流的保护，[1]商业银行应当按照《中华人民共和国数据安全法》等法律法规的规定，加强数字人民币离线支付的数据风险监测和风险评估。值得注意的是，商业银行在将数字人民币离线支付的部分服务委托给电信运营商等主体时，不得泄露个人敏感信息和重要数据，同时不得将原属于自身的个人信息和数据安全保护义务转移至第三方主体。

---

[1] 参见李晗：《大数据时代网上银行的安全保障义务研究》，载《当代法学》2016年第4期，第188页。

中国金融科技治理模式变迁及其逻辑

唐士亚*

摘要： 金融科技治理强调公私主体之间的持续互动，以及公权力与私权利之间的利益平衡。审视 2007 年以来中国金融科技治理模式变迁的历史图景，可以发现中国金融科技治理依次呈现为"包容性治理模式"（2007—2015 年）、"运动式治理模式"（2016—2018 年）和"合作型治理模式"（2019 年至今）。三个阶段的金融科技市场状况和治理思路均存在显著差异。中国金融科技治理模式的变革既深受金融科技治理理念、金融科技市场结构、国家宏观调控等因素的影响，又因为持续引入新兴技术而大幅提升了治理效率。未来中国金融科技治理的走向将是政府有限主导、市场主体积极参与的多元治理模式，并实现金融科技治理"科层逻辑"与"技术逻辑"的双向互嵌。

关键词： 金融科技；治理模式；运动式执法；合作治理；监管科技

一、如何理解治理语境中的互联网金融与金融科技

（一）互联网金融与金融科技的概念梳理

近年来，随着云计算、大数据、人工智能和区块链技术在金融业的创新应用，科技正在逐步改变金融业的商业逻辑，助推金融业向数字经济、智能经济的方向演进。在此背景下，金融稳定委员会（FSB）将金融科技（financial technology，FinTech）定义为"通过技术手段推动金融创新，形成对金融市场、机构及金融服务产生重大影响的业务模式、技术应用以及流程和产品"（FSB，2016）。中国人民银行印发的《金融科技（FinTech）发展规划（2019—2021 年）》（银发〔2019〕209 号，以下简称《金融科技发展规划》）指出："金融科技是技术驱动的金融创新，旨在运用现代科技成果改造或创新金融产品、经营模式、业务流程等，推动金融发展提质增效。"

当人们提及金融科技时，必然会联系到互联网金融（Internet Finance）这一

---

* 唐士亚，福州大学法学院副教授，法学博士。

概念。互联网金融的字面含义是互联网技术和金融模式的结合，一般被认为是一个仅在中国业界与学界使用的名词（陈荣达、余乐安、金骋路，2020）。"互联网金融"概念在 2012 年被谢平提出后，主要指涉"既不同于商业银行间接融资，也不同于资本市场直接融资的第三种金融融资模式"（谢平、邹传伟，2012）。通常认为欧美成熟金融市场没有"互联网金融"，主要原因在于欧美金融市场本身具有成熟的产品与服务体系，且金融监管规则完善，全新的金融模式无法在激烈的市场竞争中快速发展，因此欧美市场中的"互联网金融"主要侧重互联网技术在传统金融模式中的应用。

金融科技在本质上是一种"破坏性创新活动"（许多奇，2018），对比互联网金融，科技元素对金融科技的渗透与影响更为明显。金融科技除了对互联网技术的利用之外，还深度融合了人工智能、机器学习、区块链等多种新型技术，诸多科技元素深刻改变了金融业的商业模式、交易主体、风险来源和监管范式（唐士亚，2021）。对于互联网金融与金融科技之间的关系，本文认为互联网金融可视为金融科技的基础，金融科技则是互联网金融的升级。金融科技相比互联网金融，在金融业态上更为丰富，智能投顾、数字货币等陆续进入市场；在技术应用上更为先进，金融科技广泛应用了智能技术，应用场景涉及普惠金融、智能风控、供应链金融、智能网点等。

（二）中国金融科技治理模式的分析框架

金融治理是关于金融管理、协作以及共同利益协调的概念，强调组织间的相互依赖、成员间的持续互动和非政府主体的能动性，突出了公权力与私权利的交错互动及其协调。金融科技具有普惠性、民主性和大众性等特点，因此"金融科技治理"概念能比"金融科技监管"概念更全面地展示金融科技市场中成员互动、利益协调的全新面貌，更符合金融科技的未来发展方向，故本文选择了"金融科技治理"作为规范金融科技的基础概念。

2007 年我国首家 P2P 网贷平台—拍拍贷在上海成立，标志着互联网金融在中国的正式起步。2007 年至今，中国金融科技既有飞速发展的高光时刻，也有遭遇强力整肃的持续阵痛，金融科技表现为波浪式前进的发展样态。本文建立了一个"规范能力—技术能力"的金融科技治理模式分析框架，将 2007 年至今的中国金融科技治理模式分为 2007—2015 年、2016—2018 年和 2019 年至今等三个阶段（见表1）。在这个分析框架中，规范能力侧重引导、规范金融科技市场中不同主体的行为，确保金融科技的合规发展；技术能力聚焦提升不同主体利用数据资源、信息技术的能力，从而更好地促进金融科技的市场效率与治理效率提升。

表1 "规范能力—技术能力"框架下的中国金融科技治理模式划分

阶段	治理模式	规范能力	技术能力	治理能力评价
2007—2015 年	包容性治理	金融科技准入门槛低，初步明确了金融科技监管部门和治理标准	依靠行政科层体制内的信息报送系统，市场信息收集以监管报表收集为主	规范能力弱，技术能力弱
2016—2018 年	运动式治理	采取高频、高压手段强力整肃金融科技行业，实行央地协同治理	人工智能、云计算等高新技术陆续被引入金融科技治理之中	规范能力强，技术能力中等
2019 年至今	合作型治理	金融科技准入标准日益清晰，公私部门之间的合作治理得到普及	引入监管科技等技术治理手段，监管沙盒得到逐步推广	规范能力强，技术能力强

二、2007—2015 年：包容性金融科技治理

金融包容是与金融排斥相对应的概念，是指个体可以获得适当的金融产品与服务，以及具备使用金融产品与服务所必需的知识能力，体现了普惠金融的价值导向（冯果、李安安，2013）。包容性在法治领域体现为不再仅仅强调国家正式法律制度的中心地位，而是同样重视正式规则与非正式规则的功能互补与协调（张清、武艳，2018）。因此，包容性治理模式为金融科技在行业发展初期创设了较为宽松的自主空间，契合了长尾客户群体的简便融资需求，在相关法律规则不甚明晰的监管真空中保护了金融科技的创新动力。

（一）互联网金融兴起的技术基础与市场因素

事实上，中国互联网金融的迅速兴起具有深刻的社会转型背景，是在技术变革与市场需求共同作用下的必然结果。

第一，在技术层面，互联网金融的兴起建立在互联网技术和信息通信技术的大规模普及之上。移动互联网的普及加快了金融下沉速度，使得更多长尾客户群体可以享受低成本的碎片化金融服务；云计算和大数据技术提升了信用风险自动化建模和评估的效率，为基于海量数据处理的小额信贷和供应链金融奠定了技术基础（王达，2014）。

第二，在市场层面，我国资本市场和债券市场难以为广大中小微企业提供便捷可行的融资渠道，银行信贷部门始终占据主导地位，中小微企业在投融资方面存在着供给与需求的严重错位，这为主打普惠金融服务的 P2P 网贷、股权众筹融资、互联网小贷等互联网金融模式提供了巨大的发展空间。此外，社会盈余资

金难以在高成长性的证券市场和基金市场获得合理回报，而银行存款和类存款低息金融产品对普通民众吸引力有限，因此认购门槛低、名义收益率较高且认购赎回方便的"宝宝类"互联网金融理财产品受到了普通民众的热捧。互联网金融具有跨行业、跨领域的特点，在现行的金融分业监管框架下，监管部门对这一新兴金融业态存在着一个认知、评估和协调的监管过程，而在这一监管相对真空时期内，互联网金融的各种创新产品和业务获得了宽松的发展空间，实现了行业爆发式增长。

（二）包容性金融科技治理的基本原理

2007年6月，我国首家P2P网贷平台—拍拍贷在上海成立，[1]这也是国内第一家经政府工商部门批准从事"金融信息服务"的互联网金融平台，标志着互联网金融在中国的正式起步。2011年5月，"点名时间"平台上线，成为国内最早的独立众筹平台。2013年6月，蚂蚁金服推出"余额宝"理财产品，具有操作简便、零手续费、可随取随用等特点，目前已成为国内规模最大的货币基金。[2]在这一阶段，为支持金融科技的发展，我国金融科技治理体现为包容性治理模式，突出柔性治理制度和宽松治理环境对金融科技行业的包容与促进作用，给予新兴金融业态更多的试错与成长空间。宽松的市场准入政策是包容性金融科技治理最为典型的特征。例如在这一阶段，P2P网贷缺乏明确的准入规则，设立P2P网贷平台的门槛很低。通常P2P网贷平台公司命名为"××××金融信息服务有限公司"或"××××互联网金融服务有限公司"，只要在工商部门注册营业执照并向工信部门申请ICP许可证后，再向工商部门申请增加"互联网信息服务"业务，就可以开展网贷业务（唐士亚、郭琦，2021）。

应当指出，包容性金融科技治理并非纵容金融科技的野蛮生长。2015年7月，经过前期的充分调研，中国人民银行联合工信部、财政部、国家工商总局、原银监会、证监会、原保监会等十部委联合发布《关于促进互联网金融健康发展的指导意见》（银发〔2015〕221号），按照"依法监管、适度监管、分类监管、协同监管、创新监管"的原则，确立了网络借贷、互联网支付、股权众筹融资、互联网基金销售、互联网保险、互联网信托和互联网消费金融等互联网金融主要业态的监管职责分工，落实了监管责任，明确了业务边界。但严格来说，上述指导意见所确立的治理框架仍是粗线条的，互联网金融各业态的监管细则和操作规

---

〔1〕 2019年11月5日，上海拍拍贷金融信息服务有限公司更名为"信也科技"。

〔2〕 余额宝实质上是一款兼具理财（货币基金）+支付（实时消费）功能的产品。当支付宝用户将余额转入余额宝后，实际上就购买了天弘基金管理的增利宝货币市场基金。余额宝实行"T+0"的产品设计，转账当日即可获得收益，转出也可当日到账；余额宝内资金还可随时用于网购支付，完美满足了用户对于收益性和流动性的需求。

则有待进一步明确。

（三）包容性金融科技治理的风险积聚

风险传递和风险交易是金融业的基本特征。我国金融科技在实现迅猛发展的同时，行业积累的信用风险、流动性风险、法律风险、技术风险、数据安全风险等亦在不断叠加。自 2013 年开始，金融科技行业中的风险事件频发，P2P 虚假借贷、网贷平台跑路、股权众筹虚构筹资项目等恶性事件层出不穷。以 2015 年年底"爆雷"的 e 租宝为例，e 租宝平台的运营方——钰诚集团以高额利息为诱饵，虚构融资项目，持续采用借旧还新、自我担保等方式大量吸收公众资金，累计金额高达 500 多亿元人民币，涉及投资者约 90 万人。[1]根据网贷之家发布的《2015 年中国网络借贷行业年报》显示，2015 年全年问题平台数量达到 896 家，是 2014 年的 3.26 倍，其中平台跑路占 55%，提现困难占 29%，停业占 15%，经侦介入占 1%。[2]除此之外，金融模式的合法性问题也是高悬在金融科技之上的"达摩克利斯之剑"，例如股权众筹（亦称互联网非公开发行股权融资）面临着采用私募模式还是公募模式的争论（黄辉，2018），并需要规避《中华人民共和国证券法》（以下简称《证券法》）关于公开发行的限制。故股权众筹融资行为往往通过对投资者人数的限制以及宣传的特定方式，使其融资行为满足《证券法》上的非公开发行的要求（李爱君，2015）。

需要特别指出的是，我国金融科技存在的特殊的流动性风险—刚性兑付风险，加速了金融科技市场风险的积累。所谓刚性兑付，是指对于非保本的直接债务型融资工具到期兑付，发行人会以各种公开或非公开的方式完成本应由投资人承担的本金和预期收益的损失风险之兑付（唐彦斌、谢识予，2015）。基于我国金融市场现实情况和投资者对本金风险零容忍的心态，绝大多数金融科技模式通常会保证投资者本金的安全。但相比商业银行等传统金融机构，金融科技平台往往缺少对短期负债和非预期的集中兑付的应对能力（武长海，2017）。例如，我国监管机构对 P2P 网贷机构的定位是信息中介机构，只能进行借贷信息的中介撮合业务，而不能进行信用中介和信用担保业务。但在实践中，我国大部分 P2P 网贷平台并非严守信息中介机构的定位，而是普遍开展了自融资、资金池、资金期限错配等行为，并对出借人的本金提供隐性担保。在 P2P 网贷平台杠杆率普遍较高的情况下，若出现借贷金额较大的单一项目延期偿付或违约，或者多个借贷项目坏账集中出现，就会导致 P2P 网贷平台陷入流动性危机之中。

三、2016—2018 年：运动式金融科技治理

金融科技领域乱象丛生的现状引起了监管层的密切关注，自 2016 年起我国

〔1〕 参见《e 租宝涉嫌违规经营事件过程纪实》，载 https://www.wdzj.com/zhuanti/ezbzt/。
〔2〕 参见《2015 年中国网络借贷行业年报》，载 https://www.wdzj.com/news/baogao/25661.html。

监管层加快了对金融科技违法违规现象的整顿进度。2016 年 4 月 14 日，国务院组织十四部委召开电视电话会议，决定在全国范围内启动为期一年的互联网金融领域的专项整治行动。2016 年 4 月 12 日，国务院办公厅正式印发《互联网金融风险专项整治工作实施方案》（以下简称《实施方案》），[1] 随后中国人民银行、原银监会、原保监会、证监会、国家工商总局等部委相继跟进发布各自主管领域内的专项整治工作实施方案，在全国范围内掀起一场互联网金融的整治风暴。至此，我国金融科技治理完成了从包容性治理向运动式治理的转型。

（一）运动式金融科技治理的基本构造

执法领域中的"运动式执法"或"运动式治理"（campaign-style enforcement or governance）是当代中国社会治理中的独特现象，常见于公安、食品、环境、医疗卫生、金融等行业主管部门的行政执法行动中。在实践中，"运动式执法"主要表现为"专项行动""专项检查""百日攻坚"等具体形式，并要求在特定时间内针对特定的执法对象，完成特定的执法内容。"运动式执法"一般具有"从重、从严、从快"的倾向性，力图在短期内通过强制性、动员性的执法手段，实现特定的执法目标（唐贤兴，2009）。互联网金融风险专项整治行动可以解构成"一元主导，分块整治，央地协同"的基本构造，通过"运动""攻坚""动员"等治理技术，以一种非常规、强力治理的方式进行互联网金融专项整治。

1. 治理架构设计：政府主导下的一元执法体制

在互联网金融风险专项整治行动中，以人民银行、银保监会为主导的监管部门对内依靠科层制分解任务，实现整治任务的目标责任制；对外通过"权力支配"方式将互联网金融平台、行业协会、金融消费者等强制纳入整治进程中，在行政精英和金融专家设定的路线图和时间节点中快速推进既定目标，从而实现了行政权力主导下的治理强度倍增（周雪光，2012）。与此同时，中国互联网金融协会、新闻媒体等社会第三方力量在互联网金融专项整治中扮演着"附和者""报道者"的角色，在整治行动中并无能力形成对议程事项的明显影响。

2. 运行机制设计：分领域专项整治

根据《实施方案》及各部委相继跟进发布各自主管领域的专项整治工作实施方案的要求，原银监会负责主导 P2P 网贷的专项整治；证监会是股权众筹专项整治的牵头单位；原保监会负责主导互联网保险的专项整治工作；中国人民银行是支付机构专项整治的牵头单位；对于通过互联网开展资产管理及跨界从事金融业务的机构（如收益权转让、结构化理财等业务），则结合从业机构的持牌状

---

[1] 参见《国务院办公厅关于印发互联网金融风险专项整治工作实施方案的通知》（国办发〔2016〕21 号），载 http://www.gov.cn/zhengce/content/2016-10/13/content_5118471.htm。

况和主营业务特征，采取"穿透式"认定规则来确定对应的监管单位；金融管理部门和工商部门共同牵头整治互联网金融广告行业。

3. 组织关系设计：央地联动与部门协调

在中央部委层面，中国人民银行牵头成立互联网金融风险专项整治工作领导小组负责总体推进整治工作；人民银行、原银监会、证监会、原保监会、工商总局各自成立主管领域的工作领导小组。在地方政府层面，落实各省级政府为第一责任人，各省级政府成立地方领导小组，按照注册地对互联网金融机构进行归口管理，负责组织本辖区内的专项整治工作。在央地协同治理方面，在省级人民政府的统一领导下，中央金融管理部门的省级派驻机构与地方金融办（局）共同负责辖区内分领域专项整治工作。总体而言，互联网金融风险专项整治行动在组织结构上呈现出各级监管部门"条块结合，央地联动"的特征，保证了专项整治行动在全国范围内的统一部署及贯彻实施。

（二）运动式金融科技治理效果的规范评估

运动式金融科技治理在机构清理和秩序重建两方面给金融科技市场带来了深刻影响。

在机构清理方面，随着互联网金融风险专项整治行动的持续推进，据新闻媒体报道和第三方平台反馈的数据显示，专项整治行动取得丰硕成果，一大批问题机构受到责令整改、关闭等处置，互联网金融乱象得到初步遏制。例如，自 2016年 10 月专项整治行动启动以来，P2P 网贷平台在两个月时间内锐减 310 多家；截至 2016 年底，公安机关查处的互联网金融案件达 1400 起，处罚人员 4800 多名，涉案金额高达 5000 多亿元。[1]根据第三方平台——网贷之家发布的数据显示，截至 2017 年 12 月底，P2P 网贷行业正常运营平台为 1931 家，相比 2016年底减少了 517 家；[2]截至 2018 年 12 月底，P2P 网贷行业正常运营平台数量下降至 1021 家，相比 2017 年底减少了 910 家。[3]特别的，在 P2P 网贷开始实行严格的准入备案制后，[4]2018 年 7 月起全国再无新上线平台，网贷平台进入"零新增，去库存"的新阶段。

在秩序重建方面，运动式治理期间各类互联网金融监管政策的密集出台起到了对监管漏洞"查缺补漏"的作用。以 P2P 网贷为例，2016 年之前 P2P 网贷行

[1]　参见卢建波：《互联网金融专项整治成效显现》，载《金融投资报》2017 年 1 月 5 日，第 2 版。
[2]　参见《2017 年中国网络借贷行业年报》，载 https://www.wdzj.com/news/yc/1757515.html。
[3]　参见《2018 年中国网络借贷行业年报》，载 https://www.wdzj.com/news/yc/3652157.html。
[4]　根据 P2P 网贷备案制的要求，新增 P2P 网贷平台除了满足 ICP 经营许可证、国家信息安全等级保护三级认证和白名单内的银行存管这最基础的"三证齐全"条件外，接入"金融服务平台"APP 和"全国互联网金融登记披露服务平台"两大核心信息披露系统，以及接入人行征信系统、注册资本金达 5 亿元人民币以上等也成为 P2P 网贷平台备案的硬指标。

业缺乏明确的准入规则，导致大量"无资金、无技术、无风控"的"三无"平台充斥于市场之中。在互联网金融专项整治行动开启后，原银监会在 2016 年 8 月至 2017 年 8 月这一年时间内，相继发布《网络借贷信息中介机构业务活动管理暂行办法》《网络借贷资金存管业务指引》《网络借贷信息中介机构业务活动信息披露指引》，标志着网贷机构准入备案、信息披露、资金存管三大合规制度相继落地。

（三）运动式金融科技治理的规范能力反思

运动式金融科技治理的优势在于借助国家机器强大的组织动员能力，快速集中有限的金融治理资源，对金融科技存在的各类风险迅速开展整治，从而在短时间内取得显著的社会效果。然而，互联网金融风险专项整治的缺陷亦引人深思：其一，整治成本高企。金融专项整治通常以专项治理、集中整治等非常规方式进行，运动式执法效果取决于治理资源的投入多少，这就需要监管机构耗费巨大的人财物资源并处理好不同部门之间、上下级之间的监管协调。其二，整治效果存在反弹性。互联网金融风险专项整治的确可以起到立竿见影的效果，但治理结果却有反复性，一旦整治力度稍有减弱，此前被强力压制的违规互金产品（业务）即可能死灰复燃，整治效果的反复与反弹导致了治理资源的低效利用。其三，监管意志对市场判断的僭越。互联网金融专项整治追求行动高效，容易导致监管机构对市场实际需求和投资者利益诉求的忽视，依赖于行政许可、行政处罚和行政强制等手段，以监管意志替代市场判断，进而陷入整治的治乱循环。

金融制度的变迁有着明显的强制性特征，这使得金融制度的供需之间容易产生矛盾，进而引发一系列公权力与私权利之间的摩擦（王煜宇、何松龄，2018）。互联网金融滥觞于利率管制之下市场对普惠金融的迫切需求，互联网金融市场规则是在"摸石头过河"的状况下逐步发展起来，这就需要监管者以灵活而不失原则的治理方法去对待互联网金融存在的风险。但运动式金融整治所肩负的金融维稳压力，使得监管者的监管逻辑以维护市场稳定和风险出清为核心，导致容易轻易否认既有的市场实践规则和投融资主体利益诉求，不仅增加了行政治理成本，也人为割裂了监管者与被监管者的合作与沟通，引发监管与市场的对立。

四、2019 年至今：合作型金融科技治理

2019 年 8 月 23 日，中国人民银行发布《金融科技发展规划》，这是继 2017 年 5 月中国人民银行成立金融科技委员会之后，监管层首次在全国范围内以发展规划的方式对金融科技发展进行布局。在相继经历了宽松的包容性治理和严厉高压的运动式治理之后，监管部门在总结反思监管经验的同时，力图在效率与安全、守正与创新之间达成平衡，探索更适合中国国情的金融科技治理模式。在治理实践中，原来由监管部门作为单一治理主体的格局出现变化，金融科技治理越

来越基于市场交易的逻辑和需要，一定程度放权给市场主体，建立起监管部门、市场机构和社会公众共治的新型治理格局。

（一）合作型金融科技治理理念的更新

合作治理将公私伙伴关系和治理网络引入到治理结构中，丰富了政府治理工具箱，是对传统行政规制的有效补充，而非替代（宋华琳，2016）。在金融科技治理中，不同的市场参与主体有着不同的资源、能力和信息，有着自身的资源禀赋和不足，很难由监管部门单独完成市场治理任务，也很难由金融科技公司或行业协会依靠自我规制完成市场治理。因此，合作型金融科技治理的重心从科层制结构转向多中心治理网络，强调多元主体的合作参与，通过不同主体来共享、动员和聚合业已分散的市场治理资源，协调不同主体的行动和利益，进而实现金融科技治理目标（李玫，2013）。

合作型金融科技治理对此前我国金融科技的包容性治理和运动式治理的更新体现在：其一，在市场治理中引入金融科技公司、金融消费者、行业协会等私主体，契合了市场机制的竞争性和开放性。以创新性、灵活性为特征的金融科技私主体，可以通过内在激励性手段强化自我合规管理，促使合作治理发挥着风险分散、资源优化的独特功能。其二，通过监管者、监管对象以及社会组织之间的多元主体合作，提升了市场整合程度和市场运转效率，在更频繁的多元主体互动中降低了金融科技治理的信息成本和治理风险。其三，通过公共部门和私人部门的合作，以及政府与市场双轨制运作，促使监管者与监管对象达成监管互信，建立维护金融科技市场整体利益的信任关系（林建浩、陈良源，2021）。其四，合作型金融科技治理承认多元规范的个体与整体作用。除了金融法律法规之外，行业自律规范、金融科技公司内控规范、金融科技标准和金融发展规划等同样可以构成金融科技治理的规范分立系统。

（二）合作型金融科技治理实践案例：监管沙盒的应用

合作型金融科技治理作为一种具有软法性质的治理范式，采取诱导性的利益激励方式和协商对话机制，改变了运动式治理的"高压"姿态，又避免了包容性治理对市场缺乏硬性约束的弊端，可以给予市场主体一个相对稳定、安全的发展空间。这方面的实例，可以从监管沙盒（Regulatory Sandbox）中得以窥见。英国金融行为监管局（Financial Conduct Authority, FCA）于2015年率先推出监管沙盒，通过设置一个内嵌于真实市场的"安全空间"，在申请测试主体的要求、测试项目的要求、测试流程等方面做出特殊规定，对那些具有良好发展潜力但现阶段无法完全满足合规要求的金融创新产品（业务）进行试验，进而根据测试结果决定是否将测试项目推向市场（FCA，2015）。目前监管沙盒得到了全球监管机构的普遍认可，英国、美国、澳大利亚、新加坡等国家已开展具有各自特色的应用实践。我国于 2019 年 12 月开始在北京进行监管沙盒试点，截至 2020 年底，监管沙盒试点范围已扩大到上海、广州、深圳、重庆、杭州、苏州等 9 个试点城市，合计达 70 个创新应用。[1]

监管沙盒在制度设计上为金融科技创新在特定时空范围内降低了准入门槛并放宽监管限制，不仅不会对现有金融监管法制造成冲击，相反还可以作为克服法律滞后性的相机抉择制度安排（张景智，2018）。在监管沙盒中，监管部门可以在风险可控的前提下甄选真正的金融创新，深入了解金融科技公司的创新需求，并与金融科技公司保持全程沟通交流，并在沙盒测试中接受金融消费者对金融科技创新的反馈，实现了公私主体平等协商的良性互动（刘盛，2021）。监管沙盒基于充分合意的测试规则构建，以及以金融消费者保护为核心的监管沙盒基本原则等，都体现了公私双方主体行为的对等性，即与管制性监管手段相比，监管沙盒更加注重各参与主体在平等沟通的基础上，对测试规则和科技创新展开微观层面的试验。

（三）合作型金融科技治理的技术能力变革

合作型金融科技治理对比包容性治理和运动式治理的巨大突破体现在对治理信息更全面的获取与共享中，直接带动了治理技术能力的飞跃。合作型金融科技治理需要明确风险信息治理的责任主体与共享程序。

第一，明确承担金融科技风险信息收集和管理的责任主体。在我国金融科技治理体系中，中国人民银行具有明显的优势地位。中国人民银行不仅在 2017 年 5 月成立金融科技委员会，还在 2019 年 8 月发布《金融科技发展规划》，因此赋予其整合和管理金融科技风险信息的职责具有充分的现实根据和正当性。但现行《中华人民共和国中国人民银行法》缺少对人行及其分支机构履行信息收集和整合职责的规范，不利于全国金融科技治理的信息统筹。因此，赋予中国人民银行及其分支机构相应的信息收集、处理和整合权限，明确其在金融科技治理体系中的"信息交汇中心"地位，是合作型金融科技治理的应有之义。

第二，明确金融科技风险信息的共享程序。金融科技风险信息共享程序包括了信息共享的方式、时限和责任等要素，涉及政府主体、企业主体和消费者主体等。如前文所述，中国人民银行可作为政府主体的金融科技风险信息中心，承担着人民银行、银保监会、证监会等主要金融监管部门的金融科技信息整合职责；中国互联网金融协会作为行业自律组织，可以为各类金融科技企业提供一个信息整合的行业组织基础。在监管科技的浪潮下，金融科技风险信息共享的可行路径

---

[1] 参见《监管沙盒元年：从 9 个试点城市 70 个项目中能发现什么线索》，载 https://www.thepaper.cn/ newsDetail_forward_10600373。

是利用人工智能、区块链、大数据技术等建立数字化的信息共享机制。在数字化信息共享机制中，监管机构能为金融科技企业提供各种监管应用程序接口，并通过统一的协议交换数据和生成报告；金融科技企业能够及时获得监管机构的信息推送和合规指导，降低了企业合规风险和信息获取成本（徐忠、邹传伟，2021）。

五、中国金融科技治理模式变迁中的科层逻辑与技术逻辑

（一）中国金融科技治理模式变迁中的科层逻辑

2007 年至今，我国金融科技治理模式经历了包容性治理模式、运动式治理模式和合作型治理模式的变迁，金融监管机构在我国金融管制传统浓厚的社会背景下，初步建立了适应我国市场需求的金融科技治理模式。最初的包容性治理模式在治理技术和治理规则上尚停留在较为粗糙的阶段，缺乏具有实操意义的治理规则，在金融科技飞速发展的同时也积聚了巨大的法律风险；尔后的运动式治理模式依靠高强度、高频率的专项整治行动，固然可以快速整治问题金融科技平台，但也存在用"监管意志"生硬取代"市场判断"的弊端，严重影响了金融科技的投资环境和市场信心；现今的合作型治理模式通过监管沙盒、监管科技等方式，赋予了公私主体合作治理的途径，实现了金融科技治理的社会化和智能化发展，但也存在合作治理的程序、范围、责任不甚明确等不足。

如表 2 所示，2007 年以来的中国金融科技治理模式变迁中的治理逻辑主要体现在以下几方面。

表 2　中国金融科技治理模式变迁中的治理逻辑

阶段	治理模式	治理背景	治理理念	治理方式
2007—2015 年	包容性治理	金融科技市场萌芽阶段	鼓励金融科技产品和服务发展	设置底线规则，给予金融科技较为宽松的发展空间
2016—2018 年	运动式治理	金融科技市场风险事件频发	出清风险，强化政府对金融科技市场的管控	高频率、高强度的专项整治行动
2019 年至今	合作型治理	重塑金融科技市场的投资信心	鼓励公私合作治理，实现金融科技治理主体的多元化	利用监管沙盒、监管科技等方式实现公私合作治理

第一，治理主体从单一到多元。在治理主体上，我国金融科技治理模式经历了从单一主体到多元主体的变迁过程，由早期的政府单一主体治理的全能主义模式发展为政府、市场、社会合作治理模式。在包容性治理和运动式治理阶段，金融监管机构作为唯一的治理主体拥有绝对的话语权。在开启合作型治理阶段后，

金融监管机构主动吸纳金融科技公司、金融消费者进入治理主体结构之中，"政府主导+多主体参与"成为合作型治理的显著特征。需要指出的是，"政府主导"始终是我国金融科技治理的主基调，政府依然是目前最重要的金融科技治理主体，这不仅是因为政府拥有强大的技术能力与治理资源做支撑，还同时因金融秩序的公共属性决定了政府在治理结构中必须占据最重要的位置。

第二，治理强度从"放松"到"高压"再到"平衡"。在治理强度上，早期的金融科技包容性治理以"原则监管"（principle-based supervision）为主要方式，在划定业务底线的基础上，一般不对监管对象做过多过细要求，较少介入或干预具体业务（张晓朴，2014）。在运动式治理阶段，强度逐步加码的专项整治行动导致一大批中小金融科技公司因高昂的合规成本抑或过重的担保责任而被迫离开市场，"穿透式监管"成为治理常态。在合作型治理阶段，金融监管机构力图通过监管沙盒等治理工具创新，实现促进金融创新与保障金融安全之协调，在"放松"与"高压"的中间地带达到平衡。

第三，治理目标从"秩序维稳"到"利益平衡"。在中国金融市场语境中，"稳定"在市场治理中处于至关重要的地位，维稳成为具有超然价值的概念。在经历了金融科技运动式治理带来的市场剧烈震荡后，合作型金融科技治理更加注重激发市场活力，引入多元主体参与市场治理，在国家利益（监管机构）、商业利益（金融科技公司）和消费者利益（金融消费者）的平衡中彰显了金融科技的开放性、广泛参与性等特征。

总体而言，上述三种金融科技治理模式虽然各有不同，但在治理结构上都大致遵循了科层制运作的基本原理，体现为权威化治理和专职化治理（丁轶，2016）。其中，权威化治理就是在金融监管机构内部，为了有效地实现金融科技治理目标，必然存在"中央—地方"的等级制监管层级结构，并将决策权威集中在国务院互联网金融风险专项整治工作领导小组、中国人民银行、银保监会等组织高层，强调金融科技治理应建立在法理型权威基础之上。如果说权威化治理是科层制纵向层面的展示，那么专职化治理则描述了科层制横向运行的状态。所谓的专职化治理，即要求科层制在具体运行中，在同一层级的不同部门之间应形成有序分工和职能分离，确保组织权力行使的专业化和分权化。这种专职化治理，在金融科技治理中即体现为对不同金融科技业态的分业治理，如银保监会负责 P2P 网贷行业，证监会负责股权众筹行业等。

（二）中国金融科技治理模式变迁中的技术逻辑

社会治理转型是为了应对不断增长的治理规模对治理资源的挑战（冯猛，2019）。金融科技治理涉及金融和科技的双重交叉领域，治理的复杂性远超传统金融监管，这给我国金融分业监管体制带来了人力、物力资源的双重挑战。如何解决金融科技风险问题激增与科层体制乏力之间的矛盾，成为金融科技治理的重要任务。由此，当监管机构开始寻求新途径来缓解这一基本矛盾时，技术自然成为重要手段，监管科技（RegTech）的大规模应用成为当前金融科技治理的重大突破。

对监管机构而言，技术逻辑是对科层逻辑的有效补充。监管科技的主要技术支撑包括人工智能、大数据技术、云计算、API 应用程序编程接口、生物识别、区块链等，既能助力金融科技公司降低合规成本并提高合规效率，又能辅助监管机构识别金融风险与金融套利行为（尹振涛、范云朋，2019）。在实践应用中，监管科技可以在数字化合规报告、内部行为实时监控、客户身份识别、金融机构风险评估等场景中发挥作用，体现了监管科技的智能性、实时性、预测性和共享性特征。因此，如果说包容性治理和运动式治理主要依赖于金融监管科层制进行市场管控，那么在合作型治理中，监管科技可以利用信息技术手段，逐步填充公私合作而形成的新空间，利用人工智能、机器学习、统一 API 接口等新兴技术，实现金融科技公司与监管机构的数据共享和风险提示，有效提升合作治理能力。

监管科技的技术逻辑可以从以下三方面加以理解：其一，治理数字化。基于数据分析、数据决策和数据预测的大规模应用，监管科技实现对金融科技公司的数字化监管，降低了人工审核评估机制可能存在的误差和低效，有效提升了治理沟通效率。其二，治理实时化。监管科技通过优化算法，灵活调整合规评估模型和参数，可以快速生成合规评估报告和监管方案，及时对金融风险做出响应。其三，治理预测化。监管科技利用机器学习、深度学习等新兴技术，将历史数据与人类行为模式相结合，可以自动准确预测市场未来的可能波动和金融科技公司可能的决策，实现治理的预测分析。

当然，监管科技并不意味着对人工监管和现场监管的完全替代。技术再构了政府对金融科技治理的模式和形态，但不意味着对传统金融治理要素的全面取代（Brummer & Yadav，2019）。科层逻辑依然有效，只是在科层逻辑延续的基础上，技术越来越成为国家深度金融治理的新要素。与科层逻辑相比，技术逻辑使得国家便于灵活地调动、整合各类资源，以强化和回应新金融业态对风险治理的需求。同时，目前监管科技依然存在着一些难以克服的问题（或者说是难以由智能化技术解决的问题），如算法的自我逻辑循环，以及对金融市场中的人类沟通行为难以完全模仿和判断等。这些现实因素决定了在利用监管科技促进金融科技治理时，必须注意技术机制与治理体系"互嵌"，警惕"技术万能主义"的盲目适用，对于技术带来的潜在影响也需要及时研判。

六、结语

传统金融是依靠商业模式创新来带动金融发展，传统金融治理依靠严格的市场准入与牌照监管来实现对金融机构与金融产品的全面管制。作为一种科技色彩浓厚的新型金融业态，金融科技既蕴含金融天然具有的风险经营特征，又因为科技元素对金融模式的深刻改造，使得金融科技治理需要格外重视技术能力的应用。强化金融科技治理能力需要同时重视规范能力与技术能力的提升，但与传统金融治理更依赖于以行政管制为基础的规范能力所不同的是，金融科技治理中的规范能力建立在对技术的深刻理解之上，即这种规范能力是技术驱动的规范能力。

本文将金融科技治理模式的变迁放置于历史进程中加以考察，描述了金融科技治理变迁的历史图景与轨迹。就政府与市场关系而言，笔者认为，未来中国金融科技治理的走向将是政府有限主导、市场主体积极参与的多元治理模式。政府（金融监管机构）有强大的资源调动能力、技术能力和政策调整能力，这是所有市场主体所难以企及的，且金融治理的公共产品属性决定了政府必须在治理结构中占据主导地位。不过，承认政府在金融科技治理中的主导地位，并不是说政府是唯一角色。众多金融科技公司、互联网平台公司拥有海量的用户数据和市场信息，对于新兴技术的使用也各具优势，成为未来金融科技多元共治的重要参与力量（陈胤默、王喆、张明，2021）。随着人工智能、机器学习等信息技术在金融市场中的深入应用，技术可以使政府更加灵活地调动、整合各类资源以强化和回应金融科技市场对治理能力现代化的要求，并实现金融科技治理"科层逻辑"与"技术逻辑"的双向互嵌。

第四篇　金融法规实施的研究

金融诈骗罪的保护法益：性质界定、构造判断与边界形塑*

秦长森**

摘要：关于金融诈骗罪保护法益的传统认知存在着秩序法益识别不清、秩序与财产法益关系界定不明的重大缺陷，这不利于实务中合理划定本罪与其他犯罪以及民事违法的界限。对此，可通过"关注金融政策之变革""赋予秩序法益正当性价值"的方法，从法益的性质、构造及边界三个维度对金融诈骗罪的保护法益展开重塑。重塑后的法益是制度依存型法益，其中既包括秩序法益也包括财产法益。在这种多元法益论下，秩序与财产法益之间属于位阶关系，秩序法益处于第一位阶，财产法益属于第二位阶。对侵害位阶法益的判断，需依据"秩序法益侵害——财产法益侵害"的逻辑展开。由金融政策的溯源性解构可知，秩序法益的内涵是"金融市场交易中的真实信用"，主要保障投资主体的理财安全；财产法益的权利属性是"与金融清偿义务相对应的财产所有权"，主要保障金融投资领域的资产。

关键词：金融诈骗罪；保护法益；位阶法益论；金融市场；实质解释

一、金融诈骗罪保护法益的理论困境

在风险社会中，因科技发展引发的"双刃剑效应"愈加凸显。频繁发生的食品药品安全事故、严重的环境污染等社会问题已然成为常态。与此同时，刑法中与自由保障制度相关的规范业已相对健全，人们不用再因自己的权利受到侵犯而感到烦恼。反而，各种危及社会秩序的行为开始不断涌现，成为整个社会亟需

---

* 本文系江苏高校哲学社会科学研究重大项目"要素市场化配置视域下数据交易安全的刑法规制研究"（2022SJZD001），国家社科基金重点项目"预防性犯罪化立法冲击下刑法教义学的应对与发展研究"（22AFX008）的阶段性成果。
** 秦长森，东南大学法学院博士研究生。

破解的顽疾。[1]其中，保持金融秩序的稳定性便是国家为避免发生系统性金融风险所不得不面对的重要环节。在金融诈骗罪中，行为人的诈骗行为处于金融运转的环境中，一旦实施诈骗行为，极有可能对我国的金融制度造成冲击乃至破坏。因此，厘清该罪的保护法益，并在此基础上发挥法益的各项机能，对于实务中判断行为是否构成犯罪以及如何区分该罪与其他犯罪，将会起到重要作用。传统观点认为："金融诈骗罪的保护法益是复杂法益，即国家金融管理秩序和公私财产所有权。"[2]但是对于"何为金融管理秩序""秩序法益与财产法益之间是何关系"等问题，却鲜有论者进行讨论，从而导致金融诈骗罪的保护法益变得模糊而神秘，这进一步引发了金融诈骗罪保护法益的理论危机。由此，金融诈骗罪保护法益的理论困境主要表现在如下两个方面。

（一）社会变迁导致秩序法益的概念愈加含混

长期以来，我国实行计划经济模式。计划经济是统制经济的代名词，在计划经济时代，维护秩序是经济发展的应有之义。在此种模式下，国家绝对支配各要素的运行，金融依附于财政，金融业务极不发达。[3]改革开放后，为了促进经济的全面发展，政府将财政与金融系统进行分离，构建起了多元分层的金融体制。1994年，我国的金融体制改革进入到全面深化配套的新阶段，改革的规模、难度和深度前所未有。[4]随之而来的是，四部金融法律及一部单行金融刑法相继被颁布，即《中华人民共和国保险法》、《中华人民共和国票据法》、《中华人民共和国中国人民银行法》、《中华人民共和国商业银行法》（以下简称《商业银行法》）和《全国人民代表大会常务委员会关于惩治破坏金融秩序犯罪的决定》，由此建立了体系化、以维护金融秩序为核心的金融刑法体系。此后，1997年《中华人民共和国刑法》（以下简称《刑法》）吸收了上述决定中的集资诈骗罪、贷款诈骗罪和信用卡诈骗罪的罪名，并补充了有价证券诈骗罪和保险诈骗罪。

---

[1] 参见赵运锋：《刑法法益的认识定位与功能分析——兼论法益分析对以刑制罪的影响》，载《北方法学》2017年第1期。

[2] 参见高铭暄、马克昌主编：《刑法学》（第7版），北京大学出版社、高等教育出版社2016年版；徐松林主编：《刑法学》（第4版），华南理工大学出版社2016年版；李永升、朱建华主编：《经济刑法学》，法律出版社2011年版；李文燕主编：《金融诈骗犯罪研究》，中国人民公安大学出版社2002年版；刘远：《金融诈骗罪研究》，中国检察出版社2002年版；高艳东：《金融诈骗罪立法定位与价值取向探析》，载《现代法学》2003年第3期；张惠芳：《金融诈骗罪立法评析——从法益保护和立法模式谈起》，载《河南司法警官职业学院学报》2005年第2期；吴玉梅：《中德金融诈骗罪比较研究——以犯罪分类标准和规范保护目的为视角》，载《法学杂志》2006年第3期。

[3] 参见钱小平：《中国金融刑法立法的应然转向：从"秩序法益观"到"利益法益观"》，载《政治与法律》2017年第5期。

[4] 参见范必：《1994年金融体制改革回顾》，载《经济研究参考》1995年第4期。

自此，金融诈骗罪在我国刑法中获得了专节规定的地位，[1]同时也赋予了金融诈骗罪保护法益的"秩序内涵"。

何为秩序？一般认为，秩序（order）是指："自然进程和社会进程中存在的某种程度的一致性、连续性与确定性。"这一术语是描述法律制度的形式结构，特别是在履行其调整人类事务的任务时运用的一般性规则、标准和原则的法律倾向。[2]缺乏秩序，无论是自然界和还是社会都将变得不可预测和难以确定。[3]然而，随着数字时代的到来，新型交易工具和交易方式都较之以往有着很大的不同，金融领域中的不确定风险也愈加严重。在此种背景下，近年来网络监管逐渐呈现出从严的趋势，以贷款管理、资金募集管理、金融交易管理为代表的法律法规和规章制度的数量也越来越多，由此赋予了"金融管理秩序"焕然如新的内涵，随之而来的是秩序法益的内涵愈加含混。对于"何为经济秩序"，学界相继出现了：①市场的经济制度说；[4]②财产流转秩序说；[5]③市场权利义务关系说；[6]④利益分配秩序说；[7]⑤经济交易秩序说[8]等。不宁唯是，还有学者从前实定的法益概念出发，主张应当将"经济秩序"理解为"经济自由"[9]和"经济利益"[10]。"秩序"概念的天然虚空加之学术理论的争鸣交错，共同为该罪的秩序法益蒙上了一层难以识破的"迷纱"。

（二）秩序法益与财产法益的关系尚未厘清

从我国法制史的发展进程来看，通过法律对诈骗行为进行规制古已有之。从刑法解释学的角度来看，金融诈骗罪与诈骗罪属于法条竞合的关系，金融诈骗罪属于特殊法，而诈骗罪属于一般法。因此，金融诈骗罪的保护法益中必然包含着"公私财产所有权"的内容。对于这一点，学界已然达成了共识。然而，在如何看待秩序法益与财产法益之间的关系上，学界聚讼颇多。本文认为，秩序法益作为集体法益的代表，财产法益作为个人法益的代表，表面上看是秩序法益与财产法益之间关系不清的问题，背后实则反映出集体法益与个人法益之间的紧张关

〔1〕 参见高铭暄：《中华人民共和国刑法的孕育诞生和发展完善》，北京大学出版社 2012 年版，第 406~411 页。

〔2〕 参见［美］E. 博登海默：《法理学：法律哲学与法律方法》，邓正来译，中国政法大学出版社 2017年版，第 233 页。

〔3〕 参见何荣功：《自由秩序与自由刑法理论》，北京大学出版社 2013 年版，第 210 页。

〔4〕 参见杨维林：《经济犯罪的法律规制》，吉林大学 2012 年博士学位论文，第 32 页。

〔5〕 参见王潮：《经济刑法的调控力度研究》，华东政法大学 2015 年博士学位论文，第 24 页。

〔6〕 参见吴允锋：《经济犯罪规范解释的基本原理》，上海人民出版社 2013 年版，第 30 页。

〔7〕 参见涂龙科：《网络交易视阈下的经济刑法新论》，法律出版社 2017 年版，第 82 页。

〔8〕 参见王海桥：《经济刑法解释原理的建构及其适用》，中国政法大学出版社 2015 年版，第 58 页。

〔9〕 参见何荣功：《经济自由与经济刑法正当性的体系思考》，载《法学评论》2014 年第 6 期。

〔10〕 参见魏昌东：《中国经济刑法法益追问与立法选择》，载《政法论坛》2016 年第 6 期。

系。其中，个人法益又称"以个别人类的古典个人专属法益"（klassische höchst-persönliche Rechtsgüter），是指以生命、健康、财产等为基础的法益；[1]而集体法益是刑法规范所保护的国家和社会的利益。[2]关于集体法益与个人法益之间的关系，学界主要存在着"一元法益论""二元法益论"与"缓和法益一元论"三种观点。"法益一元论"为法兰克福学派的学者们所支持，如哈塞默（Hassemer）认为："构合法法益的基础是单个的个人利益，而不是群体和国家的利益。"[3]霍曼（Hohmann）认为："个人法益高于集体法益，刑法规范只能保护个人法益，不应该保护没有直接保护个人法益的集体法益。"[4]"法益一元论"能够很好地将刑法维持在古典主义的立场并保持刑法的封闭性和稳定性，但由于这一观点与现代社会中刑法法益保护前置化和刑罚处罚前置化的机能主义刑法观相背离，已逐渐被学界所摒弃。因此，观点之间的交错主要存在于"缓和法益一元论"与"二元法益论"之间。其中，缓和法益一元论为罗克辛教授所倡导，罗克辛一方面支持对集体法益进行保护，承认核心刑法应当保护集体法益；另一方面，他又通过延展"个人"概念，扩张社会契约的范围，将部分集体法益纳入到刑法的保护范畴。[5]也即，缓和法益一元论通过设置"与个人相关联"这一基准对集体法益进行限定。对于这种观点，国内学者多有支持。如时方博士认为，超个人法益必须还原为个人法益。[6]孙国祥教授认为："通过嵌入个人法益因素并以此作为刑法保护集体法益的门槛，可以适度消解集体法益与个人法益的紧张关系"。[7]但如何将集体法益还原为个人法益？将集体法益还原为个人法益是否会与论者主张的集体法益具有独立地位的立场不相翕然等问题，论者们往往语焉不详。这一方面也成为支持"缓和法益一元论"的学者受"法益二元论"者攻讦的最大问题。持"法益二元论"观点的梯德曼（Tiedemann）教授认为："经济犯罪并非仅仅针对个人利益，而是针对经济活动的超个人利益，即经济生活之社会性法益遭到侵害或者当今生活之工具遭到滥用"。[8]对于这一观点，我国亦不乏拥趸。

---

[1] 钟宏彬：《法益理论的宪法基础》，元照出版公司 2012 年版，第 227 页。

[2] 参见时方：《我国经济犯罪类型超个人法益属性辨析、类型划分及评述》，载《当代法学》2018 年第 2 期。

[3] 参见［德］京特·雅克布斯：《保护法益？——论刑法的合法性》，赵书鸿译，载赵秉志等主编：《当代德国刑事法研究》（2016 年第 1 卷），法律出版社 2017 年版，第 13 页。

[4] 参见马春晓：《现代刑法的法益观：法益二元论的提倡》，载《环球法律评论》2019 年第 6 期。

[5] 参见李晓龙：《刑法保护前置化研究：现象观察与教义分析》，厦门大学出版社 2018 年版，第 45~49 页。

[6] 参见时方：《我国经济犯罪类型超个人法益属性辨析、类型划分及评述》，载《当代法学》2018 年第 2 期。

[7] 参见孙国祥：《集体法益的刑法保护及其边界》，载《法学研究》2018 年第 6 期。

[8] Tiedemann, Klaus: Tatbestandsfunktionen im Nebenstrafrecht, J. C. B. Mohr, (paul siebeck) Tübingen, 1969 S. 220. 转引自魏昌东：《中国经济刑法法益追问与立法选择》，载《政法论坛》2016 年第 6 期。

如马春晓博士认为："判断集体法益适格性的依据应当在于是否具有符合宪法规定的实体性内容，而不能简单取决于能否还原为个人法益"。[1] 贾健教授认为："超个人法益的理论基础是社群主义，社群主义的超个人法益能够发挥风险应对机能、积极福利供给机能和促进文化整合机能"。[2] 法益二元论赋予集体法益独立的地位，但是相关观点并非无懈可击。例如，在集体法益何以具有独立于个人法益的问题上还需进一步论证；又如在自由与秩序发生冲突的场合，如何对两者进行取舍等问题也需要得到进一步的回答。

障碍依然存在，困境仍未消弭。解题的关键在于：对金融诈骗罪法益理论发展中存在的困境进行梳理，基于一定的理论视角在此基础上展开针对性破解，如此才能真正廓清金融诈骗罪保护法益的实际内涵。有鉴于此，下文将分别从法益理论的内部视角和外部刑事政策视角，对金融诈骗罪法益理论困境消解的路径略陈管见。

二、金融诈骗罪法益理论困境消解的路径

法益是德日刑法教义学体系的核心概念，晚近以来逐渐被我国刑法学研究者所继受。然而，由于我国国情与大陆法系国家存在着差异，如果对域外观点不加批判地吸收，只会导致相关研究成果缺乏对中国国情现实面向的真实考察，使理论与实务之间产生脱节。因此本文认为：对于金融诈骗罪保护法益的研究应当从我国现实的金融制度入手，在此基础上对德日刑法理论进行扬弃，然后将理论结果与实务案例相匹配，以此来检视理论是否具有现实意义。对于上文中指涉的法益困境，可从我刑法外部的金融政策视角与刑法内部的法益论的视角进行双向展开。

（一）政策维度：关注金融管制理念的变革

法律只有在涉及价值的立场框架中才可能被理解，[3] 而价值是一个表征"关系"的范畴，它反映的是人类实践活动中主客体的供需关系，揭示的是人类实践活动的动机与目的。法律作为国家的上层建筑具有价值，法益的识别与选择实际上正是剔抉法律规范背后的保护价值。因此，对于"秩序之于金融有何价值""金融诈骗罪保护法益的秩序内涵是什么"等问题的解答便离不开对我国当前金融管制理念变革与转型的关注。在本文看来，当前的金融管制理念主要有："金融管制愈加从严""金融监管注重平等保护""与市场秩序自我维护机能逐步得到重视"这三个方面。

1. 金融管制愈加从严以应对系统性金融风险

习近平总书记指出，金融安全是国家安全的重要组成部分，金融制度是经济

---

〔1〕 参见马春晓：《现代刑法的法益观：法益二元论的提倡》，载《环球法律评论》2019 年第 6 期。

〔2〕 参见贾健：《人类图像与刑法中的超个人法益——以自由主义和社群主义为视角》，载《法制与社会发展》2015 年第 6 期。

〔3〕 参见［德］古斯塔夫·拉德布鲁赫：《法哲学》，王朴译，法律出版社 2013 年版，第 4~5 页。

社会发展中重要的基础性制度。[1]自被誉为"世界金融中心"的美国爆发金融危机以来，世界各国相继采取了更为严格的金融监管制度以应对系统性金融风险。作为世界第二大经济体的我国也概莫能外。系统性金融风险是指："金融市场中具有关键性的金融机构，面临的金融风险超出其自身所能承担的风险上限时，在多米诺骨牌效应下风险将被放大传导至整个金融市场，引发市场动荡，进而可能产生触发金融危机的隐患。"[2]如有论者指出："系统性金融风险的累积是导致金融危机爆发的主要原因。正因如此，对系统性金融风险的预防和监管一直以来都是监管机构和决策者关注的首要问题。"[3]当前，随着金融科技领域的不断扩展，以股权众筹、P2P等互联网金融领域为首的新型融资方式成了经济犯罪的新形态。我国为了应对新型经济犯罪带来的社会风险，相关领域的立法由无到有、由粗到细，整体呈现出对金融监管愈加从严的趋势。例如，在2017年7月15日召开的全国金融工作会议上，"风险"一词成为全文出现频率最高的关键词，一共被提及31次，而"监管"紧随其后，被提及28次。[4]此外，2020年11月2日，中国银保监会、中国人民银行联合发布的《网络小额贷款业务管理暂行办法（征求意见稿）》对自然人的单户网络小额贷款余额进行了严格的限制。根据有关要求，自然人单户网络小额贷款余额原则上不得超过30万元，且不得超过最近3年年均收入的三分之一；对法人或其他组织及其关联方的单户网络小额贷款余额原则上不得超过100万元。[5]金融监管愈加从严，主要目的在于促进金融业的稳健运行和公平竞争，以便能够有效地防范金融风险，维护公众特别是存款人的利益，并以此为国家的金融发展创造良好的货币金融环境。[6]在这种背景之下，相信未来很长一段时间内，刑法之于经济运行的保障作用将会至关重要。

2. 金融监管理念由单边保护向平等保护转型

受制于几十年计划经济统制思维的影响，长期以来，民营企业家的合法权益得不到一定程度的重视与保障。我国民营经济起步较晚、规模较小，随着改革开放的不断深化，市场经济的推进促使民营企业得到了快速的发展，规模也越来越

〔1〕 参见习近平：《深化金融供给侧结构性改革 增强金融服务实体经济能力》，载中证网，http://www.cs.com.cn/sylm/syzcj/201902/t20190223_5925819.html，最后访问日期：2019年2月23日。

〔2〕 刘晶明：《私募股权投资基金退出机制法律完善研究——以防范系统性金融风险为视角》，载《法学杂志》2020年第2期，第98页。

〔3〕 苗文龙、闫娟娟：《系统性金融风险研究述评——基于宏观审慎监管视角》，载《金融监管研究》2020年第2期，第86页。

〔4〕 参见宋易康：《金融工作会议提及"风险"31次 "监管从严"将延续》，载第一财经网，https://www.yicai.com/news/5316654.html，最后访问日期：2017年7月16日。

〔5〕 参见胡群：《为何金融监管密度越来越大、力度越来越强？》，载经济观察网，http://www.eeo.com.cn/2020/1103/429350.shtml，最后访问日期：2020年11月3日。

〔6〕 参见董希淼：《加强金融监管不妨碍金融创新》，载《经济日报》2020年10月29日，第3版。

大。然而，民营企业的不断壮大与金融机构对民营企业放贷紧缩之间存在着矛盾。在民间融资市场逐渐繁荣的同时，民营企业家正遭受着前所未有的犯罪风险。就金融诈骗罪而言，根据北京师范大学中国企业家犯罪预防研究中心公布的《企业家刑事风险分析报告（2014—2018）》的统计数据来看，在 2012—2018年间，国有企业家触犯合同诈骗罪 18 次、触犯集资诈骗罪 9 次，而民营企业家触犯合同诈骗罪 520 次、触犯集资诈骗罪 205 次。[1]巨大差异的背后，反映的是政策与制度长期向国有企业倾斜的结果，也表明民营企业家在市场中的弱势地位需要受到立法和司法的更多关注。对此，《最高人民法院关于依法平等保护非公有制经济促进非公有制经济健康发展的意见》指出："……对非公有制经济主体在生产、经营、融资活动中的创新性行为，要依法审慎对待，只要不违反法律和司法解释的规定，不得以违法论处。违反有关规定，但尚不符合犯罪构成条件的，不得以犯罪论处……"[2]《中共中央 国务院关于营造更好发展环境支持民营企业改革发展的意见》指出："……要优化公平竞争的市场环境、完善精准有效的政策环境、健全平等保护的法治环境……"[3]上述政策性文件说明，现阶段国家逐渐重视保障民营企业的合法权益，民营经济在市场运行中所面临的刑事政策也趋向宽缓。

3. 市场抗风险能力与秩序维护机能逐步得到重视

安全与效率是金融市场运行中一组恒久不变的矛盾，如何实现两者之间的平衡是各国监管机构一直以来着力想要解决的问题。[4]一方面，金融市场具有一定的自我运行能力，政府过分插手经济运行，有违市场经济的本质要求；另一方面，如果政府不对经济运行进行引导，在一些特殊时期内，金融市场秩序便无法得到有效保障。为了维护金融市场的抗风险能力，便需要促进金融市场的蓬勃发展、扩大经济总量与规模，而金融市场的繁荣又会反过来导致无秩序化的风险发生。在这组悖论下，如何实现经济腾飞和秩序维护的双重效益便需要得到更多的慎思。正如蒙代尔-弗莱明三维悖论所述："各国政府的国际经济政策都力图实现三个目标，分别为：自由的资本流动、稳定的汇率和国内政策的独立性。在这三项目标中，一个国家在最佳条件下也只能实现其中的两项，永不可能同时实现

---

[1] 参见张远煌：《企业家刑事风险分析报告（2014—2018）》，载《河南警察学院学报》2019 年第 4 期，第 27~28 页。

[2] 《最高人民法院关于依法平等保护非公有制经济促进非公有制经济健康发展的意见》（法发〔2014〕27 号），载中华人民共和国最高人民法院公报网，http://gongbao.court.gov.cn/Details/bc4f3a35c-06b48d25ba428a7bdfd3f.html，最后访问日期：2021 年 2 月 27 日。

[3] 参见《中共中央 国务院关于营造更好发展环境支持民营企业改革发展的意见》，载中国政府网，http://www.gov.cn/zhengce/2019-12/22/content_5463137.htm，最后访问日期：2019 年 12 月 22 日。

[4] 参见冯果、袁康：《社会变迁视野下的金融法理论与实践》，北京大学出版社 2013 年版，第 361 页。

三项。"〔1〕对此，我们只能通过政府这只看不见的手在金融市场的自我运行中提供支持。当金融市场不足以自我抵抗金融风险并导致发展不协调进而影响和谐社会的建设时，就必须强调秩序的重要意义。〔2〕

任何金融制度的制定都需要处理好政府与市场之间的关系，刑罚作为规训社会的一种方式也必须服务于金融制度的有效实施，这对于划定金融诈骗的犯罪圈具有重要的意义。

（二）法益维度：探析法益内涵的正当性价值

法益概念可分为前实证的法益概念与实证的法益概念，前者来源于刑事立法之前，可形成对刑事立法的检视；后者依附于刑事立法之中，可对具体的罪名进行阐释。对金融诈骗罪保护法益的理解除了要梳理当前的金融政策以便更好地确立该罪的规范保护目的外，还需证成该罪中秩序法益的正当性基础，如此才能进一步说明秩序法益与财产法益的关系，以及进一步确立不同法益的内涵。从法益系统论的视角来看，秩序法益必须与个人法益建立关联才可具有正当性。从法益本体论的视角来看，必须建构具有实体性内涵的法益概念，才能更好地限制该罪的司法适用。下文中，笔者将分别从这两个方面展开论述。

1. 在系统论上构建与人之图像相关联的法益概念

随着活性化立法时代的到来，集体法益在刑事立法中的占比愈加庞大，刑法的规制范围也更为宽广。与个人法益不同的是，集体法益的概念相对模糊，这在一定程度上导致了刑罚处罚的正当性危机。作为一种最严厉的恶害，刑罚只可处罚侵犯个人权利的行为或者那些破坏促进众人普遍自由发展及其基本权利实现制度条件的行为。〔3〕申言之，无论是法益性质的确立还是法益构造的判断抑或是法益内涵的识别，都必须在充分促进个人价值实现时才具有正当性。

如果法益的内涵中没有包含人性基础，没有关注人的利益诉求，那么通过法益理论构建的实质解释也就难以发挥出限制刑罚处罚的最大效应。〔4〕所以说，在探讨金融诈骗罪二元法益的关系时，不仅要透过"公私财产所有权"这一个人法益来说明"国家金融管理秩序"的正当性，还需要寻找"国家金融管理秩序"中所包含的人之图像。对于司法实践而言，法官在审理案件的过程中，一定要阐明行为人实施的金融诈骗行为到底侵犯了什么法益，侵犯这种法益会对公众的生活带来什么样的损害等问题，而不能因为行为人违反了金融管理法规径直说明行为具有刑事违法性。否则，在面对金融诈骗罪的相关案件时，当问及何种行

〔1〕 参见高柏：《金融秩序与国内经济社会》，载《社会学研究》2009 年第 2 期。

〔2〕 参见吴弘：《和谐社会的金融秩序》，载《法学》2007 年第 3 期。

〔3〕 参见李冠煜：《论集合法益的限制认定》，载《当代法学》2022 年第 2 期。

〔4〕 参见姜涛：《人之图像与刑法实质解释》，载《政法论坛》2013 年第 3 期，第 41 页。

为是扰乱金融管理秩序的行为时，相应的观点就会说是由于该行为违反了金融管理法规；若进一步追问，为何违反金融管理法规就是扰乱金融管理秩序时，相应的观点就会说是因为金融管理法规便是金融管理秩序。[1]这样的循环论证不仅无法发挥出法益应有的解释规制机能，还无法有效地指导刑事司法实践，甚至会使金融诈骗罪沦为治理金融领域的工具。因此，唯有赋予金融诈骗罪法益概念与人之图像相关联的内涵，才能构建起内涵清晰且重视个人自由发展的法益理论。

2. 在本体论上赋予法益概念实体性内涵

金融诈骗罪属于法定犯。在法定犯中，空白罪状的设置导致行政违法与刑事犯罪之间的界限并不明晰。此外，随着近年来互联网金融暴走般的创新升级，金融风险急遽上升，金融诈骗罪的司法适用也愈加频繁，由此受到了学界诸如"经济刑法肥大化、经济刑法象征化"等诸多批评。[2]但在本文看来，问题出现的原因不在于金融诈骗罪具有法益欠缺性，而在于学界尚未对金融诈骗罪体系内的法益概念内涵展开深入的阐释。根据传统学说的观点，由于公私财产所有权属于古典刑法中的保护法益，具有实体性和因果损害性。但是，国家金融管理秩序十分模糊，尚不易理解。由于秩序是规则的集合体，本身缺乏实体性，无所谓能否损害的问题，所以我们并不能通过行为所导致的外部变化来判断秩序是否受到侵害，而只能通过秩序所保护的制度受到违反来进一步说明秩序受到侵犯。可如果将这一思路贯彻到底，便会滑向纯粹的规范违反说，与近现代刑法捍卫的法益侵害理论相违背。因此，在对金融诈骗罪的保护法益展开研究时，应当对该罪的保护法益性质、结构进行解读并赋予金融诈骗罪保护法益实体性的内涵，如此才可既保证刑事实定法的安定性又能避免对金融诈骗罪保护法益认识滑向规范论的立场。在此基础上，我们才能通过对行为所侵害的法益进行识别来判断该行为是否侵害了刑法所保护的法益，是否达到了应受刑罚处罚的程度。[3]

三、金融诈骗罪保护法益的性质界定与构造判断

在 20 世纪 90 年代我国启动经济体制转轨时，曾有四种模式可以参照，分别为：欧美模式、苏联模式、东欧模式以及东亚模式。[4]其中，东欧与苏联是典型的管制经济模式，欧美属于典型的市场经济模式，以日本为代表的东亚模式介

---

[1] 参见蓝学友：《互联网环境中金融犯罪的秩序法益：从主体性法益观到主体间性法益观》，载《中国法律评论》2020 年第 2 期，第 134 页。

[2] 参见魏昌东：《中国经济刑法法益追问与立法选择》，载《政法论坛》2016 年第 6 期，第 156 页。

[3] 参见刘艳红：《实质刑法观》（第 2 版），中国人民大学出版社 2019 年版，第 221 页。

[4] 参见吴敬琏：《直面大转型时代——吴敬琏谈全面深化改革》，生活·读书·新知三联书店 2014 年版，第 7~8 页。

于两者之间，属于半自治半管制模式。由于我国在经济结构、产业规模和政府职能上与日本相似，所以在经济转型之初，学习的是东亚模式，同时也对东亚模式的利弊进行无条件的吸收。[1]在这种背景下，通过对日本经济刑法保护法益的研究展开梳理，对明晰我国金融诈骗罪保护法益具有一定程度的促进意义。在日本，学界对经济刑法的保护法益存在着"权益法益核心论"与"秩序法益核心论"之争。持"权益法益核心论"观点的代表学者主张对经济刑法的规制范围进行实质化理解，即"经济刑法的保护法益应当限于具体的和可预测性的财产性或者经济性利益，侵害国家经济制度或者经济交易性规则的犯罪具有抽象性和概括性，不属于经济犯罪"。[2]而持"秩序法益核心论"的代表观点认为："广义上的经济刑法包括三类：以保障经济法规的实效性作为主要目的、以保护一定的经济秩序作为主要目的、以保护企业或者个人的财产作为主要目的。狭义的经济刑法只限于前两类，即对法规实效性或者经济法规的保护。"[3]由此，两种对立的观点在日本刑法学界引发了关于经济犯罪的性质应当是"权益保障型"还是"制度依存型"的讨论。"制度依存型"经济刑法的核心观点是："该类犯罪的可罚性与保护法益都以一定经济制度的存续为前提，依经济制度的存在而存在，经济刑法只有通过保护经济制度才能保护国民权益。"与之相反，后者则认为："权益保障型法益属于个人法益，并不以某种特殊的经济制度存在为必然条件，是现代商品交易社会中必然加以保护的法益。"

日本经济刑法法益观的研究对于我国金融诈骗罪有所启示：对金融诈骗罪保护法益的研究应当从法益的性质入手，在此基础上根据法益的结构梳理出该罪与传统诈骗罪的关系，并进一步根据法益的内涵限制金融诈骗罪的司法适用。下文即是沿着这一思考进行展开的。

（一）法益属性：制度依存型法益之证成

金融诈骗罪的保护法益不是国民权益法益，而是制度依存型法益。对此，可分别从外部政策维度与内部法益维度进行分析。

1. 外部政策维度：秩序保护的重要性否认权益法益的成立

在一个社会系统中，越是强调内在的秩序与安全，风险发生的可能性就越小，对集体法益的保护力度就越大。[4]从历次刑法修正案的规定来看，刑事立法的变革表达出立法者对公共安全保护的愈加关切，对社会管理秩序保护的日益

---

[1] 参见张小宁：《经济刑法机能的重塑：从管制主义迈向自治主义》，载《法学评论》2019年第1期。

[2] 参见［日］神山敏雄：《経済刑法の概念》，神山敏雄等编：《新経済刑法入門》（第2版），成文堂2013年版，第7页。

[3] 参见［日］芝原邦尔等：《ケースブック経済刑法》（第3版），有斐阁2010年版，第3~4页．

[4] 参见姜涛：《社会风险的刑法调控及其模式改造》，载《中国社会科学》2019年第7期。

强化，这些都体现出了秩序价值优先的特点。[1]可以说，秩序法益之于刑法保护有着重要的意义，而纯粹的权益法益论排斥集体法益存在的可能性决定了其不可能成为金融诈骗罪的适格法益。一方面，金融业作为国家治理中所需面对的重点领域，完全无视金融秩序重要性的看法实不可取。例如，在"蒋某伟等集资诈骗、非法吸收公众存款案"中，蒋某伟先后注册成立了"广东邦家"等四家公司，在未取得政府部门融资行政许可的情况下，采用推销会员制消费、区域合作及人民币资金借款等方法，向社会公众非法集资，2002年12月至2012年5月期间非法集资金额达9 953 044 200元。[2]该案的非法集资数额之大，毋庸置疑对金融机构的管理秩序造成了严重的伤害。另一方面，金融诈骗罪的犯罪行为虽与诈骗罪具有相似性，但金融诈骗罪与诈骗罪并非规定在《刑法》的同一章节中。有学者认为："诈骗罪自古有之，即便没有市场经济体制，诈骗罪也是财产犯罪的一种类型，金融诈骗罪与诈骗罪的核心要素都是通过欺骗的手段使他人陷入错误认识并交付财物，两者之间没有本质上的区别。"[3]本文并不赞同这种观点。一方面，金融诈骗罪与诈骗罪最大的不同之处在于金融诈骗罪的诈骗行为处于金融环境之中，实施诈骗行为能够影响金融行业的稳定运行。论者将金融诈骗罪与诈骗罪进行比较，只看到了两者之间的共性而忽略了两者之间的差异，并不可取。另一方面，金融诈骗罪与诈骗罪的起刑点并不相同，根据我国《刑法》第266条的规定，诈骗罪的起刑点是"3年以下有期徒刑、拘役或者管制"，而金融诈骗罪的起刑点一般为"5年以下有期徒刑或者拘役"。金融诈骗罪的起刑点高于诈骗罪的现象也足以说明国家的金融管理秩序具有刑法保护的必要性，金融诈骗罪的保护法益属于制度依存型法益，而非国民权益保障法益。

2. 内部法益视角：金融诈骗罪的法益是抽象的集体法益

如上所述：金融诈骗罪的保护法益应当包括具有模糊性的秩序法益。事实上，这里的模糊性是集体法益通过与个人法益之间的对比所得出的结论，只是具有相对的模糊性。金融诈骗罪的保护法益并非抽象的不可捉摸，而是具有现实生活的事实基础，且具有知觉可能性和因果变更的可能性。因此，"权益法益核心论"所指称的要除掉经济刑法中集体法益的看法是站不住脚的，集体法益在现代社会中已然获得了独立的地位。如果全面否定刑事立法对集体法益的增设，将会导致刑法无法有效地应对现代社会中的种种风险。对于金融诈骗罪而言，保护法

---

[1] 参见黄晓亮：《论我国刑法修正的秩序价值优先性——以〈刑法修正案（九）〉为视角》，载《法学杂志》2016年第3期。

[2] 参见黄晓亮：《论我国刑法修正的秩序价值优先性——以〈刑法修正案（九）〉为视角》，载《法学杂志》2016年第3期。

[3] 参见张小宁：《论制度依存型经济刑法及其保护法益的位阶设定》，载《法学》2018年第12期。

益的抽象性在于行为人触犯金融诈骗罪的同时必然违反了我国的金融管理制度。在这个前提下，对于行为"如何跨越行政违法进入到刑事犯罪领域"这一问题的认定是抽象的，也即由于"行—刑"之间的边界并不明显，才衍生出金融诈骗罪保护法益的抽象性。例如，一般认为，贷款诈骗罪的保护法益是国家正常的贷款管理秩序和金融机构对外借资金的所有权。但是如何才算侵犯国家正常的贷款秩序呢？可能有人会说，行为人只要违反贷款管理法规就会违反国家的正常贷款秩序。可是，行为违反贷款管理法规只是一种行政不法行为，如何又侵犯了刑事法的保护法益呢？金融诈骗罪保护法益的抽象性就在于此。然而，即便认为集体法益具有抽象性也不能否认集体法益之于现代刑法的显著价值。正如有论者所言："集体法益具有重要性、独特性和提前保护的有效性，因此集体法益具有独立于个人法益的地位。"[1]本文赞同这种观点。在本文看来，金融诈骗罪的保护法益依附于制度管理法规而存在，是一种制度依存型的集体法益。

（二）法益构造：制度依存型法益下一元与多元的对立与选择

在制度依存型法益下，金融诈骗罪的法益是一元的还是多元的，对判断行为是否造成法益侵害具有重要意义。根据制度法益一元论的立场：只有制度法益才是该类经济刑法的保护对象。而制度法益多元论的立场则是：在制度依存型的经济刑法中，不仅存在制度法益而且还存在个人法益；其中，制度法益作为首要保护的对象，但个人法益同样占据着重要的位置。在金融诈骗罪上两者之间的分歧反映表现为：该罪的保护法益是国家的金融管理秩序抑或是既包括国家的金融管理秩序又包括公私财产的所有权之间的对立。在本文看来，金融诈骗罪的保护法益属于制度依存型法益下的多元法益。

1. 对金融诈骗罪一元法益论的批判

金融诈骗罪一元法益论主要包括制度依存型一元法益论和权益保障型一元法益论。上文已对权益保障型一元法益论展开过批驳。然而，认为金融诈骗罪的保护法益属于国家管理秩序而无视个人法益保障的制度依存型一元法益论亦不可取。支持制度依存型一元法益论的学者认为："经济刑法的保护法益是保障经济领域中实现个人自由外部条件的统一体，也是经济秩序市场中规范保护的客体。"[2]申言之，在论者看来，集体法益的价值具有独立性，个人法益只是集体法益附随保护的表象。的确，金融诈骗罪规定在破坏社会主义市场经济秩序罪的章节里。可是，该章中除了有金融诈骗罪外，还有关于破坏金融管理秩序罪的规定。如果认为金融诈骗罪的保护法益是国家的金融管理秩序，那么金融诈骗罪与破坏金融

---

[1]　王永茜：《论集体法益的刑法保护》，载《环球法律评论》2013 年第 4 期，第 71～73 页。

[2]　马春晓：《中国经济刑法法益：认知、反思与建构》，载《政治与法律》2020 年第 3 期，第 38 页。

管理秩序罪之间的法益便无法区别。事实上，我国刑法分则对犯罪分类的方式采用了"大章制"的规定，这种规定实际上对法益的分类较为粗略，只是表明了每一章犯罪的法益。在这种立法体例下，难免会出现对法益概括不准确或归类不清楚的现象。虽然金融诈骗罪规定在破坏社会主义市场经济秩序罪中，表明其保护法益具有集体法益的特性，但是保护集体法益并非会与个人法益发生冲突。集体法益需要关注人类如何实现"共存"的问题，且集体法益中必须注入"人之图像"才能契合刑事立法最终是为了保障公民权利的目的。这同时也是金融管制理念由单边保护主义向多边保护主义转型以及金融市场的抗风险能力逐步得到重视的题中之义。综上所述，无论是制度依存型一元法益论还是权益保障型一元法益论，都无法说明金融诈骗罪保护法益所具有的真正特性。

2. 金融诈骗罪的保护法益应为多元法益

金融诈骗罪的保护法益不是一元法益，而是多元法益，其中既包括国家的金融管理秩序，又包括公私财产的所有权。正如日本学者关哲夫所言："历来的学说都是将一个刑法法规中只存在一个保护法益作为当然的前提，但事实上，一个刑法法规的保护法益并不限于一种，数种类的保护法益具有同样的重要性且相互并列，或者具有不同重要性而主从竞合的情况并不少见。"[1]在本文看来，金融诈骗罪的保护法益是制度依存型法益之下的多元法益，除了前文所述的集体法益外，个人法益之于金融诈骗罪而言也具有重要的意义和价值。我们既不能无视金融诈骗罪被规定在破坏社会主义市场经济秩序罪之中，就否认该罪的保护法益属于集体法益的事实，也不能因为金融诈骗罪属于经济犯罪就认为该罪的保护法益与个人法益毫无关联，而是要对金融诈骗罪多元保护法益之间的关系进行展开，如此才能实现犯罪的合理归责，理性限制金融诈骗罪的司法适用，才能真正实现良善的刑事法治目标。

（三）多元法益论下位阶法益与复杂法益的对垒与抉择

长期以来，我国主流观点对金融诈骗罪保护法益的研究止步于"金融诈骗罪的保护法益是国家的正常金融管理秩序和公私财产所有权"这一界定上。也即，大部分学者赞同金融诈骗罪的保护法益属于多元法益的观点。但"金融管理秩序与公私财产所有权之间是何关系""金融管理秩序与公私财产所有权之间发生冲突之后当如何处理"等问题并未得到进一步的研究。在日本，关于经济刑法的多元法益论，存在着阶段法益论与多重法益论之争。持阶段法益论的学者主张："制度法益论与个人法益论之间存在着位阶差异。"而持多重法益论的学者在阐述经济刑法的保护法益时，仅仅列举 A、B、C 等各项法益，并没有按照其重要

---

[1] 关哲夫、王充：《法益概念与多元的保护法益论》，载《吉林大学社会科学学报》2006 年第 3 期。

程度进行排列。由此可知，日本刑法学界提出的多重法益论其实就是我国刑法理论中所倡导的复杂法益论。但本文认为，对多重法益论而言，位阶法益具有更大的优越性。因此，下文主要就"传统理论倡导的复杂法益存在的不足"及"本文所主张的位阶法益的优越性"这两个方面展开论述。

1. 金融诈骗罪复杂法益论之批判

随着刑法学研究的逐步教义学化，将金融管理秩序与公私财产所有权并列的观点日渐式微，越来越多的学者主张复杂法益论中存在主要法益与次要法益之分，但学者们在主要法益与次要法益的选择上存在不同。本文认为，对主要法益与次要法益进行区分的观点仍属于复杂法益论的范畴，在金融诈骗罪的复杂法益中区分主次法益毫无意义。

第一，复杂法益论的观点最终会导致法益一元论的结果。由于对主次法益的选择会存在个人偏好，重视个人法益的学者往往易将观点偏向于权益保障型法益论，而重视秩序法益的学者则习惯将观点偏向于制度依存型法益一元论。这种选择上的不同最终会导致对同一犯罪保护的法益界定常常出现较大的偏差。例如，在同样认可金融诈骗罪的保护法益属于多元法益论的学者中，刘远、李邦友、高艳东等认为："在金融诈骗罪中，较之公私财产权，国家的金融管理秩序处于更为重要的位置。"[1]而单晓华教授则认为："相较于国家的金融管理秩序，公私财产所有权才是更重要的法益。"[2]众所周知，在社会科学领域，研究者提出的种种问题与假设并不独立于他的整体人格，因而也不独立于他的生活状况以及社会地位。因此，在多重法益论的观点下，学者往往会代入思维中的潜在意识对问题展开思考。可事实却是，对于不同犯罪之间的法益侵害性，可以通过比较两罪的量刑基准、两罪在刑法章节中的位置等多种方式来进行判断。但对于同一个犯罪所保护法益而言，并没有对法益的重要性进行比较和判断的依据，相关学者所得出的结论受制于自身对不同价值的理解，最终会导致在对同一犯罪保护法益重要性的判断上见仁见智。

第二，复杂法益论的观点无法实现罚则的妥当性。我们在探讨某一行为是否构成犯罪时，必须弄清这一行为是否侵犯了该罪的保护法益，但是多重法益论要么将犯罪的保护法益并列对待，要么将犯罪的保护法益仅做主次之分，并没有对不同的法益进行层次划分，结果导致不同学者对于同一行为的判断往往会出现罪与非罪的不同结论。例如，一般认为信用证诈骗罪的保护法益是国家的信用证管理秩序和公私财产的所有权。当行为人伪造信用证骗取银行贷款，在银行提供贷

[1] 刘远：《金融诈骗罪研究》，中国检察出版社 2002 年版，第 80~95 页；李邦友、高艳东：《金融诈骗罪研究》，人民法院出版社 2003 年版，第 29~30 页。

[2] 单晓华：《金融诈骗罪基本问题研究》，中国法制出版社 2007 年版，第 33 页。

款业务被警方抓获时，倾向于保护国家信用证管理秩序的学者会认为："行为人通过伪造的方式获得信用证并对银行进行诈骗，其行为已经对国家的信用证管理制度造成侵害，并且该行为具有对公私财产权造成侵害的危险，因此构成信用证诈骗罪"。然而，注重保护公私财产所有权的学者则会认为，在上述案件中行为人只是引起了侵害公私财产所有权的危险，尚未对公私财产所有权的保护产生实害，因而行为人的行为不构成信用证诈骗罪或只构成信用证诈骗罪未遂。同样的行为，在不同的观点之下得到了不同的评价，这显然不科学。

第三，纯粹复杂法益论无法合理解释行为只侵犯单一法益的情形。诚然，不对金融诈骗罪的保护法益进行主次之分，而是将犯的保护法益进行并列处理的纯粹法益论，在大多数情况下最后得出的结论并无不妥之处。也即，按照前文的立场，当行为既侵犯了国家的金融管理秩序又侵犯了公私财产所有权时，行为人的行为无疑会构成金融诈骗罪。但是当行为只侵犯秩序法益或者财产法益时，复杂法益论的观点要么无法达到结论的合理性要么在论证的逻辑上有所欠缺。例如，当行为人的行为只侵犯秩序法益时，如果复杂法益论者认为，因行为没有造成财产损失而不构成犯罪，那么秩序法益与财产法益同样作为金融诈骗罪的保护法益，为何只侵犯财产法益就会构成犯罪？如果复杂法益论者认为，在此种情形下，行为人构成金融诈骗罪的未遂，可是为何侵犯了秩序法益就是未遂，而侵犯财产法益就是既遂呢？如果复杂法益论者认为，在此种情形下，行为人构成金融诈骗罪，可行为只侵犯了秩序法益而尚未对财产法益造成损害便会构成金融诈骗罪，实则是上文中所批判的一元法益论的观点。如果复杂法益论者认为，在这种情况下，行为人的行为构成其他经济犯罪，可问题是各个经济犯罪保护法益的秩序内涵并不完全相同，如此认定是否又有违罪刑法定之嫌呢？以上问题均是持纯粹的复杂法益论者所难以回答的。

2. 金融诈骗罪位阶法益论之提倡

德日刑法犯罪论体系与我国传统犯罪论体系的不同之处在于体系的阶层化。近年来，我国刑法学的研究逐渐由师从苏俄转向为学习德日，研究的教义学程度逐步提升，越来越多的刑法学教科书的犯罪论部分采用阶层式犯罪论体系，而我国刑法学近年来的研究热点和增长点也大多集中在对德日犯罪论体系的介绍、选择与评价上。如陈兴良教授所言："在四要件的犯罪构成中，各要件之间没有位阶关系，只是一种排列顺序，可以随意变动，导致在定罪过程中往往出现客观判断与主观判断颠倒，价值判断与事实判断混淆的现状，缺乏实用性。反之，阶层论的体系具有逻辑引导功能，更适合司法裁判。"[1]不宁唯是，车浩教授也认

---

〔1〕 参见陈兴良：《犯罪论体系的位阶性研究》，载《法学研究》2010年第4期。

为："四要件理论未成体系，不仅基本概念缺失，在理论上也欠缺解释力和包容度，层次浅显且理论缺乏内在的逻辑统一性。"[1]上述思考对金融诈骗罪多元法益论的结构判断具有一定的启示意义。在本文看来，金融诈骗罪的保护法益是位阶法益。位阶法益论的观点不仅具有体系思考的合理性，而且在问题思考的逻辑上也更为合理。

就体系思考的合理性而言，位阶法益论是递进式的思考方法，选择一定的位阶便意味着只有当行为侵害了第一位阶的法益后，才能展开对第二位阶法益是否受到侵害的判断。这样便可极大地避免多重法益论在识别犯罪保护法益时所出现的混乱。如在位阶法益论中，我们可以认为，金融诈骗罪的保护法益是以 A 法益为第一位阶，以 B 法益为第二位阶的一种法益。但在复杂法益论下，金融诈骗罪的保护法益结构是：该罪的法益是 A 法益和 B 法益，而这两个法益之间是何关系并没有得到很好的说明。这也是复杂法益论无法解决当行为只侵犯一个法益时，如何对行为进行合理处罚的症结所在。在位阶法益中，不同法益之间的关系是一体化的且思考的顺序也能按照先判断第一位阶的法益，再判断第二位阶的法益的逻辑展开。这更有利于实务工作者对行为侵害的法益进行判断进而便于法官做出正确的判决。

就问题思考的合理性而言，在位阶法益论下，金融诈骗罪保护法益中的财产法益与秩序法益同等重要。前后位阶的法益关系不是主次关系，而是"烟与火"的关系，这可避免不同论者因自身主观价值的不同而滋生出法益选择的偏好。对于法益侵害的判断，只需要根据法益的位阶顺序即可，这更有利于解决实务中出现的疑难案件。

（四）金融诈骗罪位阶法益论的阶层选择

1."财产—秩序"型位阶法益之不足

作为个人法益中的一种，财产法益的判断较之秩序法益更加明晰，但财产法益并不能充当金融诈骗罪的第一位阶法益。从思考的逻辑上来看，如果率先对财产法益进行判断，那么金融诈骗罪第一位阶的法益判断便与诈骗罪的法益判断毫无区别。不仅如此，由于每一个阶层的法益判断具有相对的独立性，当我们在第二位阶中判断秩序法益时，秩序法益是否受到侵害便只能依靠"秩序"本身的内涵进行认定。尴尬的是，由于秩序的内涵较为含混，当财产法益受到损害时，便想当然地根据财产受损的结果径直认定金融诈骗罪的整体法益受到侵害，实务中出现的金融诈骗罪与诈骗罪不分、金融诈骗罪与民事纠纷混淆的错案正是这种思维导致的结果。从立法的逻辑上来看，金融诈骗罪与诈骗罪最大的区别在于前

---

[1] 参见车浩：《阶层犯罪论的构造》，法律出版社 2017 年版，第 96~97 页。

者属于破坏社会主义市场经济秩序类的犯罪，只有当秩序法益受到侵害时，金融诈骗罪才有成立的可能性。然而，并非所有的秩序法益都具有刑法保护的必要性，也即并非所有的秩序均是金融诈骗罪保护法益中的适格秩序。随意扩大秩序法益的保护范围只会使刑法不断地被工具化，动摇近现代以来刑法赖以建立起的自由主义根基与罪刑法定信仰。[1]

2. "秩序—财产"型位阶法益之优越

在金融诈骗罪中，秩序法益属于第一位阶法益，财产法益属于第二位阶法益。在此法益结构下，判断行为是否成立金融诈骗罪必须沿着以下路径展开：首先，识别秩序法益是否受到侵害；其次，判断财产法益是否受到侵害。最后，综合上述结果，唯有当两个位阶的法益侵害均成立时，才可确立行为侵犯了金融诈骗罪的保护法益。较之"财产—秩序"型位阶法益，本文提倡的位阶法益具有如下优越之处：

第一，可在一定程度上划分该罪与其他不法行为的界限。从法益受侵害的维度来看，根据本文立场与阶层判断的特点，当金融诈骗罪第一位阶的秩序法益未受侵害时，第二位阶的财产法益也不会受到侵害。如果存在秩序法益未受侵害而财产法益受到侵害的情形，那么便可认为这种法益不具备金融诈骗罪保护法益中财产法益的属性，也即不是适格的金融诈骗罪保护法益。申言之，在司法实践中被害人丧失财产的前提下，若金融诈骗罪的秩序法益未受到伤害，便可直接判断出行为不构成金融诈骗罪。对于行为属性的认定，只需根据违法判断独立性，进一步分析是否会构成诈骗罪或是否属于一般的民事违法行为即可。通过上述逻辑演绎，能够在一定程度上缓解司法实务对于金融诈骗罪与诈骗罪、金融诈骗罪与一般违法行为之间判断的混乱。

第二，能够反向识别秩序法益的判断是否正当。在金融诈骗罪中，秩序法益的内涵并不如财产法益这般明晰，因此存在着将不适格的秩序法益误判为金融诈骗罪保护法益的可能。通过对第二位阶财产法益展开独立判断，不仅能够保证财产法益的合理性，还能检视对上一位阶法益判断的正确性，实现对不适格秩序法益进行筛选的功能。例如，秩序是否受到侵犯可通过金融财产的大量损失得以体现，如果财产损失较小或受损的财产能够在较短时间内恢复，便很难说明国家金融管理秩序受到侵害。

第三，更加符合金融诈骗罪规范保护目的。从法益受保护的角度来看，个人法益在任何国家的刑法体系中均处于核心位置，金融秩序只是保障公民基本权利的手段，实现公民自由才是制度背后折射出的真实立法目的。然而，重视对公民

---

[1] 参见刘艳红：《刑法的根基与信仰》，载《法制与社会发展》2021年第2期，第150页。

个人自由的保障并不能成为否认秩序价值的理由，秩序与自由之间并非绝对对立。在金融环境中，只有真正地确立公开公正的信用制度，才能保障资金的有序循环。换言之，在金融诈骗罪中，保护秩序法益能够更好地保障金融资金安全，将秩序法益置于第一位阶可以告诉民众"君子爱财，取之有道"的道理。在万众创新时代，国家并不反对金融创新与金融发展，但金融创新与发展必须在一定的制度框架内运行时，才能防止不法分子巧借金融创新之名行金融违法犯罪之实。

四、金融诈骗罪保护法益的边界形塑与应用

既往的金融诈骗罪研究缺乏对犯罪法益从整体到微观的把握，导致法益理论出现功能性式微。事实上，对金融诈骗罪保护法益的认识应当从法益属性、法益结构与法益内涵的多维视角进行一体化理解。该罪法益制度的依存属性表明该罪属于行政犯，适用行政犯的归责原则；该罪法益的"秩序—财产"型位阶结构，表明该罪的法益具有多元化，在归责进路上需要进行从秩序损害判断到财产损害判断的归责顺序。但倘若止步于此，尚不能完全限缩该罪的司法适用。合理的做法应当是根据当前金融领域刑事政策的要求及法益识别的规律分别对不同位阶的法益内涵展开识别与限制，以求对金融诈骗罪保护法益的边界进行形塑，这样才能将金融诈骗罪限缩在合理范围之内，才能有效保障相关权利主体的合法权益。

（一）秩序法益边界的限制方法：金融政策的溯源性解构

秩序概念的开放性导致我们无法通过刑法内部视角合理判断刑法秩序的应有旨意。对此，可以借助外部政策进行疏解。晚近以来，目的理性的犯罪论体系提倡刑法解释应当通过目的管道将政策与刑法教义学贯通，以此协调刑法解释的僵化问题。[1]这启示我们：①在罪刑规范保护的法益不明确、立法指示不清晰时，可以借助政策的目的性考量合理确定保护法益的内容，进而对相关法条的解释产生影响；②当作为规范保护目的的法益辐射犯罪过于宽广时，可以借助政策上的目的性考虑对相关概念进行限缩。上文已对我国当前的政策展开介绍，相关政策性的变革可以成为限制秩序法益边界的方法。例如，金融监管理念由单边保护转向平等保护，说明金融诈骗罪中的秩序法益并非保障金融环境中某一个主体的秩序，而是保障整体金融环境中主体间的秩序；又如市场抗风险能力与秩序维护机能逐步得到重视，说明当行为侵犯能够自我恢复的金融秩序时并不构成犯罪，只有当行为侵犯了市场难以自我恢复的秩序，才有构成犯罪的可能性。为了更好地限制秩序法益的边界，下文将分别从秩序法益确立的目的与秩序法益的内涵两个

---

〔1〕 劳东燕：《功能主义刑法解释论的方法与立场》，载《政法论坛》2018 年第 2 期。

方面展开讨论。

1. 秩序法益确立的目的：保障投资主体的理财安全

我国"十三五"时期重要的经济发展目标是实现经济新常态，新常态之"新"在于我国经济发展正处于结构调整的阵痛期、速度增长的换挡期和前期刺激政策的消化期三种时期的叠加之中。在经济新常态下，城乡矛盾、贫富差距、群体性事件、食品安全等许多领域的风险积聚累加。与此同时，随着我国综合国力与经济总量的不断提升以及"大河涨水小河满""藏富于民"等政策理念的支持，民众有了更多的闲置财产可在满足基本的生活需求后进行适当的投资活动。与这种投资需求相悖的是，金融诈骗罪的犯罪嫌疑人为了谋求不当利益，破坏了国家为实现公民投资理财自由而建立的金融制度。如贷款诈骗罪的行为人为了非法获得金融机构的贷款，通过虚假陈述的方式使金融机构产生错误认识并最终导致金融机构的财产损失，加剧了金融投资主体的投资风险且抑制了投资方投资理财的自由。我国《商业银行法》通过专章的规定建立了存款人保护制度，其目的是保障存款人的存款安全并进一步促进资金的有效流转。根据《商业银行法》第 4 条的有关规定，商业银行以安全性、流动性和效益性为经营原则，然而贷款诈骗罪的行为人通过欺诈手段骗取贷款，造成了商业银行出现资金缺口并影响银行的稳健运行。商业银行的平稳运行有利于公民投资主体、银行本身及国家治理，一旦银行破产，不仅会对不特定的投资个体造成伤害甚至有损国家的金融利益。因此，贷款诈骗罪的立法目的是保障贷款交易双方的投资理财安全，而这种自由正是通过制度性立法所确立的金融秩序来保障的。又如，《中华人民共和国社会保险法》相继规定了基本养老保险、基本医疗保险等多种保险体系。根据该法第 2 条的有关规定，国家建立保险制度的目的是保障公民在年老、疾病、工伤等处于危困状态下依法从国家和社会获得物质帮助的权利，当行为人通过欺诈的手段骗取本不属于自己的保险待遇时，便会破坏社会保险基金的专款专用制度，而这种专款专用制度建立的目的就是保障缴纳社会保险的单位或个人应有的权利。贷款诈骗罪的发生破坏了这种权利秩序，加剧了单位或个人在危困之际面临的风险。而其他金融诈骗罪秩序法益确立的目的亦是为了实现投资方投资理财的安全。秩序法益由各种金融法律制度架构形成和确立，一旦遭到破坏就会对牵一发而动全身，这种秩序的存在使得金融诈骗罪的行政违法性判断有了依据，因而具有成为刑法法益的正当性。

2. 秩序法益的秩序内涵：金融市场交易中的真实信用

在金融市场尚不发达的时期，刑事立法并不会轻易地介入到市场中来。主要因为这一时期的金融体系并不复杂，金融秩序也相对单一，完全可以通过市场本身修复被破坏的金融秩序。然而，当金融与生活产生深度融合、金融活动与公民生活的联系愈加紧密时，刑法的触角就会伸进金融市场中，对一些不法行为进行规制。不仅如此，当某一行为越容易突破金融市场自身的抗风险能力导致市场陷入无序状态，司法实践用刑法规制该行为的愿望就越强烈，通过刑法规制破坏市场信用秩序的行为就显得更为重要。

在现代社会中，金融是市场经济的核心，信用则是市场经济的基础，国内外实践均表明，完善的市场经济体制离不开信用体系的支撑。[1]这不仅因为市场交易的真实性与市场信用秩序的稳定确立是金融发展的前提，还与投资主体的理财自由息息相关。一旦市场信用秩序被打破，金融环境中不劳而获的图利行为便会层出不穷，长此以往则会滋生金融市场的破窗效应并引发其他民众的效仿，最终导致国家整体金融秩序遭受破坏。因而本文认为，金融诈骗罪的秩序法益内涵应当属于金融市场交易中的真实信用。这一论断也可根据集体法益的特征进行证伪。根据法益论的基本原理，集体法益之于个人法益的独特性在于其具有使用上的包容性、消耗上的非竞争性与不可分配性。[2]首先，金融市场交易中的真实信用可以保障所有参与金融活动的主体置于安全的理财环境中，而绝非仅仅保障个人以及特定的群体；其次，金融市场交易中的真实信用一旦形成，每个人都会因此受益，一个人对金融市场交易中真实信用的受益并不会影响他人；最后，国家无法将金融市场交易中的真实信用分配给特定的个人，也不会整体或者部分地与市场中某一单一的个体发生直接的关联。通过以上分析可知，金融诈骗罪的秩序法益属于集体法益中的一种，这种法益的秩序内涵便是金融市场交易中的真实信用。

(二) 财产法益边界的划定依据：规范保护目的的实质解释

既往观点对金融诈骗罪财产法益的界定止步于"公私财产所有权"的概念上，然而公私财产所有权的内涵不仅过于宽广，而且难以与诈骗罪的保护法益进行区分，由此导致实务中频频出现金融诈骗罪与诈骗罪认定的混同。根据本文主张的位阶法益特点，金融诈骗罪的"秩序—财产"型位阶法益结构意味着对财产法益的理解受制于对秩序法益的认识，不应将财产法益与秩序法益割裂对待。也即，对金融诈骗罪财产法益的认识既需要结合传统财产犯罪理论，也需要依据金融运行的特殊环境，根据犯罪的规范保护目的展开分析。在此基础之上，通过对财产法益的权利属性与法益内涵展开实质性分析，才可合理划定财产法益的适用边界。

---

[1] 参见李聚合：《加强金融领域信用体系建设 促进金融市场健康发展》，载《宏观经济管理》2016 年第 8 期。

[2] 参见王永茜：《论集体法益的刑法保护》，载《环球法律评论》2013 年第 4 期。

1. 财产法益的权利属性：与金融清偿义务相对应的财产所有权

在金融环境中，大多数不法行为只需通过民事规制即可，只有其中小部分侵害重要法益的行为会落入刑法规制范畴中。然而，由于传统"公私财产所有权"的观点依旧较为宽泛，需要我们对金融诈骗罪规范保护目的进行实质认定才能进一步界定金融诈骗罪的财产法益。

根据权利与义务相对应的原则，若行为人在金融活动中不履行义务或者履行义务不当，则要承担与之相应的违约或者侵权的责任。然而，民事责任存在的前提是行为人没有犯罪的主观目的且没有实施与犯罪有关的不法行为，一旦行为人在犯罪的主观目的支配下实施了欺诈行为并基于此享有一定的权利时，即便履行了相应的义务，至少也要受到行政法的规制。如行为人通过伪造个人信用账户向银行贷款，即使履行了清偿义务并按时向银行返还了贷款，但由于行为违反了金融管理制度，还是会受到行政制裁。换言之，金融诈骗行政不法与刑事不法对财产法益侵害的不同在于行为人是否履行了清偿义务，行为的行政不法只是对行政规范的违反，而刑事不法则强调行为既违反了行政规范又不履行一定的金融清偿义务。例如，行为人通过伪造或者变造票据的手段进行金融诈骗，其目的是获得请求债务人支付票据金额的不当利益。[1]只有在行为人不履行与之权利相对应的清偿义务时，才会认为行为属于刑事不法。金融清偿义务的不履行是行为人非法占有目的的体现，是行为归责的结果征表，同时也是金融诈骗罪中公私财产所有权属性的说明，而这种目的的不法最终将表现为对刑法法益的侵害。反之，行为人虽然通过虚假陈述导致被害人产生错误认识，但是当行为人并没有不法占有的目的且履行了金融清偿义务时，便不能认为金融诈骗罪的财产法益受到侵害。

2. 财产法益的内涵判断：金融投资领域中的资产

行为只有发生在金融环境中才有可能构成犯罪。所以，金融诈骗罪所要保护的财产法益不是一般的财产，而是金融运行中的资产，进一步讲是金融投资领域中的资产。与诈骗罪不同的是，金融诈骗罪中行为人一般是通过虚假的投资活动来获得本不属于自己的财产所有权，这种对财产所有权的侵犯不仅可以表现为直接侵犯金融投资领域的资产还可以表现为间接侵犯金融投资领域的资产。如集资诈骗罪就是直接侵犯投资领域资产的典型犯罪。在集资诈骗罪中，行为人通过虚假陈述使被害人产生误以为自己正在开展投资活动的错误认识，并由此将投资资产交予行为人处置。而间接侵犯金融投资领域财产的犯罪行为也广泛地存在于金融诈骗罪之中，如在冒用他人信用卡消费的情形中，由于实际的受害人依然可以通过民事的渠道向开户银行索要自己的资产，因此表面看上去是侵犯他人财产权

---

[1]　参见王伯庭主编：《现代金融问题法律分析》，吉林人民出版社 2003 年版，第 339 页。

益的行为，实质上受损失的是开户银行的财产。可见，金融诈骗罪与诈骗罪的不同之处不仅在于其保护法益中存在着秩序法益，还在于两者的财产法益属于特殊与一般的关系，也即金融诈骗罪财产法益专属于金融领域的投资资产。正是因为这些财产存在于金融环境中且与金融秩序的维护息息相关，才使金融诈骗罪的秩序法益与财产法益之间形成了相互的勾连。

（三）本文提倡的方法在实务中的应用

在理论哲学中，理论与实践的关系问题常常被忽视甚至无视。[1]事实上，任何高深的理论只有落实到实践中，才能更好地发挥应有的价值。与传统观点不同，本文倡导从"法益性质""法益构造""法益内涵的边界"三个方面对金融诈骗罪的保护法益展开研究。这一方法不仅在理论上更为优越，还能合理解决司法实务中出现的疑难案件。为了更好地检视本文观点的合理性，下文将通过两则案例展开论述。

1. 案例的引入

【案例一：刁某犯贷款诈骗罪案】[2]2003 年 6 月 18 日，季某向刁某借款 6 万元（实际上只借得人民币 5.4 万元）。双方签订协议，协议记载："借期 3 个月，3 个月后如果季某无力偿还本金，刁某则有权处理季某的房产，届时季某需要协助刁某处理卖方事宜，多退少补。"此外，刁某还要求季某将时值 14.15 万元的房产作价 5 万元以买卖的方式过户至刁某的名下。后季某因到期无法偿还贷款，遂提前与刁某商谈延期还款的问题。2003 年 9 月 19 日，刁某在没有真实交易的情况下，与其弟刁小某签订上海市房地产买卖合同，并于 9 月 22 日将该室房屋过户至刁小某名下，后又指使刁小某以房产抵押的方式向银行贷款 24 万元，其中的 20 万元入账至刁小某处后便归入刁某控制和使用。直至 2005 年 2 月 20 日，刁某仅归还贷款本息共计 8 万余元之后便不再归还。在此期间，季某在刁某向其隐瞒房产已被抵押贷款的情况下，多次与刁某商谈归还借款并取回过户房产的事宜，并于 2004 年 2 月 16 日归还刁某 5.7 万元。

本案案发后，一审法院认为刁某的行为构成诈骗罪，刁某及其辩护人认为其行为仅属于民间借贷纠纷，不构成犯罪。后来，案件上诉至上海市第一中级人民法院，上海市人民检察院第一分院出庭意见认为，原判适用法律错误，刁某的行为应当属于贷款诈骗罪，最后案件经过二审认定刁某的行为构成诈骗罪。

【案例二：王某犯集资诈骗罪案】[3]2017 年 6 月至 10 月间，被告人王某在明知自己没有还款能力的情况下，通过虚构"投资网络 APP""资金周转""转

---

〔1〕 参见王南湜：《理论与实践关系问题的再思考》，载《浙江学刊》2005 年第 6 期。
〔2〕 参见上海市第一中级人民法院（2018）沪 01 刑终 1120 号刑事判决书。
〔3〕 参见福建省南平市中级人民法院（2020）闽 07 刑终 233 号刑事判决书。

贷"等理由，或通过其父关系或亲自借贷，先后向江某、胡某、连某等人非法集资 49.35 万元。

本案案发后，一审法院认定王某的行为构成集资诈骗罪，王某及其辩护人在承认本案的部分案情后，认为其向江某、章某、连某上借款未还的行为应当属于合同诈骗罪并上诉至二审法院，二审出庭的检察员出庭意见认为王某构成集资诈骗罪，但是二审法院将其行为定性为诈骗罪。

2. 方法的应用

就案例一而言，刁某虚构交易情况与其弟签订买卖合同对房地产商进行欺骗，并据此获得了具有合法外观的买卖合同。由于两者的行为并未处于金融活动中，难以说明行为对金融市场交易的真实信用造成伤害，因此并不能认为该行为侵犯了金融诈骗罪的秩序法益。根据本文提倡的位阶法益结构及其判断顺序可知，由于秩序法益未受侵害，便可以直接认为行为不构成金融诈骗罪。但是，刁某的行为也绝非普通的民事借贷，与季某签订的合同存在瑕疵，刁某的行为实质地侵犯了季某的财产权，应当认定为诈骗罪。在本文看来，本案之所以存在多方争议，主要原因在于复杂法益论将秩序法益与财产法益并列处理，此种情况下，秩序法益与财产法益的关系得不到有效的澄清，导致司法工作人员对法益侵害的判断无从下手，最终的结果便会滑向法益一元论的"深渊"。如刁某和其辩护人认为行为仅属于民间借贷，相关的行为并没有侵犯到国家的金融管理秩序，因此刁某的行为属于民事行为，不构成犯罪。而上海市人民检察院第一分院在没有厘清贷款诈骗罪保护法益中秩序内涵的情况下，仅仅因为银行尚未收回所发放的贷款就认定为贷款诈骗罪的观点也不可取。

就案例二而言，一审法院的裁判思路在于王某的行为侵害了金融诈骗罪保护法益中的财产法益，从而默认该行为也同时侵犯了金融诈骗罪保护法益中的秩序法益，进而认为其行为构成集资诈骗罪。但按照本文所构建的"秩序—财产"位阶型法益的观点，王某虽然向上述被害人虚构了自己的集资目的，但是被害人与王某之间只是普通的借贷关系，王某的行为并没有侵犯相关的金融法律法规，更不会侵犯到金融诈骗罪保护法益中的秩序法益，进而也排除其行为构成金融诈骗罪的可能性。

五、结论

风险社会背景下，刑法虽不是最有效的社会治理方式，但却是最便捷、最高效的手段，这也导致了刑法常以积极的姿态介入到社会生活中。[1]在经济领域

---

〔1〕 参见刘艳红：《积极推进中国式刑事法治现代化建设》，载《中国社会科学报》2022 年 4 月 29 日，第 5 版。

中，若不有效区分刑事不法与其他行为的界限，不仅会导致刑法适用的泛化，甚至会影响经济系统的正常运转。因此，本文对经济领域中的金融诈骗罪的保护法益展开研究，主要得出以下基本结论：

首先，金融诈骗罪的保护法益是制度依存型法益，由于此种制度依存型法益中包含有个人法益的因素，使其与行政制度法益相区分，具有成为刑法法益的正当性基础。

其次，金融诈骗罪的保护法益是多元法益论下的位阶法益。在这种位阶法益论下，秩序法益是第一位阶的法益，财产法益是第二位阶的法益。在对不法行为进行归责时，需要按照"秩序法益是否侵害—财产法益是否侵害"的逻辑顺序进行。

最后，秩序法益的内涵是金融市场交易中的真实信用，其目的是保障投资主体的理财自由；财产法益的权利属性是与金融清偿义务相对应的财产所有权，法益内涵是金融投资领域中的资产。

为何银行难以规避美国金融制裁
——基于现实场景的分析及对反制策略的建议

王秋豪*

摘要：21世纪以来，随着美国整体外交战略的变化，制裁对象的"个体化"和制裁策略的金融化提升了银行在制裁中的重要程度。身为美元—国际公共产品的实际提供者，银行成了美国金融制裁的核心。近年来，美国一方面通过扩张金融制裁执法管辖权，为银行规避制裁执法创造了实质障碍。另一方面由于美元支付场景面临的现实困境、执法行动带来的威慑效果以及执法部门对美元金融生态塑造的整体性影响，导致银行也难以通过技术手段规避美国金融制裁。对我国而言，在反制工具箱构建的过程中不能忽视银行在金融制裁中的角色以及美国执法部门所采用的各类创新性策略。《反外国制裁法》在反制清单、"反旋转门条款"以及反外国制裁工作协调机制等方面创造了良好的开端，但同时，应当着眼于反制规则的细化，充分发挥政府部门主观能动性，同时设立基于现实场景的豁免机制，以更好地实现反制效果。

关键词：金融制裁；外交事务；银行；美元支付；反外国制裁法

一、问题的提出

过去二十年内，美国实施了一项通过金融法律手段实现外交政策目标的新型国家战略。金融制裁等法律成为21世纪美国各届政府运用最为广泛、最为连贯、的外交政策工具之一。[1]作为近年来备受总统青睐的"非战斗指挥部"，美国财

---

* 王秋豪，北京大学法学院经济法学博士研究生。

[1] 美国的金融法律外交战略始于后9·11时代打击恐怖主义的目标，并被小布什政府广泛用于伊朗和朝鲜等国家。See Juan C. Zarate, *Treasury's War: The Unleashing of a New Era of Financial Warfare*, New York: PublicAffairs, 2013, pp. 15-44, 219-237, 287-316. 奥巴马政府保留了小布什时期美国财政部的团队人员，并在任期内将金融制裁等法律工具作为对伊朗大规模施压的重要手段。See Orde F. Kittrie, *Lawfare: Law as a Weapon of War*, New York: Oxford University Press, 2016, pp. 116, 128-131. 特朗普总统任内退出伊核协议，重启对伊朗制裁。在对华制裁方面发布了"香港相关制裁项目"及"中国军事公司制裁项目"两个制裁项目，美国对华制裁数量增长440%，达到286名（数据来源：作者统计）。拜登总统上任后，进一步通过上述两个制裁项目及"全球马格尼茨基制裁项目"指定

政部系统性地发挥了法律战（lawfare）[1]的职能，并因此占据了后9·11时代美国国家安全的中心位置。[2]随着近年来美国开始将中国视作首要战略竞争对手，金融制裁等法律工具成为美国对华施加外交影响力的重要方法之一，这已经受到国内学者的广泛关注。

在金融制裁广泛实施的背景下，银行成了美国通过法律手段拓展其自身外交政策目标的核心领域。首先，针对非美国银行的大规模执法行动是过去十年来美国金融制裁的一项显著特征。第一起行动可追溯至 2005 年对荷兰银行（ABN AMRO Bank N. V.）的 8000 万美元处罚。[3]迄今为止规模最大的 10 起针对银行的金融制裁执法行动已经导致 185 亿美元的罚金总额（如图 1 所示）。其次，美国各类金融制裁措施已经开始对中国金融机构产生实质性影响。例如，2021 年 8 月 26 日，中国银行伦敦分行与美国制裁管理机构——财政部海外资产管理办公室（Office of Foreign Assets Control，OFAC）达成 233 万美元和解，中国银行伦敦分行也成为第一家因直接违反美国金融制裁而遭到处罚的中资金融机构。[4]2019 年浦发银行等三家中国金融机构因拒绝向美国当局移交一家违反朝鲜制裁规定的我国香港地区公司的银行记录，而被法院裁定藐视法庭，面临中止在美往来账户的法律风险。[5]2016 年中国农业银行纽约分行因违反反洗钱规则而遭到纽约金融

所谓的"中国军事工业复合体公司"及中国新疆、中国香港相关实体。

[1] David E. Sanger, "Global Crises Put Obama's Strategy of Caution to the Test", *The New York Times*, 16 March 2014. 本文对于美国语境下"法律战"的理解，参考查尔斯·J. 邓拉普（Charles J. Dunlap Jr.）的定义，指使用或滥用法律替代传统军事手段以实现作战目标。Charles J. Dunlap Jr., "Lawfare Today: A Perspective", *Yale Journal of International Affairs* 3, 2008, p. 146. 关于美国财政部对伊朗开展的系统性金融法律战的实践，See Orde F. Kittrie, *Lawfare: Law as a Weapon of War*, New York: Oxford University Press, 2016, pp. 111-160.

[2] Juan C. Zarate, *Treasury's War: The Unleashing of a New Era of Financial Warfare*, New York: PublicAffairs, 2013, p. xi.

[3] See Paul L. Lee, "Compliance Lessons from OFAC Case Studies – Part I," *Banking Law Journal*, 131 (2014), p. 659; See also Board of Governors of The Federal Reserve System Washington, D. C. et al., "Order of Assessment of a Civil Monetary Penalty and Monetary Payment and Order to File Reports Issued Upon Consent involving ABN AMRO Bank N. V.", available at https://home. treasury. gov/system/files/126/amrocmp_1. pdf, last visited on 1 November 2021.

[4] See U. S. Department of Treasury, "OFAC Enters Into a ＄2 329 991 Settlement with Bank of China (UK) Limited for Apparent Violations of the Sudan Sanctions Regulations", available at https://home. treasury. gov/system/files/126/20210826_bankofchina_uk. pdf, last visited on 1 November 2021.

[5] See Beau Barnes, S. Nathan Park and Wade Weems, "The United States Is Going After China's Banks: Using the financial 'death penalty' may be dangerous overreach", *Foreign Policy*, 21 July 2019, available at https://foreignpolicy. com/2019/07/21/the-united-states-is-going-after-chinas-banks/, last visited on 1 November 2021.

服务部（Department of Financial Services）2.15 亿美元罚款，执法部门的公告中提及农行反洗钱漏洞而带来的制裁违法风险。[1]最后，金融制裁也成了美国对中国企业发动更广泛意义上的法律战的依据。美国检方针对华为及其首席财务官孟晚舟等提出的核心指控在于其在伊朗金融制裁合规事项中涉嫌欺诈汇丰银行等金融机构，几家银行在起诉书中以"受害者"的身份出现。[2]另据媒体报道，汇丰银行在美国起诉华为及孟晚舟事件中给予了协助。[3]

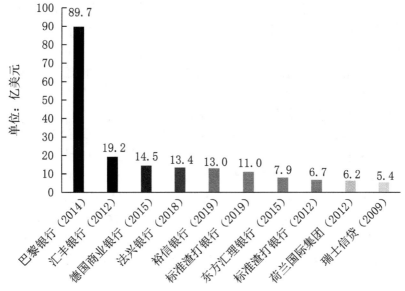

图 1　罚金规模最大的 10 起银行金融制裁案件[4]

---

[1]　See Department of Financial Services, "Press Release: DFS Fines Agricultural Bank of China $215 Million for Violating Anti-Money Laundering Laws and Masking Potentially Suspicious Financial Transactions," available at https://www.dfs.ny.gov/reports_and_publications/press_releases/pr1611041, last visited on 1 November 2021.

[2]　参见美国司法部网站分别于 2019 年 1 月 28 日及 2020 年 2 月 13 日披露的起诉书，以及 2021 年 9 月 24 日发布的公告，*United States of America-against-HUAWEI Technologies Co., LTD., etc., Superseding Indictment*（January 24, 2019），available at https://www.justice.gov/usao-edny/press-release/file/1125036/download; *United States of America-against-HUAWEI Technologies Co., LTD., etc., Superseding Indictment*（February 13, 2020），available at https://www.justice.gov/usao-edny/press-release/file/1248966/download; Department of Justice, *Huawei CFO Wanzhou Meng Admits to Misleading Global Financial Institution*, available at https://www.justice.gov/opa/pr/huawei-cfo-wanzhou-meng-admits-misleading-global-financial-institution, last visited on 1 November 2021.

[3]　See Karen Freifeld, Steve Stecklow, "Exclusive: HSBC probe helped lead to U.S. charges against Huawei CFO," *Reuters*, 26 February 2019, available at https://www.reuters.com/article/us-huawei-hsbc-exclusive-idUSKCN1QF1IA, last visited on 1 November 2021.

[4]　数据来源：笔者参考银行违法案件中执法部门的公告以及银行当年年度报告中披露的罚金总额统计得出。

在这些现象的背后，有必要探究银行积极遵守甚至主动配合美国金融制裁的原因。尽管已有许多学者对于金融制裁本身进行了探讨，但对于银行在制裁中的作用以及美国对于银行采取的各类行动，国内现有研究缺乏法律视角和基于现实场景的全面解读。银行配合美国金融制裁的原因不仅与其在金融制裁（以及更加广泛的金融外交战略）中的核心地位密切相关，还涉及对以美元支付为核心的金融业务性质及美国财政部在后 9·11 时代采取的各种创新手段的理解与分析。随着中美博弈的加剧，中国跨国企业和中资银行在国际商业及金融活动中面临的法律风险日益增长，本文希望通过对金融制裁执法案例的系统性分析，为商业组织的合规风险评估提供一定的洞见。此外，本文也希望以针对银行实施的金融制裁为例，基于可行性及效力维度，对包括《中华人民共和国反外国制裁法》（以下简称《反外国制裁法》）在内的反制体系进行评价，并对构建和完善具有中国特色的反制法律体系提出建议。

二、银行为何成为美国金融制裁的核心

就美国金融制裁的效力机制及整体目标而言，银行居于现代金融制裁的核心地位具有其必然性。首先，由于传统制裁工具的局限性、21 世纪以来新的国家安全威胁以及整体外交政策变化趋势成为银行地位显著上升的重要原因。其次，在现代美国金融制裁所依托的"美元霸权"，即美元作为国际公共产品所带来的权力当中，银行处于中心地位，甚至可以说是这一公共产品的实际提供者。因此，银行的影响力与美国金融制裁的效力直接相关。本文第二部分将首先从历史视角和霸权视角两个维度剖析银行在美国现代金融制裁中的地位和作用。

（一）历史视角

对制裁制度的历史梳理有助于理解银行角色和定位的变化。在美国，制裁权力属于涉外紧急状态下对行政部门的法定授权。[1]其核心授权法律——《国际紧急经济权力法》（International Emergency Economic Powers Act, IEEPA）下的权力属于外交权力。[2]制裁被视为一种程度上低于军事行动的"中级外交政策工具"，[3]在历史上发轫于战争，早期美国单边制裁制度源于战时状态下对于敌国

---

[1] See International Emergency Economic Powers Act § 1701 (a), 50 U. S. C. A. § 1701 (a). 为应对整体或实质发生在美国境外的，对国家安全、外交政策或美国经济构成的"特殊且严重的"（unusual and extraordinary）威胁，总统宣布国家紧急状态后，可行使制裁权力。

[2] See Notes, "International Emergency Economic Powers Act: A Congressional Attempt to Control Presidential Emergency Power," *Harvard Law Review*, Vol. 96, Issue 5, 1983, p. 1103; See also Harold Hongju Koh, "Why the President (Almost) Always Wins in Foreign Affairs: Lessons of the Iran-Contra Affair," *Yale Law Journal* 97, 1988, pp. 1263-1264.

[3] Victoria Anglin, "Why Smart Sanctions Need a Smarter Enforcement Mechanism: Evaluating Recent Settlements Imposed on Sanction-Skirting Banks," *Georgetown Law Journal* 104, 2016, p. 696.

商业活动的封锁和禁止性措施。〔1〕进入 20 世纪以后，美国制裁经历了从大规模使用到策略反思的过程，这在当时与法律制度的变迁密切相关。首先，制裁的启动条件由战时（time of war）扩大到由总统宣布的国家紧急状态（national emergency）时期，这是特殊历史背景下总统越权导致的结果，〔2〕使得针对总统为核心的行政部门的紧急状态授权法长期成为制裁的上位法律，进而导致美国在其外交政策目标驱动之下频繁使用制裁，使其从战争的附随性手段转向替代性工具。〔3〕其次，20 世纪美国的制裁措施往往以特定国家作为对象，以全面禁运作为主要手段。然而，以禁运为主的全面制裁措施并未实现应有的外交政策目标，由此带来的物资短缺却给被制裁国家的平民带来了人道主义灾难，尤其是在苏联解体以后，美国在 20 世纪 90 年代主导的全面制裁措施带来了比冷战时期更大规模的破坏性，进而受到了包括儿童基金会和世界卫生组织等联合国机构的关注，〔4〕这推动了对于全面制裁效果及影响的反思，〔5〕也催生了对于其他更加"聪明"（smart）的制裁方法的需求。〔6〕

美国将制裁作为独立于战争的外交政策工具大规模使用的趋势，以及以禁运为主的全面制裁措施所面临的效力及人道主义难题，构成了制裁改革的内生因素。美国在 21 世纪面临新的国家安全威胁，以及由此带来的外交战略的变化，则为制裁

〔1〕 美国制裁制度源于 1807 年联邦政府在英美战争前期颁布的《禁运法案》（Embargo Act）。Meredith Rathbone, Peter Jeydel and Amy Lentz, "Sanctions, Sanctions Everywhere: Forging a Path through Complex Transnational Sanctions Laws," *Georgetown Journal of International Law*, 44（2013）, p. 1063.

〔2〕 制裁启动条件的扩张源于 1929—1933 年大萧条时期，罗斯福总统为稳定国内金融行业而根据《对敌贸易法》（Trading with the Enemy Act）第 5（b）条宣布的"银行假期"（bank holiday, 即要求国内所有银行停业 4 天）。《对敌贸易法》在当时是制裁的授权性法律，鉴于其仅约束战时美国与敌人的商业活动，"银行假期"的宣布属于越权行为，但三天后国会通过的《紧急银行救助法案》（Emergency Banking Relief Act）修改了《对敌贸易法》第 5（b）条的规定，追溯认可了总统行为的同时，也使得《对敌贸易法》下的权力从战时扩展到总统宣布的紧急状态时期。See Kathleen Claussen, "Trade's Security Exceptionalism," *Stanford Law Review*, Vol. 72, No. 5, 2020, p. 1118; See also Emergency Banking Relief Act, § 2, 48 Stat. 1, 1（1933）.

〔3〕 以制裁替代战争的理念最早源自一战时期伍德罗·威尔逊（Woodrow Wilson）总统的言论，"……采用这种经济的、和平的、无声的、致命的方法，就不需要使用武力了。这是一种可怕的方式。它没有在遭到禁运的国家之外付出生命的代价，但它给这个国家带来了压力，在我看来，任何现代国家都无法抗拒这种压力"。Saul K. Padover（ed.）, *Wilson's Ideals*, Washington D. C.: American Council on Public Affairs, 1942, p. 108.

〔4〕 See Joy C. Gordon, "Smart Sanctions Revisited," *Ethics and International Affairs*, 25（2011）, pp. 316-318.

〔5〕 参见［美］加利·克莱德·霍夫鲍尔等著:《反思经济制裁》，杜涛译，上海人民出版社 2019 年版。

〔6〕 See Victoria Anglin, "Why Smart Sanctions Need a Smarter Enforcement Mechanism: Evaluating Recent Settlements Imposed on Sanction-Skirting Banks," *Georgetown Law Journal*, 104（2016）, pp. 698-699; Juan C. Zarate, "Harnessing the Financial Furies: Smart Financial Power and National Security," *The Washington Quarterly*, 32（209）, pp. 43-59.

改革带来了外生动力。随着苏联解体及 9·11 事件的发生，反恐怖主义成为美国国家安全的核心关切，恐怖组织等非国家行为主体带来的安全威胁以及经济全球化的影响对以国家为对象的传统制裁工具构成了挑战。此外，美国还迫切需要对伊朗、朝鲜等国家施加更大的影响力，以遏制其对于核能力的追求。为此，美国通过制裁对象的"个体化"（individualization）[1]以及制裁策略的金融化，对传统制裁措施进行了改进，而这两方面的影响使得银行在金融制裁中的地位和重要性显著上升。

　　第一，制裁对象的"个体化"，主要表现为从国家制裁到名单制裁的转变。1986 年，OFAC 公开发布了第一份特别指定实体名单（Special Designated Nationals List，以下简称"SDN 名单"）。[2]随后，名单形式的制裁工具迅速膨胀，并在 21 世纪后的很大程度上替代了以国家为对象的全面制裁措施，从而受到行政部门的青睐。名单形式的制裁工具迎合了对于更加符合人道主义的"聪明制裁"的要求，有效回应了后 9·11 时代打击恐怖组织等非国家行为体的目标，同时，在全球化背景下，也能够将被制裁国家的离岸公司及外国支持者纳入制裁范畴，因而具有显著优势。如表 1 所示，截至 2021 年 6 月，美国各类制裁名单中已有 9416 名实体（包括个人、组织、船只和飞机）。

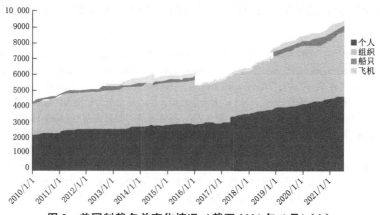

图 2　美国制裁名单变化情况（截至 2021 年 6 月）[3]

〔1〕　Elena Chachko, "Administrative National Security," *Georgetown Law Journal*, 108（2020）, p. 1063.

〔2〕　Juan C. Zarate, *Treasury's War: The Unleashing of a New Era of Financial Warfare*, New York: PublicAffairs, 2013, p. 25. 时至今日，SDN 名单仍然是美国最为重要的制裁名单，列入该名单的实体占美国所有制裁名单的 95.30%（笔者统计）。除制裁名单之外，美国目前仍然保有一些以国家为目标的全面制裁措施，对象包括伊朗、古巴及叙利亚等。

〔3〕　数据来源：美国财政部会在其网站公布制裁名单所列实体的增加（add）、删除（delete）以及变更（change）信息，图表数据由笔者根据美国财政部网站的公开信息统计得出。See U. S. Department of the Treasury, "OFAC Recent Actions", https://home. treasury. gov/policy-issues/financial-sanctions/recent-actions, last visited on 1 November 2021.

表 1　美国制裁名单统计（截至 2021 年 6 月）

	个人	组织	船只	飞机	合计
数量	4698	4024	417	277	9416

然而，超越国家边界、以个体为对象的制裁措施对遵循名单的私人主体提出了更高要求。从效率和可行性角度而言，执法部门不可能要求所有企业和个人根据名单筛查每笔交易的对象以确保合法。例如，麦当劳很难通过实时审查消费者身份的方式来确保不能将汉堡卖给制裁名单上的恐怖分子。[1]然而，银行的一些特征却使其在名单筛选的策略中具有显著优势，这种优势也进一步推动银行成为名单制裁时代的关注焦点。其一，出于防范犯罪目的而对银行施加的反洗钱要求为制裁名单的筛查提供了广泛的制度基础，包括客户身份识别、交易记录保存以及大额和可疑交易报告等反洗钱要求被直接借鉴至制裁当中，使得原本用于打击刑事犯罪的法律工具同时被用于美国外交政策目标下的黑名单筛查。[2]其二，由于银行在金融体系中的重要地位及其自身资产负债结构的脆弱性，监管机构对其施加了严格的风险约束要求以及确保合规的监督机制，[3]这些要求使得监管机构能够介入到银行的公司治理当中，直接核查相应资料及文件，从而进一步为监督银行的制裁合规状况创造了有利条件。根据美国联邦及州银行监管部门与 OFAC 签订的谅解备忘录，有关银行制裁合规缺陷、制裁违法行为和执法行动等信息应在各部门之间交流共享。[4]与银行监管机构的跨部门的信息交流机制加强了 OFAC 对于银行制裁合规状况的监控。其三，相比起其他行业而言，银行业本身能够给被制裁个体带来实质性影响，因此要求银行遵守制裁名单是一个具有显著收益的潜在选项。银行是现代资金流动的枢纽，恐怖分子、毒贩及核扩散者和普通人一样，都需要通过银行开立账户并转移资金，不论是传统哈瓦拉（hawala）网络[5]还是现金

---

[1]　See Peter Fitzgerald, "Compliance Issues Associated with Targeted Economic Sanctions", in House of Lords, Select Committee on Economic Affairs, 2nd Report of Session 2006-07, *The Impact of Economic Sanctions*, *Vol. II: Evidence*, p. 150.

[2]　Ibid., p. 149.

[3]　See Morgan Ricks, "Regulating Money Creation after the Crisis", *Harvard Business Law Review* 1, 2011, pp. 114-115.

[4]　See U. S. Department of Treasury, "Memoranda of Understanding Between OFAC and Bank Regulators," https://home. treasury. gov/policy-issues/financial-sanctions/civil-penalties-and-enforcement-information/2019-enforcement-information/memoranda-of-understanding-between-ofac-and-bank-regulators, last visited on 1 November 2021.

[5]　哈瓦拉是一种非正式的国际货币转移机制，在中东、北非及南亚等地广泛存在，它基于经纪人成员网络之间的信任实现货币的转移，曾因被用于恐怖主义及洗钱目的而受到国际社会的广泛关注。See Patrick M. Jost and Harjit Singh Sandhu, "The Hawala Alternative Remittance System and Its Role in Money Laundering", *Interpol General Secretariat*, 2000.

快递运输等方式均无法替代正式的金融系统发挥功能。同时，"将资金用于生存和经营的需求产生了难以掩饰的痕迹和无法隐藏的关联性"[1]，执法部门获取的银行交易信息可被用作情报来源，切断制裁对象与正式金融网络的联系可以被用作打击敌人的武器，银行系统的普遍性和资金流动的信息量带来了重要的战略价值。

第二，制裁策略的金融化。这在总体上与小布什政府及奥巴马政府任内的外交战略选择密切相关。为对伊朗、朝鲜等其他被视为美国安全威胁的国家形成有效打击，美国政府借鉴了应对恐怖主义时行之有效的金融手段。财政部在 21 世纪前 10 年采取的一些措施实质性增强了金融制裁的范围及影响力，并且进一步使得位于金融系统中心位置的银行的重要性有所上升。具体包括以下几个方面：①金融情报搜集及分析能力的构建在一定程度上加强了银行的执法能力。美国财政部的金融情报机制源于 9·11 事件发生后与环球银行金融电信协会（Society for Worldwide Interbank Financial Telecommunication，SWIFT）就反恐怖主义目的秘密达成的信息传输协议——财政部恐怖主义融资追踪计划（Treasury Terrorist Financing Tracking Program）。[2]2004 年，随着恐怖主义与金融情报办公室（Office of Terrorism and Financial Intelligence）的建立，[3]美国财政部正式成为世界上第一个具有金融情报分析团队的财政部门。②针对银行及美元结算相关制裁规则的出台。包括 OFAC 在 2003 年发布征求意见的《经济制裁执法指南》、[4]2006 年发布的《对银行机构的经济制裁执法程序》[5]以及不定期更新的金融制裁"常见问答"（Frequently Asked Questions）[6]等规则对银行在金融制裁合规中的法律责任及

〔1〕 Juan C. Zarate, *Treasury's War: The Unleashing of a New Era of Financial Warfare*, New York: PublicAffairs, 2013, p. 1.

〔2〕 关于美国财政部与时任 SWIFT 主席的伦纳德·施兰克（Leonard Schrank）达成协议过程的详细描述，See Juan C. Zarate, *Treasury's War: The Unleashing of a New Era of Financial Warfare*, New York: PublicAffairs, 2013, pp. 45-65. 关于该计划暴露的过程及欧盟介入以后的调整，See Eric Lichtblau and James Risen, "Bank Data Is Sifted by U. S. in Secret to Block Terror," *New York Times*, 23 June 2006; Juan C. Zarate, *Treasury's War: The Unleashing of a New Era of Financial Warfare*, New York: PublicAffairs, 2013, pp. 269-285.

〔3〕 See U. S. Department of Treasury, "Terrorism and Financial Intelligence", https://home. treasury. gov/about/offices/terrorism-and-financial-intelligence, last visited on 1 November 2021.

〔4〕 Office of Foreign Assets Control, *Reporting and Procedures Regulations*; *Cuban Assets Control Regulations*: *Publication of Economic Sanctions Enforcement Guidelines III. A. 1*, 68 FR 4422-4429. 《经济制裁执法指南》于 2009 年最终发布。See *Appendix A to Part 501-Economic Sanctions Enforcement Guidelines*, 31 C. F. R. § 501.

〔5〕 Office of Foreign Assets Control, *Economic Sanctions Enforcement Procedures for Banking Institutions*, 71 FR 1971.

〔6〕 U. S. Department of Treasury, "OFAC Consolidated Frequently Asked Questions", https://home. treasury. gov/policy-issues/financial-sanctions/frequently-asked-questions/ofac-consolidated-frequently-asked-questions, last visited on 1 November 2021.

具体要求提供了早期指引。③金融制裁范围的扩张。除制裁名单数量的大幅增长之外，制裁规则中具体条款的变化也对制裁范围起到了实质性影响。以伊朗制裁为例，历史上，出于国际市场对伊朗石油的需求，美国财政部曾长期允许美国金融机构处理发起并终止在美国境外的、涉及伊朗的美元结算活动，这被称为"U型转弯豁免"（U-turn exemption）。[1]U型转弯豁免在很大程度上使得银行处理伊朗相关的美元支付活动时不会违反美国金融制裁规则。OFAC在2008年11月取消了这一豁免，[2]这项简单的规则变化对伊朗石油交易的美元结算活动带来巨大影响，并导致伊朗金融制裁范围的实质性扩张。

整体上，"聪明制裁"权力行使的内生要求以及新的国家安全威胁带来的外交战略变化，共同导致制裁对象的"个体化"及制裁策略的金融化，并且提升了银行在制裁中的地位。OFAC对银行及美元支付活动的罚金规模是这种重要性的注脚之一。如图3所示，如对2010—2021年6月期间OFAC的制裁违法案件进行分类，按照处罚对象统计，对银行机构的处罚案件数量占比19.02%，但罚金总额占比达到91.85%。按照违法行为统计，美元支付案件数量占比31.22%，但罚金总额占比达到89.30%。

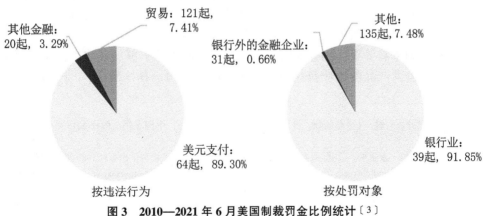

图3　2010—2021年6月美国制裁罚金比例统计[3]

---

〔1〕 Paul L. Lee, "Compliance Lessons from OFAC Case Studies-Part I", *Banking Law Journal* 131, 2014, p. 663.

〔2〕 See *Iranian Transactions Regulations*, 73 FR 66541, Federal Register Volume 73, Issue 218, November 10, 2008.

〔3〕 数据来源：笔者根据财政部网站的公开信息统计得出。自2010年至2020年6月，OFAC共处罚205起制裁违法行为，罚金总额共计49.13亿美元。See U. S. Department of Treasury, "Civil Penalties and Enforcement Information", https://home. treasury. gov/policy - issues/financial - sanctions/civil - penalties - and-enforcement-information, last visited on 1 November 2021.

(二) 霸权视角

美元的霸权视角是理解银行在美国金融制裁中地位的另一个维度。持有金融制裁有效性的一种普遍观点认为，美国的单边金融制裁措施依托于其金融霸权。[1]霸权理论本身与国际公共产品的概念密切相关，它诞生于对全球性经济危机的经济学解释。查尔斯·P. 金德尔伯格 (Charles. P. Kindleberger) 认为 1929—1933年波及全球的大萧条的严重性和持久性，应部分地归咎于世界经济领导权的瓦解。[2]为防止各国转向民族主义"以邻为壑"的经济政策，世界范围内应当有一个霸权国承担创造和维持自由贸易体系、建立国际货币系统以及阻止金融危机的最后借款人角色。[3]霸权理论诞生伊始是基于全球化背景下的世界性经济原因，它预期霸权国扮演的应是一个无私的公共产品提供者的角色，[4]而美元和开放的美国金融体系是当前国际公共产品的重要组成部分。[5]

国际公共产品给霸权国带来的影响力，催生了霸权国基于自身政治目的行使权力的动因，也使得政治经济学者基于更加现实主义或者国家中心的政治分析知识框架对传统霸权理论进行改造。[6]如今，美元仍然作为主要结算和储备货币在国际贸易及金融领域履行公共职能，这也使得从事国际商业活动的实体严重依赖于美元所提供的公共服务，而剥夺这种服务将变相导致其被孤立在全球商业和金融体系之外。美国滥用美元国际公共产品下的权力，通过金融制裁实现自身外交政策目标，成为霸权视角下对金融制裁有效性的一种解释。

不过，如果需要更详细地说明上述问题，还需要基于更加现实的视角，对美元作为国际公共产品的性质及这种权力本身进行解构。具体而言，"控制特定目

---

[1] 参见徐以升、马鑫：《金融制裁：美国新型全球不对称权力》，中国经济出版社 2015 年版，第 6~9 页。

[2] [美] 罗伯特·吉尔平：《国际关系政治经济学》，杨宇光等译，经济科学出版社 1989 年版，第151 页。

[3] See Charles. P. Kindleberger, *The World in Depression* 1929-1939: *40th Anniversary of A Classic in Economic History*, Berkeley and Los Angeles: University of California Press, 2013, p. 292.

[4] See Robert Gilpin, "The Rise of American Hegemony", in Patrick Karl O'Brien and Armand Clesse eds., *Two Hegemonies: Britain* 1846-1914 *and the United States* 1941-2001, Hampshire: Ashgate, 2002, p. 167.

[5] 根据国际清算银行 (Bank for International Settlements) 的数据，美元外汇交易约占全球外汇交易的 85% (截至 2019 年第 4 季度)，美元约占各国官方外汇储备的 61% (截至 2019 年)，美元计价的国际贸易约占全球国际贸易的 50% (截至 2015 年)，美元国际支付约占全球国际支付的 40% (截至 2020 年 2 月)。See Bank for International Settlements, "CGFS Papers No 65: US Dollar Funding: An International Perspective", June 2020, p. 3, https://www.bis.org/publ/cgfs65.pdf, last visited on 1 November 2021. 另根据 SWIFT 2015 年的数据统计，如不考虑欧元区的影响，美元结算占到国家间贸易结算的 80% 以上。See SWIFT, "Worldwide Currency Usage and Trends", 2015, https://www.swift.com/node/19186, last visited on 1 November 2021.

[6] Robert Gilpin, "The Rise of American Hegemony", in Patrick Karl O'Brien and Armand Clesse eds., *Two Hegemonies: Britain* 1846-1914 *and the United States* 1941-2001, Hampshire: Ashgate, 2002.

标的美元流动性"[1]是这种权力行使的主要方式，美元的流动性则表现为美元支付的过程。从法律视角来看，现代社会绝大多数的货币是以对银行的债权（即"银行货币"）形式存在的，而大多数的支付行为是银行货币的转让。[2]银行之间通过开设账户，并对账户金额进行借记与贷记完成银行货币的支付。这种复杂的账户网络形成了货币流动的通路，构成了美元流动性作为国际公共产品所依托的基础设施。早期历史上，银行账户形成的货币支付机制纯粹是银行间自发形成的交易安排。[3]19世纪以后，出于结算效率及金融安全等因素，西方国家逐渐形成了央行等公权力机构主导下的银行间货币结算机制，[4]使得相当比例的货币支付通过银行在央行开设的账户进行。因此，现代银行货币支付的权力结构是私人发起与公共约束的结合，不同主体在不同层次下参与其中。以美元跨境支付为例，可以按照参与主体及流程区分为三种类型（如图4所示）：① 基于结算系统而进行的美元支付，实质是通过银行在联邦储备银行开设的账户借贷进行交易（如图4中客户1至客户2，通过成员行A和成员行B在联邦储备银行开设的账户借贷完成美元支付），如今的跨境美元支付可以通过清算所银行同业支付系统（Clearing House Interbank Payments System，简称"CHIPS系统"）或者联储电信资金服务系统（Fedwire Funds Service，简称"Fedwire系统"）进行，根据二者的习惯性分工，绝大部分跨境美元支付活动经由CHIPS系统处理。[5]② 通过其他中间银行账户进行的支付，当参与交易的两家银行均在同一中间银行开设账户时，就可以通过该中间银行的账户借贷进行美元支付交易（如图4中客户3至客户4分别在银行D和银行E开设账户，可通过中间银行C的账户完成美元支付）。③ 在同一家银行内部进行，当汇款人和收款人在同一家银行均拥有账户时，此时的美元支付交易只是该银行内部账簿的重新登记（如图4中客户4至客

---

[1] 何为、罗勇：《你所不知的金融探头——全球金融机构与美国的金融制裁和反洗钱》，社会科学文献出版社2019年版，第25页。

[2] Ben Norman, Rachel Shaw and George Speight, "The History of Interbank Settlement Arrangements: Exploring Central Banks' Role in the Payment System", *Bank of England*, *Working Paper* 412, 2011, p. 6.

[3] 历史上，银行之间通过账户形成的货币支付机制被认为可以追溯至中世纪的欧洲，当时的银行家和货币兑换商们通过付款函以及彼此之间的账簿记录为参与跨国贸易的商人提供支付便利。See Dan Awrey and Kristin van Zwieten, "The Shadow Payment System", *Journal of Corporation Law* 43, 2018, pp. 784-786.

[4] See Ben Norman, Rachel Shaw and George Speight, "The History of Interbank Settlement Arrangements: Exploring Central Banks' Role in the Payment System", *Bank of England*, *Working Paper* 412, 2011, pp. 19-27.

[5] 据估计，通过CHIPS系统处理跨境美元结算占所有跨境美元结算的95%以上。See Federal Reserve Bank of New York, "CHIPS", https://www.newyorkfed.org/aboutthefed/fedpoint/fed36.html, last visited on 1 November 2021.

户5均在银行E开设账户，通过银行E的账户登记即可完成美元支付）。[1]不过，由于支付便利性、资金头寸规模、交易效率及安全性等因素，通过本国央行的中心化的结算系统往往是更加高效、便捷且安全的选择。

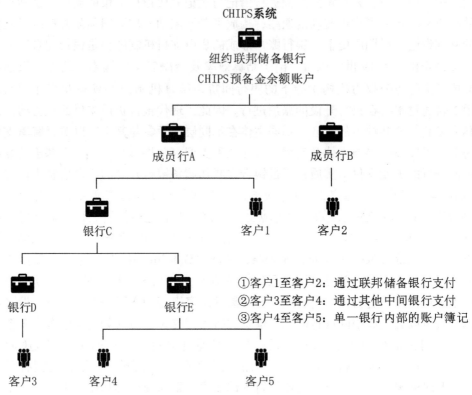

图4 美元跨境支付的类型化区分

可以看出，如果需要有效利用美元流动性作为国际公共产品下的霸权权力，银行的地位不可或缺。银行作为美元流动性基础设施的建设者和维护者，在金融制裁所依托的权力结构当中处于核心地位。现实当中，银行需要开设账户、发起支付交易、填写电汇数据并完成支付流程，这也使得银行成为这种公共产品的实际提供者。因此，银行的定位和作用直接关乎基于美元流动性公共产品的影响力，也直接关乎美国金融制裁本身的有效性。此外，这种超出国家边界的、多层次的账户结构及支付流程实际上也为银行规避金融制裁创造了一些条件。非美国

---

[1] See Michael Gurson, "The U. S. Jurisdiction over Transfers of U. S. Dollars between Foreigners and over Ownership of U. S. Dollar Accounts in Foreign Banks", *Columbia Business Law Review*, 2004, pp. 724-731.

银行可能利用其内部账户为被制裁实体进行美元支付，而即便是对处于中心的结算系统而言，庞大的日均交易量也可能为银行通过"藏木于林"的方式规避制裁创造条件。根据 2016 年的数据，CHIPS 系统每日处理的支付信息在 43 万条左右，总金额约 1.5 万亿美元。[1]这进一步要求执法部门将手臂延伸至一些关键的非美国银行，并采取措施防止潜在的技术规避行为。因此，美国金融霸权的行使及金融制裁的有效性不可避免地指向了银行规避制裁和美国财政部执法过程等更为现实的场景。

三、美国金融制裁对银行的有效性分析

金融制裁是美国自身外交政策的法律化，依托于本应作为国际公共产品的美元流动性职能，本质上是一种霸权主义行径。非美国银行不应当有遵循美国单边金融制裁规则的义务。就现实情况而言，以欧洲大型银行为代表的非美国银行也并不是美国金融制裁的天然拥趸。欧洲前 20 大银行（按 2020 年总资产规模计）中的 11 家在近十年内存在违法历史，就相关案例而言，规避制裁的多样化手段及执法过程中的理念及外交冲突亦不在少数，这在一定程度上体现出金融制裁的单边主义特点。

系统性的案例分析有助于理解美国金融制裁对于银行有效性的现实问题。美国财政部网站公布的制裁执法公告（Enforcement Release）[2]以及行政和解协议（Settlement Agreement）[3]会在一定程度上披露案件事实、违法行为以及行使执法管辖权的依据等内容。在涉及刑事指控的案件当中，与当事人达成的暂缓起诉协议（Deferred Prosecution Agreement）或认罪协议（Plea Agreement）还可能披露更多信息，本文主要基于对 2010 年至 2021 年相关案例公开信息的统计与分析，重点包括以下三方面内容：①超越国家边界的、多层次的美元支付结构带来了执法管辖权的限度问题，进而需要对银行能否从执法管辖权层面规避金融制裁进行探讨；②美元支付过程很大程度上由银行主导，这也带来了能否通过修改支付信息等技术手段规避金融制裁的疑问；③银行规避金融制裁的方法将面临哪些障碍，包括 OFAC 在内的执法机构采取了哪些创新策略以确保金融制裁的有效性。

（一）现实中银行规避美国金融制裁的方式

通过考察近十年的美国金融制裁执法案件可以发现，典型的规避策略无非两种类型，一是试图通过规避执法管辖权的方式规避制裁，即在涉及被制裁实体的

[1] The Clearing House, "Clearing House Interbank Payments System（'CHIPS'）Self-Assessment of Compliance with Standards for Systemically Important Payment Systems", January 2016, p. 3.

[2] See U. S. Department of Treasury, supra note 37.

[3] See U. S. Department of Treasury, "Selected Settlement Agreements from 2021 to 2009", https://home.treasury.gov/policy-issues/financial-sanctions/civil-penalties-and-enforcement-information/2019-enforcement-information/additional-select-settlement-agreements, last visited on 1 November 2021.

美元支付过程中尽量避免美国因素，包括避免美国金融机构的参与以及避免支付信息经过美国境内。二是通过技术手段隐瞒交易以规避制裁，包括在支付信息中剥离（strip）被制裁实体的相关内容，或者通过其他未受制裁实体的账户处理涉制裁业务等。当然，两类策略在实践中并非完全相互独立，有时，通过非美国银行进行美元支付的行为既有规避执法管辖权的目的，也有技术层面规避执法机构审查的考量。

1. 在执法管辖权层面规避制裁

如前文所述，并非所有的银行美元支付行为均会发生在美国境内或通过美国金融机构，尤其是在非美国银行作为美元支付的中间银行或者交易通过非美国银行内部账户簿记进行的情况下，由此带来的执法管辖权限度问题是 OFAC 针对拓展执法范围的先决条件。[1]对金融制裁执法案件的分析可以发现，美元支付过程为美国不合理的管辖权扩张提供事实基础，IEEPA 以及据其颁布的总统行政命令和联邦法规构成了执法管辖权扩张的法律依据，[2]使得 OFAC 能够将执法管辖权拓展至在美无分支机构和具体业务的对象，以及发生在美国境外且无美国金融机构直接参与的美元结算行为。

分析美国金融制裁执法管辖权时，本文将依据第二部分所述之三类美元跨境支付情形分别予以说明。第一类是直接经由美国联邦储备银行结算的美元支付，它覆盖了包括前文所述之 CHIPS 系统、Fedwire 系统以及离岸美元清算中心在内的美元支付通路。在此情形下，由于资金支付过程包含美国金融机构参与且电汇信息经过美国境内，因此 OFAC 认定其享有执法管辖权。以 CHIPS 系统为例，它由美国大型商业银行所有并接受美联储监督，[3]实质上是通过在纽约联邦储备银行设立的 CHIPS 预备金余额账户进行结算。[4]由于所有跨境美元结算交易必须直接或间接通过成员行进行，根据其自身规则及管理程序，要求成员行必须是

---

[1] 国内目前对于美元结算系统及美元同业往来账户下管辖权问题的分析，参见石佳友、刘连炟：《美国扩大美元交易域外管辖对中国的挑战及其应对》，载《上海大学学报（社会科学版）》2018 年第 4 期，第 17~33 页；郭华春：《美国经济制裁执法管辖"非美国人"之批判分析》，载《上海财经大学学报》2021 年第 1 期，第 122~137 页。

[2] 根据作者统计，财政部 2010 年至 2021 年 6 月的 205 起制裁执法案件中，有 1.46% 直接依据 IEEPA，有 9.76% 依据总统发布的行政命令，有 98.54% 依据 OFAC 自身发布的联邦法规。OFAC 在执法过程中经常依据多项规则，三者之间存在范围重叠。

[3] CHIPS 系统由清算所支付公司（Clearing House Payments Company LLC）所有并运营，该公司由 24 家大型美国商业银行所有。See The Clearing House, "About Us-Owner Banks", https://www.theclearinghouse.org/about/owner-banks, last visited on 2 June 2021.

[4] Bank for International Settlements, "Payment, Clearing and Settlement Systems in the CPSS Countries", Vol. 2, 2012, p. 489, https://www.bis.org/cpmi/publ/d105.pdf, last visited on 1 November 2021.

美国存款机构或外国银行的美国分支机构或代理机构,[1]且如果成员行使用租用的电信网络与 CHIPS 连接,该线路必须终止于其位于美国的办公室。[2]与 CHIPS 系统类似,使用 Fedwire 系统或离岸美元清算中心进行的美元跨境支付活动也无法避免美国金融机构参与或电汇信息经过美国境内的状况。一方面,Fedwire 系统由联邦储备银行拥有和运营,[3]实质是利用清算机构在联邦储备银行开设的账户进行美元支付服务,因此,对于 Fedwire 系统的使用必然以各联邦储备银行账户为节点。[4]美国联邦法规同样规定,对 Fedwire 系统的使用需要遵守美国联邦法律。[5]另一方面,通过我国香港地区、新加坡、东京等离岸美元清算中心进行美元支付的本质是利用特定金融机构在 CHIPS 系统中的美元账户完成结算。以我国香港地区美元结算所自动转账系统(USD CHATS)为例,其最终结算仍发生在 CHIPS 系统中的汇丰(美国)账户。[6]其他离岸清算中心亦类似。[7]

在上述第一类情形下,OFAC 主要通过两种条款建立执法管辖权。一是认定外国实体向被制裁实体"出口来自美国的金融服务",在美国对伊朗、朝鲜等国的制裁法规中均包含此类条款。[8]例如,2021 年 8 月针对中国银行伦敦分行的执法行动中,OFAC 认为中国银行伦敦分行通过美国金融系统处理涉制裁交易的行为构成"向苏丹实体出口来自美国的金融服务"[9],因而违反制裁。由于美国银行提供的美元支付服务属于"来自美国的金融服务",因而不论发起美元支付活动的实体是不是美国实体,只要美元支付活动直接经由美国金融机构,就构

---

[1] The Clearing House, "CHIPS Rules and Administrative Procedures", 2013, Rule 19 (a) and 19 (b), https://www. theclearinghouse. org/~/media/files/payco%20files/rulesgov%202013%20 (3). pdf? la = en, last visited on 1 November 2021.

[2] Ibid, Rule 6 (a).

[3] Bank for International Settlements, supra note 56, p. 487.

[4] Christine Abely, "Causing a Sanctions Violation with U. S. Dollars: Differences in Regulatory Language across OFAC Sanctions Programs", *Georgia Journal of International and Comparative Law* 48, 2019, p. 63.

[5] *Collection of Checks and Other Items by Federal Reserve Banks and Funds Transfers Through Fedwire* (*Regulation J*), 12 C. F. R. § 210. 25.

[6] 参见陆晓明:《人民币跨境银行间支付清算系统的发展、趋势及银行对策》,载《国际金融》2018 年第 6 期,第 34 页。

[7] 例如,新加坡和菲律宾离岸美元结算的实质是在花旗银行的 CHIPS 账户内进行结算,东京离岸美元结算则是通过摩根大通进行,See Christine Abely, "Causing a Sanctions Violation with U. S. Dollars: Differences in Regulatory Language across OFAC Sanctions Programs", *Georgia Journal of International and Comparative Law* 48, 2019, pp. 60-62.

[8] *Iranian Transactions and Sanctions Regulations*, 31 C. F. R. § 560. 204.

[9] *Sudanese Sanctions Regulations* (*Reserved*), 31 C. F. R. § 538. 205.

成对"出口金融服务条款"的违反。[1]除该条款外，在2017年针对新加坡公司 CSE Global Limited 及其子公司 CSE TransTel Pte. Ltd. 的执法行动中，[2]OFAC 采用了另一类"导致条款"建立管辖权，认定两家在美国无分支机构及业务的新加坡公司向被制裁实体发起美元支付的行为"导致美国金融机构违反制裁规则"[3]，因而违反制裁。从适用范围来看，"出口金融服务条款"及"导致条款"仅在表述上存在区别，在执法管辖权的范围上并不存在本质性差异，即如果美元支付过程中美国金融机构作为中间银行，将存在违反美国金融制裁的风险。在华为、孟晚舟等被告的起诉书中亦同时援引上述两类条款，称几名被告"合谋导致了银行及其他金融服务从美国向伊朗的出口"[4]，因而违反了美国对伊朗的金融制裁规定。

如上文所述，除了通过美国联邦储备银行进行的美元支付活动之外，理论上可以通过在特定中间银行开设的账户进行美元支付，或者当汇款人和收款人在同一家银行开设账户时，通过该银行账户的内部重新登记完成美元支付交易。此时，如果参与交易的银行均为非美国银行，那么理论上就不属于"出口金融服务条款"和"导致条款"所认定的管辖权范畴，这也构成了金融制裁执法管辖权的模糊地带。事实上，OFAC 官员在2016年也曾否认与被制裁实体之间的美元支付活动必然等同于触犯美国金融制裁规则。[5]2019年发布的《OFAC 合规承诺框架》当中，也将金融制裁一类合规缺陷明确表述为"利用美国金融系统，或处理以美国金融机构对象或经过美国金融机构的付款"[6]。然而，自2019年以

---

[1] 美国法官基于《伊朗交易和制裁条例》中"出口金融服务条款"的解释，See United States v. Zarrab, 686 F. 3d 965 (2016).

[2] See U. S. Department of Treasury, "Settlement Agreement between the U. S. Department of the Treasury's Office of Foreign Assets Control and CSE Global Limited and CSE TransTel Pte. Ltd. ", https://home. treasury. gov/system/files/126/transtel_ settlement. pdf, last visited on 1 November 2021.

[3] See International Emergency Economic Powers Act § 1705 (a), 50 U. S. C. A. § 1705 (a).

[4] *United States of America-against-HUAWEI Technologies Co. , LTD. , etc. , Superseding Indictment (February* 13, 2020), supra note 9, paras. pp. 114-124.

[5] 2016年，时任美国财政部恐怖主义与金融情报办公室副部长及 OFAC 主任的亚当·舒宾 (Adam Szubin) 曾在众议院外交事务委员会上表示："另一方面，我们的制裁并不能控制非美国国家的行动……这意味着欧洲、日本和中国的银行都在他们的金库里持有美元。而我们的制裁不会延伸到这些美元。如果外国实体选择给包括伊朗在内的任何实体这些美元，他们就不在我们的管辖范围内。" *Iran Nuclear Deal Oversight: Implementation and Its Consequences (Part II), Hearing before the Committee on Foreign Affairs House of Representatives One Hundred Fourteenth Congress Second Session*, 25 May 2016, https://www. govinfo. gov/content/pkg/CHRG - 114hhrg20257/html/CHRG - 114hhrg20257. htm, last visited on 1 November 2021.

[6] U. S. Department of Treasury, "A Framework for OFAC Compliance Commitments", p. 10, https://home. treasury. gov/system/files/126/framework_ ofac_ cc. pdf, last visited on 1 November 2021.

来的执法行动却表明，模糊地带远非安全地带，即便是发生在美国境外且并无美国金融机构直接参与的美元支付活动，在符合特定情形下，也面临违法的风险。

在 2019 年针对英国阿拉伯商业银行（British Arab Commercial Bank）的执法行动中，OFAC 第一次针对一家在美无分支机构及业务的银行使用非美国中间银行的美元账户进行的支付行为施加了处罚。本案中，英国阿拉伯商业银行通过在另一家非美国中间银行开设的"专门用于涉制裁交易"[1]的美元往来账户处理美元结算业务，同时，"（涉及制裁的）交易并未经过美国或者通过美国金融系统处理"[2]。OFAC 在和解协议中对于执法管辖权并未进行详细论述，但从其表述逻辑来看，本案中执法管辖权扩张的本质在于扩大对整个美元支付活动范畴的理解，也即①美元往来账户的特定目的：本案中非美国银行开设的中间账户专门用于涉及制裁的美元支付活动；②美国金融机构的介入：尽管美国金融机构并未直接参与涉及制裁实体的美元支付活动，但参与了为该美元往来账户转入资金的过程，而由于账户专门用于涉制裁业务，因此通过美国金融机构转入的资金被实际用于涉及制裁实体的美元支付活动；③"出口金融服务条款"的违反，本案中美国金融机构为该特定目的账户转入资金的行为，被认为构成了整个涉制裁交易活动的一部分，因此构成"出口来自美国的金融服务"。OFAC 在本案中将美元支付活动的前置行为（为账户转入资金）也纳入整个违法行为的界定之中，并基于账户本身的特定目的性和美国金融机构在整个交易过程中的参与而得出了最终结论。

除针对英国阿拉伯商业银行的执法行动之外，OFAC 于 2021 年 1 月针对阿拉伯法国银行（Union de Banques Arabes et Françaises，同样是一家在美无分支机构和业务的银行）的执法行动则表明，尽管 OFAC 执法管辖权范围内的美元交易合法，但如果整个美元结算过程以规避金融制裁为目的，仍存在违法的风险。本案中，阿拉伯法国银行的涉制裁交易发生在行内，通过交易拆分，先在银行内部账户将美元从被制裁实体转移至未受制裁实体的账户，或者先将被制裁实体账户内的美元在银行内部账户转换为其他币种，随后通过美国金融机构进行支付。此时，由于通过美国金融机构进行支付的交易要么并未直接涉及被制裁实体，要么属于其他币种的交易，因此该行"错误地认为，避免代表被制裁方直接进行美元清算就够

---

〔1〕 U. S. Department of Treasury, "Settlement Agreement between the U. S. Department of the Treasury's Office of Foreign Assets Control and British Arab Commercial Bank plc", para. 8, https://home. treasury. gov/system/files/126/20190917_bacb_settlement. pdf, last visited on 1 November 2021.

〔2〕 Ibid., para. 5.

了"[1]，然而，OFAC 认定前后两类交易"在日期和金额上密切相关"[2]，而构成对于制裁的违反。鉴于美国大部分制裁规则中均有反规避条款，[3]因此一旦美元支付行为被 OFAC 认定为规避制裁，即便在美国境内或通过美国金融机构进行的交易本身合法，但如果包含规避行为的整个交易活动违法，也无法避免 OFAC 的执法管辖权。

由于 OFAC 并未就金融制裁执法管辖权的范围及限度出台过明确、全面的指引，实践中，银行及法律从业人员往往依赖对复杂制裁规则下宽泛法律语言的解释判断制裁的管辖权范围及合法性等问题，对金融制裁法律适用的困惑[4]使得明确禁止范围以外的交易产生了寒蝉效应。[5]对 OFAC 执法管辖权的案例分析表明，近年来金融制裁执法管辖权的扩张更加剧了这种寒蝉效应。不仅美国金融机构参与或经过美国境内的美元支付活动将违反制裁，在满足特定条件的情况下，并未直接包含美国金融机构或并未经过美国境内的美元支付活动也将面临违法风险，这种风险基于 OFAC 参照交易事实而对相应法律法规的解释，并进一步导致为涉制裁实体进行的美元支付活动在实质上难以避免 OFAC 的执法管辖权。结合美元在国际市场上的公共产品地位表明，执法管辖权的扩张使得美国金融制裁已经演变成了"事实上的次级制裁"[6]。

2. 规避执法的技术性手段

如果无法在执法管辖权层面规避美国的金融制裁，那么，银行能否在美元支付实践中通过技术手段规避金融制裁？就具体案例而言，美国金融制裁的规避及执法行动往往是法律规则与业务技巧的博弈。实践中规避制裁的方法可总结为银行主导及客户主导的两类不同模式，其核心在于隐瞒电汇支付信息中被制裁实体的参与。

首先，在银行主导的情况下，最为普遍的手段是对 SWIFT 电汇支付信息进

---

[1] U. S. Department of Treasury, "OFAC Enters Into $8 572 500 Settlement with Union de Banques Arabes et Françaises for Apparent Violations of Syria-Related Sanctions Program," https://home. treasury. gov/system/files/126/01042021_UBAF. pdf, last visited on 1 November 2021.

[2] Ibid.

[3] 例如阿拉伯法国银行执法行动中 OFAC 的法律依据，*Executive Order* 13582 *of August* 17, 2011- *Blocking Property of the Government of Syria and Prohibiting Certain Transactions with Respect to Syria*, Sec. 6（a）。"禁止任何通过美国实体或在美国境内进行的，导致违反或企图违反本命令中所列任何禁止条款的规避或逃避，或具有规避或逃避目的的行为。"

[4] 一些来自大银行和跨国公司的律师和高管向媒体表示，他们对如何实施制裁的困惑比对违反制裁的恐惧更严重。Leah Mcgrath Goodman and Lynnley Browning, "Sanctions Land Like a Bomb in Corporate Suites", *Newsweek*, 25 April 2014, https://www. newsweek. com/sanctions-land-bomb-corporate-suites-248608, last visited on 1 November 2021.

[5] Orde F. Kittrie, *Lawfare: Law as A Weapon of War*, New York: Oxford University Press, 2016, p. 122.

[6] Joshua P. Zoffer, "The Dollar and the United States' Exorbitant Power to Sanction", *American Journal of International Law Unbound* 113, 2019, p. 155.

行修改或模糊化处理，包括通过剥离方式删除或修改信息，从而避免被合规软件、其他银行或者执法机构发现。如巴克莱银行（2010）、[1]汇丰银行（2012）、标准渣打银行（2012）曾手动修改支付信息中的 52 字段（涉及汇款人）的内容，将其修改为"巴克莱银行"或"我们的一个客户"等。苏格兰皇家银行（2013）曾经通过该行处理支付信息的软件 Propay 达到自动修改和删除被制裁实体信息的目的。[2]德国商业银行（2015）曾经开发电子程序对支付信息进行分类，使得涉及被制裁实体的支付不会自动处理，而是发送到相关人员处手动修改。[3]法兴银行（2018）在早期还专门制作了《与美元禁运国家的国际结算方案》备忘录，详细记录了修改支付信息以规避美国制裁的具体方式。[4]另外，在早期规避制裁的案件当中，银行还会通过头寸汇划（cover payment），使用透明度更低的 MT202 报文格式发送制裁相关电汇数据，从而达到掩盖违法行为的目的。[5]除修改支付信息之外，银行还可能利用其他未受制裁的账户来规避金融制裁。例如巴克莱银行（2010）曾通过其内部杂项账户（sundry account）为伊朗金融机构进行结算，使交易看起来好像巴克莱自身就是汇款人。[6]巴黎银行（2014）日内瓦分行利用一系列未受制裁的第三国银行（巴黎银行内部将其称为"卫星银行"）处理涉制裁交易，从而隐藏被制裁实体在电汇信息中的发起人和受益人身份。[7]

其次，在被制裁实体主导的状况下，则主要采用建立离岸公司、掩盖账户实益持有人的身份等形式规避制裁。例如，在标准渣打银行（2019）案中，一名伊

---

〔1〕 为简化文字表述，本文采用"当事人"+"处罚时间"指代本文提及的金融制裁案件。

〔2〕 U. S. Department of Treasury, "Settlement Agreement between the U. S. Department of the Treasury's Office of Foreign Assets Control and the Royal Bank of Scotland Plc. ", para. 6, https://home. treasury. gov/system/ files/126/12112013_rbs_settle. pdf, last visited on 1 November 2021.

〔3〕 U. S. Department of Treasury, "Settlement Agreement between the U. S. Department of the Treasury's Office of Foreign Assets Control and Commerzbank AG", para. 4, https://home. treasury. gov/system/files/126/2015 0312_commerzbank_settlement. pdf, last visited on 1 November 2021.

〔4〕 U. S. Department of Treasury, "Settlement Agreement Made by and Between the U. S. Department of the Treasury's Office of Foreign Assets Control and Societe Generale S. A. ", para. 10, https://home. treasury. gov/ system/files/126/20181118_ socgen. pdf, last visited on 1 November 2021.

〔5〕 2009 年以前，MT 202 报文格式在发给中间银行的支付信息中无需提及发起人和受益人名称，但随着 SWIFT 信息格式的更新，MT 202 报文格式的信息透明度增加，使得这种方法不再可行。See SWIFT, "for MT 202 COV‑SWIFT", https://www. swift. com/swift‑resource/8426/download? language = en, last visited on 1 November 2021.

〔6〕 U. S. Department of Treasury, "Settlement Agreement between the U. S. Department of the Treasury's Office of Foreign Assets Control and Barclays Bank Plc. ", para. 8, https://home. treasury. gov/system/files/126/ 08182010. pdf, last visited on 1 November 2021.

〔7〕 See *United States of America‑v. ‑BNP Paribas, S. A. , Statement of Facts*, para. 23, https://www. justice. gov/ sites/default/files/opa/legacy/2014/06/30/statement‑of‑facts. pdf, last visited on 1 November 2021.

朗人利用其阿联酋居留身份，在迪拜机场自由贸易区注册了一家公司，并在标准渣打银行迪拜分行开设了美元账户，用于"购买液化石油气……从土库曼斯坦进口，销售到亚美尼亚、巴基斯坦和伊拉克"，但实际上用于从事与伊朗能源集团相关的石油业务。[1]在联合信贷银行（2019）案中，遭到美国制裁的伊朗国家航运公司通过两家未受制裁的离岸关联公司 Ashtead 和 Byfleet 在联合信贷银行的账户进行美元支付活动。[2]不过，即便是在客户主导制裁规避行为的案例当中，银行往往也作为协助者（或至少是知情人）的身份出现，例如明知账户实益持有人身份，甚至通过现金管理服务自动将美元归集至离岸公司名下。

（二）为何规避美国金融制裁的行为会失败

基于对美国金融制裁案件的分析，我们可以得出一些初步的观察：在美元支付活动当中，尽管银行在执法管辖权层面难以规避金融制裁，但似乎可以通过一些成本较低的手段（例如修改电汇信息、使用未受制裁的账户、设立表面无关联的离岸公司等）在技术层面规避执法。那么这又产生了另一个问题，这些违法行为在现实中是如何被执法机构发现的？结合公开信息，综合考量交易流程、违法行为暴露的原因以及 OFAC 的执法行动，可以发现在规避金融制裁层面所面临的一系列障碍。

1. 美元支付场景的现实困境

美元支付结算过程的特殊性使得规避美国金融制裁面临一系列现实困境，这是银行等主体规避金融制裁时将会面临的第一个挑战。考察规避制裁的现实状况和 OFAC 的执法案例，可以总结为以下几点：

第一，跨境美元支付交易往往是多主体参与且交易信息共享的过程，涉及多个银行间的账户借贷活动，这也使得参与交易的其他金融机构出于自身利益的考量将陷入同业举报的囚徒困境。[3]向执法机构揭露违法行为的银行将减轻责任，而隐瞒不报的银行则可能面临更为严重的法律责任，此时，参与交易的银行的理性行动是选择上报而非隐瞒。例如在巴黎银行（2014）案中，巴黎银行代表伊朗能源集团的一家子公司向土库曼斯坦的一个炼油厂电汇了 50 万美元，而参与电汇交易的美国代理行停止了这笔交易，并要求巴黎银行提供交易的更多细节，认

---

[1] U. S. Department of Treasury, "Settlement Agreement between the U. S. Department of the Treasury's Office of Foreign Assets Control and Standard Chartered Bank", para. 24, https://home. treasury. gov/system/files/126/scb_settlement. pdf, last visited on 1 November 2021.

[2] U. S. Department of Treasury, "Settlement Agreement between the U. S. Department of the Treasury's Office of Foreign Assets Control and UniCredit Bank AG", para. 11, https://home. treasury. gov/system/files/126/20190415_unicredit_bank_ag. pdf, last visited on 1 November 2021.

[3] 何为、罗勇：《你所不知的金融探头——全球金融机构与美国的金融制裁和反洗钱》，社会科学文献出版社 2019 年版，第 82 页。

为"无论如何这笔交易都直接或间接与伊朗有关"[1]。在标准渣打银行（2019）案当中，数家美国银行退回了标准渣打银行发起的支付信息，并向 OFAC 报告说"他们怀疑（虽然无法证实）受益人在伊朗"[2]。对于那些选择退出高风险业务的银行而言，它们显然也不希望看到其他银行进入这一市场并且填补空缺，进而可能选择向执法部门举报那些不合规的银行，这也间接增加了囚徒困境风险。

第二，结合 OFAC 指定制裁目标的过程，可以发现银行在实践中面临从合法走向违法的选择困境。一般而言，在某个客户尚未被列入美国制裁名单之时，银行往往长期通过正规的流程处理客户的美元支付业务。然而，一旦该客户遭到美国制裁，如果银行仍通过原来的结算流程为该客户进行美元支付，那么参与支付的其他银行将可能出于自身合规风险而选择封锁（block）[3]并上报交易，使得美元支付活动无法进行。而如果银行试图采取措施为客户隐瞒交易，那么基于该行与被制裁客户的长期合作历史（以及法律规避行为可能导致的不自然后果），这些行动同样有遭到其他金融机构怀疑的风险。而如果银行试图为被制裁实体寻找一条新的美元支付通路，则又将面临前文所述之"囚徒困境"。这种由不违法到违法、由透明到不透明的过程，使得银行在技术层面规避制裁面临进一步困难。

第三，金融制裁的规避还涉及银行内部决策及操作流程，以及美元支付相关的底层商业活动等，同时参与其中的其他主体（包括内部员工及银行客户等）也增加了违法行为暴露的风险。例如，包括荷兰国际集团（2012）及巴黎银行（2014）等案件中，内部吹哨人（whistleblower）都为违法事项的暴露发挥了一定作用。[4]此外，对荷兰国际集团（2012）的金融制裁调查起源于早先时候美国司法部对荷兰航空服务公司开展的一项伊朗业务相关的出口管制违法行为调查，

---

[1] U. S. Department of Treasury, "Settlement Agreement between the U. S. Department of the Treasury's Office of Foreign Assets Control and BNP Paribas SA", para. 15, https://home. treasury. gov/system/files/126/20140630_bnp_settlement. pdf, last visited on 1 November 2021.

[2] U. S. Department of Treasury, supra note 87, para. 33.

[3] 在金融制裁中，"封锁"指代 OFAC 对银行面临涉制裁支付交易时的法律义务要求，即参与美元支付交易的银行应单独设立计息账户，并将需要封锁的资金存入该账户，未经 OFAC 授权时无法行使财产的相关权利。作为一种临时性措施，被封锁的资金的所有权仍归原财产所有者所有。See U. S. Department of Treasury, "Frequently Asked Questions-32. How do I block an account or a funds transfer?", https://home. treasury. gov/policy-issues/financial-sanctions/faqs/32, last visited on 1 November 2021.

[4] See Edward J. Krauland et al., "United States: ING Bank To Pay $619 Million Fine In Largest Ever US Economic Sanctions Penalty", *Mondaq*, 29 June 2012, https://www. mondaq. com/unitedstates/export-controls-trade-investment-sanctions/184076/ing-bank-to-pay-619-million-fine-in-largest-ever-us-economic-sanctions-penalty, last visited on 1 November 2021. 同时参见何为、罗勇：《你所不知的金融探头——全球金融机构与美国的金融制裁和反洗钱》，社会科学文献出版社 2019 年版，第 12 页。

当时荷兰国际集团代表该公司处理美元支付业务。[1]在法国农业信贷银行（2015）案中，一家美国金融机构由于发现与美元交易相关的货物将交付至苏丹港而拒绝了资金支付请求。[2]

2. 执法行动的威慑性效果

规避美国金融制裁所面临的第二个障碍在于行政机构的执法行动（以及可能面临的刑事责任）所导致的威慑性效果。[3]除 OFAC 对制裁违法行为的直接处罚之外，金融制裁作为一项"导致一次又一次执法权冲突的巨大权力"[4]，各个相关部门的监管竞争态势也进一步加重了银行可能面临的法律责任。首先，美国检察部门已经开始"咄咄逼人地介入财政部的领域"[5]，调查金融制裁涉及的刑事犯罪。其次，美国银行监管部门同样有权处罚银行业的违法行为，典型案例如 2012 年 8 月纽约州金融服务部先于 OFAC 对标准渣打银行纽约分行违反金融制裁而开展的执法行动。[6]最后，基于金融制裁与反洗钱之间的关联性，[7]

---

[1] Edward J. Krauland et al. , "United States：ING Bank To Pay ＄619 Million Fine In Largest Ever US Economic Sanctions Penalty", *Mondaq*, 29 June 2012, https：//www. mondaq. com/unitedstates/export－controls－trade－investment-sanctions/184076/ing-bank－to－pay－619－million－fine－in－largest－ever－us－economic－sanctions－penalty, last visited on 1 November 2021.

[2] U. S. Department of Treasury, "Settlement Agreement between the U. S. Department of the Treasury's Office of Foreign Assets Control and Crédit Agricole Corporate and Investment Bank", para. 23, https：//home. treasury. gov/system/files/126/20151020_cacib_settlement. pdf, last visited on 1 November 2021.

[3] 民事罚金上限为 25 万美元或违法交易数额的两倍金额的更高者。See International Emergency Economic Powers Act § 1705（b），50 U. S. C. A. § 1705（b）. 违反制裁的自然人可能被处以不超过 20 年监禁，或同时被处以罚款及监禁。International Emergency Economic Powers Act § 1705（c），50 U. S. C. A. § 1705（c）.

[4] Juan C. Zarate, *Treasury's War：The Unleashing of a New Era of Financial Warfare*, New York：PublicAffairs, 2013.

[5] Ibid.

[6] New York State Department of Financial Services, "In the Matter of Standard Chartered Bank, New York Branch, OrderPursuant to Banking Law § 39", https：//www. dfs. ny. gov/system/files/documents/2020/04/ea 120806_standard_chartered. pdf, last visited on 1 November 2021；See also Paul L. Lee, "Compliance Lessons from OFAC Case Studies-Part II," *Banking Law Journal*, 131（2014），pp. 724-725. 在这场关于金融制裁的执法权之争中，特定官员发挥了重要作用，例如纽约州地方检察官罗伯特·摩根索（Robert Morgenthau）及纽约州金融服务部负责人本杰明·劳斯基（Benjamin Lawsky）等。See Juan C. Zarate, *Treasury's War：The Unleashing of a New Era of Financial Warfare*, New York：PublicAffairs, 2013, pp. 309-310；Orde F. Kittrie, *Lawfare：Law as A Weapon of War*, New York：Oxford University Press, 2016, p. 113.

[7] 美国财政部希望利用洗钱在世界范围内的"普遍有罪性"来孤立和打击支持核扩散和恐怖主义的机构。另外，违反制裁的案件多因涉及非法资金转移，而构成洗钱事实。参见何为、罗勇：《你所不知的金融探头——全球金融机构与美国的金融制裁和反洗钱》，社会科学文献出版社 2019 年版，第 19 页。

银行合规缺陷及非法转移资金行为本身还可能因违反反洗钱法律而遭到美国财政部金融犯罪执法网络（Financial Crimes Enforcement Network）的处罚。因此，银行面临的往往不仅仅是违反制裁本身所导致的法律后果，还可能因涉嫌欺诈或违反反洗钱规则而面临额外的民事及刑事责任。

除罚金及可能面临的刑事责任之外，对于银行而言，还需要考虑因违反制裁而对美元业务导致的影响。例如，在巴黎银行（2014）案中，纽约州金融服务部决定暂停该行纽约分行美元结算业务一年，并于 24 个月内禁止其在纽约和伦敦分行作为非关联第三方银行的代理行进行美元结算活动。[1]在最为严重的情形下，银行还面临着被列入美国制裁名单的法律风险。例如，OFAC 认定昆仑银行"故意为重要交易提供便利，并为遭到制裁的伊朗银行提供重要金融服务"[2]，于 2012 年将其列入 561 制裁名单，要求关闭其在美代理行账户及往来账户。据媒体报道，此举导致行内约 220 亿美元伊朗石油结算款项无法支付。[3]总体而言，民事与刑事责任并存、执法中的监管竞争态势以及对美元业务的实质影响都增强了金融制裁的威慑性后果，并导致银行倾向于拒绝高风险业务或者自愿披露（voluntary self-disclosure）[4]已发生的违法行为。

当事人自愿披露案件数量的增加可以作为金融制裁威慑性效果的佐证。实践中，一部分自愿披露是由于合规系统漏洞、合规人员疏忽［如摩根大通（2011）与美国银行（2014）］，或由于总部与分支机构、收购公司与被收购公司合规政策不一致［如标准渣打银行（2019）和法国农业信贷银行（2015）］等因素导致。另一部分自愿披露则是纯粹以减轻法律责任为目的。[5]例如，中国银行伦

---

〔1〕 See New York State Department of Financial Services, *In the Matter of BNP PARIBAS, S. A. New York Branch*, *Consent Order Under New York Banking Law* § 44, pp. 53-54, https://www.dfs.ny.gov/system/files/documents/2020/04/ea140630_bnp_paribas.pdf, last visited on 1 November 2021.

〔2〕 U. S. Department of Treasury, "Treasury Sanctions Kunlun Bank in China and Elaf Bank in Iraq for Business with Designated Iranian Banks", https://www.treasury.gov/press-center/press-releases/Pages/tg1661.aspx, last visited on 1 November 2021. 前述暂停巴黎银行美元结算业务的法律后果与关闭昆仑银行美国代理行及往来账户的法律后果不同，就前者而言，尽管暂停了巴黎银行直接结算美元的资格，其仍可通过在其他金融机构开设的代理行账户间接从事美元结算业务，对美元业务本身并不构成实质性影响。而就后者而言，则基本意味着行内的美元无法支付至其他银行的美元账户，对整体美元结算业务构成实质性阻碍。——笔者注

〔3〕 See Reuters Staff, "FACTBOX-Iran's oil fund stash in Asia", *Reuters*, 25 November 2013, https://www.reuters.com/article/iran-oil-asia-idUSL4N0JA10S20131125, last visited on 1 November 2021.

〔4〕 根据《经济制裁执法指南》，只有在执法人员发现明显违规行为之前或同时主动向 OFAC 发出的通知，才构成自愿披露。See *Appendix A to Part 501-Economic Sanctions Enforcement Guidelines*, section I. I, 31 C. F. R. § 501.

〔5〕 OFAC 在《经济制裁执法指南》中区分了"不太严重"及"严重"两类案件情形，分别适用不同的自愿披露责任减轻条款。Ibid., section V. B.

敦分行（2021）由于"员工未能恰当评估交易"[1]而导致违反金融制裁，不过由于该行选择向OFAC自愿披露，加上并无制裁违法历史、积极采取补救措施等事由，使得OFAC评估的罚金基数降低了近96%。近十年来，金融制裁案件中自愿披露的比例呈现上升趋势，如图5所示，截至2021年6月末，美国财政部网站公布的所有金融制裁执法案件中有28%以上的违法行为存在自愿披露情节。如果将范围限缩至美国实体，这一比例将达到41%。自愿披露行为的增长也进一步促使OFAC掌握更多交易信息、更容易发现违法行为，形成了金融制裁执法的良性循环。

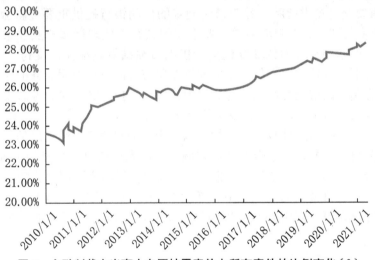

图5 金融制裁中当事人自愿披露案件占所有案件的比例变化[2]

3. 美元金融生态塑造的整体影响

除执法行动以外，美国在推广金融制裁的过程中还采取了一些其他措施，这些措施的共同特征在于，不同于处罚导致的威慑性效果，执法部门试图通过其他手段影响银行决策，从而要求银行的行为与美国外交政策目标保持一致。本文将列举以下三类较为重要的措施：金融约谈行动、介入公司治理和潜在声誉影响。

（1）金融约谈行动。近年来，美国财政部对全球范围内的银行机构采取了一种非常类似于中国语境下"行政约谈"的措施，这是美国财政部在后9·11时

---

[1] See U. S. Department of Treasury, supra note 6.
[2] 数据来源：笔者根据美国财政部网站的公开信息统计得出。此处的数据包含美国财政部网站有公开信息（2003年）以来所有金融制裁执法案件的自愿披露情况。

代所采取的创新之一，也被视为一种系统性的、具有战略意义的外交策略。[1]
通过直接与世界范围内数百家银行高级管理人员的会谈，[2]美国财政部有效地
改变银行对于金融制裁的合规风险认知及商业决策，进一步促使银行"去风险
化"（de-risking），[3]这实际一种柔性执法机制并且造成对被制裁实体事前金融
孤立的后果。根据美国财政部官员的描述，金融约谈的过程往往包含对被制裁实
体的不当行为、涉制裁业务的高风险性以及基于财政部情报搜集能力获取的银行
违法证据等信息，[4]其目的往往在于要求银行主动完善合规机制、纠正错误行
为并退出高风险业务。有时，金融约谈还可能作为财政部发现违法行为的手段，
并为执法部门提供更多信息。例如，在德国商业银行（2015）案中，该行的几名
高管于 2008 年在华盛顿会见了 OFAC 官员，并讨论了伊朗国家航运公司相关的
问题，"OFAC 官员听到伊朗国家航运公司仍然是德国商业银行的客户时，似乎
吃了一惊"。德国商业银行高层立马声明"总部正在审查与该公司的关系"[5]。
中资企业同样是此类游说行为的对象，例如，在对伊朗实施金融制裁的过程中，
美国财政部曾经与包括中国大型国有石油企业以及国有四大商业银行在内的机构
直接接触，[6]试图通过金融约谈将中国企业作为实现美国外交政策目标的
手段。

（2）介入公司治理。除行政部门的执法行动之外，作为刑事案件中提起公
诉或不起诉决定下替代机制的暂缓起诉协议（Deferred Prosecution Agreement）制
度，成了检察部门参与公司治理的助推器。[7]在此问题下，本文主要基于金融

---

〔1〕　See Juan C. Zarate, *Treasury's War: The Unleashing of a New Era of Financial Warfare*, New York: PublicAffairs, 2013, pp. 423–426.

〔2〕　See Juan C. Zarate, *Treasury's War: The Unleashing of a New Era of Financial Warfare*, New York: PublicAffairs, 2013, p. 300.

〔3〕　Victoria Anglin, "Why Smart Sanctions Need a Smarter Enforcement Mechanism: Evaluating Recent Settlements Imposed on Sanction-Skirting Banks", *Georgetown Law Journal* 104, 2016, p. 715.

〔4〕　美国自 2006 年开始的针对伊朗的金融法律战中，与外国银行高管的会谈是其中的重要一环。美国财政部团队会提供有关伊朗通过银行交易的具体数据，并解释银行可能发生的违法活动及伊朗方隐藏自身行动的方法。例如，美国财政部官员在与一家德国银行高管会谈时，提供了伊朗利用该行转移资金用于其核项目的情报，并促使该银行主动关闭伊朗账户并削减相关业务。See Juan C. Zarate, *Treasury's War: The Unleashing of a New Era of Financial Warfare*, New York: PublicAffairs, 2013, pp. 299–301.

〔5〕　U. S. Department of Treasury, supra note 82, para. 18.

〔6〕　See Suzanne Katzenstein, "Dollar Unilateralism: The New Frontline of National Security", *Indiana Law Journal*, Vol. 90, No. 1, 2015, p. 336; Cameron Rotblat, "Weaponizing the Plumbing: Dollar Diplomacy, Yuan Internationalization, and the Future of Financial Sanctions", *UCLA Journal of International Law and Foreign Affairs* 21, 2017, pp. 325–326.

〔7〕　参见陈瑞华：《企业合规视野下的暂缓起诉协议制度》，载《比较法研究》2020 年第 1 期，第 15~16 页。

制裁案件中暂缓起诉协议的一些常见条款探讨其对于银行公司治理的影响。首先，对银行高管人员的任免以及独立监督员派驻等措施，能够成为从管理团队层面改变银行金融制裁合规决策的途径。以汇丰银行（2012）为例，曾负责美国反恐怖主义、金融情报及制裁工作的财政部前副部长斯图尔特·利维（Stuart Levey）于2012年开始担任汇丰银行首席法务官（Chief Legal Officer），[1]这一任命是汇丰银行因违反美国金融制裁及反洗钱法律而签订的暂缓起诉协议中补救措施的一部分。[2]利维主导了美国对朝鲜及伊朗制裁方案的设计，同时也是美国财政部对银行进行执法及约谈活动的核心人物。[3]在汇丰被认为发挥了重要作用的孟晚舟事件当中，美国对于华为及孟晚舟的核心指控在于其违反金融制裁规则，当时，利维仍然担任该行首席法务官，并负责该行的制裁合规事项。[4]另外，司法部还向汇丰派驻了一名五年任期的合规监督员，监督和汇报集团反洗钱及制裁合规情况。其次，除在高管层面介入银行公司治理之外，暂缓起诉协议中其他广泛的风险控制要求也对银行整体金融制裁合规建设起到显著效果。仍以汇丰银行为例，协议中的补救措施还包括扩充制裁及反洗钱雇员团队、退出高风险业务条线及代理行关系、对行内所有客户资料进行复核等。这些措施不仅为银行带来了与罚金相当甚至更高的额外成本，也无疑会对银行整体商业行为及合规决策带来影响，并可能间接影响到汇丰在华为及孟晚舟事件当中的行为。

（3）潜在声誉影响。从长期来看，通过法律工具在国际社会强行推广自身外交政策目标是对于美国自身霸权的透支，因此，美国往往会通过强化法律规则的道德正当性以缓解单边制裁本身在国际社会中的负面影响。与被制裁实体进行商业活动的银行被渲染成为恐怖分子支持者、核扩散资助者或侵犯民主和人权的帮凶，从而面临美国主导的舆论环境下的声誉惩戒。正如美国前国务卿康多莉

---

〔1〕　See HSBC Holdings Plc. , "Annual Report and Accounts 2012", p. 308.

〔2〕　*United States of America-against-HSBC Bank USA*, *N. A. and HSBC Holdings PLC*, *Deferred Prosecution Agreement*, p. 5.

〔3〕　作为后9·11时代美国金融外交政策战略的主要缔造者之一，斯图尔特·利维曾受到朝鲜及伊朗政府的密切关注。See Juan C. Zarate, *Treasury's War: The Unleashing of a New Era of Financial Warfare*, New York: PublicAffairs, 2013, pp. 255, 314.

〔4〕　在2020年卸任汇丰集团首席法务官后，利维加盟Facebook主导的数字货币Libra任首席执行官。See Reuters Staff, "Facebook's Libra appoints HSBC legal chief Stuart Levey as CEO", *Reuters*, 7 May 2020, https://www. reuters. com/article/us-facebook-libra-association-ceo-idUSKBN22I2KY, last visited on 1 November 2021. 数字货币领域同样是美国金融制裁的关注重点，OFAC于2021年10月专门出台了对数字货币行业的制裁合规指南。See Office of Foreign Assets Control, "Sanctions Compliance Guidance for the Virtual Currency Industry", October 2021, https://home. treasury. gov/system/files/126/virtual_ currency_ guidance_brochure. pdf, last visited on 1 November 2021.

扎·赖斯（Condoleezza Rice）所说，"私人机构比政府部门'反应更快'……这真的取决于保护他们自身声誉和投资的利益"[1]。2014 年，作为第一家因违反金融制裁而认罪的银行，巴黎银行被处以 89.7 亿美元刑事罚金（至今仍为美国历史上最高额刑事罚金）。"判决当日，法庭外挤满了声称受到被制裁国家伤害并要求赔偿的人，他们要求这家被视作'苏丹政府事实上的中央银行'的法国金融机构为 1998 年美国驻肯尼亚和坦桑尼亚大使馆爆炸案的 224 名受害者负责。"[2]违反金融制裁所面临的声誉惩戒会增加银行主动退出涉制裁高风险业务的动机，并强化金融制裁本身的效果。

总体而言，上述机制起到了改变银行行为的结果，并在后 911 时代塑造了美元主导的金融生态。微观层面上，金融制裁执法案例中银行态度的变化很好地印证了这一状况。在相对早期的执法案件中，外国金融机构对于美国制裁合规问题经常缺乏审慎。例如荷兰国际集团（2012）比利时合规负责人在 2004 年曾称："我们为被制裁实体提供结算服务已经有四十年的历史了"，荷兰国际集团法律部门的一名顾问也曾在内部表示，"我们一直在和古巴打交道……这么多年来，我很确定做什么可以避免罚款"[3]。但在近年来的案件中，非美国银行至少在总部层面已对美国金融制裁的风险及后果有了清晰的认知，并主动采取措施完善合规计划，向 OFAC 上报潜在的违法行为。例如，在 2019 年的一次合规会议上，巴黎银行美洲地区首席合规负责人自豪地宣布，"巴黎银行在美国已经建立了500 人的合规团队，其他银行也在关注（我们的）合规模式，因为他们看到了好处"[4]。美国财政部前助理部长胡安·萨拉特（Juan C. Zarate）将这种金融权力的行使比作维护一座"长满杂草的花园"[5]，执法部门对于"花园"的修整和培育导致了整个美元社区金融生态变化的循环，并使得制裁违法行为更容易被发现。只要一些国际金融机构决定停止与被制裁实体的业务往来，并实行更严格的

[1] Robin Wright, "Stuart Levey's War", *New York Times*, 2 November 2008, https://www.nytimes.com/2008/11/02/magazine/02IRAN-t.html, last visited on 1 November 2021.

[2] Nate Raymond, "BNP Paribas Sentenced in ＄8.9 Billion Accord Over Sanctions Violations", *Reuters*, 1 May 2015, https://www.reuters.com/article/us-bnp-paribas-settlement-sentencing/bnp-paribas-sentenced-in-8-9-billion-accord-over-sanctions-violations-idUSKBN0NM41K20150501, last visited on 1 November 2021.

[3] U. S. Department of Treasury, "Settlement Agreement between the U. S. Department of the Treasury's Office of Foreign Assets Control and ING Bank, N. V. ", p. 7, https://home. treasury. gov/system/files/126/061-220 12_ ing_ agreement. pdf, last visited on 1 November 2021.

[4] Mengqi Sun, "BNP Paribas Revamps Compliance After Sanctions Violations Settlement", *Wall Street Journal*, 19 November 2019, https://www.wsj.com/articles/bnp-paribas-revamps-compliance-after-sanctions-violations-settlement-11574204524, last visited on 1 November 2021.

[5] Juan C. Zarate, *Treasury's War*: *The Unleashing of a New Era of Financial Warfare*, New York: PublicAffairs, 2013, p. 325.

合规措施，"其他机构不效仿就会面临更大的声誉风险，因此这也就成了它们的通常选择"[1]。

四、反制策略的建议——基于《反外国制裁法》的分析

作为美国拓展自身外交政策目标的重要法律工具，金融制裁已经开始对中国实体造成重要影响。截至2021年6月，中国遭美制裁实体数量达到310个，位居全球第六位，[2]被制裁实体包括政府部门、官员、大型国有企业及银行等。随着《反外国制裁法》等法律规则的颁布，我国已经初步构建了在一定程度上具有中国特色的反制工具箱。从现行《反外国制裁法》的适用范围来看，反制的落脚点主要在于反对外国干涉中国内政，[3]这与目前美国对华制裁范围存在一定的重叠。因此，衡量《反外国制裁法》中的反制工具对于美国金融制裁的有效性已经成为一项现实性问题。如上文所述，作为美国金融制裁的核心，银行及美元支付活动是美国制裁影响力的重要来源，有必要结合《反外国制裁法》的反制措施与银行在美元支付过程中面临的金融制裁场景，对反制措施的效力及其改进策略进行探讨。

第一，《反外国制裁法》第4~7条对于反制清单及反制措施的规定。作为《反外国制裁法》的核心条款之一，第4条规定的反制清单主要指向"直接或者间接参与制定、决定、实施本法第3条规定的歧视性限制措施的个人、组织"。反制清单的出台为依法反制提供了法律基础，同时也对不当干涉中国内政的行为构成了威慑，具有重要的现实意义。在银行及金融制裁场景下，与反制清单及反制措施条款相关的问题有两项：①如果银行在美元支付的过程中，由于上文所述各类因素的影响而配合实施美国金融制裁规则，是否存在被列入反制清单或采取反制措施的风险。综合《反外国制裁法》的具体规则以及银行的行为进行解释，不应认为上述情形属于应被列入反制清单或采取反制措施的范畴。首先，就文义解释而言，银行在美元支付过程中因变相威慑、胁迫以及对美国金融市场的依赖而配合金融制裁的情形，不应构成"参与制定、决定、实施"歧视性限制措施的情形。其次，就体系解释而言，《反外国制裁法》第4条和第12条第1款对两

---

[1] U. S. Department of Treasury, "Remarks by Treasury Secretary Paulson on Targeted Financial Measures to Protect Our National Security", https://www.treasury.gov/press-center/press-releases/Pages/hp457.aspx, last visited on 1 November 2021.

[2] 数据来源：笔者统计。需要说明的是，此处的数据是作者对美国财政部网站制裁检索数据库（https://sanctionssearch.ofac.treas.gov/）中公布的中国被制裁实体条目进行筛选后的结果，包含了SDN名单、中国军事工业复合体公司名单及其他综合制裁名单中的中国被制裁实体。

[3] 参见《反外国制裁法》第3条。同时参见《全国人大常委会法工委负责人就反外国制裁法答记者问》，载新华网，http://www.xinhuanet.com/mrdx/2021-06/11/c_1310002844.htm，最后访问日期：2021年11月1日。

类不同的违法行为进行了规定，第 12 条第 1 款规定："任何组织和个人均不得执行或者协助执行外国国家对我国公民、组织采取的歧视性限制措施。"从两个条款的语义表述来看，应当认为"参与制定、决定、实施"与"执行和协助执行"在主观意愿和介入程度方面存在区别，银行出于各种因素配合美国金融制裁的行为，应当属于第 12 条第 1 款所述"执行和协助执行"的范畴，而不应被归入第4 条中"直接或者间接参与制定、决定、实施"行为。最后，就立法目的而言，反制清单规则主要指向干涉中国内政的组织和个人，一般而言，在美元活动中配合美国金融制裁的银行也并不具有干涉中国内政的主观意图。总体而言，不应认为反制清单规则适用于本文所述银行配合美国金融制裁的场景。反制清单应当适用于具有干涉中国内政目的的主体，例如参与制定反华政策的美国政客、编造虚假反华信息的学者及媒体或参与对台军售的公司等。②反制措施中的"反旋转门条款"能否对金融制裁形成一定威慑作用。《反外国制裁法》第 5 条的亮点在于对采取反制措施的对象范围进行了扩张，根据第 5 条第 3、4 款的规定，有关部门可以对列入反制清单的个人担任高级管理人员的组织，或实际控制或参与设立、运营的组织采取第 6 条规定的反制措施，包括出入境限制、查封、扣押、冻结财产以及禁止或者限制交易及合作等。第 5 条能够在反华政客卸任以后通过政商"旋转门"（revolving door）继续在企业任职的情形下发挥作用，可以被视作中国版本的"反旋转门条款"。该条款的有效性依托于中国在全球经济中的重要地位，通过对于企业的间接威慑而影响反华政客的利益，进而防止反华政客卸任后继续利用中国市场牟利，或继续通过在企业任职而损害中国的利益。[1]"反旋转门条款"同样对反制金融制裁提供了一定的思路。例如，对于任上实施对华制裁的特定财政部官员，中国在满足一定条件下也可以利用"反旋转门条款"，防止其在卸任后受雇于银行机构并影响其公司治理，进而在金融活动中损害中国企业的利益。

相比起美国名单形式的制裁规则而言，我国现行反制清单规则具有防御性，但其从法理上看仍然构成国际法上的单边制裁。[2]相对地，美国对于制裁名单的使用对于我国反制清单规则的完善具有一定的借鉴意义。本文列举几项可予完善的方面：①建立清单公示及查询系统。随着包括不可靠实体清单及反制清单等名单规模的扩大，我国应尽快建立名单查询系统，为参与商业活动的个人和组织遵守反制清单提供便利；②反制清单相关财产和商业活动的报告机制。在将特定实体列入反制清单后，应要求中国实体向主管部门报告与反制清单所列实体的交

〔1〕 参见白云怡等：《清算！中方深夜制裁蓬佩奥等美国反华政客 专家："休想台上打中国牌，下台吃中国饭"》，载环球网，https://world.huanqiu.com/article/41bFOOhkghr，最后访问日期：2021 年 11 月 1 日。
〔2〕 霍政欣：《〈反外国制裁法〉的国际法意涵》，载《比较法研究》2021 年第 4 期，第 144 页。

易活动及其所控制的包含反制清单实体利益的财产状况。美国制裁《报告、程序和处罚规则》对报告的主体、内容、期限及标准格式均进行了规定，[1] 同时 OFAC 也出台了诸多细节性的指南，详细说明了从封锁财产方式到企业合规义务等内容，这些规则对于制裁清单的实施有重要意义；③违反反制清单及反制措施的法律责任，美国对于违反制裁规定了明确的民事及刑事责任，[2] 唯有明确违法行为的法律责任，才能更好地形成法律的威慑效果；④移出反制清单或解除反制措施的申请程序，当反制清单内的个人和组织采取措施纠正其行为，或者现实状况发生变化时，应当为其提供申请移出反制清单或解除反制措施的机会，这也可以促使相关个人和组织纠正其不当行为或采取补救措施。相较之下，OFAC 对于制裁相关的资产解封和人员除名规则均有详细规定，并规定诸如公司重组、解雇特定人员等情形可以作为申请从名单中除名的补救措施予以提出。[3]

第二，《反外国制裁法》第 10 条对于反外国制裁工作协调机制的规定。第 10 条为设立跨部门的反制工作协调机制提供了法律依据。作为涉及金融、法律及外交事务的领域，金融制裁的有效反制迫切要求部门间协同及信息共享，应建立包括外交部、商务部、人民银行、银保监会及证监会等相关部门在内的工作协调机制，具体措施可以包括：①对于重点金融机构及企业建立信息搜集、风险预警及风险化解机制。对于在制裁高风险地区从事商业活动的中资企业及金融机构而言，信息搜集及风险预警非常重要。尤其是一些具有重大影响的商业和金融项目，中资企业的交易对手方或者银行的外国客户遭到制裁时，同样会因为美元流动性受限而对中资企业或银行本身产生实质性影响，此类情况在现实中曾多次发生。有时，中资企业或银行所掌握的信息不足以应对此类风险，或者无法有效协调及化解风险。为此，反金融制裁工作协调机制的建立有助于更好地搜集信息，并通过事前或事中的外交或商业渠道应对潜在危机，例如通过转换币种的形式减少美元使用，或者建立专办银行控制风险等；②为与国内外重要私人机构的直接接触打开局面。美国 21 世纪金融外交战略成功的一项重要原因在于其直接通过私人机构拓展自身外交政策目标，正如前文所述，在金融制裁领域，银行处于权力的中心地位，美国财政部利用其与全球商业银行的关联，直接通过与银行接触，推进自身外交政策目标并取得了一定效果。金融制裁与反制在本质上涉及国

---

[1] See *Reporting*, *Procedures and Penalties Regulations*, *Subpart C—Reports*, 31 C. F. R. § 501. 601- § 501. 606.

[2] 民事罚金上限为 25 万美元或违法交易数额的两倍金额的更高者。See International Emergency Economic Powers Act § 1705 (b), 50 U. S. C. A. § 1705 (b). 违反制裁的自然人可能被处以不超过 20 年监禁，或同时被处以罚款及监禁。International Emergency Economic Powers Act § 1705 (c), 50 U. S. C. A. § 1705 (c).

[3] See *Reporting*, *Procedures and Penalties Regulations*, *Subpart E—Procedures*, 31 C. F. R. § 501. 806- § 501. 807.

家之间的外交博弈，但无论如何，应当认识到银行等私人机构在此过程中的影响力和重要性。不论是短期有效反制的可能策略，还是长期人民币国际化的推广，都要求争取包括跨国银行等主体在内的广泛多边支持。反金融制裁工作协调机制的建立可以为与私人机构的接触打开渠道，进一步发挥政府部门的主观能动性，更好地实现有效反制的目标。

第三，《反外国制裁法》第 12 条对执行和协助执行歧视性限制措施行为与反制裁诉讼的规定。如前所述，银行在美元活动中配合美国金融制裁的行为有可能被视为此处的"执行或者协助执行"歧视性限制措施的行为。同时，第 12 条第 2 款规定："组织和个人违反前款规定，侵害我国公民、组织合法权益的，我国公民、组织可以依法向人民法院提起诉讼，要求其停止侵害、赔偿损失。"设想在金融制裁的场景下，如果一家中国银行因客户或其交易对手遭到美国制裁而拒绝为客户进行美元支付，按照第 12 条的规定，银行可能因为执行或协助执行美国金融制裁而遭到客户起诉。然而，银行拒绝交易的原因很可能在于其他代理行封锁并向 OFAC 上报交易的风险、美国执法部门高额处罚的威慑以及整个美元金融生态带来的压力，此时银行与客户之间合同的可履行性不仅取决于第三方当事人，还涉及美国基于美元国际公共产品下衍生而来的法律强制力。向银行提起民事诉讼的方式无法促使银行履行合同，还可能因为暴露涉制裁交易的存在而招致美国执法机构的关注及处罚。金融制裁与反制本质上属于具有专业性、灵活性、保密性以及较高错误成本的外交事务领域，相较法院而言，政府部门更适合处理此类问题。当然，也并不是所有涉及制裁的场景都具有此类特征，如果不存在本文所述导致难以履行合同的情形，银行仍然积极配合执行包括金融制裁在内的歧视性限制措施，那么，遭受损害的我国公民、组织有权依据第 12 条第 2 款提起诉讼。因此，作为第 12 条下的一个改进思路，《反外国制裁法》也应当借鉴《阻断外国法律与措施不当域外适用办法》第 8 条的规定，设置豁免遵守禁令机制，为银行在符合特定情形下的违法行为提供豁免。

整体上看，目前国内学界对于美国金融制裁形成的一项基本共识在于，基于美元作为国际公共产品的相对优势地位，美国金融制裁与中国的反制措施很难在效力上做到对等。[1] 从长期来看，提升人民币的国际地位是一项根本性策

---

〔1〕 参见徐以升、马鑫：《金融制裁：美国新型全球不对称权力》，中国经济出版社 2015 年版，第 6~9 页；邵辉、沈伟：《"你打你的，我打我的"：非对称性金融制裁反制理论及中美金融脱钩应对》，载《财经法学》2020 年第 6 期，第 142~160 页；李晓：《美元体系的金融逻辑与权力——中美贸易争端的货币金融背景及其思考》，载《国际经济评论》2018 年第 6 期，第 52~71 页。

略。[1]然而，在稳步推进人民币国际化的同时，短期及中期来看，构建和完善反制法律以及充分发挥政府部门的主观能动性同样至关重要。《反外国制裁法》为构建具有中国特色的反制法律工具箱提供了一个良好的起点，但在规则的细化、反外国制裁协调机制的构建以及对金融制裁场景的合理应对方面仍有待进一步完善。

五、结语

在整体外交战略变迁的背景之下，美国在 21 世纪形成了一套以银行为中心、以限制美元流动性为主要手段的新型金融外交战略。美国金融制裁的大规模实践表明，法律能够成为实现外交政策目标的工具，金融能够成为替代传统战争而对一国施加影响力的手段，与商业组织的直接外交接触能够成为比传统国家间外交更加有效的方法。但这些策略最终必将严重侵蚀法律的公信力，动摇美元作为国际公共产品的地位，损害美国的国际形象。在当前中美博弈的背景下，微观层面，中资银行应当关注近年来美国金融制裁执法管辖权扩张的趋势，提前采取措施缓解制裁法律风险，在涉制裁美元业务中避免因鲁莽的规避行为而可能导致的严重后果。宏观层面，《反外国制裁法》的颁布实施对构建具有中国特色的反制工具箱具有重要意义，但仍有一定的完善空间，应当在细化制裁清单规则、设立基于现实场景的豁免机制的同时，充分发挥政府部门的主观能动性，在合理反制的限度内最大化反制法律的整体效果。

---

[1] 参见杨永红：《次级制裁及其反制——由美国次级制裁的立法与实践展开》，载《法商研究》2019年第 3 期，第 177 页；郑联盛：《美国金融制裁：框架、清单、模式与影响》，载《国际经济评论》2020 年第 3 期，第 142 页。美国学者对金融制裁及人民币跨境支付系统、央行数字货币等问题的探讨，See Cameron Rotblat, "Weaponizing the Plumbing: Dollar Diplomacy, Yuan Internationalization, and the Future of Financial Sanctions", *UCLA Journal of International Law and Foreign Affairs* 21, 2017, pp. 338-346; Joel Slawotsky, "US Financial Hegemony: The Digital Yuan and Risks of Dollar De-Weaponization", *Fordham International Law Journal* 44, 2020, pp. 84-99.

金融合同效力纠纷的司法裁判异化与规则矫正

——以金融监管政策如何影响司法裁判为考察中心

曹凤国 兰 真*

摘要：《中国人民银行、中国银行保险监督管理委员会、中国证券监督管理委员会、国家外汇管理局关于规范金融机构资产管理业务的指导意见》（银发〔2018〕106号）颁布以来，金融监管部门以防控金融风险、维护金融安全为依归，对银行、信托、不良资产公司等市场主体之间的金融交易加大了合规性审查的广度、频度和力度，也进一步引发了司法裁判部门对泛金融领域的纠纷的裁判思维和视角的剧烈转换，中央金融政策直接或间接渗透到法院的司法裁判规则之中。最高人民法院不仅出台了有关落实金融监管政策的指导意见，而且在具有典型示范效应的影响性诉讼中，对违反金融监管政策的合同效力进行了不同于监管政策出台前标准的重新判断，由此，金融监管政策或间接借助于非司法解释的规范性文件"通道"，或直接在生效法律文书中衍生为可为后诉参照的裁判理由，以实现金融监管政策的落地，最终促使金融交易主体从规避监管、利用监管漏洞、违反监管政策的获利驱动回归理性交易的轨道。

关键词：金融合同；司法裁判；金融监管；规则矫正

一、金融监管政策影响司法裁判三重维度

在落实供给侧结构性改革的宏观经济政策和"三去一降一补"大任务的背景下，化解和防范金融风险成为政府工作重点，以最高人民法院《关于进一步加强金融审判工作的若干意见》（法发〔2017〕22号，已被修改）为标志，金融监管政策在司法领域开始得以落实。司法领域也意识到传统民商事规则体系在金融纠纷处理和金融风险化解方面存在一定的局限性，而以解决问题为导向，不受制于已有范畴体系约束，不追求更多的理论合理性、价值合理性以及范畴准确性高

---

* 曹凤国，中国法学会银行法学研究会副秘书长。兰真，中国政法大学法律硕士研究生。

度统一的金融监管政策似乎能更加有效地回应现代金融对规则的需求，[1]《全国法院民商事审判工作会议纪要》（以下简称《九民纪要》）便是对金融领域监管政策如何转换与落实为司法裁判的标准与尺度进行的一次全面的整理。通过案例分析，金融监管政策在金融合同效力认定方面从三个不同维度对司法裁判产生了实质性影响。

（一）司法机关直接援引金融政策作为合同效力认定的法律依据

金融不良债权处置是金融监管政策直接作用于金融合同效力认定的典型例证。金融不良债权问题从提出之时便具备了浓厚的监管政策色彩，财政部、最高人民法院相继出台了多部规章、解释、司法政策及有关答复、通知对其清收处置和司法裁判活动提供指引。金融不良债权转让合同的效力审查与一般的民商事合同主要依据《中华人民共和国合同法》（已失效，以下简称《合同法》）第52条进行审查不同，最高人民法院《关于审理涉及金融不良债权转让案件工作座谈会纪要》（以下简称《海南会议纪要》）明确提出"人民法院应当根据合同法和《金融资产管理公司条例》等法律法规，并参照国家相关政策规定，重点审查不良债权的可转让性、受让人的适格性以及转让程序的公正性和合法性"。由此，财政部、商务部、国家发展改革委等制定的关于金融不良债权转让的监管规定被引入了审查金融不良债权转让的依据范畴。

在安阳市新普钢铁有限公司、吕某林确认合同无效纠纷案中，[2]最高人民法院确认了国家发展改革委、国家外汇管理局联合发布的《关于规范境内金融机构对外转让不良债权备案管理的通知》（发改外资〔2007〕254号，已失效）以及商务部办公厅发布的《关于加强外商投资处置不良资产审批管理的通知》（商务部商资字〔2005〕37号，已失效）作为认定转让程序是否合法正当的审查依据。在北京中京合创投资有限责任公司、邯郸市肉鸡场确认合同无效纠纷案中，[3]法院以案涉债权转让违反了《金融资产管理公司资产处置管理办法（修订）》规定的优先购买权及竞价处置条款为由，认定转让合同无效。

（二）金融监管政策化身"社会公共利益"影响金融合同效力的认定

早在2008年安徽省福利彩票发行中心与北京德法利科技发展有限责任公司营销协议纠纷案中，[4]最高人民法院就提出"在法律、行政法规没有规定，而相关行政主管部门制定的行政规章涉及社会公共利益保护的情形下，可以参照适

---

[1] 参见鲁篱：《论金融司法与金融监管协同治理机制》，载《中国法学》2021年第2期，第192～193页。

[2] 参见（2017）最高法民申1911号民事裁定书。

[3] 参见（2020）最高法民申2756号民事裁定书。

[4] 参见（2008）最高法民提字第61号民事判决书。

用其规定，若违反其禁止性规定，可以以违反《合同法》第52条第4项的规定，以损害社会公共利益为由确认合同无效"，之后涉及违反金融监管政策的案例也主要是通过论证其行为损害社会公共利益这一裁判思路实现对合同效力的否定。典型案例如福建伟杰投资有限公司、福州天策实业有限公司营业信托纠纷案及杨金国、林金坤股权转让纠纷案。[1]而前述两个案例的论证逻辑也成了现今金融监管政策作用于司法裁判的主要路径。

（三）"穿透式审查"的金融监管思路以法院认定"通谋虚伪"对合同效力的否定

针对交易结构愈发复杂并且涉及跨业务、跨行业的金融创新，《中国人民银行、中国银行保险监督管理委员会、中国证券监督管理委员会、国家外汇管理局关于规范金融机构资产管理业务的指导意见》（以下简称《资管新规》）提出了穿透式审查的监管思路，以识别金融交易中真正的交易主体和交易行为。在高安市城市建设投资有限责任公司、华金证券股份有限公司确认合同无效纠纷一案中，[2]法院通过分析论证当事人之间名为设立合伙企业，实为以设立合伙企业的同时转让合伙企业财产份额并收取固定溢价款的形式变相实现还本付息的融资借贷，依据《中华人民共和国民法总则》（已失效，以下简称《民法总则》）、现《中华人民共和国民法典》（以下简称《民法典》）第146条的"通谋虚伪"规则认定以虚假的设立合伙企业的意思表示所达成的《合伙协议》及《补充协议》无效。

二、司法与金融互动中的裁判异化

在认识到司法裁判对监管规定的纠正、补充和完善功能的同时，也应该注意到司法裁判在落实金融监管政策的过程中出现的一系列问题，导致裁判尺度不一致、裁判结果不统一，难以为市场参与主体提供合理的预期与行为指引，消解了司法作为金融风险最后治理者的权威性。

（一）裁判逻辑的异化：主从合同"效力拆分"的说理悖论

最高人民法院在中国华融资产管理股份有限公司云南省分公司、昆明呈钢工贸有限责任公司借款合同纠纷二审案［（2020）最高法民终537号］中，在否定债权转让行为和融资行为效力的同时，仍认为担保人应承担担保责任，认为本案名为债权转让实为融资借款，该虚伪的意思表示无效，应当按照隐藏的民事法律行为处理。而《中华人民共和国银行业监督管理法》第19条规定："未经国务院银行业监督管理机构批准，任何单位或者个人不得设立银行业金融机构或者从

---

〔1〕 参见（2017）最高法民终529号民事判决书、（2017）最高法民申2454号民事判决书。
〔2〕 参见（2020）最高法民终682号民事判决书。

事银行业金融机构的业务活动。"该规定涉及金融安全、市场秩序、国家宏观政策等公共秩序，属于强制性效力规定。涉案金融资产管理公司的经营范围不包括贷款业务，故其对外借款也属无效。本案保证人签订保证协议时，知晓本案名为债权转让实为借款关系，在债权人取得借款后，保证人又主张借款关系及担保合同无效，违反诚实信用原则，具有过错，故保证人应按照保证协议约定承担保证责任。

最高人民法院的上述裁判人为地将当事人之间为实现隐藏的融资行为所订立的担保合同所担保的债务转移为融资合同无效后（根据《合同法》第 58 条所规定）的返还义务所形成的债务上，从根本上否定了"从属性是担保的基本属性"的法理。《最高人民法院关于适用〈中华人民共和国民法典〉有关担保制度的解释》（以下简称《担保制度解释》）第 2 条对此有明确的规定，"当事人在担保合同中约定担保合同的效力独立于主合同，或者约定担保人对主合同无效的法律后果承担担保责任，该有关担保独立性的约定无效"，而最高人民法院在上述案件的裁判理由中提出，在主合同无效情况下认定担保合同有效是为了"维护正常交易秩序，平衡当事人利害关系"。其实，无论司法在我国承担何种经济建设或者维护交易秩序的职能，其根本是要在法律制度框架内实现交易秩序的稳定和各方利益的平衡，从司法裁判的角度来说就是严守最基本的法理。

（二）裁判尺度的异化：金融纠纷案件自由裁量权的任性失范

在民商事审判中不可避免地会存在事实认定和法律适用的裁量空间，[1]司法实践中对《中华人民共和国公司法》（以下简称《公司法》）第 16 条性质的认识以及由此引发的公司对外担保效力的认定堪称混乱。在鼎邦实业投资江苏有限公司、江苏银行股份有限公司盐城亭湖支行金融借款合同纠纷案中，[2]最高人民法院认为"法定代表人，其在日常经营活动中代表公司对外签订合同的行为属于职务行为，其法律后果应由公司承担。公司法并未规定公司不能对外提供担保，也未规定公司对外提供担保必须经公司股东会或董事会研究决定，即便公司章程对此有规定，郑某华的行为确实违反了公司章程的规定，也不影响该行为的对外效力，不能因此否定案涉保证合同的效力"，但在同时期山东日照焦电有限公司、山东潍焦集团薛城能源有限公司股权转让纠纷、保证合同纠纷案中，[3]最高人民法院又认为违反《公司法》第 16 条的对外担保属于违反法律规定的担保，属于无效担保。同样的情况也出现在河北敬业担保有限公司与永年县圣帝隆

---

〔1〕 参见最高人民法院民事审判第二庭编著：《〈全国法院民商事审判工作会议纪要〉理解与适用》，人民法院出版社 2019 年版，第 65 页。

〔2〕 参见（2017）最高法民申 2032 号民事裁定书。

〔3〕 参见（2016）最高法民申 1796 号民事裁定书。

房地产有限公司、邯郸市兆亿贸易有限公司等追偿权纠纷案中，最高人民法院认为《公司法》第16条是在公司对外担保事项上对法定代表人的代表权进行的法定限制，法定代表人越权签订担保合同是否对公司有效需要考察相对人是否尽到了合理的审查义务，担保公司作为专门从事担保业务的专业机构，本应对法定代表人是否越权尽到更为谨慎的审查义务，但其并未进行形式上的审查，因此不构成善意，担保合同无效。

针对混乱无序的裁判乱象，《九民纪要》考虑到现实中大量的对外担保都是由法定代表人以公司的名义作出，将《公司法》第16条的问题转化为法定代表人越权代表的问题，将违反《公司法》第16条的对外担保划分为三个递进层次认定其效力：首先，公司未通过对外担保决议的，担保对公司不发生效力，此时不存在法定代表人是否构成越权代表的问题；其次，公司的对外担保决议不适格或者决议系变造、伪造的，此时构成法定代表人越权代表；最后，在法定代表人越权代表的情况下，考虑相对人是否善意。但在广东威尔登酒店有限公司、林泽铭民间借贷纠纷案中，[1]在公司未形成对外担保的决议的情况下，最高人民法院将问题识别为法定代表人越权代表时相对人是否善意的问题。

（三）裁判思维的异化：金融主体交易稳定的高度不确定性

1. 监管政策具有暂时性、易变性，一般随着经济发展趋势不断进行调整，但司法机关不告不理和事后救济的本质，导致其只能在个案中迎合监管政策的一时之需

这也是《合同法》施行后的很长一段时间内，金融司法与金融监管各行其是的原因之一，一方面以私人自治为核心的审判思维划定了金融监管政策介入司法裁判的边界，除非相关金融政策涉及法律、行政法规的强制性规定，否则绝大多数以规章层级形式出现的金融监管政策都无法作为影响金融交易合同效力认定的裁判依据。另一方面监管政策根据市场环境快速调整的特性难以形成司法裁判所需的稳定规则。保险公司股份代持就是典型例证，在上海保培投资有限公司与雨润控股集团有限公司有关的纠纷案中，[2]江苏省高级人民法院认为当事人之间委托代持保险公司股份违反了监管规定，但并不导致代持协议无效，只是在法律上产生履行不能的后果。而在福建伟杰投资有限公司等诉福州天策实业有限公司营业信托纠纷案中，[3]最高人民法院认为当事人之间的委托代持违反了监管规定，危及金融秩序和社会稳定，进而直接损害了社会公共利益，应认定无效。对法院来说，哪些监管政策能够作用于合同效力的认定，何时作用于合同效力的

---

[1] 参见（2021）最高法民申4185号民事裁定书。
[2] 参见（2017）苏民终66号民事判决书。
[3] 参见（2017）最高法民终529号民事判决书。

认定，都充满了高度不确定性。

虽然司法机关亦是金融风险的治理者，但金融活动的特殊性和司法机关的职能定位决定了司法机关不可能取代金融监管机构在规制金融交易活动中的作用。金融风险的治理与化解有赖于金融监管机构与司法机关建立协同治理机制，这也是《关于进一步加强金融审判工作的若干意见》提出要"探索建立人民法院与金融监管机构之间的沟通机制，定期通报涉及金融风险防范与金融安全的重要案件情况，强化金融监管和金融审判的衔接配合，推动形成统一完善的金融法治体系"的主要原因。

2. 金融交易模式创新与不良资产立法滞后的裁判困境

《最高人民法院关于审理涉及金融资产管理公司收购、管理、处置国有银行不良贷款形成的资产的案件适用法律若干问题的规定》（法释〔2001〕12号）废止之后，不良资产领域的立法长期处于空白状态，12年前的《海南会议纪要》已经难以做出更加公正的秩序调整。

在中国农业银行股改剥离的不良资产的处置中，因其与一般意义的金融不良资产在债权主体、处置方式上存在差异，不同法院或法官对其效力认定所依据的规范有不同认识。[1]贵阳市中院认为，中国农业银行股改剥离不良资产属于受财政部委托处置的不良资产范围，不属于《海南会议纪要》的适用范围，应适用财政部、中国银监会制定的《金融企业不良资产批量转让管理办法》（财金〔2012〕6号）和财政部发布的《金融资产管理公司资产处置管理办法（修订）》（财金〔2008〕85号）等部门规章，而根据《金融企业不良资产批量转让管理办法》的规定，金融机构批量转让不良资产只能定向转让给持有金融许可证的资产管理公司或经营公司，农行将不良资产转让给地方政府平台公司的行为因违反了上述规定而无效。而贵州省高级人民法院则认为贵阳中院在法律适用方面存在问题，《金融企业不良资产批量转让管理办法》规范的是金融企业在经营过程中形成的不良信贷资产和非信贷资产向资产管理公司转让的行为，而财政部委托中国农业银行处的农行股改剥离的不良债权不同于《金融企业不良资产批量转让管理办法》规范的不良信贷资产和非信贷资产，应该适用《金融资产管理公司资产处置管理办法（修订）》。而《金融资产管理公司资产处置管理办法（修订）》授权中国农业银行制定受托管理和处置不良资产的相关办法。根据中国农业银行制定的《中国农业银行委托资产批量转让业务管理办法》的规定，地方政府平台公司是适格的受让主体。

不同法院对于同一案件依据不同的监管规定对合同效力作出完全相反的认

---

[1] 参见（2020）黔民终151号民事判决书、（2020）黔民终430号民事判决书。

定，究其本质是监管部门在中国农业银行股改剥离不良资产的处置问题上进行了模糊处理，既没有与一般意义上的金融不良资产处置规定进行协调，也未就其处置问题单独作出规制。监管规则的缺位致使最高人民法院在该问题的法律适用上也是笼统地规定"可以适用最高人民法院就审理涉及金融资产管理处置不良资产案件所发布的相关司法解释、司法政策及有关答复、通知的规定"，其结果是使得前述法律适用指引成为具文，实践中对于农行股改剥离不良资产债权转让的效力认定也无规律可循。

三、适应与矫正：司法裁判对金融监管政策的矫正与消解

金融监管规定介入司法领域影响金融交易合同的裁判已成趋势，随着此类案例数量及涉及的金融监管规定种类的增多，从某种角度上，司法裁判结果呈现出与金融监管标准趋同的态势。但需要说明的是，金融监管规定与司法裁判结果之间并不会真的完全趋向一致，一方面是司法对行政监管进行监督的职能所在，另一方面是金融监管在方式和目标上与司法裁判的关注角度存在差异。司法裁判在转化和落实金融监管政策的过程中，对于具体金融监管领域的空白、不足之处也从法律的视角给予了纠正、补充与完善，在实现防范金融风险大目标的同时，赋予了金融创新以合理合法的生存空间。

（一）司法对金融监管误区的纠正——以分级资管产品中为优先级提供保底收益的约定是否有效为例

1. 监管部门对分级资管产品中为优先级提供保底收益安排的态度

在分级资管产品[1]的实践操作中，由劣后级受益人承诺向优先级受益人承担保底收益的做法非常普遍，但有观点认为此类为优先级受益人提供的保底安排本质上是优先级受益人向劣后级受益人提供资金的融资行为，资产管理产品的投资性属性被异化为了劣后级受益人向优先级受益人提供融资的融资性产品。

《证券期货经营机构私募资产管理业务运作管理暂行规定》（以下简称《私募运作暂行规定》）、《资管新规》就体现了上述观点对分级资管产品的改造。《资管新规》提出"分级资产管理产品不得直接或者间接对优先级份额认购者提供保本收益安排"，而根据《私募运作暂行规定》第4条第1项规定，证券期货经营机构设立结构化资产管理计划，不得违背利益共享、风险共担、风险与收益相匹配的原则，不得直接或者间接对优先级份额认购者提供保本保收益安排，包括但不限于在结构化资产管理计划合同中约定计提优先级份额收益、提前终止罚

---

〔1〕 在此之前是以"结构化"产品的形式出现在监管规范中，如中国银行业监督管理委员会《关于加强信托公司结构化信托业务监管有关问题的通知》（银监通〔2010〕2号）所指的"结构化信托业务"、《证券期货经营机构私募资产管理业务运作管理暂行规定》（中国证券监督管理委员会公告〔2016〕13号）所称的"结构化资产管理计划"。

息、劣后级或第三方机构差额补足优先级收益、计提风险保证金补足优先级收益等。

普遍认为，在监管认识上，将包括劣后级为优先级提供的保底收益安排在内的所有为优先级提供保底收益的安排都认定为刚性兑付，是《私募运作暂行规定》及《资管新规》禁止为优先级提供保底收益安排的根本原因。禁止刚性兑付原则本质上遵循了信托财产独立的法理基础，[1]但金融监管之所以对资产管理产品的刚性兑付重拳出击，是因为刚性兑付会给金融系统带来更深层的巨大隐患。[2]

2. 司法裁判对分级资管产品中为优先级提供保底收益安排的理解以及对监管误区的纠正

与《资管新规》对劣后级能否向优先级提供保底收益安排不甚清晰的态度不同，《九民纪要》第 90 条明确指出，劣后级为优先级提供的保底收益安排有效，对优先级受益人请求劣后级受益人按照约定承担责任的，人民法院依法予以支持。最高人民法院民事审判第二庭在《九民纪要》第 90 条的理解与适用中表现出了对《私募运作暂行规定》所体现的监管思路的怀疑态度，认为无论是从法律逻辑还是现实效果来看其都存在不足。[3]

从监管的逻辑出发，要正确分析监管规定对劣后级向优先级提供保底收益安排持否定态度是否合理，需要明确劣后级受益人为优先级受益人提供保底安排是否构成刚性兑付。

有观点指出，根据风险实际承担方的不同，可将刚性兑付类别化为"经典刚性兑付"和"违信刚性兑付"。[4]发行人或管理人提供保本保收益，属"经典刚性兑付"。非净值管理及滚动发行这类会导致一部分投资者承担风险，其他投资者被保本保收益的属"违信刚性兑付"。[5]因为这意味着发行人或管理人在进行

---

[1] 参见最高人民法院民事审判第二庭编著：《〈全国法院民商事审判工作会议纪要〉理解与适用》，人民法院出版社 2019 年版，第 483~484 页。

[2] 当金融机构长期因为要承担刚性兑付责任导致表外风险表内外，积累到一定程度将可能爆发系统性的风险。此外，因为刚性兑付的存在，"卖者尽责、买者自负"的原则成为空谈，投资者无视自身的投资和风险承受能力，追求高收益率的产品，导致无风险收益率被推高，增加了实体经济的融资成本，干扰了市场对资源配置的决定作用。参见沈宇锋：《资管新规监管背景及逻辑》，载《投资者》2018 年第 3 辑，第 183 页。

[3] 参见最高人民法院民事审判第二庭编著：《〈全国法院民商事审判工作会议纪要〉理解与适用》，人民法院出版社 2019 年版，第 476 页。

[4] 杜晶：《论资管产品刚性兑付和增信措施在概念上的区分》，载《上海金融》2019 年第 12 期，第 57~59 页。

[5] 非净值管理会导致产品购买/赎回的价格无法公允反映资产价值，后参与的投资者的资金实际上被用来保证先前参与者的预期收益了。滚动发行则是用后发行资管产品投资者的资金兑付之前发行的资产管理投资者的收益。参见杜晶：《论资管产品刚性兑付和增信措施在概念上的区分》，载《上海金融》2019 年第 12 期，第 58 页。

产品设计和具体运作时，对部分投资者不公平，本质是发行人或管理人违反了信义义务[1]。经典刚性兑付会在投资者与金融机构之间形成到期还本付息的借贷关系，一旦需要实际兑付，表外业务将转入表内形成负债，降低资本充足率。所以禁止经典刚性兑付的原因在于金融机构违背了资本充足率的审慎监管原则。而对违信刚性兑付的禁止在于发行人或管理人违背了信义义务。[2]《九民纪要》第92条涉及的就是经典刚性兑付的效力问题，法院一以贯之的观点就是经典刚性兑付无效。[3]

要全面认识刚性兑付，还需要认识其与增信措施的区别。增信措施包括产品增信和交易增信，交易增信"主要是指发行人或管理人与交易对手在资管产品的投资端为减少投资风险所架构的各种背书或保障措施的总称，包括但不限于回购、第三方收购以及为回购或收购义务设定的担保等"[4]。《九民纪要》第91条所涉及的就是交易增信的合同效力问题。[5]产品增信则是在设置于产品端的增信措施，产品端增信措施的法律效果是在优先级投资人与劣后级投资人之间建立还本付息的债权关系，不涉及作为发行人或管理人的金融机构的资本充足率，风险保留在产品内由投资人承担。

由此可见，优先级为劣后级提供资金融通，劣后级为优先级安排保底收益实为产品增信措施，从整体投资者视角来看，投资者仍然是自担风险的主体，符合"卖者自负"的信托资管原则，最重要的是，投资风险在投资者内部即优先级和劣后级之间流转，无涉发行人或管理人等金融机构，不属于刚性兑付，应认可其效力。如果对劣后级为优先级提供保底收益安排的措施也采取与经典刚性兑付同样的否定态度，一方面无法实现破除刚性兑付的目的，另一方面可能会打击优先级投资人等市场主体的参与积极性，无形提高了劣后投资人的融资难度。因此从

---

[1] 信义义务要求发行人或管理人公平对待其所管理的所有资管产品，还要公平对待同一资管产品的所有投资者。参见杜晶：《论资管产品刚性兑付和增信措施在概念上的区分》，载《上海金融》2019年第12期，第59页。

[2] 但受益人同意可以免除管理人和发行人的信义义务，即在管理人和发行人充分披露了非净值管理或滚动发行的情况下，受益人仍然同意认购资管产品，愿意承担风险，则可以认为管理人或发行人不构成对信义义务的违反。但遗憾的是，信义义务并未规定在规范层面上。

[3] 参见（2011）民申字第1427号民事裁定书、（2013）沪高民五（商）终字第24号民事判决书、（2014）陕民二终字第00087号民事判决书。

[4] 参见杜晶：《论资管产品刚性兑付和增信措施在概念上的区分》，载《上海金融》2019年第12期，第60页。

[5] 参见《九民纪要》第91条规定，【增信文件的性质】信托合同之外的当事人提供第三方差额补足、代为履行到期回购义务、流动性支持等类似承诺文件作为增信措施，其内容符合法律关于保证的规定的，人民法院应当认定当事人之间成立保证合同关系。其内容不符合法律关于保证的规定的，依据承诺文件的具体内容确定相应的权利义务关系，并根据案件事实情况确定相应的民事责任。

监管逻辑来看，《私募运作暂行规定》和《资管新规》第 21 条似有监管目的与监管手段错位之嫌。

综合上述分析，《九民纪要》第 90 条对分级资管产品中优先级保底收益安排的法律关系和金融实质进行了正本清源的处理，从当事人之间的民事法律关系和监管目的实现的角度对存在误区的监管规定进行了纠正，认定劣后级为优先级提供的保底收益安排有效，在防范金融风险的同时，也给予了金融创新以合理生存空间。在《九民纪要》发布后作出的司法裁判中，法院不再纠结于《资管新规》对优先级受益人保底收益约定的效力影响，而是直接援引《九民纪要》第 90 条的规定作为裁判理由。

（二）司法对金融监管的不清晰予以释明——以上市公司控股子公司对外担保是否需经上市公司层面决议为例

1. 监管规定对于上市公司控股子公司对外担保是否需经上市公司层面决议不甚明确

从《公司法》层面无法得出上市公司控股子公司对外担保是否需经上市公司层面决议的结论。[1]再将目光转向监管规定，对此进行规范的主要是《关于规范上市公司对外担保行为的通知》（证监发〔2005〕120 号）（以下简称"120号文"）。120 号文第 1 条第 7 款规定，上市公司控股子公司的对外担保，比照上述规定执行。上市公司控股子公司应在其董事会或股东大会做出决议后及时通知上市公司履行有关信息披露义务。根据文义似乎可以理解为，在控股子公司层面根据 120 号文第 1 条规定履行了董事会或股东大会的决议程序后就可以直接报上市公司进行披露公告，而无需上市公司层面再进行决议。但在实践操作中，有观点认为，从体系解释上看，120 号文的第 1 条的标题是"规范上市公司对外担保行为"，而第 7 项中"上市公司控股子公司的对外担保，比照上述规定执行"的表述有将"上市公司控股子公司对外担保"视同"上市公司对外担保"的含义，否则应该将第 7 项另作为一款。从证券交易所的相关规则来看，2006 年深圳证券交易所（以下简称"深交所"）修订的《深圳证券交易所股票上市规则》（已失效）第 7.8 条第 1 款规定"上市公司控股子公司发生的本规则第九章、第十章和第十一章所述重大事件，视同上市公司发生的重大事件，适用前述各章的规定"，这被认为是深交所认同上市公司控股子公司对外担保上市公司层面亦应

---

〔1〕 参见《公司法》第 16 条规定，公司向其他企业投资或者为他人提供担保，依照公司章程的规定，由董事会或者股东会、股东大会决议；公司章程对投资或者担保的总额及单项投资或者担保的数额有限额规定的，不得超过规定的限额。公司为公司股东或者实际控制人提供担保的，必须经股东会或者股东大会决议。前款规定的股东或者受前款规定的实际控制人支配的股东，不得参加前款规定事项的表决。该项表决由出席会议的其他股东所持表决权的过半数通过。

履行决议程序的态度的体现，2016 年深交所在《证券日报》上对此作了更进一步的释明，"上市公司控股子公司对外提供担保未达本所《股票上市规则》第 9.11 条规定的，应当按照上市公司及其子公司的规章制度履行相应审议程序，否则，需要按照第 9.11 条提交上市公司董事会、股东大会审议"。《深圳证券交易所上市公司规范运作指引（2020 年修订）》吸收了《主板信息披露业务备忘录第 2 号——交易和关联交易（2018 年修订）》（已失效），第 6.3.12 条规定"上市公司控股子公司为上市公司合并报表范围内的法人或者其他组织提供担保的，上市公司应当在控股子公司履行审议程序后及时披露。上市公司控股子公司为前款规定主体以外的其他主体提供担保的，视同上市公司提供担保，应当遵守本节相关规定"。也就是说，深交所坚持认为，上市公司控股子公司除为上市公司合并报表范围内的对象提供担保外，其余对外担保上市公司层面亦应履行决议程序。

2. 司法裁判对于上市公司控股子公司对外担保是否需经上市公司层面决议的态度

对上市公司控股子公司对外担保是否需经上市公司层面决议的问题，虽然司法裁判的判断依据不一，但始终保持了较为统一的裁判结果，即认为不需要经过上市公司层面决议。

较为普遍典型的做法，如湖南省信托有限责任公司与福建同孚实业有限公司、福建冠福实业有限公司金融借款合同纠纷案，法院认为：一方面从 120 号文中无法解读出需要上市公司层面决议的要求，另一方面 120 号文的效力无法作为认定合同效力的依据。[1]持同样观点的还有上海中技物流有限公司与渤海银行股份有限公司上海分行质押合同纠纷案，法院并未分析 120 号文的意旨，而是直接以中国证券监督管理委员会、中国银行业监督管理委员会发布的《关于规范上市公司对外担保行为的通知》等系约束规范上市公司对外担保行为的部门规范性文件不能作为合同无效的法定依据作为裁判理由，肯定了控股子公司担保合同的效力。[2]

也有法院另辟蹊径，在具体案例中引入《九民纪要》第 19 条，直接避开了对 120 号文等监管规定的讨论。如在华融证券股份有限公司与建德新越置业有限公司、新光圆成股份有限公司金融借款合同纠纷案中，[3]法院认为：《贷款合同》中明确由子公司新光建材为母公司及建德新越提供担保，符合《九民纪要》第 19 条第 4 项"担保合同系由单独或者共同持有公司三分之二以上有表决权的股东签字同意"的精神，因此即使未履行股东决议和公告披露程序，抵押合同仍

---

[1] 参见（2018）湘民初 66 号民事判决书。
[2] 参见（2018）沪 74 民初 146 号民事判决书。
[3] 参见（2019）浙 07 民初 381 号民事判决书。

然有效。但一般认为，本案判决的论证还有值得商榷之处，但限于篇幅原因，在此不作论述。

2021 年 1 月 1 日《担保制度解释》作为《民法典》配套司法解释正式施行，对原有的《中华人民共和国担保法》《最高人民法院关于适用〈中华人民共和国担保法〉若干问题的解释》（均已失效）确立的担保制度作了重大的调整。《担保制度解释》第 9 条是关于上市公司对外担保效力的裁判规则，对于上市公司控股子公司对外担保是否需要上市公司层面决议并未作具体的规定。根据最高人民法院关于《担保制度解释》的解读，上市公司对外担保虽然进行了公告，但是公告内容中没有表明经股东大会或董事会决议通过的内容，该担保对上市公司不发生效力。那么如果是上市公司控股子公司提供的担保，虽然经过子公司层面股东会或董事会决议并由上市公司进行了披露，但若上市公司层面的决议也是必须存在并进行披露公告，而上市公司层面未进行决议的话，就可能导致该担保对上市公司控股子公司不发生效力，这对于债权人而言无疑会非常不利。

最高人民法院民事审判第二庭在对第 9 条的理解与适用上，对上述问题给出了自己的意见，其认为："不需要。此外，应尊重监管机关及交易所的规定。"这个回复似乎可以理解为，最高人民法院认为从目前的监管机关和交易所制定的规则来看得不出需要上市公司层面再进行决议的结论，但如之前所分析的，从深交所发布的一系列规则来看，深交所的态度是认为需要上市公司层面再进行决议。

依然是从监管的逻辑来理解这个问题。无论是 120 号文还是深交所或者上交所的监管规则，均是为了让上市公司做到足够透明地进行信息披露，使得广大投资者能够在信息充分披露的情况下自行做出决策。从合规的角度从严把握，取得上市公司层面的决议当然更为有利。但笔者认为，无论是从《担保制度解释》发布前的裁判实践，还是对《公司法》《担保制度解释》规定本身及其理解来看，上市公司控股子公司履行了股东或董事会层面的决议，并按照《担保制度解释》进行了披露公告，已经足以实现监管目的所欲达成的效果，如果此时再因为一个无法得出准确意旨的 120 号文对担保合同给予否定评价，无疑又带来了监管手段过限的问题。

宁波银行股份有限公司北京分行与西安安控鼎辉信息技术有限公司等金融借款合同纠纷案从另一个裁判角度对监管目的的实现路径进行了论证。[1] 在该案中，上市公司控股子公司对外担保虽然未经股东会或董事会决议，但上市公司层面经过了股东会决议并进行了披露公告，此时担保合同对控股子公司是否发生效力？

---

[1] 参见（2021）京 0106 民初 1942 号民事判决书。

法院认为：控股子公司是法律上具有独立人格的主体，其任何决议的作出仍应按照公司法履行相应的股东（大）会或者董事会决议程序，否则公司决议不能成立，不能仅因为控股股东具有通过相应议案的表决权就免除上述程序，反而应当根据《公司法》第 16 条第 3 款规定，回避该项担保事项的表决。因此，在控股子公司层面质押担保和保证合同签订形成任何股东会或董事会决议的情况下，仅母公司股东会或董事会作出担保决议且公开披露，不能直接代替控股子公司的决议行为。该担保和保证合同对控股子公司不发生效力。

可见，对于上市公司控股子公司来说，其对外担保需要解决两个层面的问题，一个是对外担保的权利来源，二是作为公众公司应履行对投资者的披露义务。仅有上市公司层面的决议和公告，解决的只是对投资者的信息披露问题，未解决控股子公司作为独立法人对外提供担保的权利来源问题。

结合上述分析，在监管的逻辑上，在上市公司控股子公司对外担保已经通过决议，并由上市公司公告披露的情况下，已经足以实现保护广大投资者获取充分信息的监管目的，司法裁判落实的监管目的限度也应止步于此。

（三）司法对金融监管的空白予以填补——以金融贷款的利率上限为例

1. 监管规定对于金融贷款利率的态度

2004 年 10 月 28 日，中国人民银行发布《关于调整金融机构存、贷款利率的通知》（银发〔2004〕251 号），规定从 2004 年 10 月 29 日起，金融机构的贷款利率不再设定上限，但贷款利率下限在区间内浮动。

2013 年 7 月 19 日，中国人民银行发布《关于进一步推进利率市场化改革的通知》，取消金融机构贷款利率 0.7 倍的下限，由金融机构根据商业原则自主确定贷款利率水平。

2017 年 12 月 1 日，互联网金融风险专项整治工作领导小组办公室、P2P 网络借贷风险专项整治工作领导小组办公室发布《关于规范整顿"现金贷"业务的通知》（整治办函〔2017〕141 号）规定，各类机构以利率和各种费用形式对借款人收取的综合资金成本应符合最高人民法院关于民间借贷利率的规定，禁止发放或撮合违反法律有关利率规定的贷款，各类机构向借款人收取的综合资金成本应统一折算为年化形式，各项贷款条件以及逾期处理等信息应在事前全面、公开披露，向借款人提示相关风险。

2020 年 10 月 16 日，中国人民银行发布的《中华人民共和国商业银行法（修改建议稿）》第 55 条第 1 款规定，（利率机制）商业银行按照中国人民银行有关规定，可以与客户自主协商确定存贷款利率。

2. 司法领域对于金融贷款利率的态度

司法领域对于金融贷款的利率问题，可以最高人民法院《关于审理民间借贷案件适用法律若干问题的规定》（2020 年修正，以下简称《新民间借贷司法解释》）为界限可以划分为两个阶段。

（1）《新民间借贷司法解释》前时代。在金融贷款利率长期处于低于民间借贷利率水平的情况下，参照最高人民法院《关于审理民间借贷案件适用法律若干问题的规定》（2015 年）中关于民间贷款利率上限的规定，对金融贷款利率进行调整不存在障碍，虽然其明确并不适用金融机构的贷款利率。

情况在消费金融贷款出现后有了改变，因消费金融贷款的资金成本高于商业银行贷款的资金成本，极端情况下甚至高于民间借贷的利率上限，如果消费金融贷款的利率仍然按照最高人民法院《关于审理民间借贷案件适用法律若干问题的规定》（2015 年）进行调整，无疑会给消费金融公司造成巨大影响。此阶段的司法裁判对高出民间借贷利率上限的消费金融贷款利率态度不一，如高某与北银消费金融有限公司等金融借款合同纠纷案中，[1]北京市第一中级人民法院认为：高某虽主张上述合同中约定的利息、逾期罚息、逾期滞纳金、账户管理费等合计超过年利率24%的标准，违反最高人民法院《关于审理民间借贷案件适用法律若干问题的规定》的相关规定，但北银公司系经银行业监督管理机构批准设立的金融机构，本案诉争借款系其在核准范围内向高某发放的金融借款，不属于民间借贷。

虽然 2017 年最高人民法院在《关于进一步加强金融审判工作的若干意见》中指出，严格依法规制高利贷，有效降低实体经济的融资成本。金融借款合同的借款人以贷款人同时主张的利息、复利、罚息、违约金和其他费用过高，显著背离实际损失为由，请求对总计超过年利率24%的部分予以调减的，应予支持，以有效降低实体经济的融资成本。从该通知内容来看，最高人民法院以 2015 年《关于审理民间借贷案件适用法律若干问题的规定》规定的民间借贷利率的保护上限24%为标准，划定了金融借贷的利率上限。[2]这也契合了之前一直贯行的裁判思路。

（2）《新民间借贷司法解释》时代。2020 年 8 月 19 日最高人民法院发布了《新民间借贷司法解释》，将法律支持的民间借贷利率从原来的年利率24%变为"合同成立时一年期贷款市场报价利率（中国人民银行授权全国银行间同业拆借中心自 2019 年 8 月 20 日起每月发布的一年期贷款市场报价利率）的四倍"，顺应利率市场化改革的方向，更重要的是为了引导和规范民间借贷，降低中小微企业的融资成本。《新民间借贷司法解释》明确指出，"经金融监管部门批准设立

---

[1] 参见（2018）京 01 民终 5511 号民事判决书。

[2] 根据该意见的精神，对金融贷款利率上限按照不高于民间借贷利率上限为标准进行规制，因此在《新民间借贷司法解释》实施后，该意见中金融贷款利率上限也理应随之作出调整。

的从事贷款业务的金融机构及其分支机构，因发放贷款等相关金融业务引发的纠纷，不适用本规定"。

在《新民间借贷司法解释》实施后，市场参与者最为关心的两个问题，一是金融贷款利率是否会随《新民间借贷司法解释》的规定进行调整？二是《关于进一步加强金融审判工作的若干意见》的精神与《新民间借贷司法解释》之间的不协调之处是否不再适用？

对于第一个问题，最高人民法院在 2020 年 12 月 29 日发布的《关于新民间借贷司法解释适用范围问题的批复》中指出："经征求金融监管部门意见，由地方金融监管部门监管的小额贷款公司、融资担保公司、区域性股权市场、典当行、融资租赁公司、商业保理公司、地方资产管理公司等七类地方金融组织，属于经金融监管部门批准设立的金融机构，其因从事相关金融业务引发的纠纷，不适用新民间借贷司法解释。"

然而司法裁判早期的结果却颇耐人寻味。以平安银行股份有限公司温州分行与安丽金融借款纠纷案为例。[1]一审法院认为平安银行股份有限公司温州分行所主张的利息已经超过一年期贷款市场报价利率四倍保护限度，参照起诉时一年期贷款市场报价利率四倍进行计算。平安银行股份有限公司温州分行不服一审判决上诉，二审期间，温州市中级人民法院发布消息称："本案系金融借款纠纷，根据《新民间借贷司法解释》第 1 条第 2 款的规定，经金融监管部门批准设立的从事贷款业务的金融机构及其分支机构，因发放贷款等相关金融业务引发的纠纷，不适用该司法解释。故一审判决将本案金融借款合同中约定的利息、复利和逾期利息参照上述司法解释的规定，按一年期贷款市场报价利率 4 倍进行调整，属适用法律错误，应予纠正。"但有趣的是其后温州中院并未作出二审判决，一审判决生效。[2]

与上文提到的北京市第一中级人民法院支持了北银消费金融有限公司超过 24% 利率的案件一样，也同是北京市第一中级人民法院作出、债权人为北银消费金融有限公司的案件，如今的裁判结果却大为不同，在李某与北银消费金融有限公司金融借款合同纠纷案中，[3]法院认为北银公司主张的截至 2020 年 3 月 31 日的逾期利息、逾期罚息、逾期滞纳费、账户管理费的综合利率超出了法律规定的年利率 24% 的上限，对北银公司主张的超出部分的息费不予支持并无不当。

从上述案例可以看出，即便《新民间借贷司法解释》和最高人民法院的批

---

〔1〕 参见（2020）浙 0304 民初 3808 号民事判决书。

〔2〕 参见段思宇：《温州 4 倍 LPR 案判决现反转 持牌金融机构都在等细则》，载《第一财经日报》2020 年 11 月 13 日，第 A03 版。

〔3〕 参见（2021）京 01 民终 3598 号民事判决书。

复都规定了民间借贷利率上限的规定不适用于金融机构，但并不意味着金融机构的贷款利率不受管制。尤其是在降低社会融资成本、引导金融服务实体经济的强监管环境下，司法裁判的思路仍然是金融贷款利率的上限或受制于《新民间借贷司法解释》的参照适用，或受制于最高人民法院《关于进一步加强金融审判工作的若干意见》的文件精神。

对于第二个问题，《新民间借贷司法解释》出台后，最高人民法院《关于进一步加强金融审判工作的若干意见》关于金融贷款利率不应超过24%的规定是否仍会影响法院判决？

以中银消费金融有限公司、胡应春金融借款合同纠纷案为例，[1]该案的一、二审判决体现了法院对此问题不同的态度。一审法院认为，虽然金融机构发放贷款不适用《新民间借贷司法解释》，但相较于民间借贷，金融机构的贷款利率应受到更为严格的限制，金融借贷的利率低于民间借贷利率才符合利率市场化改革的方针和《九民纪要》精神。所以应当以2020年8月20日为界进行划分，在此之前按照按年利率24%支付利息及滞纳金，之后按照一年期贷款市场报价利率的四倍支付利息及滞纳金。二审法院则认为，金融机构及其分支机构因发放贷款等相关金融业务引发的纠纷不适用《新民间借贷司法解释》，根据最高人民法院《关于进一步加强金融审判工作的若干意见》的规定，主张利息、复利、罚息、违约金和其他费用显著背离实际损失，请求对总计超过年利率24%的部分予以调减应予支持。

实际上，一审法院的判决更为合理。最高人民法院《关于进一步加强金融审判工作的若干意见》是以民间借贷利率上限来对金融贷款的利率上限进行调整的，其本质是将社会融资成本规制在一定范围之内，而这个标准是以民间借贷利率上限为依据的。那么在《新民间借贷司法解释》对民间借贷的利率上限进行调整后，根据最高人民法院《关于进一步加强金融审判工作的若干意见》的规定精神，金融贷款利率的上限也应随之调整，不能僵化理解和套用最高人民法院《关于进一步加强金融审判工作的若干意见》的规定，仍以24%作为规制标准，反而未能实现降低融资成本、服务实体经济的监管目的。

---

[1] 参见（2021）豫15民终2722号民事判决书。

论美国证券法域外适用的边界及其对中国的启示

李健男　林晓鹏*

摘要：2019 年修订的中国《证券法》明确了证券法的域外效力，如何把握证券法域外适用的边界已经成为必须面对的现实问题。关于证券法域外适用的边界，美国近九十年的实践积累了丰富的经验和教训，值得梳理和借鉴。在"莫里森案"终审之前，行为标准与效果标准的并行乃至混用导致美国证券法域外适用长期处于边界模糊的时代；"莫里森案"确立的交易标准明晰了证券法域外适用的边界，但紧随而来的《多德-弗兰克法案》又引发了激烈的边界之争，争论的焦点集中于交易标准的具体认定、"莫里森案"与《多德-弗兰克法案》之间的关系。美国的理论和司法实践表明，美国正是凭借其对证券法域外适用边界模糊性与明晰性的驾驭能力，行走于证券法域外适用确定性与灵活性之间。中国证券法的域外适用应当在立法上为域外适用的灵活性留足空间，在司法和执法上不断探索域外适用的确定性与灵活性的动态平衡。

关键词：证券法域外适用；域外适用边界；美国经验；模糊性与明晰性；平衡

一、问题的提出

近年来，随着中美经贸摩擦的不断升级，特朗普政府频频利用长臂管辖权和国内法的域外适用打压中国实体和企业。在这一背景下，国内法的域外适用成为我国国际法学界和实务界共同关注的重大问题，很多学者对此展开了全面、深入的讨论，并取得了较为丰硕的学术成果。[1]在顶层设计层面，中共十九届四中

＊　李健男，暨南大学法学院教授，博士生导师。林晓鹏，暨南大学法学院硕士研究生。

〔1〕　相关研究，参见李庆明：《论美国域外管辖：概念、实践及中国因应》，载《国际法研究》2019 年第 3 期；廖诗评：《中国法域外适用法律体系：现状、问题与完善》，载《中国法学》2019 年第 6 期；肖永平：《"长臂管辖权"的法理分析与对策研究》，载《中国法学》2019 年第 6 期；霍政欣：《国内法的域外效力：美国机制、学理解构与中国路径》，载《政法论坛》2020 年第 2 期；宋杰：《进取型管辖权体系的功能及其构建》，载《上海对外经贸大学学报》2020 年第 5 期；韩永红：《美国法域外适用的司法实践及中国应对》，载《环球法律评论》2020 年第 4 期。

全会通过的《中共中央关于坚持和完善中国特色社会主义制度推进国家治理体系和治理能力现代化若干重大问题的决定》明确提出要加快中国法域外适用的法律体系建设。在立法层面，2019年修订的《中华人民共和国证券法》（以下简称《证券法》）第2条明确了《证券法》的域外效力，为我国证券监督管理部门和司法机关域外适用《证券法》提供了法律依据，这无疑是我国国内法域外适用体系建设中的一大突破。[1]

修订后的《证券法》生效之后不到两个月，在美国纳斯达克上市的瑞幸咖啡自爆财务造假丑闻，被纳斯达克通知必须退市，且很可能面临美国证监会（SEC）和美国公众公司会计监察委员会（PCAOB）的严厉处罚以及投资人的巨额索赔。这一事件对于在美国上市的中概公司来说，当然不是一件好事，但也给了中国证监会域外适用中国《证券法》的一次机会。事实上，中国证监会反应神速，第一时间就对瑞幸咖啡展开了调查，并拟对在美国上市的瑞幸咖啡境内运营主体及相关责任人、协助造假及帮助虚假宣传的多家第三方公司、两家新三板关联公司及相关责任人予以行政处罚。[2]可以想见，随着中国金融市场的进一步开放，我国《证券法》的域外适用将成为中国证监会一项重要职责，同时也将成为中国司法机构面临的一个现实问题。[3]

由于国内法的域外适用涉及他国的立法管辖权、司法管辖权和执法管辖权，就不能不顾及国际法以及与相关国家的关系，如何建构和把握域外适用的边界也就成为一个必须慎重考虑的重大问题。美国是国内法域外适用体系最为完备的国家，其证券法的域外适用也已经经历了近九十年的发展历程，在证券法域外适用边界的立法建构和司法实践方面积累了不少经验和教训，对此加以梳理总结，对于我国《证券法》域外适用边界的建构无疑是一项有益的基础性工作。

---

[1] 《证券法》（2019年修订）第2条第4款规定，在中华人民共和国境外的证券发行和交易活动，扰乱中华人民共和国境内市场秩序，损害境内投资者合法权益的，依照本法有关规定处理并追究法律责任。在此之前有不少学者主张赋予《证券法》域外效力，相关的讨论参见邱永红：《证券跨国发行与交易中的若干法律问题》，载《中国法学》1999年第6期；石佳友：《我国证券法的域外效力研究》，载《法律科学（西北政法大学学报）》2014年第5期；杨峰：《我国证券法域外适用制度的构建》，载《法商研究》2016年第1期。

[2] 详见中国证监会2020年7月31日发布的《关于瑞幸咖啡财务造假调查处置工作情况的通报》，载http://www.csrc.gov.cn/pub/newsite/zjhxwfb/xwdd/202007/t20200731_380963.html，最后访问日期：2021年3月16日。

[3] 2021年3月16日，最高人民法院发布了《关于北京金融法院案件管辖的规定》。根据该规定第2条的规定，北京金融法院对在我国境外上市的境内公司及境外公司损害境内投资者合法权益的证券、期货纠纷，以及境外其他金融产品和金融服务的提供者损害境内投资者合法权益的金融纠纷，实行跨区域集中管辖。

二、从《证券交易法》到"莫里森案"：漫长的边界模糊时代

讨论美国证券法的域外适用，必须回溯到 1934 年美国《证券交易法》（the Securities Exchange Act of 1934）。该法第 10（b）条规定"任何人直接或间接利用州际商业手段或工具、利用邮递或利用全国性证券交易所任何设施"从事的特定证券欺诈行为均属违法。[1] 1942 年，SEC 根据第 10（b）条的授权制定了 10（b）−5 规则。根据该规则，第 10（b）条所指证券欺诈行为具体为：①采用任何手段、计划或策略进行欺诈；②对某重大事件做任何虚假陈述，或遗漏对于某重大事实的必要陈述，而这些事实在当时的情况下对于确保陈述不具有误导性是必要的；③参与任何构成或者可能构成欺诈或欺骗他人的行为、操作或业务活动。[2]

一般认为，《证券交易法》第 10（b）条的规定为美国证券法的域外适用奠定了基础。但事实上，对于《证券交易法》是否确定了自身的域外效力问题，在美国法学界是存在争议的，并在争论中形成了肯定说和否定说两派。肯定说的主要理由是：首先，根据《证券交易法》第 3（a）（17）条的规定，该法第 10（b）条所指的"洲际贸易"（interstate commerce）包括任何外国与任何州之间的交易；其次，该法第 10（b）条所指的"任何人"是一个非常广泛的概念。根据该法第 30（b）条的规定，只要其在美国管辖权下从事证券业务，就要受到该法的约束；[3] 最后，自 1945 年始，美国反垄断领域已经明确承认了反垄断法的域外效力[4]，由于证券领域与反垄断领域同样属于经济监管领域，证券法应当与

---

[1] 第 10（b）条的原文为：It shall be unlawful for any person, directly or indirectly, by the use of any means or instrumentality of interstate commerce or of the mails, or of any facility of any national securities exchange, … (b) To use or employ, in connection with the purchase or sale of any security registered on a national securities exchange or any security not so registered, any manipulative or deceptive device or contrivance in contravention of such rules and regulations as the Commission may prescribe as necessary or appropriate in the public interest or for the protection of investors.

[2] 10（b）−5 规则的原文为：It shall be unlawful for any person, directly or indirectly, by the use of any means or instrumentality of interstate commerce, or of the mails or of any facility of any national securities exchange, (a) To employ any device, scheme, or artifice to defraud, (b) To make any untrue statement of a material fact or to omit to state a material fact necessary in order to make the statements made, in the light of the circumstances under which they were made, not misleading, or (c) To engage in any act, practice, or course of business which operates or would operate as a fraud or deceit upon any person, in connection with the purchase or sale of any security.

[3] 第 30（b）条的原文为：The provisions of [the Act] or of any rule or regulation thereunder shall not apply to any person insofar as he transacts a business in securities without the jurisdiction of the United States, unless he transacts such business in contravention of such rules and regulations as the Commission may prescribe as necessary or appropriate to prevent the evasion of [the Act]. See Norimasa Murano, "Extraterritorial Application of the Antifraud Provisions of the Securities Exchange Act of 1934", *International Tax & Business Lawyer*, 2 (1984), pp. 299–301.

[4] See U. S. v. Aluminum Co. of America, 148 F. 2d 416 (2d Cir. 1945).

反垄断法在域外效力问题上保持一致。[1]否定说主要从探究立法者的立法意图这一角度来证成自己的观点，他们认为：当时的国会是不可能预见到金融全球化的蓬勃发展的，国会无意于美国证券法的扩张适用；[2]同时，在解释国会立法的时候要受到反域外适用推定原则（the presumption against extraterritoriality）和 Charming Betsey 规则[3]的制约，从《证券交易法》的立法语言看，并没有充分的理由构成这两个规则的例外。[4]

不过，法学界的争论并未妨碍美国的司法实践对《证券交易法》域外效力的肯定。美国法院在《证券交易法》域外适用的实践中，关于美国证券法域外适用的条件，也就是美国证券法域外适用的边界，逐步形成了大致两类标准：即效果标准（effect test）和行为标准（conduct test）。有意思的是，这两类标准均滥觞于第二巡回上诉法院的判例。该法院在 Schoenbaum v. Firstbrook 案[5]中认为，构成证券法域外适用的前提是对美国的资本市场产生直接（direct）和实质（substantial）的效果，此所谓效果标准。而该法院在 Leasco Data Processing Equipment Corp. v. Maxwell 案[6]中却认为，证券交易主体只有在美国管辖权范围内做出实质性的行为（substantial conduct）时，才受美国证券法的约束，采取的显然是行为标准。在后来的 Bersch v. Drexel Firestone 案[7]和 IIT v. Vencap, Ltd. 案[8]中，第二巡回上诉法院又进一步指出该行为不能仅是具有准备性质的（merely preparatory）[9]，可以说严格了行为标准的适用条件。如果按照这一裁判思路走下去，美国证券法域外适用的边界将会收缩且变得清晰，从而抑制行政

---

[1] See Hannah L. Buxbaum, "Multinational Class Actions Under Federal Securities Law: Managing Jurisdictional Conflict", *Columbia Journal of Transnational Law*, 46 (2007), p. 21.

[2] See Daniel S. Kahn, "The Collapsing Jurisdictional Boundaries of the Antifraud Provisions of the U. S. Securities Laws: The Supreme Court and Congress Ready to Redress Forty Years of Ambiguity", *New York University Journal of Law & Business*, 6 (2010), pp. 369-370.

[3] Charming Betsey 规则是指如果存在对国会法律的其他可能解释，则不得将国会法律解释为与其他国家的法律相抵触。See Murray v. Schooner Charming Bety, 6 US (2 Cranch) 64 (1804).

[4] See David Michaels, "Subject Matter Jurisdiction Over Transnational Securities Fraud: A Suggested Roadmap to the New Standard of Reasonableness", *Cornell Law Review*, 71 (1986), pp. 930 - 931; Michael J. Calhoun, "Tension on the High Seas of Transnational Securities Fraud: Broadening the Scope of United States Jurisdiction", Loyola University Chicago Law Journal, 30 (1999), p. 687.

[5] See 405 F. 2d 200 (2d Cir. 1968).

[6] See 468 F. 2d 1326 (2d Cir. 1972).

[7] See 519 F. 2d 974 (2d Cir. 1975).

[8] See 519 F. 2d 1001 (2d Cir. 1975).

[9] 例如在 Bersch v. Drexel Firestone 案中，加拿大公司 Drexel Firestone 发布具有误导性的招股说明书，购买该公司股票的美国人和外国人在美国法院就此提起了证券欺诈诉讼。法院认为美国的律师、会计师和承销人参与了招股说明书的准备过程，但这些行为是准备性质的，不足以确保法院行使事项管辖权。

机构域外适用证券法的冲动。

但后来的判例表明，不仅严格的行为标准并没有得到其他法院的认同，而且效果标准的适用条件还得以放宽。在 SEC *v.* Kasser 案[1]中，第三巡回上诉法院仅根据某些发生在美国境内的"旨在促进证券欺诈"的行为便认定法院具有管辖权，完全忽视了效果标准中的实质性要求，而与之类似的还有第八巡回上诉法院处理的 Continental Grain（Australia）Pty.，Ltd *v.* Pacific Oilseeds, Inc. 案[2]；在 Des Brisay *v.* Goldfield Corp 案[3]中，第九巡回上诉法院仅仅根据股票价格的波动即认定对美国证券市场产生了实质性的影响。在宽松的效果标准之下，美国《证券交易法》的域外适用呈现出愈演愈烈的扩张态势。

长期以来，美国法院根据行为标准或者效果标准，甚至是两种标准的综合[4]来解释其对案件的事项管辖权（subject matter jurisdiction），从而实现证券法的域外适用。两种标准的并行甚至混用，已经使证券法域外适用的边界变得模糊，而效果标准中衡量效果的"实质性"标准又具有广泛的解释空间，再加上在证券法域外适用领域一直缺乏联邦最高法院的判例指引，美国不同法院在"实质性"的判断方面实际上享有非常大的自由裁量权。所有这些因素的叠加，导致了美国证券法域外适用长期处于边界模糊时期。换言之，行为标准和效果标准成为美国法院域外适用证券法的灵活性工具。[5]

三、"莫里森案"：边界模糊时代的短暂终结

尽管证券法域外适用边界的模糊为美国的证券法域外适用赋予了灵活性，但也引发了两大问题：一是导致"F 立方"诉讼（foreign-cubed litigation）[6]激增，美国司法系统开始不堪重负；二是美国过多地介入"F 立方"诉讼招致了国际社会的不满。为此，美国政府开始寻求证券法的域外适用的退让之道。[7]正

---

[1] See 548 F. 2d 109（3d Cir. 1977）.

[2] See 592 F. 2d 409（8th Cir. 1979）.

[3] See 549 F. 2d 133（9th Cir. 1977）.

[4] 在 Itoba Ltd. *v.* Lep Group PLC 案中，第二巡回上诉法院综合运用两个标准解释其具有事项管辖权，从而域外适用了证券法。See 54 F. 3d 118（2d Cir. 1995）.

[5] See Brandy L. Fulkerson, "Extraterritorial Jurisdiction and U. S. Securities Law: Seeking Limits for Application of the 10（b）and 10b-5 Antifraud Provisions", *Kentucky Law Journal*, 92（2003）, pp. 1071-1073.

[6] 所谓的"F 立方"诉讼，是指在外国证券交易所（foreign exchanges）购买证券的外国投资者（foreign investors）在本国法院所提起的针对外国证券发行人（foreign issuers）的诉讼，英文文献中通常称之为"foreign-cubed litigation"，刘仁山教授称之为"F 立方"诉讼，本文沿用此术谓。参见刘仁山、李婷：《美国"F 立方"证券欺诈诉讼管辖权规则及其晚近发展》，载《法学家》2012 年第 3 期。

[7] See Elizabeth Cosenza, "Paradise Lost: 10（b）after Morrison *v.* National Australia Bank", *Chicago Journal of International Law*, 11（2011）, p. 368.

是在这一背景下，2010 年联邦最高法院在 Morrison *v.* National Australia Bank 一案[1]（以下简称"莫里森案"）中对《证券交易法》的域外适用问题作出了颇具革命性的判决。

"莫里森案"中的被告澳大利亚国民银行（National Australia Bank）在美国纽约证券交易所挂牌交易美国存托凭证（ADRs）。Ruselll、Brain、Geraldine 等为代表的澳大利亚人向美国纽约南区地方法院提起诉讼，以澳大利亚国民银行设立在美国的子公司 Homeside 通过错误估价模型对抵押贷款服务费用的现值进行了错误估算因而导致原告方遭受投资损失为由，诉请被告赔偿其投资损失。对于本案，纽约南区地方法院认为，由于是外国行为（而不是美国国内行为）直接造成的损害，原告指控的欺诈行为与美国的联系不足，所以法院对该案缺乏事项管辖权。原告不服纽约南区地方法院的判决向第二巡回上诉法院提起上诉，第二巡回上诉法院最后以被告在美国的行为不满足行为标准的要求为由支持了纽约南区地方法院的判决。[2]本案至此，尽管两级法院的判决都没有支持原告的诉请，事实上排除了证券法的域外适用，但是，法院是以法院对本案没有事项管辖权作为理据驳回原告诉请的，而我们知道，"长臂管辖权"与国内法的域外适用是两个既有联系但又具有本质区别的概念和问题。质言之，两审法院回避了证券法的域外适用问题。

而"莫里森案"之所以后来有机会成为证券法域外适用具有里程碑意义式的判决，在于该案最终能够被联邦最高法院调卷复审。该案的复审不仅使美国证券法域外适用领域终于诞生了联邦最高法院的判决，更重要的是该判决创造性地运用"交易标准"（transaction test）终结了漫长的美国证券法域外适用边界的模糊时代。在判决中，联邦最高法院首先强调，证券法的域外效力问题是一个实体问题（a question of merit），而不是事项管辖权问题（a question of subject matter jurisdiction）。联邦最高法院进而认为，本案的焦点不在于联邦地区法院与第二巡回上诉法院所一直反复强调的事项管辖权问题，而是原告是否享有《证券交易法》第 10（b）条的诉因（cause of action），即《证券交易法》是否具有域外效力。接着，联邦最高法院依据美国法长期存在的反域外适用推定原则否定其域外效力。根据该原则，国会可以将国内法适用范围扩展到美国境外，但是如果国会对于是否扩展保持沉默，则存在反域外适用的推定。[3]联邦最高法院认为，从《证券交易法》的立法用语上看，国会在该问题上保持了沉默（congress silence）。最后，联邦最高法院认为《证券交易法》的立法目的在于规范美国国内的证券

---

[1] See 561 U. S. 247 (2010).

[2] See 547 F. 3d 167 (2d Cir. 2008).

[3] See John H. Knox, "A Presumption Against Extrajursidictionality", *American Journal of International Law*, 104 (2010), p. 352.

交易活动（domestic transactions），因此应当依据证券交易活动是否发生在美国国内为依据决定《证券交易法》是否适用。至此，关于《证券交易法》的域外适用，联邦最高法院通过复审"莫里森案"，提出了一项全新的判断标准，即交易标准。由于交易标准以证券交易活动行为的是否在美国国内作为《证券交易法》适用的依据，从而使得证券法域外适用的边界变得清晰可辨，可以认为该标准完成了对行为标准和效果标准的革命性颠覆，终结了美国证券法域外适用边界的模糊时代。

就在"莫里森案"终审判决作出后一个月，美国国会通过了《多德-弗兰克华尔街改革与消费者保护法案》（Dodd Frank Wall Street Reform and Consumer Protection Act，以下简称《多德-弗兰克法案》）。该法案的第 929P（b）条对美国证券法的域外管辖问题作出了明确规定：即使有关欺诈行为发生在美国境外，但对美国国内产生了可预见的实质性效果，美国法院对 SEC 和美国由此提起的诉讼享有管辖权。[1]由于该条明确了美国法院可以根据效果标准行使域外管辖权，从而为理论界和司法界重新讨论证券法域外适用的边界问题提供了空间，比如《多德-弗兰克法案》是否推翻了"莫里森案"的判决？美国证券法域外适用是否重回了边界模糊时代？可见，"莫里森案"确立的证券法域外适用的清晰标准仅仅一个月之后就面临了美国国会立法的挑战，其对边界模糊时代的终结注定只是一个美丽的瞬间。

四、《多德-弗兰克法案》与"莫里森案"的纠缠：边界之争再起

（一）理论上的争论

关于《多德-弗兰克法案》究竟有没有推翻"莫里森案"判决，首先在美国法学界引发了一场激烈讨论。有的学者主张《多德-弗兰克法案》显然完全改变了"莫里森案"判决，[2]主要依据是：首先，第 929P（b）条的标题就是"联邦证券法反欺诈条款的域外管辖权"，国会赋予证券法域外效力的意图已经十分明显；[3]其次，在《多德-弗兰克法案》制定过程中，该法案主要起草人坎乔斯

［1］ 该条原文为：(b) Extraterritorial Jurisdiction-The district courts of the United States and the United States courts of any Territory shall have jurisdiction of an action or proceeding brought or instituted by the Commission or the United States alleging a violation of the antifraud provisions of this title involving- (1) conduct within the United States that constitutes significant steps in furtherance of the violation, even if the securities transaction occurs outside the United States and involves only foreign investors; or (2) conduct occurring outside the United States that has a foreseeable substantial effect within the United States.

［2］ See Kelley Morris White, "Is Extraterritorial Jurisdiction Still Alive-Determining the Scope of U. S. Extraterritorial Jurisdiction in Securities Cases in the Aftermath of Morrison v. National Australia Bank", *North Carolina Journal of International Law and Commercial Regulation*, 37 (2012), pp. 1228-1231.

［3］ See Richard Painter, "Douglas Dunham and Ellen Quackenbos, When Courts and Congress Don't Say What They Mean: Initial Reactions to Morrison v. National Australia Bank and to the Extraterritorial Jurisdiction Provisions of the Dodd-Frank Act", *Minnesota Journal of International Law*, 20 (2011), p. 19.

基（Paul E. Kanjorski）曾指出，该法的主要目的就是要打破反域外适用推定原则。[1]而否认《多德-弗兰克法案》推翻了"莫里森案"判决的学者认为：《多德-弗兰克法案》第929P（b）条的规定停留在事项管辖权层面，而管辖并不能和域外效力画等号；[2]该法只赋予 SEC 域外管辖的权力，至少在私人诉讼方面并没有改变"莫里森案"判决。[3]还有的学者则认为，《多德-弗兰克法案》与"莫里森案"之间的关系是不明确的，从表面上看第929P（b）的措辞是清晰的，但实际上明确其内在含义是困难的。《多德-弗兰克法案》是否推翻"莫里森案"这一问题只能从司法实践中得出答案，但司法实践还是空白的，因此该问题是悬而未决的。[4]

（二）司法实践的回答

《多德-弗兰克法案》生效之后，美国法院在证券法域外适用问题上便需要同时面对"莫里森案"的判例和国会的立法。尽管"莫里森案"提出了交易标准使证券法的域外适用有了较为清晰的界限，但交易标准如何具体运用、如何处理"莫里森案"与《多德-弗兰克法案》之间的矛盾关系等问题悬而未决。对于这两个问题的回答，在作为判例法国家的美国，最终还得从司法实践中去找寻答案。

1. 关于交易标准的明确

对于何为国内交易这一问题，"莫里森案"只是粗略地将其划分为两类，并没有做进一步的阐释，一类是购买或出售在美国证券交易所上市的证券（the purchase or sale of a security listed on an American stock exchange），另一类是在美国购买或出售证券（purchase or sale in the United States）。对于第一种类型的国内交易，确认难度不大，但第二种类型的国内交易的认定却并非易事。众多美国学者认为，第二种类型的认定是下级法院在解释"莫里森案"时所遇到的最为棘手的几个问题之一。[5]在以下的判例中，我们可以看到美国的各级法院在细化

---

[1] See 156 CONG. REc. H5233 (June 30, 2010) (statement of Rep. Paul Kanjorski).

[2] See Andrew Rocks, "Whoops-The Imminent Reconciliation of U. S. Securities Laws with International Comity after Morrison v. National Australia Bank and the Drafting Error in the Dodd-Frank Act", *Villanova Law Review*, 56 (2011), pp. 188-195; Raphael G. Toman, "The Extraterritorial Reach of the U. S. Securities Laws and Non - Conventional Securities: Recent Developments after Morrison and Dodd - Frank", *New York University Journal of Law and Business*, 14 (2018), pp. 673-675.

[3] See Meny Elgadeh, "Morrison v. National Austl. Bank: Life After Dodd-Frank", *Fordham Journal of Corporate and Financial Law*, 16 (2011), p. 593.

[4] See Emily R. Christiansen, "Morrison and Dodd-Frank: The Impact and Intersection", *Thomas Law Journal*, 8 (2011), pp. 535-536.

[5] See Eleanor B. Eastham, "Morrison and Cryptocurrencies: Is It Time to Revisit the Extraterritorial Application of Rule 10B-5?", *Georgia Journal of International and Comparative Law*, Vol (2020), p. 584.

国内交易认定标准方面所做出的努力。

（1）交易程度问题。首先，相关的证券交易必须达到一定程度才能被认定为国内交易。例如在 Plumbers, Union Local No. 12 Pension Fund *v.* Swiss Reinsurance Co. 案[1]中，纽约南区地方法院认为仅在美国发起交易不足以将交易视为国内交易。该法院指出，虽然在美国境内发出了购买指令，但最终证券是在外国市场销售的，因此不构成国内交易。在 In re Nat'l Century Fin. Enters 案[2]中，俄亥俄州地方法院同样指出，要想构成国内交易，交易的每一个重要步骤都必须发生在美国。

关于交易程度的司法实践，特别要提到 Absolute Activist Value Master Fund Ltd. *v.* Ficeto 案[3]，因为该案对于国内交易究竟要达到何种程度这一问题作出了正面回答。在该案中，第二巡回上诉法院认为，"莫里森案"对于何为国内交易没有做出清晰的界定，因此有必要尝试明确国内交易的定义。该法院抓住交易完成的核心问题，从购买或出售证券所引起的相关主体的权利义务变动的角度，认为只有证券权利发生实质性的转移，才符合交易一词的基本定义。基于这一定义，该法院指出，若要构成"莫里森案"所指的国内交易，证券交易当事人必须在美国境内承担不可撤销的责任或转移所有权。在 United States *v.* Mandell 案[4]中，第七巡回上诉法院同样强调了上述观点。该法院判决，即使美国居民从美国境内通过外汇购买股票（该交易以购买指令或其他方式发起于美国），只要承担不可撤销的责任或转移所有权发生在国外，那么该交易便不符合国内交易的定义。

（2）主观意图问题。针对国内交易的认定是否需要考虑当事人主观上的交易意图这一疑问，第十一巡回上诉法院在 Quail Cruises Ship Mgmt. Ltd. *v.* Agencia de Viagens CVC Tur Limitada 案[5]中进行了解释。该法院认为，仅凭当事人在美国境内进行证券交易的意图或购买决定作出的在美国，不足以使该交易成为国内交易。在该案中，原告声称交易为国内交易，因为股票转让是根据佛罗里达州法律所规定进行的，并且相关文书是通过美国邮件发送的，这表明原告打算将交易在美国进行。但法院认为，原告的意图并没有改变交易地点在国外的事实，该笔交易仍然是一笔国外交易。

---

[1] See 753 F. Supp. 2d 166 (S. D. N. Y. 2010).

[2] See 846 F. Supp. 2d 828 (S. D. Ohio 2012).

[3] See 677 F. 3d 60 (2d Cir. 2012).

[4] See 833 F. 3d 816 (7th Cir. 2016).

[5] See 645 F. 3d 1307 (11th Cir. 2011).

（3）交叉上市问题。交叉上市[1]方式是外国公司进入美国资本市场的基本途径之一，目前有548家全球性非美国公司在美国证券交易所交叉上市。[2]可以认为，外国公司选择在美国交叉上市表明其自愿受到美国证券法相关的规范与约束，服从相关法律机构的监管。[3]但是，交易标准如何适用于交叉上市交易却是一大难题。

在 In re Vivendi Universal, S. A. Securities Litigation 案[4]中，纽约南区地方法院对这一难题作出了回答。Vivendi 公司同时在纽约证券交易所和外国上市普通股，因此在外国证券市场上出售的 Vivendi 证券的境内外购买者据此主张交易标准此时已经满足，因为该证券也在美国证券交易所上市。对于原告的主张，法院认为，"没有迹象表明'莫里森案'打算将第10（b）条适用于虽然在国内和国外证券交易所交叉上市，但交易并非发生在美国国内证券交易所的证券"。换言之，如果证券交易是在外国市场进行的，即使这些证券在美国国内交易所上市，第10（b）条仍然不能得以适用，因而原告的主张是没有说服力的。

类似的案件还有 Sgalambo v. McKenzie 案[5]。该案中的加拿大公司同时在多伦多证券交易所和美国证券交易所上市。原告提出了与前案类似的主张，纽约南区地方法院也认为第10（b）条在此种情况下不能适用。在 In re Royal Bank of Scotland Group PLC Securities Litigation 案[6]中，纽约南区地方法院进一步指出，"如果仅因为外国公司在美国上市了证券就要求其在外国市场进行的交易也必须遵守美国证券法，这是与'莫里森案'的精神背道而驰的做法。"法院强调，重点必须放在购买或出售进行的地方，而不是在股票上市的地方。

2. "莫里森案"与《多德-弗兰克法案》关系的明确

"莫里森案"根据反域外适用推定原则明确否定了美国证券法的域外效力，而国会旋即通过了规定 SEC 具有域外管辖权的《多德-弗兰克法案》。这是否意味着《多德-弗兰克法案》推翻了"莫里森案"判决？如何处理最高法院的判决与国会立法的关系？美国的法院在随后的司法实践中呈现出相当的踌躇甚至矛盾，但最新的判例则态度坚定。

（1）回避《多德-弗兰克法案》的保守心理。在《多德-弗兰克法案》生效

---

[1] 交叉上市证券是指同时在母国证券交易所和外国证券交易所上市。

[2] See Global companies cross-listed on U. S. stock exchanges, stockmarketmba, https://stockmarketmba.com/globalcompaniescrosslistonusexchanges. php, last visited on March 16, 2021.

[3] See Yuliya Guseva, "Extraterritoriality of Securities Law Redux: Litigation Five Years after Morrison v. National Australia Bank", *Columbia Business Law Review*, 2017 (2017), p. 226.

[4] See 765 F. Supp. 2d 512 (S. D. N. Y. 2011).

[5] See 739 F. Supp. 2d 453 (S. D. N. Y. 2010).

[6] See 765 F. Supp. 2d 327 (S. D. N. Y. 2011).

后的初期，美国司法实践在涉及证券法域外效力问题上基本上援用的是"莫里森案"，只有极少数判决提及《多德-弗兰克法案》，并且大多数情况下还是一笔带过的。法院之所以刻意回避《多德-弗兰克法案》，主要原因有二：一是 SEC 和司法部（Department of Justice，以下简称 DOJ）提起的诉讼数量不多，法院完全没有必要自找麻烦去解释《多德-弗兰克法案》；二是交易标准更为清晰，只要法院认定相关交易符合国内交易的特征，证券法自然得以适用，费时费力去解释《多德-弗兰克法案》完全是多此一举。例如在 SEC. and Exch. Comm'n v. Credit Bancorp, Ltd. 案[1]中，纽约南区地方法院认定相关交易构成国内交易，便无需涉及《多德-弗兰克法案》的适用问题。而在 SEC v. Goldman Sachs & Co. and Fabrice Tourre 案[2]中，纽约南区地方法院更是直接判决"莫里森案"适用于 SEC 提起的诉讼。也就是说，即使诉讼的一方是 SEC，法院仍然恪守"莫里森案"反域外适用推定的基本精神，而置《多德-弗兰克法案》于不顾。可见，在《多德-弗兰克法案》实施的早期阶段，法院对该法案的适用是十分谨慎与保守的。

（2）无法回避《多德-弗兰克法案》时的矛盾心理。随着越来越多的 SEC 和DOJ 提起的证券欺诈案件涌入法院，法院不得不直面《多德-弗兰克法案》的适用问题。在这些案件中，SEC 和 DOJ 通常依据《多德-弗兰克法案》所赋予的行为标准或效果标准决定证券法的域外适用，法院再想回避几无可能，转而开始直接回应。在 United States v. Coffman 案[3]中，肯塔基州地方法院承认《多德-弗兰克法案》扩大了反欺诈条款的管辖范围。法院进一步指出，即便相关交易不满足交易标准，该法依然具有适用的可能。这就表明，至少在 SEC 或 DOJ 提起的诉讼中是不能无视《多德-弗兰克法案》的，否则国会的立法权威荡然无存。问题在于如何理解《多德-弗兰克法案》的含义？如何协调《多德-弗兰克法案》与"莫里森案"的关系？在随后的案件中，法院就《多德-弗兰克法案》与"莫里森案"之间的关系尝试加以解释。

在 SEC v. Chi. Convention Ctr., LLC. 案[4]中，伊利诺伊州北区地方法院讨论了《多德-弗兰克法案》的适用问题。在该案中，SEC 指控被告以欺诈方式将价值数百万美元的证券出售给了 250 多名希望通过投资获得美国国籍的中国公民投资者。被告认为，根据"莫里森案"的交易标准，该案涉及的交易不构成国内交易，因此 SEC 的指控不成立。SEC 则提出《多德-弗兰克法案》已经恢复了行为标准或效果标准的反驳意见。法院认为，《证券交易法》第 10（b）条的含

---

[1] See 738 F. Supp. 2d 376 (S. D. N. Y. 2010).

[2] See 790 F. Supp. 2d 147 (S. D. N. Y. 2011).

[3] See 771 F. Supp. 2d 735 (E. D. Ky. 2011).

[4] See 961 F. Supp. 2d 905 (N. D. Ill. 2013).

义 "表面上是清楚的"（clear on its face），且该条安排在《证券交易法》有关管辖权的部分，法院据此承认在事项管辖权方面，法院有权管辖 SEC 提起的涉外证券欺诈纠纷。法院随后仔细研究了《多德-弗兰克法案》第 929P（b）条的立法史，并承认它显然打算恢复之前的行为标准或效果标准，但法院仍然不能肯定这一立法史是否足以突破其仅赋予事项管辖权的字面含义。法院止步于承认《多德-弗兰克法案》与 "莫里森案" 的关系问题是 "复杂的解释问题"（complex interpretation issue），迟迟不敢给出最终性的结论。最终法院还是选择适用交易标准认定相关行为符合国内交易的特征，从而在结果上避免了在 "莫里森案" 和《多德-弗兰克法案》之间作出选择的矛盾。该法院在 SECv. Battoo 案[1]中对《多德-弗兰克法案》的讨论也凸显了这种矛盾心态。法院对其得出的 "《多德-弗兰克法案》推翻了'莫里森案'判决" 的结论表示不安。最后，法院以有关行为发生在《多德-弗兰克法案》颁布前，《多德-弗兰克法案》因而无追溯力为由再次成功回避了这一矛盾。

（3）晚近判决的坚定立场。法院的矛盾态度使得《多德-弗兰克法案》实施多年之后，在 SEC 或 DOJ 提起的证券诉讼中，证券法域外适用的边界仍然处于不确定状态，直到 2019 年第十巡回法院对 SEC *v.* Traffic Monsoon 案[2]判决的作出。

2017 年，SEC 在犹他州地方法院对 Traffic Monsoon 公司（互联网广告公司）提起诉讼，指控该公司的活动违反了《证券交易法》第 10（b）条及 SEC 的 10（b）-5 规则。Traffic Monsoon 辩称，90%的客户通过互联网购买其证券的，并且这些客户在购买时都位于美国境外，因此这些交易主要是国外交易。显然，Traffic Monsoon 公司认为应当适用交易标准。SEC 对此的回应是，《多德-弗兰克法案》的表述和立法史证明国会打算恢复此前的行为—效果标准。而根据行为—效果标准，Traffic Monsoon 的创建、管理投资计划的行为发生在美国，因此应当适用第 10（b）条和 10（b）-5 规则。法院同意 SEC 的主张，判决在 SEC 或 DOJ 提起的诉讼中，《多德-弗兰克法案》的行为—效果标准取代了 "莫里森案" 的交易标准。

法院认为，第 929P（b）条是在 "莫里森案" 之前起草的，当时许多法院广泛采用了行为标准与效果标准，《多德-弗兰克法案》只是将已经普遍存在的标准编纂成为法律。在法案快要通过之时联邦最高法院就 "莫里森案" 作出判决，此时要求立法者在最后确定法案内容时去考虑 "莫里森案" 判决无疑是 "要求

[1] See 158 F. Supp. 3d 676（N. D. Ill. 2016）.
[2] See 245 F. Supp. 3d 1275（D. Utah 2017）.

一艘即将起航的战舰打开一角以收回掉落在外的救生衣"。因此,"莫里森案"完全不影响《多德-弗兰克法案》的立法本意,立法者已经十分清晰地表达了他们的立法目的,即将广泛存在的行为—效果标准编纂为法律。2019 年 1 月,第十巡回上诉法院判决维持犹他州地方法院的判决。[1]在判决中,第十巡回上诉法院再次强调,国会立法的历史资料已经清晰地显示立法者在 SEC 和 DOJ 提起的诉讼中适用行为—效果标准的立法意图。

尽管 SEC *v.* Traffic Monsoon 案这一单个案件并不能代表美国司法实践的倾向,但如果把该案与上述案件结合起来综合考察,大致上还是可以归纳出目前美国的司法实践有关"莫里森案"与《多德-弗兰克法案》之间关系的基本倾向:在私人提起的证券诉讼中,法院仍然遵循"莫里森案"提出的交易标准判断证券法域外适用;在 SEC 和 DOJ 提起的公权力诉讼中,法院首先判断相关行为是否符合交易标准中的国内交易定义,如果构成国内交易就可以回避《多德-弗兰克法案》的适用,如果不符合国内交易定义,法院就可能依据《多德-弗兰克法案》恢复适用行为—效果标准判断证券法的域外适用。总之,《多德-弗兰克法案》的实施,使得美国法院在证券法域外适用方面更具灵活性,而这种灵活性往往会导致美国证券法域外适用的扩张。

五、基本经验:行走于确定性与灵活性之间

通过梳理美国证券法域外适用的理论和司法实践,可以发现,美国凭借其丰富的实践经验和深入的理论探讨,巧妙地行走于域外适用的确定性与灵活性之间。这种确定性和灵活性之间的巧妙平衡得益于美国对于证券法域外适用边界的模糊性和明晰性的驾驭能力。

(一) 边界的明晰化是美国证券法域外适用发展的基本走向

美国近九十年的证券法域外适用历史经验告诉我们,只有保证证券法域外适用边界一定程度的清晰,其域外适用体系才不至于崩溃。如果固守过往边界模糊的行为—效果标准,想要进入美国资本市场的外国主体必然会面临严重的不确定性问题,最终只会在美国资本市场门口徘徊不前。[2]更为可怕的是,模糊的边界必然导致域外适用毫无目的地扩张,引发与其他国家的管辖权冲突,[3]特别是当其他国家将被域外适用的情形视为"屈辱的象征"时,此种管辖权冲突更

---

[1] See No. 17-4059 (10th Cir. 2019).

[2] See Stephen J. Choi and Linda J. Silberman, "Transnational Litigation and Global Securities Class Actions", *Wisconsin Law Review*, 2009 (2009), p. 473.

[3] See Howell E. Jackson, "Variation in the Intensity of Financial Regulation: Preliminary Evidence and Potential Implications", *Yale Journal on Regulation*, 24 (2007), pp. 253-292.

为激烈。[1]这样，不确定性与管辖权冲突两大问题的反复累积会使美国证券法域外适用体系的正当性不断受到质疑，从而导致美国证券法的域外适用难以为继。

"莫里森案"之所以是"革命性"的，不单是因为它表达了美国在证券法域外适用方面的收缩姿态，更为重要的是它标志着美国证券法域外适用边界明晰化进程中的一次飞跃。证券法的域外适用从此有了基本清晰的边界，大大消除了行为—效果标准带来的不确定性弊端。[2]有的学者认为交易标准的采用对于美国来说是"自缚手脚"的，边界清晰的域外适用反而弱化了美国管辖涉外证券欺诈案件的能力。[3]但在我们看来，这种观点即便在某种意义上是成立的，但至少是短视的。这是因为：首先，交易标准是否在现实中弱化了美国相应的管辖能力还有待进一步考证，因为有实证研究表明"莫里森案"并没有显著改变涉及外国主体的诉讼类型，美国在管辖涉外证券欺诈案件的能力并没有被削弱；[4]其次，即使美国管辖涉外证券欺诈案件的能力被削弱了，也是美国对证券法域外适用的自我合理约束，这种自我约束有助于美国证券法域外适用体系获得正当性支撑。相反，模糊的域外适用边界虽然能够在一时扩大美国的管辖能力，但从长远来看会侵蚀美国证券法域外适用的正当性。最后，有实证研究也证明了清晰边界带来的积极效果。有学者从实证角度研究了"莫里森案"对外国投资者交易行为产生的影响。研究表明，"莫里森案"对在美国交叉上市的外国公司股票产生了正效应。[5]

（二）边界的模糊性是确保美国证券法域外适用灵活性的有效工具

美国证券法域外适用的历史表明，正是边界模糊地带的始终存在和适时调整，使得美国能够在证券法域外适用方面因时而变，并在保护本国金融市场安全与尊重他国主权权威两造之间维持一种动态的平衡。如何建构证券法域外适用边界的模糊地带并在实践中适时调整，从而使得证券法域外适用在确定性和灵活性之间保持适当的比例关系，可以说这就是美国在证券法域外适用边界方面的最基

---

[1] See Kenneth W. Dam, "Extraterritoriality and Conflicts of Jurisdiction", *American Society of International Law Proceedings*, 7 (1983), p. 371.

[2] See Merritt B. Fox, "Securities Class Actions Against Foreign Issuers", *Stanford Law Review*, 64 (2012), p. 1177.

[3] See Joseph Grundfest, "Morrison, the Restricted Scope of Securities Act Section II Liability, and Prospects for Regulatory Reform", *Journal of Corporation Law*, 41 (2015), p. 20.

[4] See Robert Bartlett, Matthew D. Cain, Jill E. Fisch and Steven Davidoff Solomon, "The Myth of Morrison: Securities Fraud Litigation against Foreign Issuers", *Business Lawyer*, 74 (2019), pp. 967-969.

[5] See Louis Gagnon and George Andrew Karolyi, "An Unexpected Test of the Bonding Hypothesis", *Review of Corporate Finance Studies*, 7 (2018), pp. 101-156.

本最核心的经验。通过前文有关美国证券法适用边界问题的理论和司法实践梳理，我们认为，美国的经验建立在以下三大基础之上。

1. 三权分立的治理机构

反域外适用推定原则是确定联邦法规适用范围的主要工具。[1]在美国三权分立的治理机构之下，美国可以借助反域外适用推定原则将证券法域外适用的边界问题内化为三权分立的权力制约问题，再通过权力的相互制约实现边界模糊适时调整。根据反域外适用推定原则，除非有相反意图，否则国会立法仅在美国领土管辖范围内适用。可见，该原则确实对法院解释立法活动起到一定的制约作用，而且美国在该原则的解释上也不断加以完善，[2]但立法意图的解释是一个十分复杂的问题，美国法院仍然可以通过对立法意图的解释不时拓展或限缩域外适用的边界。

2. 强大的国际法解释能力

当法律的属地原则与全球化的现代格格不入，显得有些"古老"之际，[3]美国率先运用效果原则对严格的属地原则进行改造，促使效果原则在国内证券法、反垄断法等领域得到广泛运用，并得到了其他国家的认可与仿效；[4]而在不断扩张的域外适用显得进攻性十足的时候，美国又主动革新发端于欧陆的礼让学说，运用礼让原则约束域外适用。[5]效果原则赋予美国域外适用扩张的能力，礼让原则又能保证其收缩自如，而这都是建立在美国强大的国际法解释能力之上的。美国通过对国际法的主动解释使模糊地带的界限灵活变动，既扩张了美国证券法的域外适用，又能将这种域外适用限制在不至于使美国与相关国家的关系彻

---

〔1〕 See William S. Dodge, "The Presumption Against Extraterritoriality in Two Steps", *American Journal of International Law Unbound*, 110（2016－2017）, pp. 45－50.

〔2〕 例如在 R. JR Nabisco, Inc. v. European Community 案和 Western Geco LLC v. ION Geophysical Corp. 案中，法院提出以 focus 标准约束解释立法意图活动。See Kyle A. Mason, "The Presumption against Extra（subjective）territoriality：Morrison's Confounding Focus Test", *Review of Litigation*, 38（2019）, pp. 385－416.

〔3〕 See Paul Schiff Berman, "Global Legal Pluralism", *Southern California Law Review*, 80（2007）, pp. 1230－1231.

〔4〕 See Austen Parrish, "The Effects Test：Extraterritoriality's Fifth Business", *Vanderbilt Law Review*, 6（2008）, pp. 1470－1476; Yaad Rotem, "Economic Regulation and the Presumption against Extraterritoriality-A New Justification", *William & Mary Policy Review*, 3（2012）, pp. 249－252.

〔5〕 美国司法中对礼让进行了详细的讨论，例如 1964 年的 Banco Nacional de Cuba v. Sabbatino 案认为礼让是一种避免与外交关系管理发生冲突的机制；1974 年的 Scherk v. Alberto-Culver Co. 案认为礼让是为了国际贸易的利益而保护当事方期望的一种手段；1985 年的 Mitsubishi Motors Corp. v. Soler Chrysler-Plymouth Inc. 案认为礼让是尊重外国主权的标志。美国对于礼让原则的完全改造见于美国对外关系法第三次重述 [The Restatement of Foreign Relations Law of the United States（Third）]，美国将礼让原则的运用建构在利益分析方法之上，由此完成了礼让原则的美国版本。See Joel R. Paul, "Comity in International Law", *Harvard International Law Journal*, 32（1991）, pp. 1－80.

底破裂的范围之内。

3. 完善的域外适用实践和理论的支撑

一方面，美国在反垄断法、刑法等领域的域外适用实践十分丰富〔1〕，已经形成了完备的域外适用体系，为后来的证券法域外适用边界的建构提供了丰富的经验和素材；另一方面，美国的国内法域外适用体系理论也很完备，为证券法域外适用边界的建构提供了有力的智力支撑。学者们通过提出诸如"司法普遍主义""司法属地主义"和"司法利益平衡主义"等不同学说对国内法域外适用展开深入的探讨。〔2〕不仅如此，有关理论已经发展到从宪法层面讨论域外效力的限制框架。〔3〕总之，美国完备的域外适用实践和理论为证券法域外适用边界模糊地带的建构提供了强有力的支撑。

六、对中国的启示：把握确定性与灵活性之间的动态平衡

近年来，尽管中国对外开放的国际环境发生了深刻的变化，但中国不仅没有停止反而加快了对外开放的步伐。特别是中国金融的对外开放，自习近平主席在博鳌亚洲论坛 2018 年年会开幕式主旨演讲中宣布扩大开放的重大举措以来，更是进入了快车道。随着我国金融市场与国际金融市场日益融合，中国金融主权、安全和发展利益势必越来越容易受到域外行为的冲击，客观上需要加速构建金融法域外适用法律机制。就证券法域外适用来说，尽管我国 2019 年修订的《证券法》第 2 条第 4 款明确了证券法的域外效力，但是迄今为止，我国还没有真正意义上的证券法域外适用的司法和执法实践。可以说，在证券法域外适用领域，我们还是一名"实习生"。所以，借鉴在证券法域外适用领域有着近 90 年实践的美国的经验和教训，是我们从"实习生"快速成长为"行家里手"的理性选择。如前文所述，通过调和证券法域外适用边界的明晰性和模糊性，从而实现证券法域外适用确定性与灵活性之平衡，是美国的核心经验。我们认为，在"中国处于近代以来最好的发展时期，世界处于百年未有之大变局"这一时代背景之下，中国证券法域外适用的实践，应该立足于中国发展与世界大变局的交互激荡的动态变化，不断调整和探索。在这一过程中，我们应当学习与借鉴国际有关证券法域

---

〔1〕 关于反垄断法的域外适用，See Daniel Lim, "State Interest as the Main Impetus for U. S. Antitrust Extraterritorial Jurisdiction: Restraint through Prescriptive Comity", *Emory International Law Review*, 31 (2017), pp. 415-448. 关于刑法的域外适用，See Dan E. Stigall, "International Law and Limitations on the Exercise of Extraterritorial Jurisdiction in U. S. Domestic Law", *Hastings International and Comparative Law Review*, 35 (2012), pp. 323-382.

〔2〕 See Jeffrey A. Meyer, "Dual Illegality and Geoambiguous Law: A New Rule for Extraterritorial Application of U. S. Law", *Minnesota Law Review*, 95 (2010), pp. 114-119.

〔3〕 See Anthony J. Colangelo, "Constitutional Limits on Extraterritorial Jurisdiction: Terrorism and the Intersection of National and International Law", *Harvard International Law Journal*, 48 (2007), pp. 121-202.

外适用边界构建之经验，发挥中国政治和司法体制的制度性优势，实现证券法域外适用确定性和灵活性之间更高水平的动态平衡，从而达到既能有效保护我国金融市场的稳定、维护我国境内投资者合法权益，又能避免与他国形成管辖权的剧烈冲突、损害我国作为"人类命运共同体"倡导者的良好形象的目的。

（一）立法：为域外适用的灵活性留足空间

如前所述，美国《证券交易法》并没有明确规定其自身的域外适用效力，而对国会立法的解释又受到反域外适用推定规则的限制，以至于美国《证券交易法》自身是否可以域外适用，在美国法学界是存在争议的。即便次贷危机后美国国会颁布的《多德-弗兰克法案》对证券法的域外管辖问题作出了明确规定，但依然有学者认为《多德-弗兰克法案》明确的只是事项管辖权而非域外效力。可见，在美国，由于其两党政治的固有局限性，有关证券法域外适用的立法，始终难以形成明晰的立法意志。

反观中国《证券法》第2条第4款，该款赋予《证券法》域外适用效力的意思表示则非常明确。根据该款规定，可以适用中国证券法对在中国境外发生的"扰乱中华人民共和国境内市场秩序""损害境内投资者合法权益"的证券发行和交易活动进行处理。同时，该款还明确了域外适用的"效果标准"。应该承认，就证券法域外适用的边界来说，"扰乱中华人民共和国境内市场秩序，损害境内投资者合法权益"这一效果标准是宽泛的、模糊的，在司法和执法实践中可能会导致证券法域外适用的扩张冲动，进而对外国投资者合理预期的形成和我国金融市场的对外开放产生负面影响。但是，由于当今世界正处于百年未有的大变局之中，我们需要在证券法域外适用领域保留足够的空间和灵活性，《证券法》第2条第4款采纳的"效果标准"恰恰能够满足这一需要。至于"效果标准"可能存在的负面影响，可以通过发挥我国的制度性优势，在证券法域外适用的司法和执法实践中加以解决。

（二）司法和执法：探索域外适用确定性与灵活性的动态平衡

美国是一个联邦制、判例法国家，美国证券法域外适用边界的明晰性与模糊性，以及由此带来的域外适用的明确性与灵活性，不得不在立法与司法之间，州地方法院与联邦法院之间，不同联邦法院相互之间的不断纠缠中寻找平衡。尽管美国确实做到了在证券法域外适用方面因时而变，并在保护本国金融市场安全与尊重他国主权权威两造之间维持一种动态的平衡，但这种平衡的取得显然付出了较大的纠缠成本和时间成本。

中国是单一制成文法国家，人民代表大会是最高的权力机关，行政机关、司法机关均由人民代表大会产生并对其负责，这种议政合一的政治制度和单一制的国体在立法、司法和行政之间的协调方面显然优于美国体制。我国证券法的域外适用的边界以及与此相关的明确性和灵活性的此消彼长，应该充分发挥我国国体和政体的优越性：首先，立法、执法和司法可以相互协调，形成合力，确保我国证券法的域外适用符合中国主权、安全和发展利益；其次，执法和司法实践应该充分利用立法赋予证券法域外适用的灵活性，根据中国发展和世界格局的变化，适时调整域外适用的边界，并通过最高人民法院类案指导制度加以实施；再次，在执法和司法实践中，对于一些原本可以域外适用的情形，也可以根据中国发展、世界格局的变化以及中国与他国的双边关系，相机决策是否域外适用；最后，在平衡域外适用的确定性和灵活性的实践中，要善于运用国际社会公认的法律原则，比如国家主权原则、国际礼让原则、对等原则等，确保我国证券法的域外适用建立在国际法治基础之上。

去刚性兑付时代资产管理人信义义务的回归*

白牧蓉　李其贺**

摘要：我国资产管理行业在快速发展的同时，诞生了大量的行业乱象。经过数个阶段监管理念与制度的变迁，《资管新规》的颁布实施将推动"大资管"回归本源。具有中国特色的刚性兑付在资管行业发展中长期扮演重要角色，模糊了资管业务的法律关系，淡化了资产管理人的受托人理念，使得资产管理人的行为乃至行业监管与司法实践均偏离了信义义务制度体系的应然方向。在去刚性兑付的背景下，应当对资产管理人的信义义务特别是勤勉义务进行明确的类型化规范。资产管理行业应当以全面修订的《信托法》和其他包含信义关系的法律作为上位法，并辅之以监管规章的体系化完善，同时明确资产管理人违反具体信义义务的责任认定标准，进而实现资产管理行业的良性发展。

关键词：资管新规；去刚性兑付；资产管理人；信义义务

一、问题缘起

我国资产管理业被描述为"学理法理不统一、制度框架不健全，却存在着强烈的市场需求与创新热情"的行业。[1]该行业诞生之后，学界对其涉及的核心法律关系曾存在信托说、委托说及折中说的观点争议。持有委托说的观点多从实践角度出发，如 2006 年最高人民法院曾以"高民尚"的名义发表一篇政策指导论文，认为大多数资管活动属于委托代理行为，并提出在处理此类纠纷时，应以《中华人民共和国民法通则》（已失效，以下简称《民法通则》）、《中华人民共和国合同法》（已失效，以下简称《合同法》）等民事基本法律作为适用依据，

---

* 本文系 2020 年度国家社科基金青年项目"我国区域营商环境协调发展的法治化路径研究"（20CFX048）的阶段性研究成果。

** 白牧蓉，兰州大学法学院副教授，法学博士。李其贺，兰州大学法学院硕士研究生。

〔1〕 刘燕：《我国大资管行业与立法的发展历程——大资管法制建设二十年（上）》，载中国金融新闻网，https://www.financialnews.com.cn/ll/xs/202002/t20200217_179396.html，最后访问日期：2021 年 7 月 29 日。

以金融法律法规及监管规章作为适用和参考依据，完全排除了《中华人民共和国信托法》（以下简称《信托法》）的运用。[1]郭金良（2019）认为委托说质疑信托说的主要理由是信托财产没有按照《信托法》的制度设计进行转移和管理。[2]折中说与委托说类似，考虑到将资产管理界定为信托没有足够的法律制度支持，界定为信托违背资管本意，主张具体业务具体认定。如缪因知（2018）认为当事人权利义务符合信托构造的资管产品，当然应当视为信托；标准的委托产品如证券公司与银行合作的定向资管业务，应认定为委托。[3]更多的学者坚持信托说，章晟与李士岩（2016）认为信托公司的各类业务明确属于信托行为，《中华人民共和国证券投资基金法》（以下简称《证券投资基金法》）直接规范的或其下位法规范的资管产品具有明确的信托性质，银行理财业务的运作模式具备信托属性。[4]强力（2017）认为信托是资产管理运行的最佳法律模式，可以实现财产所有权的分离、财产的独立性。[5]事实上，委托说并不符合资管制度之本意。若以信托法律制度的不完备作为将资管活动认定为委托代理的依据，实际上是对于实证法的妥协，有本末倒置之嫌。与之相比，信托法律关系更契合大部分资管活动的行为性质，信托理念与法律的适用能够为资产管理行业的健康发展提供更为充分的制度保障，更有益于保护投资者权益及提高资产配置效率。[6]然而，在资产管理行业运行的全流程中，并不是每个法律关系都符合大陆法系对信托关系设置的种种要件。英美法系视域下，信托法、公司法、代理法、合伙法等法律所调整的均属信义关系。作为信托关系的上位概念，信义关系可被定义为"一方主体有义务在关系范围内的事务上为另一个主体的利益行事的法律关系"[7]，主要由"高度信赖""代为管理财产或事务""自由裁量权"以及"脆弱性"等四项构成要件组成[8]。因而，以信托关系为主，在资产管理具体活动中辨识不同的信义关系，通过以《信托法》为代表的民商事基本法律进行规范，辅之以

---

[1] 高民尚：《审理证券、期货、国债市场中委托理财案件的若干法律问题》，载《人民司法》2006年第6期，第30页。

[2] 郭金良：《资产管理业务中受托管理人义务的界定与法律构造》，载《政法论丛》2019年第2期，第70页。

[3] 缪因知：《资产管理内部法律关系之定性：回顾与前瞻》，载《法学家》2018年第3期，第103页。

[4] 章晟、李士岩：《资产管理业务信托属性分析及其法律监管制度研究》，载《江汉论坛》2016年第3期，第130页。

[5] 强力：《大资管时代与信托业立法的思考》，载《海峡法学》2017年第1期，第38页。

[6] 白牧蓉：《信托视域中互联网委托理财投资者权益的法律保护》，载《西北师大学报（社会科学版）》2016年第6期，第133页。

[7] See *Black's Law Dictionary*, West, A Thomson Business, 2009, p.1402.

[8] 郭雳、彭雨晨：《新发展格局下资管业务管理人信义义务研究》，载《江汉论坛》2021年第7期，第137页。

监管规章的规制〔1〕是当前较具说服力的观点。同时，《关于规范金融机构资产管理业务的指导意见》（以下简称《资管新规》）等规范性文件的颁布实施标志着资产管理行业将回归信义关系的本源。在此背景下，对于资产管理人信义义务的讨论成为学界、立法层、监管层、司法与金融实务界共同关注的热点。周友苏（2020）对资管业务中金融机构的信义义务进行了追本溯源的统合，认为其包括但不限于适当性管理义务、说明义务、禁止不当劝诱行为义务、谨慎投资义务、最佳执行义务、信息披露义务等。〔2〕

在资产管理行业迅猛发展的过程中，法律关系的不明确、上位法的模糊及监管体系的缺陷导致了大量乱象，包括而不限于影子银行、资金池、多层嵌套、刚性兑付等，其中尤以刚性兑付最具中国特色。实践中愈演愈烈的兑付危机问题引发了学界、业界和监管部门的广泛关注。早有多项规章及规范性文件明确了对刚性兑付的禁止性规定，但直至《资管新规》的颁布及《全国法院民商事审判工作会议纪要》（以下简称《九民纪要》）〔3〕的发布，全行业的去刚性兑付才真正得以践行。事实上，长期以来的刚性兑付对资产管理业务的法律关系、资产管理人的义务履行和责任承担、资产管理活动参与人的理念均产生了深远的影响。在此背景下，资产管理人的信义义务如何回归正轨，如何逐步消除刚性兑付的负面影响，从制度层面实现信义义务的具体化和实质化，〔4〕成了有待探讨的问题。

二、资产管理行业发展与去刚性兑付

（一）我国资产管理行业的发展与乱象

在我国，传统的资产管理运营机构主要是基金管理公司和信托公司。它们提供各类公募基金、私募基金、信托计划等资产管理产品，受《信托法》《证券投资基金法》及监管规章的规制，这也在实践层面证明了资产管理活动的本源在于信托关系。近年来，随着我国居民个人财富的不断积累及企业投资需求的日益旺盛，资产管理受到的金融管制逐渐放松，银行、证券、保险等各类金融机构纷纷开展资产管理业务，除公募基金、私募基金、信托计划外，还提供券商资管、保

---

〔1〕 刘燕：《大资管"上位法"之究问》，载《清华金融评论》2018 年第 4 期，第 27 页。

〔2〕 周友苏、庄斌：《资管业务中金融机构义务统合与范式表达》，载陈洁主编：《商法界论集》（第 6 卷），法律出版社 2020 年版。

〔3〕 《九民纪要》第 92 条规定，【保底或者刚兑条款无效】信托公司、商业银行等金融机构作为资产管理产品的受托人与受益人订立的含有保证本息固定回报、保证本金不受损失等保底或者刚兑条款的合同，人民法院应当认定该条款无效。受益人请求受托人对其损失承担与其过错相适应的赔偿责任的，人民法院依法予以支持。实践中，保底或者刚兑条款通常不在资产管理产品合同中明确约定，而是以"抽屉协议"或者其他方式约定，不管形式如何，均应认定无效。

〔4〕 夏小雄：《"得形"、"忘意"与"返本"：中国信托法的理念调整和制度转型》，载《河北法学》2016 年第 6 期，第 91 页。

险资管、期货资管、银行理财等各种资产管理产品，见表1。

表 1　资管业务主要机构及运作方式概览

资产管理机构	运作方式
商业银行	1. 银行自主投资管理
	2. 直接购买其他金融机构产品
	3. 间接借助其他金融机构投资
	4. 完全委外业务
信托公司	1. 单一信托
	2. 集合信托
	3. 伞形信托
证券公司	1. 集合资产管理计划
	2. 定向资产管理计划
	3. 专项资产管理计划
基金及其子公司	1. 基金公司公募产品
	2. 基金公司专户产品
	3. 基金子公司专户产品
期货公司	1. 单一客户资产管理计划
	2. 特定多个客户资产管理计划
保险机构	发行资产管理产品募集资金进行投资
非金融机构	1. 投资未上市股权
	2. 投资股票二级市场

《资管新规》基本认可了以上除非金融机构外的业务均属于资产管理行业，其所规定的资产管理业务是指银行、信托、证券、基金、期货、保险资产管理机构、金融资产投资公司等金融机构接受投资者委托，对受托的投资者财产进行投资和管理的金融服务。

我国的资产管理行业发展自 2005 年公募基金的爆发开始。资产管理业务外延不断拓展，分处不同监管体系的各类机构广泛参与，各类资产管理业务交叉融合，打破了各类资管机构之间的制度性壁垒，使得该行业已经形成了一定程度的混业状态，形成"大资管"格局。但由于分业监管的大背景，不同机构间投资范围、资本计提、分级杠杆等监管标准存在差异，各类金融机构业务合作、交叉投资、渠道互享、通道业务日益频繁，业务范围和风险都跨越了分业界限，出现脱实向虚趋势，不乏监管重叠、监管真空和监管套利等问题。[1]资管对于满足财富管理需求、优化融资结构、支持实体经济等发挥了积极作用，却也在快速发展过程中显露出诸多乱象，加剧了风险的跨行业、跨市场传递。如刚性兑付导致了信用风险的累积，非标准化债权类资产投资催生影子银行风险，多层嵌套加剧金融风险传递，资金池操作增加了流动性风险。这些问题既源于分业监管下难以避免的套利现象，更源于信义关系和信义义务尚未在制度层面得到体系化确认。

（二）监管制度沿革

囿于制度环境与资管业务本身的特征，我国对资管行业长期采取分业体系下传统的机构性监管或称行业监管模式。《资管新规》发布之前，各行业监管具有一些相同特征，如首先会通过一些基本法律文件形成基本监管框架，之后通过"打补丁"的形式，出台相关法律文件以规制具体行为，详见表2。

表2　《资管新规》前分业监管主要法律文件及影响

法律文件	影　响
1997年国务院证券委发布《证券投资基金管理暂行办法》（已失效）	确立"集合投资、受托管理、独立托管、利益与风险由投资者承担"的基本原则。
2012年修订《中华人民共和国证券投资基金法》（已被修改）	法律层面认可私募证券投资基金。
2012年保监会发布《关于保险资金投资有关金融产品的通知》（已失效）	实现保险资金投资运用与资产管理行业互通，保险资管正式成为我国大资管版图的一部分。
2012年证监会发布《证券公司定向资产管理业务实施细则》（已失效）	放松了对券商资管业务的监管，导致证银合作、通道化成为券商资管的基本形态，背离资产管理的实质。
2013年证监会修订《证券公司集合资产管理业务实施细则》（已失效）	
2013年国务院办公厅发布《关于加强影子银行监管有关问题的通知》	首次定义了中国影子银行的概念及其与银行理财的关系。
2016年证监会发布《证券期货经营机构私募资产管理业务运作管理暂行规定》	确立了禁止刚性兑付、降低杠杆、限制结构化、限制通道业务等底线规则。

---

〔1〕　白牧蓉：《穿透式监管的理论探讨与制度检视——私主体权利实现的视角》，载《兰州大学学报（社会科学版）》2020年第3期，第66页。

2013 年之后，我国金融体系风险事件频频发生。防范化解金融风险，守住不发生系统性风险的底线，成为 2017 年第五次全国金融工作会议与十九大报告中反复强调的党和国家的重大任务。2018 年 4 月发布的《资管新规》，对中央精神进行了贯彻落实，同时也是在机构改革调整、形成"一行一委两会"监管格局后，相关部门出台的第一个审慎监管基本制度，[1]核心在于统一资管业务监管标准、弥补监管短板、治理市场乱象、防范系统性风险，主要规定见表 3。

表 3 《资管新规》的核心规定

事 项	规 定
产品分类	分别从资金来源端与资金运用端对资产管理产品进行分类。
强化勤勉尽责义务	对金融机构的管理机制、信息披露、关联交易方面提出了相关义务要求。
去刚性兑付	强调投资者自担风险并获得收益，金融机构不得承诺保本保收益，产品出现兑付困难时不得以任何形式垫资兑付。
强化投资者适当性义务	统一合格投资者标准，规定金融机构不得欺诈或误导投资者购买与其风险承担能力不匹配的资产管理产品。
加强非标管理	界定对"标准化债权类资产"的核心要素以明确非标投资范围，并作出相关强制规定。
去资金池	禁止金融机构开展资金池业务，强调每只资产管理产品的资金单独管理、单独建账、单独核算。
限制杠杆	限制负债杠杆和分级杠杆水平。
去嵌套通道	规范嵌套层级，规定资产管理产品只能再投资一层资产管理产品。
牌照化管理	明确资产管理业务作为金融业务，必须纳入金融监管，非金融机构不得发行、销售资产管理产品。
穿透核查	向上穿透资金来源，严格审核合格投资者；向下穿透底层资产，严格划定各渠道资金的投资范围。
明确资本约束和准备金计提要求	打破刚性兑付后，仍需金融机构建立一定的风险补偿机制，应对操作风险或其他非预期风险。

《资管新规》的相关规定将助力资管行业回归本源，提升资产管理人的主动管理能力，最大程度防控系统性风险，增强投资者风险意识，保护投资者权益，

---

[1] 中国人民银行金融稳定分析小组：《中国金融稳定报告 2018》，载中国政府网站，http://www.gov.cn/xinwen/2018-11/04/5337137/files/48b31c0c3cec41ac977b18a2b6b9590a.pdf，最后访问日期：2021 年 7 月 25 日。

促进市场竞争环境的公平有序。

（三）刚性兑付与去刚性兑付

在资管行业诸多乱象中，刚性兑付最具中国特色。该行为最初是政策调整形成的现象，属于中国金融市场客观历史条件下的产物。2004 年银监会发《关于进一步规范集合资金信托业务有关问题的通知》（已失效）规定信托公司如不能按时按约定交付信托财产，将面临被停止办理集合资金业务后，实际上大量信托公司开始通过刚性兑付避免业务被叫停。早期的刚性兑付大多集中在集合资金信托计划、银信理财合作产品，非银信理财合作的单一信托计划，旨在维护银行业的稳定。而后，该行为的长期存在首先出于资管机构同业竞争的需求，其次源于投资者群体的不成熟，同时也迎合了监管机构对市场稳定的要求。

由于资管业务并未全部纳入信托法规范，资产管理人无法受到信义义务的规制，刚性兑付发展并未受到明显规制。但刚性兑付违背了信托及信义关系的基本内涵，且使得大量资管产品被默认为无风险产品。以信托业为例，信托产品的平均收益率达到 7%~8%，甚至超过 10%，并导致劣币驱逐良币，推动了低质量项目进入市场。刚性兑付客观上造成了行业表面上的迅速发展，信托行业的资产规模从 2010 年的 3 万亿激增为 2015 年第二季度的 15 万亿。[1]但是约定刚性兑付后，一旦出现投资损失，金融机构往往通过展期、关联交易购买、发行新资管产品置换等方式保本保收益，但这些无法从根本上解决危机，只是延后风险期限。部分机构甚至通过资金池滚动操作，将风险转移给新的投资者，或者使用自有资金或第三方资金垫付。这些做法直接侵害了投资者权益，导致了系统性金融风险，增加了社会不稳定因素。刚性兑付还会诱使投资者形成漠视风险、一味追求高收益的投机心理，不符合投资者适当性的制度初衷，阻碍了市场成熟，损害了基本市场规则。实际上，近些年来已经发生多起刚性兑付违约事件。种种迹象表明，刚性兑付问题已成为影响金融稳定的因素之一，资管行业打破"刚性兑付"，回归"卖者尽责、买者自负"的正常轨道势在必行。[2]监管部门也通过多部规范性文件表达了打破刚性兑付的态度，但由于各项禁止性、限制性规定缺乏明确的否定性后果（见表 4），直至《资管新规》的颁布，规定了对金融机构的处罚措施、刚性兑付的举报渠道以及外部审计部门的相应职能与责任，结合《九民纪要》对刚性兑付合同效力的规定，该项监管举措才得以广泛推行。

---

〔1〕 中欧陆家嘴国际金融研究院：《中国金融消费者保护报告 2015》，载中欧陆家嘴国际金融研究院网，http://ir. ceibs. edu/item/ir/4795，最后访问日期：2021 年 7 月 26 日。

〔2〕 常宏等：《资管行业"刚性兑付"的演化博弈分析》，载《经济问题》2018 年第 4 期，第 42 页。

表 4　去刚性兑付相关监管文件

文　件	涉及内容
保监会 2004 年发布《保险资产管理公司管理暂行规定》（已失效）	保险资产管理公司不得承诺受托管理的资金不受损失或者保证最低收益。
银监会 2007 年发布《信托公司管理办法》	不得承诺信托财产不受损失或者保证最低收益。
银监会 2007 年发布《信托公司集合资金信托计划管理办法》（已被修改）	不得以任何方式承诺信托资金不受损失，或以任何方式承诺信托资金的最低收益。
证监会 2012 年发布《期货公司资产管理业务试点办法》（已失效）	不得向客户承诺或者担保委托资产的最低收益或者分担损失。
证监会 2014 年发布《期货公司监督管理办法》（已失效）	禁止向客户做出保证其资产本金不受损失或者取得最低收益的承诺。
银监会办公厅 2014 年发布《关于 2014 年银行理财业务监管工作的指导意见》	提出需解决银行理财业务的风险传递和刚性兑付等问题。
银监会 2014 年发布《关于完善银行理财业务组织管理体系有关事项的通知》（已失效）	银行必须严格落实监管要求，不得提供含有刚性兑付内容的理财产品介绍。
证监会 2016 年发布《证券期货经营机构私募资产管理业务运作管理暂行规定》	不得以任何方式向投资者承诺本金不受损失或者承诺最低收益。
银监会 2017 年发布《关于开展银行业"监管套利、空转套利、关联套利"专项治理工作的通知》	重点检查是否通过"阴阳合同"或抽屉协议等为非保本理财提供保本承诺。
中国人民银行、中国银行保险监督管理委员会、中国证券监督管理委员会、国家外汇管理局 2018 年发布《资管新规》	将保底的行为纳入刚性兑付下位概念，对事后刚性兑付也予以禁止。并且规定了刚性兑付发生后的惩处主管部门。

《资管新规》发布后，资管行业围绕去刚兑进行转型，已经取得积极进展。根据《中国资产管理行业报告 2020》与《中国金融稳定报告 2020》，资管产品打破刚性兑付，规范资金池业务，产品逐步采取净值管理方式。目前资管产品中净值型产品占比稳步提升。截至 2019 年末，净值型资管产品募集资金余额 43.9 万亿元，占全部资管产品的 55.2%，与上年同比提高 8.8 个百分点。[1]由于刚性

---

[1]　中国人民银行金融稳定分析小组：《中国金融稳定报告 2020》，载中国政府网站，http://www.gov.cn/xinwen/2020-11/07/5558567/files/d7ba5445e5204c83b37e3f5e07140638.pdf，最后访问日期：2021 年 7 月 25 日。

兑付的打破，信托行业风险暴露速度加快。仅 2020 年 1 月至 6 月，信托行业违约次数共计 159 起，违约金额总计超过 939 亿元，[1]体现出了刚性兑付对信托风险的隐藏。

三、刚性兑付时期资产管理人信义义务的异化

（一）资产管理法律关系的模糊

在我国目前的法律框架下，将资产管理关系认定为信托关系存有阻碍。首先，我国商事信托业务的经营有监管机构批准的前置条件，未经批准开展商事信托业务属违法行为。[2]其次，并非全部资管业务都具有财产转移和财产独立的信托要素。同时，私募基金资管业务常采用的有限合伙或公司等组织形式也难以用信托观念予以解释。因此，正如前文阐释，应当采用信义关系对资管活动进行定性，以资产管理人作为受信人的信义义务为核心推动制度和市场完善。资管行业回归本源，意味着应当从制度层面明确，无论资管合同如何约定，资产管理人都应承担法定信义义务。然而，在原本就缺乏体系化制度保障的资管活动中，长期存在的刚性兑付使其法律关系呈现出愈发模糊的状态。

作为一种权利义务的合同设置，刚兑（即刚性兑付）本身存在法律关系不明确的问题。《资管新规》第 19 条明确规定了刚兑的三种类型：发行人或管理人未对资管产品进行净值管理，且保本保收益；发行人或管理人滚动发行资管产品，导致资管产品的本金、收益、风险在不同投资者之间发生转移，实现保本保收益；资产管理产品不能如期兑付或者兑付困难时，发行人或管理该产品的金融机构自行筹集资金偿付或者委托其他机构代为偿付。同时授权金融管理部门，进行了刚性兑付行为类型的兜底。三种类型的刚兑本身存在不同的法律关系，最后一种金融机构偿付型是传统的刚兑类型，在金融机构与投资者之间形成了到期还本付息的债权法律关系。[3]非净值管理型刚兑与滚动发行型刚兑则将投资风险转移至一部分投资者，具体而言，都是用后参与投资者的资金来保证先参与投资者的预期收益，类似集资活动中的"庞氏骗局"。另外，刚兑与资管产品增信的界限模糊，如在产品增信环节，若发行人或管理人在分级资管产品合同中为优先级投资者允诺收益，则该产品构成刚性兑付，其中的权利义务约定是否如同普通增信一样构成担保合同，亦不明确。

---

[1] 孟凡霞、宋亦桐：《年内逾百产品违约，信托公司破刚兑力不从心？》，载北京商报网，https://www.bbtnews.com.cn/2020/0715/361174.shtml，最后访问日期：2021 年 7 月 25 日。

[2] 详见《信托公司管理办法》第 7 条，设立信托公司，应当经中国银行业监督管理委员会批准，并领取金融许可证。未经中国银行业监督管理委员会批准，任何单位和个人不得经营信托业务，任何经营单位不得在其名称中使用"信托公司"字样。法律法规另有规定的除外。

[3] 杜晶：《论资管产品刚性兑付和增信措施在概念上的区分》，载《上海金融》2019 年第 12 期，第 58 页。

资产管理活动本身具有复杂性，刚性兑付与之叠加导致法律关系混乱。以信托为例，刚性兑付实际上加重了受托人的义务和法律责任，成为超越合理义务和法律之上的承诺，[1]明显扭曲了信托关系的题中之义，同时打破了公平原则与信托财产独立性原则。在北大法宝网站上，以"刚性兑付"为关键词检索，得到 146 份二审民事法律文书，[2]分析可知司法实践中对于刚兑相关问题的裁判路径为：首先判断是民间委托理财还是商业资管活动，如果是民间委托理财，则保底合同有效；[3]如果是信贷法律关系则不考虑刚性兑付问题；[4]如果是商业资管活动，大多数判决认为刚兑条款无效，但如受托人未尽到诸如投资者适当性义务或存在其他过错，则需承担损害赔偿责任，[5]涉及举证责任的分配则是谁主张，谁举证。但也有部分判决书仍判定刚性兑付有效，[6]说明司法实践中对于资管本质的认定不一。此中值得注意的是，刚性兑付的存在使得资产管理人必须承担保本甚至保收益的类担保义务，这不仅模糊了资管活动中的信义关系，更在很大程度上掩盖了资产管理人违反信义义务的责任。《九民纪要》的发布对刚性兑付的合同效力予以了较为明确的否定，意味着司法实践对该问题的认识将趋于统一，这进一步引发了司法实践对违反信义义务责任认定的应然探索。

（二）信义理念的淡化

根据前文分析，刚性兑付对法律关系的模糊使得资产管理活动偏离了信义关系的应然轨道，进一步淡化了资产管理人应当具备的信义理念。在此背景下，且不论大资管范畴未受到《信托法》规制的主体和行为，仅仅讨论最符合受托人定性的信托公司，其信义理念也已因刚性兑付的广泛存在而出现了淡化和异化。

一方面，刚性兑付使信托当事人不再关注法定信义义务，而是将注意力集中在保本保收益的合同约定之中。在一般信托法律关系中，只要受托人妥善履行了信义义务，不违背委托人意愿和受益人利益，该一般信托法律关系即正常消灭，但如果受托人未妥善履行信义义务，侵害了受益人的利益或者违背了委托人的目的，信托当事人之间的权利义务关系会成为信托责任关系。[7]结合我国《信托

---

〔1〕 魏婷婷：《金融信托"刚性兑付"风险的法律控制》，载《法学杂志》2018 年第 2 期，第 127 页。

〔2〕 关键词：刚性兑付，载北大法宝司法案例，https://www.pkulaw.com/case/，最后访问日期：2021 年 7 月 28 日。

〔3〕 韩某娜与关某、徐某昌合同纠纷案（2019）辽 05 民终 438 号民事判决书。

〔4〕 林某祥与南京云融金融信息服务有限公司、汤某勤等借款合同纠纷案（2018）苏 12 民终 1950 号民事判决书。

〔5〕 上海瑞铉贸易有限公司、浙江华东长信资产管理有限公司合同纠纷案（2019）浙 01 民终 8791 号民事判决书。

〔6〕 梁某峰诉徐某委托理财合同纠纷案（2018）沪 01 民终 11958 号民事判决书。

〔7〕 张军建主编：《信托法纵横谈——写在我国信托法修改之前》，中国财政经济出版社 2016 年版，第 116 页。

法》规定，受托人对委托人或受益人承担民事责任的情形主要是受托人违反信托目的处分信托财产或者违背管理职责、处理信托事务不当致使信托财产受到损失，受托人责任的内容主要包括恢复信托财产原状或者赔偿，委托人和受益人则享有申请人民法院撤销受托人不当处分行为以及要求受托人承担民事责任的权利。受托人应当遵守信托文件的规定，为受益人最大利益处理信托事务，恪尽职守、诚实、信用、谨慎、有效管理。但在存在刚性兑付约定的信托关系中，受托人极容易忽视以受益人利益最大化为核心的信义义务的全面履行，倾向于不择手段地实现预期约定的保本保收益，并从形式上对自身行为予以包装从而应对监管要求。作为自益信托委托人和受益人的投资者也并不关心受托人是否依法履行了信义义务，即使自己的信托财产实际上因被不当处置而损失，所获取的"收益"只是资金池中的其他财产，也不会以受托人未妥善履行信义义务而追究责任，进一步加剧了受托人对信义义务的漠视。

另一方面，刚性兑付导致的信义理念淡化进一步发展为受托人对信义义务的全然违背。受托人的忠实义务要求受托人为受益人的最大利益处理信托事务，但实践中大多集合资金信托计划均是为特定融资人提供以特许经营权或项目经营的收益权等财产权益为基础资产的资产证券化信托服务，先有融资需求，再募集信托资金。此时，融资方是初始受益人，作为后位进入信托关系的投资者往往会受让份额化受益权，进而成为结构化信托中的优先级受益人。整个交易结构往往由融资方设计安排，当融资方和投资者之间存在权益冲突时，受托人很难通过信义义务的履行保障作为弱势方的后者的权益，而是通过刚性兑付承诺实现投资者财产权名义上的保护，实质上均是为了实现融资方募集资金之目的。[1]此外，对于基础资产存在较高风险的项目，受托人及其决策者常常为了获得较高佣金而忽视谨慎义务，不惜铤而走险进行寻租，将未经妥善尽职调查的项目包装成为集合信托计划的投资标的，以刚性兑付承诺吸引投资者，再通过建立资金池滚动发行等方式实现兑付，[2]全然违背分别管理义务。

四、资产管理人信义义务的回归方向

（一）以投资者权益为核心

根据前文分析，刚性兑付时代的资产管理偏离了信托或信义关系的应然轨道，主要体现为法律关系的模糊以及资产管理人信义理念的淡化导致其极易违背应然信义义务。这样一来资管制度体系忽视了投资者权益保护，且扭曲了信托关

〔1〕 楼建波：《金融商法的逻辑：现代金融交易对商法的冲击与改造》，中国法制出版社2017年版，第164页。
〔2〕 杜晶：《论资管产品刚性兑付和增信措施在概念上的区分》，载《上海金融》2019年第12期，第58页。

系和信义法律制度的本质。我国信托业从诞生之初就具有浓厚的银行色彩，大多数信托公司通过类银行信用中介模式赚利差收入，融资功能畸形发展，业务偏离本源，异化为融资通道。一方面，不完善的集合信托与刚性兑付形成了恶性循环。集合信托将不同投资者的资金汇集投资，若得不到妥善监管，会罔顾信托财产的独立性要求，违反分别管理义务。该模式与刚兑结合，容易诱使资产管理人通过借新还旧进行兑付，并不断对潜在投资者承诺刚性兑付以保证资金池充裕，随着资金规模的增大，兑付风险骤增。另一方面，融资信托及以融资为目的的其他资管活动横行导致资产管理业务愈发偏离本源。信托制度抑或信义关系的本质都是财产的外部管理模式，应当以"投资信托"为主。然而实践中，信托与其他资管业务大多异化成为融资工具，本应以"受人之托，代人理财"为核心业务的信托公司承担起为融资方提供资金的类银行职能，形成投资人—金融机构—融资人的"融资信托+投资信托"关系，且受到融资方的主导。在这样的"双重信托"关系中，信托公司扮演了资产证券化中介机构与受托人的双重角色，很难处理融资方和投资者的利益冲突。

无论从信托与信义关系的起源和本质出发，还是出于保护弱势群体、维持市场健康发展的公共政策选择，资产管理人的信义义务都应向着以保护投资者权益为核心的导向回归。从具体业务与规范文本看，《资管新规》明确排除了其在"依据金融监督管理部门颁布规则开展的资产证券化业务"中的适用，这一规定彰显了资产管理与资产证券化业务的差异。资管业务属于买方业务，旨在为客户实施最佳投资方案保障财产增值，而资产证券化则属于卖方业务。在中国实务中，与"资产证券化业务"属性相似的还包括信托公司的"信托贷款""信托受益权转让"等融资类业务。两者都采用了信托模式，但资产证券化业务属于融资信托，不同于《资管新规》所规制的投资信托。[1]在力促资管行业和信义义务回归本源的背景下，《资管新规》剔除资产证券化业务，将未来的资管业务定位于投资信托而非融资信托，彰显了以投资人利益为导向的价值理念。去刚性兑付时代，市场回归正常竞争后，失去刚性兑付这一违规处理信托财产的遮羞布，金融机构为规避责任，监管机构为践行责任保障市场健康稳定发展，司法机关为更专业地解决纠纷并实现公平正义，必将主动关注《信托法》等法律及监管层规定的信义义务具体内容。现行《信托法》与资管行业监管规章也需要据此修改完善，而投资者权益保护是其中的重中之重。

（二）信义义务的类型化

《资管新规》发布后，随着逐步打破刚性兑付、去资金池、穿透式监管的有

---

[1] 刘燕：《大资管"上位法"之究问》，载《清华金融评论》2018 年第 4 期，第 26 页。

序推进，以及法律制度的不断完善，资产管理业务将不再"行信托之实，否信托之名，逃信托之法"，尽管并非所有资产管理业务都可以将《信托法》作为上位法并受其规范，但是学界公认或通过认定资产管理为信托关系，故须遵守受托人的信义义务，[1]或通过认定资产管理符合信义关系，进而应当遵守信义关系源流下的信义义务。[2]在强监管时代，资产管理回归本源已成必然趋势，曾被淡化的信义义务也应当全面回归至应然方向，羁束资产管理人的业务活动。具体而言，信义义务的具体化和类型化是资产管理行业未来一段时期制度构建的关键所在。

概言之，应吸取刚性兑付时代的经验教训，明确忠实义务和谨慎义务作为信义义务的基本框架。刚性兑付、资金池、滚动发行等行为明显违背了信义义务理论，但是却在大资管初期的很长一段时间盛行，实证法上的原因之一在于信义义务及法律责任基本框架的不健全。从相关法律条款中可以推导出两个义务的部分要求，但未能形成完整的信义义务体系。信义义务是法定义务，但是与传统法定义务的差异在于当事人对其具体内容和标准享有必要的约定空间。[3]在复杂的市场行情变化中，受托人需要享有一定的自由裁量权以灵活应变做出不同的投资决策。信义义务的总原则是遵守信托文件规定，为受益人的最大利益处理信托事务，在这一前提下，过分严格的信义义务将会限制受托人灵活管理信托。但资产管理人的专业水平、信息获取能力等都显著优于作为受益人的投资者，受托人自由裁量的范围需要受到规制，以保护投资者。忠实义务和谨慎义务彰显了信托中广泛存在的自由裁量权与严格的义务相互契合的制度价值，[4]其明确规定可以为信义义务的细化提供基础，也可以在具体规定和约定缺失时起到兜底作用，充分保障信托法律关系回归本源。忠实义务强调对信托目的的遵守，谨慎义务强调对信托财产的善管；忠实义务主要是禁止规范，即不得利用受托人地位为自己牟利。[5]谨慎义务主要是作为义务，在商事活动中往往体现为要求受托人以专业谨慎的善良管理者对待自身财产的态度处理信托事务。

具言之，应特别关注长期受到市场乱象冲击的义务，通过类型化和具体化探索实现全面回归。根据前文列举的学界统合成果，资产管理人的信义义务除了相

---

〔1〕 参见董新义：《资产管理业者的信义义务：法律定位及制度架构》，载《求是学刊》2014 年第 4 期，第 80 页以下。

〔2〕 参见郭雳、彭雨晨：《新发展格局下资管业务管理人信义义务研究》，载《江汉论坛》2021 年第 7 期，第 139 页以下。

〔3〕 赵廉慧：《信托法解释论》，中国法制出版社 2015 年版，第 306 页。

〔4〕 张军建主编：《信托法纵横谈——写在我国信托法修改之前》，中国财政经济出版社 2016 年版，第 134 页。

〔5〕 谢哲胜：《财产法专题研究（三）》，中国人民大学出版社 2004 年版，第 82 页。

对明确的忠实义务之外，可以基本全面地划分为适当性管理义务、说明义务、禁止不当劝诱行为义务、谨慎投资义务、最佳执行义务、信息披露义务等内容，未来可能进一步探索归纳。从刚性兑付时代造成的影响出发，首先，谨慎投资义务要求受托人运用合理的技能和注意进行投资，履行必要的调查和判断等投资程序，综合考量投资风险和回报，在全面考虑信托目的、信托期限、分配要求等情形下，以谨慎的专业投资者标准进行信托财产的投资和管理。在刚性兑付时期，该项义务的重要性被忽视，融资信托的广泛运营中资产管理人的主要收益源于贷款利差、佣金乃至非法寻租收益，故意或过失不做妥善的尽职调查，将高风险资产打包进行证券化和信托计划运作。在去刚兑时代，兑付义务的剔除使得资产管理人必须更为谨慎地对待投资活动，全面履行专业尽职调查和分别管理义务，[1]杜绝刚性兑付时代的资金池管理、滚动发行等违反分别管理义务的行为。与谨慎投资义务相配套的还有资产管理过程中的最佳执行与信息披露义务的完善践行。其次，投资者适当性义务要求金融机构为客户提供购买特定金融产品的建议时应当保证产品与投资者风险承受等各方面能力的适配性，刚性兑付直接消除了资管产品的风险，承诺无风险预期收益率动辄超过 10%，让无风险高收益的产品购买在形式上成了合格投资者的特权。在银信合作等业务模式中，普通投资者也常常能通过各种方式购买此类产权，背离了合格投资者限制的制度初衷，投资者适当性管理义务的设置显得毫无意义。在去刚性兑付时代，投资者适当性义务将回归应然路径，这不仅是对于投资者的保护，也是对于金融机构能力的促进，充分体现了"买者自负、卖者尽责"的理念，有利于推动市场的过渡和投资者的逐步成熟。在该义务的履行中，风险揭示、禁止不当劝诱义务也应在制度与实践中与之配套。再者，公平义务源于英美法系的忠实义务，[2]核心在于公平对待不同的受益人。该义务包括两方面的内容，一是受托人名下的多个信托财产之间应当按公平原则进行处理，二是同一信托中收益受益权和本金受益权之间也要遵循公平原则，对不同类型的受益人的利益加以权衡。在去刚性兑付时期，资管人再无兑付压力，应更进一步实现公平义务的全面履行，杜绝资金池建立及滚动发行等行为。

五、资产管理人信义义务的制度进路

（一）《信托法》等法律的修订与适用

从《信托法》层面明确资产管理业务的信托法律关系。我国《信托法》的立法进程曾经历了从信托业监管法到民事法律的立法意图转变，目前，该法被主流观点认定为民法之特别法，[3]所调整的是信托法律关系，而非信托业务活动，

---

〔1〕 何宝玉：《信托法原理研究》，中国政法大学出版社 2005 年版，第 218 页。
〔2〕 赵廉慧：《信托法解释论》，中国法制出版社 2015 年版，第 357 页。
〔3〕 赵廉慧：《作为民法特别法的信托法》，载《环球法律评论》2021 年第 1 期，第 68 页。

更不能仅仅局限于对信托公司与证券投资基金管理公司的业务规制。银行、保险、期货、证券等金融机构的大量资管业务的基础法律关系无疑应是信托关系，不应游离于信托法范围之外。在混业经营的趋势之下，赋予《信托法》在资管活动中基本法的地位，将作为法定义务的信义义务适用于资管全行业，能够让资管行为更加规范，能对投资人起到风险提示的作用，且有益于解决不同规范性文件在适用上的混乱和冲突。

以信义义务的类型化具体化作为《信托法》的修订重点。我国现行《信托法》基本确立了关于信托设立规则、信托财产的地位、信托受托人义务、受益人保护等一系列根本性规则，基本满足了一定历史时期对信托法基本制度的需求。然而，该法本身存在的瑕疵和难以应对当前经济社会发展的问题确有必要得到解决。除了广为诟病的信托无效情形、信托登记等问题之外，更需完善的是受托人信义义务的规定。该法要广泛适用于资产管理业务，有必要在修订中加强信义义务的类型化规定及法律责任的具体化规定，提高《信托法》可以作为民事裁判援引的标准性和科学性。但是具体化之余要留有余地，供法规和规章对相关行业、活动中的具体信义义务进行侧重性规定，并为意思自治留下空间。

逐步推进资管纠纷裁判中对信托法律规定的适用。《信托法》诞生于21世纪初，多数司法工作者是在接触了这部法律之后才对信托作为一种民事法律关系有了基本了解，但其大多并未真正理解信托制度的内涵及外延，认为只有经过监管部门审批的营业信托机构与投资者之间源于信托合同的纠纷才能称之为信托纠纷，其他的资管合同多被视为委托代理或其他类型的合同，依据合同法律规定处理，并形成了思维定式，《信托法》在委托理财、资产管理纠纷的司法实践中长期被束之高阁。要使该法律真正成为资产管理等实质民商事信托纠纷中的适用依据，需要采取措施使司法工作者在认识论层面提高对信托的理解，认识到信托作为一种民事法律关系的基本要素与重要功能，才可能实现《信托法》在资管纠纷中的适用对投资者权益保护和降低金融风险的重大意义。同时，应完善《信托法》的相关司法解释，在弥补法律瑕疵的同时推进其适用。

除了《信托法》的修订之外，前文所述具有英美法系信义法律性质的《中华人民共和国公司法》《中华人民共和国合伙企业法》《中华人民共和国民法典》之中关于委托代理等法律关系的规定也应在法律修改或司法解释出台的过程中逐步体现信义关系，完善广义层面信义义务的体系化规范。

（二）监管制度的完善

构建以信义义务为核心的资管业统一监管体系。《资管新规》已经做出了统一规范的尝试，未来随着《信托法》的修订与监管理念的变化，监管法规规章在及时因应变化去旧存新之后，应当注重统一监管制度的构建和落实，而信义义务及其标准的设置则是其中的核心。首先，法规规章应当围绕《信托法》形成统一体系，不能出现频繁重复性规定与抵触性规定。我国信托业及大资管行业已经呈现明显的混业经营态势，[1]针对行业的监管立法必然存在局限性，监管部门可以考虑跨部门合作，制定以功能性监管为基础的立法，做到同类活动同类标准，尽量避免为监管套利留下空间。其次，针对《信托法》中规定的具体信义义务，细化具体要求，设置相应的监管机制，强化资管活动的信息披露，保障投资者的知情权。同时建立事前及事后审查机制，审查金融机构是否遵守了各类信义义务。最后，混业经营的发展导致监管机关之间的职能冲突，在统一法律体系之下，资产管理行业需要采取近似于混业监管的模式以更好发挥统一立法的实效。

充分运用穿透式监管手段判断法律关系与信义义务的履行。资管行业监管乃至基本法律的制定长期存在一个问题，即仅仅以名义或表象认定产品类型，缺乏对实质属性的定义与认定规则，直接导致分业监管下许多金融产品游离于基本法律与监管之外。功能性监管与行为监管共同面对的问题是如何判断行业交叉、通道处理甚至多层嵌套的金融产品的功能或行为类型，从而真正实现有效监管，而充分发挥穿透式监管的力量是解决这些问题的重要途径。[2]如信托通道业务的广泛适用，存在着打破分业壁垒规避监管的动机，同时违背了信托法律关系的本质与核心追求，需要一系列纠错机制进行修正，只有穿透方式才能检验出其中形同虚设的尽职调查、嵌套产品的合同属性、不当的产品推介、责任约定不明等问题，作为进一步监管的依据。[3]监管中的穿透不仅要为监管中的行政权力行使提供事实依据，也应充分注意信义关系本质的认定，保障投资者知情权，督促信赖关系中的受托人严守信义义务，为私主体权利维护与救济提供事实基础。

关注市场自由与政府监管的平衡。制度的发展也必须充分尊重市场机制在配置资源方面的功能，通过市场竞争促使受托人勤勉尽责，使得委托人可以选择更好的受托人为自身服务，避免过度管制导致创新特性无法发挥，从而使信托制度生命力减弱。首先，监管机构应尊重受托机构的合法自主经营权限，不能干预受托人机构的具体运作；其次，监管机构应当弱化"事前监管"的思维，减少行政审批手段的使用，而将事中事后监管作为主导监管方式，对于违反信托业监管法规的机构和行为实施有效的处罚；最后，监管机构需认识到自身的职权边界，遵守法律法规的严格限制，使对资管行业的监管趋于公开化、透明化。

---

〔1〕 王旭：《论商业银行与理财客户之法律关系的信托属性》，载《南京航空航天大学学报（社会科学版）》2021年第1期，第76页。

〔2〕 叶林、吴烨：《金融市场的"穿透式"监管论纲》，载《法学》2017年第12期，第17页以下。

〔3〕 黄维平、李安安：《风险防范视角下信托通道业务的法律规制》，载《学习与实践》2017年第12期，第59页。

(三) 违反信义义务的责任认定

在去刚性兑付时代的资管纠纷中，资产管理人的民事责任不再以违约责任为主，更多体现为对信义义务的违反。对于司法机关而言，未来的资管案件裁决必须以确立违反信义义务的认定原则、标准和责任范围为前提。首先，应明确资产管理人违反信义义务的认定原则。信义义务本身具有开放性，难以形成绝对标准，且资产管理行业涉及专业知识，无法简单从法律层面进行判断。在违反信义义务的认定上，可以采取合法性加个案特性的双重认定原则。一方面，应当根据合同约定以及法律法规、监管等规定，判断受托人的行为是否明显违法违规抑或违约。另一方面，根据个案情况对信义义务的具体内容、受托人的主观方面、行为与投资者损失之间的因果关系等因素进行具体判断，[1]这样的认定原则可以规避司法对本身存在风险且具有主观性的商业判断进行过度干预。其次，应针对资管活动的流程环节细化资产管理人违反信义义务行为的具体认定标准。以信托业务为例，应关注受托人在信托成立前是否全面妥当进行了投资项目的尽职调查，是否全面履行了投资者适当性管理与风险告知义务；履约期间是否依法依约履行了管理职责，对于要求披露的事项是否依法恰当披露；信托终止时财产是否被及时清算和分配等，并采取合理方式对违反信义义务的责任范围予以确定。信义义务是法定义务，受托人违反了资管合同约定的义务时的责任认定很清晰，适用严格责任原则并承担相应的违约责任即可，但是如受托人未违反约定义务但违反了信义义务，则可以适用侵权过错责任原则赔偿损失。由于信托性质的独特性及市场风险，赔偿额度不能简单参照损失额度，应综合受托人对信义义务的违反程度而定。

与此同时，应当合理设置举证责任，关注投资者权益。违反信义义务责任认定的科学建构离不开程序法的配合，在司法实践中，针对信托纠纷仍旧偏重谁主张谁举证的举证责任分配模式，[2]然而在资管活动中，投资者相对于金融机构处于弱势地位，很难掌握到受托人不当操作、违反义务的相关证据，强制其举证只会枉增诉讼成本和难度。去刚性兑付后，在以信义义务保护投资者权益的趋势之下，诉讼作为投资者权益救济最有效的手段，应当关注对投资人权利的保障。在未来应调整信托诉讼中的举证责任，至少应当将有关受托人尽职调查和风控措施内部相关事项的举证责任配置给受托人，由受托人承担举证不能的后果。一来可以降低投资人维权成本，提高诉讼效率；二来也能促使受托人在进行信托活动时关注谨慎投资、善良管理等信义义务，规范各流程的处理。

---

[1] 竺常赟、范黎红、王珊：《违约潮背景下资管产品受托人违反信义义务的责任界定》，载《上海金融》2021 年第 6 期，第 54 页。

[2] 袁小珺、陈志峰：《信托业刚性兑付模式之法律分析》，载《证券法苑》2017 年第 2 期，第 355 页。

影子银行概念的中国化：变异根源与本土问题

夏戴乐[*]

摘要： 在影子银行的初始含义中，系统化与去中心化是影子银行与传统银行的核心区别。但是影子银行的概念在舶来中国时发生了变异。中国的金融市场并没有出现类似系统，因此概念在引入中国之初就脱离了系统化的理解，开始指代传统银行之外实际上从事了银行业务的金融机构和金融活动。其主要根源在于，中国金融系统的结构性问题并不是金融市场与金融机构的界限模糊导致传统金融机构金融市场的监管机构失灵，而是在金融抑制的背景下出现了严重的商业银行外溢。因此，中国影子银行问题的解决并不能直接借鉴国外的监管改革，而是应当从传统银行着手，缓解金融抑制问题，实现金融效率与金融安全之间的平衡。

关键词： 影子银行；银行外溢；法律移植

一、影子银行概念的初始含义：与传统银行的对比

（一）影子银行与传统银行的共性

"影子银行"最初由 Paul McCully 先生在 2007 年 9 月，金融危机刚刚开始时提出。[1]他将影子银行定义为"由非银行投资管道、工具和结构组成的、具有杠杆效应的大杂烩"。[2]其最初提出这个概念只是为了强调，美联储在本次金融危机救助时，注资帮扶的对象不应当限于传统银行业。在这个阶段，影子银行并不是一个严格的在金融监管意义上使用的概念，仅仅是对美国金融市场实践的描述。金融危机后，影子银行对金融体系乃至全球经济的破坏力引起了广泛重视，也引发了业界、监管层和学界的诸多讨论。

目前，各国际金融监管机构的主要研究成果一致认为，影子银行是在传统银

---

* 夏戴乐，上海财经大学法学院讲师。

〔1〕 Paul McCully, "Teton Reflections", August/September 2007, available at https://www.pimco.com/insights/economic-and-market-commentary/global-central-bank-focus/teton-reflections.

〔2〕 Paul McCully, "Teton Reflections", August/September 2007, available at https://www.pimco.com/insights/economic-and-market-commentary/global-central-bank-focus/teton-reflections.

行系统以外的信用中介机构和活动。[1]在这个共识之下，各监管机构还提出了其他认定影子银行的关键性因素，包括信用转换、期限转换、流动性转换、杠杆和规避监管等（如表1）。[2]

表1　主要监管机构界定影子银行的关键因素

监管机构	定义影子银行的关键性因素
金融稳定委员会[3]	信用中介 期限/流动性转换 杠杆 有缺陷的信用风险转移 规避监管
美联储纽约分行[4]	信用中介 信用转换 期限转换 流动性转换 没有来自政府的直接且明确的资金救助
欧洲中央银行[5]	信用中介 流动性和期限转换

不同的监管机构尽管对影子银行的定义在表述上有一些偏差，但是仍然在很大程度上达成了共识：第一，在言及"影子银行"时，其描述的对象却是统一

〔1〕 See Financial Stability Board, "Shadow Banking: Scoping the Issues", 12 April 2011, available at https://www. financialstabilityboard. org/publications/r_110412a. pdf; Klára Bakk-Simon, et al. , "Shadow Banking in the Euro Area", European Central Bank Occasional Paper Series, No 133, April 2012, available at http://www. ecb. europa. eu/pub/pdf/scpops/ecbocp133. pdf; Zoltan Pozsar, et al. , "Shadow Banking", Federal Reserve Bank of New York Staff Report No. 458, July 2010, revised February 2012, at p. 9, available at http://www. newyorkfed. org/research/staff_reports/sr458. pdf.

〔2〕 See Financial Stability Board, "Shadow Banking: Scoping the Issues", 12 April 2011, available at https://www. financialstabilityboard. org/publications/r_110412a. pdf; Klára Bakk-Simon, et al. , "Shadow Banking in the Euro Area", European Central Bank Occasional Paper Series, No 133, April 2012, available at http://www. ecb. europa. eu/pub/pdf/scpops/ecbocp133. pdf; Zoltan Pozsar, et al. , "Shadow Banking", Federal Reserve Bank of New York Staff Report No. 458, July 2010, revised February 2012, at p. 9, available at http://www. newyorkfed. org/research/staff_reports/sr458. pdf.

〔3〕 See Financial Stability Board, "Shadow Banking: Scoping the Issues", 12 April 2011, available at: https://www. financialstabilityboard. org/publications/r_110412a. pdf.

〔4〕 See Zoltan Pozsar, et al. , "Shadow Banking", Federal Reserve Bank of New York Staff Report No. 458, July 2010, revised February 2012, at p. 9, available at http://www. newyorkfed. org/research/staff_reports/sr458. pdf.

〔5〕 See Klára Bakk-Simon, et al. , "Shadow Banking in the Euro Area", European Central Bank Occasional Paper Series", No 133, April 2012, available at http://www. ecb. europa. eu/pub/pdf/scpops/ecbocp133. pdf.

的，即是一个由金融公司、商业银行、资产支持商业票据管道、结构性投资工具（SIV）、对冲基金、货币市场共同基金、证券出借人、特定目的金融公司、政府支持企业等组成。其间可能运用的工具包括：资产支持商业票据（ABCP）、资产支持证券（ABS）、债务担保证券（CDO）、信用违约掉期（CDS）、回购协议等金融机构和活动组成的系统。[1]第二，该系统被称为影子银行的原因也很明确：该系统尽管在形式上不是银行，却发挥了和银行类似的功能。[2]第三，关于影子银行系统替代的银行功能也是明确的：信用中介功能，具体而言包括信用转换、流动性转换和期限转换三种功能。信用转换是指通过金融机构或者金融活动的介入，改变资金提供者的信用风险状态；期限转换即借短贷长；[3]流动性转换则是指用高流动性工具去投资于流动性较低的资产。[4]这三种功能通常在传统上由银行通过吸收存款发放贷款的过程完成。但通过对 2008 年金融危机发生过程的研究，学者与监管机构发现，影子银行系统也可以完成上述功能。

（二）影子银行与传统银行的区别

但是上述为各国际监管机构强调的特征并没有完全涵盖影子银行内涵的全部：在不同国际监管机构所列举的影子银行的特征中，所强调的均为影子银行与传统银行的共性。但是影子银行与传统银行也必然存在区别。各国在界定商业银行时都会兼而采用形式主义和实质主义两套定义方法。形式主义即从形式上观察某机构是否按照商业银行法规定的程序设立，并以商业银行的名义开展相关业务。实质主义则是以某机构是否从事了商业银行的专属业务为标准判断是否属于商业银行。[5]如果影子银行与传统银行开展的业务实质并没有区别，那么其完全可以落入各国商业银行法的管辖范围，并且直接将商业银行法对商业银行施加的监管工具套用在影子银行上，而并不需要在金融监管的层面创设出"影子银行"这一新词条。

就最初的描述对象而言，商业银行法之所以无法适用于影子银行，在于影子

---

〔1〕 See Zoltan Pozsar, et al., "Shadow Banking", Federal Reserve Bank of New York Staff Report No. 458, July 2010, revised February 2012, at p. 9, available at http://www. newyorkfed. org/research/staff_reports/sr458. pdf.

〔2〕 See Financial Stabile Board, "Shadow Banking: Strengthening Oversight and Regulation", Oct. 27th, 2011, p. 1.

〔3〕 See Zoltan Pozsar, et al., "Shadow Banking", Federal Reserve Bank of New York Staff Report No. 458, July 2010, revised February 2012, at p. 9, available at http://www. newyorkfed. org/research/staff_reports/sr458. pdf.

〔4〕 See Zoltan Pozsar, et al., "Shadow Banking", Federal Reserve Bank of New York Staff Report No. 458, July 2010, revised February 2012, at p. 9, available at http://www. newyorkfed. org/research/staff_reports/sr458. pdf.

〔5〕 彭冰:《商业银行的定义》，载《北京大学学报（哲学社会科学版）》2007 年第 1 期。

银行并不是一个单独的机构，而是由不同的机构组成的有机系统（如图 1 所示）。其中的单个机构或者某一种金融工具并不能完成完整的信用转换、期限转换和流动性转换过程，其中所有机构所形成的系统才完全替代了传统银行的全部信用中介链条。而影子银行系统中的组成部分，除了构成影子银行系统中的一个环节，与其他环节共同完成信用中介活动之外，还可能在金融系统中发挥不同的作用。例如，并非所有的资产证券化都是信贷资产证券化。当普通的上市企业将其持有的非信贷资产（例如房地产）拆分出去进行融资，其只是在完成一个再普通不过的直接融资过程，并不构成影子银行系统的一部分，也不会产生影子银行的相关风险。这就导致了传统商业银行的监管规则难以直接适用于影子银行系统，即便把影子银行系统视为传统银行，监管规则对其也无从下手。

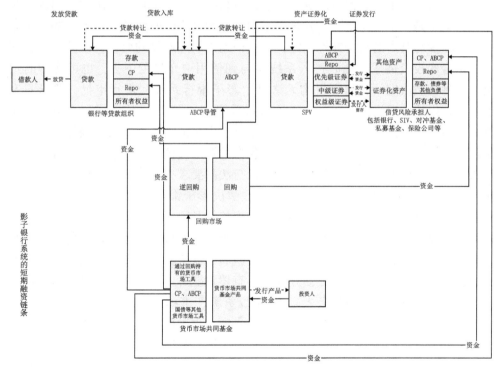

图 1 影子银行系统的交易结构[1]

传统的银行监管手段可以分为事前审批、机构运营过程中的监督与管理，以及危机的预防和处置三套方案。事前审批主要是指银行的特许设立制度：银行在世界各国均属于特许设立的行业，除了需要达到商业银行法规定的各类门槛要

---

〔1〕 郭雳：《中国式影子银行的风险溯源与监管创新》，载《中国法学》2018 年第 3 期。

求，还需要拿到银行业监管机构的特许方能开始从事银行业务。银行设立之后，也需要严格遵守银行法的一系列要求，随时满足资本充足率、资本缓冲等各类资本要求、流动性比例要求、存贷比要求等一系列审慎监管规则。还可能受到窗口指导和一系列限额规定的限制，并且接受来自监管机构的检查。危机的应对和预防机制则主要由存款保险制度、最后贷款人制度和银行的特殊退出机制构成。但是这一系列制度并不适合于金融系统中的所有对象，监管对象需要满足一定的条件，才能确保这一套制度可以发挥作用并且高效运行。

传统银行法的所有规则设计都是针对单个机构的。但是影子银行与传统银行的核心区别在于，传统银行的信用中介活动是由一个金融机构独立完成的，而影子银行则要由不同的金融机构和金融工具共同完成。这就导致了，传统银行的监管方式无法适用于影子银行系统。影子银行系统本身并不是一个法律上的独立主体，甚至不是一个公司集团。其是由不同主体通过临时的市场交易组成的一个系统。具体参与其中的机构并不固定，其会根据市场和产品的变化，以及各个投资主体自身的投资需求，随时进入系统参与到信用中介过程中去，也可能随时退出。这种特质决定了，监管机构无法对"影子银行系统"进行审批，要求只有经过监管机构的准许才能成立"影子银行系统"，更没有办法要求这个流动的系统满足各项监管指标——银行的审慎监管要求大多依附于资产负债表提出，而影子银行系统，尽管其中的不同主体都有各自的资产负债表，影子银行系统本身却无法形成一张资产负债表，更无法根据银行法的要求去约束其中的交易主体。适用于传统银行业的存款保险制度同样无法解决影子银行的"挤兑"问题：二者的表现形式和具体成因并不相同。银行出现挤兑是因为投资者不相信银行的偿付能力，所以传统的存款保险制度是承诺在银行没有偿付能力时进行赔付。但是影子银行系统中的短期融资工具并不是储蓄，而是没有保底条款的投资工具。对于投资者而言，其恐慌的并不是债务人不具有偿付能力（许多投资工具性质并不是债权投资，因此也不存在债务人），而是投资资产市场价格的下降。保障某一个机构的偿付能力并不能解决金融市场中的恐慌，也因此无法解决影子银行系统中的挤兑问题。最后贷款人制度也同样会在影子银行系统中失效，贷款人制度是通过向银行注入流动性解决其流动性危机问题，但是影子银行系统的流动性危机是金融市场的流动性危机：即市场中的投资者看跌某项金融产品，不愿继续购买该种金融产品。这样的流动性风险无法通过向某个机构注资解决。

简而言之，尽管影子银行系统替代了传统银行的功能，并且具有和传统银行同样性质的风险，但是由于影子银行系统与传统银行在形态上的重大区别，我们针对传统银行的监管手段对于影子银行是失效的，导致在监管层面上，需要出现一个"影子银行"的概念，并且针对其设计出相应的监管手段。

二、影子银行概念在中国的舶来与异化

（一）影子银行概念的中国化进程

对于中国而言，尽管对影子银行的讨论几乎与国外同步，但"影子银行"一词仍然属于舶来品。不过，回溯这些年关于影子银行的讨论，可以发现，在涉及本土化的讨论中，影子银行的词义从最开始就发生了异化。

现在意义上讨论的"影子银行"最早是在 2008 年出现的。[1]一开始关于影子银行的讨论大多针对本文第二章描述的影子银行系统，大背景也逃不开金融危机。[2]当该话题延及中国时，主要讨论的则是中国实践中那些与国外影子银行的某些部分形态相似的金融活动，主要是与资产证券化活动类似的结构性金融产品、信托业务等创新业务。[3]

尽管形态类似，但是从这个时候开始，中国语境下的影子银行开始和国外语境下的影子银行已经有了区别。国外在讨论影子银行系统的时候，也会把其各个部分拆分来分析风险的成因和应对措施，但是并不会脱离"影子银行系统"这样的整体性理解，因为其最核心的功能：期限转换是在整个系统中完成，而非其中可以独立于系统之外的单个环节。尽管中国出现了与影子银行某些构成部分类似的机构和活动，例如信贷资产证券化和信托，甚至完全相同的机构，例如货币市场共同基金。但是因为处于不同的金融环境中，这些机构发挥的作用并不相同。例如，我国的信贷资产证券化本质上只是将信贷资产分割为流动性更强的证券，并没有短期融资安排。这样的只是完成了银行贷款出表的功能。再例如，我国的货币市场共同基金投资主要投资去向是银行存款，从这个角度上来讲，货币市场共同基金只能算是传统银行融资链条的延续，而并非影子银行。

2011 年开始，国内关于影子银行的文章开始增多。也已经出现了影子银行的诸多专著，其中不乏以中国影子银行为主题的专著。随着本土化研究的深入，"影子银行"这一概念开始进一步异化，开始摆脱金融危机背景。国外典型影子银行的组成部分诸如 SIV、资产证券化和货币市场共同基金等在前一个阶段还会放在中国影子银行下探讨的金融机构和活动开始逐步减少，更加具有中国特色的金融机构和活动，如理财产品、P2P 融资平台、信托公司、地方政府融资平台、小额贷款公司、典当行等出现的频率开始增多。几乎任何从事和银行某些业务

---

[1] 2008 年之前也出现过少量关于影子银行的讨论。但是讨论的大多为日本的综合商社以及国内非法从事银行业务的情况。

[2] 参见秦岭：《美国"影子银行"的风险与监管》，载《金融法苑》2009 年第 2 期。

[3] 参见王啸：《金融危机对我国资本市场发展创新的启示》，载《上海证券报》2008 年 11 月 13 日，第 B7 版；刘文雯、高平：《"影子银行体系"的崩塌对中国信托业发展的启示》，载《上海金融》2010 年第 7 期。

（存款业务、贷款业务甚至清算业务）相关的机构和活动，都曾经被冠以"影子银行"的称号。民间融资、非法集资、国有企业转借银行贷款等灰色地带也被带入影子银行的语境中。到了这个时期，国内影子银行与国外影子银行在形式上的相似性也彻底失去了。

这一阶段学者对影子银行的理解并不统一。但是这种不统一主要体现在口径的宽窄上，分歧在于，某类金融机构或者活动究竟是否属于影子银行。在与国外关于影子银行的讨论相比，它们仍然保持了一个共同点：即并没有将影子银行作为一个金融中介系统进行理解，而是认为影子银行是单独的金融中介机构或者活动。

这种全盘的异变也在一定程度上影响了官方的理解。官方对影子银行的首度官方回应是在《中国银行业监督管理委员会 2011 年报》。在年报中，银监会认为，金融稳定理事会将影子银行限定在"可能引发系统性风险或者存在监管套利的非银行信用中介"，信托公司、财务公司、汽车金融公司、金融租赁公司、货币经纪公司、消费金融公司等六类非银行金融机构已有较为完善的监管体系，因此不属于"影子银行"的范畴。[1]不过，可以看到，银监会认定的潜在影子银行也都是单独的金融机构。两年之后，2013 年 12 月，国务院办公厅颁布《关于加强影子银行监管有关问题的通知》（以下简称"107 号文"），将银监会 2011年年报的结论推翻，承认了影子银行在中国的存在并且列举了银行理财产品、货币市场共同基金、小额贷款公司、融资性担保公司和 P2P 融资平台等影子银行。

从 107 号文和银监会 2011 年的年报看来，官方视野下的影子银行与影子银行舶来的第二个阶段的理解没有本质区别，也没有以系统的视角看待影子银行，而是认为影子银行是某些具有共同特征的金融机构或者金融活动。

（二）中国影子银行：外延与内涵

107 号文之后，国内关于影子银行的认知逐渐统一，目前绝大多数学者均认同 107 号文对中国影子银行的界定。107 号文在文字表述上与国际监管组织对影子银行的界定区别不大，强调影子银行是"非银行信用中介"。其既包括正式金融体系中的部分活动，例如银行理财产品、信托以及证券公司、保险公司、基金公司开展的资产管理业务；另一部分则属于非正式金融，例如小额贷款公司、融资性担保公司、典当行和 P2P 融资平台等。

上述"影子银行"无论正式金融还是非正式金融，大多处于监管当中，法律或者监管规则已经明确了其业务范围和经营模式。但是就法律和监管规则限定的业务模式而言，没有任何一种金融机构或者活动属于"信用中介"。

---

〔1〕 参见《中国银行业监督管理委员会 2011 年报》第 43 页。

银行理财产品、信托公司发行的信托产品以及证券公司、保险公司和基金公司开展的资产管理业务可以被统称为资产管理业务。在这种业务模式中，金融机构因为其在投资上具有专业性，吸引投资者向其委托，按照与投资者事先约定的投资策略、风险承担和收益分配方式，对受托的投资者财产进行投资和管理。其实现的仍然是直接投资：由投资者去承担理财产品所购买的金融工具或者非标准化投资可能产生的损失。而作为委托人的金融机构只是运用专业知识帮助投资者做出投资选择和分散投资，并且收取管理费用。法律并不允许作为委托人的金融机构进行刚性兑付，换而言之，并不允许其进行信用转换。小额贷款公司的主要业务是提供小额信用贷款。借贷人主要包括个人和小微企业。而典当行则是进行质押贷款和抵押贷款。由于受到严格的资金来源限制，小额贷款公司和典当行在本质上都是运用自有资金进行借贷，其业务涉及的当事人只有小额贷款公司/典当行与借款人，这在本质上仍然是直接融资的形式，也不涉及任何信用中介活动。融资性担保公司的主要业务是为金融活动提供担保。其最核心的业务是为银行贷款提供担保。某些借款人无法凭借自身获取商业银行贷款，便会求助融资性担保公司。融资性担保公司用自身信用为借款人背书，帮助其获得银行贷款。如果借款人无法按期归还银行贷款，融资性担保公司会代其进行偿付，尔后再向借款人追偿。在这种模式上，融资性担保公司的经济功能是运用自身信用为借款人完成信用背书从而赚取佣金，分担银行的信用风险。严格来说，融资性担保公司在分担银行信用风险的时候完成了一部分信用转换功能，但是其仍然没有独立完成期限转换和流动性转换的能力。P2P 融资平台在本质上属于信息平台，只是帮助促进直接融资的发生，并不会改变投资人的风险状况。

从 107 号文所列金融机构的经济功能来看，107 号文所列举的"影子银行"外延远远大于"信用中介"，几乎在银行之外所有具有贷款功能或者向公众吸收资金功能的金融机构或者活动都被 107 号文纳入了"影子银行"的范围当中。

三、变异根源：银行外溢与监管失控

我们并没有出现以金融市场为主导而产生的，替代传统银行信用中介功能的"影子银行系统"在一定程度上可以解释影子银行概念为什么会在引入我国发生的异变。但是其并不能解释，为什么影子银行的概念在我国形成了目前的内涵与外延。要探讨影子银行概念舶来时变异的根源，可以从我国金融监管机构对影子银行的监管要求中探寻。

对于小额贷款公司、典当行、融资性担保公司这类民间融资机构，107 号文的要求是不得违规吸收公众存款、不得转借从银行处获取的贷款、不得非法收贷。这些规则在中国银行业监督管理委员会、中国人民银行《关于小额贷款公司试点的指导意见》（银监发〔2008〕23 号）、2010 年《融资性担保公司管理暂行办法》和 2005 年《典当管理办法》中明确禁止的行为。2015 年 8 月公布的《非存款类放贷组织条例（征求意见稿）》再次肯定了对非存款类放贷组织的特许设立制度，并出于消费者保护的目的对非存款放贷组织的组织内部治理架构和与客户关系做出了一系列规定。[1]

对于私募投资基金，107 号文的要求仍然是回归本业，禁止从事债权类融资活动。2015 年 5 月中国证券投资基金业协会、中国证券监督管理委员会北京监管局《关于在北京市开展打击以私募投资基金为名从事非法集资专项整治行动的通告》重申了这一要求。

107 号文之后监管力度明显加大的是 P2P 融资平台和大资产管理业务领域（包括信托和银行等金融机构发行的理财产品和资产管理计划）。这与这两块业务近年来的迅速发展和规避监管的程度有关。P2P 自引入国内以来一直以"自然人借贷"的名义规避监管。P2P 融资平台发挥的作用远远不是信息中介。尤其是发行理财产品的 P2P 融资平台。其发行的理财产品与银行发行的理财产品本质上并无差别，都是将资产池证券化之后的产物。一旦出现兑付危机，并不是因为某一借款人出现了问题，而是资产池整体性危机。而此时，投资者无法也不愿找到背后的借款人，而是会找到资产池的运作者——P2P 融资平台。因此，2015 年 7 月，中国人民银行等多部门发布《关于促进互联网金融健康发展的指导意见》，明确了个体网络借贷机构的信息中介性质，否认了上述诸多 P2P 变形模式的合法性。2016 年，银监会、工业和信息化部、公安部、国家互联网信息办公室又颁布了《网络借贷信息中介机构业务活动管理暂行办法》。该办法确立了 P2P 融资平台的备案管理制度，同时再次明确了其业务范围：平台只能作为信息中介服务借款人与贷款人之间的直接融资活动，无权介入信息中介的任何环节。

对于资产管理行业，107 号文之后，不同监管机构的监管文件如中国证券业协会《关于规范证券公司与银行合作开展定向资产管理业务有关事项的通知》，中国保监会《关于加强组合类保险资产管理产品业务监管的通知》，中国银行业监督管理委员会办公厅《关于信托公司风险监管的指导意见》，中国保监会《关于加强组合类保险资产管理产品业务监管的通知》（已失效），中国银监会《关于银行业风险防控工作的指导意见》，中国人民银行、中国银行保险监督管理委员会、中国证券监督管理委员会、国家外汇管理局《关于规范金融机构资产管理业务的指导意见》，中国银保监会《商业银行理财业务监督管理办法》等文件均反复强调要打破刚性兑付，让投资者自担风险；并且禁止资金池，要求金融机构

---

[1] 参见彭冰：《彭冰解读〈非存款类放贷组织条例（征求意见稿）〉》，载 http://www.01caijing.com/ejinrong/1406.htm。

的资产管理产品"单独管理、单独建账、单独核算"，不得"滚动募集、混合运作、期限错配、分离定价"。

中国针对不同的影子银行提出的监管要求是不同的，对民间融资机构的要求主要是禁止其在融资渠道上的开源；对 P2P 融资平台的要求是只允许其成为信息中介不允许其作为信用中介〔1〕；对于私募股权投资基金的要求是专注于股权投资，不得进行债权投资；对于大资管行业的要求是禁止展开资金池业务。这些要求看起来没有共同之处，但是目标却是一致的：禁止上述"影子银行"从事"信用中介"活动。

这看起来颇为吊诡，因为在一开始，107 号文将中国影子银行定义为银行之外的信用中介。但也从另一个角度说明，这些在法律上并不是信用中介的机构或者活动，在实践中大量替代银行完成了信用中介功能，因此才需要监管机构一再地强调、禁止并且加强监管。中国的监管者提出影子银行概念，实际上是想解决传统银行之外的金融机构和活动以非法方式或者符合字面监管要求但是不符合设立初衷的方式替代银行完成信用中介活动的行为。从这个意义上看，107 号文强调"信用中介"也有一定道理。

但是与影子银行系统不同，这些 107 号文所列举的影子银行去替代银行完成信用中介功能时，并没有脱离机构层面，其信用中介活动在大体上仍然是由一个主体完成，其完成信用中介的模式与传统银行在本质上也没有区别，均为由一个机构向公众吸收短期资金，通过滚动发行的方式续资以支持借款人的长期贷款需求。这意味着，我国影子银行的问题并不是金融系统进化出了目前的监管结构无法囊括的问题，而是表现为商业银行的外溢：未曾受到商业银行监管规则约束的金融机构或者活动（即便是银行开展的理财业务，因其本质是银行表外业务，也未受到传统信贷业务那样严格的管制）开展专属于商业银行的业务。

这些行为是落入《中华人民共和国商业银行法》（以下简称《商业银行法》）的监管范围的。我国《商业银行法》对商业银行同样兼而采用实质界定和形式界定的方式。尽管《商业银行法》仅列明银行的营业范围，并未明确什么是银行专属业务。但从目前对非法集资的处理路径来看，在我国吸收公众存款是银行专属业务。按照目前关于非法集资的相关司法解释，我国目前对吸收公众存款的界定只注重融资对象而非融资形式，任何正常渠道之外向公众筹集资金的行为，包括发行债券、个人借贷甚至是商业信用，都被囊括其中。〔2〕因此，在理论上，中国的影子银行所带来的风险行为均为未经银行业监管机构许可非法从事银行专

---

〔1〕 信用中介是指具有期限转换、信用转换或者流动性转换功能的机构。

〔2〕 参见彭冰：《非法集资活动规制研究》，载《中国法学》2008 年第 4 期。

属业务，违反了《商业银行法》为商业银行设立的专营权，落入"非法集资"的打击范围。

同时，《商业银行法》为商业银行确立的对信用中介业务的垄断地位，也有以其他金融机构为监管对象的法律法规予以加持。例如，《关于小额贷款公司试点的指导意见》明确要求小额贷款公司不能吸收公众存款，《典当管理办法》第26条也禁止典当行集资、吸收存款或者变相吸收存款。《融资性担保公司管理暂行办法》更是既不允许融资性担保公司吸收存款也不允许其发放贷款或者委托贷款。由于不允许接触到其他的投资者，这些规定都断绝了上述金融机构完成间接融资的可能，更无法成为信用中介。

但是显然，《商业银行法》的监管逻辑以及各非银行监管机构的相关监管规则没有被很好地执行。市场在监管的各个环节寻找漏洞：或者寻找监管执行的薄弱环节，或者寻找监管明文中的漏洞，在不受到传统银行法监管的领域内，改变交易结构，成为影子中的银行。以至于监管机构需要以"影子银行"的名义去重新解决这一问题。

四、启示与结论

影子银行的含义在舶来我国时发生了异化。尽管均强调"信用中介"，但是概念背后想要解决的监管问题并不相同。国外的影子银行具有系统化和分散化的特征，导致传统银行法的监管手段无法适用于其中，需要发展出新的监管手段去解决影子银行带来的风险；而中国的影子银行问题核心是商业银行的外溢，在目前的监管设计中不应当成为信用中介的金融机构和活动没有按照监管机构规划的蓝图发挥其功能，而是替代了传统银行发挥信用中介功能。

银行从事信用中介活动时会出现期限错配风险，因此需要受到严格监管。其他金融机构发挥信用中介功能所产生的风险与银行并无二致，但其并未承担和银行相当的监管成本，这势必会为金融安全留下隐患。107号文以"影子银行"的名义试图解决这一问题的目的初衷并没有问题。但是作为银行外溢的影子银行在很大程度上并不是监管疏漏的结果（尽管监管疏漏在我国也在一定程度存在）。与国外影子银行不同，我国对107号文定义下的"影子银行"大多是有监管的。这些监管大多在这些影子银行产生之初就存在。即便是之前没有受到监管的"影子银行"如P2P融资平台，也在107号文颁布之后延续相同的监管思路，明确了监管规则。其成为银行外溢的一部分并不是因为缺少监管规则，而是因为监管规则失控，没有得到良好遵循。

而107号文及其之中的监管并没有在这个问题上进行突破。107号文中的指引以及之后针对各类影子银行的监管并没有出现过多的变革，而是延续和贯彻了之前的监管思路和逻辑。上述影子银行本职业务，皆由监管规则予以认可，107

号文也将其视为银行的有益补充。107 号文及之后的监管措施在很大程度上是为了确保上述金融机构专注于限定的营业范围，不生异端，很大程度上是对之前监管思路的重申和延续。

但是金融机构一再突破监管规则或者监管精神的要求的根源在于金融抑制。为现行监管规则和监管机构允许的金融活动无法满足市场中的投融资需求，也给金融机构的生存带来了巨大问题，[1]因此银行外金融机构会尽可能寻找现有监管的漏洞——无论是条文上的漏洞还是实际执行当中的薄弱之处——将自己变身为另一个银行，而银行自身也乐得在其中推波助澜，将自身因为监管限制无法满足的信贷活动分割出去。

而 107 号文对监管漏洞的填补和对监管力度的加强是对金融抑制政策的延续和巩固，这或许可以使得现有的影子银行不再进行信用中介活动，但是并不会让银行外的信用中介活动消失——他们更有可能转入更加隐蔽的地下金融系统。要切实解决影子银行的问题，需要转变监管思路，在保障金融安全的同时化解金融抑制。

---

[1] 郭雳：《中国式影子银行的风险溯源与监管创新》，载《中国法学》2018 年第 3 期。

后资管时代银行理财的监管依归

——法律定性带来的启示

蒋　露[*]

摘要： 关于资产管理行业的法理基础，在"委托还是信托"的论战中，至今未有定论。《资管新规》亦没有消解法律定性上的迷思，更被批评为只是一套治理影子银行的方案。实际上，中国式影子银行是在我国金融抑制的政策背景下，以商业银行为核心的金融机构为规避监管进行业务创新的结果，而未得到满足的社会投融资需求迅速寄生于银行理财这一载体上。通过观察银行理财的发展历程，可以发现，由于监管层的多面封杀，银行理财不得不借由通道、同业或委外等方式突破监管限制。在此过程中，各金融机构的联系更为紧密，所谓的"大"资管行业由是形成，而《资管新规》进而又通过清理影子银行向大资管市场释放回归本源的信号，故监管在一定程度上塑造着市场。此时，信托等概念不仅落后于监管应对，更无法解释银行理财与其他资管产品相勾连所形成的大资管跨产品业态。一个法律定性带来的启示是，在大资管法理基础明确之前，有必要先通过监管手段为银行等资产管理人确立以信义义务为核心的行为标准。

关键词： 资管新规；银行理财；资产管理；影子银行；信义义务

一、引言

以银行理财为代表的大资管行业在其野蛮生长的二十年间，通过不同资管产品之间的合作，加强了金融机构之间的关联性，逐步演化为中国式影子银行的一部分。2018年，《关于规范金融机构资产管理业务的指导意见》（以下简称《资管新规》）和《商业银行理财业务监督管理办法》（以下简称《理财新规》）相继出台，直指银行理财与各金融机构之间借由通道、委外或同业业务，避开表内监管所形成的表外信贷。故有业界人士称，《资管新规》并非专门针对大资管的监管规则，而是一套综合的影子银行治理方案。

作为让大资管回归"受人之托、代人理财"本源的指导意见，《资管新规》

---

* 蒋露，北京大学法学院经济法学专业博士研究生。

名不副实。[1]而法律人的批评则集中于新规未能就资管业务的法律性质给出明确的界定，因此目前的法学研究还纠结于"委托 vs 信托"的概念辩争，试图将现有的交易逻辑纳入已知的民商法框架，以给予大资管行业一个确定的法律基础。

诚然，一个法律上的明确定性能够为当事人在金融交易中的权利义务安排给予清晰的指引，但法律上的论争具有滞后性，更不必说法律概念与金融实践在现实中的错配。法律人总是要在合法框架内讨论问题，然则金融世界的参与者天然有着游走于监管边界、在法律漏洞上创新的倾向。此时，大资管回归本源的宣言总有一种市场就是错了的意味。事实上，在我国金融抑制的政策背景下，表内信贷受到诸多监管干预，银行理财因此成为绕过表内监管向市场投放信贷的新出路。此外，银行理财凭借银行在国民经济中的信用地位，加之较低的投资门槛，在吸纳社会闲散资金方面具有优势。如此，银行理财演化为影子银行可谓"情有可原"。质言之，大资管的影子银行基因是市场主体与监管规则对抗、互动与博弈中必然的产物。在金融市场的演进过程中，法律不再仅仅是市场的外部性保护框架，而是成为影响市场发展的内生要素。[2]银行理财等资管业务法律定性上的困难或许正源自市场主体为避开监管而设计出的诸多复杂业态。金融市场的发展状态与法律规则提供的空间具有极强的相关性，此时法律不宜再站在一种高高在上的价值立场上，直接给予或陌生或复杂的金融交易以否定性评价，而是要充分尊重市场主体交易安排的商业合理性。如此，大资管行业何去何从、资管行业中的法律关系如何界定等宏观的问题，或许先回归微观层面具体交易架构的形态、功能与目的的分析，就能解释为何《资管新规》首先且集中处理影子银行问题，监管规则在多大程度上已然矫正市场，进而在此基础上可以思考法律制度应当在什么层面以及在何种程度上发挥作用。

二、银行理财的风险溯因与监管应对

"理财"的内涵与外延相当模糊，理财行业的边界也并不清晰，更不必说金融市场的参与者天然具有开疆扩土的冲动，在大资管的名头下行混业经营之实，这使得理财的概念界定愈加困难。银行理财的发展历程即体现了这一点，而这也导致了以《资管新规》为代表的现有监管逻辑的形成。

（一）银行理财的发端、演进与现在式

业界一般将 2004 年光大银行推出"阳光理财"系列产品作为我国商业银行理财业务的开端。起初，银行理财学习的是外汇结构性存款的结构，也即产品模

---

〔1〕 参见官巨：《"大资管"名不符实，何以回归本源》，载 https://mp. weixin. qq. com/s/dzqc-9Iqmxb_k5u Y7F-ZvA，最后访问日期：2022 年 11 月 20 日。

〔2〕 See Katharina Pistor, *"A Legal Theory of Finance"*, *Journal of Comparative Economics*, 41（2013）.

式为"本金+收益挂钩",本质是用存款利息去支付一个价格波动的金融工具的费用,最好的情况是可以获得衍生交易的收益,最差的情况也不会损失存款本金。因此,银行理财自始就是一个存在保底特征的产品,刚性兑付也成为其十几年间都无法摆脱的问题。

随着银行间市场利率全面放开,银行间市场成为理财产品主要投向,特别是央行票据与政策性银行债。但这些固定收益类资产极度依赖货币政策,加上各家银行的入场挤压了套利空间,银行理财迫切需要拓展投资范围。2006 年股市 IPO 重启后,银行理财也赶乘股市东风,开发出"新股申购理财",即接受客户资金并通过信托或券商的通道来进行新股的集中申购。虽然这一操作因金融危机爆发而偃旗息鼓,但银行从打新股的操作中发掘了新的业务模式——渠道化操作,银信合作的江湖由此打开。游离于银行间市场及证券交易市场之外的债权资产在前期是理财资借由通道的主要投向,与标准化债权相对应,监管部门将该类债权资产定义为"非标准化债权资产"(以下简称"非标")。

非标的壮大与危机后中央的经济刺激计划有关。为应对经济低迷的状况,央行在 2009 年上半年投放了大量信贷,并联合银监会全力支持地方政府投融资平台的发展。[1]高速信贷投放带动了大量房地产以及地方基础设施建设项目。就地方融资平台而言,其负债到 2009 年中就超过 5 万亿。[2]这些资金绝大部分来自银行贷款,如此,银行的经营风险显著增加,银监会开始严格限制地方融资平台、房地产项目等从银行获得贷款。信贷收缩的同时房企与地方政府的融资需求仍旧巨大,此时银行自然不会轻易放弃非标由于流动性不足带来的高收益,便通过对接信托等通道机构的资管计划,继而由资管计划委托过桥银行向特定主体放贷,其业务结构见图 2.1。

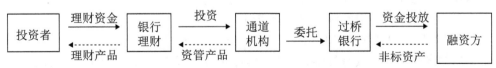

图 2.1 通道业务结合委托贷款的非标模式

银行理财对接非标在多数情况下是委托贷款,资金流向了监管部门严格禁止的主体或领域,却不受表内监管的控制。这促使银监会就理财资金的投资范围以及银信合作业务出台了一系列监管文件,严格禁止理财资金投向高风险的金融产

---

〔1〕《中国人民银行、中国银行业监督管理委员会关于进一步加强信贷结构调整,促进国民经济平稳较快发展的指导意见》(银发〔2009〕92 号)提出:"支持有条件的地方政府组建投融资平台,发行企业债、中期票据等融资工具,拓宽中央政府投资项目的配套资金融资渠道。"

〔2〕参见巴曙松:《地方政府投融资平台的发展及其风险评估》,载《西南金融》2009 年第 9 期。

品，也不得进行权益性投资；[1]并强调理财业务应与国家政策审慎政策保持一致。[2]然而，2012年券商创新大会后，券商、基金子公司和期货资管均被允许充当通道，分业监管格局下银监会无法插手券商、基金的业务，只能转而进行限额控制[3]与风险隔离[4]。

在理财资金投向受到严格控制的监管背景下，加上一直持续到2016年前后的"资产荒"的影响，银行理财资产配置的压力巨大，而标准化债权对金融机构的投资水平要求较高，与此同时，券商、信托等投资环境相对宽松却缺少资金，于是银行与非银机构一拍即合，委外业务出现。[5]

顾名思义，委外投资就是银行理财将理财资金委托给信托、券商等非银机构进行投资。一般来说，融资方传统的直接融资方式是通过发行债券的形式募集资金，银行购买企业债向企业投放资金，如果介入银行理财与委外投资，则会出现如图2.2所示的逻辑。从融资主体出发，其发行企业债融资并将一部分资金用于购买理财产品，银行理财将从个体投资者和企业募集的全部资金以委外的方式委托出去，而委外机构将该资金用于购买上述企业债。如此，资金在委外交易中一味地空转，对外却造成市场流动性过剩的假象，又极大地加剧了资产荒，这也是银行开始依赖同业理财的背景。

---

[1] 如2009年《中国银监会关于进一步规范商业银行个人理财业务投资管理有关问题的通知》（已失效）明确规定，商业银行不得利用理财资金投资高风险、结构过于复杂的金融产品，也不得投资于股票二级市场，不得投资于未上市企业股权和上市公司非公开发行或交易的股份。

[2] 2011年6月，监管部门透露出的导向是严格规范理财资金投向，明确要求理财资金不得流向政府融资平台、"两高一剩"（高污染高能耗的资源性企业和过剩行业）企业、"铁公基"（铁路、公路与基础建设）和商品房开发项目等限制性行业和领域。参见《中国银监会关于印发王华庆纪委书记〈在商业银行理财业务监管座谈会上讲话〉的通知》。同年9月《中国银监会关于进一步加强商业银行理财业务风险管理有关问题的通知》（已失效）出台，再次强调商业银行开展理财业务应与国家宏观调控和审慎监管政策保持一致。

[3] 2013年《中国银监会关于规范商业银行理财业务投资运作有关问题的通知》（已失效）要求商业银行应当合理控制理财资金投资非标准化债权资产的总额。

[4] 2014年《中国银行业监督管理委员会关于完善银行理财业务组织管理体系有关事项的通知》（已失效）明确风险隔离要求，要求理财业务与信贷等其他业务，银行理财产品之间，理财业务操作与银行其他业务操作相分离，也即"栅栏原则"。

[5] 参见谭松珩、李奇霖、梁路平：《银行理财蓝宝书：透视银行理财的运行内幕》，上海财经大学出版社2017年版，第148页以下。

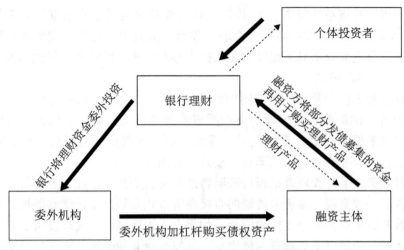

图 2.2 银行理财委外业务中的资金循环方式

与个人理财、企业理财相对应，同业理财的买方就是银行等金融机构。银行通过委外配置资产的操作造成"钱多"的幻象，当某一环节的流动性出现问题，就会导致资金链断裂，特别是资产端与资金端的久期往往不匹配，这时就需要从同业拆入资金。同业理财对银行来说既是资产，也是负债，一方面帮助发行银行平抑短期流动性波动，进而扩大理财的发行规模，另一方面购入理财产品的银行等机构也借此扩大了资产规模，更能改善资产的流动性指标。但如果理财产品出现大规模兑付问题，同业资金也不足，此时委外机构只能通过出卖资产来维持流动性，此即 2016 年"债灾"的情形。

在规模与利润驱动下，银行理财不断扩展投资标的、拓宽投资渠道，以提高资产回报覆盖资金成本。在此过程中，监管部门也频频现身，跟进市场，从投向限制、额度管理、业务隔离等多个角度规范银行理财投资行为，控制理财风险。所以理财才有了打新股、非标等投资标的上的扩张，以及通道业务、委外投资、同业业务等投资渠道上的创新。至《资管新规》出台前，银行为突破监管限制，将银行理财通过各种渠道嵌入其他金融机构的资管产品，加强了各机构债权债务上的相关性，由此形成所谓的"大资管"行业。

（二）银行理财风险来源的成因与表象

2018 年的《资管新规》被指出是应对影子银行的治理方案，而银行理财是其中的"罪魁祸首"，那么就需要理解银行理财的上述业务逻辑是如何变成影子银行的，以及对应的风险究竟是什么。

1. 预期收益率引发成本刚性

银行理财在面向投资者时，一个始终没有抛弃的表述是"预期收益率"。起初，预期收益率是银行向投资者推销理财产品时描述的期待收益水平，但为了维系自身信用和市场地位，银行总是按所宣传的收益率向投资者支付，使得预期收益最终演化成固定收益。

预期收益率最大的问题是"刚性兑付"。无论投资端盈亏如何，银行理财都按"固定"的预期收益率向投资者支付，如果再加上保本承诺，那么投资者实质是银行的债权人，也就不承担理财的投资风险。相应地，这部分风险由银行承担。银行愿意承担风险的原因是其可以保留向客户支付固定收益后的投资回报，也称超额收益，此即银行在理财业务中的利润空间。因此，是银行的利润水平随投资表现浮动，承担投资风险，而理财的投资者则总是接受固定的回报。

2. 非标类融资理财[1]倒置资管业务逻辑

预期收益率的模式如果想要持续，理财的投资回报必须总是可以覆盖资金成本，也即投资收益率水平要高于银行宣传的预期收益率，这也是银行不断地扩展投资范围的原因。非标类债权资产由于缺乏流动性但能带来高收益，因此备受银行理财青睐。

由于表内信贷受到强监管，社会融资需求无法得到充分满足，特别是地方基础设施建设或者房地产项目都需要大量、长期的资金供给。此时，有融资需求的特定企业或地方政府找到银行，让银行将其债权打包兜售给理财投资者。问题在于，资管业务是市场对普通投资者直接投资能力不足的一种补充，应当是从投资者端驱动、为投资者服务的买方业务。而非标类融资理财往往是基于融资方的融资需求推出的，整个业务过程更像是资产证券化，变成为特定融资项目寻找资金的投行业务。此时的银行在一个业务中既为买方服务，又为卖方服务，出现身份角色上的冲突，进而将带来利益上的冲突。虽然表面上是银行在运作理财资金投向非标资产，但本质上是为了满足特定主体的融资需求。可以说，非标背后融资方的主导使银行理财开始沦为绕过表内限制、向特定主体放贷的工具。

3. 资金池—资产池模式积聚风险

为增厚利润，银行将理财资金对接非标等长期资产，但理财产品的久期往往没有融资项目那么长，银行就需要通过滚动发行以兑付到期产品。在实际运作中，无论是资金端理财产品的借短续长，还是资产端非标类资产的打包出售，都是采用资金池或称资产池的模式。

资金池所带来的风险也是突出的。首先，集合运作改变了资管业务一对一的风险传递机制。作为直接投资业务，理财资金与标的资产应当能够直接对应，如

---

[1] 市场与监管并没有将"银行理财投资非标"的业务过程予以单独命名，更多的是从理财资产的配置（投资）角度做出描述。为便于说理上的简便性，本文将该业务归纳为"非标类融资理财"。

此收益与风险才能全部传递给投资者。如果以资金池方式组合运作，那么风险将无法找到原始宿主，只能保留在资金池内部，也即银行理财内部，而背后支撑却是银行的净资本，银行本体和理财业务的风险未能隔离。

其次，理财产品能否按期兑付取决于资产端整体上是否盈利，而不论单一投资标的表现如何。资产池使得理财资金投向的底层资产并不确定，即使产品本身约定的投向如权益类投资存在亏损，但只要资产池的整体投资回报为正，那么就可以用盈利项目补足亏损项目，从而维持预期收益率的支付。这表明各理财产品在事实上共享收益、共担风险。但是不同产品之间的利益调整，导致一部分投资者的收益流向其他投资者，一部分投资者的风险也流向其他投资者，有违公平原则。

最后，资金池运作下的资金成本不与底层资产收益相挂钩，各理财产品可以直接基于"固定"的预期收益率分离定价。如果资产端的资产变现能力较强，问题也不会太严重。但从投资非标开始，银行理财借由通道、委外将资金投向诸多流动性较差的长期资产，资金池—资产池的"黑箱"更是掩盖了这一操作。与此同时，产品端的期限愈来愈短，期限错配容易引发流动性错配，并最终演化为信用风险错配，而这部分风险始终停留在银行内部，加剧了系统的脆弱性。

4. 银行理财向影子银行偏斜

如果以银行理财为视角画出这部分金融市场的资产负债表，那么负债端就是银行理财吸纳的投资者资金，资产端就是理财资金配置的资产。在负债端，银行理财中的预期收益率虽然起初只是一种"预期"，但银行出于市场信用考量和囿于传统存款业务思维，最终仍向资金端的投资者还本付息，所以其成为银行理财固定资金成本。而在资产端，则是理财资金的运用方向。为了避开监管的诸多限制，银行广泛运用通道业务、委外投资、同业理财拓宽融资渠道，逐步拉长理财资金对接底层资产的投融资链条，特别是投向无法在标准化市场上交易的非标类债权资产，满足了难以从表内获得贷款的融资需求，成为表内信贷的延伸。故而，资金端与资产端分别构成实质存款与实质贷款。此时融资项目的增信措施并没有依靠终端融资者的资产信用，而依旧是银行等金融中介在市场中的信用。由是观之，银行理财对接其他资管产品的协同运作最终形成银行之外的信用中介体系，并介入投资者与融资者的直接投融资链条之中，国际经验通常将之称为"影子银行"。

影子银行的概念最早由时任太平洋投资管理公司执行董事的麦考利提出，并定义为"一整套被杠杆化的非银机构投资渠道、载体和结构"。[1]金融稳定委员

---

〔1〕 Paul McCulley, *Teton Reflections*, PIMCO Global Central Bank Focus (2007).

会进而给出的定义是在"传统银行监管框架以外的、可能引发系统性风险和监管套利等问题的信用中介体系"。[1]与之相较,中国式影子银行仍基于商业银行系统,此外也并未脱离监管部门的监管视线,与域外以非银行机构如投资银行驱动的、脱离银行体系的影子银行存在本质不同。因此有学者将"中国式影子银行"重新界定为"银行影子",[2]也即银行为达到向特定主体放贷之目的,避开监管限制的业务手段创新。而银行理财产品满足了被抑制的居民投资愿望和被限制的房地产、地方融资平台以及企业融资需求,成长为中国影子银行的典型代表。[3]

(三)如何理解《资管新规》等监管规则的目标及作用

对于《资管新规》为何成为一套治理影子银行的方案,从银行理财的发展历程及其风险溯因中得见其原因。虽然在大资管的名头下,银行只是代人理财,自身不承担风险,也不得留存超额收益。但由于我国表内信贷受到诸多管制,市场融资需求始终得不到满足,银行理财基于其与投资者从传统存款业务中延续的信赖关系,以及很大程度上保留刚性兑付、认购门槛低等优势,相较于其他资管产品,在归集社会闲散资金上有着巨大优势。而银行同时也有大量的客户资源需要进行融资。银行理财演变为影子银行在一定意味上就是表内信贷为了避开过度的监管限制所形成的中国式特色。

所以说,监管部门迫切需要先清理影子银行,让表外信贷回归表内,并打破刚兑、预期收益率以及资金池等维持影子银行运作的幌子。当下,监管层所担忧的中国式影子银行的风险已然通过《资管新规》等新规化解,如此市场对其是"一套综合的影子银行治理方案"的评价甚至极为精准。而法律人认为《资管新规》未能给出资管业务一个明确的定性,故而未能响应"大资管回归本源"的政策号召。实则不然,新规通过对影子银行乱象之肃清,已经矫正了偏离大资管本源的市场行为,向市场释放大资管行业应当如何发展的信号,监管规则的层层递进将使得大资管逐步回归本源。在此意义上,大资管的良好运行的法律基础在一定程度上已经通过监管规则的迅速反应实现。

三、银行理财法律定性的迷思及其出路

大资管行业的法理基础始终未能厘清,然而,无论是委托说还是信托说,都未能对市场实践发展出诸多业态予以很好的回应,当下法律概念上的论争在真实

---

[1] Financial Stability Board (FSB), *Shadow Banking: Scoping the Issues*, A Background Note of the Financial Stability Board (2011).

[2] 孙国峰、贾君怡:《中国影子银行界定及其规模测算——基于信用货币创造的视角》,载《中国社会科学》2015 年第 11 期。

[3] 参见张明:《中国影子银行:界定、成因、风险与对策》,载《国际经济评论》2013 年第 3 期。另参见巴曙松:《应从金融结构演进角度客观评估影子银行》,载《经济纵横》2013 年第 4 期。

的金融交易面前始终只是隔靴搔痒。

（一）委托说：曲折而难解

事实上，监管部门一直试图避免对银行理财的法律性质作出一个明确界定，只留下了"委托"的含混表述。不过银监会也曾较为明确地指出个人理财业务是建立在"委托代理"之上的银行服务，[1]这使得委托代理关系成为早期界定银行理财法律关系的主流观点。然而委托说不能充分揭示银行理财乃至资管业务的特征，理由如下：

首先，从对外行事的名义来看，委托代理关系中代理人对外订立合同时均以委托人的名义。但理财资金的运用基本上由银行决定，理财投资实际上以银行理财的名义而非以客户名义开展。虽然这可以用间接代理制度突破，进而受托人可以用自己的名义对外订立合同，取得类似于信托受托人的地位，同时解决银行理财合同无法以众多投资者名义对外订立合同的问题。[2]但这里的问题在于，如果投资者与银行之间的关系完全交由合同法调整，那么银行作为受托人可以在约定中任意免除自己的责任，即使有合同附随义务之履行的讨论空间，但难免过于曲折。

其次，就行事之权限或者裁量权来说，代理人应当在委托合同授予的代理权限内行事，此外还须听从委托人的指示，委托人才是委托代理关系的主导者。然而，由于我国资管市场的不成熟以及客户投资经验的不足，投资者在与银行约定风险承担与收益分配方式时，往往只是被动接受理财产品，并非主动和银行订立特定的投资计划，而实际上他们也只关注收益率这一数字，而非自己的钱最终流向了股票、债券还是其他标的。

最后，监管部门用"委托"连接投资者和银行之间的关系，其实就是为了避开信托的表述。在我国分业经营、分业监管的格局下，商业银行不得从事信托投资业务。[3]监管部门试图用"委托"将资管业务纳入合同法的调整范围。然而，就投资者与银行之间的关系而言，投资者与管理人之间并非全然的平等关系，受托人向委托人承担的义务不仅仅是约定义务，更应当设定强制的法定义务，而通过合同法不能矫正当事人之间这种地位上的不对称，也忽视了对投资者的保护。

---

[1] 参见银监会有关负责人就 2005 年发布的《商业银行个人理财业务管理暂行办法》（已失效）和《商业银行个人理财业务风险管理指引》（已失效）答记者问时回应，个人理财业务是建立在委托代理关系基础之上的银行服务。

[2] 参见刘燕、楼建波：《企业并购中的资管计划——以 SPV 为中心的法律分析框架》，载《清华法学》2016 年第 6 期。

[3]《中华人民共和国商业银行法》（2015 年）第 43 条规定，商业银行在中华人民共和国境内不得从事信托投资业务。

（二）信托说：契合然难求

从理财的业务逻辑来说，投资者基于对银行的信任，将资金交由银行管理和投资，并获得相应的投资收益，这一叙述基本符合信托的法律构造，银行理财应以信托关系予以界定的论断也获得越来越多的拥趸。业内人士早就指出理财产品法律性质不清的就是因为没有明示这是一个信托产品。[1]学界也认为，应当将《中华人民共和国信托法》（以下简称《信托法》）作为包括银行理财在内的大资管行业的统一法理基础。[2]

信托的产生是为了规避土地所有与继承上的诸多限制与封建赋税，但随着社会经济制度的演变，人们不再满足于仅仅保有土地，而是希望受托人积极管理处分财产以获得信托财产的增值，信托与投资开始紧密结合。[3]自美国在南北战争后的工业化进程中发掘了信托在筹资上的巨大便利，营业信托便逐步成为美国信托的主导模式，而以日本为代表的大陆法系国家在引入信托制度时几乎都是从营业信托或者商事信托开始的，主要应用就是作为融资、筹资或大众投资通道。[4]值得注意的是，商事信托中委托人不再是无偿转让信托财产，而是为了借助管理人的专业能力和努力使自己获利，因此委托人与受益者重合，呈现自益信托的构造。[5]同样的，银行理财应当是商事信托、自益信托，或是我国《信托法》上提出的营业信托概念，这与民法传统上管理家族财富与解决土地继承问题的他益信托、民事信托不同。

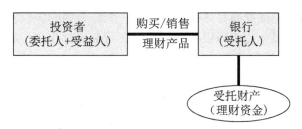

图 3.1　银行理财的信托结构

〔1〕　参见吴晓灵：《信托业发展的法律框架——中国财富管理市场的发展与相关法律体系建设和完善》，载《金融博览》2013 年第 1 期。

〔2〕　参见王涌：《让资产管理行业回归大信托的格局》，载《清华金融评论》2018 年第 1 期。另见赵廉慧：《理财业务的民事法律基础仍是信托法——兼谈〈商业银行理财子公司管理办法（征求意见稿）〉》，载《民主与法制时报》2018 年 11 月 1 日，第 6 版。

〔3〕　参见周小明：《信托制度比较法研究》，法律出版社 1996 年版，第 83～84 页。

〔4〕　参见周小明：《信托制度比较法研究》，法律出版社 1996 年版，第 90～96 页、第 103～109 页。

〔5〕　参见楼建波、刘燕：《论信托型资产证券化的基本法律逻辑》，载《北京大学学报（哲学社会科学版）》2006 年第 4 期。

用信托来定义银行理财首先遭遇的一个显见的困难是制度供给上的缺失。目前我国的信托制度仍建构在他益信托的基础上,对营业信托的法律规范暂付阙如。《信托法》提出民事信托与营业信托的概念但是未能加以进一步区分,营业信托的商事行为性质未能突出,更深一步的探讨还涉及民事活动与商事活动分野问题。[1]质言之,营业信托的商事行为特性尚不能在我国民商合一的立法体例下寻得坚实的立足空间,我国《信托法》也没有反映出信托与现代金融的联系,更不必说将《信托法》直接借用于资管业务适用规范的讨论之中。此外,我国信托登记制度缺失,[2]《信托法》上"委托给"之表述对财产权利转移的模糊处理使得信托所有权归属不清,[3]受托财产的独立性难以实现。即使是信托公司自身的产品,现在也还需要强化信托财产的独立性和受托人义务来回归本源。[4]而且我国信托制度甚至赋予委托人撤销权,进一步扭曲了信托作为一项财产转移和管理制度的要义,[5]也使得我国委托与信托制度的界限进一步模糊。

如果说制度不足还可以通过进一步改造《信托法》予以愈合,或是通过监管规则的补充予以填补,如《资管新规》已经通过明确托管规则补充了委托财产独立性的要求,那么信托与银行理财具体业务实践的龃龉则集中展示出孤立的民商法概念在解释真实金融世界时的力不从心。

(三) 银行理财具体业态带来的定性困难

大资管行业的一个特征是它跨产品的协同运作状态。理财资金借入资本市场通常不是直接投向最终资产,而是借由通道机构或是委外机构"过桥",或是从融资方的视角为特定融资项目寻找资金供给,交易架构的多层嵌套以及业务逻辑的复杂性使得信托概念在解释银行理财具体交易架构时存在一定困难。

1. 银行理财对接通道

在银行理财利用其他资管机构的通道时,通常由银行决定资金投向,银行在此类业务中具有强势地位。将该业务逻辑进一步抽象,如图 3.2 所示。在第一层

[1] 参见盛学军:《中国信托立法缺陷及其对信托功能的消解》,载《现代法学》2003 年第 6 期。

[2] 2016 年中国信托登记公司成立,2017 年《信托登记管理办法》出台,表面上建立了我国信托转让的制度基础。但是,信托登记的核心应是信托财产登记,此外也应包含信托关系的登记。而该办法的主要内容是针对资金信托等信托产品的登记,并为受益权提供转让平台,与我国《信托法》第 10 条规定的信托财产登记并不相同。因此在目前阶段,我国围绕信托财产的信托登记制度仍处于缺失状态。

[3] 关于我国信托法"委托给"之表述对信托财产所有权带来的争议,更详细的分析,参见季奎明:《论信托的本质及其对传统物权体系的解构》,载《商事法论集》2007 年第 2 期。

[4] 参见夏小雄:《"得形"、"忘意"与"返本":中国信托法的理念调整和制度转型》,载《河北法学》2016 年第 6 期。

[5] 参见张军建:《论中国信托法中的委托人的撤销权——兼评中国〈信托法〉第 22 条》,载《法学家》2007 年第 3 期。

业务关系中，作为客户资金的受托人，银行应当积极管理理财资金，其进行投资运作的一种方式就是购买其他机构的资管产品。理财资金借由通道投向最终标的时银行通常保留积极的决策权与管理权，而通道机构作为第二层业务关系的受托方，并不负积极管理处分的权利与义务。可见，在银行理财对接通道业务时，银行拥有核心的裁量权。

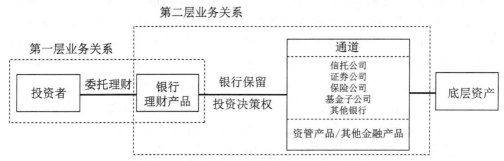

图 3.2 银行理财对接通道业务的抽屉结构

那么如何解释银行与通道机构之间的法律关系？若是将其界定为委托代理，则受托人应当听从委托人指示，此时银行在通道业务中的强势地位得以解释。然而这又是对信托说的逃避。因为无论是从监管导向还是资管产品的业务逻辑来看，资产管理的内部关系均应界定为信托，此时若否定银行理财投资其他资管产品的行为是信托，显然是自相矛盾。但若将其界定为信托，似乎又不能解释通道业务中受托人（通道机构）权利义务的弱化，以及委托人（银行）在其中的决策权。

在这里，通道业务其实是一种消极信托（passive trust）。所谓消极信托，是指受托人对信托财产的管理处分失去了裁量权，只具有形式意义上的职能与地位，不过受托人应当至少保留最低限度的事务管理义务，否则此类信托的效力是值得商榷的。[1]如果受益人既居管理地位，又享有利益，则受托人没有继续存在的意义，如英美法院对消极信托的处理一般是径直将财产移转给受益人从而消灭信托关系。[2]因此，信托受托人必须有管理和处分财产的权限。假使委托人并没有将管理、使用与处分财产的权限过渡给受托人或者说受托人完全不承担管理的责任，则没有成立信托的必要。但需指出的是，受托人须有信托事务的管理处分权限，并不意味着受托人要对信托财产的管理处分拥有决策权。换言之，如果受托人是基于第三人的指示或事前信托合同的约定，对信托财产作出管理与处

---

〔1〕 参见赵廉慧：《信托法解释论》，中国法制出版社 2015 年版，第 55~57、307 页。
〔2〕 参见李智仁、张大为：《信托法制案例研习》（修订 6 版），元照出版有限公司 2018 年版，第 7 页。

分，此类关系下受托人并没有失去名义上的管理权，只不过管理处分的权限内容均由委托人决定，而受托人自身至少承担必要的协助或事务管理的责任，此类信托又称为事务型或是指示信托，这也是通道业务的实际安排。

如此就可以解释银行理财对接通道的逻辑，此类通道业务是事务型或是指示信托，是市场主体基于契约对双方权利义务作出的一种配置。设计消极信托的目的一般来说都是为了规避法律上的限制，银行理财对接通道的逻辑亦然，但不应简单地否定通道业务存在的合理性或其合法性。如果事务型信托的设定与信托关系之外的第三人或是与公共利益无涉，或者从经济的角度来说并无负外部性，则没有否定其效力的合理基础。同样的，《资管新规》对通道业务也没有一刀切，只是严格禁止监管套利的通道业务，也为市场上正常通道类业务的商业安排留有余地。

通道业务的效力问题背后，各资管机构的角色定位的模糊及其权利义务的认定更为复杂。通道机构根据银行的指示对理财资金进行管理，仅作为名义上的管理人，投资标的的选定、受托财产的运用等核心事务掌握在银行手中。银行作为理财业务的受托人，同时在整个业务逻辑中扮演了一个"投资顾问"的角色。而不论管理和处分权限在银行和通道机构之间如何分配，整个业务构造最终是为了投资者的利益，投资者是整个交易的是"初始委托人"与"最终受益人"。银行理财对接通道的信托构造呈现出图 3.3 的逻辑。

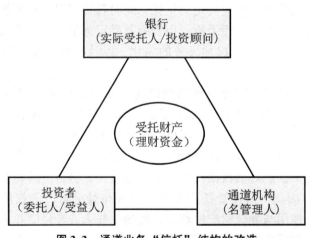

图 3.3　通道业务"信托"结构的改造

在此类业务中，如果孤立地看待投资者与银行或是银行与通道机构之间的关系，显然过于简单了，它们两两之外并非无意义的无关第三人，而是事实上共同介入同一交易架构之中，休戚与共。银行作为连接投资者与名义受托人的核心"中介"，在投资决策中的主导作用使得三者的联系更为紧密，通道机构的意志被银行吸收，一般仅具有事务上的协助作用。投资者是初始委托人和最终受益人，银行与通道机构都将围绕投资者委托的理财资金进行运作管理，后两者的风险承担与通道功能一般交由合同约定，这使得图 3.3 的结构超越了信托关于"委托人—受托人—受益人"的经典结构，成为一个兼具信托意味又充分尊重当事人合同自治的耦合体。此时，单纯的信托概念并不能很好地解释三方当事人在业务构造中的法律关系，尤其是在一个整体交易的视角下。进一步来讲，银行以及通道机构的受托人责任如何明确以及在此之上的风险如何分配是一个难点，而这些问题的最终落点是投资者保护。

监管部门在引导市场去通道、消除多层嵌套的过程中，基本思路是加强通道机构的主动管理职责，强化受托人责任。银保监会指出银行理财不能简单地作为其他资管产品资金募集的通道，应当切实履行投资管理职责。[1]同样的，证监会在此的监管思路也是要求机构应当承担履行管理职责，不得在通道中被动接受委托人或指定第三方的决策或指令。[2]又如，《证券公司风险控制指标管理办法》还通过将各项业务与风险准备金以及净资本水平挂钩，提高通道业务的管理成本，限缩机构扩张通道业务的动力。

由是观之，虽然信托等法律概念不能完美适配银行理财对接通道的业务构造，但是在投资者保护面前，通过强化受托人——无论是拥有实质决策权的银行还是作为名义管理人的通道机构——的义务，使其主动承担起管理职责从而目标一致地为投资者的利益服务，也能实现银行理财市场的平稳运作。

2. 银行理财之非标类融资理财

银行理财对接通道业务的一个重要目的就是投资非标这类高回报的资产，而非标类理财的业务构造也有值得讨论之处。虽然在监管去通道的发力下，借由通道机构的产品嵌套对接非标的理财规模逐渐缩减（该业务逻辑见图 2.1），但银行为投资非标的创新手段层见叠出，监管部门疲于应对。为此，银监会从 2013 年开始鼓励理财产品直接对接融资项目（这就出现了图 3.4 的业务逻辑），继而推出"理财直接融资工具"（以下简称"理财直融工具"），让理财资金直接对接单一企业债权融资需求。理财直融工具是监管部门主导的资产证券化尝试，银监会更是允许银行理财在资产证券化业务中承担特定目的载体（SPV）的功能，[3]这愈加混乱了银行理财作为买方业务的定位，使得投资业务融资化。

---

[1] 参见《理财新规》（2018 年）第 38 条。
[2] 参见《证券期货经营机构私募资产管理业务管理办法》（2018 年，已失效）第 46 条。
[3] 《商业银行理财业务监督管理办法（征求意见稿）》（2016 年）第 39 条第 2 款规定："前款所称特定目的载体包括但不限于其他商业银行理财产品……"

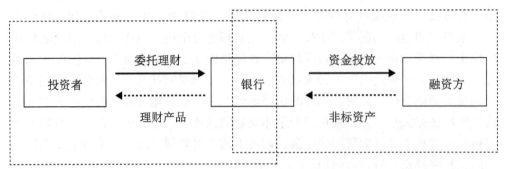

图 3.4 非标类理财的业务结构

在银行理财对接特定融资项目的业务构造中,一般是有资金需求的融资方先找到银行,银行继而作为发起管理人分别在资金端与资产端设立"银行理财管理计划"与"理财直融工具"。在资产端,融资方将非标转让给理财直融工具,而理财直融工具作为 SPV,代替通道机构,将非标转为市场化的标准资产。而在资金端,银行则转变为银行理财管理人,设立理财管理计划作为理财直融工具的合格投资人,同时在银行理财业务中承担对客户委托的资金进行投资、运作和管理的职能。银行理财投资者的资金通过"理财产品—直融工具"的路径流向融资主体。其业务逻辑见图 3.5。

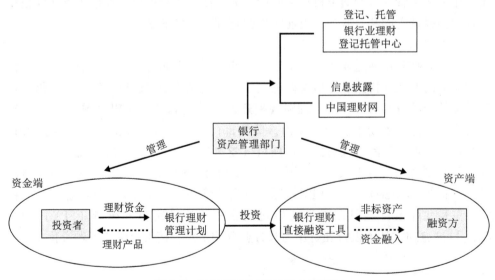

图 3.5 非标类融资理财的业务结构

上述过程是为了使非标转标,而这也正是资产证券化所描述的将缺乏流动性的资产转化为市场可交易的金融工具的融资逻辑,非标类融资理财在资管业务的名义下所存在的问题也就浮现出来。资管业务是投资者为获得投资回报，向银行等金融机构委托资金而启动的买方业务，所以才有银行应当为投资者利益服务的判断；而资产证券化业务则是基于用资方的资金需求，基于特定资产的信用发行证券以融入资金的融资行为。资管业务与资产证券化业务分别位于金融市场的资金供给端与资金需求端，代表着为投资者服务的买方业务与融资者服务的卖方业务。所以说，资产证券化业务不能放在资管业务之中，这也是《资管新规》将"资产支持证券"剔除的缘由。虽然《理财新规》正式稿并未保留"理财直融工具"以及"特定目的载体"的概念，但是仍旧保留投资于非标的空间，仅仅是通过对投资非标进行限额管理与禁止期限错配以打破刚兑，而理财直融工具仍作为非标资产在市场存续。[1]显然，监管规则对非标背后可能存在的资产证券化逻辑有所回避。

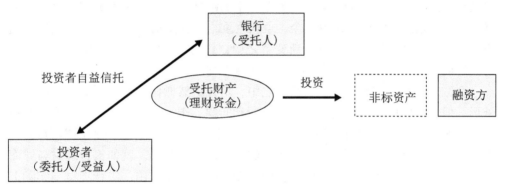

图 3.6　非标类融资理财的信托逻辑

那么进一步地，信托结构又如何用来解释"投资者-银行-融资者"的三方关系？从银行理财的业务构造出发，投资者将资金交由银行设立一个资金信托，并获得理财产品份额作为受益凭证，投资者既是委托人也是受益人。进而，银行用理财资金投资非标资产，实现向融资主体投放资金的目的。表面上，非标类理财呈现的信托逻辑是投资者端的自益信托、投资信托，而投向非标的过程则是信托资金的运用方式。

事实上，在"银行理财投资非标"的表述中，资产证券化的逻辑在这里被掩盖了。在大多数非标类业务中，融资者对整个信托逻辑的启动起着主导作用，即使表面上是投资者驱动的资金信托，但交易的最终目的是让融资方获得资金，

---

〔1〕　如兴业银行杭州分行 2022 年 4 月还在推出理财直融工具，参见《兴业银行杭州分行首笔 5 亿元理财直融工具项目顺利落地》，载 https://mp.weixin.qq.com/s/dSTEuCMzMcbiMkBoPp24Ag，最后访问日期：2022 年 11 月 20 日。

因此融资者在实质意味上成为整个投融资链条安排的"受益人",其身份被隐藏在投资者与银行的信托关系之下。

银行理财投资于一个资产证券化产品或非标本身不是问题,问题的症结在于理财业务与资产证券化业务在非标类融资理财之中均由银行的资管部门进行,这意味着银行总是承担两个身份。无论这里是成立一个投资者信托还是融资者信托,在非标类融资业务中,银行在表面上受托理财,而在本质上受托融资,来自投融资双方"信任"关系的存在造成银行这一受托人身份上的冲突。银行在投资者和融资方之间斡旋,既为买方服务又为卖方服务,究竟该为谁的最大利益行事?忠于谁人之事?

(四) 定性争议带来的启示:受托人义务是为核心

总的来说,虽然信托基本契合银行理财的运作逻辑,但我国《信托法》相关规范的阙如以及银行理财具体业务逻辑中的龃龉却使得该制度的良好运行极为难求。《信托法》2001 年出台至今,争议重重,其自身的逻辑自洽尚待实现,而银行理财业务却又处在急速的创新变革之中,作为大资管法理基础的《信托法》的完善尚待时日,不能适应金融市场的快速变化。

金融市场及其交易无所不在其变之中,信托虽然抓住了银行理财业务的一些外形,但也不能用来解释商事交易中的所有问题。作为一项财产管理制度,信托在与金融的联姻中,创新出各种金融产品,银行理财等资产管理产品即为其一。即使在资产管理的概念下,各金融机构的业务逻辑也各异。就如银行理财与券商资管、信托计划等在金融市场的不同位置发挥着其重要作用,银行理财则实际上扮演着最终资金供给方的角色,在券商资管中做优先级,或是通过信托通道投放于实体经济。资管产品的交互持有,金融机构在他方业务中的介入甚至主导,以及跨产品的资管业态的形成,都使得信托在处理大资管的问题时显得力不从心。

因此已有学者指出,信托法等民商法虽在金融市场中仍有其基础性地位,但并非针对性规范,对金融关系的调整能力有限。[1]在资管业务的法律定性上,现有研究在结论上无论是认为属于"自益信托与间接代理的竞合",[2]或是介于一种"委托与信托的中间状态",[3]还是一个囊括了财产独立性、受托人管理财产的义务以及受益人对投资回报的受益权的"信托或者类信托的法律框架",[4]

〔1〕 参见刘燕:《资管计划的结构、功能与法律性质——以券商系资管计划为样本》,载《投资者》2018年第3期。

〔2〕 刘正峰:《论证券资产管理关系的法律适用》,载《上海财经大学学报》2008年第3期。

〔3〕 缪因知:《资产管理内部法律关系之定性:回顾与前瞻》,载《法学家》2018年第3期。

〔4〕 刘燕、楼建波:《企业并购中的资管计划——以SPV为中心的法律分析框架》,载《清华法学》2016年第6期。

都已经认识到，一个孤立的委托或信托概念在解释复杂的金融交易时是单薄的甚至令人费解的。

可能有人认为，在法律定性问题上，只需关注银行理财的内部关系，也即投资者与银行之间的权利义务配置，不应将融资者或通道机构引入讨论银行理财的"信托"框架。那么将银行理财的内部关系——投资者与银行——定性为"信托"当无异议，而其外部关系完全可以交由合同自治，由委托制度解决。这个质疑恰恰指出了一条解决的路径。我国的委托与信托制度的分界本就模糊，所以才使得市场主体创造出兼具信托意味与委托合同灵活性的交易架构，而围绕具体交易架构的定性上的矛盾均集中在银行这一管理人身份的角色模糊上，因此受托人责任义务的强化成为问题的出路。

四、银行理财监管思路的逻辑依归

银行理财在监管规则的不断完善中回归正轨，以及法律概念在解释具体交易架构时遭遇抵牾，都表明无论是培育大资管行业还是防范金融系统风险，法律概念始终是落后的。如果拘囿于大资管法理之争，而忽略了当下市场实践中出现的核心问题，则是舍本逐末。目前，由银行理财对接其他资管产品形成的业务形态可以发现，银行等资产管理人的行为标准是亟待监管明确的内容。

（一）以信义义务统率管理人的行为标准

对于银行理财以至大资管中委托人与受托人关系的处理，特别是资产管理人身份的界定及其义务的明确，目前在信托与委托的争论中难以找到真正出口，莫不如用统一的信义义务（fiduciary duty）观念确立整个资管业务的行为准则，这一点也获得了一些学者的支持。刘燕指出大资管的上位法应当由民商法基础加监管法构成，大资管回归大信托更多是一种信托理念的回归，在资管行业形成信义义务的共识更为关键。[1]此外，王涌从私募基金的可持续发展角度指出，目前基金风险频发是因为业界乃至监管者和法官对信托关系以及信义义务缺乏认识，故而要抓住信义义务这一核心。[2]

概言之，当下大资管法理基础的讨论中，大多数学者持信托说的目的就是为了对资产管理机构适用严格的信义义务。信义义务虽发源于"信托（trust）"，但本质是基于当事人之间的信任或信赖（trust or confidence）关系。在衡平法法官的不断类推下，信义义务的适用范围已经扩张至所有可被解释为信托或类信托的信义关系（fiduciary relationship）群，除信托中的受托人，还囊括委托中的代理人、

---

〔1〕 参见刘燕：《大资管"上位法"之究问》，载《清华金融评论》2018 年第 4 期。

〔2〕 参见王涌：《信义义务是私募基金业发展的"牛鼻子"》，载《清华金融评论》2019 年第 3 期。

公司中的董事、依靠专业技能的医生和律师，近来更有向公法发展的态势。[1]质言之，当一个人（施信人）基于信任将一项事务或财产交付给另一个人（受信人，fiduciaries）处理时，即形成信义关系，而施信人的脆弱地位要求受信人受到信义义务的约束。因此，大资管争论已久的法理基础，无论是委托还是信托，在对资产管理人施加严格责任这一目标上，都可以用信义义务来讨论。由是观之，大资管回归本源在更为核心的价值意趣上是资管机构信义义务的回归，而不在于前提之信托架构的适配。

信义义务被视为英美法上最为严格、复杂的责任，大陆法系上与之可资比较的是作为帝王条款的诚实信用（bona fides）原则。信义义务和诚实信用两者的适用范围都较为宽泛，在内容和功能可能存在交叉。[2]我国学者在翻译"fiduciary duty"时，就有直接转译为"诚信义务"的。[3]此外，我国《信托法》用以指向信托受托人义务的"诚实、信用、谨慎、有效管理"表述本身也是一种诚实信用与信义义务的杂糅，其中"谨慎、有效管理"是信托受托人管理性义务的具体内容，[4]但似乎又缺乏忠实义务这一信义义务的核心。可见，我国对诚实信用和信义义务的区分并不清晰，《信托法》上受托人义务的内涵在一定程度上也借用了诚实信用原则。然而，信义义务是不能被诚实信用所替代的。信义义务所代表的道德标准更高，其要求受信人将他人（如信托中的受益人）利益置于自己之前，具有极强的利他主义精神，这与建构在利己基础上的诚实信用存在巨大落差，后者只要遵循"不损人利己"[5]的一般道德标准即可。这种道德要求上的落差源于受信关系下施信人与受信人之间的不平等地位，而此种不对称需要更强的约束力以避免背信弃义行为的发生。在大资管业务中，由于投资者与管理人在信息获取、专业知识上的差异，投资者在订立合同时处于劣势地位。当然无论是投资者还是金融机构，在市场经济活动中都应当诚实守信，尊重他人利益，但诚实守信不能体现投资者的信息劣势以及金融机构的受信人地位，这种身份上的落差必须通过信义义务特别是忠实义务加以矫正。

此外，诚实信用的内涵极为模糊。"除了诚实信用这四个字外，什么也不能确定。"[6]相较之，信义义务的内涵就较为明确，最为主要的就是忠实义务（duty

---

[1]　See Evan J. Criddle, "Fiduciary Foundations of Administrative Law", *UCLA Law Review*, 54 (2006). See also D. Theodore Rave, "Politicians as Fiduciaries", *Harvard Law Review*, 126 (2013).

[2]　参见徐化耿：《论私法中的信任机制——基于信义义务与诚实信用的例证分析》，载《法学家》2017年第4期，第41页以下。

[3]　朱慈蕴：《资本多数决原则与控制股东的诚信义务》，载《法学研究》2004年第4期。

[4]　参见高凌云：《被误读的信托——信托法原论》，复旦大学出版社2010年版，第108页以下。

[5]　梁慧星：《诚实信用原则与漏洞补充》，载《法学研究》1994年第2期。

[6]　孟勤国：《质疑"帝王条款"》，载《法学评论》2000年第2期。

of loyalty）与注意义务（duty of care）[1]。忠实义务，用大资管常用之注解来说，就是"受人之托、忠人之事"，它要求受信人对受益人忠诚，只为受益人的利益行事，这是信义义务利他性的根本表现。而注意义务或称善管注意义务，则要求受信人以积极的姿态，采取合理的管理手段与投资策略，像处理自己事务一样处理受托之事。

目前，我国《信托法》似乎是意图用"诚实、信用"模糊地指向受托人的忠实义务，且没有进一步将忠实义务与注意义务予以明确区分。[2]而监管新规对管理人职责的原则性表述是"诚实守信、勤勉尽职"，[3]也未能对信义义务的内涵，特别是忠于他人之事的价值取向作出很好的描述。因此，即使将信托关系作为大资管的法律基础，我国缺乏了信义义务的《信托法》也是一个"跛脚"的制度，仍需要深入完善，特别是要厘清信义义务的具体内涵。

我国大资管业务的民商法基础尚未明确，《信托法》的改造也困难重重，立法层面资产管理人信义义务的完善还尚待时日。但事实上，即使在信托法的源头英国，针对是否要在立法层面确立"信义义务"还存在巨大争议，迄今也只是处于讨论呼吁阶段，[4]可见制度设计绝非一日之功。在英国金融行为局（FCA）发起的资产管理市场研究中，FCA坚持，实现为投资者最大利益行动的管理人责任的最有效手段是通过监管改革，而非在法律文本中确立一个法定的信义义务或谨慎义务。[5]FCA的主要理由是它们已经通过监管手册（COLL）确认应当为"客户的最大利益（the client's best interest）"或者为"客户利益（customers' interests）"行事的原则，该原则将发挥与信义义务相似的作用，引入信义义务反而会导致成本增加和法律不确定性，而且将花费比监管手段更长的时间。[6]

大陆法系国家对精准概念的追求使得法律定性始终被放在讨论的第一位，但

---

[1] 此外还有勤勉义务（duty of diligence）或谨慎义务（duty of prudence）的提法。

[2] 根据《信托法》（2001年）第25条规定，受托人应当遵守信托文件的规定，为受益人的最大利益处理信托事务。受托人管理信托财产，必须恪尽职守，履行诚实、信用、谨慎、有效管理的义务。该条规定将受托人的法定义务杂糅在一起，并未直接区分并指向忠实义务与勤勉义务，只能由此条文推导出，除了信托文件的约定义务外，还应有法定的谨慎义务（有效管理、善管义务、注意义务）、忠实义务（诚实信用），此外还有分别管理义务（《信托法》第29条）、亲自执行义务（第30条）等。

[3] 参见《资管新规》第8条、《理财新规》第6条。

[4] See Ryan Bakhtiari, Katrina Boice & Jeffrey Mjors, "The Time for a Uniform Fiduciary Duty is Now", 87 *St. John's Law Review* 313 (2013). See also Benjamin P. Edwards, "Fiduciary Duty and Investment Advice：Will a Uniform Fiduciary Duty Make a Material Difference", *Journal of Business and Securities Law*, 14 (2014).

[5] See FCA, *Asset Management Market Study Final Report*, MS15/3.3 (2017).

[6] See FCA, *Asset Management Market Study Final Report*, MS15/3.3 (2017).

是金融创新所带来的问题与冲突并不能等待法律文本的落定。当下大资管法理基础的讨论，相当程度上也存在要在理论上先将顺逻辑再引入制度的偏执，但从市场发展的角度，对市场现象的快速反应以及监管控制才是更高效的选择。

（二）通过监管规则补充信义义务的行为细则

在厘清法律基础之前，大资管行业亟须先通过监管手段对管理人的职责予以确切描述，确立资管从业者为投资者最大利益行事的行为标准。结合具体业务实践中的问题，监管规则还需从以下几个方面补充受信人义务的内涵：

其一，公平对待所有投资者，对投资者一视同仁。如不得利用资金池等模式在各理财产品间调节收益。

其二，以客户利益为先，妥善处理好自身与客户的利益冲突，不得保留投资收益。为打破刚兑，理财产品应抛弃预期收益率表述，推进净值化改革。净值化使银行不能在事后调整收益，那么其很有可能提高前端收费，尤其是在融资类理财收益水平可以确定的情况下，银行更容易为自己设定一个满意的收入水平，并在理财产品合同中事前约定，进而变相损害投资者利益。目前对银行理财定价的合理性及其标准问题尚未讨论，但必然会随着净值化改革的展开而提上监管议程。

其三，明确卖方业务与银行理财业务的隔离，避免不同业务逻辑下的客户利益冲突，使银行在理财业务中为投资者的最大利益服务。在银行投资非标的过程中，融资方在业务逻辑中的主导地位造成投资业务融资化，必须明确银行理财作为买方业务的本质，不得使融资者的利益优于或先于理财投资者。

总的来说，投资者信任银行等资产管理人的专业能力与知识，将资产委托给后者，并期待后者给自己带来最大化回报。银行作为受信人因此负有信义义务，应当毫无保留地为投资者最大利益行事，运用自己的专业能力为投资者获利。

五、代结论

党的二十大报告指出，为构建高水平社会主义市场经济体制，要"深化金融体制改革，……依法将各类金融活动全部纳入监管，守住不发生系统性风险底线。健全资本市场功能，提高直接融资比重"。大资管行业是我国优化融资结构，是推进直接投融资业务发展的重要内容，然而在金融压抑政策下，未能得到满足的投融资需求涌向理财这一载体，形成了绕开监管的中国式影子银行，引发了系统性风险的担忧。基于此，可以理解《资管新规》《理财新规》集中于清理行业积弊的目的是让大资管行业彻底摆脱影子银行的阴影，并在谦抑的立场上，尊重市场业已形成的大资管形态，进而为金融机构划定合规边界，使市场主体"戴着镣铐跳舞"。

监管新规后，影子银行被正式纳入监管，银行理财也在破刚兑、去嵌套、清理资金池以及推动净值化的要求下寻求业务转型，并逐步清理具有刚兑特征的保本型理财，只保留符合大资管特征的非保本理财。银行理财的发展历程与业务定性反映出，监管新规方向明确，正在一步步调整大资管行业回归"受人之托、代人理财"的本源。而法律人希望通过定性为大资管行业建构统一法理基础的目标已经由统一监管标准的《资管新规》实现，接下来仍需要依赖监管部门的努力，以信义义务为核心，进一步细化资管机构等受托人为投资者最大利益服务的行为准则。

债券预期违约司法认定的反思与重塑

夏智聪[*]

摘要： 债券预期违约系发行人在债券本息兑付期限前，明确表示或者以自己的行为表明将不兑付本息的行为，具有主体以及客观表现上的特殊性。在存在有效债券合同的前提下，债券预期违约的认定应当充分衡平投资者合法债权与发行人持有资金的期限利益之间的关系，构建以预期违约制度为基础、合理划分客观要件的司法认定标准。对于明示预期违约而言，仍旧以发行人的真实违约意思表示为核心审查要素。对于默示预期违约而言，应当以"通知与否、通知是否给予合理期间、合理期间内是否提供适当担保"为核心判断逻辑，并充分考量其他各相关因素。债券预期违约的法律后果是债券合同的解除，权利人得以向发行人主张可得利益损失。

关键词： 债券合同；预期违约；利益平衡；认定标准

自 2014 年"11 超日债"发生实质性违约以来，我国债券市场违约趋于常态化。近年来，除了债券实质性违约，司法实践出现了不少债券权利人因发行人经营、财务状况恶化，依据预期违约制度，要求提前兑付本息的民事诉讼。此类诉讼对于债券契约的稳定具有极强的侵略性，认定过松，不利于融资主体的发展，易形成对投资者的过度保护；收之愈紧，又恐债权人无法及时止损。

围绕解决债券预期违约的司法认定问题，本文欲逐一阐明：第一，何为债券预期违约，其有何特殊性；第二，这种特殊性在司法实践中的反应以及其中存在的问题；第三，问题的源头以及解决的途径；第四，债券预期违约司法认定的路径重塑。

一、债券预期违约的特殊性

债券预期违约，由"债券"和"预期违约"两个范畴组成，是指债券发行人在债券本息兑付期限前，明确表示或者以自己的行为表明将不兑付本息的行

---

* 夏智聪，上海市虹口区人民法院金融庭法官助理。

为，其特殊性主要来源于债券的特性以及预期违约制度适用上的传统争议。

（一）债券的公共属性

债券的公共属性首先体现在国家权力的介入，即须要接受金融监管，在这个层面上，债券突破了"契约制度对个人自主及自由选择的权利的肯定"，[1]但是，这种突破旨在达成契约自由和契约正义的相对平衡，有着保护弱势金融消费者的价值追求。

其次，债券的公共属性还体现在，债券合同的相对方是分散的债券持有人，债券关系的整体框架是由一个发行人与众多债券持有人建立起来的。实践中，为了发行和交易的便利，债券的格式化、标准化使其类似于格式合同，或者以格式条款的形式呈现，[2]如债券募集说明书中的相关内容。然而，债券合同又不同于通常金融借款类纠纷的格式合同，最主要的区分是债券关系具有债之整体性与债券持有人之分散性的特点，整体性一方面是指债券合同高度抽象，基于募集说明书的文本内容，又不是文本本身，文本的合法变更或者部分当事人权利的移转，不影响债券合同的效力，且单个债券合同行为并不影响债券合同整体的效力，如部分债券的当期交易、提前赎回等不影响其他债券合同关系的存续。另一方面是指，根据《公司债券发行与交易管理办法》（以下简称《公司债券管理办法》）的规定，分散的投资人可以通过管理人或者持有人大会在各个阶段整体性地主张权利。[3]而对于通常的格式合同，贷款方与各个买方的合同相互独立，且由买方个人主张各自的权利，即使部分案件为了便利在司法程序中可以并案处理，并整体性地主张权利，这种整体性相较而言也弱得多。因此，在债券框架下，合同两方主体的关系并没有金融借款合同关系的直接性，而是间接的。

再次，从履约过程看，债券兑付并非一次给付可以完结，时间因素在债之履行上具有重要地位，发行人会持续性地进行信息的公示，通过持续性信息披露以减少信息不对称和反映其持续性的营利性努力的必要性，以满足发行人对市场的投资承诺以及投资者的投资预期。[4]发行人、管理人、持有人代表也可能进行阶段性的协商和计划调整，灵活地应对市场行情和自身的客观状况。

最后，债券合同的公共性还体现在对债券管理人、承销机构等中介服务机构职责的安排上。债券作为金融产品，其本身具有较高的专业性、风险性，债券

---

〔1〕 王泽鉴：《债法原理》，北京大学出版社 2009 年版，第 56 页。

〔2〕 参见南玉梅：《债券交易人卖者责任探析——以信息披露义务与诚信义务为核心》，载《中国政法大学学报》2017 年第 1 期。

〔3〕 参见《公司债券管理办法》相关规定，公开发行公司债的，发行人应当为债券持有人聘请债券受托管理人，并订立债券受托管理协议；在债券存续期限内，由债券受托管理人按照规定或协议的约定维护债券持有人的利益；存在下列情形的，债券受托管理人应当召集债券持有人会议。

〔4〕 参见冯果等：《债券市场风险防范的法治逻辑》，法律出版社 2016 年版，第 240 页。

合同的订立和目的的实现需要专业机构的撮合和助力，需要借用专业机构的声誉以取得投资人的信赖，专业机构往往会参与到债券合同的履行过程，因而债券合同不再是双方的私约，而是包含了多方当事人共同努力的公共产品。

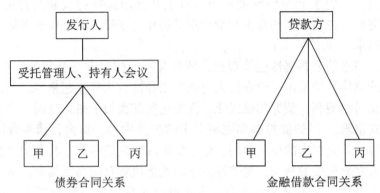

图 1.1　债券合同关系与金融借款合同关系比较

(二) 预期违约制度的传统争议

债券预期违约在违约样态上系未达履行期的违约，区别于实质性违约，其认定会更具价值取向性。债券预期违约诉讼的请求权基础是预期违约 (Anticipatory breach)。长久以来，预期违约作为一种舶来品，在我国的理论探讨和司法实践中均存在一些争论，如默示预期违约认定标准的不确定性、预期违约制度如何与不安抗辩权区分和衔接、预期违约后救济方式的模糊性等，这些争议在债券关系中仍然存在。

1. 默示预期违约规则的不确定性

我国有关预期违约的法律规定集中在《中华人民共和国民法典》(以下简称《民法典》) 第 563 条，"有下列情形之一的，当事人可以解除合同：……(二) 在履行期限届满前，当事人一方明确表示或者以自己的行为表明不履行主要债务……"，以及第 578 条，"当事人一方明确表示或者以自己的行为表明不履行合同义务的，对方可以在履行期限届满前请求其承担违约责任"。[1]其中"当事人一方明确表示"的情形为明示预期违约，"以自己的行为表明"的情况是默示预期违约。

我国预期违约制度来源于英美法国家以及 1980 年《联合国国际货物销售合

────────────

〔1〕 参见《中华人民共和国民法典》(2020 年) 第 563 条、第 578 条同《中华人民共和国合同法》(1999 年，已失效) 第 94 条第 2 项，"在履行期限届满之前，当事人一方明确表示或者以自己的行为表明不履行主要债务，当事人可以解除合同"，以及第 108 条，"当事人一方明确表示或者以自己的行为表明不履行合同义务的，对方可以在履行期限届满之前要求其承担违约责任"。

同公约》（以下简称《公约》）。美国《统一商法典》第 2-609 条第 1 款和第 4 款的规定，"如果任何一方有合理理由认为对方不能正常履约时，其可以以书面形式要求对方提供正常履行的适当保证。在对方当事人收到这种对履约予以保证的合法要求后，在不超过 30 天的合理时间内，没有提供符合该特定交易实际情况的适当保证时，是废除合同的行为"[1]，即构成预期违约。上述"合理理由"从判例法看主要指，债务人经济状况不佳，没有履约能力，或者商业信用不佳，抑或是债务人在履行合同或履行合同中的行为或实际状况表明其有违约的危险。[2]《公约》在综合考虑大陆法系、英美法系国家相关制度的基础上，在第 71 条和第 72 条规定，合同订立后，如果一方当事人因履行义务的能力或其信用有严重缺陷，或是他准备履行合同或履行合同中的行为，显然将不履行其大部分重要义务，另一方当事人可以中止履行义务。如果在履行合同日期之前，明显看出一方当事人将根本违反合同，另一方当事人可以宣告合同无效。如果时间许可，打算宣告合同无效的一方当事人必须向另一方当事人发出合理的通知，使他可以对履行义务提供充分保证。[3]可以看到，对"以自己的行为表明"的判断，美国《统一商法典》和《公约》的规定并没有分歧，即在考察"能力、信用、行为"三要素后，再加入"担保标准"进行认定，即如果当事人存在履约能力或信用问题或有关行为表明将不履行主要债务，且在合理期间内，通知要求其提供担保后，不提供担保，则构成默示预期违约。

我国在制度移植的过程中仅以"以自己的行为表明"作为判断的标准，且并未出台具体相关的实施细则，扩大了默示预期违约的适用范围，客观上给予法官更多的解释空间。文义的不确定性造成了理论与实践的分歧。

2. 预期违约制度与不安抗辩权的共生

不安抗辩权源于大陆法系国家，《德国民法典》（2002 年修订版）第 321 条规定，"双务契约中负有先履行义务的当事人，如在合同订立后认识到，其要求获得对待给付的请求权将受到对方当事人欠缺履行能力的危害，则可以拒绝履行给付，如对方提供了担保，则不得行使拒绝给付权。"[4]《法国民法典》第 1613 条也早有类似规定，只不过将该条限定在买卖合同的范围下适用。[5]实际上，我国也早在 1985 年《中华人民共和国涉外经济合同法》（已失效）第 17 条就规

---

[1] 美国法学会、统一州法全国委员会编著：《美国统一商法典》，石云山、袁慎谦、孙亚峰译，上海翻译出版公司 1990 年版，第 45 页。

[2] 参见李新天：《违约形态比较研究》，武汉大学出版社 2005 年版，第 48 页。

[3] 参见高旭军：《〈联合国国际货物销售合同公约〉适用评释》，中国人民大学出版社 2017 年版，第 398~413 页。

[4] 台湾大学法律学院、台大法学基金会编译：《德国民法典》，北京大学出版社 2017 年版，第 309 页。

[5] 参见《法国民法典》，罗结珍译，北京大学出版社 2010 年版，第 390 页。

定了不安抗辩权，[1]这也是 1999 年《中华人民共和国合同法》（已失效，以下简称《合同法》）第 68 条、第 69 条的前身。《民法典》第 527 条、第 528 条仍沿用此规定，并修改了《合同法》第 69 条后半段为，"中止履行后，对方在合理期限内未恢复履行能力并且未提供适当担保的，视为以自己的行为表明不履行主要债务，中止履行的一方可以解除合同并可以请求对方承担违约责任"。有观点认为《合同法》第 68 条、第 69 条也属于预期违约制度的法律规定，[2]这是对预期违约制度与不安抗辩权关系的误读。

不安抗辩权和预期违约制度分属两大法系，均系对合同预期不履行的救济制度。大陆法系并不认可预期违约制度，而是以不安抗辩权和同时履行抗辩权构成了特有的对债权进行保护的抗辩权体系，而英美法系不存在抗辩权体系，创设预期违约制度发挥类似功能。我国在延续传统大陆法系抗辩权体系的基础上，一道吸纳了英美法的预期违约制度旨在更有效的保护交易秩序，维护当事人利益。

理论上对于两者的关系主要有"完全区分说"和"有效衔接说"，造成这种分歧的根本原因在于，《合同法》第 69 条有关不安抗辩权规定的合同解除权和《合同法》第 94 条第 2 款规定的法定解除权是否相同？如果认为这是不同的解除权，即须要严格区分两种制度的构成要件，如学者提到的存在虽构成不安抗辩权却不构成预期违约的情形，承认第 69 条的解除权有其独特之处。[3]如果认为这是同一种解除权，则不能将这里的解除权和法定解除权的适用前提割裂，有必要进行衔接，由此将第 69 条的"中止履行、通知、合理期间提供担保"作为判断预期根本违约的标准，进而可以顺理成章地适用法定解除权，这也是《民法典》如此修改的意图所在。

"完全区分说"没有解决到底在什么情况下选择适用何者的问题，反而因为过于强调区分，导致提出更多的界限标准，如"是不是严格的期前拒绝履行""是不是预期履行不能或者丧失履行能力高度确定并构成根本违约的情形"等。"有效衔接说"将所有确定的情形直接适用预期违约，所有不确定的情形用不安抗辩权的标准进行判断，界限更加明确，也使"以自己的行为表明"的认定标准更具可操作性。当然，从《民法典》条文本身出发，其仅仅是解决了发生不

---

[1] 参见《中华人民共和国涉外经济合同法》（1985 年）第 17 条规定，当事人一方有另一方不能履行合同的确切证据时，可以暂时中止履行合同，但是应当立即通知另一方；当另一方对履行合同提供了充分的保证时，应当履行合同。当事人一方没有另一方不能履行合同的确切证据，中止履行合同的，应当负违反合同的责任。

[2] 参见汪渊智：《民法典合同编应重构预期违约制度》，载《人民法院报》2019 年 9 月 5 日，第 7 版。

[3] 参见韩世远：《合同法总论》（第 4 版），法律出版社 2018 年版，第 423 页。

安抗辩权后如何嫁接至默示预期违约进而可以解除合同的问题，至于在何种情况下能够直接触发默示预期违约仍存在一定的模糊性。

3. 预期违约的法律后果定位不明

在《合同法》语境下，预期违约的法律后果在第 97 条第 2 款及第 108 条。前者为依法定解除权解除合同，合同解除后可根据《合同法》第 97 条要求违约方赔偿损失。[1]后者为不解除合同，而是根据《合同法》第 108 条直接请求违约方承担违约责任，并承接第 107 条有关继续履行、采取补救措施或者赔偿损失等违约责任的具体承担形式的规定。有观点认为，对于预期违约案件，合同尚未到履行期，非违约方也就没有实际损失，损害赔偿责任以补偿为原则。如果适用第 108 条，在承认合同效力的情况下，不解除合同直接判决赔偿损失，实际上难以计算和操作。因此非违约方主张损失赔偿的，必须以合同解除为前提，否则应当予以驳回。对此，笔者认为，其一，我国《合同法》第 113 条规定了赔偿损失责任的范围是"因违约所造成的损失，包括合同履行后可以获得的利益"，即采取"完全赔偿原则"，[2]包括违约造成的实际损失和可得利益损失，在债券预期违约中，合同虽未到期并未产生相当的实际损失，但可得利益并非难以计算，依然可以达到补偿的效果。其二，对于继续性合同，并非以最终给付本息的时点作为合同履行期的起点，债务的履行实际上处于一种持续的状态，合同一直处于履行期内。因此，驳回的理由并不是合同尚未到履行期或者损失不能确定。回归法条本身，第 94 条第 2 款多了对当事人是否"不履行主要债务"的判断，解除合同的前提是预期违反合同的"主要债务"，即根本违约，如果违反的只是从给付义务、附随义务等，除了对此类义务的违反危及作为合同基础的信赖关系时，通常不能解除合同。[3]在预期违约案件中，对合同的"主要债务"的违反、合同的解除、违约责任的承担一定是全有或全无的，因此在请求权基础明确的前提下，非违约方应当将合同的解除作为诉请之一。

值得关注的是，《民法典》第 566 条在《合同法》第 97 条的基础上增加了第 2 款"合同因违约解除的，解除权人可以请求违约方承担违约责任，但是当事人另有约定的除外"，消解了因法定解除权引发的民事责任定位不明的问题，但实践中在预期违约语境下，仍存在不解除合同而请求承担违约责任的情况。

---

[1] 参见《合同法》（1999 年）第 97 条规定，合同解除后，尚未履行的，终止履行；已经履行的，根据履行情况和合同性质，当事人可以要求恢复原状、采取其他补救措施，并有权要求赔偿损失。

[2] 王利明：《违约责任论》，中国政法大学出版社 1996 年版，第 454 页。

[3] 参见李新天：《违约形态比较研究》，武汉大学出版社 2005 年版，第 131 页。

二、债券预期违约纠纷裁判的现实问题

通过对债券预期违约诉讼案件整理可知，[1]其一，涉案债券品种仅涉及银行间市场发行的中期票据和交易所发行的公司债券两类中长期信用类债券品种。[2]其二，债券权利人依据的事实与理由均是债券发行人存在经营状况、财务状况的恶化等情况，要求发行人提前清偿债券本息。其主要意图是在债券本息约定兑付日之前，提前锁定债券发行人的责任财产，借此获得生效的裁判文书作为执行依据，从而确保损失最小化。[3]其三，案件的争议焦点集中在债券发行人是否构成预期违约，是否应当承担相应违约责任。还存在少部分其他争议焦点，如关于债券预期违约的起算日、主体适格与否、利息标准适用约定利率还是银行公布利率计算以及违约金的承担与否等。

表 2.1　司法案例相关内容整理表

案例内容	主要观点	问题方面
案由	"证券纠纷""证券交易合同纠纷""合同纠纷""买卖合同纠纷"等	认定前提
募集说明书的性质	"合同本身""要约""要约邀请""承诺"	
合同的内容	是/否关注发行人除还本付息以外的义务	
预期违约的具体认定标准	构成预期违约/发生不安抗辩权/合同目的不能实现	认定标准
	"经营状况恶化，长期亏损，可能丧失兑付能力""涉及多起诉讼""资产已被冻结""交叉违约"等不同考量因素	
法律后果	解除合同/不解除合同	认定原则
	认定结果趋同化	

---

[1] 笔者以"债券"与"预期违约"作为关键词，在"中国裁判文书网""北大法宝""无讼案例"等网站上做了多次民事案件全文检索。除去不同网站呈现的相同案件，其中，中国裁判文书网检索到33个案件（截至2022年11月28日）、北大法宝检索到3个案件（截至2022年11月28日）、无讼案例检索到58个案件（截至2020年6月11日），共94个案件。在排除管辖权纠纷案件、涉刑案件及无关案件的基础上，选定28个案件。

[2] 除中期票据、公司债外，市面上还存在企业债、短期融资券、定向工具等其他形式的信用债。基于债券预期违约司法实践以及学理对于信用债的认识，为了分析与讨论的针对性，作为本文研究对象的债券是指，非政府主体发行的、约定了固定或浮动利率和偿付期限的、以利息收益为主要目的一类债券，其面临的主要风险是发行人信用（违约）风险，形式上包括企业债、公司债、中期票据、短期融资券、定向工具。

[3] 参见曹明哲：《债券发行人预期违约的司法判定》，载《金融市场研究》2019年第2期。

案例内容	主要观点	问题方面
裁判说理的不严谨	默示预期违约具体认定标准的混乱性	
	回避型说理、说理部分的雷同	

（一）认定前提不统一

债券预期违约认定的前提之一是请求权基础的固定和对案件的基本定性。案由呈现出多种表述，如"证券纠纷""证券交易合同纠纷""合同纠纷"等。[1]它是案件的基本定性，反映了法院在处理案件时所依据的法律基础，司法实践对债券预期违约纠纷的定性并不统一。

债券合同关系及其内容的确定是处理债券预期违约案件的另一前提。实践中，法院对于债券合同的认识存在分歧。形式上，体现在法院对于债券募集说明书性质的认识各有不同。上海高院认为，募集说明书系涉案债券发行中约定当事人双方权利与义务的载体。[2]湖南省株洲市中院认为，《募集说明书》属于要约，购买债券是对该要约做出的承诺，双方之间的债券合同自购得债券时成立，合同内容应以《募集说明书》记载的内容为准。[3]北京二中院的看法则截然不同，认为募集说明书、发行公告是对债券持有人的承诺。[4]上海浦东法院指出，从双方合同的约定来看，尽管被告发生了《募集说明书》约定下的"违约事件"，但合同并未赋予原告就此主张被告提前兑付的权利，[5]即认为《募集说明书》本身是合同文本；《募集说明书》系被告作为发行人对涉案债券的募集所作的承诺及说明；[6]在"17 刚泰 01"一案中与上述北京中院的看法保持一致。[7]此外，还有法院认为，《募集说明书》载明了投资者的权利和发行人的义务，系

---

[1] 参见国元证券股份有限公司与吉林利源精制股份有限公司买卖合同纠纷案：安徽省高级人民法院（2019）皖民初 24 号民事判决书。

[2] 参见中国城市建设控股集团有限公司与国联安基金管理有限公司公司债券交易纠纷案：上海高级人民法院（2018）沪民终 448 号民事判决书。

[3] 参见原告湖南炎陵农村商业银行股份有限公司与被告中国城市建设控股集团有限公司公司债券交易纠纷案：株洲市中级人民法院（2018）湘 02 民初 176 号民事判决书。

[4] 参见平安证券股份有限公司与中国城市建设控股集团有限公司公司债券交易纠纷案：北京市第二中级人民法院（2017）京 02 民初 264 号民事判决书。

[5] 参见宝钢集团财务有限责任公司与保定天威集团有限公司其他证券纠纷案：上海市浦东新区人民法院（2015）浦民六（商）初字第 4310 号民事判决书。

[6] 参见长江证券（上海）资产管理有限公司与被告中国民生投资股份有限公司公司债券交易纠纷案：上海市浦东新区人民法院（2019）沪 0115 民初 46586 号民事判决书。

[7] 参见五矿经易期货有限公司与刚泰集团有限公司公司债券交易纠纷案：上海市浦东新区人民法院（2019）沪 0115 民初 2747 号民事判决书。

发行人发出的要约邀请。投资者的认购行为即为要约，债券发行人接受投资者交纳投资款的行为则为对投资者具有明确内容要约的承诺，双方之间的债券合同关系自投资者购买债券时成立，合同内容即为募集说明书约定的内容。[1]募集说明书作为债券发行的必备文本，对债券合同的定性以及其内容的确定至关重要。募集说明书是合同本身，抑或是要约、要约邀请还是承诺，反映着债券合同关系的动态形成过程，影响合同关系的成立和生效。

内容上，则体现在法院有无区分发行人的主次义务。换言之，债券合同的内容应当如何确定，这些内容是否有主次之分，都直接影响着债券预期违约的认定，而部分法院在说理上并未予以足够重视。

（二）认定标准不明确

对于债券预期违约而言，正确、合理地适用《民法典》第563条第2款是确定具体认定标准的关键。在"11天威MTN1"案中，法院主张发行人经营状况恶化、涉及多起诉讼，可能丧失兑付能力等客观情形是发生不安抗辩权要件，而排斥预期违约制度的适用，进而驳回了原告有关被告预期违约的诉求。[2]"15中城建MTN002"案，法院同样通过不安抗辩权实现合同解除。[3]因此首先，如何正确区分不安抗辩权和预期违约制度直接影响具体认定标准的确定。

其次，根据预期违约制度条文内容，第一部分是明示的预期违约，即"在履行期限届满之前，当事人一方明确表示不履行主要债务"。第二部分是默示的预期违约，即"当事人以自己的行为表明不履行主要债务"。规则的不确定性直接影响债券默示预期违约认定标准的混乱化：

对于默示预期违约认定标准，以穷尽式列举的方式呈现这些法院对"以自己的行为表明不履行主要债务"的认定，其判断因素有"经营状况恶化，长期亏损，可能丧失兑付能力""涉及多起诉讼""资产已被冻结""交叉违约""利息实际违约""不能提供保障措施""公司信用等级下调""涉案债券评级下调""公司高管持续变动""股价连续下滑，退市风险警示""欠款巨大，短期内无具体解决方案""公司处于资产重组中"。法院对上述因素的部分进行组合说明发行人存在预期违约，如"16中城建MTN001"案、[4]"18皖经建MTN001"

---

〔1〕 参见中信保诚人寿保险有限公司与康得投资集团有限公司等公司债券交易纠纷案：北京市第三中级人民法院（2019）京03民初308号民事判决书。

〔2〕 参见宝钢集团财务有限责任公司与保定天威集团有限公司其他证券纠纷案：上海市浦东新区人民法院（2015）浦民六（商）初字第4310号民事判决书。

〔3〕 参见九江银行股份有限公司与中国城市建设控股集团有限公司公司债券交易纠纷案：北京金融法院（2021）京74民初563号民事判决书。

〔4〕 参见吉祥人寿保险股份有限公司与中国城市建设控股集团有限公司证券交易合同纠纷案：北京市海淀区人民法院（2017）京0108民初18093号民事判决书。

案、[1]"14 利源"案等。[2]。法院也会否定某种因素在预期违约制度上的适用，如在"16 永泰 02"案中，云南省高级人民法院认为如果存在双方没有交叉违约的约定，出现其他债券违约涉诉事件，或者存在涉诉金额大，可能没有履行能力等情形，并不能据此认定发行人构成预期违约。[3]基于此，一方面，"经营状况恶化，长期亏损，可能丧失兑付能力""涉及多起诉讼""资产已被冻结""交叉违约"等能否作为法院的判断因素，以及能够在多大程度上反映发行人真实还债能力均存疑。另一方面，发行人还债能力或者财务状况等事实要件如何与默示预期违约条文通过说理有效衔接尚无定论。从而直接导致了司法在确定具体认定标准时各行其是的局面。

最后，当认定发行人构成预期违约，在判定其应当承担的法律后果时，存在法条适用上的差异。一种是适用《合同法》第 107 条、第 108 条，直接判令发行人承担损害赔偿责任的，如"14 利源"案、[4]"17 刚泰 01"案等；[5]另一种是依据《合同法》第 94 条第 2 款、第 97 条，判令解除合同后，再令发行人承担损害赔偿责任的情形，如前述"18 皖经建 MTN001"案、"16 中城建 MTN001"案等。这两种不同的路径有何区别，在债券预期违约诉讼中又应适用哪一种赔偿路径。

此外，在适用《合同法》第 94 条第 2 款默示预期违约部分时，一部分法院对债券发行人是否违反的是"主要债务"进行了说明。另有案例中，法院在说理的过程加入了"能否实现合同目的"的判断，如"15 中城建 MTN002"案、[6]"17 新华联控 MTN001"案，[7]即在债券预期违约诉讼中，因预期不履行的是主要债务，且可能存在其他违约情形致使"不能实现合同目的"，此时会存在《民法典》第 563 条第 2 款和第 4 款的竞合，当事人通常可以择一作为请求权基础。

---

[1] 参见徽商银行股份有限公司、中信建投证券股份有限公司等与安徽省外经建设（集团）有限公司合同纠纷案：合肥市中级人民法院（2019）皖 01 民初 1516 号民事判决书。

[2] 参见国元证券股份有限公司与吉林利源精制股份有限公司买卖合同纠纷案：安徽省高级人民法院（2019）皖民初 24 号民事判决书

[3] 参见太平洋证券股份有限公司与永泰能源股份有限公司、永泰集团有限公司公司债券交易纠纷案：云南省高级人民法院（2018）云民初 122 号民事判决书。

[4] 参见国元证券股份有限公司与吉林利源精制股份有限公司买卖合同纠纷案：安徽省高级人民法院（2019）皖民初 24 号民事判决书。

[5] 参见五矿经易期货有限公司与刚泰集团有限公司公司债券交易纠纷案：上海市浦东新区人民法院（2019）沪 0115 民初 2747 号民事判决书。

[6] 参见国联安基金管理有限公司诉中国城市建设控股集团有限公司公司债券交易纠纷案：上海市第一中级人民法院（2017）沪 01 民初 716 号民事判决书。

[7] 参见九州期货有限公司与新华联控股有限公司公司债券交易纠纷案：北京市通州区人民法院（2020）京 0112 民初 9337 号民事判决书。

（三）认定原则不合理

认定原则是在债券预期违约认定中应当秉持的价值理念。从部分法院的论证说理看，存在单独适用《合同法》107 条的回避型说理，如 "12 中城建 MTN1" 案、[1] "14 山水 MTN001" 案，[2] 在庭审中，法院不对是否构成预期违约进行判断，而是直接释明债券到期，后适用第 107 条，即 "当事人一方不履行合同义务或者履行合同义务不符合约定的，应当承担继续履行、采取补救措施或者赔偿损失等违约责任"，判决发行人承担赔偿责任。或者，如 "17 刚泰 01" 案，[3] 原告主张债券构成预期违约，但法院并没有对此进行说明，也没有判断是否援引《合同法》第 94 条第 2 款，而是直接适用《合同法》第 107 条判决发行人承担违约责任偿付本息。甚至说理部分的简单移植如 "18 皖经建 MTN001" 案、[4] "18 皖经建 MTN002" 案。[5] 从裁判结果看，所选取的 28 个案例，明示的预期违约案例有 1 例，在其余 27 个样本案例中，25 例均被认定为默示的预期违约，另有 2 例被认定不构成默示的预期违约。债券预期违约的案件呈现认定结果趋同化的现象。

债券预期违约的司法认定不能仅仅凭借 "经营状况恶化，长期亏损，可能丧失兑付能力" "涉及多起诉讼" "资产已被冻结" "交叉违约" 等结果因素的组合达成，而是要科学、合理地划定相对明确的认定标准以解决债券预期违约的特殊性所带来的难题。采取结果式或回避式的处理，其结果是造成利益保护的失衡，导致对债券权利人的过度保护和对债券发行人的过度苛责。2020 年《全国法院审理债券纠纷案件座谈会纪要》（以下简称《债券纪要》）指出，要坚持 "卖者尽责、买者自负" 原则。在强调对债券投资人或持有人保护的同时，对于因发行人经营与收益的变化导致的投资风险，也应当依法由投资人自行负责。债券预期违约区别于债券实质性违约，债券产品尚未届至收益期，仍处于投资经营期。因此，对期限的提前终结必须通盘考虑债券权利人和发行人等多方利益和金融市场的稳定。

---

〔1〕 参见中国人寿保险股份有限公司与中国城市建设控股集团有限公司公司债券交易纠纷案：北京市第二中级人民法院（2017）京 02 民初 227 号民事判决书。

〔2〕 参见平安银行股份有限公司与山东山水水泥集团有限公司公司债券交易纠纷案：济南市中级人民法院（2016）鲁 01 民初 1496 号民事判决书。

〔3〕 参见五矿经易期货有限公司与刚泰集团有限公司公司债券交易纠纷案：上海市浦东新区人民法院（2019）沪 0115 民初 2747 号民事判决书。

〔4〕 参见徽商银行股份有限公司、中信建投证券股份有限公司等与安徽省外经建设（集团）有限公司合同纠纷案：合肥市中级人民法院（2019）皖 01 民初 1516 号民事判决书。

〔5〕 参见徽商银行股份有限公司、中信建投证券股份有限公司等与安徽省外经建设（集团）有限公司合同纠纷案：合肥市中级人民法院（2019）皖 01 民初 1515 号民事判决书。

三、利益保护失衡向平衡的价值转向

（一）债券权利人过度保护机制的形成

1. 从演绎推理到"归纳推理"的路径异化

上述债券预期违约认定随意性的根源是"归纳推理"的法律推理方法与"遵循先例"的裁判逻辑，最高人民法院《关于统一法律适用加强类案检索的指导意见（试行）》为类案的裁判思路指明了方向，案涉纠纷虽符合在基本事实、争议焦点、法律适用问题等方面具有相似性且已生效，但并不属于案例资源丰富、说理论证明晰的一类案件，更没有案件达到"指导性"标准。并且只有指导性案例应当被参照裁判，可见目前"类案同判"的标准较高。[1]因此，对于债券预期违约纠纷的处理目前尚不能简单地"遵循先例"。具体体现在，其一，债券预期违约的认定标准并不统一，但认定结果存在趋同化。其二，存在说理不充分的情况，回避型说理使得发行人责任的承担缺乏有效过渡，形成"权利人提起债券预期违约之诉——发行人承担赔偿责任"的表象，因此需要先对是否构成预期违约进行说明，避免实质性违约和预期违约认定的混淆。另一种情况是，简单复制型说理，如"18 皖经建 MTN001"案、[2]"18 皖经建 MTN002"案。[3]

根据《债券纪要》第 21 条，债券持有人以发行人出现募集文件约定的如预期违约、交叉违约等违约情形为由，要求发行人提前还本付息的，人民法院应当综合考量双方具体约定以及发生事件的具体情形予以判断。对于债券的非常规违约情形，在裁判过程中，应当以当事人意思自治为主，并结合具体案情进行判断。由此，在当事人没有约定的情况下，法院更应综合考虑个案的情况，谨慎考量。在我国债券违约常态化发展和社会经济的新形势下，"稳市场主体"又成为新的价值主题。对此，司法更需要对案件中的多种利益进行分析和权衡，选择在不违反法律精神的前提下保护可以实现社会利益最大化的利益，促进社会资源的配置优化和社会利益实现的最大化。[4]因此，债券预期违约的认定应当回归以"演绎推理"为基本推理方法，遵循"涵摄"的传统法律适用路径。

---

[1] 参见最高人民法院《关于统一法律适用加强类案检索的指导意见（试行）》："一、本意见所称类案，是指与待决案件在基本事实、争议焦点、法律适用问题等方面具有相似性，且已经人民法院裁判生效的案件……九、检索到的类案为指导性案例的，人民法院应当参照作出裁判，但与新的法律、行政法规、司法解释相冲突或者为新的指导性案例所取代的除外。检索到其他类案的，人民法院可以作为作出裁判的参考。"

[2] 参见徽商银行股份有限公司、中信建投证券股份有限公司等与安徽省外经建设（集团）有限公司合同纠纷案：合肥市中级人民法院（2019）皖 01 民初 1516 号民事判决书。

[3] 参见徽商银行股份有限公司、中信建投证券股份有限公司等与安徽省外经建设（集团）有限公司合同纠纷案：合肥市中级人民法院（2019）皖 01 民初 1515 号民事判决书。

[4] 参见金民安：《金融危机背景下利益平衡原则的司法运用与发展》，载黄祥青、郑少华主编：《利益平衡与司法公正——第二届法院院长论坛文集》，上海财经大学出版社 2011 年版，第 53 页。

2. 司法金融监管功能的过度发挥

司法对债券市场的金融监管功能是行政金融监管权的延伸，通常认为我国债券市场违约发展并不成熟，行政权和司法权的纠结关系尚未完全理顺。[1]

对于债券市场整体而言，违约的出现并非坏事。债券违约是债券市场化运作的必然结果，债券违约从无到有的过程能够推动债券市场走向成熟。[2]然而长久以来，我国债券市场对于违约行为一直秉持着"零容忍"的态度，[3]存在"零违约"的市场怪象。这集中体现在，地方政府在信用债发行人面临违约风险时，与大股东等相关方进行协调，甚至动用政治权力和经济资源帮助公司脱困，避免债券发生实质性违约，从而可以稳定和消除局部金融环境的危机因子。如"06 福禧 CP01"短期融资券虽发生偿债危机，但在有关部门和工商银行（主承销商）的协调下，使得本息得以按期兑付，未发生实质性违约。又如金融危机后"11 海龙 CP01"短期融资券虽逾期两天，但在当地山东潍坊市政府的担保下，恒丰银行为其提供了过渡资金，"有惊无险"。[4]这种现象通常被冠以"刚性兑付""刚兑信仰"，或者地方政府"隐性担保"之名，虽然能暂时缓和风险，但若长此以往，一方面这种做法有违法之嫌，[5]模糊了债券法律关系的主体，弱化了发行人的责任意识，加重财政风险。另一方面则易扭曲国内债券投资者的风险意识，阻碍我国债券市场的发展。

这种"保姆式"的发展阶段一直持续到 2014 年，"11 超日债"（公司债）无法按期全额兑付第二期利息，构成实质性违约，打破了"零容忍""零违约"的市场怪象，2014 年也成为中国债券市场的"违约元年"。同年发布的《国务院关于进一步促进资本市场健康发展的若干意见》，特别提出了"处理好市场与政府的关系""规范发展债券市场""强化债券市场信用约束"的要求，[6]凸显了

---

[1] 参见冯果、刘怿：《债券投资者司法救济规则建构论纲》，载《财经法学》2020 年第 3 期。

[2] 参见吴伟央：《债券违约应对处理法律机制探析》，载《证券法苑》2014 年第 4 期；窦鹏娟：《新常态下我国公司债券违约问题及其解决的法治逻辑》，载《法学评论》2016 年第 2 期。

[3] 参见洪艳蓉：《公司债券违约零容忍的法律救赎》，载《法学》2013 年第 12 期。

[4] 联合资信评估有限公司编著：《债市"排雷"——债券市场违约问题研究》，中国金融出版社 2018 年版，第 80 页。

[5] 根据《中华人民共和国担保法》（1995 年，已失效）第 8 条规定，国家机关不得为保证人。又根据《国务院关于加强地方政府融资平台公司管理有关问题的通知》（2010 年）"四、坚决制止地方政府违规担保承诺行为"规定，地方政府在出资范围内对融资平台公司承担有限责任，实现融资平台公司债务风险内部化。要严格执行《中华人民共和国担保法》等有关法律法规规定，除法律和国务院另有规定外，地方各级政府及其所属部门、机构和主要依靠财政拨款的经费补助事业单位，均不得以财政性收入、行政事业等单位的国有资产，或其他任何直接、间接形式为融资平台公司融资行为提供担保。据此，地方政府的隐性担保行为确有违法之嫌。

[6] 参见《国务院关于进一步促进资本市场健康发展的若干意见》（2014 年）"一、总体要求"之"（二）基本原则"中规定"一是处理好市场与政府的关系"；"三、规范发展债券市场"中规定"（十）强化债券市场信用约束"。

我国意图打破政府隐性担保，促进债券市场化、法治化的政策导向。

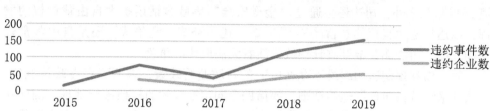

图 3.1　债券违约数据统计

　　根据中央结算公司统计我国债券市场 2015—2019 年发生的违约事件数和涉及企业数的变化趋势，[1]说明我国债券市场违约自 2015 年起大体呈增长趋势，并且向常态化发展靠拢。我国债券违约的发展过程呈现出"从无到有、由少聚多""从政府管控到市场化"的变化趋势，以及从"以政府担保为中心"到"以商事信用为基础"的理念嬗变。换言之，我国债券市场对于违约的容忍度愈来愈高，市场化程度越来越深。然而，一味地强调市场化，却没有成熟的、配套的市场处理机制，债券违约常态化更是一种风险，也本应是一种隐患集聚的风险。因此，债券市场仍须要监管，只不过这种监管由"保姆式"向纯粹的、严格的"金融监管"模式跃变。

　　金融监管作为政府干预经济领域的分支，其起源于 20 世纪二三十年代的经济危机，美国为了预防和应对危机的发生，开始对金融领域开展强监管模式，如在证券领域建立了统一的监管机构、法律体系以及执行机制等，后为其他国家所效仿，且监管力度在一次次金融危机后不断强化。[2]因此，金融监管在诞生伊始便带有对金融市场的"强烈敌意"，即对"货币资金的融通"设立门槛。当然，金融监管一词本身并不具鲜明的褒贬色彩，"适度"和"有效"的监管能够平衡危机预防和金融发展之间的关系，更好地促进金融市场，然而，做到此两点并不容易。总体而言，现阶段我国对金融市场的"强监管"模式虽有所缓和，但仍处于监管导向。而司法作为法治的"最后一道防线"，在金融监管方面也有其特有的功能发挥方式。有学者认为，司法在具体案件中运用司法政策弥补金融规范的缺乏。[3]也有学者提出，存在司法政策与监管政策相互竞争，甚至介入

〔1〕　参见中央结算公司研发部：《2015 年债券市场统计分析报告》（2016 年 1 月 4 日）；中央结算公司研发部：《2016 年债券市场统计分析报告》（2017 年 1 月 4 日）；中央结算公司统计监测部：《2017 年债券市场统计分析报告》（2018 年 1 月 16 日）；中央结算公司统计监测部：《2018 年债券市场统计分析报告》（2019 年 1 月 16 日）；中央结算公司统计监测部：《2019 年债券市场统计分析报告》（2020 年 1 月 17 日）。
〔2〕　参见洪艳蓉：《金融监管治理——关于证券监管独立性的思考》，北京大学出版社 2017 年版，第 4~5 页。
〔3〕　参见朱大旗、危浪平：《关于金融司法监管的整体思考——以司法推进金融法治为视角》，载《甘肃社会科学》2012 年第 5 期。

金融监管的情形，即法官有时会面临着选择行政监管还是"司法监管"的困境。[1]除此之外，司法还会通过"金融安全"等政策话语扩大自由裁量权的发挥，以达到金融监管的意旨。[2]无论是上述填补式、竞争式，还是自由裁量式功能发挥，司法都在金融监管领域扮演着无法取代的角色。

对于债券预期违约纠纷不存在既有的行政监管政策，因而不存在政策竞争。司法政策直接指向预期违约规则，要借助合同预期违约的框架进行处理，因而在该情景下司法存在填补式的功能发挥。除此之外，司法案例中也存在自由裁量式的监管功能发挥。其一，默示预期违约规则的抽象表述天然地为自由裁量的发挥提供了空间。其二，《中国金融司法报告（2018）》提出必须引入以人民为中心、具有人民属性、坚强捍卫人民利益的金融司法作为治理工具。[3]《全国法院民商事审判工作会议纪要》也重点强调在案件审理中对金融消费者权益的保护，[4]"保护金融消费者"的政策话语和制度环境为这种功能的发挥提供了潜在依据、价值判断和底气，使得在可适用条款相对模糊的情况下，裁判结果更易向金融消费者（债券权利人）倾斜，推动债券权利人过度保护机制的形成。最终导致债券投资人风险意识的弱化，企业危机和金融风险的积聚等。

（二）利益平衡原则的确立与适用

原上海高院金融庭法官杨路在一起债券预期违约案件指出，"该案没有支持债券持有人的主张的原因就在于债券市场的特殊性，该案标的大，涉案公司发行的债券品种多，如果在这个案件中确认其因财务状况恶化而构成预期违约，那就意味着只要是这家公司发行的债券都会碰到类似问题。这种情况下，风险恐惧的传导效率是极快的，投资者看到这种情况，势必会大量地跟随起诉，这必然会引发债券市场的连锁性动荡"。金融审判以司法裁判的终局性促进金融管理的规范和维护金融市场的秩序，而如何充分发挥金融审判对金融市场健康发展的规范、引导作用，一个关键因素则是确立符合司法规律和金融市场发展内在需求的基本理念和价值取向，[5]那就是把握金融商事审判的利益平衡和服务金融大局。

〔1〕 参见苏盼：《司法政策与监管政策的竞争——基于信用卡纠纷裁判的观察》，载《财经法学》2020年第1期；苏盼：《司法对金融监管的介入及其权力边界——以金融贷款利率规范为例》，载《上海财经大学学报》2019年第3期。
〔2〕 参见黄韬：《"金融安全"的司法表达》，载《法学家》2020年第4期。
〔3〕 参见李扬主编：《中国金融司法报告（2018）》，人民法院出版社2019年版，第10页。
〔4〕 参见最高人民法院民事审判第二庭编著：《〈全国法院民商事审判工作会议纪要〉理解与适用》，人民法院出版社2019年版，第409页。
〔5〕 参见杨路：《法治化视野下的金融创新与金融审判》，载《中国审判》2013年第2期；王保树：《商事审判的理念与思维》，载《山东审判》2010年第2期。

1. 利益平衡原则的确立

利益平衡原则源于商法思维,[1]商法思维则是综合运用商法规范适用于商行为后得出科学判断（立场、态度、观点、价值和方法）的全过程。经过漫长社会实践的积淀,商法思维发展出协调利益平衡、尊重商人和商活动、促进交易效率与安全等基本原则和理念。商事交易公平往往需要通过利益平衡保护予以落实,基于利益平衡保护原则的基本要求,商事司法适用中会严格把握公示主义、外观主义等特殊规则,认可交易相对人基于合理信赖所实施法律行为的合法性和有效性,把交易风险限定在一个合理的范围内。利益平衡的商法思维在金融商事审判中,其内涵被进一步扩充。金融商事审判不仅应当以商法思维为指引,还需注重金融案件的特殊性。金融纠纷涉案标的相对较大,涉案人员相对较多,一个判决结果对于金融机构、金融市场以及金融投资者都具有参考价值,若处理不当可能引发一连串连锁反应,引发规模性危机。[2]在实践的发展过程中,结合其自身的特性,金融审判也形成了一些特殊的基本理念,其中首要理念便是防范金融风险,维护金融安全。

在这个前提下,一方面,不仅要从举证责任的分配到违约责任的承担等各个审判阶段尽力平衡保护金融机构和投资者的权益,警惕倾斜过度导致的"失衡",这也与我国对金融消费者保护的"卖者尽责,买者自负"的基本原则正相关。[3]另一方面,也要加入对金融大局的考量,金融行为的涉众型、规模化导致其需要被兜底性地干预。当市场过度地对企业放开,司法需要适度拨正,向保护投资者倾斜,守住风险的底线;当对金融市场的限制太多,企业的试错空间较小,司法的容忍度应当适度扩大,帮助"诚实且不幸"的企业实现价值最大化。

2. 利益平衡原则的适用

商法思维本身是抽象的,利益平衡原则作为商法思维的一种,并没有具体的法律规定可循,它不同于具体的民商事规范,并不具有约束力。那这种商法思维又是如何实现的? 商法思维实际上就是商法原则的具体化,是将商法原则内化并运用于商法的理解和适用的产物。[4]

---

〔1〕 参见郑彧:《民法逻辑、商法思维与法律适用》,载《法学评论》2018 年第 4 期;王保树:《商事审判的理念与思维》,载《山东审判》2010 年第 2 期;楼建波:《金融商法的逻辑:现代金融交易对商法的冲击与改造》,中国法制出版社 2017 年版,第 2 页。

〔2〕 参见黄震、占青:《我国金融法院的创新实践与未来展望——以上海金融法院的创设探索为中心的实证研究》,载《金融理论与实践》2020 年第 1 期。

〔3〕 参见最高人民法院民事审判第二庭编著:《〈全国法院民商事审判工作会议纪要〉理解与适用》,人民法院出版社 2019 年版,第 409 页。

〔4〕 参见冯果、袁康:《商法思维与商事法律解释》,载王保树主编:《中国商法年刊（2013）:法治国家建设中的商法思维与商法实践》,法律出版社 2013 年版,第 359~360 页。

　　法律原则的具体化即法律原则的适用，通常情况下，如果法律明确对这种原则有所规定，在找不到其他更为适配的条文或者存在条文模糊、冲突的情况下，可以直接适用法律原则条款。而对于商法而言，我国并没有一部商法通则或商法总则提取公因式地规定商法领域通用的商法原则，商法原则依然停留在为理论和实践所认可，但却不统一成文的阶段。因此，利益平衡原则适用的途径只能是对民商法规范进行解释。法律的生命力在于法律解释，法律不经解释不能适用。[1]在司法实践中通过（广义）法律解释的方式输入商法原则的过程就是运用商法思维一种最直接的体现。此时，需要考虑的是，如何通过对预期违约制度的具体规定进行法律解释，实现利益保护的平衡。

　　商法对于私权的"平衡保护"有别于民法的"绝对保护"。[2]民法通过划定权利界限的方式，明确权利人防卫的底线，强调"私权的神圣不可侵犯"。相反，出于商事交易的灵活性和复杂性、牵扯主体的多元化。由于排他性地给予商事主体绝对的保护，商法往往不是通过设定一个个绝对权的方式，而是通过合理解释，形成以一定标准为核心的动态平衡保护机制。如在证券法上，为了平衡"证券投资人的利益"和"证券发行人的合法权益"划定证券发行人信息披露的"重大性标准"，界定了信息公开的范围，并且在司法实践的不断推动下，该标准的内涵更加丰富和明确，形成了一套稳定的有效平衡商事主体各方利益的机制。

　　债券预期违约诉讼旨在使债券发行人丧失融资的期限利益，使债券持有人提前收回本息，是"债券持有人的投资利益"和"债券发行人融资权益"的博弈。如果仅仅从"以人为本""保护弱者"的民法思维考虑，势必会形成利益保护的失衡。此外，对金融纠纷的处理又不得不更加关注社会稳定的大局。因此，利益平衡式的司法认定必须维护债权人合法权益，又能兼顾债务企业的生存与发展、企业职工的切身利益，[3]同时也能避免金融风险的积累。基于此，一种回归利益平衡式司法认定的路径便是划定一种留有解释空间的合理标准，这种标准允许协调利益平衡的商法思维的发挥，并且能够适应债券预期违约纠纷的实际演绎推理方法。

四、债券预期违约司法认定路径的重塑

（一）请求权基础的固定

　　债券预期违约诉讼的请求权基础或者依据的基础法律关系是预期违约制度即《民法典》第 563 条，案件的案由应确定为"合同纠纷（其他合同纠纷）"。根

---

〔1〕　参见梁慧星：《裁判的方法》（第 3 版），法律出版社 2017 年版，第 75 页。

〔2〕　参见郑彧：《民法逻辑、商法思维与法律适用》，载《法学评论》2018 年第 4 期。

〔3〕　参见姜洪鲁：《金融危机背景下利益平衡原则在司法执行中的运用》，载黄祥青、郑少华主编：《利益平衡与司法公正——第二届法院院长论坛论文集》，上海财经大学出版社 2011 年版，第 41 页。

据《民事案件案由规定》（2011 年，已被修改），民事案由的分类标准和基础是民事法律关系，同时需要结合现行立法与实践。据此有"合同纠纷""证券纠纷"两个相关的一级案由，以及分别项下的二、三级具体案由。[1]债券违约类案件并不能准确对应"合同纠纷"项下以有名合同命名的二、三级案由，也并非"证券纠纷"下的有关证券确权、交易或发行等具体事项的二、三级案由。民事法律关系是指基于一定的民事法律事实，由民事法律规范调整而形成的，平等民事主体之间的，以权利、义务等为内容的社会关系。[2]债券预期违约的基本事实是债券发行人将无法兑付本息，其受调整法律规范是预期违约制度，内容上包含多方当事人权利、义务，更符合合同法律关系的外在表征。相反，证券法律关系并不是完全独立的理论范畴，"证券纠纷"的别类是基于立法以及司法实践的增补，其针对性更强，包容性也便更弱。因此，根据既有规定，债券预期违约案件应优先纳入"合同纠纷"的框架下进行处理。

有学者从责任承担角度，补充"侵权纠纷"的处理模式，认为债券（预期）违约的法律实质除了合同义务的违反外，还包括对契约债权的侵犯。其原因是债券债权存在"物权化"的趋势，可以成为侵权责任法保护的客体，且债券合同涉及中介服务主体，有必要规制第三人侵权债权的行为。因此，在债券违约治理中不仅存在违约责任，还应有侵权责任。[3]笔者认为承认债券合同的特殊性并不意味着脱离原有框架，创设侵权责任不合时宜。其一，通说认为，侵权责任法的主要保护对象是人格权、身份权、物权、知识产权等绝对权，因合同产生的债权主要由合同法保护，[4]虽然随着国内外实践和理论的不断发展，对此存在一定突破，如对于第三人恶意侵犯合同债权的行为，进行侵权责任法的保护；[5]还存在一些违约责任和侵权责任相竞合的情况，可以选择侵权责任法的保护，但要在我国轻易突破合同法框架尚缺乏体系性的理论支撑和制度基础。其二，违约责任体系可以解决债券（预期）违约的责任承担问题。假设存在债务人违约且侵犯债券债权的情形，此时发生违约责任和侵权责任的竞合。侵权责任和违约责任竞合的根本原因在于，一个违约行为不仅损害了债权人的预期利益，而且损害了债权人固有的人身或财产利益，[6]因为固有利益是侵权责任法的保护范围，导

〔1〕 参见最高人民法院《关于修改〈民事案件案由规定〉的决定》（2011 年）："十、合同纠纷"；"二十四、证券纠纷"。
〔2〕 参见崔建远等：《民法总论》（第 2 版），清华大学出版社 2013 年版，第 48 页。
〔3〕 参见冯果等：《债券市场风险防范的法治逻辑》，法律出版社 2016 年版，第 244~245 页。
〔4〕 参见程啸：《侵权责任法》，法律出版社 2011 年版，第 43 页。
〔5〕 参见韩世远：《合同法总论》（第 4 版），法律出版社 2018 年版，第 212 页。
〔6〕 参见杨立新主编：《侵权责任法》，复旦大学出版社 2010 年版，第 153 页。

致两者发生竞合，根据《民法典》第 186 条，当事人仅可择一适用。[1]民事责任的主要意旨在于填补损失，显然此时适用违约责任的填补范围更广，更有利于保护债权人的利益，无须加设保护。而后，对于中介服务主体侵犯债券债权的行为，一方面，《中华人民共和国证券法》（以下简称《证券法》）以及配套的一系列金融法规已经具体规定了关于金融中介服务机构的行为规范和相应的责任，无须对此另设规定或者特别强调。另一方面，中介服务机构和发行人、持有人均存在合同关系，可直接主张相应的违约责任。退一步说，在第三人侵犯债权的情况下，根据《民法典》第 593 条，对于因第三人过错造成的违约，留有"债务人为通常事变负责后，向第三人追偿"的制度空间。[2]因此，对于债券（预期）违约行为，还是应当在《合同法》违约责任的基本框架下进行处理。

当然，值得注意的是，虽然债券发行人在违约事由下无法承担侵权责任，但根据《债券纪要》，债券持有人可以以欺诈发行和虚假陈述提起侵权之诉，这种情况需要由发行人承担由其自身因素引起的债券利率的风险补偿责任。可见，我国现阶段对债券发行人明确了，依法依约认定违约责任和考虑市场因素认定欺诈发行、虚假陈述侵权责任的二元规制框架。据此，因为债券预期违约之诉无需考虑债券交易价格变化，所以也仅需在"合同纠纷"的框架下处理即可。

（二）债券合同的成立与生效

1. 债券募集说明书与债券合同的性质

债券合同的定位在哪？根据《民法典》第 469 条规定："当事人订立合同，可以采用书面形式、口头形式或者其他形式。书面形式是合同书、信件、电报、电传、传真等可以有形地表现所载内容的形式。以电子数据交换、电子邮件等方式能够有形地表现所载内容，并可以随时调取查用的数据电文，视为书面形式。"出于债券发行的整体性以及投资者的分散性，债券合同客观上无法口头约定，那是否存在书面形式或其他作为内容载体的形式呢？如果有书面形式，什么是合同的实际文本；如果仅仅存在内容的载体，载体所呈现的内容又在多大程度上属于《合同法》所调整的内容？如果没有上述形式，能不能抽象地总结出债券合同的内容范式？

司法实践中，存在将募集说明书视作权利与义务的载体、要约、承诺、合同文本本身、要约邀请的五种裁判观点，债券合同如何成立尚不明晰。政策上，《证

---

[1] 参见《民法典》（2020 年）第 186 条规定，因当事人一方的违约行为，损害对方人身权益、财产权益的，受损害方有权选择请求其承担违约责任或者侵权责任。

[2] 《民法典》（2020 年）第 593 条规定，当事人一方因第三人的原因造成违约的，应当依法向对方承担违约责任。当事人一方和第三人之间的纠纷，依照法律规定或者按照约定处理。

券法》《公司债券管理办法》都将募集说明书作为发行债券必备的报送材料。[1]
证监会对此还专门制定了《公开发行证券的公司信息披露内容与格式准则第 23
号——公开发行公司债券募集说明书》（已失效，以下简称《内容与格式准
则》）。中国人民银行也在《全国银行间债券市场金融债券发行管理办法》中统
一规定了募集说明书的制作要求。[2]由此可见，债券募集说明书的确在很大程
度上承载了合同的内容。对于债券募集说明书的性质，笔者更赞同其是一种要约
邀请。其一，我国《合同法》第 15 条明确规定将招股说明书视为要约邀请，[3]
债券募集说明书和招股说明书具有某种程度上的同质性，都属于有价证券的发行
文本，均解释为要约邀请在法律规定和逻辑上可以自洽。其二，债券募集说明书
缺乏关键性条款，不宜解释为要约或是合同本身。募集说明书的票面利率往往需
根据询价、认购情况等协商确定，或者称通过"簿记建档"的方式确定。如案
涉"16 永泰 02"公司债券募集说明书便提到，"本期债券为固定利率债券，票
面利率由发行人与主承销商通过市场询价协商确定"，[4]根据《民法典》第 470、
472 条的规定，确定的价款或者报酬是合同的必要条款，要约的内容也必须具
体、明确，因而募集说明书尚不足以被认定为要约或是合同本身。其三，债券募
集的总额是有限的，若将其视为要约，则每个响应者的认购要求均是承诺，即每
个欲购的投资者均要得到相应的债券权利，否则构成违约，[5]这显然是不合理
的。其四，债券募集说明书除了作为合同内容的载体，其还是一种信息披露的主
要文本，蕴含着强烈的金融监管属性，募集说明书不仅是与社会公众缔约的基
础，还是监管部门进行监督的重点，这与"契约自由"的合同法理念大相径庭，
应当区别于常规意义上的合同。其五，招募说明书也不构成合同法意义上的承
诺，因为要约产生于承诺之前，根据要约与承诺的"镜像规则"，[6]如果将募集

[1] 参见《证券法》（2019 年）第 16 条第 1 款第 3 项规定，申请公开发行公司债券，应当向国务院授权
　　的部门或者国务院证券监督管理机构报送公司债券募集办法；《公司债券发行与交易管理办法》
　　（2015 年，已失效）第 6 条规定，债券募集说明书及其他信息披露文件所引用的审计报告、资产评
　　估报告、评级报告，应当由具有从事证券服务业务资格的机构出具。债券募集说明书所引用的法律
　　意见书，应当由律师事务所出具，并由两名执业律师和所在律师事务所负责人签署。
[2] 参见《全国银行间债券市场金融债券发行管理办法》（2005 年）第 31 条第 1 款规定，经中国人民银
　　行核准发行金融债券的，发行人应于每期金融债券发行前 3 个工作日披露募集说明书和发行公告。
　　第 37 条规定，金融债券定向发行的，其信息披露的内容与形式应在发行章程与募集说明书中约定。
[3] 参见《合同法》（1999 年）第 15 条第 1 款规定，要约邀请是希望他人向自己发出要约的意思表示。
　　寄送的价目表、拍卖公告、招标公告、招股说明书、商业广告等为要约邀请。
[4] 参见《永泰能源公开发行 2016 年公司债券募集说明书摘要（第二期）（面向合格投资者）》（2016
　　年 5 月 17 日）。
[5] 参见李永军：《合同法》（第 3 版），法律出版社 2010 年版，第 78 页。
[6] 参见曹明哲：《债券募集说明书的性质及其司法效应》，载《债券》2018 年第 11 期。

说明书认定为承诺，那必然有相对应的文本或行为能够作为募集说明书的"镜像"，然而并不存在这样的具有"翻版"内容的文本。因此，债券募集说明书既不是合同文本本身，也不是要约或是承诺，只适合被解释为一种要约邀请。

在这种理解的基础上，要在合同法的框架下处理债券预期违约之诉，首先应当统一合同的订立和生效过程这些基本问题。由此，债券合同应当是，以债券发行人的招募说明书为要约邀请，以投资者的认购行为为要约，债券发行人接受投资款的行为是对要约的承诺，自投资者购买债券时成立并生效的合同。债券合同并没有书面形式，合同内容即为募集说明书约定的相关内容。

2. 债券合同关系和内容的确定

债券合同成立并生效的动态过程是，债券发行人通过一系列金融监管程序的审核后，公布信用债券募集说明书作为要约邀请。对于公募信用债而言，其是向不特定的多数投资者公开募集的信用债券，可以在市场上进行转让。对于私募信用债而言，是指向特定的投资者（一般为金融机构）发行的信用债券，其转让具有一定的局限性，一般不能在证券市场上自由交易。这就意味着公募债券相比于私募债券，其权利人并不固定，因而两者在合同的成立和生效上有所区别。投资者的认购行为是合同成立之要约，据此，公募债券合同的要约是初次投资的不特定多数人的认购行为，而私募债券合同的要约是特定少数机构的认购行为。债券发行人接受这些投资款的行为是对要约的承诺，债券合同自此成立并生效。

对于被转让后的公募信用债权利人而言，根据《民法典》第 556 条，"合同的权利和义务一并转让的，适用债权转让、债务转移的有关规定"，应当以债权债务的概括转移进行解释。债券的受让人与让与人之间达成了债券交易协议，由受让人继续持有债券，让与人则通过受让人的对价给付行为出卖了债券。当然，这种协议的订立、生效和履行都是通过电子化形式操作完成，买卖双方甚至不知道互相的身份。（电子化）债券虽非债券合同本身，但却是反应债权债务关系的凭证，[1] 由此，受让人在外观上成了原债券合同的权利义务主体。然而，这种外观主义推论是否成立还需要进一步验证，即让与人的权利义务是否合法地移转。根据《民法典》第 545、546 条，债权的转让只要不是按性质、约定或法定事项不可以转让的，均可以转让，并且通知债务人后，对债务人发生效力。债券持有人基本的接受还本付息和进行监督的权利并不在此限，且发行人在交易所公开发行的行为本身表示了许可转让意思，只是出于商事效率的考虑而省去了通知环节。又根据第 551 条，债务的转让应得到债权人的同意。让与人给付认购金的主要债务在转让前已履行完毕，不存在征求同意一说。因此，二级市场的债券受

---

[1] 朱锦清：《证券法学》（第 4 版），北京大学出版社 2019 年版，第 8~10 页。

让人实际上是通过合同权利义务概括转移的方式，搭建起这种与发行人的合同关系，自然也可以依债券合同内容主张相应的权利。

债券合同的内容即债券合同中约定的当事人基本权利和义务，是预期违约制度适用的事实前提。值得肯定的一点是，无论债券募集说明书是合同本身、要约、要约邀请、承诺，还是权利义务的载体，都可以通过解读募集说明书确定当事人的权利和义务。根据《内容与格式准则》，债券发行人需要承担广泛的信息披露义务，包括对发行概况、风险因素、资信情况、保障措施、发行人基本情况、财会信息、资金运用、持有人行使权利的形式以及受托管理人信息的披露。[1]又根据《公司债券管理办法》第 5 条第 1 款，发行人应当诚实守信，维护债券持有人享有的法定权利和债券募集说明书约定的权利。[2]除了这些规定，如上述"16 永泰 02"公司债券募集说明书，还会特别约定实质性违约的情形以及对实质性违约的处理。如果将债券合同的权利义务从招募说明书中抽离出来，发行人享有接收认购款的权利，详尽的信息披露义务和到期付息还本的义务；持有人享有监督和取得本息的权利，以及缴纳认购款的义务。当然，实践中也存在发行人和投资人在协商后设计的一些特别权利和义务，如加速到期权、投资限制义务等。[3]

这决定了债券合同与借款合同有着本质的区别，根据《民法典》第 667 条，借款合同是借款人向贷款人借款，到期返还借款并支付利息的合同，[4]其基本内容要素是借款人接受借款的权利和还本付息的义务，以及出借人的接受还本付息的权利和提供借款的义务。相比之下，债券合同在内容上多了一组对应的发行人的信息披露义务和持有人的监督权。公司"债权人"与公司之间仿佛产生了如同股东般的身份属性，因而债券持有人和公司之间远不止"欠债还钱"的关系。[5]从另一个角度来说，这也是债券的金融属性使合同产生了"法律强制当事人约定的权利和义务"，即国家权力对当事人合意的介入使得合同的内容发生异化。据此，美国法以债券契约的规定为标准，将债券违约分为违背一般条款的技术性违约和无法兑付本息或申请破产的根本性违约，从而进行区别处理。[6]

---

[1] 具体参见《公开发行证券的公司信息披露内容与格式准则第 23 号——公开发行公司债券募集说明书》（2015 年修订）。

[2] 参见《公司债券管理办法》第 5 条第 1 款规定：发行人及其控股股东、实际控制人应当诚实守信，发行人的董事、监事、高级管理人员应当勤勉尽责，维护债券持有人享有的法定权利和债券募集说明书约定的权利。

[3] See Yvonne M. Rosmarin, *Stopping Defaults with Late Payments*, Clearinghouse Review, 1992, p.154.

[4] 参见《民法典》（2020 年）第 667 条，借款合同是借款人向贷款人借款，到期返还借款并支付利息的合同。

[5] 冯果等：《债券市场风险防范的法治逻辑》，法律出版社 2016 年版，第 240 页。

[6] See Steven L. Schwarcz and Gregory M. Sergi, *Bond Defaults and the Dilemma of the Indenture Trustee*, Alabama Law Review, 2008, p. 1045.

而在债券预期违约之诉中,我国司法实践对于异化的合同内容普遍缺乏考虑,对债券违约类案件的处理也是简单套用借款合同纠纷案件的裁判说理模式,本质上是没有认识到债券合同内容的特殊性和重视其与借款合同的差异。当然,也有法院在裁判中进行了区分,比如加入了对发行人"主要债务"的判断,在某种程度上侧面承认了发行人义务的多样化,这种说理模式值得肯定。[1]

当然,债券条款的具体设计会随着市场化的深入发展而变得不再简单,合同的内容可能远不止于此,其一,发行人和投资者或者债权人会议也许会对合同的内容进行协商更改,如浮动利率信用债的利率条款存在中期变动。其二,发行人会另外约定其享有的回赎权、投资人的加速到期权等特别安排,这些都构成了债券合同的权利义务内容,同样应当予以遵守。其三,托管协议、补充协议等其他募集文件对发行人与持有人的权利、义务有明确约定的,也可以构成债券合同的具体内容。

(三)债券预期违约的认定标准

1. 明示预期违约:以真实违约意思表示为审查核心

对于"明确表示不履行主要义务"的明示预期违约的认定,一般认为只要做出的违约表示是明确的、肯定的即构成明示毁约。[2]最高人民法院在"13 山水 MTN1"案中指出,"山水公司无法清偿对招商银行表示涉诉 13 山水 MTN1 的到期债务的回函"以及"山水公司在一审开庭对招商银行宣布涉诉债券提前到期的认可"均是"明确表示不履行主要债务"的表现。[3]首先,这种表示必须明确说明自己将无法履行还本付息的主要义务内容,如果说明的仅仅是财务状况恶化等客观情况,尚不能达到"明确、肯定"的标准。其次,发行人对个别投资人做出的相关表述也不宜认定为明示毁约,其一,明示毁约必须向合同的相对方做出,而债券合同具有涉众性、整体性的特点,发行人的合同相对方并不是普通的个体。因此,这种表示必须向债权人会议或者以公告的形式做出,最大程度地确保大部分投资人的知悉。其二,在个别投资者的诉讼案件中的有效认定,有偏颇清偿之嫌,易引发群体性事件。在表示方式上,"发行人的告知函"或者在诉讼中的表示无异。此外,对该意思表示的约束力理应更强,原则上不允许毁约意思表示的撤回,且实践中这种撤回并不易操作。

---

[1] 参见吉祥人寿保险股份有限公司与中国城市建设控股集团有限公司证券交易合同纠纷案:北京市海淀区人民法院(2017)京 0108 民初 18093 号民事判决书。

[2] 参见王利明:《违约责任论》,中国政法大学出版社 1996 年版,第 151 页。

[3] 参见山东山水水泥集团有限公司、招商银行股份有限公司公司债券交易纠纷案:最高人民法院(2016)最高法民终 395 号民事判决书。

2. 默示预期违约：构建以"通知与否、通知是否给予合理期间、合理期间内是否提供适当担保"为判断核心的认定标准

对于"以自己的行为表明不履行主要义务"的默示预期违约的认定，司法实践中存在"经营状况恶化，长期亏损，可能丧失兑付能力""涉及多起诉讼""资产已被冻结""交叉违约""利息实际违约""不能提供保障措施""公司信用等级下调""涉案债券评级下调""公司高管持续变动""股价连续下滑，退市风险警示""欠款巨大，短期内无具体解决方案""公司处于资产重组中"等判断因素，笔者大体上依据显示出的违约程度的不同将其划分为"交叉违约型"因素、"一般违约型"因素、"违反主要义务型"因素和"考量型"因素四类，下文将分别展开论述：

交叉违约型。交叉违约是债务人对其他任何债权人发生违约行为的客观事实。交叉违约条款是指根据合同约定，债务人对其他任何债权人的违约均可构成对本约的违反，从而触发本约救济条款的适用，[1]这里的救济条款一般指的是合同债务加速到期条款。如果交叉违约是以合同条款的形式出现的，可直接认定发行人构成违约，且这里的违约指的是实质性违约，与预期违约的判断无关。如果交叉违约说的仅仅是事实情况，则并不能作为一种判断因素。发行人虽对其他债券存在违约行为，但每一项债券的发行和兑付均系独立的订约、履约行为，对其中任何一项债券丧失兑付能力并不必然波及其他债券的兑付结果。即使交叉违约事实在一定程度上反映了发行人的偿债能力的降低，但这种对本约履行能力的影响是间接的，关联性是较弱的。对于商事交易而言，这种"错位"的风险是应当予以容忍。因此，交叉违约事实本身并不在"以自己的行为表明"的涵摄范围内。

一般违约型和违反主要义务型。一般违约型因素是诸如"违反信息披露义务"等，这些义务并不是债券合同的主要义务，因而对它们的违反为一般违约。主要义务是指根据合同性质而决定的直接影响到合同成立的以及当事人订约目的的义务。[2]对于债券预期违约之诉而言，债券合同是具有投资属性的合同，投资人通过认购，期待合同到期取得利息收益，或者通过转手取得阶段的溢价收益。如果发行人声明将不兑付债券或以行为表明无法还本付息，则直接影响投资人的收益期待落空。因此，发行人还本付息的义务是债券合同的主要义务或主要债务，如"发行人已存在利息违约"等就属于违反主要义务型因素。本质上，无论是一般违约型还是违反主要义务型因素，都是实质性违约事实，那为何还要

---

〔1〕 参见韩长印、张玉海：《借贷合同加速到期条款的破产法审视》，载《法学》2015 年第 11 期。

〔2〕 参见吴庆宝、俞宏雷主编：《商事裁判自由裁量规范》，人民法院出版社 2012 年版，第 29 页。

判断是否构成预期违约呢？笔者认为这是司法实践对金融商事活动的一种让步。对于前者，以信息披露义务为例，信息披露既是一种约定义务，如上文所述也体现了一种金融监管对商事合同的介入，毋宁说是一种法定义务，违反信息披露义务存在金融监管机构的处罚，或者当事人受有损失的可以另提起侵权之诉，因而司法没有必要在违约之诉中特别考察。对于后者，从整体上说"还本付息"的确是发行人在债券合同中的主要义务，但仍要区分违反的程度。司法刻意进行了"二次切割"，比如初次宣布利息违约属于对主要义务的轻微违反，[1]没有过度伤及合同基础，而若是发行人对此仍没有任何措施应对，可能构成对主要义务的严重违反。因此，留有了判断是否构成预期违约以及构成预期违约程度高低的空间。

在此基础上，进一步讨论"一般违约型"和"违反主要义务型"因素的取舍问题。此两者都能够成为判断因素，但是只有对"主要义务型"因素的严重违反才能成为单独的判断要素。从某种意义上说，次要义务都是为主要义务服务的，对于"一般违约型"要素，还是以信息披露义务为例，发行人信息披露的价值是减少其与投资人的信息不对称，使经营和偿债能力更加透明，据此发行人可以选择继续持有，还是合法转让或是寻找救济，如果信息披露不完整或者不真实，确实在一定程度上能够反映企业的经营状况，危及合同的信赖基础。但如上文所述该义务也存在一定的强制性、程式化，合意的程度较弱，司法在判断的过程中不宜过度倚重。对于轻微"违反主要义务型"因素的行为，虽违反的是"主要义务"，但程度尚不深，有赖于和其他因素结合进行考量。对于严重"违反主要义务型"因素的行为，其与现有默示毁约的规定才是相适配的。

考量型。"涉及多起诉讼""资产已被冻结""公司信用等级下调""涉案债券评级下调""公司高管持续变动""股价连续下滑，退市风险警示"等均为考量型因素，考量型因素通常是公司的某种业务指标或是重大事件，只是间接影响着公司的履约能力，因而个别因素并不能单独用于判断是否构成"以自己的行为表明"。并且，考量型因素的组合也无法作为单独判断的因素。其一，即使是考量因素组合，依然是对公司履约行为的侧面刻画，很难解释到"以自己的行为表明不履行主要义务"的法条内涵上。其二，考量型因素过于繁多，过于倚重，反而会陷入"组合的程度须要多深、各因素的证明力度有无强弱之分"的思维深渊。

在此基础上，如何整合这些因素成为解决问题的关键。笔者主张构建以"通

---

[1] 有案例认为在永续债的情境下，因本身就存在着债券发行人不行使赎回权、利息递延支付的风险，因而不构成对主要债务的违反，笔者对此认同。参见金信基金管理有限公司与新华联控股有限公司公司债券交易纠纷案：北京市第三中级人民法院（2020）京03民初261号民事判决书。

知+合理期间+适当担保"为核心的默示预期违约的判断路径。具体认定过程是，首先，发行人存在不能给付利息的事实发生，或者存在直接影响公司兑付该债券的考量型因素，如"相关资产被冻结"等。其次，发行人在被通知后，于合理期间内对此并没有提供适当的担保，则发行人构成"以自己的行为表明不履行主要债务"，对于前者，其属于预期根本违约；对于后者则构成一般预期违约。如果发行人在合理期间内提供了适当担保，则属于轻微的违反主要义务或者仅仅符合考量型因素。对于前者而言，既已提供适当担保，考虑债务不履行的可能性失去了意义，预期违约之诉的基础不复存在，实践中几乎也没有在提供了适当担保后依然提起的预期违约之诉的情况；而后者则更不宜认定为预期违约。

　　适用这种认定标准本质上是在法律规定的"以自己的行为表明"和"主要债务"等都属于不确定概念的前提下，在适用时进行解释将其具体化，或者对其进行价值补充。[1]而以此进行价值补充的原因是，一方面，预期违约的制度基础是在合同可能届时无法履行的情况下，有造成相对方损失的可能，从而给予非违约方一个寻求救济的途径，以提前从合同关系中解脱或取得赔偿。而担保站在该制度的对立面，如果涉嫌先期违约方已经提供了相应的担保，相对方的损失可能性已经降到最低，甚至消失的程度，就没有启动该制度保护合同相对方的必要。因而是否存在一定的担保可以成为最直接的认定标准，反观其他因素均不能合理地做到这一点。另一方面，发行人一般均会在债券募集书中写明自身在出现特定情况时将提供保障措施的义务，投资人一般也会通知发行人提供相应保障措施预防损失的造成。如此看来，该标准与实务上的操作也不谋而合，法官在裁判说理时，也可以做到与事实情况的高度适配。最后，我国预期违约制度取道于英美法系，美国《统一商法典》第 2-609 条和《公约》第 71 条均规定了一定的"担保标准"，使其更具有操作性且避免法官经验主义的滥用。从尊重制度来源的角度，也值得采取这种类比思路。

　　"合理期间"和"适当担保"发挥着对"担保标准"的限定作用，如果发行人被通知后，提供担保远远超过一定期间或者不能大程度地抵消风险，则仍有发生预期违约之嫌，因而这样的限定是有必要的。对于合理期间，如果当事人有约定的，应当以当事人的约定或者债券募集说明书的记载为准；当事人未约定的，依据一般交易习惯，在通知后应当为发行人准备担保措施留有充分时间，可以结合具体个案，参考美国《统一商法典》规定的 30 天的期限标准予以确定；投资人或债权人会议并未通知发行人提供保障措施的（尽管这种情况存在的概率很小），若债券合同包含发行人提供保障措施义务内容的，不再考虑合理期间，视

---

[1]　参见梁慧星：《裁判的方法》（第 3 版），法律出版社 2017 年版，第 285 页。

为未能提供担保。若债券合同中没有相关内容的，笔者认为此时不能简单适用"通知+合理期间+适当担保"标准。合理期间设置的前提是合同相对方的通知，既无通知，合理期间因不存在起算点而难以确定；又无义务，担保事实的缺失是合理的，更勿论使用该标准。这种情况下，无论是发行人抑或是投资人对于合同的经营都处于一种消极状态，发行人并未"尽责"，投资人亦"躺在权利上睡觉"而不积极主张权益，都理应承担相应的不利后果。因此，当发行人存在不能给付利息的事实发生，或者存在直接影响公司兑付该债券的考量型因素，对于前者，发行人直接构成默示的预期根本违约，对于后者，考量性因素不足以单独进行认定，发行人不能构成默示预期违约。对于适当担保，其并不难确定，可以参考债券到期日投资人一共可以取得的本金及利息的总和数，允许考虑企业的实际状况适度酌减。此外，通知并不是一个不确定概念，"通知"的标准，不宜过度纠结。

对于附担保信用债，即发行人在发行债券时，就为债券的兑付提供了抵押物、质押物或第三人保证的一类信用债。如果发行人一开始便提供了的担保，这种担保在发行之初应当是适当的，但是随着时间的推移，这种担保的价值发生了减损，与应当兑付的本息额远不相当。此时如果发行人本身运营状态正常，只需要要求发行人补足担保价值即可。但是，当发行人自身难保并透露出偿债能力不足的表象，就会存在投资人认为其"以自己的行为表明不履行主要债务"，从而提起预期违约诉讼的情况。只需将上述判断标准中的"通知"改为"通知补足减损部分的担保"即可。

（四）债券预期违约的法律后果

在认定发行人应承担的责任时，如果有债券募集说明书中已经写明"加速到期"、"交叉违约"等违约法律后果条款的情形，法院一般会予以尊重，如"16大机床SCP003"超短期融资券案，法院认为交叉违约条款被触发，债券提前到期，大连机床集团应就16大机床SCP003债券的违约进行本息偿付。[1]

如果在债券合同中并未约定此类争议解决条款时，法院必须严格适用既有法律规定，实践案例中曾存在适用《合同法》第94条第2款及第108条的两种构成预期违约应当承担的法律后果，前者为解除合同，并且合同解除后可根据《合同法》第97条要求赔偿损失。[2]后者为不解除合同，而是根据《合同法》第108条请求违约方承担违约责任，并承接第107条有关继续履行、采取补救措施

---

[1] 参见东海证券股份有限公司与大连机床集团有限责任公司、大连机床营销有限公司破产债权确认纠纷案：常州市中级人民法院（2017）苏04民初135号民事判决书。

[2] 参见《合同法》（1999年）第97条规定，合同解除后，尚未履行的，终止履行；已经履行的，根据履行情况和合同性质，当事人可以要求恢复原状、采取其他补救措施，并有权要求赔偿损失。

或者赔偿损失等违约责任的具体承担形式的规定。需要强调的是，《民法典》第566条第2款如前文所述将《合同法》第97条与《合同法》第108条相嫁接，该两条并非各自独立，因此，对于在债券合同中构成预期违约的情形下，其法律后果应当是解除债券合同并承担相应的违约责任。

合同解除后，根据《民法典》第565条，"合同自通知到达对方时解除"，即自投资人向发行人发出通知或者递送起诉状时合同解除，债券合同的权利义务终止。投资人可进而依据《民法典》第566条第2款、第577条之规定，请求赔偿损失。赔偿的范围应相当于违约"造成的损失"，发行人须填补其（预期）违约给债券权利人带来的所有损失，包括可得的本金及其利息收益。

对于债券合同具体、明确约定违约金、罚息或者逾期利息的，原则上均应予以尊重，但与上述利息收益总计仍然以24%标准为限。在"15中城建MTN001"案中，法院认为募集说明书、发行公告中均未约定违约金标准，应当参照中城建公司之前发行的与本案债券性质相同的债券中违约金的标准予以确认。[1]此类情况属于对违约金没有约定或是约定不明，不能参照其他标准适用。

五、结语

实践中，债券预期违约案件属于非典型违约，一方面，随着当事人风险防范意识的增强、缔约技术的改进，债券合同常伴随着实质上的交叉违约条款、加速到期条款等。另一方面，诉讼并非债券市场风险处置的唯一途径，对于无担保债券违约，通常有自筹资金、第三方代偿、债务重组的自主协商、仲裁、破产或求偿诉讼三种处理方式。对于附担保债券的违约，往往通过处置抵押（质）押物、担保方代偿的方式进行处理。但是，债券预期违约诉讼作为司法求偿路径之一，能够反映司法对债券市场风险处置的现状与总体思路，如何权衡投资者权利保护、融资者责任承担、金融市场稳定发展之间的关系仍然是金融商事审判的重心与难点，通过法律解释方法进行对特定概念进行价值补充仍然是追求利益平衡最重要的路径之一。

---

〔1〕 参见平安证券股份有限公司与中国城市建设控股集团有限公司公司债券交易纠纷案：北京市第二中级人民法院（2017）京02民初264号民事判决书。

资管业务中受托人的信义义务

王 琦*

摘要：在信义关系中，信义义务是防范受托人滥用权利、保护委托人利益的重要机制。资管的本质属性应为信托，资管机构和投资者之间构成信义关系，故资管业务中受托人滥用权利的行为仍为法律规制的核心问题。《资管新规》确立了资管机构的信义义务，即"诚实信用、勤勉尽责义务"以规范资管机构的受托管理行为。信义义务以忠实义务为核心，注重防范受托人实施利益冲突行为。美国采取专门制定单行法的方式以有效规范金融中介活动，信义义务作为受托人的基本行为规范在相关法律中得到确立，并受到司法实践的广泛认可。我国系通过《资管新规》这一部门规章确立资管机构的信义义务，因该文件不能直接作为裁判依据，且其内容侧重于监管规范，故投资者若要向违反信义义务的资管机构主张损害赔偿，仍须依据《信托法》对于受托人义务所设置的相应规范。

关键词：资产管理；信托；受托人；信义关系；信义义务

一、引言

资产管理（以下简称"资管"）业务中长期存在刚性兑付、监管套利等乱象，其根源在于资管机构欠缺规范的行为标准和明确的责任依据，尤其是资管机构作为受托人的信义义务未能得到有效确立。中国人民银行、中国银行保险监督管理委员会、中国证券监督管理委员会、国家外汇管理局 2018 年 4 月 27 日发布的《关于规范金融机构资产管理业务的指导意见》（银发〔2018〕106 号，以下简称《资管新规》）第 2 条虽确立了资管机构的"诚实信用、勤勉尽责义务"，但对于该义务的产生依据、具体判定标准等问题并未予以明确。《资管新规》作为规范资管业务的纲领性文件，虽然在监管层面上对于各类金融机构开展的资管业务具有普遍适用意义，但其在效力位阶上仅为部门规章，在一定程度上制约了《资管新规》私法规范功能的发挥。在此情况下，通过界定《资管新规》的法律

* 王琦，法学博士，中国社会科学院法学研究所博士后研究人员、助理研究员。

性质以探寻其上位法依据，进而借由该上位法规范明确资管机构的义务属性和内容，对于信义义务功能的充分发挥就显得极为必要。

二、资管业务的基本属性：一个前提性问题

信义义务产生于信义关系之中，而信义关系的具体内容则由其基础法律关系决定。因此，资管属性或资管基本法律关系的准确界定是探究资管机构信义义务的逻辑起点和重要支撑。

资管的本质在于"受人之托，代人理财"。但长期以来，资管机构主动管理能力不足，委托人往往以投资顾问形式主导了被管理资产的投资决策，利用资管机构提供的资管产品开展通道业务，规避监管或进行融资。[1]这一现象导致资管业务的法律性质难以准确界定，理论上产生诸多争议，最为典型者当为"委托说"与"信托说"的对立。

（一）《资管新规》出台之前："委托说"的主导地位

长期以来，对于资管业务的基本属性，存在"委托说"与"信托说"两种观点。"委托说"将资管业务的法律属性界定为"委托代理"或"委托"，其中以商业银行理财业务为代表。"信托说"基于资管"受人之托，代人理财"的本质，认为资管业务在本质上应为信托。

长期以来，金融交易和司法实践也将银行理财业务称为"委托理财"，投资者与金融机构之间签订的资管合同被称为"委托理财合同"，因此而产生的纠纷被称为"委托理财合同纠纷"。最初，司法实践中将委托理财关系区分为委托代理型与信托型两类。最高人民法院曾在《民事案件案由规定》的释义书中，根据投资人名义的不同，将委托理财分为委托代理的投资理财和信托投资理财。[2]

2011年，最高人民法院在修改《民事案件案由规定》时，将"委托理财合同纠纷"变更为与"委托合同纠纷"并列的案由，并在其项下增加"金融委托理财合同纠纷"与"民间委托理财合同纠纷"。[3]前者的受托人为商业银行、证券公司、信托公司等专业的金融机构，而后者的受托人为资管公司、投资咨询公司、一般企事业单位等非金融机构或自然人。[4]二者区分的意义在于，民间委托理财合同通常不受金融法律法规或监管规章的约束，仅由合同法及一般民事法律规范处理当事人之间的权利义务关系；而金融委托理财合同则同时受到合同法

---

[1] 参见缪因知：《资产管理内部法律关系之定性：回顾与前瞻》，载《法学家》2018年第3期。

[2] 受托人使用委托人以自己名义开立的账户从事投资经营活动的，为委托代理型投资理财行为，委托人与受托人之间为委托代理合同关系；受托人以自己名义或借用他人名义从事投资经营活动的，委托人与受托人之间形成信托合同关系，参见曹建明主编，最高人民法院民事案件案由规定课题小组编著：《最高人民法院民事案件案由规定理解与适用》，人民法院出版社2008年版，第126页。

[3] 参见最高人民法院《关于修改〈民事案件案由规定〉的决定》（法〔2011〕41号）第43条。

[4] 参见广东省深圳市中级人民法院（2018）粤03民终14568号民事判决书。

等民事法律规范与金融法律法规或监管规章的双重约束。[1]

原中国银行业监督管理委员会（以下简称"银监会"）将商业银行个人理财业务中投资者和商业银行之间的关系明确界定为委托代理关系。[2]这一界定方式有其现实合理性。一方面，基于我国金融行业分业经营、分业监管的现实格局，以委托代理作为银行资管业务的属性便于划分监管机构的职权范围。另一方面，在通道类资管业务中，作为通道的资管机构并不承担主动管理职责及投资风险，显然无法认定为信托法上的受托人；而委托人在该类资管业务中发挥实质上的主导作用。从形式上看，通道类资管业务更接近于委托代理模式。

"信托说"的主要缺陷在于，我国《中华人民共和国信托法》（以下简称《信托法》）系以委托人为中心进行规则设计，其第 2 条采用"委托说"这一表述回避了信托财产权的归属，在财产转移上模糊了"委托"和"转让"的界限。这不仅导致委托人、受托人、受益人对于信托财产所有权的归属发生争议，也造成信托与委托难以明确区分。[3]特别是第三方独立托管制度的建立，客观上为各类资管产品的财产独立提供了制度保障。在实际适用中，二者之间并无实质性的差异。[4]

监管机构的认可及《信托法》文本自身存在的缺陷，使得委托代理理论在《资管新规》出台前占据了理论上的主导地位。

（二）《资管新规》出台之后："信托说"与资管本质的契合

《资管新规》作为金融统合立法的产物，以强化功能监管为导向，意图实现对各类资管产品的全面、统一覆盖。可惜的是，监管机关并未明确《资管新规》的制定依据，在具体条文的设计上也回避了资管属性的界定。此外，《资管新规》第 22 条第 1 款虽禁止通道业务，但为确保平稳过渡也设置了过渡期（《资管新规》发布之日起至 2020 年底）。在过渡期内，金融机构仍可以发行一定的老产品对接存量产品所投资的未到期资产（第 29 条）。这意味着，在当下，仍有一定

---

[1] 例如，对于委托理财合同中保底条款的效力，司法实践中一般认为应当区分金融委托理财合同与民间委托理财合同。前者受《证券法》等金融法律法规中对于保底条款的禁止性规定的约束，保底条款因违反法律的禁止性规定而无效，甚至整个合同的效力都会因此而被否定；后者则不适用《证券法》等金融法律法规对保底条款的规定，法院通常对保底条款的效力予以认可，参见最高人民法院（2018）最高法民申 4114 号民事裁定书、山东省济南市中级人民法院（2019）鲁 01 民终 2612 号民事判决书、广东省深圳市中级人民法院（2018）粤 03 民终 14568 号民事判决书。

[2] 参见《银监会有关负责人就发布〈商业银行个人理财业务管理暂行办法〉和〈商业银行个人理财业务风险管理指引〉答记者问》，载中国银监会官网，http://www.cbrc.gov.cn/chinese/home/docView/1617.html，最后访问日期：2019 年 6 月 30 日。

[3] 参见郭雳主编：《中国资产管理：法律和监管的路径》，中国政法大学出版社 2015 年版，第 17~19 页。

[4] 参见刘燕、楼建波：《企业并购中的资管计划——以 SPV 为中心的法律分析框架》，载《清华法学》2016 年第 6 期。

数量的通道类资管业务存续。

无论是基于监管权限划分的考虑还是通道类资管业务存在的现实，忽视资管本质属性而径行以委托代理作为资管本质，并无充分的理论依据。在《资管新规》宣示回归资管"受人之托，代人理财"本质的价值取向下，随着功能监管的确立以及通道类资管业务的逐步消弭，固守委托代理理论已经难以适应实践的发展。更为重要的是，若从法律关系的角度考察可以发现，委托代理的法律构造与资管业务的实践形态并不一致。

《中华人民共和国民法总则》（已失效）将委托代理限定为直接代理，间接代理制度则由《中华人民共和国合同法》（已失效，以下简称《合同法》）第402条与第403条所确立。[1]资管业务的运作模式与此二者并不相符。比如，证券公司在运用受托资金对外投资时，系以资管计划的名义与他人签订合同，该合同并非直接约束作为委托人的投资者，这与直接代理的法律构造并不相同；而资管机构作为投资者所选定的受托人，其本身亦非合同当事人，也不符合间接代理模式。[2]因此，从形式上看，资管业务的运作模式并未契合委托代理的行为范式。

而且，在委托代理关系中，受托人必须按照委托人授予的权限范围及其指示从事活动，以委托代理作为资管业务基本法律关系，意味着管理人并未主动管理资管产品，违背了资管"受人之托，代人理财"的本质。[3]资管作为金融机构的一项盈利业务，受托人通常在资管业务的开展中居于核心地位，这与委托关系中以委托人为中心的规范模式明显不同。尤其是在公募资管产品中，若允许人数众多的社会公众投资者对资金的投向及其运用进行干预，将严重干扰资管业务的正常开展，投资者借助资管机构的专业知识和经验投资获利的目的也就无从实现。

显然，"信托说"更能契合资管业务的本质属性。《信托法》所界定的"信托"并非基于对信托本质和特征的抽象概括而生成的精确概念，其概念界定的模糊性弱化了其内涵的科学性，在理论上徒增困扰，受到学者的普遍诟病。[4]虽然"信托"概念并未在规范层面得到准确界定，但理论和实务界均普遍承认信托和委托存在本质区别。否认资管业务信托本质的观点更多的是立足于金融分业

---

〔1〕 直接代理要求代理人在与第三人实施法律行为时，必须以本人名义为之，由本人直接承受该法律行为的后果。而间接代理系代理人以自己名义与第三人实施法律行为，其法律后果直接归属于代理人，之后再依代理人和本人之间的内部关系而转移于本人。

〔2〕 需说明的是，《合同法》第402条和第403条之规定主要针对的是外贸代理，国内的商事交易活动能否适用该规定存在争议。

〔3〕 参见缪因知：《资产管理内部法律关系之定性：回顾与前瞻》，载《法学家》2018年第3期。

〔4〕 参见赵廉慧：《信托法解释论》，中国法制出版社2015年版，第45~46页。

的现实背景，认为信托与委托在当前的规范语境下可以发挥类似功能。但是，这一根据实践表象而得出的结论，并不足以否认资管业务的信托本质。

资管作为一项金融业务，具有不同于传统信托活动的特殊性。在资管业务中，资管机构主动发行资管产品并决定资管产品的结构和资金投向，其开展资管活动的目的在于追求自身的经济利益。在区分民事信托与商事信托的基础上，资管业务应归入商事信托的范畴。商事信托通常赋予受托人全权管理和处分受托财产的权利，而作为委托人的投资者通常人数众多。存在于传统信托活动中的受托人滥用授权的问题，在商事信托中变得更为突出。故而，从保护投资者利益的角度加强对受益人的保护，是资管活动中的重要问题。[1]

可见，以信托作为资管本质，与《资管新规》强化资管机构主动管理职能、回归资管本源的初衷和目的相一致，而且有助于明晰资管业务的法律适用规则，实现理论阐释上的逻辑自洽。

（三）小结：界定资管属性之目的

界定资管属性的目的，在于厘清资管业务的基础法律关系，进而明确资管机构与投资者之间信义关系的法律基础；借由信义关系所产生的法律基础，以确定资管机构信义义务的具体内容、适用标准等问题，实现规范资管机构受托理财行为、保护投资者合法权益之目的。在"张某与海通资管公司委托理财合同纠纷"一案中，法院认为案涉资管业务呈现出受托财产独立、受益人自担风险等特点，符合信托的法律特征，各方权利义务关系应受到《信托法》的调整。[2]在该案中，法院通过界定资管业务的信托属性，得出案涉资管业务应受《信托法》调整的结论，这与本文所采取的逻辑一致。

《资管新规》基于功能主义的立场，未对资管的基本属性予以界定。这虽无碍于监管活动的开展，但却对资管业务中私法机制的运用造成实质性障碍。若资管机构违反"诚实信用、勤勉尽责义务"，监管机构自然可以根据相关监管规范对其采取监管措施；作为委托人的投资者若想寻求私法救济，必然要有明确的法律依据作为自身诉求的支撑，而《资管新规》受限于效力位阶，显然无法发挥这一功能。

委托（代理）与信托对于受托人义务的性质和内容的界定存在本质区别。[3]在《信托法》中，委托人与受托人之间存在信义关系；而在委托代理中，委托

〔1〕参见赵廉慧：《信托法解释论》，中国法制出版社 2015 年版，第 85 页。

〔2〕参见最高人民法院（2018）最高法民申 1423 号民事裁定书。

〔3〕参见楼建波、姜雪莲：《信义义务的法理研究——兼论大陆法系国家信托法与其他法律中信义义务规则的互动》，载《社会科学》2017 年第 1 期。

人与代理人通常系基于委托合同而成立委托代理合同关系。[1]信义关系与合同关系在利益构造上的区别，决定了信义义务的特殊性。在《信托法》中，受托人与委托人之间的关系是"垂直型"的，受托人或财产管理人占据支配地位，并被授予针对居于从属地位的委托人的权利。而合同当事人之间是"水平型"的平等关系，各方当事人均致力于追求自身利益。二者的差异导致法律分配给当事人的义务亦存在实质性区别。比如，合同当事人之间并不存在忠实义务，合同法中虽存在诚信义务，但这一义务实际上弱于并且在本质上与信义法的忠实义务不同。当事人缔结合同的根本目的在于追求自身利益，没有理由要求合同当事人一方按照完整的忠实义务为另一方当事人的利益服务。而信义关系则要求受托人完全为委托人利益实施行为，不能追求自身利益。完整的信义义务是信义关系的核心。[2]例如，我国《信托法》第26条明令禁止受托人利用信托财产为自己谋取利益，受托人违反该项规定，须将所得利益归入信托财产。而委托代理规范并未禁止代理人在不损害委托人利益的前提下追求自身利益，亦未设置归入权条款。显然，信义义务对于委托人利益的保护更为周延。

将资管属性界定为信托，既能契合资管本质，又能明晰投资者与资管机构之间的法律关系及其内容，为资管机构信义义务的产生奠定了法律逻辑上的基础。

三、资管机构信义义务的产生基础

信义义务产生于信义关系之中，并基于不同法律背景下的信义关系而呈现出不同的样态。[3]资管业务的运作模式与信义关系的法律构造相契合，同样存在信义关系所内生的受托人滥用授权的问题。

（一）资管实践与信义关系的构造相同

信义关系虽因产生基础不同而内容各异，但其法律结构相同，即委托人将控制和管理财产的权利[4]授予受托人，受托人运用委托人授予的权利，为实现委托人的利益而行为（参见图1）。[5]在信义关系中，委托人利益的实现依赖于受托人；为避免受托人滥用授权损害委托人之利益，法律对受托人设置了相应的义

---

〔1〕 委托代理的基础法律关系不限于委托合同，还包括劳动合同、合伙合同等。

〔2〕 See Gregory S. Alexander, "Cognitive Theory of Fiduciary Relationships", *Cornell Law Review*, Vol. 85, Issue 3 (1999), pp. 775-776.

〔3〕 See Tamar Frankel, "Fiduciary Duties as Default Rules", *Oregon Law Review*, Vol. 74, Issue 4 (Winter 1995), p. 1224.

〔4〕 此处原文为"power"（权力）而非"right"（权利）。在我国法律上，"权力"一般用于指称公权力，与私法中的民事"权利"含义迥异。资管业务中投资者向资管机构所授之"权"，应为私法上的"权利"。因此，本文用"权利"一词指称英文文献中的"power"。如无特殊说明，下文与此相同。

〔5〕 在信义关系中，委托人和受益人可为同一人。资管业务作为自益信托，其委托人同时具有受益人的身份。出于行文方便，本文将投资者统一指称为"委托人"。

务以促成授权目的的实现，并对委托人的利益予以关照。[1]

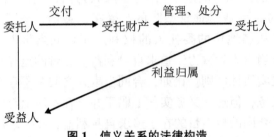

图1 信义关系的法律构造

在资管业务中，投资者基于对资管机构投资能力和经验的信任，以获取投资收益为目的将其财产交由资管机构进行管理；而资管机构作为受托人，须为实现投资者利益而运用委托人授予的权利，对其交付的资产进行管理处分，以实现资产保值增值（参见图2）。资产管理作为金融机构开展的营利活动，属于典型的商事信托。以证券公司发行的集合资管计划为例，资管机构作为计划的发起人，出于自身营利或融资目的，负责拟定集合计划的投资方向，之后再到资本市场中寻找投资者，投资者仅仅是被动地选择购买或不购买证券公司发行的集合计划，这与民事信托中委托人确定信托目的并选任受托人的模式并不相同。因投资者兼具委托人与受益人的身份，资管业务亦属于自益信托的类型。

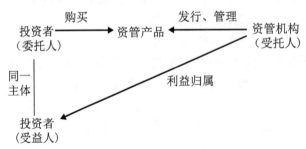

图2 资管业务的运作模式

《资管新规》原则上禁止多层嵌套，限制资管机构利用通道业务进行监管套利；通过强化资管机构的主动管理职能，意图回归资产管理"受人之托，代人理财"的制度本源。《资管新规》所宣示的以受托人职能的发挥为中心的资管业务模式，完全契合了以受托人为中心进行规则设计的信托法规范，以信义关系描述

---

[1] See Evan J. Criddle, "Fiduciary Administration: Rethinking Popular Representation in Agency Rulemaking", *Texas Law Review*, Vol. 88, Issue 3 (February 2010), p. 468.

资管业务中双方当事人之间的法律关系并不存在实质性障碍，[1]更与《资管新规》强化资管机构主动管理职能的立法旨趣相一致，在规范层面上具有充分的制度支持，实现理论解释与资管实践的完美对接。

（二）信义关系的核心问题：滥用权利

从信义关系的法律构造来看，信义关系具有以下两项基本特征：一是受托人替代委托人，为实现委托人利益而行为；二是为了确保受托人有效处理受托事务，委托人必须向其授予相应的权利。受托人仅能为实现委托人利益运用权利，不能追求自身利益。信义关系的替代功能和权利授予这两项基本特征产生了信义关系中的核心问题：受托人滥用授权。也就是说，当受托人为实现委托人利益而被授予权利时，其可能滥用授权损害委托人的利益。[2]受托人与委托人之间权利分配的不平衡性也决定了二者之间义务设置的非对称性。

在信义关系中，受托人单方面获得委托人授予的处理受托财产的权利，只有受托人具有滥用权利损害委托人利益的可能。委托人的易受侵害性源自信义关系的结构和本质，而非当事人之间议价能力的不平等。在信义关系中，受托人被授予使用权利的范围小于其实际能够使用这一权利的范围。因此，受托人获得委托人授权的同时，也就具备了损害委托人利益的可能性。根据不同类型受托人滥用权利损害委托人的程度，信义关系也随之发生变化。滥用权利的风险大小取决于：①当事人建立信义关系的目的，以及结果上为实现当事人的利益必须被授予的权利之本质；②授予委托人之权利的范围；③减少滥用可能性之保护机制的可获得性。[3]

信义关系内生的受托人滥用权利的可能性，决定了其内容不能完全交由当事人的意思自治来决定。委托人可以通过减少或限制其对受托人所授予之权利来控制受托人的行为，或者借助市场机制等外在因素减少受托人滥用授权的可能性，但却不能将其彻底消除，且此类机制成本高昂，可能减少委托人从信义关系预期获得的期待利益。委托人无法在保持信义关系所产生利益的同时充分地保护自己，法律必须适度介入以保护委托人免受权利滥用的侵害。[4]

（三）管控受托人行为的私法机制：信义义务

当事人虽然拥有选择是否建立信义关系的自由，但信义关系一旦建立，其法律后果主要由法律规定而非当事人自由决定。只要当事人之间的安排满足信义关

---

[1] 参见赵廉慧：《"资管新规"的信托法基础》，载中国商法网，http://www.commerciallaw.com.cn/index.php/home/special/info/id/326.html，最后访问日期：2019 年 9 月 25 日。

[2] See Tamar Frankel, "Fiduciary Law", *California Law Review*, Vol. 71, Issue 3 (May 1983), pp. 808-809.

[3] See Tamar Frankel, "Fiduciary Law", *California Law Review*, Vol. 71, Issue 3 (May 1983), p. 810.

[4] See Tamar Frankel, "Fiduciary Law", *California Law Review*, Vol. 71, Issue 3 (May 1983), p. 816.

系的标准，不论当事人主观意愿如何，受托人都要承担信义关系所生之义务，委托人也将因此获得法律的保护。[1]基于信义关系的基本特性，法律干预信义关系的主要方式是对受托人施加信义义务。[2]

信义关系赋予受托人广泛的权限以处理受托事务，同时为实现受益人利益的最大化，法律对受托人施加信义义务，以保证其实施的受托行为符合受益人的利益。信义义务明确了受托人的行为标准和责任依据，框定了受托人行为合法性的边界，能够有效遏制资管机构的不当行为。因信义义务具有概括性和一般性，在欠缺合同约定及法律规定时，信义义务作为一般性原则可以发挥填补法律漏洞和合同空隙的作用。

虽然当事人可以通过合同约定限制受托人的权利，但这并非理想的方式。信义关系并不必然产生于合同关系，当事人此时无法通过协商作出限制受托人权利的约定。即便在信义关系产生于合同关系的场合，通过合同约定限制信义关系存续期间所有可能的权利滥用情形也不现实。[3]合同方式不仅无法降低受托人滥用权利的风险，还可能增加额外成本。[4]

虽然信义义务相较于合同义务更具优越性，但对于合同约定义务不能一概排斥。为确保受托人信义义务功能的充分发挥，应当妥善处理合同约定义务与信义义务的关系。资管合同是确定资管机构与投资者之间权利义务关系的基本依据，作为当事人之间就资管事项合意的结果，合同的内容设置更加灵活，当事人可以在平等协商的基础上，针对特殊事项做出符合自身最佳利益的选择。只是合同约定不得与法律规定的信义义务相抵触，更不能排除后者的适用。

对于资管业务来说，监管部门出台的规范性文件不可能兼顾交易的方方面面，在监管规范和资管合同未能涵盖的领域，一旦产生争议，将出现无据可依的尴尬状态。确立资管机构作为受托人所应承担的信义义务，既可以弥补规范缺位和合同约定不足的缺陷，也有助于建立和完善资管机构的行为规范体系，为投资者通过民事救济机制维护自身权益提供更为全面的保障。《资管新规》确立了资管机构的"诚实信用、勤勉尽责义务"，将其作为信义义务的具体表述并不存在实质性障碍，且与信义关系的本质和理念完全契合。

---

[1] See Tamar Frankel, "Fiduciary Law", *California Law Review*, Vol. 71, Issue 3 (May 1983), pp. 820-821.

[2] "信义"这一概念最初来源于信托法，其字面含义为"忠实"。受托人的忠实标准极为严格，其被要求谨慎地管理信托资金，而且不能将信托财产用于个人交易，即便这项交易并不损害受益人的利益。See Joseph T. Walsh, "The Fiduciary Foundation of Corporate Law", *Journal of Corporation Law*, Vol. 27, Issue 3 (Spring 2002), p. 333.

[3] See Tamar Frankel, "Fiduciary Law", *California Law Review*, Vol. 71, Issue 3 (May 1983), p. 813.

[4] See Tamar Frankel, "Fiduciary Law in the Twenty-First Century", *Boston University Law Review*, Vol. 91, Issue 3 (1989), p. 1296.

应当注意的是，信义义务作为一种成本高昂的限制受托人行为的方式，并不是委托人保护自身利益的首要选择。如果委托人能够通过自助行为、合同、监管手段或其他方式获得充分保护，通常不会诉诸信义义务。[1]只有在委托人以欠缺其他成本的低廉的方法监督和控制受托人时，信义义务才是合理的。[2]

四、信义义务为受托人设定的行为界限

在传统信托法上，委托人系为实现自身特定目的而选任受托人，信托目的由委托人确定，受托人的行为必须围绕实现委托人利益的目的而展开。为防止受托人滥用权利损害委托人利益、保证信托目的的实现，法律通过信义义务将受托人的行为划定在合法界限之内。

（一）信义义务的固有内容

受托人的信义义务产生于信义关系，其内容由信义关系决定。根据受托人滥用权利而使委托人遭受损害的程度不同，信义关系也存在区别。[3]在信义关系中，委托人可能因受托人行为遭受两种类型的损害：一是受托人不当使用委托人授予的财产（不法行为）；二是受托人疏忽管理委托人的财产（不履行行为）。法律通过对每种类型的不当行为施加不同的义务加以规制：不当使用财产由忠实义务加以规制；因疏忽而对财产管理不善由注意义务加以规制。[4]法律对受托人施加忠实义务以防止其滥用被授予的权利，对受托人施加谨慎、勤勉的注意义务以保证委托人能够获得合格的服务。[5]忠实义务要求受托人为委托人利益履行义务并且不得开展利益冲突交易，注意义务则要求受托人谨慎行为，不得疏忽。[6]忠实义务与注意义务构成了受托人信义义务的主要内容，也为判定受托人是否履行信义义务提供了基本的判断依据。

在信义义务中，忠实义务居于核心地位，而忠实义务的核心则是防范利益冲突，具体表现为以下两项规则：其一，利益冲突规则（conflict of interest rule），该规则禁止受托人的个人利益与委托人或受益人的利益相冲突，受托人不得为追求自身利益而实施不忠实的行为；其二，义务冲突规则（conflict of duty rule），

[1] See D. Gordon Smith, "The Critical Resource Theory of Fiduciary Duty", *Vanderbilt Law Review*, Vol. 55, Issue 5 (October 2002), pp. 1424-1425.

[2] See Larry E. Ribstein, "Are Partners Fiduciaries", *University of Illinois Law Review*, Vol. 2004, Issue 1 (2004), p. 217.

[3] See Tamar Frankel, "Fiduciary Law", *California Law Review*, Vol. 71, Issue 3 (May 1983), p. 810.

[4] See Robert Cooter, Bradley J. Freedman, "The Fiduciary Relationship: Its Economic Character and Legal Consequences", *New York University Law Review*, Vol. 66, Issue 4 (October 1991), p. 1047.

[5] See Tamar Frankel, "Fiduciary Duties as Default Rules", *Oregon Law Review*, Vol. 74, Issue 4 (Winter 1995), p. 1213.

[6] See Tamar Frankel, "Fiduciary Duties as Default Rules", *Oregon Law Review*, Vol. 74, Issue 4 (Winter 1995), pp. 1210-1211.

该规则禁止受托人在相互冲突的授权下行为。详言之，若受托人基于不同委托人的授权而负担相互冲突的义务，即使其并未从中获取个人利益，亦不得实施此等不忠实的行为。[1]若受托人违反上述两项规则，其因此而获得的任何利益都将被剥夺。

为适应资管业务的特殊需要，资管机构的信义义务在继承传统信托法固有内容的同时，也在一定程度上扩充了信义义务的内容。

（二）资管机构的忠实义务

忠实义务作为信义义务的核心，在性质上为反对自我交易和其他欺诈行为的消极义务或被动义务。忠实义务要求受托人应以实现委托人利益为基本目标开展受托行为，不得利用委托人授予的财产或权利实施利益冲突行为，追求自身利益。[2]在资管业务中，资管机构的忠实义务可具体化为以下几项规则：

第一，限制关联交易。《资管新规》第24条禁止资管机构与关联方进行不正当交易、利益输送、内幕交易和操纵市场，而对于其他合法的关联交易并未一概禁止。资管机构在经过内部审批机制和评估机制的审查，并向投资者充分披露信息的情况下，仍可实施此类关联交易。其原因在于，信义义务的本质是限制受托人从事利益冲突行为，而非全面禁止。若能保证受托目的的实现和受益人之利益不受损害，则并无对受托人施加严苛限制的必要。[3]受托人在向委托人传达其知道或应当知道的与该事项有关的所有重大事实之后，若能取得委托人的同意，则表明受托人实施的利益冲突交易获得法律的认可，并不违反信义义务。[4]

第二，禁止"倒买倒卖"。美国联邦最高法院在 SEC *v.* Capital Gains Research Bureau, Inc. 一案中的注释被认为是联邦设立投资顾问信义义务的重要依据。[5]在该案中，联邦最高法院针对一家注册投资顾问的"倒买倒卖"（scalping）行为进行了审查。[6]法院认为，注册投资顾问在向其客户推荐某一证券作为长期投资之前，即用其账户购入该证券，之后在该证券的市场价格上涨时卖出获利，这是被《投资顾问法》所禁止的欺骗客户或潜在客户的行为。SEC 可以发布命令，要求投资顾问对其客户充分披露该行为，以强制投资顾问遵守《投资顾问法》。[7]

---

〔1〕 See Paul B. Miller, "Justifying Fiduciary Duties", *McGill Law Journal*, Vol. 58, Issue 4（2013）, p. 977.

〔2〕 See Paul B. Miller, "Justifying Fiduciary Duties", *McGill Law Journal*, Vol. 58, Issue 4（2013）, pp. 972-973.

〔3〕 参见赵廉慧：《信托法解释论》，中国法制出版社2015年版，第306页。

〔4〕 Restatement（Third）of Trusts § 78（2007）.

〔5〕 See Arthur B. Laby, "Fiduciary Obligations of Broker-Dealers and Investment Advisers", *Villanova Law Review*, Vol. 55, Issue 3（2010）, p. 733.

〔6〕 See Arthur B. Laby, "Fiduciary Obligations of Broker-Dealers and Investment Advisers", *Villanova Law Review*, Vol. 55, Issue 3（2010）, p. 716.

〔7〕 See SEC *v.* Capital Gains Research Bureau, Inc. , 375 U. S. 180, 181-182; 84 S. Ct. 275, 277-278（1963）.

"倒买倒卖"行为之所以被《投资顾问法》所禁止，其原因包括以下两点：一是投资顾问的交易行为可能减少投资者的利益。客户可能因投资顾问在其之前买入证券而支付更多的购买价款，也可能因投资顾问在其之前卖出证券而导致证券的卖出价格降低；二是"倒买倒卖"行为表现出明显的利益冲突，因为投资顾问推荐证券并非为了投资者的利益，而仅仅是为了支撑证券的市场价格而使自己获利。[1]

在我国，资管机构的工作人员泄露因职务便利获取的未公开信息，利用该信息从事或者明示、暗示他人从事相关交易活动的行为被形象地称为"老鼠仓"。"老鼠仓"的典型形式为资管机构内部人员利用职权之便，获取资管资金投资标的、业务操作等相关信息，在获知己方准备拉升股价后，先用个人资金在低位建仓，待资产价格被公有资金拉高后，个人仓位率先卖出获利。仅2017年证监会就立案审查了13起涉及"老鼠仓"的案件。[2]"老鼠仓"可能导致资管机构和广大散户的资金被套牢，严重损害投资者利益，背离市场交易的基本规则。

第三，禁止刚性兑付。所谓刚性兑付，是指资管机构对投资者购买的资管产品承诺保本保收益，在产品到期时，向投资者返还本金并按照事先承诺的预期收益率支付收益，本质上是资管机构对购买产品的投资者所做的隐性担保。在《资管新规》出台之前，相当一部分资管产品采用预期收益率模式，即便出现投资损失，资管机构为避免声誉受损、影响后续业务开展，通常采用资金池滚动操作，由续发的投资者接盘，将风险转移给新的投资者，或者使用自有资金或第三方资金垫付。同时，资管机构将投资收益超过预期收益的部分转化为管理费或直接纳入中间业务收入，而非给予投资者。[3]在资金池模式中，购买续发产品的投资者担负了本不应由其承担的投资风险，而超过预期收益部分的投资收益本应属于投资者，却被资管机构纳入管理费或中间业务收入。因为刚性兑付的存在，资管机构可能挪用其他资管产品收益弥补亏损或将部分投资收益据为己有，这无疑加大了委托人的投资风险或减少了委托人应得的投资收益，构成对受托人忠实义务的违反。

我国《信托法》第26条明确禁止受托人利用信托财产为自己谋取利益，《资管新规》第19条更是明确禁止刚性兑付。司法实践中也认为，在金融委托理财合同中，保底条款应为无效。因保底条款属于"委托理财协议之目的条款或核心条款，不能成为相对独立的合同无效部分，保底条款无效应导致委托理财协议

---

[1] See Arthur B. Laby, "Fiduciary Obligations of Broker-Dealers and Investment Advisers", *Villanova Law Review*, Vol. 55, Issue 3 (2010), p. 716.

[2] 参见中国证券监督管理委员会编著：《中国证券监督管理委员会年报2017》，中国财政经济出版社2018年版，第41页。

[3] 参见中国人民银行金融稳定分析小组编：《中国金融稳定报告（2018）》，中国金融出版社2018年版，第120~121页。

整体无效"。[1]

第四，公平对待义务。资管机构既要公平对待其管理的多只资管产品，又要公平对待每一个投资者。首先，公平对待其管理的不同资管产品，要求资管机构应对各资管产品投入相同的时间和精力进行管理，不得攫取从一只资管产品获得的机会为另一只资管产品牟利。其次，公平对待每一个投资者，要求资产管理人不得歧视或优待，不得因个人偏好或未尽应有之注意义务而忽视个别投资人的利益。尤其是在分级资管产品中，优先级份额和劣后级份额持有者在支付的管理费用、利益分配顺序等方面均存在一定差异，资管机构应当充分披露产品的分级比例及各级份额认购者的收益情况，在投资者充分知情的基础上获得所有投资者同意。[2]当然，在充分告知并取得投资者同意的情况下，资管机构也可以对不同的资管产品进行差异化安排。[3]

此外，信义义务也意味着受托人不得违反法律规定。信义义务的涵盖范围十分广泛，违反法律规定也属于滥用权利的不当行为，构成对信义义务的违反。[4]

（三）资管机构的注意义务

注意义务要求受托人以负责、谨慎、勤勉的方式履行义务。为确保受托人按照注意义务的标准实施行为，受托人必须根据其专业知识及所获取之信息选择适当的行为方式，遵从合理的、深思熟虑的行动步骤。[5]具体来说，资管机构的注意义务主要表现为以下几点：

第一，审慎经营义务。资管机构应当审慎经营，科学合理地运用受托资金进行投资，建立和完善风险管理制度，以有效防控金融风险。资管机构需具备与资管业务发展相适应的管理体系和管理制度，建立健全风险管理、内部控制和问责机制，确保资管从业人员具备必要的专业知识、行业经验和管理能力。[6]

第二，适当性义务。资管机构在向投资者发售资管产品时，应当充分了解客户的投资需求、经济实力、投资知识与经验，以判断投资者是否具备相应的风险识别能力和风险承担能力，是否适合购买该类资管产品并充分解释产品的投资风险。[7]《资

---

〔1〕 参见最高人民法院（2009）民二终字第 1 号民事判决书。

〔2〕 参见肖宇、许可：《私募股权基金管理人信义义务研究》，载《现代法学》2015 年第 6 期。

〔3〕 参见最高人民法院（2018）最高法民申 1423 号民事裁定书、上海市高级人民法院（2017）沪民终 285 号民事判决书。

〔4〕 See Lawrence M. Greene, "Fiduciary Standards of Conduct under the Investment Company Act of 1940", *George Washington Law Review*, Vol. 28, Issue 1 (October 1959), pp. 271-272.

〔5〕 See David L. Ponet, Ethan J. Leib, "Fiduciary's Law's Lessons for Deliberative Democracy", *Boston University Law Review*, Vol. 91, Issue 3 (May 2011), pp. 1258-1259.

〔6〕 参见《资管新规》第 7 条、第 8 条。

〔7〕 参见邢会强：《金融机构的信义义务与适合性原则》，载《人大法律评论》2016 年第 3 期。

管新规》将资管产品的投资者分为不特定社会公众和合格投资者两大类，要求资管机构加强投资者适当性管理，向投资者销售与其风险识别能力和风险承担能力相适应的资管产品。禁止欺诈或者误导投资者购买与其风险承担能力不匹配的资管产品。

第三，按照投资者最佳利益行为的义务。资管机构应以客户的最佳利益为行为准则，而不应考虑自身利益或他人利益。资管机构应当依据自身的专业知识和投资经验作出判断，选择能够实现投资者利益最大化的投资方式和投资领域。

此外，《资管新规》允许金融机构为资管产品再投资一层资管产品（第22条第2款）。此时，受托机构既是原法律关系中的"受托机构"，又是新法律关系中的"委托机构"。按照《信托法》第30条第2款的规定，受托人依法将信托事务委托他人代理的，应当对他人处理信托事务的行为承担责任。亦即，原受托机构是否履行信义义务，应视新受托机构的行为而定，其信义义务的内容和强度并不因此而遭受减损。

五、资管机构信义义务的域外模式：以美国为例

美国法虽然将投资公司与投资顾问从事的资管业务界定为信托，但信托法并不直接适用于资管业务的规制。美国国会针对资管领域的特殊情况，专门制定了《1940年投资公司法》（Investment Company Act of 1940，以下简称《投资公司法》）和《1940年投资顾问法》（Investment Advisers Act of 1940，以下简称《投资顾问法》）以规范投资公司与投资顾问的金融中介活动，并分别对从事资管业务的投资公司与投资顾问设置了严格的信义义务标准。

（一）投资公司的信义义务

在1940年之前，投资公司行业的监管主要适用《1933年证券法》和《1934年证券交易法》。但国会发现，以信息披露为核心的投资者保护机制，不足以处理投资公司行业存在的滥用授权行为。[1]为了实现对该行业的统一监管，在联邦层面制定一部基本法律被提上了议程。

在《投资公司法》立法初期，美国证券交易委员会（SEC）考虑到通过逐一列举的方式禁止投资公司可能实施的任何不当行为并不现实。因此，SEC在最初的草案中，建议将一切严重的不当行为或严重滥用信托的行为都视为非法。这一建议遭到投资公司行业代表们的强烈反对，他们认为"严重的不当行为"（gross misconduct）和"严重的滥用信托"（gross abuse of trust）这类表述过于模糊和不确定，不能作为确定非法行为的基础。但投资公司并不反对SEC通过诉讼方式移除实施此类不法行为的经营管理人员。因此，最终通过的法案于第36条授权

[1] See Clarke Randall, "Fiduciary Duties of Investment Company Directors and Mangement Companies under the Investment Company Act of 1940", *Oklahoma Law Review*, Vol. 31, Issue 3 (Summer 1978), pp. 636-637.

SEC 就注册投资公司的高级管理人员、董事、任何顾问委员会成员、投资顾问或存托人，或者主承销商的不当行为，向适当的法院提起诉讼。[1]

《投资公司法》对于信义义务的具体规定，主要体现在该法第 1 条第 (b) 款，该款对于该法政策取向和立法目的的法定声明，实际上是施加于董事、管理人员、投资顾问和投资公司的其他控制人或经营管理人员的一般性的信义义务。原则和目的的宣示，在于减轻并尽可能消除该条列举的对国家公共利益和投资者利益产生不利影响的情况，对相关条款的解释也必须符合该条规定的意旨。[2] 第 1 条第 (b) 款的政策声明也为第 36 条的适用提供了基础和依据。

法院对投资公司信义义务的接受和适用也经历了一个渐进过程。在 Aldred Inv. Trust et al. v. SEC. 一案中，SEC 起诉要求禁止 Aldred 投资信托公司的高管和受托人继续以该种身份行事，并且任命一位接管人。[3] 法院的调查结果表明，信托公司的动机是出于自身利益和个人利益，并且蓄意否认受托责任。在其管理信托期间，一直利用其对他人金钱的控制来追求自身利益，属于"严重滥用信托"的行为。[4] 此案的重大意义在于，法院明确表明愿意将普通法上的信义义务纳入《投资公司法》。而在 Brown v. Bullock 一案中，法院对投资公司信义义务的认可达到了一个新的高度。法官在判决中指出，《投资公司法》第 1 条第 (b) 款对国家公共利益和投资者利益产生不利影响之情形的明确列举，以及该法规定的具体标准，构成了法院解释信义义务标准时的参考框架。[5]

（二）投资顾问的信义义务

一般认为，投资顾问的信义义务由《投资顾问法》第 206 条所确立，该条规定了禁止注册投资顾问开展的交易。[6] 美国国会于 2010 年 7 月通过的《多德-弗兰克华尔街改革与消费者保护法》（以下简称《多德-弗兰克法案》）第 913 条第

---

[1] See Lawrence M. Greene, "Fiduciary Standards of Conduct under the Investment Company Act of 1940", *George Washington Law Review*, Vol. 28, Issue 1 (October 1959), p. 270.

[2] See Investment Company Act of 1940, SEC. 1. (b).

[3] See Aldred Inv. Trust et al. v. SEC. 151 F. 2d 254, 255 (1st Cir. 1945).

[4] See Aldred Inv. Trust et al. v. SEC. 151 F. 2d 254, 260 (1st Cir. 1945).

[5] See Brown v. Bullock, 194 F. Supp. 207, 219 (S. D. N. Y.), aff'd, 294 F. 2d 415 (2d Cir. 1961).

[6] 但有观点指出，《投资顾问法》在文本中并未使用"受托人"或任何类似术语描述投资顾问，其立法历史也并未表明国会有创设信义义务的意图。早期的法律草案虽在文本中将投资顾问界定为受托人，认为投资顾问对客户负有信义义务，但投资顾问行业对此强烈反对，经过长达三周的协商，国会最终妥协，将"受托人"之类的表述从草案中删除。因此，《投资顾问法》的立法历史并未表明国会具有通过法律为投资顾问创设信义义务的意图。立法历史仅表明投资顾问与其客户之间的"信任"（trust）关系及其所提供服务的"个性化特征"（personalized character）。虽然此类表述经常在一些案例中出现，但并不能表明国会意图在所有案例中建立这种关系。See Arthur B. Laby, "SEC v. Capital Gains Research Bureau and the Investment Advisers Act of 1940", *Boston University Law Review*, Vol. 91, Issue 3 (May 2011), pp. 1069-1071.

（g）款授予 SEC 为经纪商、自营商和投资顾问设定信义义务的权利。该法第 913 条第（g）款第（2）项修改了《投资顾问法》第 211 条之规定，允许 SEC 采取规定经纪商、自营商和投资顾问注意标准的规则，应当按照其客户的"最佳利益"（best interest）行为。[1]2011 年 1 月，SEC 按照《多德-弗兰克法案》第 913 条的要求完成了关于投资顾问和交易商的研究报告。在研究报告中，SEC 的研究人员指出，SEC 应当为投资顾问和交易商制定统一的信义行为标准，规定所有投资顾问、经纪人、经销商在向零售客户提供个性化的投资建议时，应以客户的最佳利益为行为准则，而不考虑经纪人、经销商或投资顾问提供建议的财务或其他利益。[2]

此外，美国联邦最高法院在 SEC *v.* Capital Gains Research Bureau, Inc. 一案中的判决也被认为是联邦设立投资顾问信义义务的重要依据。[3]对于联邦最高法院是否认可了投资顾问的信义义务，并未达成共识。例如，在 Santa Fe Indus., Inc. *v.* Green 一案的脚注中，法官认为："虽然 Capital Gains 涉及联邦证券法规，但最高法院在'公平'意义上提到欺诈的前提是，它承认国会打算通过《投资顾问法》为投资顾问制定联邦信义标准。"[4]而在 Steadman *v.* SEC 一案中，法官则指出，Capital Gains 一案强调了《投资顾问法》的目的在于规制"投资顾问关系脆弱的信托本质"，但这并非《投资顾问法》第 206 条第 1、2 款的全部目的，在该案中被违反的这些条款，是规制所有违反信托行为的工具。[5]换言之，法官在 Capital Gains 一案中所采取的信义标准并非普通法中信义义务的全部内容。[6]

---

[1] 对于该条款是否允许 SEC 为投资顾问设立信义义务，存在不同理解。如果将"最佳利益"标准等同于信义标准，则 SEC 可以据此为投资顾问创设信义义务；但也有理由认为，"最佳利益"标准并不同于信义义务，而是一系列更广泛的义务的构成部分。在一些情形下，信义义务可能要求受托人按照不符合委托人最佳利益的方式行事。See Arthur B. Laby, "SEC *v.* Capital Gains Research Bureau and the Investment Advisers Act of 1940", *Boston University Law Review*, Vol. 91, Issue 3（May 2011）, p. 1098.

[2] See SEC, "Study on Investment Advisers and Broker-Dealers: As Required by Section 913 of the Dodd-Frank Wall Street Reform and Consumer Protection Act", available at http://www.sec.gov/news/studies/2011/913studyfinal.pdf.

[3] See Arthur B. Laby, "Fiduciary Obligations of Broker-Dealers and Investment Advisers", *Villanova Law Review*, Vol. 55, Issue 3（2010）, p. 733.

[4] Santa Fe Indus., Inc. *v.* Green, 430 U. S. 462, 471, 97 S. Ct. 1292, 1300（1977）.

[5] See Steadman *v.* S. E. C., 603 F. 2d 1126, 1142（5th Cir. 1979）.

[6] See Arthur B. Laby, "Fiduciary Obligations of Broker-Dealers and Investment Advisers", *Villanova Law Review*, Vol. 55, Issue 3（2010）, p. 717. 最高法院虽在 Capital Gains 一案中认为，《投资顾问法》虽然反映了国会认可信义关系的存在以及国会揭露甚至消除所有可能导致投资顾问提供不公正建议的利益冲突的意图，但这一声明仅是对预先存在之关系的承认，法院并不认为投资顾问法改变或建立了投资顾问与客户之间的法律关系。法院在欠缺立法授权的情况下，认定投资顾问法对投资顾问施加了信义义务的做法，有违反宪法对立法机关和司法机关所做权力划分之嫌。See Arthur B. Laby, "SEC *v.* Capital Gains Research Bureau and the Investment Advisers Act of 1940", *Boston University Law Review*, Vol. 91, Issue 3（May 2011）, pp. 1087-1088.

有学者指出，与其说投资顾问的信义义务产生于《投资顾问法》或 Capital Gains 一案，毋宁说其产生于之后 Santa Fe 一案的脚注中。[1] Capital Gains 一案本身并未陈述《投资顾问法》创设了信义义务，信义义务是之后最高法院判决的产物。[2] 反对意见的存在并未影响法院对投资顾问信义义务的承认。例如，在 SEC *v.* Moran 一案中，法院认为《投资顾问法》第 206 条设定了信义义务并且要求投资顾问按照其客户的最大利益行为。[3] 适用这一标准，说明法院推论投资顾问将其利益置于客户利益之前，构成对信义义务的违反，因此违反了《投资顾问法》第 206 条。[4]

（三）小结

美国采用的是在信托一般法之外另行制定单行法的方式来规制金融机构的资管活动。金融机构的信义义务在单行法中获得充分表达，其中详细规定了受托人的行为标准、背信行为的判断标准和法律后果等内容。在《投资公司法》中，信义义务更是被作为整部法律的基本原则加以宣示，任何条文都不得违反信义义务的基本规定。虽然投资顾问信义义务的确立依据存在争议，但投资顾问应按照客户的最佳利益行为的标准仍获得普遍认可。更为关键的是，投资公司和投资顾问的信义义务在法院处理资管纠纷时获得了广泛的适用，信义义务真正发挥了规范受托人行为、维护投资者利益的制度功能。我国的《资管新规》为资管机构设定的"诚实信用、勤勉尽责义务"若要发挥类似功能，仍有诸多障碍需要克服。

六、资管机构信义义务功能实现的基本路径

资管机构的信义义务在实践中更多的是作为监管机关判断资管活动合规性的标准，而非投资者寻求民事救济的基本依据。信义义务作为规范受托人行为的重要私法机制，在民事救济中的功能缺位存在多方面的原因。

（一）信义义务在资管领域的立法表达

《资管新规》第 2 条确立了资管机构的"诚实信用、勤勉尽责义务"，第 8 条第 3 款规定了资管机构未按照诚实信用、勤勉尽责原则履行受托管理职责，造成投资者损失时的赔偿责任。这两条规定确立了资管机构的信义义务及违反该义务的法律后果。只是《资管新规》的内容设置侧重于监管规范，对于受托人义

---

[1] See Arthur B. Laby, "SEC *v.* Capital Gains Research Bureau and the Investment Advisers Act of 1940", *Boston University Law Review*, Vol. 91, Issue 3 (May 2011), p. 1080.

[2] See Arthur B. Laby, "SEC *v.* Capital Gains Research Bureau and the Investment Advisers Act of 1940", *Boston University Law Review*, Vol. 91, Issue 3 (May 2011), p. 1103.

[3] See S. E. C. *v.* Moran, 922 F. Supp. 867, 895–896 (S. D. N. Y. 1996).

[4] See S. E. C. *v.* Moran, 922 F. Supp. 867, 898 (S. D. N. Y. 1996).

务的规定过于抽象和粗疏，严重制约了其功能的发挥。《商业银行理财业务监督管理办法》（中国银行保险监督管理委员会令 2018 年第 6 号，以下简称《理财监管办法》）、《证券期货经营机构私募资产管理业务管理办法》（中国证券监督管理委员会令第 151 号，以下简称《私募资管办法》）[1] 等实施细则虽然为资管机构设置了更为具体的行为规范，但信义义务规范作为一个内容庞杂的开放性体系，由不同规范文件重复列举不仅造成立法资源的浪费，而且与《资管新规》施行功能监管及金融统合立法的未来趋势不符。

上述规范性文件虽然确立了资管领域中受托人的信义义务，并明确了资管机构背信行为的损害赔偿责任，但因此类规范的法律位阶不高，无法直接作为司法裁判依据，投资者也就无法据此向资管机构主张民事赔偿。信义义务必须获得更高层级的立法表达，方能在实践中发挥其应有功能，这也正是界定资管属性、探寻《资管新规》上位法的重要原因。

（二）信义义务抽象性的缓和

信义义务的高度抽象性导致其外延难以准确厘定，若不划定一定界限，则在实际适用中会产生诸多困扰，也可能过度扩大法院的自由裁量权。信义关系的产生原因呈现多种样态，一一列举其所有类型既不现实，也不可取。对资管机构施加过多限制，亦会妨碍其行使自由裁量权开展受托事务。为了避免法律条文的抽象化及其在具体适用过程当中的僵化，信义义务应当保持一定程度的开放性，以实现法律的灵活性和个案正义。因此，法律在为资管机构设置信义义务时，应当在"自由"与"管制"之间做出充分的权衡和适当的取舍。

我国《信托法》将作为忠实义务的"诚实、信用"和作为注意义务的"恪尽职守""谨慎"同时规定在该法第 25 条。[2]《资管新规》也仅是笼统地规定了资管机构的"诚实信用、勤勉尽责义务"。信义义务的抽象表达固然可以赋予法院较大的自由裁量权以灵活应对资管活动中的各种情形，但也可能因为缺乏统一标准和规范解释，造成实践中认定标准不一的窘境。

实际上，对于受托人义务的界定，实践中早已有所尝试。监管机关曾将资产管理人的义务概括为以下四种类型："一是保证主体适格义务。即管理人应当保证其具备并且在合同期内维持相关业务资格，不因违法违规行为而被撤销或者暂停。二是完全履行合同约定义务。作为管理人，要勤勉履行管理职责，包括事前尽职调查（对项目、投资标的和资金来源等）、事中投资运作（投资和划款指令的审查、风控指标的把控、内幕信息的管理、利益冲突的防范等）和事后维护管

---

[1] 本文定稿时间为 2022 年 11 月。——笔者注
[2] 参见赵廉慧：《信托法解释论》，中国法制出版社 2015 年版，第 329 页。

理（风险跟踪监控，信息披露，风险处置等）。三是诚信履行合同附随义务。即按照诚实信用的原则，忠实履行通知、协助、保密等义务。四是遵守合同约定以外的法定或者规定义务，主要是合规以及配合监管等义务。"[1]但上述受托人义务能否全部纳入信义义务的范畴，仍有待于进一步讨论。

《理财监管办法》第 24 条第 2 款和《私募资管办法》第 17 条在一定程度上克服了信义义务的抽象性问题。两部办法对于受托人义务采取了"列举性规定+兜底条款"的规范模式。通过将实践中存在的典型的受托人义务加以类型化，抽象出具有普遍适用意义的义务类型加以揭示，以此克服信义义务的抽象性所导致的内容的不确定性；而"兜底条款"则保持了信义义务本身所具有的开放性优势，对于法律未予列举、合同亦未规定的事项，在出现受托人滥用授权损害委托人利益的情形时，可根据具体案情，结合信义义务的基本原则和理念加以判断。

（三）运用信义义务规范处理资管纠纷的可能性

基于本文的基本立场，资管业务的属性为信托，《信托法》作为《资管新规》的上位法，其中所规定的受托人之信义义务在资管领域自然有其适用余地。比如，在"张某与海通资管公司委托理财合同纠纷"一案中，法院认为案涉资管业务应适用《信托法》，海通资管公司作为受托人负有避免利益冲突、公平对待客户、向客户提供影响投资决策的全部信息等信义义务。[2]

尽管行政规章不能作为民事裁判的法律依据，但在涉及金融秩序的领域，人民法院仍可将金融监管部门颁布的规章作为说理依据。《资管新规》作为以中国人民银行为主导的金融管理部门制定的部门规章，从其规定资管机构信义义务的规范目的、内容实质，以及资管机构背信行为可能产生的危害后果进行综合分析可知，资管机构违反《资管新规》规定的"诚实信用、勤勉尽责义务"，在一定程度上具有与直接违反《信托法》等法律、行政法规一样的法律后果。[3]

《资管新规》确立资管机构信义义务的目的在于有效规范受托人行为，防止其滥用权利损害委托人的利益。此点与《信托法》"规范信托行为，保护信托当事人的合法权益"的立法目的相一致。如前所述，资管的本质为信托，《信托法》作为《资管新规》的上位法依据，其中所规定的受托人行为标准对于资管机构同样能够适用。根据《信托法》第 22 条规定，受托人因违背管理职责、处理信托事务不当致使信托财产受到损失的，委托人有权要求受托人恢复信托财产的原状或者予以赔偿。《资管新规》第 8 条第 3 款要求资管机构须按照诚实信用、

---

〔1〕 参见证券基金机构监管部：《通道有风险，通道不免责》，载《机构监管情况通报》2017 年第 11 期。

〔2〕 参见最高人民法院（2018）最高法民申 1423 号民事裁定书。

〔3〕 虽然尚未检索到与此相关的资管纠纷案例，但类似的理论逻辑早已出现在法院裁决中，对此可参见最高人民法院（2017）最高法民终 529 号民事裁定书。

勤勉尽责原则履行受托管理职责，若资管机构从事受托事务时违背该义务而造成投资者的损失，当然属于"违背管理职责、处理信托事务不当"的范畴。据此，投资者可以依据《信托法》第 22 条的规定要求受托人承担损害赔偿责任。

综上，若资管机构存在违反信义义务的行为，投资者仍可通过诉讼方式要求资管机构承担损害赔偿责任。法院在裁判时虽不能将《资管新规》作为直接的判决依据，但仍不妨将其作为判决理由，或者直接以信托法规范为依据作出裁判。

七、结语

资管机构在履行受托管理职责时，必须履行《资管新规》所施加的"诚实信用、勤勉尽责义务"。一方面，资管机构必须以实现委托人利益为其行为的基本价值导向，不得滥用委托人授予的权利从事利益冲突交易；另一方面，受托人须以谨慎、勤勉的方式处理受托事务，实现委托人利益的最大化。《资管新规》虽承认资管机构的信义义务，但该文件在效力位阶上仅为部门规章，无法作为法院的裁判依据。投资者若要向违背信义义务的资管机构主张赔偿责任，必须获得更高层级的法律支持。此时，《信托法》作为《资管新规》的上位法，自然有其适用余地。将资管业务的基本属性界定为信托，并以《信托法》作为资管机构与投资者之间信义关系的法律基础，对于明确受托人义务的属性、内容及违反该义务的法律后果具有重要意义，同时亦能增强其司法适用性，真正发挥信义义务的应然功能。

图书在版编目（ＣＩＰ）数据

金融法学家. 第十二辑/王卫国主编. —北京：中国政法大学出版社，2023.12
ISBN 978-7-5764-1320-5

Ⅰ.①金… Ⅱ.①王… Ⅲ.①金融法－法学－文集 Ⅳ.①D912.280.1-53

中国国家版本馆CIP数据核字(2024)第028375号

出　版　者　　中国政法大学出版社

地　　　址　　北京市海淀区西土城路 25 号

邮寄地址　　北京 100088 信箱 8034 分箱　邮编 100088

网　　　址　　http://www.cuplpress.com (网络实名：中国政法大学出版社)

电　　　话　　010-58908289(编辑部) 58908334(邮购部)

承　　　印　　保定市中画美凯印刷有限公司

开　　　本　　720mm×960mm　1/16

印　　　张　　41.25

字　　　数　　790 千字

版　　　次　　2023 年 12 月第 1 版

印　　　次　　2023 年 12 月第 1 次印刷

定　　　价　　150.00 元